1 MONTH OF
FREE
READING

at

www.ForgottenBooks.com

By purchasing this book you are eligible for one month membership to ForgottenBooks.com, giving you unlimited access to our entire collection of over 700,000 titles via our web site and mobile apps.

To claim your free month visit:
www.forgottenbooks.com/free635503

ISBN 978-0-331-41818-7
PIBN 10635503

RATIONAL

OU

MANUEL DES DIVINS OFFICES

DE

GUILLAUME DURAND,

ÉVÊQUE. DE MENDE AU TREIZIÈME SIÈCLE.

Tout volume qui ne serait pas revêtu de la signature du traducteur annotateur, sera réputé contrefait.

DIJON, PRESSES MÉCANIQUES DE LOIREAU-FEUCHOT,

place Saint-Jean, 1 et 3.

RATIONAL

OU

MANUEL DES DIVINS OFFICES

DE

GUILLAUME DURAND,

Évêque de Mende au treizième siècle,

OU

RAISONS MYSTIQUES ET HISTORIQUES

DE LA LITURGIE CATHOLIQUE;

TRADUIT POUR LA PREMIÈRE FOIS, DU LATIN EN FRANÇAIS,

Par M. CHARLES BARTHÉLEMY (de Paris),

Membre de la Société des Antiquaires de Picardie, Correspondant du Ministère de l'Instruction
publique pour les Travaux historiques;

PRÉCÉDÉ

D'UNE NOTICE HISTORIQUE SUR LA VIE ET SUR LES ÉCRITS DE DURAND DE MENDE;

SUIVI

D'UNE BIBLIOGRAPHIE CHRONOLOGIQUE DES PRINCIPAUX OUVRAGES QUI TRAITENT
DE LA LITURGIE CATHOLIQUE,
AVEC UN GRAND NOMBRE DE NOTES A LA SUITE DE CHAQUE VOLUME.

Littera enim occidit, spiritus autem vivificat.
La lettre tue, c'est l'esprit seul qui vivifie.
(S. PAUL, II ad Cor., III, 6.)

TOME TROISIÈME.

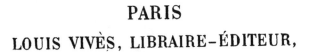

PARIS

LOUIS VIVÈS, LIBRAIRE-ÉDITEUR,

rue Cassette, n° 23.

1854

RATIONAL

ou

MANUEL DES DIVINS OFFICES

DE

GUILLAUME DURAND,

ÉVÊQUE DE MENDE AU TREIZIÈME SIÈCLE.

———✦———

LIVRE CINQUIÈME.

—

CHAPITRE PREMIER.

DES DIVINS OFFICES, TANT DE LA NUIT QUE DU JOUR, EN GÉNÉRAL.

On lit dans l'Exode (xxv c., à la fin) que le Seigneur dit à Moïse : « Fais toutes choses d'après le modèle qui t'a été indiqué sur la montagne. »

I. C'est pourquoi nous devons nous modeler sur cette céleste Jérusalem qui a reçu l'ordre de louer le Seigneur, et qui, comme dit l'Apôtre aux Galates (iv c.), se trouve en haut, et qui est notre mère, surtout en louant Dieu simultanément avec nous, d'après ces paroles : « Jérusalem, j'ai placé sur tes murs des gardiens qui, tout le jour et toute la nuit, ne cesseront de louer le nom du Seigneur. » Et dans l'Apocalypse (iv cap.) il est dit que les animaux ne cessaient de répéter : « Saint, saint, saint, etc. » Cependant l'Eglise militante ne peut complètement imiter l'Eglise triomphante; car, comme on le lit au livre de la Sagesse (cap. ix), le corps corruptible appesantit l'ame. Ainsi empêchés par avance que nous sommes par notre infirmité, nous ne pouvons à chaque heure du jour célébrer continuellement les louanges divines, parce qu'il est nécessaire que l'homme, de temps en temps, pourvoie aux besoins du corps, d'après ces paroles de la Genèse (III c.) : « Tu mangeras ton pain à la sueur de ton front. » (L dist., *in capite*). Et c'est pourquoi nous faisons ce que nous pouvons, en louant Dieu à certaines heures du jour naturel.

II. De là, le prophète Esdras enseigna au peuple d'Israël, de retour de la captivité de Babylone, à louer Dieu quatre fois pendant la nuit et quatre fois pendant le jour, afin que l'homme s'offre et rende ses devoirs au Créateur pendant un nombre d'heures égal au nombre des quatre éléments qui composent son corps, offrant ainsi à Dieu et mettant à sa disposition chacun de ces éléments; c'est-à-dire, pour ce qui concerne la nuit, les vêpres, les complies, les nocturnes; le point du jour, c'est laudes et matines (*laudibus matutinis*), et pour le jour, les heures de prime, de tierce, de sexte et de none. Or, il est prouvé que l'office du soir, qui est le commencement de tout office, et qui, selon saint Isidore, vient de *vespera stella*, étoile du soir (*Lib. Etymolog.*), qui paraît à l'approche de la nuit, appartient à la nuit. Mais David dit : « J'ai prononcé tes louanges sept fois pendant le jour ; » et ensuite : « Je me levais à minuit pour célébrer ton nom, etc. » Cet ordre est approuvé par le Concile d'Agde (Extra *De celeb. miss.*, c. I) et conservé par la sainte Eglise, puisque l'office nocturne est chanté au milieu de la nuit. Les sept autres heures canoniques se disent de jour, à savoir : laudes et matines qui jadis se disaient à l'aurore, quoiqu'aujourd'hui prime, tierce, none, vêpres et complies soient unies aux nocturnes. Ces sept heures sont appelées *canoniques*, comme si on disait *régulières* (Extra *De pœnit. et remiss. quod in te*), parce qu'elles ont été régulièrement observées par les saints Pères. Car le mot grec κανων signifie *règle* en latin. Or, le sacrifice de la messe, à cause de l'excellence d'un aussi grand sacrement qui y est consacré, surpasse toutes les autres louanges et est une louange par elle-même, et n'est pas compris parmi les autres; c'est pourquoi dans cet ouvrage on lui a consacré un traité spécial, quoique plusieurs aient assuré que la messe appartient à l'office de tierce ou de none, par la raison qu'on a coutume de la célébrer régulièrement entre ces deux heures.

III. Or, l'office de nuit représente le temps d'affliction où le diable tenait le genre humain assiégé; et l'office du jour signifie le temps de notre rédemption et de notre délivrance par le Christ, soleil de justice, qui, par la clarté de sa divinité, a éclairé nos ténèbres et nous a arrachés à la servitude du diable. C'est donc avec raison qu'enrichis d'un si grand bien par les sept dons de la grâce de l'Esprit saint, nous chantons sept fois les louanges du Seigneur.

IV. Secondement, parce que le jour naturel représente l'âge de chaque homme, non pas celui que nous avons actuellement, mais celui que nous aurions si nous n'eussions pas péché. Ce jour naturel a sept degrés : le premier est la première enfance, qui est représentée par *matines* et *laudes*; le second est l'âge de la seconde enfance, désignée par *prime*; le troisième, l'adolescence, désignée par *tierce*; le quatrième, la jeunesse, représentée par *sexte*; le cinquième, la maturité, désignée par *none*; le sixième, la vieillesse, marquée par *vêpres*; le septième, la décrépitude ou la fin de la vie, signifiée par *complies*. Or, dans tous ces âges différents nous devons louer notre Créateur sur les jugements de sa justice. Au sujet de la première enfance, le bienheureux Nicolas nous en donnne un exemple, lui qui, le mercredi et le vendredi, par vertu d'abstinence, ne suçait le lait de sa mère qu'une fois le jour (a). Pour ce qui est des autres âges, la chose est assez évidente. Troisièmement, parce que, selon Salomon, le juste tombe sept fois par jour par né-

(a) Métaphraste, biographe de S. Nicolas, et les anciennes proses de la fête du grand évêque de Myre, ont conservé le souvenir de ce fait.

gligence (*De pœnitentia,* dist. IV, *Septies*). C'est donc avec raison que l'on doit invoquer sept fois le secours divin, pour pouvoir se relever par la vigilance de la prière. Quatrièmement, parce que le nombre sept forme tous les autres nombres.

V. Au reste, puisque les douze heures de la journée doivent toutes être consacrées à louer le Seigneur, pourquoi ne chante-t-on l'office dans l'Eglise que quatre heures du jour seulement? A cela je réponds que, comme nous ne pouvons continuellement et à chaque heure du jour célébrer les louanges de Dieu, nous suppléons par les heures de *prime,* de *tierce,* de *sexte* et de *none* à ce qui manque aux autres heures. Car, à chacune de ces heures on dit trois psaumes; ainsi, en quatre heures le nombre des psaumes répond au nombre des heures. Chaque psaume contient huit versets, qui signifient l'octave de la résurrection (*b*), dont nous parlerons au chapitre des *Complies.* Or, nous chantons aux heures les psaumes de huit versets, parce que nous nous réjouissons de la gloire de la résurrection; on dit encore à chaque heure trois fois *Gloria Patri* après les psaumes, afin que nous rendions gloire au Père, pendant les heures qui nous sont accordées pour nous occuper des soins du corps, un nombre de fois proportionné à celui de ces heures, afin que par là nous montrions que nous vaquons à toute heure au service de Dieu. Or, les trois glorifications (*c*) renfermées dans la première heure indiquent que nous sommes occupés au service de Dieu pendant la première, la seconde et la troisième heures; les trois qui se trouvent à *tierce* nous protègent pendant la quatrième, la cinquième et la sixième heures; les trois qui se trouvent à *sexte* nous défendent des embûches du diable pendant la septième, la huitième et la neuvième heures; et *none,* avec ses glorifications, nous protège pendant la dixième, la onzième et la dou-

---

(*b*) C'est-à-dire l'éternel repos dont jouiront dans le ciel les justes après leur résurrection (Du Cange, voce *Octava,* 1).

(*c*) Ou doxologies; c'est ainsi qu'on appelle le *Gloria Patri, et Filio,* etc.

zième heures. On pourrait encore dire, et non sans raison, que sous *prime* on renferme deux heures, à savoir : prime d'abord, puis la seconde heure ensuite ; *tierce* en renferme trois, c'est-à-dire tierce même, puis la quatrième et la cinquième ; sous *sexte* il y en a également trois, c'est-à-dire sexte même, la septième et la huitième ; sous *none* deux seulement, à savoir : la neuvième et la dixième ; *vêpres* représentent la onzième, et *complies* la douzième. Mais dans les six heures du jour précitées, c'est-à-dire à prime, à tierce, à sexte, à none, à vêpres et à complies, nous louons Dieu d'une manière spéciale, et non pas dans la seconde, la quatrième, la cinquième, la septième, la huitième et la dixième heures, parce que les premières sont, sous certains rapports, privilégiées et au-dessus des autres, comme on le montrera au commencement du traité de chacune de ces heures. C'est pour cela, et avec raison, qu'on célèbre l'office divin pendant ces heures.

VI. Car le Christ fut arrêté pendant la nuit.

Le matin, il fut tourné en dérision ; à la première heure, il fut livré aux Gentils ; à la troisième, flagellé et crucifié par les clameurs des Juifs ; à la sixième, attaché à la croix ; à la neuvième, il rendit le dernier soupir ; à la onzième, il fut détaché de la croix ; à la douzième, enseveli. De même, pendant la nuit, il ravit sa proie à l'enfer ; le matin, il ressuscita ; à la première heure, il apparut à Marie ; à la troisième, il se présenta à ceux qui revenaient du sépulcre ; à la sixième, il apparut à Jacques ; à la neuvième, à Pierre ; le soir, il découvrit le sens des Ecritures aux deux disciples allant à Emmaüs, et se manifesta à eux ; à complies, il dit aux apôtres : « La paix soit avec vous, » et il mangea avec eux. Saint Bernard nous montre comment nous devons louer Dieu pendant ces heures, en disant : « Mes frères, en immolant l'hostie de louanges, joignons le sens aux paroles, l'amour au sens, l'allégresse à l'amour, la maturité à la joie, l'humilité à la maturité, la liberté à l'humilité. » En outre, les chants (*psalmodiæ*) continuels (*diutinæ*) ont reçu leur nom de prime, tierce, sexte et none, et non des autres heures, afin que par elles nous nous acquittions du service de Dieu, parce qu'on rapporte dans l'Evangile que ce fut à ces heures-là que sortit le père de famille pour louer des ouvriers pour travailler à sa vigne, qui signifie la sainte Eglise.

VII. Il y en a encore qui disent que la coutume de chanter tierce, sexte et none, vient du prophète Daniel, qui, sachant que Nabuchodonosor avait élevé une statue qu'il avait ordonné à tous ses sujets d'adorer, se retira dans sa maison, et, ouvrant les fenêtres trois fois par jour, fléchissait les genoux, en se tournant vers Jérusalem ; ce que saint Jérôme expliquant, il dit que c'est de là que vient la tradition ecclésiastique de fléchir trois fois le genou pendant le jour, c'est-à-dire à *tierce*, à *sexte* et à *none*.

VIII. Dans les mêmes heures, nous devons aussi louer la bienheureuse Vierge, à savoir : à nocturne ou à matines, parce que c'est à cette heure que paraît dans le ciel une étoile que l'on nomme *tramontane* (*transmontana*) (*d*), laquelle fait arriver les matelots au port. La bienheureuse Vierge aussi est cette étoile *tramontane ;* et si nous, qui sommes dans ce siècle, nous la louons dignement, elle nous conduira au port du salut. Nous devons la louer à prime, parce qu'alors paraît une étoile appelée Diane (*e*), que suit le soleil. La bienheureuse Vierge aussi est cette étoile appelée Diane, elle qui a porté le vrai soleil, c'est-à-dire le Christ, qui éclaire le monde entier. De même à tierce, parce qu'à cette heure nous avons coutume d'avoir faim ; et c'est la Vierge qui nous a apporté le vrai pain, c'est-à-dire le Christ, qui renferme tout rassasiement. Il en est de même à sexte, parce qu'alors le soleil a plus d'ardeur et de chaleur ; et nous devons alors louer la Vierge et la prier de

(*d*) Ou étoile polaire.

(*e*) D'où l'expression *battre* ou *sonner la Diane;* c'est le réveil militaire que l'on bat ou que l'on sonne dans les camps, au point du jour.

réchauffer notre froideur dans la charité par le soleil, c'est-à-dire le Christ, qu'elle a enfanté. De même à none, parce qu'alors le soleil décline vers le couchant ; et la Vierge nous aide et nous protège encore lorsque nous déclinons vers notre coucher, c'est-à-dire que nous arrivons à la vieillesse. De même à vêpres, heure où le jour commence à finir, parce qu'elle protège ses serviteurs à l'heure de la mort. De même à complies, où le jour est complètement terminé, parce que, lorsque notre vie est terminée, elle intercède pour nous et nous fait recevoir dans les tabernacles éternels, où la joie des élus est complète.

IX. Ce fut le pape Urbain qui établit qu'on chanterait l'office de la vierge Marie, comme on le dira au chapitre du Temps de l'Avent. Or, l'office nocturne nous rappelle le temps qui s'est écoulé depuis Adam jusqu'à Noé ; l'office du matin, le temps écoulé depuis Noé jusqu'à Abraham ; prime, le temps écoulé depuis Abraham jusqu'à Moïse ; tierce, depuis Moïse jusqu'à David ; sexte, depuis David jusqu'à l'avénement du Christ ; none, le temps qui s'écoulera jusqu'au second avénement, quand le Christ viendra pour mettre à nu les actions les plus secrètes ; vêpres nous remémore le sabbat, c'est-à-dire le repos des ames après leur sortie du corps, jusqu'au jour du jugement ; complies nous rappelle le nombre complet des saints, et la joie définitive des saints au jour de la grande solennité, quand les bénits du Père entreront en possession du royaume de Dieu. Donc, dans cette partie nous nous sommes proposé de traiter des offices ecclésiastiques en général, c'est-à-dire de ce qui se dit à l'office de l'Eglise en général : des nocturnes, des laudes, des matines, de prime, de tierce, de sexte, de none, de vêpres et de complies.

CHAPITRE II.

QU'EST-CE QUE L'OFFICE; DE SON INSTITUTION ET DE SES PARTIES.

I. Selon saint Isidore, l'office est un acte propre et proportionné aux personnes, aux mœurs des villes, ou à la profession que l'on a embrassée ; car autre est la règle des moines, autre celle des chanoines, autre celle des ermites, et ainsi du reste. Office, d'après saint Jérôme dans le livre des Offices, vient de *efficiendo*, en faisant, en agissant, comme si l'on disait : *efficium*, d'*efficio*, *efficis*, en changeant une lettre en une autre, pour la grâce de l'expression (*efficere officium*) ; à chacun, en effet, il convient de remplir son office. Ou, selon saint Isidore, on dit office pour que chacun fasse des actes qui ne nuisent à personne, mais soient utiles à tous.

II. Au reste, généralement dans l'Eglise il ne faut rien chanter ou lire qui n'ait été réglé ou approuvé expressément, ou tout au moins toléré par la sainte Eglise romaine. Pourtant, dans la primitive Eglise chacun chantait à sa guise, les uns une chose, les autres une autre, pourvu que les chants se rapportassent à la louange de Dieu. Tous, cependant, observaient certains offices établis dès le commencement, ou par le Christ lui-même, comme l'oraison dominicale, ou par les apôtres, comme le symbole.

III. Mais dans la suite des temps, l'Eglise de Dieu étant déchirée par les hérésies, l'empereur Théodose, le fléau des hérétiques, pria le pape Damase de charger un homme prudent et catholique de régler l'office ecclésiastique. C'est pourquoi ce même pape ordonna au prêtre Jérôme, qui se trouvait alors à Bethléem avec Paule et Eustochie et d'autres vierges encore, et qui auparavant avait vécu à Rome sous sept papes, de régler l'office de l'Eglise. Jérôme connaissait quatre langues, l'hébreu, le grec, le chaldéen et le latin ; il obéit aux ordres du pape ; il régla donc le nombre des psaumes qui seraient chantés le dimanche, le lundi, le mardi, et ainsi de suite. Il fit de même pour les évangiles, les épîtres tirés de l'un et de l'autre Testament et qui sont lus dans l'Eglise, et organisa même le chant en grande partie. Il envoya à Rome un exemplaire de cet ouvrage, qui fut approuvé par le pape Damase, et dont l'observation fut ordonnée et recommandée à toutes les églises par l'autorité du même pape Damase. (*C. de veter. jur. enu., L. Tanta.*)

IV. Cependant, dans la suite le bienheureux Grégoire et le pape Gélase y ajoutèrent des oraisons et des chants, et ils adaptèrent des répons aux leçons et aux évangiles. Ambroise, Gélase et Grégoire intercallèrent dans la messe le chant des graduels, des traits et des *alleluia.* La plupart des autres docteurs de l'Eglise y ajoutèrent encore quelques autres choses. Car les saints Pères n'ont pas réglé tout d'une fois, mais à différentes époques, tout ce qui a rapport à la beauté de l'office. C'est ainsi que le commencement de la messe a trois variantes ; car autrefois on la commençait par une leçon, comme cela se pratique aujourd'hui le Samedi saint. Dans la suite, le pape Célestin ordonna de réciter les psaumes qui se trouvent à l'introït, et saint Grégoire régla l'introït avec le chant.

V. On lit dans la Vie du bienheureux Eugène, que dans le temps que l'office ambrosien était encore préféré dans l'Eglise à l'office grégorien, le pape Adrien convoqua un concile où il fut statué que l'office grégorien devrait être universellement observé ; et, pour arriver à ce but, l'empereur Charlemagne, par des menaces ou par des peines (*suppliciis*), contraignait tous les clercs des diverses provinces à brûler les livres de l'office ambrosien. Or, le bienheureux Eugène étant venu à un concile convoqué à ce sujet, trouva le concile déjà dissout depuis trois jours ; il engagea alors le pape à rappeler tous les prélats qui avaient assisté à ce concile, et qui déjà étaient partis depuis trois jours. Quand le concile fut de nouveau réuni, tous les Pères furent d'avis unanime qu'on plaçât le Missel ambrosien et le Missel grégorien, munis du sceau de plusieurs évêques, sur l'autel de l'apôtre saint Pierre, et qu'on fermât les portes de l'église, et ils devaient eux-mêmes passer toute la nuit en prières, pour que le Seigneur indiquât par quelque signe lequel des deux Missels devrait être conservé par l'Eglise. Tout fut fait comme il était convenu. Or, le matin, étant entrés dans l'église, ils trouvèrent les deux Missels ouverts par le milieu sur l'autel, ou, comme d'autres l'assurent, ils trouvèrent le Missel grégorien entièrement détaché et les feuilles dispersées çà et là, et le Missel ambrosien seulement ouvert à l'endroit où il avait été placé. Et, par ce signe d'en haut, ils apprirent que l'office grégorien devait être dispersé dans l'univers, tandis que l'office ambrosien ne devait être observé que dans l'église de Milan; aussi y est-il encore conservé jusqu'à ce jour. Mais ce fut surtout du temps de Charlemagne que l'office ambrosien tomba en désuétude, et que l'office grégorien se propagea, grâce à l'autorité impériale (a). Or, saint Ambroise suivit en beaucoup de points le rit des Grecs, comme on le dira plus bas lorsqu'on traitera des hymnes.

VI. Or, pour chasser les mouches, sujettes à la mort; pour assérénir l'ame par la prière, afin de converser dignement avec Dieu, et de peur que si l'on ne prie pas de cœur le Seigneur ne s'irrite dans sa fureur, afin qu'il nous prenne en pitié, par une louable coutume qui a été introduite dans l'Eglise, le prêtre, avant le commencement des heures canoniques et à la fin de l'oraison dominicale, avant les heures de la bienheureuse Marie et à la fin, récite à voix basse l'*Ave Maria*, etc.; d'où il a été statué dans le Concile de Gironne (*De consec.*; d. v) que toujours, et après chaque heure en particulier, on

---

(a) Voyez, sur la liturgie ambrosienne, le P. Lebrun, l. c. sup., t. 2, p. 182-184.

dirait l'*Ave Maria,* afin que le diable n'enlève pas du cœur du prêtre le bien qui peut y avoir été semé. D'où, dans la primitive Eglise, on le disait à haute voix après chaque heure, sans autre prière que celle-là ; ce qu'on observe encore, dit-on, dans l'église de Latran. Plusieurs encore, à la fin des heures, disent : « Que le Seigneur nous donne sa paix » (*Dominus det nobis suam pacem*). On parlera de cette oraison dominicale aux articles de *Prime* et de *Vêpres.*

VII. Or, comme le Seigneur dit, dans l'Evangile : « Sans moi vous ne pouvez rien faire, » c'est pour cela qu'à chaque heure du jour le prêtre commence ainsi : « O Dieu ! viens à mon secours ; » et chacune est terminée par ces mots : « Rendons grâces à Dieu. » Ainsi, le commencement et la fin sont rapportés au même, c'est-à-dire à Dieu, qui est l'alpha et l'oméga, le commencement et la fin (xxxv d., *Ab exordio*). En disant donc : *Deus in adjutorium,* etc., notre mère l'Eglise invite les hommes, d'après ces paroles du Psalmiste : « Venez, mes fils, et écoutez-moi. » Cette formule a été introduite, parce que, pendant qu'on levait l'Arche pour la porter sur les épaules, Moïse disait : « Lève-toi, Seigneur ; » c'est-à-dire : « Permets qu'on enlève ton Arche sainte, que tes ennemis soient dissipés, et que ceux-là fuient loin de ta face qui haïssent ton nom. » Ainsi, chez nous le prêtre dit : « Seigneur, viens à mon secours, » c'est-à-dire prête-moi ton assistance pour me relever de mes péchés, et contre les différents ennemis qui assiégent ton Eglise ; car, par l'Arche on entend l'Eglise, qui jusqu'à la fin sera environnée de persécuteurs déclarés ou secrets, comme l'Arche était entourée d'ennemis. Le prêtre prie donc pour que les ennemis ne puissent quelquefois prévaloir, en séparant par ruse quelque membre de l'assemblée des fidèles. En effet, comme la persécution du juste vient du lion, c'est-à-dire des attaques du diable, savoir, du diable attaquant ouvertement, ou du dragon, c'est-à-dire du diable tendant des embûches, savoir, du diable persécutant d'une manière occulte,

tous s'écrient : « Dieu, viens à mon secours, » (VII, q. i,
§ *Cum vero præterea*) ; car, selon l'Apôtre, on doit faire toutes
choses au nom de Dieu (XXXVI, q. ult., *Non observetis*), c'est
donc à juste titre qu'on doit commencer par lui.

VIII. A ce sujet, il faut remarquer qu'il nous arrive de pécher de trois manières : par le cœur, par la bouche et par les
œuvres. C'est pour cela qu'on commence les heures de trois
manières différentes, à savoir : complies, par *Converte nos,
Deus,* etc., contre le péché matinal du cœur; par *Domine, labia
mea aperies,* « Seigneur, tu ouvriras ma bouche, » contre le péché commis par la bouche ; et toutes les autres heures du jour,
par *Deus in adjutorium,* contre les péchés d'actions; et, comme
dans le péché du cœur et de la bouche il entre quelque chose
qui appartient au domaine de l'acte, ç'est pour cela qu'à toutes
les heures, tant du jour que de la nuit, on dit : *Deus in adjutorium meum intende,* contre le péché d'action. Or, les moines
disent d'abord, aux nocturnes : « Seigneur, viens à mon secours;»
ensuite : « Seigneur, tu ouvriras mes lèvres, » parce que, sans
l'aide de Dieu, ni le cœur, ni les lèvres ne peuvent s'ouvrir
pour louer le Seigneur. On lit en saint Jean (chap. xv) :
« Sans moi vous ne pouvez rien faire. »

IX. De plus, le prêtre, en disant : *Deus in adjutorium,* se munit du signe de la croix pour se soustraire à la vertu, c'est-à-dire
à la malice et à la puissance du diable. Car le diable craint beaucoup le signe de la croix ; d'où saint Chrysostôme dit : « Partout où les démons voient le signe de la croix, ils fuient,
craignant le bâton d'où proviennent les plaies qu'ils ont reçues. » Le pape Etienne (*De consec.,* d. v) dit aussi : « Est-ce
que tous les chrêmes, c'est-à-dire les sacrements, qui se font
avec l'onction du chrême, ne se consacrent pas par la figure,
c'est-à-dire par le signe de la croix du ministère sacerdotal ?
Est-ce que l'eau du baptême, sanctifiée sans le signe de la
croix, est capable de délier les péchés ? Et , sans parler des
autres sacrements, qui jamais gravit les degrés du sacerdoce

sans être marqué du signe de la croix? De plus, celui qui s'approche du baptême est marqué du signe de la croix sur le front et sur la poitrine. » Or, nous parlerons, dans la sixième partie, de ce profond mystère de la croix, au chapitre du Vendredi saint ; et pourtant nous allons en dire ici quelques mots.

X. La croix du Seigneur a été *préfigurée* d'un grand nombre de manières, dans l'Ancien-Testament. Car on lit que Moïse, par ordre du Seigneur, érigea dans le désert un serpent d'airain sur un poteau, et le plaça pour servir de signe, et, en le regardant, tous ceux qui avaient été mordus par les serpents étaient guéris sur-le-champ (Num., xx). Le Christ lui-même, donnant l'explication de la figure du serpent d'airain, dit, dans l'Evangile : « Comme Moïse a élevé le serpent d'airain dans le désert, ainsi il faut que le Fils de l'homme soit élevé, afin que quiconque croira en lui ne périsse pas, mais ait la vie éternelle. » On lit encore que Joseph, ayant conduit vers Jacob Manassès et Ephraïm, il plaça l'aîné à sa droite et le plus jeune à sa gauche, afin que chacun reçût suivant son âge la bénédiction du patriarche ; mais Jacob, changeant l'ordre de ses mains, c'est-à-dire les croisant ou les plaçant en forme de croix, plaça sa main droite sur la tête d'Ephraïm, le plus jeune, et sa main gauche sur celle de Manassès, l'aîné, et dit : « Que l'ange qui m'a délivré de tous mes maux bénisse ces enfants, etc. » Et, dans le même sens, Moïse dit jour et nuit : « Notre vie sera comme en suspens (*pendens*), et vous verrez, et vous comprendrez » (Deut., xxviii). Or, le Christ, pendant la nuit, resta attaché à la croix (*pendens*), puisque les ténèbres commencèrent à la sixième heure et se prolongèrent jusqu'à la neuvième ; que le Christ ait été suspendu (*pendens*), cela ne fait pas de doute. On lit encore dans Ezéchiel (c. ix) : « Ezéchiel entendit le Seigneur qui disait à l'homme vêtu de lin et qui avait une écritoire suspendue aux reins : « Passe au travers de la ville, et marque un *thau* sur le front des hommes qui gémissent et qui sont dans la douleur ; » et ensuite il dit aux sept hommes : « Passez au travers de la ville, et frappez tous ceux sur le front desquels vous ne verrez pas l'empreinte du *thau ;* personne n'échappera à votre œil. » Et Jérémie dit : « Je rassemblerai toutes les nations qui seront marquées du *thau.* » Et ailleurs : « Et sa principauté sera sur son épaule. » Car le Christ a porté sur ses épaules sa croix, par laquelle il a triomphé. Saint Jean vit aussi un ange qui montait aux cieux, à partir de l'endroit où le soleil se lève, et portait le signe du Dieu vivant ; et il criait d'une voix puissante, aux quatre anges auxquels il avait été donné de nuire à la terre et à la mer : « Gardez-vous de nuire à la terre, et à la mer, et aux arbres, jusqu'à ce que nous ayons imprimé un sceau sur le front des serviteurs de Dieu. » Ainsi, on lit encore dans l'Exode que le bois jeté dans Marah en adoucit les eaux, et que, lorsque l'on eut jeté du bois dans le Jourdain, le fer qui se trouvait au fond surnagea ; ce qui signifie le bois de vie au milieu du paradis, que le Sage assure être un bois béni, par lequel s'opère la justice ; car Dieu a régné par le bois.

XI. L'Eglise s'arme de ce signe de la croix, en le marquant sur le front et sur la poitrine, pour signifier qu'il faut croire de cœur le mystère de la croix et l'avouer hautement de bouche. Car c'est par ce signe que la cité du diable est confondue et que l'Eglise triomphe, terrible comme une armée rangée en bataille, d'après ces paroles : « Ce lieu-ci est un lieu terrible ; » et ailleurs : « J'ai vu la grande cité, la cité sainte, la nouvelle Jérusalem. » Saint Augustin dit cependant (xi dist., *Ecclesiasti camin.*) que rien, dans l'Ancien ni le Nouveau-Testament, n'indique que les fidèles doivent se marquer du signe de la croix.

XII. Or, on doit faire le signe de la croix avec trois doigts, parce qu'il se fait sous l'invocation de la Trinité, dont le Prophète dit « qu'elle soutient de trois doigts la masse de la terre » (Esa., xl). Cependant le pouce est le plus excellent et l'emporte sur les autres, parce que nous rapportons toute notre foi

à un seul Dieu ; et bientôt, après cette invocation de la Trinité,
on peut dire ce verset : « Seigneur, fais éclater quelque signe
en ma faveur, afin que ceux qui me haïssent le voient et qu'ils
soient confondus, parce que toi, Seigneur, tu m'as aidé et tu
m'as consolé. » Or, les jacobites assurant, comme les euty-
chiens, qu'il n'y a qu'une seule nature dans le Christ, qui est
la nature divine, ne se signent, dit-on, qu'avec un seul doigt,
attendu que dans leur système il n'y a qu'une seule personne.
Leur erreur est anéantie dans les canons (xii dist., cap. i et ii ;
xxiv ; quæst. iii, *Quidam*, vers. *Euticiani*).

XIII. Mais il en est quelques-uns qui se signent à la partie
inférieure du front, pour marquer ce mystère, que Dieu a
abaissé les cieux et est descendu sur la terre. Il est des–
cendu, en effet, pour nous élever de la terre au ciel. Ensuite,
ils se signent de droite à gauche : 1° pour marquer qu'ils préfèrent les biens éternels, figurés par la droite, aux biens temporels, désignés par la gauche ; 2° pour désigner que le Christ
a passé des Juifs aux Gentils ; 3° parce que le Christ, venant de
la droite, c'est-à-dire sortant de son Père, a écrasé avec la croix
le diable, figuré par la gauche. D'où ces paroles en saint Jean :
« Je suis sorti de mon Père pour venir dans le monde. » D'autres, au contraire, commencent le signe de croix de gauche à
droite : 1° s'appuyant sur cette autorité, savoir : la sortie du
Christ du sein de son Père, sa descente aux enfers, et son retour dans le sein de Dieu. Ils commencent donc à se signer
à la partie supérieure, qui signifie le Père ; descendent à la
partie inférieure, qui désigne le monde ; ensuite ils passent à
l'épaule gauche, qui signifie l'enfer ; et de là se dirigent à la
droite, qui désigne le ciel : car le Christ est descendu du ciel
dans le monde, du monde dans l'enfer ; de l'enfer il est re-
monté au ciel, où il est assis à la droite de Dieu le Père. 2° Ils
agissent ainsi pour insinuer que de l'état de misère nous devons passer à la gloire ; des vices, désignés par la gauche, aux
vertus, marquées par la droite ; de même que le Christ passa de

la mort à la vie, comme on lit dans l'évangile de saint Mathieu. 3° Parce que le Christ, par la foi à la croix, nous élève
des choses temporelles aux biens éternels.

XIV. Or, il faut considérer que ceux qui procèdent de gauche à droite font sur les autres la même opération que sur
eux-mêmes ; mais alors, quand ils font ce signe de croix sur les
autres, ils procèdent de droite à gauche, parce qu'ils ne les
signent pas en leur tournant le dos , mais en leur présentant la face : ainsi, lorsqu'ils impriment le signe de la croix
sur les autres, tout en procédant pour eux-mêmes de gauche à
droite, ils signent les autres de droite à gauche.

XV. Or, nous devons, à toutes les paroles de l'Evangile, faire
régulièrement le signe de la croix, comme à la fin de l'évangile, du symbole, de l'oraison dominicale, du *Gloria in excelsis Deo,* du *Sanctus,* de l'*Agnus Dei,* du *Benedictus Dominus
Israel,* du *Magnificat* et du *Nunc dimittis;* et au commencement des heures, à la fin de la messe, quand le prêtre donne
la bénédiction, et aussi toutes les fois que l'on fait mention de
la croix ou du crucifié; et nous devons entendre toutes les
Ecritures, comme l'Evangile, par exemple, en nous tenant debout. Dans toutes nos actions, nous devons faire le signe de la
croix. D'où saint Ambroise dit : « Que le chrétien, dans tous
ses actes et dans toutes ses démarches, mette ses mains en
croix. »

XVI. Et remarque que la croix présente une figure qui a
quatre parties, soit à cause des quatre éléments viciés en nous
par le péché et que le Christ a guéris par sa passion, ou à cause
des hommes qu'il a attirés à lui des quatre parties du monde,
d'après ces paroles : «*Quand j'aurai été élevé de terre, j'attire-
rai tout à moi.* » Ou bien ce carré représente l'immortalité ;
car il a longueur, largeur, hauteur et profondeur : la profondeur est la partie pointue, qui est fichée en terre ; la longueur
s'étend depuis cette partie jusqu'aux bras; la largeur est l'é-
tendue des bras ; la hauteur s'étend des bras au sommet; la

profondeur signifie la foi, placée à la base ; la hauteur représente l'espérance, qui repose dans le ciel ; la largeur est la
charité, qui est à la gauche et qui s'étend aux ennemis ; la
longueur est la persévérance, qui est sans fin, et la conclusion de
tout. Nous en reparlerons encore à la sixième partie, au chapitre
du Vendredi saint. Touchant le signe de croix qui se fait au
commencement et à la fin de l'évangile, nous en avons parlé
dans la quatrième partie, au chapitre de l'Evangile.

XVII. Après le *Deus in adjutorium meum intende*, on ajoute
aussitôt, à chaque heure, *Gloria Patri et Filio*, etc., « Gloire au
Père, et au Fils, etc.; » *Sicut erat*, etc. Le bienheureux Jérôme écrivit ces deux versets parmi les opuscules qu'il envoya
au pape Damase, et, à sa demande, le même Damase ordonna
qu'on les chanterait à la fin des psaumes : on dit cependant
que c'est le Synode de Nicée qui a publié le verset *Gloria
Patri*. Or, parce que le Seigneur a dit : « Tu n'as pas encore
fini de parler, que je suis déjà auprès de toi, » c'est pourquoi,
comme si nous comprenions que nous sommes déjà exaucés ;
nous rendons des actions de grâces à la Trinité, en disant :
Gloria Patri.

XVIII. Cependant, aux inhumations on ne dit ni *Deus in
adjutorium*, ni *Gloria Patri*, en imitation de ce que nous
faisons aux funérailles du Sauveur, où nous ne disons pas ces
versets, comme nous le verrons dans la partie suivante, au
chapitre du Jeudi saint.

XIX. On dit également *Gloria Patri* après chaque
psaume, parce que ce verset est en l'honneur de toute la
Trinité dans son unité, car *pseaume* signifie bonne œuvre.
C'est donc avec raison qu'à la fin d'un psaume on doit rendre grâces à Dieu, qui doit toujours être loué pour toute bonne
œuvre, maintenant et toujours, comme il devait l'être au commencement, quand il créa le ciel et la terre. Car, de même
qu'à lui seul revient la gloire de la création du ciel et de la
terre, de même à lui seul aussi revient la gloire de toute bonne

œuvre, maintenant et toujours; car, dans le verset précité : *Sicut erat*, etc., se trouve la variété de temps multiples. Ainsi, *Sicùt erat in principio* indique le passé; *et nunc*, le présent; *et semper*, le futur et l'éternité; *in secula seculorum*, un grand espace de temps indéterminé; ce qui a fait dire à Origène : « Toutes les fois que l'on prononce *les siècles des siècles*, on indique un terme déterminé par Dieu, quoique indéterminé pour nous.»

XX. On lit que Hildebrand, prieur de Cluni, devenu plus tard pape sous le nom de Grégoire, n'étant encore que simple légat, obligea miraculeusement l'archevêque d'Yverdun à avouer le crime de simonie, dont il était accusé; car ce prélat avait corrompu ses accusateurs, de sorte qu'il ne pouvait être convaincu de crime; il lui ordonna de réciter le verset *Gloria Patri et Filio*. L'archevêque dit avec facilité *Gloria Patri et Filio;* mais il ne put parvenir à prononcer *Spiritui sancto*, parce qu'il avait péché contre l'Esprit saint. Ayant donc confessé la faute dont il était accusé, il fut déposé, et aussitôt il parvint à prononcer facilement *Spiritui sancto*.

XXI. Et remarque que l'on dit vingt-quatre fois *Gloria Patri* aux nocturnes des fêtes solennelles, comme on le montrera dans la sixième partie, au chapitre du Jeudi saint; ce qui se fait en l'honneur des douze apôtres, qui sont les douze heures de Dieu, c'est-à-dire éclairées par le vrai soleil du Christ. Ce sont les douze heures éclairant la nuit, c'est-à-dire illuminant l'Eglise, car ils ont prêché le Seigneur de gloire dans la nuit de ce siècle.

XXII. Tullius (Cicéron) dit que la gloire consiste à parler souvent de quelqu'un avec louanges. Saint Ambroise assure que la gloire est une connaissance claire et distincte, accompagnée de louanges. Saint Augustin (v dist.), dans *la Cité de Dieu*, touchant la gloire du siècle, dit que la gloire est la marque où l'on reconnaît que les hommes pensent bien des autres hommes. Après le *Gloria Patri*, on ajoute *Alleluia*, dont nous parlerons au chapitre de Prime.

XXIII. Les hymnes, qui viennent autant de l'institution du pape Gélase que de l'approbation des Conciles de Tolède et d'Agde (1) (*De consec.*, dist. ɪ, *De hymnis,* et dist. v, *Convenit*), sont chantées à chaque office divin. Or, le mot grec υμνος signifie en latin *louanges de Dieu* accompagnées de chant, ou voix humaine ajustée à la cadence des vers pour célébrer les louanges de Dieu. Le cantique est le transport de joie de l'ame à la vue des choses éternelles, se manifestant par l'éclat soudain de la voix humaine ; et, comme les psaumes sont des hymnes, on appelle *Psalterium* le livre des hymnes. C'est pour cela que dans certaines églises on ne chante pas d'hymnes; ce qu'il ne faut pas cependant approuver, parce que ce n'est pas sans raison qu'elles ont été instituées par les saints Pères. En outre, l'hymne n'est pas toujours la même chose que le psaume. Ainsi, quand nous ne faisons que louer Dieu par les transports de joie de l'ame, c'est pour exprimer ces louanges que nous chantons l'hymne. Or, les psaumes signifient les bonnes œuvres, comme on le dira plus bas.

XXIV. Or, il faut remarquer que dans les offices divins les hymnes précèdent les psaumes; mais dans les nocturnes, c'est-à-dire à vêpres, à complies, à laudes et à matines (*laudibus matutinis*), c'est tout le contraire ; car le jour appartient à ceuxqui vivent spirituellement et qui ont la joie de la conscience, et la nuit aux pénitents déchirés par les remords de la conscience. L'allégresse du cœur conduit aux œuvres les premiers, dont il est dit : « Chantez au Seigneur un cantique nouveau ; que votre voix éclate avec ardeur en chants dignes de lui. » Les derniers n'arrivent aux transports de joie que par les œuvres ; voilà pourquoi, dans les offices divins, les hymnes précèdent les psaumes ; mais dans les nocturnes, c'est le contraire, comme nous le verrons lorsque nous dirons en quel endroit on chante les hymnes à vêpres et à prime. C'est aussi en nous tenant debout que nous chantons les hymnes, pour montrer, par cette position de notre corps, que nous devons toujours, en louant Dieu, élever nos cœurs vers lui. Cependant, si le cœur ne s'accordait pas avec la voix, il est certain que les cris les plus retentissants ne plairaient pas au Seigneur.

XXV. Or, il existe une différence entre le psaume, l'hymne et le cantique; car le psaume représente les œuvres, l'hymne les loüanges, et le cantique les transports de l'ame, ce dont nous parlerons au chapitre de Laudes et Matines. L'Apôtre parle de ces trois choses aux Colossiens (c. III), lorsqu'il leur dit : « Chantez des psaumes, des hymnes et des cantiques spiri- tuels; chantez du fond de votre cœur les louanges du Sei- gneur. » De ces trois variétés, on peut faire découler toute la musique sacrée du Nouveau-Testament, comme on le dira bientôt. Saint Hilaire, évêque de Poitiers, est le premier qui s'illustra par la composition des hymnes. Après lui florit saint Ambroise. On appelle les hymnes du nom d'*ambrosiennes*, parce que c'est surtout de son temps qu'on commença à en chanter dans l'église de Milan. Dans la suite, dans les églises d'Occi- dent on appela hymnes toutes les poésies chantées à la louange de Dieu. Saint Augustin, dans le livre des Confessions, rap- porte que dans le temps que saint Ambroise était persécuté par l'impératrice Justine, condamnée comme arienne, et qu'il était comme assiégé dans son église avec le peuple catholique, il fit chanter des hymnes et des psaumes, suivant la coutume orientale, pour empêcher le peuple de sécher d'ennui et de chagrin, ce qui ensuite fut adopté par toutes les autres églises. Et remarque que dans certaines églises l'hymne de Noël et celles des fêtes de cette semaine sont chantées sur le même air. La raison en est que les membres sont à la tête comme les saints sont à Jésus-Christ, et participent, comme les membres à l'é- gard de la tète, à l'influence de l'éternelle béatitude ; parce que ce qui a été commencé à la naissance du Christ a été consommé à sa résurrection, parce qu'alors le sceau de la dam- nation a été brisé, et le ciel, qui depuis tant d'années était resté fermé, a été ouvert. C'est pour cela que dans ce temps, principalement, on célèbre, et avec raison, les solennités des saints, en se servant du même chant que pour les fêtes du Christ. Mais cela n'arrive point pour le chant des hymnes du temps pascal, qui signifie que la gloire des saints n'est pas encore entièrement consommée en eux, à cause du désir qu'ils éprouvent de la résurrection de leurs corps ; ce qui fait qu'ils ne sont pas encore entièrement conformes au Christ.

XXVI. On chante aussi des antiennes à chaque heure, d'après l'institution du bienheureux Ambroise, parce que le bienheureux Ignace, troisième évêque d'Antioche depuis saint Pierre, entendit, lit-on dans l'*Histoire tripartite*, les chœurs des anges chantant des antiennes sur une certaine montagne. C'est pour cela que les Grecs les premiers ont composé des antiennes, et ont décidé qu'on les chanterait en chœur avec les psaumes, comme dans les chœurs de danse. Cette coutume de chanter les antiennes passa à toutes les églises et s'étendit partout. Or, on dit les antiennes eu égard à la psalmodie à laquelle elles correspondent, comme on dit les répons par rapport à l'histoire. Antienne signifie paroles que l'on dit *avant* le psaume.

XXVII. Car on commence l'antienne avant le psaume, qui désigne les œuvres, comme l'antienne désigne l'union de la charité ou l'amour mutuel, sans lequel les œuvres ne servent de rien et par où les œuvres commencent à être méritoires. C'est donc avec raison que l'on forme la mélodie du psaume d'après le ton de l'antienne, parce que l'amour forme nos œuvres. D'après cela, antienne vient de αντι (*vis-à-vis*), et de φονος (*son, voix*), parce que l'intonation du psaume est fondée sur la mélodie de l'antienne, et que la main agit suivant qu'elle est excitée par l'étincelle de la charité. Chaque psaume se trouve entremêlé d'une antienne, parce que la foi opère par l'amour. Mais l'antienne se dit d'une manière imparfaite avant, et d'une manière parfaite après le psaume, parce que la charité, dans cette vie, est imparfaite; ou ne fait que commencer; mais dans la patrie céleste elle sera perfectionnée par les bonnes œuvres qui se font ici-bas par la charité, d'après ces paroles d'Isaïe : « Il vit le Seigneur, dont le feu est dans Sion, et le foyer dans Jérusalem. » Cependant, dans les principales solennités on dit très-justement l'antienne avant le psaume, pour marquer que nous devons nous montrer plus parfaits dans la pratique des bonnes œuvres.

XXVIII. On commence aussi par une voix prise dans un chœur, et on termine par plusieurs voix choisies dans un autre chœur, d'abord parce que la charité a son principe dans un seul, c'est-à-dire dans le Christ, et est consommée dans ses membres par lui-même, comme il le dit dans l'évangile de saint Jean : « Je vous donne un commandement nouveau, etc. » Or, Dieu nous ayant aimés le premier, nous devons également correspondre à son amour. En second lieu, pour marquer que la voix des prédicateurs, qui tend toujours à l'unité, avertit chacun de nous qu'il doit donner à son prochain par la charité ce qu'il a acquis par ses œuvres particulières, de telle sorte que si l'un étudie dans les écoles et l'autre ensemence les champs, dans le temps de la moisson le docteur donne la science à l'agriculteur, et ce dernier le pain au docteur.

XXIX. Au reste, l'antienne après les psaumes est chantée communément par tout le peuple, parce que la charité procure à tous une joie commune. De plus, les deux chœurs chantent alternativement, pour désigner l'amour ou la charité mutuelle qui né peut subsister dans un nombre de personnes moindre que deux. L'antienne réunit les deux chœurs, afin que la charité réunisse deux frères par les bonnes œuvres.

XXX. Saint Isidore dit (lib. vi, *Etymol.*) que le mot grec Αντιφωνος signifie en latin *voix alternative*, parce que les deux chœurs, en se répondant l'un à l'autre, alternent le chant des mélodies, semblables aux deux Séraphins et aux deux Testaments qui se répondent l'un à l'autre. De là vient que les clercs, en chantant les antiennes, ne se tournent pas vers l'autel, mais sont placés face à face, manière de chanter qui, dit-on, nous vient des Grecs.

XXXI. Ainsi, l'antienne est un chant inséré dans l'office divin pour nous récréer, car rien ne récrée mieux l'esprit que la charité. Or, le chant de l'antienne signifie le plaisir de l'esprit, d'après ces paroles du Psalmiste : « Chantez avec goût, car le plaisir a de la saveur quand il vient de Dieu.» —«Alors aussi les mains sont sous les ailes » (Ezech., 1). Et on lit dans les Proverbes : « Heureux l'homme qui a trouvé la sagesse, et dont la prudence est consommée; » parce que celui qui a la joie du cœur au sujet des biens éternels, est facilement consommé en prudence, c'est-à-dire en bonnes œuvres, par lesquelles il assure son avenir. Ou bien encore, d'après Moïse, l'antienne est la voix des anges conversant ensemble. Il y a six antiennes qui se disent avant les nocturnes aux jours fériés; elles sont tirées des psaumes, et indiquent la perfection des bonnes œuvres ou les six œuvres de miséricorde, parce que le nombre six est parfait. Celles que l'on dit aux laudes à Benedictus, et à Magnificat aux vêpres, sont tirées des évangiles du jour auquel on les lit, excepté celles du jeudi, comme on le dira dans la sixième partie, au Jeudi de la seconde semaine de Carême.

XXXII. Dans certaines églises, à la fin de l'antienne on chante un neume ou chant de joie, parce que c'est le peuple bienheureux qui connaît les jubilations. Or, le neume est un chant d'allégresse, une joie ineffable ou une jouissance de l'âme à l'occasion des biens éternels ; c'est pourquoi on ne doit pas en chanter dans les jours de jeûne ou d'affliction, de même qu'on n'a pas coutume de jouer de la harpe dans les jours de deuil. Le neume se produit sur une seule et dernière lettre de l'antienne, pour marquer que la louange de Dieu est ineffable et incompréhensible; car une joie ineffable est exprimée par πνευμα (souffle, respiration ou aspiration), parce qu'en cet endroit

cette joie n'est que goûtée d'avance, et ne peut être ni entièrement exprimée, ni entièrement passée sous silence. C'est
pourquoi l'Eglise, avec raison, laisse de côté les paroles et
passe au neume, tombant pour ainsi dire en admiration; car,
si elle prononçait des paroles, quelle voix, quelle parole pourrait rendre ce qu'elle éprouve? Car les paroles ne suffisent pas,
l'intelligence ne saisit pas, l'amour même ne peut exprimer ce
sentiment. Qui pourrait raconter dans sa plénitude ce que l'œil
n'a pas vu, ce que l'oreille n'a pas entendu, ce qui n'a pas
pénétré dans le cœur de l'homme? On rend donc par le neume,
plus expressément que par des paroles, l'immensité de cette
joie céleste où les paroles cesseront et où les hommes connaî-
tront tout. Mais, comme la jubilation dans les grandes solennités n'est le partage que de ceux qui sont parfaits, et que les plus
âgés ne se réjouissent pas autant que les plus jeunes, c'est
pourquoi, dans certaines églises où le neume ne se dit pas, la
voix non significative est remplacée par la voix significative;
car, au lieu de la jubilation et du neume, on chante des tropes
et des séquences, où tous, petits et grands, sont admis; et voilà
pourquoi elles sont chantées par tous. En quelles antiennes
dit-on le neume ou la jubilation, et pourquoi de préférence
dans le temps pascal? C'est ce que nous verrons au chapitre de
Laudes èt de Matines. Or, la jubilation a diverses significations et se pratique souvent en divers endroits dans le même
répons, comme nous le verrons dans la sixième partie, en
parlant de Noël. Nous avons déjà parlé du neume qui se fait à
l'*Alleluia*, dans la quatrième partie, au chapitre de l'*Alleluia*.
Nous dirons de même dans quelles antiennes on dit *Alleluia*,
dans la partie suivante, en traitant de la fête de Noël.

XXXIII. Et remarque que *neuma, neumœ*, sans *p*, et au
genre féminin, c'est le *jubilus* dont nous avons parlé. Mais
πνευμα en grec, écrit par un π, et au genre neutre, signifie le
Saint-Esprit; cependant l'un et l'autre, dans les Ecritures, est
souvent pris au féminin. Les neumes qui ont lieu à la messe

marquent donc la joie ; ils se terminent plus souvent en *e*,
comme Κυρίε ελέησον, ou en *a*, comme *Alleluia*, qu'en d'autres
sons, pour marquer la joie spirituelle qui nous a été rendue
par l'enfantement de la Vierge, pour laquelle le nom d'*Eva*
fut changé en *Ave*, lorsque l'Ange lui dit : *Ave Maria*, d'où
viennent ces paroles : *Mutans Evæ nomen.*

XXXIV. Car la signification de ce nom d'Eve était restée
jusqu'à la salutation de l'Ange. Or, les enfants qui naissent
d'Adam et d'Eve expriment cette signification en naissant :
car les filles alors dans leurs cris prononcent la lettre *e*, et les
garçons la lettre *a* ; d'où ces vers : « Tous ceux qui naissent d'A-
dam et d'Eve disent *e* ou *a* » (*b*). Ces neumes ne signifient donc
pas la douleur où nous a plongés la désobéissance d'Adam et
d'Eve, comme plusieurs l'ont écrit, mais la joie qui nous a été
rendue par la salutation précitée de l'Ange à la Vierge.

XXXV. Il faut encore remarquer que presque partout où se
trouve écrit dans le chant le nom de Jérusalem, un neume se
produit pour figurer la jubilation de la céleste Jérusalem ; on
en trouve un exemple dans *Alleluia te decet*, que l'on chante
le dixième dimanche après la Pentecôte. Il en est de même
toutes les fois qu'*Alleluia* est placé entre deux versets, pour
que nous nous réjouissions de la double robe de l'ame et de la
chair que nous recevrons. Il y en a un exemple dans *Alleluia
Pascha nostrum*, que l'on chante le jour de la Résurrection, et
dans l'*Alleluia* d'*Angelus Domini*, que l'on dit le vendredi
suivant. L'un et l'autre *Alleluia* renferment deux versets,
comme le montrent les anciens Graduels, et ainsi des autres.
Cependant, dans quelques solennités certains versets précèdent l'antienne aux nocturnes, ce dont nous parlerons dans la
partie suivante, au dimanche de la Trinité. Après les antiennes que l'on dit à chaque heure du jour et de la nuit, d'après
l'institution du pape Damase, on chante les psaumes dans le

(*b*)   *Et dicunt* e, *vel* a :
            Quotquot nascuntur ab Eva.

ton de l'antienne, et ce temps signifie une bonne et divine opération; d'où David dit : « Je chanterai en ton honneur sur le psaltérion à dix cordes. » Or, il chantait en s'accompagnant de cet instrument, pour marquer que nous devons chanter avec foi les louanges de Dieu sur le psaltérion vivifié par l'Esprit saint, en accomplissant les dix commandements de la loi.

XXXVI. Or, le pape Damase établit que des chantres divisés en deux chœurs chanteraient alternativement les psaumes, et l'on dit les psaumes alternativement, pour marquer les exhortations mutuelles des saints à bien faire; car dans les temps anciens on les chantait confusément, comme pour les danses : voilà pourquoi les saints Pères réglèrent qu'on les chanterait alternativement, c'est-à-dire qu'une moitié du chœur chanterait un verset, et l'autre moitié chanterait l'autre verset; et le bienheureux Ignace, le premier, dit-on, établit cette coutume dans l'église d'Antioche, parce que dans une vision il avait entendu les anges chanter les psaumes en deux chœurs, comme nous l'avons déjà dit dans la première partie, au chapitre de l'Eglise. On les chante encore tour-à-tour, pour marquer que l'un doit porter le fardeau de l'autre. Nous chantons aussi les psaumes en nous tenant debout, pour montrer que c'est en persévérant dans les bonnes œuvres que nous remportons la victoire. Car, tandis que le peuple d'Israël combattait contre Amalech, chaque fois que Moïse élevait ses mains le peuple était vainqueur; mais quand il les laissait retomber le peuple était vaincu (xxxvii d., *Si quis vult*). Or, l'action de se lever pour se tenir debout signifie la dévotion de notre ame; et nous montrons, par la position de notre corps, l'affection de notre ame, c'est-à-dire que nous sommes prêts soit à dompter notre chair, soit à nous exercer aux bonnes œuvres. Mais les leçons qui sont notre enseignement, nous les entendons assis et en silence, parce que nous recevons la science assis et en repos. D'où l'Ecclésiastique dit : « Ecris la sagesse dans le temps du repos, et celui qui s'abstient des

affaires la recevra. » Et encore : « Les paroles de la sagesse
s'apprennent dans le silence et le repos. » Et le Prophète dit :
« Le culte de la justice sera le silence. » Nous prions encore
les saints en nous tenant debout, pour marquer qu'ils seront
dans une perpétuelle joie, d'après ces paroles du Psalmiste :
« Nos pieds s'étaient arrêtés à ton entrée, ô Jérusalem ! »

XXXVII. Or, aux heures du jour on dit six psaumes, pour
marquer les six œuvres de miséricorde auxquelles doivent
s'appliquer ceux qui travaillent à la vigne du Seigneur, comme
pour nous exercer pieusement et avec un cœur pur, afin que,
délivrés de la servitude du diable, nous parvenions à la liberté
de la vie, et que nous recevions en récompense de nos œuvres
le denier à la fin du jour. Cependant on les dit avec trois glorifications, pour insinuer la foi à la sainte Trinité, à laquelle
toutes les œuvres divines doivent être rapportées. A vêpres on
en dit cinq, comme on le verra bientôt ; et les psaumes des
heures sont invariables, comme nous le dirons à l'article de
Complies.

XXXVIII. Il ne faut pas non plus oublier que l'on chante
un seul et même psaume dans les différentes solennités, parce
qu'on y trouve des versets qui se rapportent à ces solennités.
Par exemple, à Noël nous chantons le psaume *Eructavit,* à
cause du verset *Speciosus forma ;* nous le chantons encore aux
fêtes des Vierges, à cause du verset *Adducentur ei virgines,*
etc. ; à la fête des Apôtres, à cause du verset *Pro patribus tuis ;*
de même on chante à la Nativité le psaume *Quare fremuerunt
gentes,* à cause du verset *Dominus dixit ad me ;* et dans la Passion du Seigneur, à cause du verset *Astiterunt reges terræ ;* et
ainsi des autres. En outre, un seul et même mot est pris souvent dans diverses acceptions ; par exemple, le mot *templum*
est pris pour le corps du Christ, comme ici : « Détruisez le
temple ; » quelquefois il signifie un temple matériel. Nous
chantons le psaume *Magnus Dominus,* etc., dans la Nativité,
à cause de ce verset *Suscepimus Deus,* etc., verset que nous

entendons du temple corporel. Nous chantons encore le même psaume à la fête de la Purification, et là nous l'entendons du temple matériel, dans lequel le Sauveur fut présenté le même jour. Nous parlerons en son lieu de la psalmodie tant de nuit que de jour. Et remarque, d'après saint Jérôme (*De consec.*, dist. v, *Non mediocriter*), qu'il vaut mieux chanter cinq psaumes avec la pureté du cœur, la sérénité et la présence de l'esprit, que de chanter tout le Psautier avec l'anxiété et la tristesse du cœur.

XXXIX. Enfin, il faut remarquer qu'il y a quinze psaumes graduels qui ont été figurés par les quinze degrés qu'il y avait au temple de Salomon, bâti sur une montagne. Certains appellent ces quinze degrés le cantique des degrés, parce qu'à chacun des degrés précités on chantait un psaume, et le mot *graduum* est au génitif. Nous avons parlé de ces degrés dans la première partie, au chapitre de l'Autel. Les quinze psaumes précités ont encore été désignés par les quinze degrés d'Ezéchiel, par lesquels il vit que l'on montait dans la cité de Dieu, et dont il est parlé (*De pœn.*, d. ii, *Dum scientiam*), et dans le chapitre x d'Ezéchiel, où il est d'abord fait mention de sept degrés, puis ensuite des huit autres : car le nombre *quinze* vient du nombre *sept* et du nombre *huit*. Le nombre *sept* se rapporte à l'Ancien-Testament, parce que l'on y célébrait le septième jour, le septième mois, la septième année. Le nombre *huit* se rapporte au Nouveau-Testament, à cause de la résurrection unique, qui eut lieu le huitième jour. Nous chantons donc quinze psaumes, pour montrer que nous devons observer les préceptes des deux Testaments. Les cinq psaumes signifient les cinq sens par lesquels nous péchons, et nous ne disons *Gloria Patri* à aucun d'eux, parce que les péchés que nous commettons par les cinq sens du corps, nous devons nous les imputer à nous-mêmes et non à Dieu ; mais on dit après : *Requiem æternam,* parce que dans ces psaumes nous prions pour les morts, comme si nous disions : « Nous te prions, Seigneur, de ne pas leur refuser la vie éternelle à cause des péchés commis par les cinq sens du corps, mais de leur accorder le repos éternel, par la miséricorde de Dieu. Dans les dix psaumes suivants, nous implorons la miséricorde de Dieu pour nous, pour nos proches, pour l'assemblée des fidèles et pour les prélats; et nous y joignons le *Gloria Patri*, parce que nous sommes délivrés de la chaîne de nos péchés, parce que nous te recherchons, ô Dieu! de tout notre cœur, parce que nous observons ton Décalogue, et que nous te disons : « Seigneur, ce n'est pas à nous, mais à ton nom qu'il faut donner la gloire. » Le nombre dix vient aussi du nombre sept et du nombre trois : le nombre trois se rapporte aux préceptes de la première table, qui regardent Dieu; le nombre sept au précepte de la seconde table qui regardent le prochain ; comme si l'on disait que si le Décalogue est observé, c'est par Dieu qu'il l'est. On dit encore des versets à toutes les heures; car on lit au livre des Nombres que, tandis que l'Arche du Seigneur, qui figurait l'Eglise, reposait dans le tabernacle, Moïse disait : « Reviens, Seigneur, vers la multitude des enfants d'Israël. » Le retour du Seigneur à Israël ne signifie rien autre chose, sinon que Moïse priait Dieu de faire en sorte qu'Israël revînt à lui de tout cœur. Car Dieu, pour qui tout temps est présent, ne peut revenir vers qui que ce soit; mais *revertere* signifie : « Fais que nous retournions vers toi. »

XL. Donc, suivant cette coutume on dit les versets afin que si nos esprits se sont égarés dans de vaines pensées pendant le chant des psaumes, devenu pour eux un travail trop fort, ils se tournent à l'audition du verset vers l'orient, c'est-à-dire vers le Christ, qui est notre orient; ou bien qu'ils rentrent en eux-mêmes, suivant la signification du *verset,* qui est tiré du mot *reversione (retour)*, et dont la racine est *verto, vertis* (tourner). De là vient que pendant qu'on dit le verset nous nous tournons vers l'orient ou vers l'autel. C'est donc avec raison que l'on prononce d'une voix élevée et perçante le verset, qui

signifie le fruit des bonnes œuvres, pour exciter les paresseux,
qui sont dans une espèce de torpeur quand il s'agit de louer
Dieu et de comprendre les choses de Dieu; pour que nous ren-
trions dans notre propre cœur, afin qu'ayant entendu le verset, nous rappelions à nous toute pensée qui s'en serait échap-
pée à la vue des choses temporelles. Le verset nocturne signifie
encore que nous passons de l'office ou du travail des psaumes
à l'office du repos, afin que celui qui chantait en se tenant de
bout s'asseoie maintenant pour entendre la lecture. D'où
versus vient de *vertendo* (tourner), comme on l'a dit dans la
quatrième partie, au chapitre du Graduel. Et remarque que
dans certaines églises, le dimanche, après le premier nocturne
on dit ce verset : *Memor fui nocte nominis tui, Domine;* « Je
me suis, pendant la nuit, souvenu de ton nom, Seigneur. » Et
après le second on dit : *Media nocte surgebam*, etc.; « Je me
levais au milieu de la nuit, etc. » Et après le troisième : *Exaltare, Domine*, etc. Le premier verset, *Memor fui*, etc., nous
montre pourquoi l'Eglise s'est levée de son lit, et il marque en
quel temps il faut se lever; le second, c'est-à-dire *Media nocte*,
nous indique pourquoi il faut se lever, c'est-à-dire ce qui est
exprimé dans les paroles suivantes : « pour louer ton nom, Seigneur. » Mais quelques-uns, ne voulant pas mentir, parce qu'ils
ne se lèvent pas au milieu de la nuit, au lieu du verset précité
disent celui-ci : « Parce que tu allumes mon flambeau, Seigneur. » Cependant, David assure qu'il faut se lever au milieu
de la nuit, par ces mots : *Media nocte*, etc. Et ailleurs : « Je
me suis hâté, et j'ai crié de bonne heure, » ce qui est la même
chose, car *immaturitate* est un seul mot. D'où certains livres
contiennent *in maturitate* en deux mots, comme si *in maturitate* signifiait un temps qui n'est pas encore ouvert pour les travaux. Cependant on trouve encore un autre mot : *Præveni in-
tempesta nocte*, « Je me suis levé dans le temps le plus sombre
de la nuit, » parce que *tempestum*, chez les anciens, signifie
la même chose qu'*opportunum*, étant tiré de *tempore* ou *tem-*

pestate (temps, saison); d'où chez les anciens historiens on lit souvent ces mots : « Ceci arriva *in hac tempestate*, c'est-à-dire *in illo tempore*, dans ce temps-là. » D'où vient qu'on dit *intempestum* ou *intempestivum*, temps inopportun, c'est-à-dire qui n'est pas favorable aux opérations de la nuit. Le troisième verset, c'est-à-dire : *Exaltare, Domine*, se rapporte évidemment au Nouveau-Testament, où notre Sauveur fut exalté selon son humanité. Plusieurs cependant disent alors : « J'ai dit : Seigneur, aie pitié de moi, » parce que l'on ne parvient à la gloire qui a été donnée dans le Nouveau-Testament que par la rémission des péchés.

XLI. Mais on demande pourquoi aux nocturnes les versets se disent avant les leçons, et aux autres heures après les capitules. Je réponds que dans les leçons nocturnes, à cause de leur étendue et de leur grandeur, nous avons coutume de nous asseoir ; et de peur que, par un long repos ou par suite de la fatigue, nous n'oubliions le repos de la doctrine du Seigneur, que les leçons symbolisent, nous occupant de vaines pensées en dormant ou en conversant, c'est pour cela que dans le verset précédent nous sommes engagés à écouter les leçons. Dans les autres heures, comme il n'y a ni autant ni d'aussi longues leçons, il n'est pas nécessaire de s'asseoir ni de dire les versets avant ; ou bien encore, dans les autres heures on dit les versets après les leçons, pour marquer qu'à cause des intervalles des heures on ne néglige point la doctrine du Seigneur. Le verset est encore souvent chanté par des enfants, pour marquer que nos devoirs religieux, remplis avec innocence, plairont à Dieu. Nous parlerons plus bas des versets que l'on dit à vêpres ou à laudes, aux chapitres qui concernent ces offices.

XLII. Et remarque que le verset doit indiquer ou l'état du temps ou celui de l'office. Le verset de prime : « Lève-toi, Seigneur, et aide-nous, » indique l'état du temps, car ces paroles : « Lève-toi, » font entendre le commencement de l'œu-

vre. De même, lorsque l'on dit le verset de tierce : « Seigneur,
sois mon aide et ma protection, et ne m'abandonne pas, » on
indique par là le commencement du combat. De même, le
verset de sexte : « Le Seigneur me dirige, et rien ne me manquera au lieu de mon pâturage où il m'a placé, » signifie l'état
parfait ou de perfection ; le verset de none : « Seigneur, purifie-moi de mes péchés cachés, et fais grâce à ton serviteur des
péchés d'autrui, » désigne l'état de l'amour qui se refroidit.
Les versets qui se chantent pendant la Passion et la Résurrection
indiquent aussi l'état du temps. Le verset de l'office du soir laisse
à entendre l'état de l'office, comme : « *Vespertina oratio*, etc., »
et celui-ci : « *Dirigatur Domine, oratio*, etc., » par où l'on
peut comprendre qu'il s'agit d'oraisons du soir. Après le verset, suit l'oraison dominicale, et ensuite les prières dont nous
parlerons quand nous traiterons des nocturnes.

XLIII. On dit aussi des leçons à chaque heure tant de jour
que de nuit; on dit les leçons, parce que l'on ne les chante
pas comme les psaumes ou les hymnes, mais parce qu'on ne
fait que les lire. Pour les psaumes et les hymnes, on exige une
modulation; pour les leçons, on ne demande que la prononciation. En effet, les leçons nocturnes sont notre doctrine, parce
que par elles nous apprenons à rapporter nos œuvres à Dieu;
elles sont donc du domaine des lectures que font les docteurs
pour instruire les ignorants; par elles aussi nous imitons les
œuvres des saints, et ce qu'elles nous rappellent nous excite à
célébrer les louanges de Dieu. C'est pourquoi, comme nous
l'avons déjà dit, on les entend assis et en silence. Or, le lecteur, avant de lire la leçon, s'approche du livre et monte sur
un escabeau, parce que le lecteur doit surpasser le vulgaire par
une vie plus parfaite.

XLIV. Il demande au prêtre ou à l'évêque leur bénédiction
et comme la permission de lire, en disant : *Jube, Domne, benedicere*, « Ordonne, mon père, que le Seigneur me bénisse, »
pour marquer la domination de l'Eglise, et que personne, dans

l'Eglise, ne doit lire sans en avoir reçu l'ordre du supérieur ecclésiastique. Et il dit *Domne*, et non *Domine*, parce que Dieu seul est véritablement Seigneur. De là vient que le prêtre ou l'évêque ne donne pas de lui-même la bénédiction, mais demande discrètement à Dieu de l'accorder, en disant : « Que le Seigneur nous accorde sa bénédiction perpétuelle, etc. » Le lecteur ajoute, à la fin : « Et toi, Seigneur, aie pitié, etc., » parce qu'alors il adresse la parole à Dieu, qui est le vrai Seigneur. C'est pour cela que dans le commencement il prononce d'une voix peu assurée et entrecoupée, parce qu'alors il adresse ses paroles à un être imparfait, c'est-à-dire à l'homme, d'après ces mots du Prophète : « Tes yeux ont vu mes imperfections. » C'est ce que les moines observent aussi communément, en disant : « *Domnus abbas*, Père abbé. » C'est aussi par cette considération que les serviteurs, lorsqu'ils servent leurs maîtres, doivent fléchir devant eux un genou seulement, c'est-à-dire le genou gauche, cette partie du corps désignant la servitude corporelle, qui est la seule due aux hommes, et non la servitude spirituelle, due aux maîtres selon l'esprit.

XLV. Car dans l'église il faut fléchir non pas un seul, mais les deux genoux, pour que nous ne soyons pas assimilés aux Juifs. « Car tout genou doit fléchir devant le Christ, » dit saint Paul aux Philippiens (c. II) (Capitulo extra *De immun. Eccl. decet*). Salomon, priant pour le peuple, imprimait ses deux genoux sur la poussière et étendait ses mains vers le ciel, comme on le lit au troisième livre des Rois (c. VIII). C'est encore pour cela qu'il ne faut pas s'incliner face à face devant un prince de haut rang, soit pour lui parler secrètement, soit pour écouter ce qu'il nous dit, mais seulement se servir de l'oreille gauche en fléchissant la tête. Mais, en terminant, le lecteur prononce ouvertement et distinctement, parce qu'il s'adresse dans un langage parfait à un être parfait, c'est-à-dire à Dieu. Or, quand l'évêque veut lire une leçon et qu'il dit : « *Jube, Domine, benedicere*, » aucun de ses inférieurs ne doit le

bénir (xxi d., *Deinde*). D'où vient qu'en certaines églises on
ne lui répond rien, et que dans d'autres un seul prêtre répond
par ces paroles : « O notre père ! adresse pour nous des prières pieuses au Seigneur ; » puis l'évêque dit : « Glorifiez le
Seigneur avec moi. » Alors aussi l'évêque doit prononcer distinctement : *Jube, Domine, benedicere*, parce qu'on comprend
qu'il veut parler à Dieu, l'être parfait.

XLVI. Dans quelques églises, lorsque l'évêque veut lire,
un prêtre dit : *Jube, Domne, benedicere*, et l'évêque lui-même
donne sa bénédiction, puis fait la lecture. Car, comme la lecture des leçons n'est pas l'office du prêtre ni de l'évêque,
mais du lecteur, s'il n'y a point là un autre évêque ou un
autre prêtre présents, un clerc d'un ordre inférieur peut
dire : *Jube, Domne, benedicere*, comme parlant au nom de
l'Eglise, et le prêtre ou l'évêque qui doit lire la leçon lui donne
la bénédiction, comme remplaçant Jésus-Christ. Ou bien encore, ils peuvent lire la leçon sans que l'on dise le *Jube, Domne,
benedicere*. Dans quelques églises, l'évêque lui-même dit :
Jube, Domne, et un inférieur, à qui il se soumet volontairement, et en cela par humilité, lui donne la bénédiction (II,
q. vii, *Non sum.;* II, q. v, *Mandastis*). Quand la leçon est achevée, le lecteur dit : *Tu autem*, etc., ce qui n'appartient pas à
la leçon et n'en est pas la continuation ; mais le lecteur, en
adressant ces mots à Dieu, s'excuse, comme s'il disait : « Seigneur, j'ai peut-être péché en lisant avec harmonie et en prononçant de manière à m'attirer les louanges des hommes et à
capter le vent de la faveur humaine ; ceux qui m'ont écouté
ont peut-être péché également en arrêtant leur esprit à de
vaines pensées, et en détournant de la lecture leur entende-
ment ; mais toi, Seigneur…, aie pitié de nous. » Tous répondent alors : *Deo gratias;* et ces mots ne se rapportent pas au *Tu
autem*, mais ont trait à la leçon, car c'est la voix de l'Eglise
rendant grâces à Dieu, comme si elle disait : « Dieu nous a
nourris par les paroles du salut qui sont l'aliment de l'ame, et

pour un si grand bienfait nous disons : *Deo gratias ;* » supplée *exsolvimus,* « nous rendons grâces à Dieu. »

XLVII. La pluralité des leçons signifie le grand nombre des prédicateurs dans le temps de la grâce, comme leur petit nombre dans les jours ordinaires signifie leur rareté dans le temps de la loi ancienne ; la succession des lecteurs signifie celle des ambassadeurs, qui, en disant : *Jube, Domne, benedicere,* demandent la permission de partir. La bénédiction symbolise cette permission, par où on laisse entendre que personne ne doit prêcher s'il n'a été envoyé : « car comment prêcheront-ils, s'ils ne sont envoyés-? » La lecture de la leçon est l'exécution même de la mission donnée au prédicateur. Le *Tu autem, Domine,* désigne le retour du missionnaire, qui, en implorant la miséricorde divine, laisse à entendre qu'on ne peut s'acquitter du devoir de la mission ou de la prédication sans se souiller de la poussière de quelque faute légère. D'où saint Augustin dit : « Il y plus de sûreté a entendre la prédication qu'à l'exercer ; » car le prédicateur parcourt toute la terre, et il est difficile à celui qui marche à travers les terres de ne pas se souiller les pieds de quelque poussière, et que le prédicateur, lorsqu'il sait qu'il a bien prêché, n'en conçoive quelque sentiment d'orgueil.

XLVIII. Et remarque que, de même qu'il y a dans l'Eglise deux catégories, les savants et les ignorants, ainsi il y a deux manières de leçons. Les leçons qui sont lues à la messe sont pour l'instruction des savants ; mais celles qui se disent la nuit sont pour l'instruction des ignorants : aussi sont-elles expliquées. Et note bien ceci, savoir, que les leçons sont terminées de quatre manières :

XLIX. 1° Elles le sont généralement par *Tu autem.* 2° Pendant l'Avent, la Nativité et l'Epiphanie, les leçons tirées d'Isaïe sont terminées par ces mots : « Voici ce que dit le Seigneur : Convertissez-vous à moi, etc. » Ceux qui lisent ces mots pendant la Nativité seront avertis par ce chapitre d'Isaïe

qui est lu en ce temps : *Primo tempore alleviata est*, etc.,
lorsqu'on arrive à cet endroit : *et in omnibus his*, etc., « et,
après tous ces maux, ma fureur n'est point encore apaisée
et mon peuple n'est pas converti. » Et c'est pour cela que
l'Eglise, au nom du Christ, exhorte le peuple pécheur à
se convertir. La même chose se pratique encore dans quelques églises et pour la même raison, quand on lit les leçons
tirées de Jérémie, où il reproche leur dureté aux pécheurs qui
ne se convertissent pas en faisant pénitence. 3° Les leçons qui
sont lues les trois jours qui précèdent Pâques, et qui sont
tirées des Lamentations de Jérémie, sont terminées par ces
mots : *Jerusalem, Jerusalem*, etc., comme on le dira tout-à-
l'heure. 4° Les leçons pour les morts sont terminées simplement, sans aucune des terminaisons susdites ; cependant,
dans quelques églises, on termine par : «Bienheureux les morts
qui meurent dans le Seigneur, » que l'on prend à la fin d'un
sermon que saint Augustin à composé *De mortuis*. Et remarque encore qu'au troisième nocturne on lit l'évangile
et l'homélie de ce même jour, parce que le troisième nocturne
désigne le temps de la grâce, dans lequel l'Evangile a été prêché, et dans lequel la prédication évangélique est célébrée,
comme on le dira au chapitre des Nocturnes.

L. Il ne faut pas non plus passer sous silence que dans les
temps anciens, après avoir éliminé les hérésies qui atta-
quaient la vérité de la Trinité, les saints Pères, pour que la
sainte Trinité fût plus connue, arrêtèrent que la neuvième leçon aurait toujours trait à la Trinité, qu'on chanterait le neuvième répons à la même intention, et que dans la première
férie on dirait toujours une messe en l'honneur de la Trinité.
Après une longue observation de cette coutume, et lorsque la
Trinité fut connue de tous, l'Eglise omit là leçon sur la Trinité ; mais presque toutes les églises ont conservé le répons de
la Trinité, et aussi l'*Alleluia* le dimanche à la messe, soit par
la force de l'usage, soit à cause de la douceur du chant. Aussi,

c'est improprement qu'on le nomme encore répons, puisqu'il n'a plus de rapport avec la leçon précédente. Les leçons du jour, à cause de leur brièveté, sont appelées par plusieurs *lecticulæ* (petites leçons), et par d'autres *capitules*, parce qu'elles sont tirées le plus souvent du commencement (*de capitibus*) des épîtres des jours où on les dit. On les dit à chaque heure, après les psaumes et les antiennes, comme il a été décrété par le Concile d'Agde (*De consec.*, d. v., *Convenit*). Cette méthode a été empruntée à Esdras, comme on l'a déjà dit, et *capitule* signifie *doctrine*. Or, afin que la psalmodie n'engendrât pas l'ennui dans l'esprit des auditeurs, comme la manne dégoûtait les Juifs (à cause de quoi Dieu leur envoyait des serpents de feu qui les mettaient à mort), c'est pourquoi on commence par dire le capitule, qui est une courte leçon tirée du Nouveau ou de l'Ancien-Testament, et qui excite à la dévotion, contraire à l'ennui, et exhorte à la persévérance dans le bien, d'après ces paroles : « Nous vous exhortons, afin que vous ne receviez pas en vain la grâce de Dieu. » Or, aux nocturnes les leçons sont plus nombreuses qu'à l'office du jour, parce qu'alors nous y prêtons une oreille plus libre et plus attentive. Dans la plupart des églises, c'est le pasteur qui lit ces capitules ou exhortations aux fidèles (*domesticos*) et aux savants, parce que, de même que nous mettons du bois sur du bois pour rendre le feu plus ardent, de même les paroles des pasteurs, tombant sur les cœurs déjà embrasés des fidèles, les font brûler encore avec plus d'ardeur. On lit aussi ces leçons sans dire *Jube, Domne, benedicere*, et sans bénédiction, parce que c'est l'évêque ou le prêtre qui tient la place du Christ, et dont l'office spécial est d'exciter les paresseux (comme étant les plus élevés en âge et en dignité) qui lisent le plus souvent les leçons. Car à eux appartient de donner la permission de les lire et de bénir; mais ils ne demandent à personne ni la permission de lire, ni la bénédiction : car le plus grand bénit le plus petit, mais le plus petit ne bénit pas le plus grand. Or, les leçons de nocturnes sont lues par ceux qui n'ont que les ordres mineurs; c'est pourquoi ils demandent à leurs supérieurs la permission de lire et la bénédiction. Dans les leçons du jour, on ne dit pas à la fin *Tu autem*, etc., comme dans les leçons de l'office de nuit, parce que le prêtre doit être parfait et ne pas succomber facilement aux suggestions du diable, et parce que, dans une courte leçon et au milieu de personnes familières, on ne sait trop où il trouverait matière à rechercher la faveur des hommes, comme il arrive quelquefois dans les leçons nocturnes, ainsi qu'on l'a déjà dit. Cependant on répond : *Deo gratias*, pour la raison que nous avons donnée dans les leçons nocturnes. De plus, les offices des heures sont partagées en capitules. Par ceux qu'on lit d'abord, nous entendons le travail; par ceux qui suivent, la récompense. C'est pourquoi ceux qui précèdent consistent en psaumes; ceux qui suivent, en hymnes et en cantiques.

LI. Or, il faut remarquer que dans l'Eglise cette magnifique coutume s'est établie de dire quatre fois le jour et quatre fois la nuit, à chaque heure de la psalmodie du jour ou de la nuit, une leçon ou un capitule tiré de l'Ancien ou du Nouveau-Testament. Cependant certaines églises ne disent le capitule ni à prime, ni à complies. Mais, comme d'après cela nos leçons n'étaient pas au nombre de huit, comme elles l'étaient d'après Esdras dans l'Ancien-Testament, de là vient, comme on l'a dit plus haut, que ces églises, après prime, lisent dans le capitule la leçon omise à prime. Quelqu'un dit : *Jube, Domne, benedicere*; et quand le prêtre a béni on répond : *Regularibus disciplinis*, et le reste. Avant complies, on lit ce qui doit être omis à complies, c'est-à-dire : « Mes frères, soyez sobres, etc.; » ou bien un passage des *Dialogues* de saint Grégoire, ou quelque chose de semblable, comme nous le dirons au chapitre de Prime.

LII. Or, on demande pourquoi, dans les leçons de nuit ou de jour, on n'annonce pas à l'avance le nom des auteurs de ces leçons, comme cela se pratique pour celles qui se lisent à la messe. Je réponds : Ceux qui ont l'usage de ces leçons et des divines observances, tels que les ministres et les officiers de l'Eglise, connaissent leurs auteurs rien qu'à la lecture, et, comme ils assistent et prennent part à ces leçons de nuit, il n'est pas nécessaire que le nom des auteurs des leçons soit exprimé ; si on l'exprime à la messe, c'est à cause des bouviers, des ouvriers et des laboureurs qui y assistent, afin que, si quelqu'un d'entre eux, entendant rarement ces leçons, ignorait l'histoire qu'elles contiennent, il entende au moins le nom de l'auteur, qu'il ne connaît peut-être pas, afin que, par l'autorité de l'auteur, les paroles de la leçon se gravent plus profondément dans la mémoire et le cœur de l'auditeur. Cependant, dans certaines leçons nocturnes se trouve quelquefois exprimé le nom de l'auteur, comme dans les sermons et les homélies de saint Grégoire, de saint Augustin et d'autres encore, comme nous le dirons dans la préface de la septième partie. Or, dans le Concile de Mayence, dans Bucard (lib. VIII, *Laicus*), il a été décrété que les laïques ne liraient point de leçons dans l'église et ne diraient point *Alleluia*, mais qu'ils devraient seulement chanter les psaumes et les répons sans *Alleluia*. Les répons sont aussi placés après les leçons ; car, comme les leçons signifient la doctrine, et les répons les bonnes œuvres, c'est avec raison qu'on place les répons après les leçons, parce que nous devons répondre à la doctrine par les bonnes œuvres, de peur qu'en compagnie du serviteur paresseux qui cacha l'argent de son maître, nous ne soyons précipités dans les ténèbres extérieures.

LIll. Or, on dit *répons*, parce qu'il doit *répondre* à la leçon, c'est-à-dire s'accorder avec elle, de telle sorte que si les leçons sont tirées des Actes des apôtres les répons en soient tirés aussi ; d'où le neuvième répons a coutume de correspondre à la neuvième leçon, qui, autrefois, traitait de la Trinité, comme on l'a déjà dit. Cependant on pourrait être trompé dans les répons tirés de l'histoire, qui sont chantés aux nocturnes après l'évangile, et qui ne correspondent pas aux leçons de l'évangile; nous en avons déjà parlé dans la quatrième partie, au chapitre du Graduel. On dit encore *répons*, parce qu'une seule personne chante, et que tous les autres lui *répondent* en chantant d'une voix unanime, d'après ces paroles de l'Apôtre aux Corinthiens (c. i) : « afin que nous disions tous la même chose en nous accordant, et qu'on ne voie pas de divisions parmi nous. » Car un seul a chanté, qui est le Christ, et Pierre avec les autres l'ont suivi ; ou bien encore, parce que le chœur chante le répons, et que le verset n'est chanté que par un seul. Saint Isidore dit que c'est des Italiens que nous viennent les répons, qui furent ensuite appelés *chants responsoriaux*, parce que quand un chantre finit de chanter un autre reprend ensuite le chant, comme pour *répondre* au premier.

LIV. Enfin, les répons nocturnes sont comparés aux cantiques spirituels. On les nomme *cantiques*, parce qu'on les chante; *spirituels*, parce qu'ils procèdent de la jubilation spirituelle de l'ame. On les chante, afin qu'après la récitation des leçons ils transportent notre ame vers les concerts de la céleste patrie, ce que donne à entendre le *Gloria Patri*, que l'on chante à chaque répons. Au reste, le répons est entonné par un seul, pour être continué par les autres, afin de marquer qu'un frère exhorte ses frères à servir Dieu. Le verset du répons, qui tout entier est chanté par un seul, indique que l'on adresse à Dieu une prière spéciale. Par le chant du répons, nous élevons la voix, que nous faisons retentir comme une trompette, pour exciter encore nos frères à s'élever si haut qu'ils parviennent à louer dignement la sainte Trinité, en disant : « Gloire au Père, au Fils, etc. » Quelquefois aussi, le répons a trois versets, comme on le dira dans la sixième partie, au premier dimanche de l'Avent. C'est incomplètement qu'on répète le répons après le verset, et pour marquer que si nous ne pouvons être sauvés sur la montagne, c'est-à-dire dans l'état de perfection, nous soyons au moins sauvés sur le mont Ségor, c'est-à-dire par une autre voie, qui est l'état d'imperfection. On chante encore le répons incomplètement ou en partie, pour marquer que les actes que nous accomplissons pendant notre vie sont imparfaits; et, d'abord, la répétition a lieu à partir du point le plus éloigné jusqu'à la fin, et ensuite à partir du point le moins éloigné et du dernier. On dit : *Gloria Patri, et Filio,* comme nous le dirons au dimanche de l'Avent, précité; dans les solennités on le répète entièrement par deux fois, pour désigner la joie et la perfection des saints.

LV. On dit également à chaque heure les oraisons, au moyen desquelles nous devons obtenir les premiers fruits de l'office ; car l'oraison est une demande, et prier c'est demander, comme prier instamment c'est obtenir. Selon saint Grégoire, prier véritablement c'est pousser des gémissements amers, avec componction, et articuler des paroles préparées; l'oraison signifie la miséricorde de Dieu, qui précède et suit l'homme dans les bonnes œuvres : c'est pourquoi on dit l'oraison au commencement et à la fin de la messe. Or, la dernière oraison est la bénédiction que le Seigneur donne à ses ouvriers. Les oraisons finales sont imitées des Actes des apôtres, qui, quand ils se séparaient, se mettaient à genoux et priaient. Le prêtre sur le point de dire l'oraison salue le peuple, en disant : *Dominus vobiscum,* pour l'exciter à prier afin que son oraison soit agréable à Dieu et que Dieu répande sur lui sa grâce. L'oraison terminée, il prie de nouveau, en disant : *Dominus vobiscum,* ce dont nous parlerons au chapitre de Prime.

LVI. Et remarque que tout l'office, excepté le nocturne, se termine par l'oraison et la bénédiction, pour indiquer que tant que nous sommes dans ce siècle nous avons besoin d'être fortifiés par les oraisons des prêtres. En effet, lorsque nous ayons un entretien familier avec les serviteurs de Dieu, nous avons coutume, avant de nous éloigner d'eux, de leur demander leur bénédiction. Mais aux nocturnes cela ne se pratique pas, parce qu'alors il n'y a pas séparation : on chante donc sans interruption l'office du matin, c'est-à-dire *matines* et *laudes*, en l'honneur de Dieu.

LVII. Or, bien que Dieu soit présent partout, cependant le prêtre, à l'autel et pendant les offices divins, doit, d'après le décret du pape Vigile, se tourner vers l'orient pour prier. De là vient que, dans les églises qui ont leur entrée à l'occident, le prêtre, en célébrant la messe, se tourne pour saluer le peuple, parce que nous présentons à Dieu ceux que nous saluons face à face, comme nous l'avons vu dans la quatrième partie, au chapitre du Salut du prêtre; et ensuite pour prier il se retourne vers l'orient. Mais dans les églises qui ont leur entrée à l'orient, comme à Rome, pour saluer on n'a pas besoin de se retourner, et le prêtre qui célèbre dans ces églises est toujours tourné vers le peuple. On dit aussi que le temple de Salomon et le tabernacle de Moïse avaient leur entrée à l'orient (Exode, c. XXXIV). Nous prions donc le visage tourné vers l'orient : Premièrement, en souvenir de ce que Celui qui est la splendeur de la lumière éternelle a illuminé ceux qui étaient assis dans les ténèbres, parce que l'orient descendant de sa gloire nous a visités, lui dont on lit : « Voilà que le nom de cet homme sera Orient. » En preuve de quoi il est dit dans le livre de la Sagesse : « Il faut adorer vers l'endroit où le soleil se lève, non que la majesté divine réside localement dans l'orient, elle qui remplit tout par sa puissance et par son essence, » d'après ces paroles : « Je remplirai le ciel et la terre, » et d'après celles-ci du Prophète : « Si je monte au ciel, je t'y trouve; si je descends dans les enfers, tu y es présent; » mais parce que, pour ceux qui craignent, Dieu se lève, soleil de justice qui éclaire tout homme venant en ce monde. Secondement, nous prions tournés vers l'orient, afin que notre esprit soit averti de se tourner et de s'élever vers des biens plus excellents que ceux de cette terre. Troisièmement, parce que ceux qui veulent louer Dieu ne doivent pas lui tourner le dos. Quatrièmement, d'après saint Jean Damascène, qui a écrit les quatre oraisons suivantes au quatrième livre (*Can.*, c. v), pour montrer que nous recherchons notre patrie. Cinquièmement, afin que nous tournions nos regards vers le Christ crucifié, qui est le véritable orient, et à qui nous nous adressons dans nos prières. Sixièmement, pour montrer que nous attendons la venue du juge ; car saint Jean Damascène dit au même endroit : « Dieu a planté le paradis à l'orient, d'où il a exilé l'homme après son péché et l'a fait habiter à l'occident, en face du paradis. » Chassés donc de notre antique patrie, nous jetons un regard sur elle, en priant Dieu, tournés à l'orient. Septièmement, parce que notre Seigneur sur la croix était tourné vers l'orient, voilà pourquoi nous prions les yeux tournés vers lui ; et lui-même, dans son ascension, était emporté aux cieux dans la direction de l'orient, et c'est ainsi que les apôtres l'adorèrent. C'est ainsi qu'il viendra, en suivant la même voie qu'ils lui virent prendre pour monter aux cieux : c'est donc dans l'attente du Christ que nous prions vers l'orient. Daniel et les Juifs, pendant la captivité de Babylone, priaient également le visage tourné du côté du temple. Saint Augustin, cependant (ii dist., *Ecclesiasticarum*), dit qu'aucun passage de l'Ecriture ne nous apprend qu'il faille prier vers l'orient. Nous prions encore les saints debout, comme nous l'avons dit déjà en parlant des psaumes.

LVIII. Or, il faut prier dans l'église, qui a été construite pour cela, comme nous l'avons vu dans la première partie, au chapitre de l'Eglise. D'où le Psalmiste (lxvii) : « Bénissez le Seigneur Dieu dans les assemblées, vous qui êtes des ruisseaux sortis des sources d'Israël. » Et ailleurs : « Adorez le Seigneur dans sa sainte cour. » Et : « J'entrerai, Seigneur, dans ta demeure ; Seigneur, rempli de ta crainte, je t'adorerai dans ton saint temple. » De plus, il a été ordonné de l'adorer devant l'autel : « C'est là que tu l'adoreras. » Et le Prophète dit :

« Venez, adorons Dieu, prosternons-nous devant lui ; pleurons devant le Seigneur, qui nous a créés, parce qu'il est le Seigneur notre Dieu ; » Dieu, c'est-à-dire créateur ; Seigneur, c'est-à-dire notre rédempteur ou notre sauveur. Mais, Dieu étant présent partout, comme nous l'avons déjà dit, pourquoi doit-il être plutôt adoré dans un temple qu'ailleurs ? En outre, on lit dans saint Jean (c. IV) que, la Samaritaine ayant demandé au Christ la solution de la question souvent agitée entre les Juifs et les Samaritains touchant le lieu de l'adoration, en disant : « Nos pères ont adoré Dieu sur les hauts lieux, et vous dites qu'il y a un endroit à Jérusalem où il faut l'adorer, » Jésus lui répondit : « Femme, crois-moi, l'heure est venue où ni sur les hauts lieux ni à Jérusalem (il faut suppléer *seulement*) vous n'adorerez votre Père ; mais les vrais adorateurs adoreront le Père en esprit et en vérité ; » comme s'il disait : Je ne choisis pas un lieu de préférence pour y être adoré. Dieu doit être adoré partout, mais en esprit, c'est-à-dire eu égard aux biens spirituels ; et en vérité, c'est-à-dire en vue des biens éternels. D'où vient que le Christ dit : « Lorsque tu prieras, entre dans ta chambre, et, après en avoir fermé la porte, prie ton Père. » Mais, quoique Dieu doive être adoré partout, pourtant il faut l'adorer spécialement dans l'église ; autrement, c'est en vain qu'on élèverait des temples au Seigneur avec tant de zèle et à si grands frais, s'il ne préférait être adoré dans ces temples. C'est pourquoi Salomon, dans le temple qu'il avait construit au Seigneur et qu'il lui avait dédié, le pria d'exaucer, en tout ce qu'il demanderait de juste, quiconque monterait au temple en criant vers le Seigneur pour ses péchés ou pour toute autre tribulation. Cette forme de prière est suivie par l'Eglise dans l'oraison qu'elle dit lors de la consécration des temples ; car les anges y assistent les adorateurs de Dieu, pour offrir au Seigneur leurs dévotes oraisons, d'après ces paroles : « Je chanterai tes louanges en présence des anges ; je t'adorerai dans ton saint temple, et je confesserai ton nom, Seigneur. » De là vient aussi que l'ange dit à Tobie : « J'ai offert ta prière au Seigneur. » Car c'est là que reposent les reliques des saints qui, lorsque nous adorons Dieu dévotement, nous obtiennent, par leurs prières, ce que nous ne pouvons acquérir par nos propres mérites. Dieu nous défend, de plus, de prier sur les places et en public, à la manière des pharisiens. Ce que recommande l'Apôtre dans l'épître à Timothée, quand il dit : « Je veux que vous priiez en tout lieu, levant vers Dieu des mains pures, sans colère, » s'entend de la prière intérieure. Car celui-là prie en tout lieu, qui, par la pratique de la charité et des bonnes œuvres, élève partout vers Dieu des mains pures, c'est-à-dire un cœur sans tache.

LIX. Au reste, on doit adorer le Père, le Fils et le Saint-Esprit, parce que toutes et chacune de ces personnes sont un seul, unique et vrai Dieu. Quoique autre soit la personne du Père, autre la personne du Fils, autre la personne du Saint-Esprit, cependant la divinité du Père, du Fils et du Saint-Esprit est une, leur gloire égale, et leur majesté coéternelle. Donc la prière adressée à toute l'indivisible Trinité est une et égale ; et on peut entendre comme ayant trait à elle ce que dit le Seigneur : « Les vrais adorateurs adoreront le Père en esprit et en vérité. » Car celui qui adore véritablement Dieu adore le Père en esprit et en vérité, c'est-à-dire dans le Fils, qui dit de lui-même : « Je suis la voie, la vérité et la vie. Je suis, dit-il, dans mon Père, et mon Père est en moi. » C'est pourquoi il faut adorer le Père dans le Fils, le Fils dans le Père, et le Saint-Esprit dans les deux premières personnes de la sainte Trinité.

LX. Il faut aussi adorer Dieu avec un cœur pur, une bonne conscience et une foi sincère : avec un cœur pur, non à la manière de certains hommes, qui glorifient Dieu dans la prospérité et le blasphèment dans l'adversité, et dont le Prophète dit : « Ils confesseront ton nom tant que tu leur feras du bien, et murmureront quand ils ne seront pas rassasiés, » avec une bonne conscience, non à la manière de ceux qui, après avoir grièvement offensé Dieu, viennent lui offrir ensuite de téméraires sacrifices, et dont le Prophète parle ainsi : « Dieu a dit au pécheur : Pourquoi racontes-tu mes justices et prends-tu avec ta bouche le nom de mon Testament » (III, q. viii)? Ce qui prouve que ce Testament est celui dont la Vérité a dit : « Ceci est mon sang, le sang du Nouveau-Testament; » avec une foi sincère, et non à la manière de ceux qui adorent en prononçant correctement, mais qui vivent mal, et auxquels le Seigneur adresse ce reproche : « Ce peuple m'honore des lèvres, mais son cœur est bien loin de moi, car ils parlent et n'agissent point. » Dieu doit donc être adoré de cœur, par la dévotion; de bouche, par la confession, par les actes, c'est-à-dire avec respect.

LXI. Or, il y a deux sortes d'adoration ou de culte, c'est-à-dire le culte de latrie, qui n'est dû qu'à Dieu seul, et le culte de dulie, que l'on rend à quelques créatures, comme on l'a vu dans la quatrième partie, à la quatrième particule du canon, sur ce mot : *Servitutis*.

On doit encore dire les heures canoniques aux heures du jour auxquelles elles correspondent, nonobstant ce que dit le Psalmiste : « Je bénirai le Seigneur en tout temps, » et cette parole de l'Apôtre : « Priez sans interruption, » parce que bénir le Seigneur en tout temps, c'est le louer toujours par une vie intacte; prier sans interruption, c'est faire tout pour la louange ou la gloire de Dieu, comme le dit le même Apôtre en ces termes : « Soit que vous mangiez, soit que vous buviez, quelque chose que vous fassiez, faites tout pour la gloire de de Dieu » (XXVI, q. vii, *Non observetis*). Au reste, le salut précède l'oraison et le répons la suit, comme on le dira à l'article de Prime.

LXII. On dit finalement, après l'oraison : *Benedicamus Domino*, « Bénissons le Seigneur, » termes extraits de l'Apôtre, ou du psaume, ou de l'hymne des trois enfants dans la four-

naise, où il est dit : « Bénissons le Père et le Fils, etc. » Il est
quelquefois prononcé par des enfants d'un âge encore imparfait,
pour marquer que toutes nos œuvres sont imparfaites, d'après
cette parole du Psalmiste : « Mes yeux ont vu mon imperfection, etc., » (*De consec.*, d. iv, *Tulerunt*), parce que nos louanges sont puériles et imparfaites eu égard au Dieu que nous
louons ; car tout ce qu'on peut dire alors est bien au-dessous
des louanges que Dieu mérite, comme si l'Eglise disait : « Nous
louons, mais nous ne suffisons pas à louer, parce que l'excellence de Dieu met en défaut notre langage et notre intelligence. » L'homme donc s'unira à un cœur plus élevé que le
sien, et Dieu sera glorifié. De là vient que tous répondent à la
fin : *Deo gratias*, comme s'ils disaient : « C'est une chose qui
nous est agréable, » comme c'est une chose pieuse d'être surpassé en célébrant les louanges de Dieu. Il est dit quelquefois
par des enfants (*pueri*), pour marquer qu'il n'y a que les enfants, c'est-à-dire ceux qui sont purs (*puri*) et exempts de toute
malice qui louent convenablement Dieu et lui rendent de dignes actions de grâces. Il est dit aussi quelquefois par des personnes plus âgées, pour marquer que dans la béatitude éternelle avec Dieu nous serons des adorateurs parfaits, puisque
dans cette vie nous ne pouvons être parfaits.

On dit ensuite, après les *suffrages* (b), une autre oraison qui
symbolise la miséricorde de Dieu, qui précède et accompagne
l'homme dans les bonnes œuvres. On dit encore une fois *Benedicamus* et *Deo gratias;* car, de même que le Seigneur, après
sa résurrection, salua deux fois ses apôtres et les bénit, et que
ceux-ci, lui rendant grâces, l'adorèrent, de même le prêtre
aussi, après avoir prononcé de nouveau une autre oraison, dit :

(b) *Suffragium, suffragia.* Ce mot, également employé au singulier et au
pluriel, mais plus souvent cependant au pluriel, a trois sens : 1º celui des
prières par lesquelles nous implorons le secours (*suffragia*) des saints auprès
de Dieu ; 2º il marque les prières des moines et autres œuvres pies auxquelles
les laïques sont admis à participer ; 3º enfin, les prières qu'on adressait aux
saints pour les morts.

Benedicamus Domino, « Bénissons le Seigneur; » sous-enten-
dez : « dont nous sommes les membres et en qui nous bénissons. » Et il bénit aussi, à l'exemple du Christ.

LXIII. Or, le chœur, pour rendre grâces, dit : *Deo gratias,*
mots tirés de l'Apôtre, et qui signifient que jusqu'à la fin de
notre vie nous devons conserver notre innocence et bénir Dieu
en lui rendant grâces pour ses bienfaits; ou bien encore *Benedicamus Domino* et *Deo gratias* sont une louange finale, une
ineffable jubilation, qui aura lieu dans la gloire, quand nous
rendrons à Dieu des actions de grâces; ou bien *Deo gratias* est une action de grâces rendue quand on a fourni la
carrière, ce dont nous avons parlé dans la quatrième partie, au
chapitre de la Dernière Oraison. Il semble que l'on devrait plutôt répondre : *Amen,* « Ainsi soit-il, que la chose arrive ainsi, »
c'est-à-dire : « *Qu'il* arrive que Dieu soit béni; » mais on répond : *Deo gratias,* pour marquer que c'est par Dieu lui-même
que nous bénissons Dieu.

LXIV. Or, parce que tant que nous vivons nous sommes
sur un chemin glissant et assiégés par les démons, c'est pourquoi nous avons toujours besoin des suffrages des saints. C'est
pour ce motif que dans la plupart des églises, à chaque heure,
après le *Benedicamus* on ajoute les suffrages des saints. Et
remarque que, comme tout le temps écoulé depuis la Nativité
du Seigneur jusqu'à la fête de la Purification appartient à
l'enfance du Sauveur, voilà pourquoi, comme plusieurs le disent, on ne doit point faire alors de mémoire, surtout de la
croix, d'après ces paroles : « Tu ne cuiras point le chevreau
dans le lait de sa mère, » ni même depuis le dimanche de la
Passion jusqu'au samedi après la Pentecôte, comme on le dira
en son lieu. Il faut encore savoir que, comme Pierre et Paul
n'ont pas été séparés dans la vie et dans la mort, ainsi que le
chante l'Eglise, de même ils ne sont pas séparés dans leurs
mémoires, qui sont communes et simultanées pour tous les
deux.

LXV. Il faut noter, enfin, que l'usage de chanter vient pri-mitivement de l'Ancien-Testament (2), comme on le lit dans Esdras, et comme nous l'avons dit dans la seconde partie, au chapitre du Chantre, et aussi dans la quatrième partie, au chapitre de l'*Alleluia*. Et l'Ecclésiaste dit (c. XLVII) : « Il leur a donné la puissance contre leurs ennemis, et il a ordonné aux chantres de se tenir en face de l'autel, et il a formé de doux accords avec leurs voix. » Et le Psalmiste : « Chantez-lui un cantique nouveau, chantez-le bien, et faites retentir l'air du son de vos voix. » On chante donc en l'honneur du Seigneur, pour montrer que les hommes doivent rendre à Dieu des ac-tions de grâces et louer son saint nom, tandis que les mains et les autres membres s'appliquent à faire des œuvres qui puis-sent plaire à Dieu. Cependant plusieurs condamnent l'usage du chant, comme on l'a dit dans la préface de la quatrième partie. On croit que c'est le bienheureux Grégoire qui, pour les heures du jour comme pour celles de la nuit, régla l'ordre du chant et le distribua en plain-chant, c'est-à-dire en chants uniformes, quoique beaucoup, avant et après lui, aient com-posé des oraisons, des antiennes et des répons.

LXVI. Et remarque, d'après Hugues de Saint-Victor, qu'il. y a trois espèces de sons, qui forment les trois modes; car on forme des sons par la percussion, par le souffle, par la voix. La percussion se rapporte à la harpe, le souffle ou l'air à la trompette et à l'orgue, et la voix au chant. Le peuple ancien employait ces trois modes musicaux pour célébrer les louanges de Dieu. Or, cette harmonie des sons peut être rapportée à l'harmonie des mœurs, si l'on compare au pincement de la harpe les œuvres des mains, au souffle de l'orgue la dévotion de l'ame, au chant de la voix les exhortations des prédicateurs. Saint Bernard dit : « A quoi sert la douceur de la voix, sans la douceur du cœur; tu domptes ta voix, c'est-à-dire tu l'exer-ces aux diverses modulations des sons : brise aussi ta volonté; tu conserves l'harmonie des voix : garde aussi l'accord des

mœurs, afin que par l'exemple tu sois d'accord avec ton prochain, par la volonté d'accord avec Dieu, et par l'obéissance
d'accord avec tes supérieurs. » Nous avons parlé de l'orgue
dans la quatrième partie, au chapitre du *Sanctus*.

LXVII. Ces trois genres d'harmonies se rapportent encore
à la triple différence des bénéfices ecclésiastiques, d'après Richard, évêque de Crémone, *in Mitrali;* car l'office même de
l'Eglise consiste en psaumes, en chant et en leçons. Le premier mode d'harmonie se fait par la percussion des doigts,
comme dans le psaltérion et autres de ce genre, et c'est à ce
mode que se rapporte la psalmodie, d'après ces paroles :
« Louez-le avec le psaltérion et la harpe ; » car psaltérion vient
du grec Φαλλειν, qui signifie toucher ou frapper en latin. Le
second est celui qui s'exécute par la voix, c'est-à-dire la voix
humaine, et à ce mode appartiennent les leçons; d'où le Psalmiste : « Chantez convenablement ses louanges (*in vocifera-
tione*) par les sons que forme votre voix. » L'Apôtre aussi appelle la leçon *vocem* (voix), lorsqu'il dit : « Ignorant Jésus et
la voix des prophètes ; » ce qu'on lit le samedi. Le troisième
genre est celui qui se produit par le souffle, comme pour la
trompette, et à ce genre appartient le chant. D'où le Psalmiste dit : « Louez-le en sonnant de la trompette. » Sans
doute, l'accord des sons divers est raisonnable, et signifie une
harmonie, une concorde pleines d'unité et de régularité dans
la variété, et aussi l'union de la cité céleste. Car un chant
agréable est formé par des voix diverses, mais non contraires,
c'est-à-dire qui s'accordent.

LXVIII. Le chant, dans l'Eglise, signifie encore la joie du
ciel. Les voix de *basse*, d'*alto* et de *soprano* signifient qu'il faut
prêcher de trois manières les trois ordres de l'Eglise, ou bien
symbolisent les trentième, soixantième et centième fruits de
l'Evangile, savoir : les trois grains, qui rapportèrent l'un trente,
l'autre soixante, un autre cent pour un. Ou, d'après les trois
volumes de Salomon, elles signifient l'ordre des commençants,

l'ordre de ceux qui sont en chemin, et l'ordre des parfaits. Nous avons déjà parlé du chœur dans la première partie, au chapitre de l'Eglise.

LXIX. Or, il fut statué, dans les Conciles de Tolède et de Gironne (*De consec.*, dist. II, *Institutio;* et distinct. I, *Altaria;* et XII distin., c, fin.), que l'ordre de la messe, ainsi que la coutume de chanter et d'officier, doivent être dans toutes les autres églises les mêmes que ceux observés dans l'église métropolitaine; qu'il n'est pas permis aux abbés et aux moines qui ont charge d'ames, de célébrer l'office public autrement que dans l'église épiscopale. Cependant saint Augustin dit (XII distinct., *Illa*), qu'il est convaincu que cela n'est ni contraire à la foi, ni contraire aux bonnes mœurs; mais que c'est un acte indifférent, et que pour les offices de l'Eglise on doit de droit observer les us et coutumes de chaque église (*De consec.*, distinct. *De cœna;* Extra *De celeb. miss.*, c. penult., XII distinct., *Catholica*).

CHAPITRE III.

DES NOCTURNES.

I. Quoique les offices de l'Eglise commencent par vêpres, d'après ces paroles : « Vous célébrerez vos sabbats d'un soir à l'autre » (Extra *De feriis*, c. II), cependant, comme l'ordre convenable exige que nous allions de la nuit au jour et non le contraire, c'est pourquoi nous commençons par l'office de nuit. Or, le temps nocturne est l'image de notre vie dans l'état du péché. L'office de nuit est la servitude de notre exil; car la louange du matin est le suffrage ou la prière de la pénitence, par laquelle nous nous dirigeons vers la joie de la lumière et de la liberté; ou bien le temps qui précède nocturne signifie le temps qui existait avant la loi de mort portée contre nous, temps où personne ne célébrait les louanges de Dieu. Le temps nocturne signifie le temps de la loi donnée à Moïse. Le temps de laudes et matines désigne le temps de la grâce, depuis la résurrection jusqu'à la fin du monde ; temps dans lequel nous sommes tenus de louer Dieu pour les biens de la nature qu'il nous a donnés à cette heure, en nous créant ; pour les biens de la grâce qu'il nous a conférés à cette heure, en ressuscitant ; et pour les biens de la gloire dont il nous comblera aussi à cette heure, en nous ressuscitant.

II. Les nocturnes sont chantés au milieu de la nuit pour cinq raisons : 1° parce que les premiers-nés d'Egypte furent tués pendant la nuit où les premiers-nés d'Israël furent sauvés (Exod., XII). Afin donc que le Seigneur nous conserve nos premiers-nés, c'est-à-dire l'héritage du royaume céleste, que son Fils premier-né nous a acquis, nous chantons en son honneur l'office nocturne, pour ne pas imiter Esaü, qui, pour un plat de lentilles rousses, perdit son droit d'aînesse (VII, q. I, *Quam periculosum*) ; 2° parce que le Fils de Dieu est né au milieu de la nuit, d'après ces paroles de la Sagesse, chap. XIX : « Pendant que toute la terre était plongée dans le silence de minuit, et que la nuit, etc., » Jésus, ton Fils, descendit de sa demeure royale pour venir à nous. C'est donc pour nous montrer reconnaissants de sa nativité que nous le louons au milieu de la nuit, et que nous le remercions de sa naissance ; 3° parce que la nuit, à cette même heure, Jésus fut saisi et bafoué par les Juifs ; c'est encore à cette heure qu'il a dépouillé l'enfer ; c'est aussi la nuit qu'il est ressuscité, en prenant la nuit dans sa plus large acception, c'est-à-dire le matin avant la lumière. C'est aussi au milieu de la nuit, assure-t-on, qu'il viendra au jugement dernier ; d'où il a été décrété que la veille de Pâques il n'est pas permis de congédier avant minuit le peuple qui attend l'arrivée du Christ, comme on le dira dans la sixième partie, au Samedi saint. C'est pourquoi à cette heure nous louons Dieu et nous lui rendons grâces de ce qu'il s'est laissé saisir par les Juifs, et de ce qu'il a délivré nos pères, qui attendaient son arrivée avec sollicitude; 4° pour que la lumière pénètre dans la nuit de nos péchés; d'où vient que Paul et Silas dans les fers priaient au milieu de la nuit, et chantaient des hymnes de manière à être entendus de tous (comme l'histoire le rapporte), quand tout-à-coup un tremblement de terre survint, la porte de leur prison s'ouvrit soudainenement, et leurs liens furent aussitôt brisés ; 5° pour dompter les attraits de la chair, en chantant et en priant pendant toute la semaine; car, comme le dit l'Ecclésiaste (c. XVIII) : « La veille dans la pureté dompte la chair. »

III. Or, il faut savoir que dans la primitive Eglise les ministres de l'Eglise se levaient, à l'appel de leur nom, trois fois pendant la nuit pour célébrer l'office divin, désignant par là les trois temps, à savoir : le temps d'avant la loi, le temps de la loi, et le temps de la grâce. Car ils se levaient d'abord vers le premier sommeil, quand le vulgaire a coutume d'aller dormir; en second lieu, vers minuit ; en troisième lieu, un peu avant le jour, afin que tout fût réglé de manière à ce que l'office de nuit avec les leçons et les répons fût terminé avant le crépuscule. Or, quand l'aurore arrivait, on sonnait les cloches et on chantait le *Te Deum*, puis matines et laudes. Au premier nocturne, le pontife et les ministres de l'Eglise se levaient, et on chantait cet office sans invitatoire, parce que personne n'y était invité, et on l'appellait *vigile*, parce qu'il tire son origine des pasteurs qui faisaient la veille de la nuit pour garder leurs troupeaux ; cependant, dans les principales solennités le peuple restait toute la nuit à louer Dieu. Mais cette coutume disparut, et l'on remplaça cette veille par le jeûne, comme on le dira dans la sixième partie, au Mardi de la troisième Semaine de l'Avent. Au second nocturne, les ministres se levaient en même temps que les personnes mariées, hommes et femmes. Ce nocturne se disait avec l'invitatoire, pour désigner les anges invitant les bergers à venir voir le Roi qui leur était né. Au troisième nocturne, tous se levaient ensemble ; mais, la charité venant à se refroidir, comme les ministres de l'Eglise, aussi bien que le peuple, mettaient de la paresse à se lever pour les nocturnes, il fut décrété que tous se lèveraient au milieu de la nuit, d'après cette parole du Prophète : « Je me levais au milieu de la nuit, » et que tout l'office de la nuit serait chanté de suite et sans interruption. Plusieurs se lèvent encore à cette heure-là ; mais comme d'autres, plus charmés des délices de la nuit que du service de Dieu, n'observaient pas ce décret, il fut statué par la suite qu'au moins tous se lèveraient à l'heure du dernier nocturne.

IV. On peut encore dire que l'Eglise a quatre ennemis : les ennemis *supérieurs,* c'est-à-dire les démons, qui lui tendent des embûches ; les ennemis *inférieurs,* c'est-à-dire les hommes, qui s'opposent à son action ; les ennemis *intérieurs,* c'est-à-dire les concupiscences de la chair ; et les ennemis *extérieurs,* qui sont les séductions du siècle. Touchant les premiers, l'Apôtre dit aux Ephésiens (c. vi) : « Ce n'est pas seulement contre la chair et le sang qu'il vous faut lutter, mais encore contre la méchanceté des ennemis spirituels, qui sont les démons » (autrefois esprits célestes). Touchant les seconds, le Psalmiste dit : « Les pécheurs ont fait peser sur mon dos le poids de leurs crimes, et ils ont augmenté le nombre de leurs iniquités. » Touchant les troisièmes, l'Apôtre dit : « La chair désire ardemment contre l'esprit et l'esprit contre la chair. » Au sujet des quatrièmes, saint Jean s'exprime ainsi : « Gardez-vous d'aimer le monde et toutes les choses du monde, parce que tout ce qui est dans le monde est concupiscence de la chair et des yeux, ou orgueil de la vie. »

V. Contre ces quatre ennemis, ceux qui gouvernent l'Eglise doivent conserver avec sollicitude les quatre veilles de la nuit. Car les bergers faisaient la veille sur leur troupeau, c'est-à-dire pendant le temps le plus calme de la nuit ; ensuite dans le moment où chante le coq, qui est le temps le plus sombre de la nuit; puis pendant le temps qui précède le jour, temps auquel veillent alternativement les gardes d'une ville assiégée. Ils doivent donc observer la première veille contre les embûches des premiers ennemis; la seconde, contre la malice des seconds; la troisième, contre les troisièmes; la quatrième, contre les quatrièmes.

VI. Or, l'office de nuit est divisé en quatre parties distinctes, c'est-à-dire en trois nocturnes, puis matines et laudes, parce que pendant les quatre veilles de la nuit l'Eglise, anciennement, chantait pour se prémunir contre les persécutions des quatre ennemis précités. Or, en souvenir de cette louable coutume et de la dévotion des anciens, l'Eglise, en été, célèbre l'office nocturne dans le temps du premier nocturne, quoique quelquefois elle le fasse aux fêtes du Propre du Temps (c'est sous ce nom antique que plusieurs expriment les veilles), et spécialement dans les solennités des bienheureux Jean-Baptiste, Pierre et Paul, et de l'Assomption de la bienheureuse Marie, qui sont les principales solennités de ce temps; et ils commencent par la fête du bienheureux Jean, au crépuscule, parce saint Jean-Baptiste à clos l'Ancien-Testament et ouvert le Nouveau. Les Romains encore maintenant, dans les principales solennités de toute l'année, disent sur le soir trois psaumes et trois leçons qu'ils appellent *vigiles*, et aux nocturnes ils répètent la même chose et achèvent tout l'office du matin. C'est encore en souvenir de la dévotion précitée des anciens, qui se levaient trois fois pendant la nuit, que l'on dit trois nocturnes qui ont tiré de là leur nom et leur origine.

VII. Et remarque qu'on ne prend pas *nocturna* dans le sens d'*heure;* mais *nocturni, nocturnorum* (nominatif et génitif pluriels), sont pris pour l'office; ou bien *nocturna, nocturnæ*, signifient la collection des psaumes qui se disent avant les leçons le dimanche et les jours fériés. *Nocturnæ*, au pluriel, signifie le temps où l'on chante les psaumes; *nocturni, nocturnorum*, s'entendent des neuf psaumes et des neuf leçons avec leurs répons, que l'on chante dans les solennités. Par les veilles nocturnes nous évitons les embûches du diable, et c'est pourquoi, nous levant pendant la nuit aussitôt que nous entendons les cloches, nous courons à l'Eglise, semblables à une armée qui court aux armes lorsqu'elle entend retentir la trompette.

VIII. A notre entrée à la cour de notre Roi, c'est-à-dire dans l'église, nous nous inclinons devant l'autel, et nous adorons, comme les soldats qui s'inclinent devant leur roi; car nous sommes les soldats du Roi éternel. Après nous être prosternés, nous faisons une triple prière, en disant trois fois *Pater noster*, etc., adressant ainsi la parole au Père, au Fils et au Saint-Esprit. Lorsque nous parlons au Père, nous nous plaçons au milieu de l'autel, d'intention, de cœur et de fait, par la position de notre corps, pour marquer la puissance du Père et notre persévérance; lorsque nous parlons au Fils, nous nous tournons vers la partie gauche de l'autel, pour exprimer son anéantissement et l'offense de notre chute; en nous adressant au Saint-Esprit, nous passons à la droite de l'autel, pour désigner sa bonté, et de notre part l'acquisition de la grâce. Plusieurs font encore des prières spéciales; ensuite, ils commencent les psaumes *graduels*, dont nous avons fait mention dans la préface de cette partie.

IX. Le prêtre, au début de l'office nocturne, commence par le Seigneur, qui est l'alpha et l'oméga, c'est-à-dire le commencement et la fin, et la source de tous les biens. Et, parce qu'il est écrit dans saint Jean : « Sans moi vous ne pouvez rien faire, » il demande avant tout, avec confiance, que sa bouche soit ouverte par Celui qui dit : « Ouvre ta bouche, et je la remplirai, » pour louer dignement le Seigneur, en disant : « Seigneur, tu ouvriras mes lèvres, et ma bouche célèbrera tes louanges. » Car la louange de Dieu n'est pas glorieuse quand elle se trouve dans la bouche du pécheur, à moins que Dieu ne daigne ouvrir sa bouche pour qu'il célèbre ses louanges, d'après ces paroles du Prophète (III q., VIII §), qui s'exprime ainsi : « Pourquoi racontes-tu mes justices et reçois-tu mon testament dans ta bouche ? » On termine aussi cet office en Dieu, en disant *Deo gratias*, afin que le commencement et la fin, formant comme un cercle, viennent se confondre en Dieu, qui est l'alpha et l'oméga ; et on dit *aperies* pour *aperi*, en substituant un temps à un autre. Il demande encore que ses lèvres soient ouvertes, parce qu'à complies nous nous sommes, il n'y a qu'un instant, recommandés à Dieu, et nous avons fermé notre bouche et notre cœur en les scellant du signe de la croix. C'est pourquoi maintenant nous le prions d'ouvrir nos lèvres fermées, pour célébrer ses louanges. Or, le chœur, pour marquer l'harmonie, répond, sans changer de personne : « Et ma bouche proclamera tes louanges. » Car l'harmonie véritable est que les croyants n'aient qu'un seul cœur et qu'une seule ame (Act., IV), et on loue Dieu au commencement de cet office, dans l'union de la prière, parce que le diable a horreur des louanges de Dieu, ce qui fait qu'il s'efforce d'empêcher de le louer ceux qui en ont la volonté ; car Pharaon méprisé, c'est-à-dire le diable, se lève pour semer les scandales : c'est pourquoi l'Eglise, pour ne pas succomber aussitôt après avoir obtenu la liberté de parler, prie, en disant à haute voix : « Dieu, viens à mon aide ; » — « Seigneur, hâte-toi de venir à mon secours, » répond le chœur.

X. Or, après avoir obtenu les deux points précités, c'est-à-dire la grâce qui ouvre la bouche et l'éloignement du diable, par le secours de Dieu, il ne nous reste plus qu'à louer ; aussi l'Eglise loue-t-elle aussitôt, en ajoutant : *Gloria Patri*, etc., dont nous avons parlé dans la préface. Mais, comme il ne suffit pas de louer Dieu, et qu'il faut encore inviter les autres à le louer, afin que celui qui entend dise : Me voici (Apoc., c. ult., Extra *De sac. unc.*, c. unico), et que le rideau entraîne après lui le rideau, c'est pour cela que suivent aussitôt l'invitatoire et le psaume invitatoire : *Venite, exultemus*, où l'on donne les nombreux motifs qui nous font un devoir de nous réjouir dans le Seigneur, et de chanter en son honneur, en disant : *Quoniam Deus magnus,* etc.; et, enfin, on en donne un dernier motif, c'est-à-dire pour ne pas nous montrer ingrats comme les Juifs, qui, à cause de leur ingratitude et de leur méchanceté, n'entrèrent pas dans la terre de promission ; d'où vient que l'on dit dans ce psaume : « Ils n'entreront pas dans le lieu de mon repos » (q., d. *Non*).

XI. Or, on dit l'invitatoire à haute voix, comme si par là notre mère l'Eglise invitait les hommes à confesser le Seigneur, d'après ces paroles : « Venez, mes fils, entendez ma voix; » ce que signifie le second verset : *Præoccupemus,* etc. De là vient que dans certaines églises les fidèles, qui, avant matines, vont se prosterner pour prier devant chacun des autels de l'église, entrent au chœur aussitôt qu'ils entendent chanter ces mots : *Venite, exultemus,* « Venez, réjouissons-nous; » car l'invitatoire, lorsqu'il commence, est comme le hérault public, comme la trompette qui fait retentir ses sons. On prélude d'abord dans l'invitatoire, en chantant à voix basse, puis quand on arrive au psaume la voix devient éclatante, parce que l'Eglise commence par louer Dieu secrètement, et comme les portes fermées, quand elle s'adresse à Dieu lui-même ; mais ensuite elle le loue ouvertement et à haute voix, pour les fidèles, afin qu'un zèle ardent enflamme les assistants. De là vient que dans les grandes solennités l'invitatoire commence à voix très-basse ; mais quand on arrive au verset *Hodie si vocem ejus,* etc., « Aujourd'hui, si vous entendez sa voix, etc., » on élève la voix, afin que s'il se trouve quelque cœur endurci il ne s'excuse pas sur ce qu'il n'a pas entendu la voix de l'Eglise ; d'où cette parole d'Isaïe : « Elève ta voix, et qu'elle retentisse comme une trompette. » On commence encore à voix basse, pour marquer que dans la primitive Eglise on invitait secrètement le peuple à la foi et à honorer le Christ ; on élève ensuite la voix, pour montrer qu'aujourd'hui on invite, on prêche, on adore en toute liberté.

XII. On répète aussi l'invitatoire en entier à certains ver-sets du psaume *Venite*, et non en entier à certains autres ; parce que, bien que tous, par l'invitatoire même, soient invités à louer et à glorifier Dieu, cependant quelques-uns reçoivent parfaitement cette invitation, d'autres imparfaitement. On le répète six fois en entier, parce qu'ils reçoivent entière l'invita-tion ceux qui rapportent parfaitement à Dieu les louanges qui lui sont dues ; et ceux-là rapportent parfaitement à Dieu les louan-ges qui lui sont dues, qui n'y mêlent rien qui ne soit louange. Or, comme le nombre *six* est le premier nombre parfait, ce qui est évident, puisqu'il est formé de ses parties aliquotes, 1, 2, 3, c'est pourquoi on répète l'invitatoire six fois en entier. On le répète trois fois en partie seulement, à cause des trois espèces d'hommes qui, invités au festin, n'ont pas accepté l'invitation, et ce sont les avares, les superbes et les luxurieux, comme on le dira dans la sixième partie, au deuxième Dimanche après la Pentecôte ; ou bien à cause de notre imperfection en trois choses, c'est-à-dire en pensées, en paroles et en œuvres. Au reste, l'office de l'Epiphanie manque d'invitatoire, comme on le dira en son lieu, dans la sixième partie. L'office des morts n'en a pas non plus, excepté quand le corps est présent, parce que dans cet office nous imitons les funérailles du Christ. On n'en dit point non plus le Vendredi saint. De plus, comme il ne suffit pas de louer Dieu de bouche et qu'il faut encore le louer de cœur, c'est pourquoi après l'invitatoire on ajoute l'hymne *Laus Dei*.

XIII. Or, comme après l'invitatoire plusieurs fidèles, consé-quemment, louent Dieu avec allégresse, d'après cette parole : « Sion a entendu, et elle s'est réjouie, » c'est pourquoi après l'invitatoire tout le monde prend part au chant de l'hymne. Troisièmement, on chante l'hymne pour marquer la joie des Gentils quand ils furent appelés à la foi, comme on le voit dans les Actes des apôtres. Or, comme il ne suffit pas encore de louer Dieu de bouche et de cœur, mais qu'il faut que les œu-

vres s'en suivent, puisque la foi sans les œuvres n'avance à
rien, et, bien plus, que c'est une foi morte, c'est pourquoi
l'hymne est suivie des psaumes, qui désignent les bonnes œuvres. On dit aussi les antiennes, qui symbolisent la charité,
sans laquelle les œuvres ne sont pas parfaites, et les versets
dont nous avons parlé dans la préface.

XIV. Après les versets qui précèdent les leçons qui nous
donnent la doctrine, on dit l'oraison dominicale : 1° pour
marquer que celui qui a besoin de la sagesse et de l'intelligence
de la doctrine doit les demander à Dieu, qui, selon le bienheureux Jacques, donne abondamment à tous et sans le leur reprocher; secondement, afin que l'intention marquée dans le verset nous profite par le secours de l'oraison dominicale ; troisièmement, pour repousser par elle les tentations du diable,
car, sachant que nous voulons lire les leçons où sont relatées
les victoires des saints contre lui, le diable s'applique à nous
donner de plus rudes assauts, contre lesquels nous nous fortifions par l'oraison dominicale. Or, on la dit tout bas, et ainsi
on désigne le conseil secret du roi ; ou bien c'est pour que nous
imitions les exemples qui nous seront proposés, pour que nous
nous en pénétrions avec plus de soin ; ou bien encore parce
qu'alors nous nous adressons à Dieu. Cependant la dernière
partie de l'oraison se dit tout haut, pour que l'on voie le motif
pour lequel nous la disons, c'est-à-dire pour que le lecteur ne
soit pas en butte aux tentations qui pourront se présenter à son
imagination, et que l'auditeur ne soit pas privé de l'intelligence
et du fruit de la leçon, ce dont nous parlerons au chapitre de
Prime.

XV. Or, par les prières qui suivent l'oraison dominicale
avant les leçons, on implore l'intercession des saints pour obtenir ce qu'on a demandé dans l'oraison. Car nous prions le
Seigneur pour qu'il envoie des ouvriers à sa moisson et qu'il
ouvre notre cœur à sa loi et à ses préceptes, afin que la semence
de la parole de Dieu que nous allons entendre ne soit point

mangée par les oiseaux ou étouffée par les épines, ou ne se dessèche sur la pierre, qui n'a pas d'humidité. Ensuite on lit les leçons, qui sont la doctrine, et après les leçons les répons, qui désignent les bonnes œuvres, et dont nous avons parlé dans la préface.

XVI. Or, il faut considérer qu'aux fêtes et aux dimanches nous disons trois nocturnes, et aux jours fériés un seul. En effet, dans les temps de trois nocturnes nous représentons trois époques, c'est-à-dire le temps avant la loi, le temps sous la loi et le temps de la grâce, et ces temps contiennent chacun trois époques distinctes. Voici celles du temps qui précède la loi : la première époque s'étend d'Adam à Noé ; la seconde, de Noé à Abraham ; la troisième, d'Abraham à Moïse. Le temps de la loi a aussi trois époques : la première, de Moïse à David ; la seconde, de David jusqu'à la captivité de Babylone ; la troisième, de la captivité de Babylone jusqu'au Christ. Celles du temps de la grâce sont : la première, la prédication apostolique et évangélique ; la seconde est l'époque du combat, où les hérésies parurent ; la troisième est l'époque de la paix, quand les hérésies furent extirpées. Or, les nocturnes signifient très-heureusement les Pères et les fidèles de l'un et de l'autre temps, qui, pleins de vigilance, parviendront, en louant Dieu, au ciel, où ils le loueront éternellement. D'où l'Apôtre (aux Corinthiens, c. I dit : « Tous nous paraîtrons devant le tribunal du juge, et nous qui vivons et restons sur la terre nous ne paraîtrons pas avant ceux qui se sont endormis dans la mort. » Or, parce que ces derniers, persévérant dans la pratique des bonnes œuvres, ont veillé avec diligence, nous aussi, et avec raison, pour plaire à la Trinité par leurs mérites et pouvoir être associés aux neuf ordres des anges, dans l'office nocturne nous chantons les louanges de Dieu dans une neuvaine d'antiennes, de psaumes, de versets, de leçons et de répons. Les antiennes se rapportent à l'amour ; les psaumes, aux œuvres ; les versets, à l'exercice ; les leçons, à la connaissance de Dieu ; les répons, à la joie et au chant des anges. Or, les neuvaines d'antiennes, de psaumes, de leçons et de répons sont prises dans le même sens quant.à leur signification par rapport à nous. Nous en parlerons encore dans la sixième partie, à la fête de la Nativité, au Jeudi saint et au chapitre des Sept Jours après Pâques. Cependant, dans certaines églises, quand on chante le *Te Deum* on ne dit pas le neuvième répons. Ainsi, nous trouverons les neuf époques des trois temps précités, aux nocturnes des solennités des saints et du Seigneur; car, dans les solennités des saints, lorsque nous chantons les trois nocturnes, nous imitons les sentinelles de la céleste Jérusalem, qui est bâtie comme une ville et gardée par les sentinelles des anges, qui sont partagés en trois fois trois, c'est-à-dire qui chantent trois fois trois cantiques en l'honneur de la Trinité; et nous aussi, qui croyons en cette Jérusalem, nous chantons trois nocturnes.

XVII. Nous imitons encore en cela les trois veilles, tombées en désuétude, de la primitive Eglise, où l'on se levait trois fois pendant la nuit pour chanter les louanges du Seigneur, comme on l'a déjà dit. En effet, nous chantons neuf leçons, neuf psaumes, neuf antiennes et neuf répons, c'est-à-dire trois à chaque nocturne, pour désigner que tous les élus qui ont été avant la loi, pendant la loi, et sous la loi de grâce, sont associés dans la connaissance de la sainte Trinité aux neuf ordres des anges; que dans le cieux ils se réjouissent avec la Trinité, et lui resteront unis jusqu'à la fin des siècles. Or, comme les anges furent élus les premiers, ainsi les psaumes précèdent les leçons. Les dimanches, quand une autre fête ne coïncide pas, nous chantons encore trois nocturnes.

XVIII. On dit au premier nocturne dòuze psaumes et trois antiennes, dont chacune correspond à quatre psaumes; et en plusieurs endroits un seul *Gloria Patri* correspond à quatre psaumes. Or, le Seigneur a glorifié le dimanche par sa résurrection, et en ce jour nous avons mérité d'être associés aux anges; c'est pourquoi la nuit du dimanche rappellera à notre mémoire la résurrection du Seigneur, et même celle de tous les fidèles qui ont existé depuis le commencement du monde et doivent exister jusqu'à la fin des siècles, parce que la résurrection du Seigneur marque la résurrection de tous les élus.

XIX. Le premier nocturne rappelle le temps qui précéda la loi, c'est-à-dire le temps de la loi naturelle. Le douzième psaume de ce nocturne nous rappelle la résurrection de tous les saints de ce temps, surtout des douze patriarches, qui alors fleurirent et veillèrent d'une manière particulière, et qui furent les pères des douze tribus du peuple de Dieu, qui fut alors le peuple privilégié du Seigneur, comme dans le temps de grâce les douze apôtres brillèrent au-dessus de tous les autres. Les psaumes, au nombre de quatre, désignent les quatre vertus principales ou cardinales, c'est-à-dire la prudence, la justice, la force et la tempérance, vertus que nous croyons que les saints patriarches possédèrent en leur temps à un degré supérieur aux autres hommes, et dont ils ont montré l'exemple aux autres. Les trois antiennes désignent la foi à la sainte Trinité, ou la jouissance que l'on éprouve en elle. Chaque antienne correspond aux quatre psaumes; car quiconque a la foi en la sainte Trinité est renforcé (*quadratus*) par les quatre vertus précitées. Car la ville éternelle est située dans un lieu qui a la forme d'un carré, comme dit l'Apocalypse (c. penult.); c'est pour cela que l'on dit les quatre psaumes sous un seul *Gloria,* sans les séparer, parce que les quatre vertus susdites sont inséparables, et celui qui en possède une les possède toutes, comme le prouve saint Augustin. De même, en ce qu'on réunit les quatre psaumes sous un seul *Gloria Patri* ou glorification de la Trinité, on démontre que les patriarches précités ont eu les quatre vertus susdites dans une seule foi à la Trinité, et en ont montré l'exemple aux autres. Mais il en est quelques-uns qui chantent tous les psaumes du premier nocturne sous une seule antienne, pour marquer la jouissance qu'ils éprouvent dans la connaissance de la Trinité. Certains encore disent

Gloria Patri à chaque psaume; mais ils les distinguent par les antiennes, parce que chacun est tenu de donner d'après le don qu'il a reçu, et de célébrer les louanges de la Trinité d'après l'amour qu'il a puisé dans la connaissance de la Trinité.

XX. Et fais attention qu'à la première époque du temps qui précéda la loi veillèrent Abel, Enos, Hénoch et Lameth, ce qu'on donne à entendre par les quatre premiers psaumes. « Heureux l'homme, dit Abel, qui, semblable au bois planté le long d'un cours d'eau, a donné en son temps le fruit de justice. » Et Abel succomba pour défendre la justice. Enos chante : *Quare fremuerunt,* parce qu'il servit le Seigneur avec crainte en invoquant son nom. Hénoch chante : *Domine, quid multiplicati sunt,* lui que le Seigneur reçut dans son sein en le transportant en paradis. Lameth chante : *Domine, ne in furore,* lui que le Seigneur exauça en lui accordant un fils jugé digne de sauver dans l'arche le genre humain et de le préserver ainsi de la fureur de Dieu.

Or, comme on ne chante que quatre psaumes, c'est pour cela qu'on en retranche deux de l'office du matin, à savoir : *Cum invocarem,* etc., et *Verba mea,* etc. On retranche ces psaumes plutôt que d'autres, parce que l'on dit toujours le premier à complies, et le second le lundi à laudes.

XXI. Or, dans la seconde époque du premier temps veillèrent Noé, Sem, Héber et Tharé. Noé chante : *Domine, Deus meus,* lui que le Seigneur trouva juste au sein de cette génération perverse, et qui pour cela fut sauvé des eaux du déluge. Sem chante : *Domine, Deus noster,* lui que le Seigneur couronna de gloire et d'honneur, en l'élevant au-dessus de ses frères par la bénédiction paternelle. Héber chante : *Confitebor tibi,* lui qui raconta les merveilles de Dieu, en faisant disparaître la cité des géants. Tharé chante : *In Domino confido,* lui qui, placé dans la ville des Chaldéens, mit sa confiance dans le Seigneur; lui qui eut en partage un calice de feu et de soufre.

XXII. A la troisième époque du premier temps, comme le prouvent les psaumes suivants, veillèrent Abraham, Isaac, Jacob et Joseph. Abraham chante : *Salvum me fac,* lui que le Seigneur sauva et à l'époque duquel il n'y eut pas de saints, parce que l'idolâtrie avait tout asservi. Isaac chante : *Usquequo,* lui sur lequel le Seigneur jeta un regard au moment où il allait être sacrifié. Jacob chante : *Dixit insipiens,* lui qui mit son espérance dans le Seigneur ; et l'on dit à cette occasion : « Jacob a tressailli d'allégresse, et Israël sera comblé de joie. » Joseph chante : *Domine, quis habitabit,* lui qui fut sans tache en refusant de commettre l'adultère. Or, le second nocturne du dimanche ou les trois psaumes que l'on dit maintenant avec trois antiennes et trois *Gloria Patri,* rappellent la résurrection de ceux qui vécurent sous la loi mosaïque.

XXIII. Et, quoique à cette époque il y ait eu beaucoup de saints, cependant il n'y en eut que trois ordres, c'est-à-dire le Législateur et ses imitateurs, le Psalmiste et les siens, et les prophètes. Car il y en eut qui s'appliquèrent à quelque point de doctrine de la loi ; il y en eut d'autres qui, avec David ou à son exemple, chantèrent des psaumes devant l'Arche du Seigneur. Il y eut aussi des prophètes, auxquels il fut donné de corriger le peuple par la doctrine et la sagesse qu'ils avaient reçues de Dieu, et de lui prédire les choses à venir. A cause de ces trois ordres, nous disons trois psaumes ; et, parce que ces trois ordres ont servi la Trinité avec une affection spirituelle, c'est pour cela qu'à chaque psaume nous disons *Gloria Patri* avec l'antienne. Or, ceux qui disent tous les psaumes du premier nocturne sous une seule antienne, et tous ceux du second sous trois antiennes, font attention à ceci, que, si quelque vérité a été révélée à ceux qui vécurent sous la loi naturelle, il en fut pourtant révélé davantage à ceux de la loi de Moïse ; de là, pour ceux-ci, une plus grande jubilation, désignée par les trois antiennes. En outre, à ceux qui vécurent sous la loi de nature, l'héritage fut promis ; mais il fut donné à ceux de la loi mosaïque. Et remarque qu'à la première époque du temps de la loi veillèrent les prêtres, comme Aaron, lequel enseigna, desquels parle le Psalmiste dans le psaume *Conserva me;* et ils eurent le Seigneur pour portion de leur héritage et de leur calice. Dans la seconde, les juges, comme Gédéon pendant sa judicature, dont parle le Psalmiste, en disant: *Exaudi, Domine, justitiam meam,* et dont les jugements sortirent de la face du Tout-Puissant. Dans la troisième, les rois, comme Salomon, qui protégea le peuple, et que le Psalmiste a en vue dans le psaume *Diligam te;* ce sont eux que le Seigneur établit sur les nations.

XXIV. Mais dans le troisième nocturne nous disons trois psaumes, pour remémorer la résurrection de tous ceux qui, dans le temps de la grâce ou sous la nouvelle alliance, ont fleuri et fleuriront dans les trois parties du monde, dans l'Asie, l'Afrique et l'Europe. Et, comme c'est dans le temps de la grâce surtout qu'ont eu lieu la révélation et l'accomplissement de la vérité, c'est pourquoi ces psaumes se chantent plus souvent avec des antiennes où se trouve *Alleluia,* pour mieux désigner la joie, comme nous le dirons plus complètement dans la sixième partie, à Noël. De là vient encore que dans certaines églises, à tous les troisièmes nocturnes, soit des dimanches, soit des fêtes, on joint des leçons tirées du Nouveau-Testament, c'est-à-dire des explications de l'Evangile, et on dit le *Te Deum.*

XXV. Et remarque qu'à la première époque du temps de grâce ont veillé les apôtres, qui sont désignés dans le psaume *Cœli enarrant,* parce que le son de leur voix se répandit sur toute la terre; dans la deuxième, les martyrs, dont parle le Psalmiste, en disant : *Exaudiat te,* parce que le Seigneur les a protégés au jour de leur tribulation; dans la troisième, les confesseurs, que le Psalmiste entend par ces mots : *Domine in virtute,* eux qui n'ont pas été trompés par la volonté de leurs lèvres. Il y a donc entre les douze psaumes du premier nocturne, qui se disent sans antiennes, parce qu'aucun d'eux n'a d'antiennes, et les trois psaumes des autres nocturnes, qui se disent avec des antiennes, la même différence que celle qui existe entre les douze patriarches, qui étaient voyageurs et espéraient l'héritage que possédèrent leurs descendants, et ces mêmes descendants, qui héritèrent de la terre promise à leurs pères; et entre ces trois psaumes du troisième nocturne, qui se disent avec des antiennes où se trouve *Alleluia*, et ceux du second nocturne, qui se disent avec des antiennes sans *Alleluia*, il y a la même différence que celle qui se trouve entre ceux qui eurent le Testament à imiter et ceux qui l'ont, mais non à imiter : car la gloire du Nouveau surpasse celle de l'Ancien-Testament, et les dons valent mieux que les promesses.

XXVI. Or, les trois nocturnes précités sont les trois années du figuier que le Seigneur trouva inutile, en disant de lui : « Laissez-moi-le couper, » et on lui répondit : « Epargne-le encore cette année, et je creuserai tout autour, et je mettrai du fumier au pied de ce figuier. » Car nous chantons au premier nocturne, afin que, rappelant les faits de nos pères qui vécurent sous la loi de nature, nous ne soyons pas trouvés inutiles. Nous chantons aussi au second et au troisième nocturnes, afin que, rappelant ce qu'ont fait nos pères qui nous ont précédés sous la loi mosaïque et aussi sous la loi de grâce, nous ne soyons pas trouvés inutiles ; et, si nous sommes inutiles, il faut que notre Père creuse autour de nous, et que, nous rappelant à la mémoire la mort de ceux que nous avons vu fleurir un peu auparavant, il nous dise : Vois, mon fils, combien cet homme a été fort, noble, riche et puissant, et voilà qu'il a passé en un instant. Il faut aussi qu'il mette autour de nous du fumier, c'est-à-dire nos péchés, en nous les plaçant devant les yeux ; et, si cela n'a pas d'effet, qu'il dise : « Le temps approche où le Seigneur mettra la hache à la racine de l'arbre, » et, s'il te trouve inutile, il te jettera au feu éternel, où tu brûleras pour l'éternité.

XXVII. Après avoir parlé des nocturnes des solennités et des dimanches, disons quelques mots des nocturnes des féries ou des jours non solennels. Dans ces nocturnes, nous disons douze psaumes, pour montrer que nous devons servir Dieu aux douze heures de la nuit, en rapportant un psaume à chaque heure, puisque nous ne pouvons servir Dieu continuellement, comme nous l'avons dit dans la préface. Jadis, on chantait un nombre de psaumes indéterminé, car les uns en chantaient cinquante, d'autres plus, d'autres moins; mais, après la révélation d'un ange, les Pères convinrent qu'on en dirait douze. Ces psaumes sont joints deux à deux, et cela pour marquer que sans la charité, qui n'a lieu qu'entre deux personnes au moins, nos louanges ou nos œuvres ne servent de rien. Cependant, dans certaines églises, aux jours ordinaires, on intercale un *Gloria Patri* entre deux psaumes, pour marquer que le Christ est médiateur entre Dieu et les hommes. Mais, dans d'autres églises, on termine deux psaumes sous un *Gloria Patri*, pour marquer que nos louanges seront agréables à Dieu, si nous demeurons dans la charité. Et ainsi on n'intercale rien entre deux psaumes; car entre Dieu et le prochain, dans l'amour desquels consiste proprement la charité, il n'y a pas de milieu; et d'après cela, dans les douze psaumes on ne dit le *Gloria Patri* que six fois, de même que le monde a six âges. En outre, de même que les hommes, depuis leur naissance jusqu'à leur mort, passent naturellement par six âges différents, ainsi dans le nocturne de chaque jour on dit six fois *Gloria Patri*, afin que nous nous rappelions que jusqu'à la fin nous devons persévérer dans la charité; et, pour la même raison, alors on dit six antiennes, dont nous avons donné la signification dans la préface, ou à cause des six œuvres de miséricorde dont l'observation nous fera parvenir des ténèbres de cette nuit ou de la mort à la vraie lumière et à la vie éternelle.

XXVIII. Les trois leçons qui sont dites alors désignent la

doctrine des élus des trois temps; à ces leçons on ajoute trois répons, pour marquer que tout ce que les élus ont enseigné dans les trois temps et tout ce que nous faisons dans les trois âges, nous le rapportons à la Trinité du Seigneur, et nous glorifions la Trinité dans la foi, l'espérance et la charité. Car *répons* vient de *respondendo* (en répondant). A cela on ajoute trois leçons, parce que Dieu a placé trois veilles, en disant : « S'il vient à la première, à la seconde, à la troisième, et qu'alors il vous trouve ainsi veillant, très-heureux sont ces serviteurs ! » Ces trois veilles désignent les trois âges, c'est-à-dire l'enfance, la jeunesse et la viellesse, pendant lesquels, en veillant assidument, nous devons louer le Seigneur.

XXIX. Et remarque que la psalmodie des trois nocturnes, tant du dimanche que des jours ordinaires, est appelée *dieta* (a) (régime). D'où on lit dans l'Exode (c. III) : « Nous cheminerons pendant trois jours dans la solitude. » Ce fut Grégoire VII qui régla que le jour de Pâques jusqu'au samedi *in albis*, et le jour de la Pentecôte jusqu'au même samedi, on ne dirait aux nocturnes que trois psaumes et trois leçons ; que tous les autres jours, pendant toute l'année, quand il y a une solennité on dira neuf leçons ; mais que les autres jours, c'est-à-dire dans les fêtes, on dirait douze psaumes et trois leçons; et que les jours de dimanches, excepté le dimanche de Pâques et de la Pentecôte, on dirait dix-huit psaumes et neuf leçons. Or, ceux qui chaque jour, excepté les semaines de Pâques et de la Pentecôte, ne disent que trois psaumes et trois leçons, n'agissent pas ainsi d'après la règle des saints Pères, mais par l'ennui que leur cause la règle véritable.

XXX. Quand les nocturnes sont achevés, on sonne les cloches et on chante le *Te Deum* à haute voix, pour marquer que

---

(a) Du Cange, verbo *Dieta*, 3, dit : « Dieta, *Cursus* Ecclesiæ ordinarius, seu officium quod *quotidie* celebrari solet in matutinis horis. » — Jean Beleth (*De Divin. Offic.*, cap. 21) : « In noctibus istorum dierum, qui solemnes non sunt, psalmi duodecim, quos vulgus *dietam* vocant, cum sex antiphonis canuntur, ac tres lectiones totidemque responsaria recitantur. »

l'Eglise, dans le temps de grâce, loue Dieu manifestement et d'une manière admirable, et pour marquer que, si nous répondons bien à la sainte doctrine par nos bonnes œuvres, nous parviendrons à la louange céleste avec les anges. Le chant, qui alors retentit à pleine voix, désigne la joie de la femme qui a perdu sa drachme et l'a ensuite retrouvée. La fin de ce cantique, à partir de *Per singulos Dies*, etc., et les autres versets suivants, qui sont chantés dans un ton plus élevé, représentent les voisines de cette femme, qui la félicitent d'avoir retrouvé sa drachme. Les cloches, que l'on met en volée, représentent la convocation des voisines, ou l'appel fait par cette femme à ses voisines. Dans certaines églises aussi, on allume les cierges ; car cette femme alluma aussi son flambeau et bouleversa toute sa maison. Cela signifie encore que l'Eglise catholique est arrachée à l'enfer par le Christ ; ou bien ce cantique lui-même représente la joie future et l'allégresse qu'éprouvera l'Eglise lorsqu'elle se reposera de ses fatigues au jour du jugement.

XXXI. Et il ne faut pas ignorer que, lorsque le bienheureux Ambroise eut tiré saint Augustin des erreurs des manichéens et l'eut baptisé, il s'écria : *Te Deum laudamus,* « Nous te louons, ô Dieu ! » Et le bienheureux Augustin répondit : *Te Dominum confitemur,* « Nous te confessons, Seigneur. » Et saint Ambroise ayant ajouté : *Te æternum Patrem*, etc., Augustin répondit : *Tibi omnes angeli,* etc. Et c'est en alternant ainsi qu'ils composèrent l'hymne tout entière. Après le *Te Deum laudamus,* ou, quand on ne le dit pas, après toutes les leçons et tous les répons, le prêtre dit le verset par lequel il engage les auditeurs à persévérer dans la louange de Dieu ; et il le dit d'une voix plus basse, pour marquer que le cri de la voix sans le cri du cœur n'est rien.

XXXII. Mais le bienheureux Benoît régla autrement l'office de la nuit, sans pourtant se mettre en désaccord avec l'ordre précité de l'Eglise ; ou bien, s'il s'en écarta en quelque point, il rangea dans un ordre qui lui était propre chaque article particulier : car il décida qu'on ne dirait qu'une fois *Deus in adjutorium meum intende*, etc., et qu'on dirait trois fois *Domine labia mea aperies*, par respect pour l'unité et la Trinité. Ensuite il introduisit le psaume *Domine, quid multiplicati sunt*, parce qu'en se réveillant de son sommeil on dit, dans ce psaume : *Ego dormivi et somnium cœpi*, etc. Il régla ensuite qu'on chanterait au premier nocturne six psaumes et quatre leçons avec autant de répons, et autant dans le second nocturne, désignant par là la vie contemplative et active. Car le nombre six des psaumes désigne la vie active, dans laquelle il convient d'exercer les six œuvres de miséricorde, si l'on veut parvenir à la perfection de la vie contemplative, désignée par les quatre évangiles et figurée également par les quatre leçons. Or, le nombre quatre, chez les moines, exprime la stabilité carrée et évangélique dans les saints, ou le quadruple sens des Ecritures, à cause des quadriges (chars attelés de quatre chevaux) d'Aminadab, c'est-à-dire le sens historique, allégorique, tropologique et anagogique. Dans le troisième nocturne, il introduisit le chant de trois cantiques en l'honneur de la Trinité, par qui nous croyons et espérons que la perfection de la vie nous sera donnée avec la charité. Or, ces cantiques sont accompagnés de l'*Alleluia*, qui est le cantique de la joie céleste, afin que par là on indique que toute la Trinité est digne des célestes louanges, et que pour la louer pleinement (et comme elle doit l'être), les louanges humaines sont insuffisantes. Or, les quatre leçons tirées de l'Evangile, et qui suivent, signifient que les adorateurs de Dieu, par la doctrine des quatre évangélistes, doivent être ornés des quatre vertus cardinales ; par les quatre répons, on désigne l'allégresse de ceux qui louent Dieu. Et, afin que ceux qui pratiquent le bien ne se l'attribuent pas à eux-mêmes, mais le consacrent tout entier à la gloire de Dieu et ne se montrent pas esclaves d'eux-mêmes, on ajoute : *Te Deum laudamus ;* ensuite, on lit l'évangile, qui

signifie le denier, c'est-à-dire la vie éternelle, qui sera donnée
à la fin à ceux qui louent Dieu dignement. Ensuite vient *Amen*,
c'est-à-dire : « Que cela nous arrive, que nous croyons et espérons, » formule tirée de l'évangile. Suit après l'hymne *Te
decet laus*, etc., qui signifie la joie que les saints éprouvent de
la récompense du denier qu'ils reçoivent après leurs travaux.

XXXIII. Les moines ne disent jamais neuf leçons, si ce n'est
aux funérailles des morts ; d'où vient que, dans les trois jours qui
précèdent Pâques, ils en disent neuf, comme pour représenter les funérailles du Seigneur. A laudes, saint Benoît, le premier, ordonna que l'on chanterait le psaume *Deus misereatur
nostri*, sans antienne, tant parce que l'on chante matines et
laudes au point du jour, lorsque les ténèbres commencent à disparaître, ce qui fait que l'on dit dans ce psaume : *Illuminet vultum suum super nos*, que parce que cet office appartient à la
résurrection du Seigneur, par laquelle nous avons reçu miséricorde et bénédiction.

XXXIV. Les moines disent encore l'oraison dominicale en
élevant la voix, à cause des simples, qui ne la comprennent
pas ou qui l'oublient ; et aussi à cause des fourbes, qui, portant
dans leur cœur l'épine de la haine, haïssent leurs frères, ne
voulant pas dire : « Pardonne-nous nos offenses, comme nous
les pardonnons à ceux qui nous ont offensés. » Et c'est pour les
purifier de ce vice qu'on les force de dire ces paroles en public, tant à la fin de la nuit, c'est-à-dire à matines et laudes,
qu'à la fin du jour, c'est-à-dire à vêpres ; de sorte que la
nuit ou le jour ne se passe pas sans qu'ils se réconcilient
avec leur frère. Mais aux autres heures ils ne disent pas le
Pater à haute voix, car il arrive souvent à un frère de se mettre
en colère contre son frère, et d'être saisi par certains mouvements impétueux de fureur ; et, quoiqu'il ne réprime pas aussitôt ces mouvements, cependant il peut attendre pour en obtenir le pardon, et il suffit que le soleil ne se couche pas sur sa
colère. Ils disent encore quatre psaumes seulement à vêpres,

comme on le verra dans la sixième partie, au chapitre du Temps de l'Avent.

XXXV. Ce n'est pas non plus sans quelque raison mystérieuse que les moines se portent de tout leur corps d'orient en occident, pour signifier que Dieu doit être adoré partout, puisqu'il est présent partout ; ou pour marquer, par un mouvement raisonnable, que, depuis le commencement jusqu'à la fin de notre vie, nous sommes tenus de le suivre, comme aussi le firmament s'étend naturellement d'orient en occident. Dans certaines églises, on désigne aussi la même chose en disant *Gloria Patri*, car on s'incline vers l'orient ; et en ajoutant *Sicut erat*, on se tourne à l'occident ; car on doit conserver la dévotion dans les offices divins. Mais, comme l'office des moines ne nous concerne pas, qu'il nous suffise sur ce sujet d'avoir dit ceci pour à présent.

XXXVI. En dernier lieu, il est prouvé que l'ordre des moines figure l'ordre des chérubins, qui, parmi les ordres angéliques, sont considérés comme les plus distingués. En effet, comme les chérubins, les moines sont voilés de six ailes. L'Ecriture, touchant les chérubins, dit : « L'un à six ailes, l'autre six également. » Chez les moines, on trouve deux ailes dans le capuchon qui voile la tête ; cette partie de la tunique qui s'étend au bras droit et au bras gauche (les manches) représente deux autres ailes ; les deux parties qui se trouvent devant et derrière figurent encore deux autres ailes ; et ainsi, l'habit pris en entier représente certainement six ailes. Le costume des moines imite aussi celui des saints ; car on dit, touchant Elie, que c'était un homme couvert de poil, et qu'il avait autour des reins une ceinture de peau. L'Apôtre dit de lui et de ceux qui lui ressemblèrent : « Ils vécurent couverts de peaux de brebis et de peaux de chèvre. » Et l'Evangéliste dit de saint Jean-Baptiste, qu'il avait autour des reins une ceinture de peau de bête.

XXXVII. La coule (*cuculla*) des moines vient du *collobium* des apôtres, qui avait la forme d'une dalmatique, et qui portait une croix pardevant (ou bien qui était fait pardevant en forme de croix), parce qu'ils crucifiaient en eux les vices et la concupiscence. Sa couleur noire signifie le mépris du monde; sa longueur, la persévérance dans le bien.

CHAPITRE IV.

DES MATINES ET DES LAUDES (*DE MATUTINIS LAUDIBUS*).

I. Plusieurs, imitant l'ordre réglé par Esdras, dont nous avons parlé au commencement de cette partie, séparent matines et laudes des nocturnes, assurant qu'elles forment un office à part ; et ils les récitent le matin, lorsque l'aurore brille, comme on le dira au chapitre prochain. Car ce fut à cette heure que le Christ ressuscita, après avoir vaincu la mort; d'où saint Marc : « Jésus étant ressuscité le matin, le premier jour de la semaine ; » ou du moins sa résurrection fut notifiée le matin. C'est aussi à cette même heure qu'il marcha sur la mer (sur le lac de Génézareth). C'est donc avec raison que nous devons le louer à cette heure, afin qu'après nous avoir sauvés par sa sainte résurrection, il nous fasse, comme à saint Pierre, traverser à pied sec la mer de ce siècle. C'est aussi à cette heure qu'il a créé le monde et les anges, qui, aussitôt après leur création, chantèrent dans un cantique de jubilation les louanges de leur créateur. On dit donc matines et laudes lorsque l'aurore vient empourprer le ciel, c'est-à-dire, à la quatrième veille que Lucifer inonde tout entière de ses feux. Cette veille est aussi nommée *matinale*, de *mane* (le matin), où règnent la lumière et le jour, parce que le matin, nous ramène la lumière pour que nous obtenions la couronne de gloire, d'après ces paroles : « Que ce ne soit pas en vain que vous vous leviez le matin avant le jour, parce que le

Seigneur a promis la couronne aux vigilants. » Or, nous avons
dit, au commencement du traité précédent, ce que signifie le
temps de la louange matinale (de matines et laudes).

II. On dit laudes, parce que cet office fait surtout retentir
les louanges que nous adressons à Dieu, parce qu'il nous a
ramenés des ténèbres de l'erreur à la lumière ou dans la voie
de la vérité, et pour repousser les tentations du diable; d'où
Isaïe (c. xxv) dit : « Sortez de votre sommeil et louez Dieu,
vous qui gisez dans la poussière; voici la rosée de la lumière. »
Touchant cet office du matin, le Prophète dit : « Je veille pour
te louer, ô mon Dieu! dès la pointe du jour. »

III. Or, nous chantons l'office de matines et l'office de vêpres comme pour offrir au Seigneur un sacrifice incessant; car,
dans l'Ancien-Testament, on offrait à Dieu un sacrifice continuel, c'est-à-dire le matin et le soir. Mais le sacrifice du soir
était plus digne, c'est-à-dire plus gras, suivant l'expression des
Juifs, comme nous le verrons à l'article de Vêpres. Pour nous,
par l'office du matin nous entendons la loi ancienne; par
l'office du soir ou de vêpres, la passion du Sauveur, qui, le
soir du monde, c'est-à-dire dans le sixième âge, s'est offert à
Dieu le Père pour nous; d'où ces paroles du Psalmiste : « Que
l'élévation de mes mains te soit agréable comme le sacrifice
du soir. » Ce sacrifice, c'est-à-dire le sacrifice du soir, correspond donc à celui-ci, c'est-à-dire au sacrifice de la passion.
Or, dans les deux offices de matines et laudes, et de vêpres,
les psaumes, sous cinq distinctions ou divisions, sont terminés
par *Gloria Patri*. De même, dans le premier comme dans le
second, on dit l'hymne, la leçon et le verset; à vêpres, on
chante le cantique de Marie; à matines et laudes, celui de Zacharie.

IV. Or, comme l'office de vêpres est plus digne à cause de la
chose plus excellente qu'il représente, tout s'y passe avec plus
de solennité; on y chante plus solennellement qu'à l'office du
matin, et on y intercale un répons. Saint Isidore, dans le livre

des *Etymologies*, dit que l'office du matin est le commencement du jour, ainsi appelé de l'étoile Lucifer (porte-lumière),
qui se lève quand le matin commence, comme on l'a dit. Cet
office de laudes est plein de louanges, comme on l'a dit au commencement du chapitre précédent. Le prêtre excite les assistants
à ces louanges, en commençant par dire un verset qui est quelquefois celui-ci : *In matutinis meditabor in te*, « Je méditerai
sur ton nom, le matin ; » ou bien : *Excelsus super omnes gentes
Dominus*, « Le Seigneur est élevé au-dessus de toutes les nations ; » ou bien un autre. Ensuite il implore le secours divin,
en disant : « Seigneur, viens à mon secours. » Ensuite le
chœur, se hâtant vers le même but, glorifie Dieu dans la souveraine Trinité, en disant : « Seigneur, hâte-toi de venir à
mon secours, » puis *Gloria Patri*, etc.; ensuite on commence
l'antienne. A ce sujet, il faut remarquer que certaines églises,
les dimanches, à partir du premier de l'Epiphanie jusqu'à la
Septuagésime, et de l'octave de la Pentecôte jusqu'à l'Avent,
chantent à laudes *Alleluia* au lieu de l'antienne, pour tous les
psaumes, tant parce que, comme on l'a dit, cet office est plein
de louanges et qu'*Alleluia* est une louange angélique, que parce
que le dimanche représente la résurrection du Seigneur ; et de
même que dans le temps pascal, qui est celui de la résurrection, on multiplie les *Alleluia*, de même et avec raison doi-
vent-ils être multipliés les dimanches.

V. Et il faut remarquer que les dimanches qui suivent l'octave de l'Epiphanie jusqu'à la Septuagésime, on chante *Alleluia*
sur le chant de certaines antiennes qui se rapportent à la Nativité du Seigneur. Mais les dimanches depuis l'octave de la
Pentecôte jusqu'à l'Avent, on chante *Alleluia* sur le chant
ordinaire des antiennes que l'on dit à *Benedictus*, et qui sont
tirées de ce même cantique. Or, comme chaque dimanche on
varie le chant des *Alleluia* d'après le chant même des antiennes, c'est pourquoi chaque dimanche le nombre ou la cadence
des *Alleluia* est proportionnée à la brièveté ou à la longueur

de chaque antienne, d'après le chant de laquelle il se trouve allongé ou raccourci. C'est pourquoi encore on ne fixe pas aux *Alleluia* un nombre ou cadence déterminée, parce qu'on ne peut pas fixer aux ames dévotes un nombre ou mode déterminé en louant Dieu.

VI. Or, dans d'autres églises, tous les dimanches indistinctement, aux trois premiers psaumes, au lieu de l'antienne, comme pour l'intonation des psaumes, on chante deux fois *Alleluia*, pour insinuer que pour louer Dieu on procède par la ferveur de la charité. Et on ne le chante sur le chant d'aucune antienne, pour marquer, d'après l'Apôtre, que « la charité n'est pas envieuse. » Mais au psaume *Benedicite*, trois enfants chantent l'antienne, sans y ajouter de neume ni d'*Alleluia*, pour les raisons que nous dirons plus bas. Au psaume *Laudate Dominum*, au lieu d'antienne on dit trois fois *Alleluia*, non sur le chant de quelque antienne, mais seulement pour entonner le psaume. Or, on le dit trois fois : 1° parce qu'il correspond aux trois psaumes contenus dans le psaume *Laudate ;* 2° à cause des trois ordres de justes qui louent Dieu, ce dont on parlera plus bas.

VII. Et à matines et laudes on dit cinq psaumes, pour marquer la réparation des cinq sens et à cause des cinq états de l'Eglise. Le premier psaume est *Deus regnavit,* dans lequel on loue Dieu d'avoir solidement établi le globe terrestre, c'est-à-dire dans la foi, par sa résurrection ; c'est pourquoi ce psaume s'entend du règne du Christ. Le second est *Jubilate,* qui concerne les confesseurs, et où il est dit : « Entrez par les portes de son tabernacle, *in confessione* (en confessant son nom). » Et c'est avec raison qu'il commence par un neume, parce que rien n'est plus agréable à Dieu que la confession de son nom. Le troisième est *Deus, Deus meus,* etc., qui signifie l'état des martyrs, qui ont soif du Seigneur ; d'où il est dit dans ce psaume : « Mon ame a eu soif. » Et parce que toute notre soif et nos désirs doivent être dans la Trinité et tendre vers la Tri-

nité, c'est pour cela que suit le psaume *Deus misereatur nostri,*
où la Trinité tout entière est désignée par ces mots : *Benedicat
nos Deus, Deus noster,* etc. ; car on dit trois fois *Deus,* à cause
du Père, du Fils et du Saint-Esprit. Le quatrième est le cantique des trois enfants (*Benedicite*), qui est tiré de Daniel
(chap. III), et qui signifie l'état de l'Antechrist, comme on le
dira bientôt. Et à la fin de ce psaume on ne dit pas *Gloria
Patri* : 1° parce que les trois enfants, pour avoir confessé leur
foi, furent jetés dans une fournaise ardente, et c'est pour ce
fait surtout qu'on retranche la glorification en l'honneur de
Dieu et de la Trinité ; 2° parce que le dernier verset de ce
psaume signifie la même chose que *Gloria Patri*, et que
dans les divines Ecritures il ne doit y avoir rien de superflu ;
3° parce que dans le même psaume toute la Trinité est clairement désignée, et que Dieu est loué dans ses créatures. Pendant que l'on dit ce psaume, on ne doit ni s'asseoir, ni faire de
génuflexions, comme nous le dirons au Samedi des *Quatre-
Temps* de la première semaine de Carême. Le cinquième
psaume, *Laudate Dominum*, marque l'état des Juifs, qui se
convertiront après la mort de l'Antechrist, comme on le dira
tout-à-l'heure. Et à la fin on dit *Gloria Patri*, pour marquer
que par les bonnes œuvres nous serons associés aux anges,
qui louent Dieu incessamment.

VIII. On peut encore dire qu'à laudes on récite huit psaumes, parce que cet office rappelle d'une manière mystique
l'état de l'Eglise depuis le commencement de son établissement
par les apôtres jusqu'au perfectionnement des élus qui exis-
teront à la fin du monde ; et sous cet état se trouvent les huit
ordres de l'Eglise ou des élus sauvés dans l'Eglise sainte par
le baptême, comme dans l'arche de Noé furent sauvées huit
personnes figurant les huit ordres de l'Eglise. Car par le déluge on entend le baptême, et l'arche désigne l'Eglise.

IX. Le premier ordre fut celui de la primitive Eglise, composée d'une fraction du peuple juif, réformée et établie par la

prédication du Christ, comme l'indique ce premier psaume *Dominus regnavit,* dans le premier verset, où il s'agit du règne et de la puissance du Sauveur. Dans le second verset, il s'agit de la fondation de l'Eglise, qui commença dès-lors à subsister, appuyée sur cette pierre fondamentale qui est le Christ, d'après l'Apôtre. Nous avons parlé ci-dessus, dans un chapitre de cette même partie, de cette pierre fondamentale. On chante donc à laudes ce psaume, qui contient les louanges du Christ.

X. Le second ordre fut celui qui, dans la primitive Eglise, pénétra chez les Gentils par la prédication du Seigneur et des apôtres avertissant toute la terre, c'est-à-dire toutes les nations, de chanter avec acclamation les louanges de Dieu. Ce qu'indique le second psaume, *Jubilate Deo omni terra.*

XI. Le troisième ordre fut celui de la gentilité convertie à la foi ; ce troisième psaume, *Deus, Deus meus,* nous la montre rendant grâces, et pleine de bienveillance et de reconnaissance à cause de sa vocation par les apôtres.

XII. Le quatrième ordre sera celui du peuple juif revenant à résipiscence et converti par Hénoch et Elie. Ce quatrième psaume, *Deus misereatur nostri,* nous représente ce peuple converti à Dieu et implorant sa miséricorde. Et alors ils se réjouiront de connaître la voie de Dieu, qu'ils sauront être parmi les Gentils.

XIII. Le cinquième sera composé de ceux qui vivront dans le temps de l'Antechrist, figuré par Nabuchodonosor, et qui, malgré les tribulations dont il environnera les saints de l'un et l'autre peuples, ne pourra cependant les détourner de bénir Dieu, à l'exemple des trois jeunes gens que Dieu délivra des ardeurs de la fournaise, et qui sont remémorés par le cinquième cantique, *Benedicite.* Car, en ce temps-là, les justes seront épurés comme dans une fournaise ardente, sans toutefois y brûler ; mais ils y recevront la forme brillante de l'or ; d'où vient que saint Jean, dans l'Apocalypse, vit les pieds du Christ semblables à l'or marié à l'airain, comme dans une four-

ardente. Ce psaume suit avec raison ; et, à cause de la tribulation qu'il désigne, son antienne n'a ni *Alleluia*, ni *Gloria Patri*. Or, dans l'hymne se trouvent trois distinctions ou divisions. Dans la première, on invite les créatures supérieures à louer le Créateur, c'est-à-dire les créatures qui se trouvent au-dessus du ciel, dans le ciel et dans l'air. Dans la seconde, on y invite les créatures qui sont sur la terre et qui se meuvent dans les eaux. Dans la troisième, on y invite tous les esprits et toutes les ames, afin que nous bénissions le Seigneur, de concert avec toutes les creatures ; parce que, de même que les trois jeunes gens échappèrent à Nabuchodonosor et à la fournaise, de même nous avons échappé au diable et au feu de l'enfer. Au reste, ce cantique convient merveilleusement au dimanche et à tout jour de fête, parce que ce fut dans le premier jour que le Seigneur consomma la création et la répara ensuite par sa résurrection ; et c'est pour cela que l'on dit ce cantique en ce jour-là et les jours de fêtes qui symbolisent la résurrection du Seigneur ; et c'est en ce jour que l'on invite les créatures à louer le Créateur. De là vient que ce sont les mêmes *laudes* pour les dimanches et les fêtes des saints, et le temps pascal, parce qu'elles représentent les joies de la résurrection du Christ et de la nôtre propre. Les sixième, septième et huitième ordres seront composés universellement de ceux qui seront convertis et recueillis dans les trois parties du monde, c'est-à-dire l'Asie, l'Afrique et l'Europe, et qui, après la persécution et la mort de l'Antechrist, jouiront de la plus grande paix dont ait joui l'Eglise, jusqu'au jour du jugement. Car alors la vieillesse possédera une abondante miséricorde, et dans ce repos vivront trois ordres de justes, c'est-à-dire les personnes mariées, celles qui gardent la continence, et les vierges, représentés par Job, Noé et Daniel et généralement tous les saints qui méritent une auréole, lesquels, dans les trois parties du monde, sortirent de la tribulation pour régner avec l'époux de l'Eglise, et célébreront les louanges de Dieu contenues dans les trois psaumes suivants : *Laudate Dominum de cœlis, Cantate Domino canticum novum,* et *Laudate Dominum in sanctis ejus.*

XIV. Or, on demande pourquoi ces trois psaumes se disent avec une seule antienne et aussi avec une seule doxologie? Nous répondrons que c'est parce que les sixième, septième et huitième ordres précités d'élus, rassemblés des trois parties du monde susdites, seront ensemble sans aucun intervalle, et seront pareillement glorifiés. Ces trois mêmes psaumes signifient encore le triomphe sur le monde, sur la chair et sur le diable ; et, comme l'un ne s'obtient pas sans l'autre, c'est pour cela et avec raison que ces psaumes sont réunis ensemble.

XV. On demande encore pourquoi les deux psaumes précités, *Deus, Deus meus* et *Deus misereatur, nostri,* combinés ensemble, se disent avec une seule doxologie et avec une seule antienne? C'est pour quatre raisons : 1° parce que le psaume *Deus, Deus meus* signifie la soif de Dieu ; dans le psaume *Deus misereatur,* etc., se trouve désignée la Trinité, comme on l'a dit ci-dessus. Cela a donc lieu pour désigner la soif de Dieu et le désir ardent d'être uni à lui ; 2° c'est pour marquer qu'avant la persécution de l'Antechrist, le peuple croyant de la gentilité, désigné par le psaume *Deus, Deus meus,* et le peuple juif, revenu à la foi et désigné par le psaume *Deus misereatur nostri,* formeront un seul peuple dans la même foi, et qu'ensuite viendra la tribulation de l'Antechrist, comme on l'a dit plus haut ; 3° parce que le premier psaume désigne l'amour de Dieu ; d'où vient qu'il est dit dans ce psaume : « Mon ame a eu soif de toi, etc. ; » et le second signifie l'amour du prochain ; d'où l'on voit dans ce psaume : « afin que nous connaissions que le salut que tu procures est pour toutes les nations. » Or, ces deux amours, de Dieu et du prochain, ont entre eux une telle connexion, que l'un ne peut subsister sans l'autre dans le cœur du chrétien ; 4° parce que la grâce que l'Eglise paraît pressentir dans le premier psaume ne lui est manifestement accordée que dans le second; ainsi, elle est invitée à rendre à Dieu des actions de grâces par ces paroles du psaume *Misereatur nostri* : « Que tous les peuples, ô Dieu! publient tes louanges; que tous les peuples te louent et te rendent grâces, etc. » On ne dit pas *Gloria Patri* à la fin du psaume *Deus, Deus meus,* par cette autre raison que dans ce psaume il s'agit de la misère du genre humain; c'est pourquoi l'on y dit : « Mon ame est brûlante de soif, etc. » Car tous les psaumes traitant des misères et des adversités ne louent pas Dieu pour ces afflictions, ce qui devrait pourtant avoir lieu; mais dans le psaume suivant, c'est-à-dire *Deus misereatur nostri,* on dit à la fin *Gloria Patri*, parce que ce psaume traite de la miséricorde de Dieu, qui accorde les biens au genre humain et en éloigne les maux. Au reste, les deux psaumes précités et le psaume *Laudate Dominum* ne sont jamais séparés, pour marquer que sans la foi et sans le désir d'être uni à la Trinité, tous deux exprimés dans les deux psaumes précités réunis, et, de plus, sans la louange de Dieu, désignée par le psaume *Laudate*, nous ne serons jamais de vrais chrétiens.

XVI. On demande encore pourquoi l'Eglise nous invite à témoigner à Dieu de saints transports de joie dans le psaume *Jubilate,* tandis qu'elle-même ne témoigne pas ces transports? A cela on peut répondre que l'office de laudes signifie la résurrection du Seigneur, qui, étant déjà complète dans le chef, c'est-à-dire dans le Christ, est encore à compléter dans les membres. Pour marquer donc qu'elle n'est encore achevée qu'en partie, on ne dit pas de neume à la fin des antiennes, surtout de celles qui ont lieu aux psaumes qui font mention de la résurrection : car le neume est un chant conçu par l'espérance de la gloire; mais, comme la résurrection est encore à compléter dans les membres, c'est pourquoi le neume, dans certaines antiennes, est appelé *jubilus*. De là vient que dans le temps pascal, aux versets, aux répons et aux *Alleluia*, nous ajoutons des neumes pour marquer la jubilation, à cause de notre ré-

surrection, que nous espérons et que nous ne pouvons encore
pleinement exprimer, parce que nous ne la voyons pas. C'est
pour cela que nous exprimons notre jubilation par des sons
inarticulés. Mais dans les antiennes on n'exprime pas de jubilation pour la résurrection du Seigneur, qui est accomplie ; ni
même dans les antiennes de laudes, dans les psaumes où l'on
fait mention de la résurrection du Seigneur, comme dans les
trois premiers psaumes ; ni à la fin de l'antienne du quatrième
psaume, parce que Nabuchodonosor, regardant les trois jeunes
gens dans la fournaise ardente, en vit un quatrième, c'est-à-dire
le Christ, qui les consolait. Car ceux qui sont dans la tribulation ne demandent qu'une seule grâce, celle de ne pas faillir. Et
il y a plutôt alors lieu de craindre que d'espérer. C'est pourquoi
à la fin de l'antienne de ce psaume il n'y a pas de jubilation,
surtout parce que la gloire de Dieu n'apparaît pas alors que les
saints sont dans la tribulation ; mais à la fin de l'antienne qui se
dit après le psaume *Laudate Dominum*, on ajoute un neume,
parce qu'il n'y est pas question de la résurrection, mais de
l'espérance de la gloire que nous attendons. De là le *jubilus*.
Nous avons parlé de ce *jubilus* dans la préface de cette partie.

XVII. Or, le premier psaume du dimanche à laudes, c'est-
à-dire *Dominus regnavit,* qui est un psaume de joie, est remplacé aux simples féries par le psaume *Miserere mei, Deus,* qui
est un psaume pénitentiel. A ce sujet, il faut noter que les dimanches et les fêtes rappellent la résurrection des saints qui
ont existé dès le commencement et qui seront jusqu'à la fin
du siècle. De là vient que les dimanches et fêtes, à laudes, pour
rappeler le règne du Seigneur après sa résurrection de la mort
corporelle, ou bien la gloire de la résurrection des élus, nous
chantons le psaume *Dominus regnavit,* qui pourtant se dit encore les dimanches à prime, depuis la Septuagésime jusqu'à
Pâques, comme on le dira en son lieu. Mais les jours fériés
représentent le pèlerinage et la pénitence de ces mêmes saints,
et c'est pour cette raison qu'aux laudes des simples féries nous

disons le premier psaume, le psaume *Miserere mei, Deus*,
pour signifier notre résurrection de la mort spirituelle par la
pénitence, ou le pèlerinage et la pénitence ou conversion des
élus. Car les Juifs, remplis de sentiments de componction et
convertis par la prédication de saint Pierre, répétaient souvent ce psaume; de là la coutume implantée parmi nous, qui
avons été convertis des erreurs des Gentils, de le répéter souvent dans les offices, pour nous exciter à nous convertir et à
faire pénitence, seul moyen pour nous de ressusciter. Nous
parlerons encore de ce psaume au chapitre de Prime.

XVIII. Pendant les six jours de la semaine, on dit six psaumes pour remplacer le second, c'est-à-dire le psaume *Jubilate*,
qui se récite les dimanches et les jours de fête. Car, de même
que la primitive Eglise, après avoir reçu par la prédication
l'héritage des saints, est ensuite passée aux Gentils, qui ainsi
ont été mis en possession de la foi; et de même que le peuple
juif reviendra à Dieu à la fin des temps, converti par la prédication des saints, et que ceux qui vivront à l'époque de l'Antechrist sortiront vainqueurs de la persécution et des tribulations, et que les peuples, après sa prédication, seront rassemblés des trois parties du monde, comme on l'a déjà vu; ainsi,
au lieu du psaume *Jubilate*, qui désigne la prédication des
saints, on dit à la seconde férie le psaume *Verba mea*, qui est
la voix de l'Eglise appelée à l'héritage du Seigneur. A la Septuagésime, on dit le psaume *Confitemini*, comme on le verra
en son lieu; à la troisième férie, le psaume *Judica me Deus*,
qui représente le temps où la primitive Eglise passa aux Gentils; à la quatrième, le psaume *Te decet*, qui figure les Gentils
abandonnant les idoles pour le culte de Dieu ; à la cinquième,
le psaume *Domine, refugium,* intitulé : « Prière de Moïse,
homme de Dieu, ayant rapport à la conversion des Juifs. » A
la sixième férie on dit le psaume *Domine, exaudi orationem
meam,* que chanta David persécuté par Absalon, et qui signifie la persécution de l'Antechrist.

XIX. Et le samedi, on dit le psaume *Bonum est confiteri Domino*, intitulé : « Cantique pour le jour du sabbat, » c'est-à-dire pour le jour du repos, lequel figure que les saints, rassemblés des trois parties du monde après la persécution de l'Antechrist, demeureront dans le repos, et confesseront et chanteront en paix les louanges du Seigneur. Or, les six psaumes précités sont rangés de telle sorte que l'on peut y remarquer l'ordre de la conversion des chrétiens.

XX. Mais au lieu du psaume *Benedicite* on dit six psaumes aux six jours de la semaine, parce que, comme ce psaume renferme les actions de grâces des trois enfants, de même les cantiques contiennent aussi les actions de grâces des élus. Car la différence qui existe entre le cantique et le psaume est la même que celle qui se trouve entre les bonnes œuvres et les actions de grâces. Or, on lit que Moïse, le premier, institua les cantiques, après que Pharaon eut été englouti dans la mer Rouge (Exod., xv). Dans la suite, Débora, l'illustre libératrice du peuple de Dieu, en composa aussi, comme on le voit dans le livre des Juges (c. v). Plus tard, des hommes et des femmes en composèrent à leur tour. Le cantique est le chant de la voix humaine; le psaume est ce que l'on chante sur le psaltérion. De même que le psaume désigne les œuvres des élus de l'ordre qu'il signifie, ainsi le cantique désigne les actions de grâces rendues après la conversion pour les œuvres précitées. On parlera des cantiques dans la sixième partie, au Samedi saint. On change encore, à chaque jour ordinaire de la semaine, le second et le cinquième psaumes, parce que les six psaumes et les six cantiques ainsi changés pendant les jours de la semaine s'accordent, dans leur signification, avec les huit psaumes qui se chantent le dimanche à matines, ou les huit ordres d'élus dont on a parlé ci-dessus. Ce n'est donc pas sans raison qu'on les chante par ordre, de jour en jour, de la même manière que l'on chante à matines les psaumes du dimanche, ou dans le même ordre que sont placées les classes des

élus, pour marquer par là que les classes des élus dans le Nouveau-Testament ont été ainsi formés par succession des temps
et dans un ordre régulier.

XXI. Or, on ne doit jamais omettre ou passer sous silence
les psaumes *Deus, Deus meus* et *Laudate,* parce que dans le
temps passé comme dans le temps futur les saints ont toujours
été et seront toujours embrasés d'une soif ardente pour Dieu,
source d'eaux vives, et ont loué et loueront toujours Dieu au
plus haut des cieux. Or, pour rendre ceci plus évident et plus pal-
pable, il faut remarquer que chacun des six psaumes précités
renferme en soi le mot *mane* (matin), ou l'équivalent.

XXII. Or, le matin se divise en six parties : il y a, en effet, le
matin du temps, le matin du cœur, le matin de notre rédemption, le matin de l'homme, le matin de l'éternité, et le matin
de la prospérité mondaine. Le matin est le commencement du
temps et le fondement de la foi, dont il est dit dans la Genèse :
« Et le matin et le soir formèrent un seul jour. » Le matin du
cœur est le commencement de la grâce, c'est-à-dire lorsque
la grâce commence à briller dans le cœur; d'où : « Fais parvenir jusqu'à moi la lumière; » et : « Tu exauceras ma voix le
matin. » Le matin de notre rédemption est le temps du matin
où notre Seigneur ressuscita et où sa résurrection fut connue ;
d'où ces mots : « Tu répandras la joie dans l'Orient et dans
l'Occident. » Le matin de l'homme est son enfance et son adolescence, époque à laquelle il est dans sa vigueur et sa fleur;
d'où ces paroles du psaume : « L'homme est le matin, le
matin passe comme l'herbe des champs, qui passe bientôt;
le matin, il fleurit et il passse ; le soir, il tombe, il s'endurcit
et se sèche.» Or, il arrive souvent que l'homme passe ou meurt
au matin de son enfance ; et, s'il lui arrive de passer au
matin de l'adolescence, où il se pare de verdure et de fleurs,'
souvent aussi, arrivé à ce point, il passe encore ; que si, par
hasard, il parvient jusqu'au soir de la vieillesse, alors infailli-
blement il est moissonné par la mort, il se durcit comme un

cadavre, et ses membres se dessèchent dans la poussière. Le matin de l'éternité est le commencement de la gloire éternelle ; d'où ces paroles du Psalmiste : « Fais-moi entendre ce matin ta miséricorde, » c'est-à-dire la voix de ta miséricorde ; c'est-à-dire : « Venez les bénis de mon Père, etc. » Le matin de la prospérité mondaine est cette même prospérité ; d'où ces paroles du Psalmiste : « pour annoncer le matin ta miséricorde. » Entièrement occupé du salut de son ame, qu'il se lève le matin [du temps] pour la prière, afin qu'il puisse dire : « Le matin, je me tiendrai en ta présence et je te verrai, et tu exauceras ma prière le matin, » comme on le voit dans le premier psaume, *Verba mea.* Mais, comme sa prière n'a pas d'effet sans le matin du cœur, c'est-à-dire sans le commencement de la grâce, c'est pourquoi il dit : « Envoie-moi ta lumière ; » ce qui se trouve dans le deuxième psaume, *Judica me, Deus,* etc.; mais, comme le matin du cœur dépend du matin de notre rédemption, c'est pourquoi il dit : *exitus matutini,* etc., qui se trouve dans le troisième psaume, *Te decet.* Mais comme, après avoir obtenu le matin du cœur, qui est produit par le matin de la rédemption, l'homme commence à devenir méprisable à ses propres yeux, alors suit le matin, *sicut herba transeat,* qui se trouve au quatrième psaume, *Domine, refugium ;* mais, comme plus il devient méprisable à ses propres yeux, plus il se rapproche du matin de l'éternité, c'est pourquoi il est dit : « Seigneur, fais que j'entende le matin la voix de ta miséricorde, » ce qui se trouve au cinquième psaume, *Domine, exaudi orationem meam ;* et comme ceux-là seuls parviennent à ce résultat, qui louent Dieu dans l'adversité comme dans la prospérité, c'est pourquoi on ajoute : « pour annoncer le matin ta miséricorde, » comme on le voit au sixième psaume, *Bonum est,* etc.

XXIII. Les sept psaumes qui sont changés à chaque jour ouvrable, et les cantiques que l'on dit en ces jours, s'accordent entre eux et peuvent s'adapter très-bien à la durée du temps de la grâce. En effet, à la seconde férie on rappelle l'état de la primitive Eglise, qui reçut l'héritage éternel par la prédication des saints, comme on l'a dit; c'est pourquoi, dans le psaume *Verba mea*, l'Eglise prie pour l'héritage éternel qu'elle a recueilli par le Christ. De là vient qu'à la fin du même psaume il est question de cet héritage acquis par l'Eglise. Dans le cantique, elle rend des actions de grâces en disant : « Seigneur, je confesserai tes louanges et te rendrai des actions de grâces, parce que tu t'es irrité contre moi ; mais ta fureur s'est détournée de moi et tu m'as consolé » (Isaïe, xii). En effet, la colère de Dieu a duré jusqu'à la passion du Sauveur ; mais alors le Seigneur a calmé son courroux, et il a consolé l'Eglise en lui ouvrant la porte de son royaume céleste, tandis qu'auparavant tous étaient jetés dans les enfers. C'est pourquoi, dans le psaume, pour montrer sa solitude, l'Eglise dit : « Je me tiendrai le matin en ta présence et je connaîtrai, etc. » Mais dans le cantique, pleine de confiance, elle dit : « Le Seigneur est ma force et ma louange, » c'est-à-dire c'est par lui que je suis forte, et c'est lui que je suis tenue de louer. C'est donc à l'Eglise tout entière que se rapportent les paroles du psaume *Verba mea*, mais spécialement à la primitive Eglise, qui reçut des apôtres la promesse de l'héritage éternel ; et alors l'étendard de la croix commença à être porté haut parmi les nations ; c'est à cet étendard que le cantique a trait, ce qui apparaît manifestement, d'après les paroles d'Isaïe qui précèdent ce cantique ; car le Prophète dit, un peu plus haut : « En ce jour-là la racine de Jessé apparaîtra comme un étendard aux yeux des peuples ; les nations lui adresseront leurs vœux, et son sépulcre sera glorieux. » Un peu après il dit : « Il élèvera l'étendard sur les nations, et il rassemblera les exilés d'Israël, etc. » Notre Sauveur est la racine de Jessé, et c'est lui-même qui est élevé comme un étendard aux yeux des peuples, parce que les nations ont les regards tournés vers Dieu et lui adressent leurs vœux ; et son tombeau a été glorieux. Quoique nos péchés l'exigeassent, il est couvert d'ignominies pour un temps, et lui-même, par les apôtres et les autres chrétiens primitifs, il éleva sur les nations l'étendard de la croix, dans lequel se trouve la victoire, afin que tous sachent par quoi le diable a été vaincu. Mais auparavant il a rassemblé les fugitifs d'Israël, lorsque, le jour de la Pentecôte, des hommes religieux arrivant à Jérusalem, rassemblés de toutes les parties du monde et de toutes les nations qui sont sous le ciel, un jour trois mille et un autre jour cinq mille d'entre eux crurent en Jésus-Christ; car saint Paul, dans les Actes des apôtres, leur dit : « Il faut d'abord prêcher aux Juifs la parole de Dieu. » A la troisième férie, nous représentons l'époque où l'Eglise était persécutée par les impies, par les Juifs d'abord, et dans la suite par divers empereurs romains, surtout depuis le temps de Néron jusqu'à celui de Dioclétien et de Maximien. Or, ce que l'Eglise souffrit alors est indiqué par le psaume *Judica me, Deus, et discerne causam meam de gente non sancta* ; et il désigne la tristesse de l'Eglise, en disant : « Et pourquoi me vois-je réduit à marcher dans la tristesse, étant affligé par l'ennemi ? ». Mais, parce que l'Eglise a été délivrée de cette persécution, elle chante le cantique *Ego dixi*, qui est d'Isaïe, et que chanta Ezéchias lorsqu'il fut délivré de Sennachérib et après la maladie que Dieu lui avait envoyée, pour que son cœur ne s'enflât pas et ne donnât pas accès à l'orgueil, ou bien parce que son cœur s'était enorgueilli du triomphe inconcevable obtenu sur l'armée de Sennachérib ; et, de même que ce prince, après sa délivrance, rendit gloire à Dieu, ainsi fait l'Eglise ; et pourtant auparavant elle dit, comme en désespérant : « Je ne verrai plus l'homme désormais et celui qui habite au sein de la paix, » c'est-à-dire mon Sauveur, qui devait me procurer le repos. Bien plus, lorsqu'elle voyait ses enfants mis à mort de tous côtés, elle disait : « Ma génération m'a été arrachée; elle a été prématurément séparée de mon sein, lorsque mon tissu n'était pas encore achevé, et pendant que j'ourdissais ma trame mes jours ont été tranchés. » Cependant l'Eglise, reprenant espoir, dit : « Vi-vant; » supplée : Vivant maintenant sous ta protection, c'est-à-dire plus tard, dans le repos à venir ; « il confessera lui-même ton nom, comme je le fais aujourd'hui ; » supplée : Délivrée de mes ennemis, et moi je fais comme un bon père de famille, qui fait connaître sa vérité à ses fils. La quatrième férie rappelle le temps où l'Eglise commença à être élevée au-dessus de ses ennemis, lorsque l'empereur Constantin lui rendit la paix ; c'est pourquoi elle chante : *Te decet hymnus Deus in Sion.* Sion, par interprétation, signifie vue ou contemplation, parce que dans le temps de son repos l'Eglise put se livrer à la vie contem-plative. C'est ce que signifient le psaume de David, le cantique de Jérémie et celui d'Ézéchiel sur le peuple captif à Babylone, et tout ce qui a trait à la captivité, lorsque le peuple était sur le point d'en sortir. Car, de même que le peuple d'Israël com-mença à sortir de la Babylonie après en avoir reçu la permission de Cyrus, de même l'Eglise, délivrée par l'empereur romain Constantin de cette autre captivité de Babylone supportée sous divers empereurs, a l'espoir de voir sa condition s'améliorer jusqu'à ce qu'elle arrive à la céleste Jérusalem ; c'est pourquoi, rappelant les persécutions passées, elle dit : *Verba iniquorum prævaluerunt super nos*, et, pour montrer son départ, elle ajoute : « Tu béniras la couronne de l'année de ta clémence. »

XXIV. « La couronne de l'année de ta clémence » signifie le temps de la grâce, qui, par la chaîne circulaire des jours, se dirige jusqu'à la fin du monde, époque à laquelle les champs, c'est-à-dire ceux qui sont remplis de l'appréhension que donne l'orgueil, manquant de la fécondité de la grâce, seront re-poussés. C'est pour cette délivrance que l'Eglise chante le can-tique qu'Anna, mère de Samuël, chanta lorsqu'elle fut déli-vrée des persécutions de Fénenna, sa rivale, et qui commence ainsi : « Mon cœur s'est réjoui dans le Seigneur » (I Reg., II). Car, lorsque la république chrétienne commença à être admi-nistrée par des hommes d'une vie angélique et par des empe-

reurs chrétiens, l'Eglise commença à dilater sa bouche sur ses
ennemis, c'est-à-dire les juifs, les païens et les hérétiques ; d'où
suivent ces mots : « Mon cœur s'est dilaté, etc. » Les Juifs convertis jouissent de la même paix que les Gentils convertis eux-
mêmes ; de là vient que, pour personnifier le peuple juif,
nous chantons à la cinquième férie : « Seigneur, tu es devenu
notre refuge. » Or, le titre montre que ce psaume a trait aux
Juifs ; ce titre est ainsi conçu : *Prière de Moïse, l'homme de
Dieu*. Le cantique de Moïse, *Cantemus Domino*, qui se trouve
dans l'Exode, au commencement du chapitre xv, a trait également aux Juifs. Car, de même que les Juifs se réjouirent
après la destruction de Pharaon et de son armée, ainsi les chrétiens se réjouissent aujourd'hui de la mort des divers empereurs qui persécutaient l'Eglise en haine du nom chrétien.

XXV. A la sixième férie on fait mémoire de la passion du
Seigneur ; c'est pourquoi on chante le psaume *Domine, exaudi
orationem meam*, dont le titre est : *Psaume de David, quand
son fils Absalon le poursuivait*. Or, comme David eut plusieurs
fils, dont l'un d'eux, Absalon, le persécuta, ainsi notre Seigneur a plusieurs enfants, dont il dit maintenant : « Les enfants de l'époux ne peuvent pleurer partout où l'époux se
trouve avec eux. » Mais un d'entre eux, c'est-à-dire Judas, le
persécuta, Judas, qui est appelé Absalon, comme si l'on disait
Abassalon, c'est-à-dire Père de la paix, à cause du baiser qu'il
donna au Seigneur ; car le baiser est un signe de paix. A la
même chose se rapporte le cantique *Domine, audivi auditum
tuum*, qui est d'Habacuc (c. iii), au commencement, où il est
dit : « Il sortira de ses mains des rayons de gloire, c'est là
que sa force a été cachée ; la mort marchera devant lui. » Par
le mot *cornua* (cornes), nous avons coutume d'entendre
royauté ; et le sens de *cornua in manibus ejus* est celui-ci : La
royauté est en sa puissance, et il a mérité que cette puissance
lui fût donnée, ou plutôt que cette puissance, après lui avoir
été donnée, fût notifiée et connue de tous par sa passion, et

touchant laquelle puissance il dit lui-même : « Toute puissance m'a été donnée dans le ciel et sur la terre. » Car, par cornes on entend, et avec raison pour ce motif, les bras de la croix ; d'où il paraît, d'après cela, que l'on devrait dire ses mains sont sur les cornes (ou sur les bras de la croix), plutôt que *cornua in manibus*, etc., ce qui signifie le contraire. Cependant le prophète Habacuc a mieux aimé dire *cornua in manibus*, etc., pour montrer qu'il a eu et le pouvoir et la volonté d'être crucifié, comme il le dit lui-même : « Personne, dit-il, ne m'ôtera la vie ; mais j'ai le pouvoir de m'en dépouiller moi-même et de la reprendre. » C'est là, c'est-à-dire sur la croix, que sa force a été cachée pour un temps, parce qu'il a été réputé comme frappé de Dieu lui-même, et humilié ; et la mort marchera devant sa face, parce que la mort a été détruite par sa mort. Et remarque que ce jour est le cinquième depuis la seconde férie où il s'agit de la passion du Sauveur, comme les dimanches, à nocturne, on place en cinquième lieu le psaume où l'on voit Nabuchodonosor tombé dans le mépris, et la victoire des trois enfants dans la fournaise ardente, où apparaissait un quatrième qui était semblable au Fils de Dieu (suivant une autre traduction, semblable au Fils de l'Homme), parce que dans la passion du Sauveur ont été consommées la destruction du diable et la victoire du peuple chrétien rassemblé des trois parties du monde, qui est le vrai Fils de Dieu et le vrai Fils de l'Homme. Mais le samedi on fait mention de la victoire du peuple juif, qui sera réuni à l'Eglise de Dieu à la fin des siècles, et chantera avec l'Eglise le psaume : « Il est bon de louer le Seigneur, pour annoncer le matin ta miséricorde, » c'est-à-dire ta miséricorde pour la prospérité que tu nous accordes, et ta vérité pendant la nuit, c'est-à-dire la nuit de l'adversité. Ce psaume est intitulé : *Louange du cantique de David pour le jour du sabbat.* C'est pourquoi il convient qu'on chante le samedi ce psaume, où il est question de Judas, qui persécuta le Christ, et qui est figuré par Absalon, qui persé-

cuta son père, et qui est intitulé : *pour le jour du sabbat.* Or,
que ce psaume ait trait au peuple juif, cela ne fait pas doute,
d'après ce verset : « sur le psaltérion à dix cordes, accompagné
du chant, etc. » Par le psaltérion à dix cordes, on. entend la
loi, qui renferme dix commandements.

XXVI. Et remarque que. certains portent le psaltérion et
n'en touchent pas, comme-les Juifs perfides, qui, dans leurs
livres, nous rendent témoignage, et qui nous haïssent dans
leurs cœurs. Certains le portent et semblent en toucher,
mais ils n'en touchent pas, comme les faux et les mauvais chrétiens, qui font quelquefois des bonnes œuvres avec tristesse et
un cœur qui conçoit l'iniquité. Il y en a qui le portent et qui
en touchent, comme ceux qui font le bien avec gaîté de cœur.
C'est ce qui arrivera au peuple juif, lorsqu'il sera uni à l'E-
glise. Le cantique de Moïse, *Audite, cœli,* qui se trouve au
Deutéronome, chapitre XXXII, se rapporte aussi au sabbat et au
peuple juif, comme on peut le voir d'après les paroles de
Bède, qui dit, sur saint Luc, que les jours du sabbat les Juifs
affluaient dans les synagogues, pour méditer les commandements de la loi divine, abandonnant les affaires temporelles,
d'après ce passage : « Laissez de côté les affaires, et voyez
combien le Seigneur est doux. » Or, en mémoire de l'ancienne
religion, on chante le samedi le cantique même du Deutéronome, et dans ce psaume on décrit les divers états par où pas-
sèrent les Juifs, soit lorsque Dieu était irrité contre eux, soit
quand il leur était favorable.

XXVII. Après l'antienne suit le capitule, par lequel on
nous exhorte pour que nous ne défaillions pas dans la voie de
cette vie. On dit quelquefois *Benedictio et claritas* (Apocal.,
cap. VII), et d'autres fois *Fuistis aliquando tenebræ* (Ephes.,
cap. V) et quelquefois *Nox præcessit* (ad Roman., cap. XIII),
pour nous exhorter à persévérer dans la foi, à nous appliquer
aux œuvres de miséricorde, à repousser les œuvres des ténèbres, à revêtir les armes de lumière, et pour nous consoler

par la promesse réciproque de la gloire. Après le capitule vient le répons. Cependant, dans certaines églises on ne dit pas de répons; car il paraît que c'est une superfluité, à cause des répons que l'on dit à nocturne, parce qu'aujourd'hui, en tous lieux, nocturne, matines et laudes se chantent sans interruption. Mais cette raison cesse d'exister si matines et laudes sont un office à part. Cependant, à toutes les autres heures le répons suit le capitule; après le capitule ou répons, le chœur, pour marquer son assentiment aux exhortations qu'il a reçues, chante l'hymne; après l'hymne vient le verset. Car le cantique de Zacharie, qui suit aussitôt, est un cantique de promesses, et nous sommes lents à croire aux promesses; c'est pour cela qu'on le fait précéder du verset, qui se dit à haute voix, pour nous exciter à croire aux promesses de Dieu. Dans certaines églises on dit le verset *Repleti sumus mane misericordia tua*, « Nous sommes remplis le matin de ta miséricorde, » par lequel on rappelle que les justes recevront une récompense après les travaux de cette vie. D'où Bède dit : «Nous sommes remplis le matin de ta miséricorde ;» le Prophète, par une certitude prophétique, met le présent pour le futur, parce que c'est au matin de l'éternité que nous serons remplis de la miséricorde du Seigneur, d'après ces paroles : « Je serai rassasié, lorsque ta gloire aura paru. » Or, dans d'autres églises on dit à matines : *Domine, meditabor in te*, « Seigneur, je méditerai sur tes perfections divines. » Ensuite le chœur, excité par le verset, entonne le cantique de Zacharie, *Benedictus*, qui se trouve dans saint Luc (c. 1), et que l'on chante toujours, d'après ce que dit l'Apôtre : Il faut servir Dieu dans les psaumes, dans les hymnes et dans les cantiques, c'est-à-dire de cœur, de bouche et d'œuvres. En effet, par l'hymne nous exprimons la joie que nous avons d'avoir conquis la liberté; et comme c'est le Christ qui nous a acquis cette joie, c'est pourquoi, afin de ne pas paraître ingrats pour un tel bienfait, nous éclatons en chants de louanges en l'honneur de Dieu, en entonnant l'antienne; et parce qu'il nous a délivrés, nous lui rendons grâces en chantant à haute voix ce même cantique; et pourquoi? parce qu'il nous a visités dans notre misère et qu'il a racheté son peuple. Nous dirons dans la sixième partie, au Jeudi saint, pourquoi encore on le chante à haute voix. Ou bien encore on dit le cantique après les psaumes, les leçons et le verset, pour nous rappeler qu'à la fin de la loi nouvelle, désignée par les psaumes précités de matines, nous recevrons la récompense promise à Abraham, si, pénétrés de la doctrine du Christ, désignée par la leçon, et visités pour le service de Dieu, symbolisé par le verset, nous servons le Seigneur tous les jours de notre vie, sans crainte, dans la sainteté et la justice.

XXVIII. On dit encore le psaume *Benedictus* en cet endroit, parce qu'il y est question du précurseur de Celui qui est venu dans le sixième âge, et c'est le sixième psaume de laudes. Et remarque que, comme ce cantique et le cantique de Marie font partie des évangiles, c'est pour cela qu'on les chante debout. Au reste, ces deux cantiques ne se chantent pas dans l'Eglise dans l'ordre où ils ont paru. Le Maître adopte cet ordre dans ses histoires, où il parle de la naissance du précurseur; car le cantique de Zacharie est chanté le premier, quoiqu'il n'ait paru que le second, parce qu'on y lit : *Et erexit cornu salutis nobis*, « Et il a suscité pour notre salut un puissant médiateur, » ce qui s'est fait dans la résurrection ; et comme il s'adresse à l'enfant qui fut l'aurore du soleil, c'est pourquoi il se chante à laudes. Or, comme dans le cantique de la Vierge, où on lit : *Respexit humilitatem ancillæ suæ*, « Il a regardé la bassesse de sa servante, » c'est-à-dire de l'Eglise, représentée par Marie elle-même, ce qui arriva au sixième âge ; il est question aussi de l'incarnation : *Suscepit Israel*, etc., « Il a pris en sa sauvegarde Israël son serviteur ; » c'est pourquoi ce cantique se chante à vêpres, c'est-à-dire au sixième office du jour. Troisièmement, le cantique de Siméon, qui suit, se chante au septième office, c'est-à-dire à complies, parce qu'il demande à être renvoyé dans la paix, ce qui signifiait le septième âge de ceux qui sont dans le repos. On dit encore en trois heures trois bonnes nouvelles (*evangelia*), c'est-à-dire, à l'aurore, *Benedictus*, pour y annoncer l'apparition de la vraie lumière ; à vêpres, *Magnificat*, parce que, comme il est dit dans ce cantique, Dieu, à la fin du monde, perdra les superbes et exaltera les humbles ; à complies, *Nunc dimittis*, parce qu'après le jugement les saints règneront dans la paix. Quand le cantique est terminé, suit l'antienne, qui signifie l'amour ou la dévotion que nous devons avoir en louant Dieu. Avant de dire le cantique, on offre à Dieu de l'encens pour marquer la dévotion qui procède du feu de la charité et qui doit accompagner toutes nos louanges. Car l'encensoir est le cœur de l'homme, le feu est la charité, l'encens est la prière, la fumée qui s'élève en haut est la dévotion par laquelle l'homme doit s'élever aux choses spirituelles, d'après ces paroles : *Dirigatur oratio mea,* etc. Nous en avons parlé dans la quatrième partie, au chapitre de l'Arrivée du Pontife à l'autel, et nous en parlerons encore au chapitre de Vêpres. D'abord, on encense autour de l'autel, car le prêtre de l'ancienne loi entrait le matin dans le temple pour encenser autour de l'autel, comme on le dira au chapitre de Vêpres. Ainsi, on encense autour de l'autel, pour marquer que nous devons dire le cantique avec toute l'affection de notre ame, et pour qu'il ne nous arrive pas ce qui arriva à Zacharie, à qui, pendant qu'il offrait l'encens, apparut un ange disant qu'il lui naîtrait un fils, et lequel devint muet pour n'avoir pas cru. Croyons donc aux promesses de Dieu, de peur que nous ne devenions muets pour chanter ses louanges. Nous en donnerons encore un autre motif au chapitre de Vêpres. Après le cantique vient l'oraison, par laquelle on obtient les promesses ; nous en avons parlé dans la préface de cette partie. On a parlé dans un chapitre précédent des laudes et des matines que disent les moines.

CHAPITRE V.

DE PRIME.

Après avoir parlé d'abord de l'office de nuit, il convient de dire quelque chose de l'office du jour.

I. Et d'abord parlons de l'heure de prime, où nous devons louer Dieu, tant parce que c'est le commencement du jour et qu'il nous a été donné de passer la nuit en faisant notre salut et sans éprouver d'obstacles de la part de Satan, comme nous l'avons demandé à Dieu à complies, que parce que c'est à cette heure que le Christ a été livré à Pilate par les Juifs et aussi que l'ange annonça aux femmes qui venaient au sépulcre, le soleil étant déjà levé, que le Christ était ressuscité, et qu'il apparut encore à la même heure, sur le rivage de la mer, à ses disciples qui pêchaient, en leur disant : « Enfants, avez-vous quelque chose à manger? » tant parce que c'est à la même heure que le Seigneur allait au temple, et que le peuple faisait la matinée (*manitabat*), c'est-à-dire l'attendait le matin, ou bien se hâtait, le matin, de l'aller trouver, que parce que l'Ecriture dit : « Cherchez d'abord le royaume de Dieu.» C'est donc avec raison qu'à cette heure l'Eglise loue le Seigneur et l'invoque, en disant : « Seigneur, viens à mon secours, » avec la doxologie qui suit, et demande après à être délivrée et de la persécution du monde et des tentations du diable, comme on le voit, d'après l'hymne *Jam lucis orto sidere,* «Déjà l'astre du jour étant levé. »

II. Or, il faut noter qu'à l'heure de prime l'hymne est invariable, parce que chaque jour nous avons besoin de la délivrance précitée. Il en est de même de l'hymne de complies, *Te lucis,* etc., dans laquelle l'Eglise demande à être délivrée des songes et des fantômes de la nuit; délivrance dont nous avons

aussi toujours besoin, comme on le dira au chapitre de Complies. Certaines églises aussi ne varient jamais l'antienne à
prime, parce que, comme Dieu est immuable, puisqu'il est
l'alpha et l'oméga, le principe et la fin, de là vient qu'il exige
toujours de nous les prémices et les dîmes du jour; et c'est
comme pour donner à Dieu ces prémices qu'on ne varie jamais l'antienne, mais on dit toujours celle de la Trinité, à
moins qu'il ne survienne quelque fête; car alors c'est l'antienne de cette même fête que l'on dit. Cependant, dans d'autres églises on change l'antienne et l'hymne, les dimanches,
les jours ouvrables et les fêtes de Dieu et des saints.

III. Après l'antienne suivent les psaumes, et, d'après la signification de l'hymne précédente, il apparaît évidemment
pourquoi on commence par le psaume *Deus in nomine tuo*, etc.,
dans lequel l'Eglise prie Dieu de la délivrer des périls et des
ennemis; ensuite, d'abord contre les ennemis, elle s'arme de
la ceinture de la chasteté, en disant *Beati immaculati in via*,
« Bienheureux ceux qui sont sans tache dans le chemin; » en
second lieu, elle se revêt du casque du salut, c'est-à-dire de
l'espérance, lorsqu'elle dit : *Retribue servo tuo*, dont nous
parlerons au chapitre VI. Troisièmement, du bouclier de la
foi, lorsqu'elle dit *Quicumque vult salvus esse*, « Quiconque veut
être sauvé, » qui est le symbole de notre foi, qui est, comme
on le dira bientôt, notre bouclier et notre rempart, le gage de
notre victoire contre la chair, le monde, le diable et toutes ses
tentations; d'où saint Pierre dit : « Résistez-lui en vous appuyant
ferme sur la foi, etc. » Quatrièmement, elle prend le glaive de
l'esprit, qui est la parole de Dieu, en disant le capitule ou la
leçon qui se rapporte à la doctrine, parce qu'il faut que les
bonnes œuvres, désignées par les psaumes, précèdent, et qu'a-
près vienne la doctrine qui s'occupe des choses spirituelles et
les plus intimes, d'après ces paroles : « Jésus commença à
pratiquer, puis à enseigner.

IV. Il y a donc trois psaumes, c'est-à-dire *Deus, in nomine*

tuo salvum me fac; Beati immaculati in via; Retribue servo tuo,
afin que, pendant trois heures, nous ayons un rempart contre
les attaques intérieures et extérieures; et on les dit sous trois
doxologies, parce que la Trinité est glorifiée dans nos œuvres.
Le second psaume est *Beati immaculati in via,* jusqu'à *Retri-*
bue servo tuo. Le troisième est *Retribue servo tuo,* jusqu'à *Legem*
pone mihi, Domine, viam justificationum tuarum. Ces deux
derniers psaumes sont formés de seize versets, car chacun a huit
versets; douze d'entre eux signifient les douze prophètes; les
quatre autres désignent les quatre grands prophètes, savoir :
Jérémie, Isaïe, Daniel et Ezéchiel, ou les douze apôtres et les
quatre évangélistes. On dit donc ces deux psaumes, composés
de seize versets, pour marquer que nous devons, autant que
nous le pouvons, observer ce que les douze prophètes et les
quatre grands, ou les douze apôtres et les quatre évangélistes
ont dit. Nous parlerons des huitaines au chapitre de Complies.
Il y a encore, en quelque sorte, cinq psaumes, si on fait attention à la division des huit versets de chaque psaume, signi-
fiant que l'Eglise demande que la mort n'entre pas par les fenêtres de nos cinq sens, ou bien que nos cinq sens soient
fortifiés chaque jour par le secours d'en-haut. Le premier est
Deus, in nomine tuo salvum me fac; le second, *Beati imma-*
culati in via; le troisième, *In quo corrigit;* le quatrième,
Retribue servo tuo; le cinquième, *Adhæsit.*

V. Et il faut savoir que, depuis le psaume *Beati immaculati*
in via, jusqu'au psaume *Ad Dominum, cum tribularer, clamavi,*
il y a un psaume qui contient douze capitules, lequel, selon
saint Ambroise, est le paradis des fruits et l'apothèque (garde-
manger du Saint–Esprit). C'est pour cela que l'Eglise le ru-
mine pour ainsi dire à chaque heure, comme les fruits aro-
matiques du paradis, afin qu'il soit comme un fruit aroma-
tique pour Dieu et pour le monde ; mais on demande pourquoi
ce psaume, *Deus, in nomine tuo salvum me fac,* que David
chanta quand les Juifs voulaient le livrer à Saül, se dit à

prime. Je réponds que c'est parce que *cypheos*, que l'on interprète par *florentes*, qui est en fleur, signifie le diable qui étale
devant ses sujets sa verdeur caduque ; car le diable, soit par
lui, soit par ses membres, nous tend des embûches et nous
poursuit ouvertement pour nous précipiter dans la mort éternelle. Or, pour éviter sa fourbe, on doit chanter à la première
heure, ou au point du jour, ce psaume que David chantait pour
être délivré de ses ennemis. Ensuite on dit le psaume *Beati
immaculati in via*, qui est plein de morale, parce qu'il faut que
ceux que Dieu a délivrés des liens et de la prison des ennemis
se présentent avec de bonnes mœurs et pratiquent toute dévotion.

VI. Or, les dimanches où l'on dit l'office du matin et où
l'histoire est changée, on dit à prime cinq psaumes qui sont
à la fin du nocturne du dimanche, savoir : *Deus, Deus meus,
respice*, etc. Nous dirons à complies pourquoi on récite ces
psaumes à prime. Dans certaines églises, on ne les dit que les
dimanches qui se trouvent entre la Septuagésime et Pâques.
Dans ce temps (pascal), on dit aussi à prime *Dominus regnavit* pour la raison qui s'y trouve expliquée ; on dit encore à
prime, aux dimanches précités, le psaume *Confitemini Domino*, pour ne rien passer du psautier qui ne soit dit en entier dans la semaine, parce que là, surtout dans le verset *Hœc
dies quam fecit Dominus*, etc., il s'agit de la résurrection, à
laquelle appartiennent les dimanches ; et, d'après cela, le
dimanche on dit à prime neuf psaumes, afin qu'avec les
neuf chœurs des anges nous puissions louer la Trinité dans
la joie de la résurrection. Dans les cinq premiers, c'est-à-dire
Deus, Deus meus, respice in me, « Seigneur, Seigneur, jette un
regard sur moi, » et les suivants, ce que l'on chante a trait à la
passion du Christ ; par le psaume *Confitemini*, et les trois autres psaumes de chaque jour, on insinue que nous devons
louer la doctrine des quatre évangélistes dans les quatre parties du monde. Dans le psaume *Deus, in nomine tuo salvum me*

fac ; « Seigneur, sauve-moi par la vertu de ton nom, » nous demandons l'anéantissement de l'erreur ; dans le *Confitemini,* on nous exhorte à confesser les louanges de Dieu ; dans le psaume *Beati immaculati,* on nous exhorte aux œuvres de la louange (qui glorifient Dieu) ; dans le *Retribue,* à l'accomplissement des commandements. Mais comme la foi est le fondement des préceptes, et que c'est elle qui triomphe du monde, parce que sans la foi le reste n'est rien ; c'est pourquoi on ajoute le symbole de la foi, *Quicumque vult,* composé par saint Athanase, évêque d'Alexandrie, à la demande de l'empereur Théodose, pour déraciner la perfidie croissante des hérétiques et étendre la foi catholique ; et l'Eglise a décrété qu'on le chanterait tous les dimanches à prime, parce que le peuple se rassemble à l'Eglise principalement à ce moment, ou parce que la foi est le principe du salut. Quelques-uns, cependant, affectent de l'omettre les jours où l'on dit à la messe le *Credo in unum Deum.* Certains prétendent que ledit Athanase, fuyant la présence de l'empereur Constantin, composa ce symbole à Trèves. Quelquefois on ne le dit pas, car il n'est pas d'institution ecclésiastique primaire. Et remarque que dans ce symbole il y a deux parties principales, l'une qui a trait à la Trinité, l'autre à l'incarnation du Verbe. Mais c'est en vertu de la liberté laissée à cet égard, que l'on chante ce symbole avant ceux des Apôtres et de Nicée. Ensuite vient le capitule, dans lequel le pasteur console ses brebis, et le père de famille ses ouvriers, de peur qu'ils ne viennent à défaillir, accablés par la chaleur et le travail, ce dont nous parlerons bientôt. On dit quelquefois le capitule *Gratias vobis et pax a Deo* (Galates, c. 1), et quelquefois : *Pacem et veritatem* (Zacharie, viii d.).

VII. Après le capitule suit le répons *Christe, Fili Dei vivi,* par où l'Eglise montre qu'elle donne son assentiment et qu'elle applaudit à ce qui a été dit dans le capitule ; néanmoins, elle prie pourtant pour elle-même. De là, ensuite, on ajoute le verset

Exurge, Christe, «Lève-toi, ô Christ,» c'est-à-dire fais que nous
nous levions; or, se relever de ses vices n'est autre chose que
revenir au Seigneur. Or, il faut savoir que certaines églises
omettent ce répons : « Christ, fils du Dieu vivant, » dans l'A-
vent et la Septuagésime, par la raison que tant les patriarches
ou les Pères qui vécurent avant la loi, que ceux qui vécurent
sous la loi, espéraient être délivrés de leurs misères par le
Christ; tant parce que le Christ lui-même n'était pas encore
arrivé à cette époque. C'est pourquoi, lorsqu'on fait mémoire
de ces temps, on n'invoque pas la miséricorde du Christ. Cependant, dans les solennités des saints qui se rencontrent dans
ces temps, on le dit pour figurer dans ces temps le temps de la
grâce. Toutefois, certaines églises ne disent ni le capitule, ni
même le répons, mais seulement le verset *Exurge,* pour imiter la coutume des apôtres, qui, comme nous le lisons, après
l'ascension et avant la venue du Saint-Esprit, persévéraient
dans la prière et les bonnes œuvres, comme l'atteste saint Luc,
qui dit qu'adorant Dieu ils revinrent à Jérusalem avec une
grande joie, et qu'ils étaient toujours à bénir et à louer Dieu
dans le temple. Nous ne lisons pas qu'alors ils aient prêché le
peuple; mais, le jour de la Pentecôte, lorsqu'ils eurent reçu le
Saint-Esprit et eurent été comme confirmés, à la troisième
heure, ils commencèrent à parler au peuple : en quoi nous
sommes instruits que nous devons, jusqu'à la troisième heure,
vaquer aux bonnes œuvres et à la prière, puis enfin, à cette
heure, enseigner les autres; c'est ce que marque la leçon ou le
capitule : car le psaume a.trait aux bonnes œuvres, et la leçon
se rapporte à la doctrine. Or, c'est pour cela qu'on supprime
la leçon à prime et par conséquent le répons qui lui correspond.
On entend encore par prime les œuvres du pasteur. C'est pourquoi on dit aussi alors : « Seigneur, jette un regard sur tes
serviteurs et sur leurs œuvres, etc. » Le pasteur, à l'exemple
du Christ, doit le premier faire de bonnes œuvres, de telle
sorte qu'aux autres heures il puisse exhorter les autres aux

bonnes œuvres. Et c'est pourquoi, après les psaumes qui signifient les œuvres, on ne dit pas le capitule, qui est un encoura-
gement et une consolation. Mais après prime on récite la leçon,
comme on l'a dit dans la préface de cette partie.

VIII. On dit ensuite les prières, parce que, dans le Concile
d'Adge (*De cons.*, d. v, *Convenit*), il a été décrété qu'on dirait
des prières ou capitules après les psaumes, à chaque heure. Or,
on les dit pour trois motifs : premièrement, pour retrancher
les pensées superflues ; secondement, pour obtenir miséricorde
pour les brebis errantes et les ouvriers succombant sous le poids
du travail ; troisièmement, pour implorer du secours contre
les tentations, afin que nous puissions, dans l'oraison dominicale, invoquer notre Père avec plus de sécurité ; et on les dit
ainsi : Premièrement, on récite l'oraison dominicale, dans laquelle se trouvent sept demandes, pour obtenir les sept dons du
Saint-Esprit, comme on le dira. Mais, parce que les mouches
mourant dans un parfum gâtent sa suavité, on doit faire précéder le *Kyrie eleison* (Κυριε ελεσνον).

IX. En effet, il est bon de faire précéder l'oraison dominicale de quelque prière semblable, pour repousser de l'esprit les
vaines pensées, afin qu'en disant l'oraison dominicale l'ame
qui s'entretient de choses invisibles ne pense qu'aux choses
invisibles. Or, dans les offices divins, avant l'oraison même, on
dit trois fois ou une fois *Kyrie eleison ;* et après, une fois ou
trois fois *Christe eleison*, puis encore trois fois ou une fois
Kyrie eleison. On dit trois fois *Kyrie eleison,* pour marquer les
trois états de la divinité et de la majesté divine que nous célébrons en quelque sorte dans l'église ; mais on le dit une fois à
cause de la seule substance de Dieu. Le premier état a existé
avant l'adoption de l'humanité, quand on invoquait la Trinité
sans l'union de la nature humaine, et qu'on disait : « Seigneur, »
parce que Seigneur est son nom. Le second état fut après l'a-
doption de l'humanité, c'est-à-dire quand le Christ parut sur
la terre, et que, néanmoins, ses disciples le crurent Dieu et

Fils de Dieu, car il est appelé Christ, à cause de l'adoption de l'humanité qui a été ointe avec l'huile spirituelle. C'est pourquoi, pour désigner l'état qui tient le milieu, nous disons *Christe eleison*. Quand donc nous disons trois fois Χρίστε ελέισον, c'est pour montrer que le Christ n'a jamais été séparé de la substance de la sainte Trinité, quoiqu'il se fût fait homme. Quand nous le disons une fois, c'est pour montrer qu'il a été seul parmi les hommes, et que personne ne lui a ressemblé en tout point. Le troisième état fut quand il voulut glorifier la nature humaine, qu'il avait adoptée, plus qu'elle ne l'était, dans sa condition mortelle, et parce que dans cette glorification la Trinité a été mise en vue. C'est pour cela que nous disons trois fois Κυρίε ελέησον, et une fois à cause de l'unité de substance. Nous avons parlé de l'efficacité de ces paroles dans la quatrième partie, au chapitre de *Kyrie eleison*. Et remarque que les trois états précités ne se disent que par rapport à nous et non par rapport à Dieu, chez qui il n'y a pas de changement, ni même l'ombre de l'instabilité. Après le *Kyrie eleison* suit l'oraison dominicale, qui renferme sept demandes, pour l'obtention des sept dons du Saint-Esprit, par lesquels nous méritons les sept vertus; délivrés des sept vices par ces sept vertus, nous arriverons aux huit béatitudes.

X. On prononce l'oraison à voix basse et secrète : premièment, pour que ces paroles symbolisent la dévotion de l'humilité et de la prière. Secondement, afin que, nous repliant pour ainsi dire vers les choses intérieures, nous saisissions avec soin par l'esprit les choses que nous prononçons de bouche. Troisièmement, parce que dans cette oraison nous nous adressons à Dieu, qui non-seulement scrute les paroles, mais encore sonde les reins et les cœurs. Quatrièmement, pour marquer que cette oraison a plus d'efficacité dans la dévotion du cœur que lorsqu'elle est prononcée par l'émission de la voix. Car, bien que Moïse ne poussât pas de cris vers le Seigneur, cependant le Seigneur, qui fait plus attention au cri du cœur qu'à celui de la bouche, lui dit : « Pourquoi cries-tu vers moi? » (Exode, c. xiv.) Cependant la fin de l'oraison se prononce à haute voix, pour que tous y donnent leur assentiment, et que, par le secours des prières des assistants répondant *Amen*, nous soyons délivrés de la tentation, parce que, comme le dit saint Augustin : « Il est impossible que la multitude ne soit pas exaucée. » On dit aussi tout haut le commencement de l'oraison, pour inviter à prier les fidèles qui assistent à l'office. Or, on dit l'oraison dominicale pour obtenir la vie spirituelle de l'ame; c'est pour cela qu'à la fin on ajoute immédiatement : *Vivet anima mea et laudabit te,* « Mon ame vivra et te louera, etc., etc. » Suivent ces mots : *Erravi sicut ovis quæ,* par lesquels on se confesse; car celui qui ne confesse pas ses péchés ne peut vivre en Dieu.

XI. On dit ensuite *Credo in Deum,* qui est le symbole de notre foi, sans laquelle il est impossible de plaire à Dieu, et par laquelle ceux qui sont purifiés par l'oraison dominicale sont fortifiés contre tous leurs ennemis. On le dit à voix basse, excepté la fin, qui se prononce à voix haute, pour marquer que c'est par le cœur que l'on croit à la justice, mais que c'est par la bouche que se fait la confession qui opère le salut (Extra. *De sacra unct.*), ce dont nous avons parlé dans la quatrième partie, à l'article du Symbole. Ensuite le prêtre dit, comme en soupirant : « Et moi aussi, Seigneur, j'ai crié vers toi, etc., » selon ces paroles de David : « J'ai crié vers toi, Seigneur, du fond des abîmes. » Mais comme la louange n'est pas agréable dans la bouche du pécheur, et que Dieu a dit au pécheur : « Pourquoi racontes-tu mes justices et fais-tu passer par ta bouche les paroles de mon testament?» (III, q. vii, § *Quod instatur.*), c'est pourquoi il demande pour lui la grâce de confesser Dieu, afin qu'en étant rempli il puisse dignement le louer, et il dit pour cela : « Que ma bouche soit remplie de tes louanges. » Suivent encore beaucoup de prières, par lesquelles l'Eglise supplie, implore, demande et rend grâces, d'après la

doctrine de l'Apôtre à Timothée ; elle supplie, lorsqu'elle dit :
Domine, averte faciem tuam a me, etc., « Seigneur, détourne
de moi ta face. »

XII. La supplication consiste proprement à demander avec
adjuration, et au nom de quelqu'un ou de quelque chose,
comme lorsque l'on dit : « Seigneur, délivre-nous par ta passion. » Elle prie, en demandant qu'on lui accorde des biens,
comme ici : « O Dieu, crée en moi un cœur pur et un esprit
droit.» Elle demande avec instance, quand elle prie pour être
délivrée des maux contraires; comme ici : « Seigneur, daigne, pendant ce jour, nous conserver sans péché. » Or, elle
rend grâces pour les bienfaits déjà reçus, quand elle dit : « Mon
ame, bénis le Seigneur. » Nous en parlerons encore au chapitre de Tierce. On peut encore dire dans un autre sens que
l'oraison dominicale, avec les prières suivantes et le psaume
Miserere mei, Deus, secundum magnam misericordiam tuam, se
récitent, par la raison que dans le sein de notre Eglise il y en
a qui commettent des fautes très-légères, et d'autres de très-
graves. Le prêtre prie pour ceux qui commettent de très-légères
fautes, et pour lui-même, lorsqu'il dit *Kyrie eleison* et l'oraison dominicale, sans laquelle personne ne peut s'excuser, s'il
ne dit en toute sincérité : « Pardonne-nous nos offenses,
comme nous les pardonnons, etc. » Pour ceux qui commettent des fautes plus graves et qui s'en relèvent par la pénitence, on dit le psaume *Miserere mei, Deus, secundum magnam
misericordiam tuam,* qui appartient proprement aux pénitents,
comme on l'a dit au chapitre de Matines et Laudes; et *Vivet
anima mea,* etc., parce que l'ame du pécheur était morte après
le péché mortel. Il expose aussi l'erreur des pécheurs, en disant *Erravi sicut ovis quæ periit,* etc., « Je me suis égaré
comme une brebis perdue. » Il demande un remède en disant :
« Cherche ton serviteur, Seigneur, car je n'ai pas oublié tes
commandements, » c'est-à-dire je suis prêt à les observer.

XIII. L'Eglise, dans ses prières, prie pour l'éloignement des péchés, et surtout de quatre. Elle demande à être délivrée de l'impureté et revêtue de la pureté, à être débarrassée de la tristesse qui vient des remords de la conscience ; et, pour posséder la joie et pour arriver à cela, elle récite quatre versets du psaume *Miserere mei, Deus, secundum magnam misericordiam tuam.* Pour chasser l'impureté, elle dit : « Détourne ta face de mes péchés, et détruis toutes mes iniquités, » comme si elle disait : « Ne les punis pas éternellement. » Mais comme il pourrait se faire que l'homme ne prît pas soin de s'en purifier, en voyant qu'il n'en est pas puni présentement, elle ajoute, à cause de cela : « et détruis toutes mes iniquités. » Pour acquérir la pureté, elle dit : « Crée en moi un cœur pur, ô mon Dieu ! » Mais comme, après avoir reçu la pureté, l'homme ignore qu'il la possède et est encore déchiré par les remords de la conscience, c'est pourquoi l'Eglise ajoute : « Ne me rejette pas loin de ta face, et ne m'enlève pas ton saint esprit. » Ensuite, pour être mise en possession de la joie, elle dit : « Rends-moi la joie qui naît de la grâce de ton salut, et affermis-moi en me donnant un esprit de force. » Et comme il reste encore des ennemis qui s'efforcent de nous entraîner au mal, et qui sont au nombre de trois, savoir : la chair, le monde et le diable, c'est pourquoi, contre ces ennemis, elle emploie trois versets, savoir : *Eripe me, Domine, ab homine malo*, « Seigneur, délivre-moi de l'homme méchant, » et les deux versets suivants. Quand ses ennemis sont repoussés, alors elle peut louer le Seigneur ; c'est pourquoi elle dit : « Je chanterai un psaume à la gloire de ton nom. » Et comme Dieu doit être loué en tout temps, elle ajoute : *Et reddam vota mea*, etc.; et comme on doit le louer en tout lieu, c'est pourquoi elle ajoute : « Exauce-nous, Seigneur, qui es notre salut, » *Exaudi nos, Domine, salutaris noster*. De plus, comme nous avons été rachetés par la passion, et que c'est d'elle que notre prière reçoit son efficacité, c'est pourquoi nous rappelons à la mémoire ce que nous lisons et chantons dans la passion, c'est-à-dire *Sanctus Deus*,

sanctus fortis, sanctus et immortalis, « Dieu saint, saint et
fort, saint et immortel. » Ensuite nous exhortons notre ame à
le bénir pour les bienfaits qu'il nous a conférés, en disant :
« Mon ame, bénis le Seigneur, etc. » Ensuite, afin que notre
prière soit pure, on fait la confession commune, par laquelle
nous sommes purifiés des fautes vénielles, et dont la vie commune n'est pas facilement exempte ; et comme la confession
de l'homme n'a point de valeur, si l'homme n'est point inté-
rieurement changé, c'est pourquoi le prêtre ajoute : « Conver-
tis-nous, ô Dieu ! qui es notre salut, et détourne ta colère
de dessus nous. » Ensuite, comme on est au commencement
du jour, il demande à ce que nous soyons délivrés du péché
pendant ce jour, en disant : « Daigne, Seigneur, pendant ce
jour, nous conserver sans péché, toi, sans lequel la fragilité
humaine peut à peine subsister un instant ; » et comme il est
nécessaire que la miséricorde de Dieu nous suive comme elle
nous a prévenus, il ajoute, pour cette raison : « Seigneur, que ta
miséricorde s'étende sur nous. » Enfin, il prie pour les divers
ordres de l'Eglise, et conclut par le psaume *Miserere mei, Deus,*
secundum magnam misericordiam tuam. Tandis que notre pasteur était seul, il priait pour tous, puis en masse (*in collectâ*).

XIV. Or, le prêtre, en priant ou en prononçant les prières
susdites pendant les jours ouvrables, se prosterne à terre pour
exciter en lui et dans les autres une plus grande dévotion ; mais,
à la fin du psaume *Miserere mei, Deus,* il se lève, tandis que
les autres restent prosternés ; il dit l'oraison en restant debout,
parce qu'il tient la place de ce prêtre par excellence qui est
dans le ciel, et qui, chaque jour, est notre médiateur et prie
pour nous. Il prie d'abord prosterné avec les autres, de même
que le Seigneur, dont il est le vicaire, avant sa résurrection,
conversa avec les pécheurs et fut étendu sur sa croix ; ensuite
il prie debout, pour rappeler la résurrection de celui dont
il tient la place. Cependant, dans certaines églises, quand le
prêtre se lève, tous les fidèles en font autant, pour désigner

qu'ils ont reçu l'espérance de se relever de leurs péchés. Et remarque que la seule unité de l'Eglise tombe la face contre terre en adorant Dieu.

XV. Dans les jours ouvrables, nous prions parfois prosternés à terre, ce qui signifie huit choses : premièrement, l'infirmité du corps, parce que nous avons été tirés de terre ; secondement, l'infirmité de l'esprit, parce que par nous-mêmes nous ne pouvons nous élever vers les choses spirituelles ; troisièmement, la honte, parce que nous ne pouvons lever les yeux vers le ciel ; quatrièmement, la prudence, parce que nous voyons l'endroit où nous nous prosternons, c'est-à-dire en quoi nous sommes affligés sur la terre ; cinquièmement, pour marquer la contrition du cœur ; sixièmement, parce qu'en adorant le Christ nous croyons qu'il est descendu sur la terre, et que sur cette même terre il s'est revêtu de notre chair ; et certains, voulant faire sur eux le signe de la croix, figurent cela en se prosternant d'abord et en touchant la terre de la main ; septièmement, parce que cet acte nous rappelle que, bien que nous ayons été créés dans un état angélique, dans le paradis, cependant nos corps sont réduits à végéter parmi les brutes, et, à cause de notre chute, notre esprit a été comme accablé sous la masse de notre corps ; huitièmement, afin que par cet acte nous confessions que nous sommes pêcheurs et que nous nous attachons à des désirs terrestres. Nous roulons notre corps dans la poussière et nous abaissons notre ame sur le pavé des temples ; et cet usage nous vient d'Abraham, qui, se prosternant à terre, adora le Seigneur, et les prophètes l'imitèrent ensuite. Origène, dans l'homélie de cet évangile : « Joseph et Marie étaient dans l'admiration touchant ces choses, » etc., parle ainsi : « Les saints prophètes, quand ils contemplaient quelque chose de saint et de respectable, tombaient la face contre terre, pour se purifier plus parfaitement de leurs péchés, en laissant tomber leur corps à terre. »

XVI. Quelquefois même, dans nos oraisons particulières,

nous fléchissons les genoux, semblables à Salomon et à l'Apôtre qui dit : « Je fléchis mes genoux devant le Père de notre
Seigneur » (Extra. *De immu. eccl. decet*), afin que par là nous
donnions à entendre que tout genou doit fléchir devant le
Christ ; mais alors nous ne nous prosternons pas, mais nous
tenons notre front élevé, comme pour dire par cet acte : « Seigneur, entraîne-moi après toi. » Que devons-nous dire pendant que nous fléchissons les genoux ? Nous en parlerons dans
la sixième partie, au chapitre de Pâques. Et quelquefois nous
nous tenons debout, comme pour témoigner notre joie de ce
que nous irons dans la maison du Seigneur. La première position exprime notre condition ; la seconde, notre désir ; la troisième, notre espérance. Les dimanches et aux fêtes de Pâques
on ne fait pas de génuflexion, et on ne dit pendant les heures
ni *Kyrie eleison*, ni l'oraison dominicale ; mais nous prions
debout, à cause de la joie de la résurrection dont nous célébrons alors la mémoire, ce dont nous parlerons dans la partie
suivante, au chapitre de la Fête de Pâques. On observe la même
chose à la fête de la Pentecôte, où nous rappelons la liberté
qui nous a été donnée par l'arrivée du Saint-Esprit, et aux
autres jours de fêtes, où nous rappelons la sainte société des
anges et des saints qui jouissent déjà de la joie éternelle, excepté les jours où le corps et le sang du Christ sont exposés. En
ces jours, cependant, nous devons prier la tête inclinée, comme
les pieuses femmes le firent au sépulcre, et même alors nous
versons aussi les prières pleines de larmes de la vie présente,
pour marquer que dans la résurrection future, où seront la
vraie liberté et la vraie société, on ne priera plus pour les
malheureux. Nous parlerons de cela dans la sixième partie, au
chapitre du Samedi après la Pentecôte.

XVII. Cependant, dans certaines églises, à tous les offices
on dit l'oraison dominicale, bien qu'en se tenant debout ; car
cette oraison est le sel et l'assaisonnement du sacrifice ; et, de
même que dans l'Ancien-Testament on ne faisait aucun sacri-

fice sans sel, ainsi il ne paraît pas qu'aucun de nos offices doive se faire sans cette oraison. Nous avons encore parlé de ceci dans la préface de la première partie. Or, ces prières signifient d'une manière mystique l'humilité, comme on le dira à l'article de Complies. Nous les disons le visage tourné à l'orient, comme on l'a dit dans la préface de cette partie. En dernier lieu, on ajoute la prière nommée salutation, c'est-à-dire *Dominus vobiscum;* elle précède et suit après, parce que, de même que le Seigneur, après sa résurrection, salua ses apôtres en disant : « La paix soit avec vous, » puis leur parla, et, après s'être entretenu avec eux, répéta de nouveau : « La paix soit avec vous, » ainsi le prêtre, qui est son vicaire et son représentant, après s'être relevé et avoir quitté sa posture inclinée, salue ses frères en disant : *Dominus vobiscum;* puis il prie pour eux, et, après sa prière, dit de nouveau : *Dominus vobiscum,* comme s'il voulait dire : Si vous avez obtenu la grâce de Dieu, persévérez dans cette grâce ; et le peuple répond pour la seconde fois : *Et cum Spiritu tuo,* comme s'il disait : Tu as prié pour nous, nous prions aussi pour toi. Nous avons parlé de cela dans la quatrième partie, au chapitre de la Salutation que le prêtre adresse au peuple. Enfin, on dit *Benedicamus,* dont nous avons parlé dans la préface de cette partie.

XXVIII. Or, après que l'Eglise a adressé sa prière au Seigneur, elle implore les prières des saints, en disant *Pretiosa in conspectu,* qui n'appartient pas à prime ; c'est pourquoi certains disent cette prière après matines et laudes. Certains encore intercalent entre prime et *Pretiosa* prime de la bienheureuse Marie, et certains la messe des morts ; certains religieux la disent dans le chapitre. Quelques-uns, pourtant, disent qu'elle appartient à prime, d'après ce que nous avons dit dans la préface, où il s'agit de la leçon, et la réunissent à prime ; ensuite le prêtre, en l'honneur de la Trinité, prie généralement pour lui et pour tous les autres, en disant trois fois *Deus, in adjuto-rium,* etc.; ou bien on le dit trois fois pour demander le secours de Dieu contre les embûches du diable, de la chair et du monde, ou en l'honneur de la Trinité ; et c'est pourquoi on ajoute *Gloria Patri*, etc. Après le *Gloria Patri*, on ne dit pas *Alleluia*, parce que le lieu où l'on a coutume de le dire (c'est-à-dire *Gloria Patri*), c'est-à-dire le chapitre, n'est pas consacré. Car, de même que lieu sacré signifie cette Jérusalem dans laquelle on entend cette parole angélique, c'est-à-dire *Alleluia*, ainsi le lieu non consacré représente notre pèlerinage, la terre d'exil où nous péchons ; ensuite, parce que tant que nous sommes dans cette vie nous péchons, c'est pour cela qu'on ajoute *Kyrie eleison, Pater noster*, et ensuite *Respice, Domine*, etc., où il est dit : « Et dirige leurs fils. » Nos fils, ce sont les pensées qui naissent de nos cœurs, et ce sont elles que l'on demande qui soient dirigées pour l'accomplissement des œuvres du Seigneur. Or, les œuvres de nos mains sont les œuvres extérieures, qui procèdent de la partie inférieure de nos pensées ; mais comme toutes tendent à un seul but, c'est pourquoi *opus* se prend au singulier, lorsque l'on dit : « Et dirige l'œuvre de nos mains. » Le berger ou le pasteur prie de nouveau, prie généralement pour toutes ses brebis, en disant : « Seigneur, daigne diriger, etc. ; » l'office est terminé par l'oraison, afin que la grâce divine qui précède nos actions puisse encore les suivre.

CHAPITRE VI.

DE TIERCE.

I. A l'heure de tierce, nous adressons des louanges à Dieu, parce qu'à cette heure, d'après saint Marc, Jésus fut condamné à mort par les cris des Juifs, puis attaché par Pilate à la colonne et flagellé. C'est donc avec raison que nous prions à cette heure, afin que, comme le Saint-Esprit a été séparé d'Adam par les suggestions du diable, ainsi il daigne à la même heure se répandre dans nos cœurs par la vertu du crucifiement du Christ. Ce fut encore à cette même heure que le Saint-Esprit, promis aux apôtres, leur fut conféré, et qu'ils parlaient ouvertement des grandeurs de Dieu. C'est pourquoi on disait d'eux, comme on le voit dans les Actes des apôtres : « Ces gens-là ne sont-ils pas ivres? » C'est pour cela que, lorsque l'heure de tierce est arrivée, on dit l'hymne *Nunc sancte nobis Spiritus;* on dit aussi le psaume *Legem pone,* parce que c'est alors que la loi nouvelle a été donnée aux apôtres ; mais comme l'homme, par la loi de Dieu, est guéri de la maladie du péché, d'après ces paroles de la Sagesse : « Ni les herbes, ni les cataplasmes ne les guérissaient, mais seulement tes paroles, Seigneur, etc., » c'est pour cela que dans certaines églises on dit ce capitule : *Sana me, Domine,* etc., « Guéris-moi, Seigneur, etc. » (Hiero, c. XVII), et le répons *Sana animam meam,* etc., « Guéris mon ame, etc. » On dit aussi quelquefois : *Charitas Dei diffusa est* (Rom., c. V), et quelquefois celui-ci : *Obsecro vos fratres, per misericordiam Dei* (Rom., c. XII); et comme l'ame ne peut être guérie si elle n'est conservée, c'est pourquoi suit le verset *Adjutor meus esto,* etc., comme si l'on disait : « Quoique j'aie été établi dans un état de liberté et de santé dans ta voie, cependant je ne suis pas capable, sans ton aide, d'arriver à ce midi dont il est dit : « Indique-moi le lieu où tu te repais et où tu te reposes à l'heure de midi. » C'est pourquoi l'on dit : « Seigneur, sois mon aide et ma protection. » Et on ajoute : « Ne m'aban- donne pas, » c'est-à-dire ne laisse pas mon entreprise impar- faite, parce que sans toi mes efforts ne sont rien ; ne me regarde pas d'en haut, c'est-à-dire ne me méprise point à cause de ce que moi, qui ne suis qu'un faible mortel, j'ose te rechercher, toi l'Eternel, parce que tu es mon Dieu, qui m'as créé, et mon Sauveur, qui m'as réparé, c'est-à-dire, toi qui guéris les plaies que fait le péché. Ensuite tous se prosternent pour la prière, et le prêtre poursuit le mode d'oraison qu'indique l'Apôtre, en

disant : « Avant toutes choses, que l'on fasse des supplications, des prières, des vœux et des actions de grâces pour tous
les hommes et pour ceux qui sont élevés en dignité. »

II. Les supplications se font avec adjuration (serment), pour
éloigner le mal ; la prière se fait pour obtenir le bien ou pour
vaincre le mal ; les vœux, pour acquérir ou pour accumuler le
bien ; les actions de grâces, pour conserver le bien déjà conféré.
La supplication se trouve ici : *Ego dixi, Domine,* etc., où l'on
demande à être guéri de ses blessures et à recevoir un remède.
Voici la prière : *Fiat misericordia tua, Domine,* ou ceci : *Ostende nobis, Domine,* etc. Les vœux sont : *Convertere, Domine,
usquequo,* où nous demandons à être délivrés de tout ce qui
nous est contraire, par l'assistance divine. Voici les actions de
grâces : *Sacerdotes tui induantur,* etc., et ceci s'adresse à nous
tous. On prie ensuite pour les rois et pour ceux qui sont élevés
en dignité, en disant : *Salvum fac regem,* etc.; et nous prions
pour notre pontife ; et nous disons le *Salvum fac populum tuum*
pour les vivants et pour les défunts, l'*Oremus* pour les fidèles
défunts; suit le *Miserere mei, Deus,* pour ceux qui sont en état
de péchés plus graves, comme on a fait précéder l'oraison dominicale pour ceux qui n'ont que des fautes vénielles. Ensuite
le pasteur ou le prêtre se lève, et, pendant que tous les assistants
restent prosternés, il prie pour tous, ce dont on a parlé à
Prime.

CHAPITRE VII.

DE SEXTE.

I. Ce fut à la sixième heure que le Christ fut attaché à la croix
et percé de clous pour nous. C'est pourquoi toute la terre fut
enveloppée de ténèbres; et le soleil, plongé dans le deuil de son
Seigneur, se voila comme de vêtements noirs, pour ne pas prêter sa lumière à ceux qui crucifiaient son Créateur. Ce fut en-

core à cette heure que, le jour de l'Ascension, le Christ se mit à table avec ses disciples. C'est donc avec raison que l'Eglise, à cette heure, célèbre les louanges de Dieu et lui rend grâces, parce que le Christ a voulu souffrir pour elle, ce qui fait qu'elle l'aime avec ardeur. D'où il est dit, dans le Cantique des cantiques : « Annoncez à mon bien-aimé que je languis d'amour. » C'est pourquoi on dit alors : *Defecit in salutari tuo anima mea,* « Mon ame est tombée en défaillance dans l'attente de ton secours. » On dit aussi le répons *Benedicam Dominum in omni tempore,* « Je bénirai le Seigneur en tout temps; toujours sa louange sera dans ma bouche, » supplée : parce qu'il a daigné souffrir pour moi, c'est-à-dire pour le salut de mon ame. C'est aussi à cette heure qu'Adam fut chassé du paradis terrestre. C'est donc avec raison qu'à cette heure nous devons prier Dieu, afin que, par l'humilité et les bonnes œuvres, nous retournions au paradis, d'où Adam a été chassé à cause de son orgueil. Or, l'office de sexte répond à l'état du temps, comme l'office des autres heures : car à l'heure de prime se trouve le prélude; à l'heure de tierce, le départ; à l'heure de sexte, la consommation. Car, à prime, le soleil commence à briller; à tierce, il commence à s'échauffer davantage; à sexte, il est dans sa plus grande ardeur, comme l'indiquent les paroles des hymnes qui commencent ces heures et même l'heure de none. Au commencement, à prime, répondent les paroles du psaume *Deus, in nomine tuo salvum me fac, et in virtute tua libera me,* « Sauve-moi, mon Dieu, par la vertu de ton nom, et fais éclater ta puissance en me délivrant, » c'est-à-dire sépare-moi des Cyphéens (Juifs qui voulurent livrer David à Saül). Car, au début de notre conversion, nous commençons à nous séparer du mal, et c'est avec raison que nous faisons alors cette demande, nous qui enfin avons été séparés, c'est-à-dire du paradis et de la récompense. A la même chose se rapportent ces paroles du second psaume : *Utinam dirigantur viæ meæ,* etc., « Plaise à Dieu que mes voies reçoivent une direction, » et ce que dit le troisième psaume : *Retribue servo tuo*, ce que l'on explique par : *frequenter tribue*, « accorde souvent; » et cet autre endroit : *vivifica me*, « vivifie-moi, etc.; » il faut suppléer : qui étais mort auparavant par le péché; d'où l'on demande à être justifié par la grâce. Au départ se rapporte ce qui se dit au commencement de tierce : *Legem pone mihi, Domine, viam justificationum tuarum, et exquiram eam semper*, « Impose-moi pour loi, Seigneur, la voie de tes ordonnances pleines de justice, et je ne cesserai point de la rechercher. » Car, comme on se trouve dans la voie, on demande à obtenir la loi de correction. A la consommation de la perfection se rapportent ces paroles du psaume du commencement de sexte : *Defecit in salutari tuo anima mea*, « Mon ame, appuyée sur ton secours salutaire, est tombée en défaillance de la part des choses terrestres » [incapables de la soutenir]; ou bien : *Defecit in salutari tuo*, c'est-à-dire mon ame, faisant des efforts pour s'élever jusqu'à ton secours salutaire, est tombée en défaillance au sein des choses terrestres.

II. Car plus on s'élève à l'amour de Dieu, plus les choses terrestres laissent de vide dans notre ame, et on éprouve une langueur causée par le désir ardent [d'être uni à Dieu], d'après ces paroles du Cantique des cantiques : « Couchez-moi sur les fleurs, environnez-moi de fruits, car je languis d'amour. » Or, par les fleurs on entend le commencement des bonnes œuvres, et par les fruits, la perfection qui, embrasant aussi les autres, les console en quelque façon. Et cependant l'ame ne reçoit pas ici une consolation pleine et entière, mais est plutôt affligée par l'amour. De là suivent ces paroles : *Defecerunt oculi mei in eloquium tuum, et in verbum tuum supersperavi*, « Mes yeux se sont affaiblis à force d'être attentifs à ta parole, et j'ai conservé une espérance très-ferme dans ta parole. » Et dans la seconde partie : *Quomodo dilexi legem tuam, Domine!* « Combien est grand, Seigneur l'amour que j'ai pour ta loi! » Dans la troisième : *Oculi mei defecerunt.* » A cette perfection se rapporte le

répons *Benedicam Dominum* et le verset *Dominus regit,* etc.
Car, comme on le dit par une autre métaphore : « C'est le Seigneur qui me repaît, et rien ne me manquera au lieu du pâturage où il m'a placé, » c'est-à-dire le Seigneur est mon pasteur,
je suis tout entier en lui, et il suffit à mon cœur ; de là suivent
ces mots : « Et rien ne me manquera, » car le fidèle est persuadé
que le Seigneur lui accordera la nourriture spirituelle, puisqu'il sait qu'il est placé dans le lieu du pâturage où les fidèles
sont confirmés plus pleinement dans la foi. D'où vient qu'il dit :
Ibi me collocavit ; car celui que le Seigneur repaît, dans l'arrivée
du Saint-Esprit, il le dirige encore, c'est-à-dire fait qu'il se réjouit dans la pratique des bonnes œuvres et le conduit par le
droit chemin à la cité de Jérusalem, où l'on est dans la plus
grande sûreté. A celui-là rien ne manque, selon le témoignage
de l'Apôtre, qui dit : « Je peux tout en celui qui me fortifie. »
On dit encore quelquefois ce capitule : *Alter alterius onera por-
tate* (Galates, c. VI), « Portez les fardeaux l'un de l'autre ; » et
quelquefois celui-ci : *Nolite conformari huic seculo* (Rom.,
c. XII), « Gardez-vous bien de vous modeler sur ce siècle. »

CHAPITRE VIII.

DE NONE.

C'est à l'heure de none que le Christ, poussant un grand cri,
rendit l'ame ;

I. Car il a voulu mourir pour l'homme à cette heure où
l'homme fut chassé du paradis. C'est à cette même heure que,
par une femme et l'arbre de la croix, il racheta ceux que l'ennemi avait trompés par le moyen d'une femme et d'un arbre,
afin que l'artifice trompât l'artifice, et que ce dont l'ennemi
s'était servi pour la blessure portât aussi le remède. C'est encore à cette même heure qu'un soldat ouvrit le côté du Christ,

d'où il a tiré pour nous les deux sacrements de notre salut, c'est-à-dire l'eau du baptême et le sang de notre rédemption ; que le voile du temple se déchira, et que les tombeaux s'ouvrirent. C'est à la même heure qu'il pénétra dans les enfers, brisa les ténèbres inextricables du Tartare,. en mit les verrous en pièces, et transporta avec lui dans les cieux la captivité des saints, et, après avoir écarté le glaive flamboyant de l'ange, rétablit dans le paradis ses anciens habitants. C'est encore à cette même heure que les apôtres avaient coutume de se rassembler pour prier, et que Pierre et Jean montaient au temple pour la prière. Pierre aussi, à la même heure, monta au Cénacle pour prier, quand il fut ravi en extase et qu'il aperçut un linge plein de reptiles descendre du ciel à ses pieds et entendit cette voix : « Pierre, tue et mange. » C'est donc avec raison, à cause de ces prérogatives, que l'Eglise loue Dieu en disant le psaume *Mirarabilia* et le répons *Redime me, Domine,* priant pour sa rédemption, pour qu'elle ne paraisse pas oublier que ce fut à cette heure qu'elle fut rachetée.

II. Or, il faut considérer qu'à cette heure de none, déjà le soleil a décliné de son midi ; l'état du temps insinue donc l'état des vertus, car il insinue que la ferveur des vertus où l'esprit se trouvait auparavant s'est attiédie sous l'influence des tentations, car, comme le dit le bienheureux Grégoire, « les vices nous tentent, les vertus nous humilient. » En effet, quand l'homme parfait est tenté, quoiqu'à la hauteur d'une joie intime, il descend de cette hauteur pour considérer sa fragilité et pour voir combien il est exposé à faire une chute, comme il est évident, d'après l'Apôtre, qui disait : « De peur que la grandeur des révélations ne m'enorgueillisse. » Car saint Paul se réjouissait de la révélation, et éprouvait de la douleur de la tentation ; d'où il dit lui-même : « J'ai prié trois fois le Seigneur, etc. » Car, si la tentation ne lui eût pas été à charge, il n'aurait pas prié le Seigneur de l'en délivrer. Elle ne disparait pas, cependant, parce que la vertu, à qui la joie est due,

est perfectionnée par l'infirmité ou la faiblesse. Ces tribulations et ces détresses sont indiquées dans quelques versets des
psaumes de none, comme dans la première partie : *Tribulatio
et angustia,* etc., et dans la seconde : *Multi qui persequuntur,*
et dans la troisième : *Erravi,* etc. Nous demandons à être délivrés des mêmes choses dans le répons *Redime me,* c'est-à-
dire fais que je ressente au milieu de mes tribulations l'effet
de la rédemption qui s'est opérée dans ton sang ; cela même se
trouve dans ce verset : *Ab occultis meis munda me,* « Purifie-
moi de mes péchés cachés ou intérieurs, » c'est-à-dire : Repousse
loin de moi les mauvaises pensées, et réprime celui qui nous les
inspire, selon saint Augustin.

III. Et remarque que les répons des dimanches aux trois
heures, c'est-à-dire à tierce, à sexte et à none, s'accordent très-
bien avec les répons des jours ouvrables ; car, les jour souvra-
bles, dans le répons de tierce, c'est-à-dire *Sana animam
meam,* on demande la guérison des blessures causées par les péchés passés, comme dans le répons du dimanche *Inclina cor
meum,* etc. Dans le verset *Averte oculos meos,* etc., on demande à être prémuni contre les péchés futurs, ce qui s'obtient
par l'accomplissement des préceptes divins ; de même, dans le
répons des jours ouvrables de sexte, *Benedicamus Dominum,*
etc., on promet à Dieu des louanges incessantes ; dans le répons du dimanche, *In æternum, Domine,* on accomplit cette
promesse : car dans l'un on promet de louer, dans l'autre on
loue effectivement. Dans le répons des jours ouvrables de
none, *Redime me, Domine,* on demande des sentiments affectueux pour la rédemption, ce qui se fait afin que la partie
vivace de l'ame, c'est-à-dire l'amour, soit dirigé vers Dieu.
Dans le répons du dimanche, *Clamavi,* etc., on promet l'effet
des œuvres (*pedis*), c'est-à-dire de l'amour, à savoir le cri
dirigé vers Dieu, car le cri du cœur procède de l'amour. Cependant, dans plusieurs églises les répons des jours ouvrables
sont les mêmes que ceux des dimanches. Et il faut remarquer

que les versets qui se disent à tierce, à sexte et à none, ont un neume, pour désigner que dans aucune heure nous ne pouvons exprimer une joie et une récompense éternelles. On dit quelquefois le capitule *Omnia probate* (Thessal., c. v.), et quelquefois celui-ci : *Sicut uno in corpore multa membra habemus* (Rom., c. xii), de même que dans un même corps nous avons beaucoup de membres.

CHAPITRE IX.

DES VÊPRES.

I. L'Eglise figure, à l'heure de vêpres, le premier avénement du Seigneur, qui eut lieu vers le soir du monde, c'est-à-dire dans le dernier âge ; c'est pour cela que par ses chants elle rend grâces à Dieu, d'après ces paroles de l'Apôtre : « Nous sommes ceux sur qui la fin des siècles est arrivée » (*De pœn.*, d. iii), car c'est dans ce sens que l'on parle à la fin. En outre, c'est à l'heure de vêpres que le Christ a été détaché de la croix; et c'est à la même heure, dans la cène, qu'il institua le sacrement de son corps et de son sang, qu'il lava les pieds de ses apôtres, et que, sous la forme d'un voyageur, il se manifesta aux disciples allant à Emmaüs, à la fraction du pain. C'est donc à juste titre que l'Eglise catholique rend grâces au Christ à cette heure. Cependant il y a un double soir du monde, comme on le dira dans la sixième partie, au chapitre de l'Epiphanie.

II. Or, comme le dit Richard, évêque de Crémone (*in Mitrali*), l'office du jour suivant commence à vêpres, parce que la synaxe (de συναγω, assembler) ou l'assemblée, c'est-à-dire l'heure du soir, est le premier office, suivant la coutume d'Esdras, dans le nombre de quatre (ou quartenaire), comme on l'a dit dans la préface de cette partie; d'où l'office de vêpres reçoit son nom de l'étoile *Vesper*, qui paraît au commencement de la nuit. En outre, bien que, depuis le commencement du monde, le jour précédât la nuit, cependant, dans la nuit de la résurrection du Seigneur, la nuit a commencé à précéder le jour, comme on le dira dans la sixième partie, au chapitre du Samedi saint, au commencement. Or, l'Eglise, à cette heure, dit cinq psaumes :

III. Premièrement, à cause des cinq plaies du Christ, qui, pour nous a offert son sacrifice le soir du monde. Secondement, pour notre correction, afin que nous pleurions et que nous demandions grâce pour les péchés qui chaque jour, par les cinq sens du corps, pénètrent jusqu'à nous, d'après ces paroles de Jérémie : « La mort est entrée par nos fenêtres; » car quel est celui qui ne pèche pas et qui ne se laisse pas prendre par les yeux? Troisièmement, par ces cinq psaumes, l'Eglise se prémunit contre les tribulations de la nuit, car cette heure insinue les pleurs de ceux pour lesquels le soleil de justice a disparu [à l'occident], et tel est leur état pendant les vêpres, dont il a été dit : « Les pleurs commenceront le soir » (à vêpres), et se prolongeront jusqu'au matin, c'est-à-dire jusqu'à ce que le soleil, qui avait disparu loin des pêcheurs, se lève sur les justes, d'après ces paroles : « Et la joie recommencera le matin. » C'est aussi pour ces motifs que nous nous frappons la poitrine avec les cinq doigts de la main. Les séculiers disent cinq psaumes, mais les religieux n'en disent que quatre, pour les raisons que nous toucherons dans la sixième partie et au chapitre de l'Avent.

IV. Et remarque que les offices des vêpres et des matines l'emportent sur les autres heures pour le nombre des psaumes. Cela vient de ce que, dans la distinction des six jours de la création, il n'est question que du soir et du matin. Dans l'ancienne loi aussi, on recommande l'antiquité de l'office du matin et de celui du soir. On dit donc cinq psaumes à l'office de vêpres de la semaine, et on chante les psaumes d'après la matière fournie par le jour lui-même. Ainsi, le septième jour, par exemple, c'est-à-dire le samedi, à cause de la résurrection qui suit, nous célébrons la victoire de Dieu, et nous chantons en son honneur les louanges qui suivent la victoire. Ainsi, dans le premier psaume, c'est-à-dire *Benedictus Dominus*, le sens littéral s'entend de la victoire de David sur Goliath; mais le sens spirituel désigne notre victoire sur le diable; et, comme il ne reste plus, après la victoire, qu'à louer le Seigneur, qui nous a rendus victorieux, c'est pourquoi suivent les quatre psaumes de louanges. Dans le premier, l'Eglise parle au futur et promet la louange : *Exaltabo te, Domine*, « Seigneur, j'exalterai ton nom. » Dans le second, elle s'encourage elle-même à louer : *Lauda, anima mea, Dominum*, « Mon ame, glorifie le Seigneur. » Dans le troisième, elle invite les autres à louer Dieu : *Laudate Dominum*, « Louez le Seigneur. » Dans le quatrième, elle félicite la céleste Jérusalem, en disant : *Lauda' Jerusalem Dominum*, « Jérusalem, loue le Seigneur. » Et il en est ainsi pour les autres jours ouvrables et les autres psaumes. Dans certaines églises, l'hymne suit aussitôt les psaumes, et après l'hymne vient la leçon ou le capitule. Dans d'autres églises, c'est tout le contraire, quelques-uns même ne chantent pas l'hymne. Ceux qui chantent l'hymne immédiatement après les psaumes, paraissent conserver l'ordre convenable, parce que d'abord l'amour, désigné par l'antienne, se trouve dans le cœur; ensuite viennent les bonnes œuvres, désignées par les psaumes, et après la joie du cœur, figurée par l'hymne. Mais comme l'allégresse enfante souvent la négligence, suit la leçon ou capitule, qui nous fait rentrer dans notre cœur. Or, ceux qui disent la leçon avant l'hymne, veulent que l'hymne remplace le répons; c'est pourquoi, dans les solennités, quand le répons est chanté après la leçon, on omet l'hymne. Cependant, comme signe d'une plus grande allégresse, il faut noter que dans quelques églises on chante l'un et l'autre, et alors le répons précède l'hymne, pour marquer qu'alors surtout nous devons répondre à l'exhortation faite par le précédent capitule, après quoi le répons suit aussitôt. Cependant, généralement, toutes les fois que l'on chante le répons, la leçon à laquelle il doit répondre doit précéder. Or, ceux qui ne chantent pas l'hymne paraissent se fonder sur ce que le cantique de la bienheureuse Marie vient ensuite, et qu'il exclut le répons, dont l'hymne tient lieu. Car, si le cantique de Zacharie, à matines et laudes, exclut le répons, à bien plus forte raison le cantique de la bienheureuse vierge Marie paraît-il devoir l'exclure aux vêpres. Et remarque qu'aux vêpres, on dit à capitule : *Benedictus Deus et Pater* (II ad Corinth., c. i), et ceci : *Dominus autem dirigat* (ad Thess., c. iii). Après l'hymne, suit le petit verset, savoir : le samedi, *Vespertina oratio*, etc., et les autres jours, *Dirigatur, Domine*, et l'un et l'autre versets désignent le temps de vêpres, dans lequel on chante ce que signifient ces paroles qui suivent dans le psaume : *Elevatio manuum mearum sacrificium vespertinum*, « Que l'élévation de mes mains te soit aussi agréable que le sacrifice du soir ; » car on souhaite que la prière soit dirigée vers le Seigneur, ce qui est emprunté à l'Ancien-Testament, où l'on voit qu'à l'heure des vêpres le prêtre entrait dans le saint tabernacle ou le temple, pour offrir des parfums sur l'autel, des encensements, comme le matin il y entrait encore pour offrir de l'encens.

V. Ce parfum signifie la suavité de l'odeur ; de là vient cette coutume du prêtre, en disant le petit verset, d'encenser l'autel, pour accomplir un sacrifice incessant. Car c'est ainsi que cela se pratiquait dans l'ancienne loi, où l'on offrait deux agneaux, un le matin et l'autre le soir ; et celui du soir était plus gras, pour marquer que l'ardeur de la charité va en croissant. Or, le prêtre encense pour cela, afin que nous soyons toujours comme un parfum agréable à Dieu, en croissant en science et en doctrine ; et encore parce qu'à cause des promesses de Dieu, nous devons être tels, qu'il nous considère comme un parfum d'agréable odeur. Ou bien encore, aux vêpres et à matines, après les psaumes et les leçons, pendant le

verset, on encense, pour marquer que personne ne peu[t]
donner à Dieu de parfums d'agréable odeur, ou bien donne[r]
aux autres l'exemple des bonnes œuvres, figurées par l'encens[,]
à moins qu'il ne se consacre aux œuvres qui concernent le service de Dieu, ce qui est désigné par les psaumes, et n'enseign[e]
les autres, ce qui est figuré par la leçon. De là la coutume, qu[i]
s'est établie dès l'origine de l'Eglise, dans les principales solen[-]
nités, à *Magnificat* et à *Benedictus*, de dire trois fois l'antienne o[u]
de la prolonger autant de fois en chantant, jusqu'à ce que tou[t]
le peuple qui est présent soit parfumé de l'odeur de l'encens[;]
enfin, on la dit avec le neume, qui est un son inarticulé[,]
comme on l'a dit au commencement de cette partie. Or, l[e]
prêtre, que son office rend le plus digne de l'assemblée (d[e]
l'Eglise), doit offrir l'encens, comme étant le successeu[r]
d'Aaron, afin que des parfums éternels et les odeurs les plu[s]
suaves soient répandus devant Dieu, d'après ces paroles[:]
« Que ma prière, Seigneur, monte à toi et parvienne comm[e]
l'encens jusqu'aux pieds de ta Majesté. » Nous avons parlé d[e]
cela à Matines et Laudes.

VI. On dit aux vêpres le petit verset de l'exhortation, pou[r]
exciter les paresseux à comprendre les promesses de Dieu qu[i]
sont contenues dans ce cantique de la bienheureuse Marie : *Ma-*
gnificat anima mea, etc., qui se trouve dans saint Luc (c. 1)[.]
La première promesse a été faite à Noé ; d'où on lit dans l[a]
Genèse : « Je placerai mon arc-en-ciel dans les nuées du ciel, »
et cette promesse s'est accomplie. La seconde a été faite [à]
Abraham et à David. Il a été dit à Abraham : « En ta race seront bénies toutes les nations ; » à David : « Je placerai su[r]
ton trône un de tes rejetons ; » et cette promesse s'est accomplie dans la personne de la bienheureuse Marie, comme l'indique cet endroit de son cantique : *Recordatus misericordia*
suœ, « Il s'est souvenu de sa miséricorde. » Or, l'accomplissement de toutes ces promesses nous est un gage certain qu'i[l]
accomplira aussi la dernière, c'est-à-dire qu'il nous donnera

e paradis. C'est pourquoi on dit tous les jours ce cantique, fin que le souvenir plus fréquent de l'incarnation du Seigneur xcite les ames des fidèles, qui s'exercent aux œuvres et à la octrine de Dieu, à persévérer avec plus de dévouement dans œuvre commencée ; et, comme le cantique est le symbole les pensées, comme les psaumes le sont des œuvres, si nous appelons souvent et avec zèle les actes et les paroles de la ienheureuse Marie, l'observation de la chasteté et la vertu les œuvres, à l'exemple de la bienheureuse Marie, persévé— eront toujours en nous. Et alors nous ne serons plus ébranlés, ni par la faveur humaine imméritée, ni par l'appétit immo- léré des choses terrestres, ni par les affections temporelles, ni ar le désespoir d'obtenir le pardon de nos péchés : la faveur hu- naine imméritée ne nous touchera pas. En effet, comme sainte lisabeth faisait valoir les mérites de la bienheureuse Marie, n lui disant : « D'où me vient cet honneur que la mère de non Seigneur vienne à moi? etc., » celle-ci ne fut pas émue le cette faveur humaine ; mais, conservant son humilité, elle 'écria : « Mon ame glorifie le Seigneur, etc.; » et enfin elle jouta : « Parce qu'il a daigné regarder la bassesse de sa ser- ante. »

VII. Et remarque qu'elle dit : *Respexit humilitatem*, et non as : *Respexit virginitatem*, «Il a regardé mon humilité, » et ion pas : « Il a regardé ma virginité. » Considérant que la virgi- ité de l'ame est supérieure à l'intégrité du corps, c'est pourquoi lle dit *humilitatem*, parce que Dieu résiste aux superbes, ne eur fait point partager le sort des justes, mais les disperse dans livers lieux où ils souffrent les tourments réservés aux pécheurs. Nous ne serons pas émus non plus par l'appétit immodéré des hoses temporelles, parce que, comme notre juge lui-même 'a dit, « il a renvoyé vides et pauvres ceux qui étaient riches, » *livites dimisit inanes. — Deposuit potentes de sede*, « Il a fait lescendre les grands et les puissants de leur trône. » Les af- lictions du temps ne nous toucheront pas, parce que Dieu exalte ceux qui sont humbles. Dans ce cantique, l'exemple de l'humilité de la Vierge sert à notre réforme, et l'incarnation par laquelle le Fils de Dieu a fait descendre les puissants de leur trône et exalté les humbles nous est rappelée à la mémoire pour exciter la ferveur de notre foi. Nous ne serons pas, non plus, agités par le désespoir d'obtenir le pardon de nos péchés, car la miséricorde du Seigneur s'étend de génération en génération sur ceux qui le craignent et le servent.

VIII. Le vénérable Bède dit que c'est de là qu'est venu l'usage de chanter à l'office de vêpres le cantique de la bienheureuse vierge Marie, et plutôt aux vêpres qu'aux autres offices : premièrement, parce que sur le soir du monde, le Christ, de son consentement formel et particulier, est venu au secours du monde, perdu par le péché; secondement, de ce que par là le souvenir de l'incarnation, qui eut lieu sur le soir du monde, dure continuellement; troisièmement, parce que la bienheureuse Marie elle-même est l'étoile de la mer qui, le soir de ce monde, nous a éclairés de sa lumière, de même que l'étoile Vesper, qui donne son nom à l'office de vêpres, commence à briller au commencement de la nuit; quatrièmement, afin que notre ame, fatiguée de différentes pensées pendant le jour, lorsque le temps du repos ou de la nuit arrive, se rappelant les paroles de la mère de Dieu, par des larmes et des prières et avec l'intercession de la Vierge, se purifie de toutes les choses inutiles ou coupables qu'elle a contractées par ses divagations du jour; cinquièmement, parce que la Vierge porta le Seigneur sur le soir du monde. On le chante encore aux laudes et à sexte, parce que le Seigneur est venu dans le sixième âge, comme on chante aussi le cantique de Siméon. On le chante aussi aux laudes de la septième heure, à cause du septième âge de ceux qui reposent en paix, comme nous l'avons touché au chapitre de Matines et Laudes. Au reste, ce cantique est la joie de ceux qui travaillent, et dont l'esprit se réjouit dans le Seigneur, parce que celui qui est puissant et dont la miséricorde s'étend dans les siècles des siècles a fait en eux de grandes choses.

IX. Pour représenter cette joie et cette allégresse, on allume les lampes à vêpres; ou bien c'est à cause de ce cantique qu'on les allume principalement, parce que ce cantique est tiré de l'Evangile; ou bien encore, afin qu'étant au nombre des jeunes gens et des cinq vierges sages, nous courions avec les lampes des bonnes œuvres à l'odeur des parfums de la bienheureuse Vierge, et que nous entrions à sa suite dans la joie de notre Seigneur. Et comme nos œuvres, représentées par les lampes, ne peuvent briller si elles ne sont formées par la charité, c'est pourquoi on termine le cantique par l'antienne, qui désigne la charité. Quand l'antienne a été chantée une seconde fois aux jours ouvrables, on se prosterne en priant, et on prie plus longtemps qu'aux autres offices, parce que l'Eglise prie spécialement pour ceux pour lesquels le soleil de justice a disparu, quoiqu'elle prie encore pour les autres et observe ce que nous avons dit plus haut au chapitre de Tierce, où l'on traite des prières. Mais dans les jours solennels on dit aussi la collecte, et l'on prie presque debout. Nous avons parlé de cela au même endroit, où nous avons dit encore en quoi l'office de vêpres s'accorde avec l'heure de prime.

X. L'office des morts commence par les vêpres, mais ne renferme pas de secondes vêpres, pour marquer que cet office finira quand les ames des prédestinés, ayant satisfait entièrement, jouiront de l'éternelle béatitude; mais pour les saints, de la glorification spirituelle desquels l'Eglise est certaine, on dit les premières et les secondes vêpres. Si dans leur fête on dit déjà neuf leçons, ils ont les secondes vêpres, à cause de la glorification dont ils jouissent déjà, non qu'ils ne possèdent la · double étole (exprimant la glorification corporelle qu'ils possèdent au ciel et qui n'aura jamais de fin), qui convient à tous les élus; mais l'Eglise, pour indiquer la différence des récompenses dues aux uns et aux autres, donne plus de solennité à l'office de ceux dont elle connaît les mérites supérieurs par des miracles ou par d'autres documents, quoiqu'elle n'en ait pas une certitude absolue, car une étoile diffère d'une autre étoile en clarté ; d'où saint Augustin, dans son sermon sur le bienheureux Etienne, dit : « Puisque la mort des saints est précieuse, quelle différence peut-il y avoir entre les martyrs ? » Celui-là paraît l'emporter sur les autres qui est le premier. Cependant, parfois, aux vêpres qui précèdent, on ne dit que l'antienne et la collecte de la fête suivante, comme on le verra au chapitre de la Veille de la Nativité.

XI. Enfin, il faut remarquer que les religieux font précéder complies de la collation ou conférence, qui a tiré son origine des saints Pères : les Pères avaient coutume de se rassembler après les vêpres et de s'entretenir sur les saintes Ecritures, semblables aux ouvriers qui causent entre eux pour se récréer. C'est pour cela qu'on lit surtout, pour se récréer et pour se délecter, les Vies ou les Conférences des Pères, et qu'on interroge les plus érudits d'entre ceux à qui on fait la lecture, quand il survient quelque doute.

CHAPITRE X.

DE COMPLIES.

I. A l'heure de complies, le Christ pria son Père ; c'est aussi à la même heure qu'il s'échappa de lui une sueur de sang, et que son corps fut mis dans le sépulcre, et que des gardes y furent envoyés. C'est donc avec raison qu'à cette heure l'Eglise célèbre les louanges de Dieu et lui rend grâces ; elle célèbre cette heure en mémoire de la joie éternelle. Car le nombre des élus étant complété à cette heure, leur joie sera aussi complétée au jour de la rétribution générale ; et de là vient que complies signifie joie. Or, on dit complies, parce qu'à cet office on a achevé de prendre la nourriture, la boisson et les autres choses nécessaires au soutien du corps ; et, d'après cela, complies signifie encore la fin de la vie présente.

II. Cet office, contrairement à tous les autres, commence par *Converte nos, Deus*, etc.; car, bien que nous ayons passé tout le jour à chanter des psaumes au Seigneur, et qu'il soit presque impossible que nous ayons contracté quelque poussière d'orgueil, cependant, comme nous nous égarons souvent, d'après ces paroles : « J'ai erré comme la brebis qui s'est perdue, » de là vient que, nous humiliant, nous disons : *Converte nos, Deus*. En outre, chacun des fidèles, si parfait et si excellent qu'il soit, doit s'estimer imparfait ou insensé, d'après ces paroles : « Le juste est son propre accusateur ; » c'est pourquoi le prêtre dit : *Converte nos*, s'estimant par là méchant et pervers ; car c'est le propre des ames pures de reconnaître la faute là où elle n'existe pas (v d., *Ad ejus de pœn.*; d. II, *Si enim*, in princ.). Et si nous disons que nous n'avons point de péchés sur la conscience, nous nous séduisons nous-mêmes. De là vient qu'ensuite nous invoquons le secours divin, en disant : *Deus in adjutorium meum intende;* de telle sorte que le *Converte nos* se rapporte à la purification de nos péchés passés, et le *Deus in adjutorium* à l'accomplissement futur de bonnes œuvres, parce que sans l'assistance de Dieu nous ne pouvons rien faire de bien. Mais, comme on doit tout faire à la gloire de la Trinité, c'est pourquoi on ajoute : *Gloria Patri*, etc. De plus, en commençant par *Converte nos, Deus, salutaris noster*, nous prions Dieu de nous convertir de nos péchés et de détourner de nous sa colère, et, comme nos mérites sont insuffisants pour arriver à ce but, nous lui demandons sa protection par le *Deus in adjutorium*, etc.

III. On dit ensuite quatre psaumes pour obtenir la rémission des péchés que nous commettons pendant que nous sommes emprisonnés dans ce corps composé de quatre éléments et de quatre humeurs ou complexions (Extra *De celeb. missæ,* in quadam), ou bien pour prémunir le corps contre les dangers et les fantômes de la nuit ; puis nous nous recommandons à Dieu : c'est pourquoi nous disons alors *In manus tuas, Domine, commendo spiritum meum,* « Seigneur, je te recommande mon esprit et le remets entre tes mains, » et le verset *Custodi nos.* L'Eglise commence par une parole de perfection, en disant : *Cum invocarem exaudivit me,* car il n'appartient qu'aux parfaits d'être exaucés ; comme ceux qui sont arrivés à la perfection doivent s'estimer imparfaits (Extra *De purg.,* can. *Accepimus,* de pœn. d. II, *Si enim,* prop. princ.), d'après ces paroles de Job : « Quand même je serais vertueux, mon ame l'ignore, » c'est pour cela que viennent ensuite ces paroles du même psaume : *Miserere mei,* supplée *Domine,* « Seigneur, » et celles-ci : *exaudi orationem,* « exauce ma prière ; » prière qui appartient à ceux qui ne sont pas parfaits. Ensuite, après d'autres encouragements au bien, on fait, dans le même psaume, mention de la paix éternelle, en cet endroit : *In pace in idipsum,* c'est-à-dire la paix qui est immuable et que nous devons toujours avoir présente à la mémoire ; et surtout dans le temps destiné au repos du corps dans le lit, l'esprit doit se reposer en Dieu, et se reposer aussi dans l'espérance ; de là suit le second psaume, *In te, Domine, speravi,* etc., « Seigneur, j'ai espéré en toi, etc. »

IV. Mais comme l'espérance n'est pas sans mélange de crainte, autrement ce serait de la présomption, c'est pourquoi suit le troisième psaume sur la tentation, *Qui habitat in adjutorio altissimi,* etc., dans lequel Dieu promet de délivrer l'Eglise. Car le diable est comme un voleur qui se glisse pendant la nuit ; aussi, à la nuit tombante l'Eglise dit-elle ce psaume contre les tentations de la nuit. Elle récite ce psaume pour que nous soyons délivrés de quatre tentations, à savoir : de la crainte qui effraie pendant la nuit, de la flèche qui vole durant le jour, des maux que l'on prépare dans les ténèbres, des attaques du démon du midi, c'est-à-dire du démon qui se précipite sur nous. La première tentation est légère et cachée, la seconde est légère et évidente, la troisième est grave et cachée, la quatrième est grave et évidente. Dans le cinquième psaume, *Ecce nunc benedicite Dominum*, l'Eglise bénit Dieu qui l'a délivrée des tentations nocturnes, en cet endroit : *in noctibus extollite manus vestras in sancta et benedicite Dominum*, « élevez vos mains durant les nuits vers le sanctuaire, et bénissez le Seigneur. » Or, saint Augustin dit, touchant ce psaume : « La nuit est le temps de la tristesse, et le jour le temps de la joie ; par la nuit on entend donc l'adversité, par le jour la prospérité. » On doit bénir Dieu dans l'adversité comme dans la prospérité, à l'exemple de Job, qui, après la perte de ses fils et de tous ses biens, disait : « Dieu me les a donnés, Dieu me les a ôtés, etc., que le nom du Seigneur soit béni. » C'est de là que l'on dit : *Benedicite Dominum*, « Bénissez le Seigneur. »

V. Mais on demande pourquoi on ne dit que six versets de ce psaume : *In te, Domine, speravi, non confundar in æternum.* « Seigneur, j'ai espéré en toi, je ne serai jamais confondu. » On répond à cela que c'est parce que le Seigneur, en prononçant ce sixième verset : *In manus tuas, Domine, commendo spiritum meum*, « Seigneur, je remets mon ame entre tes mains, » mourut selon la chair, au sixième âge du monde, et le sixième jour, comme on le dira bientôt ; c'est donc avec raison qu'on ne dit à complies que six versets de ce psaume, pour que dans ce sixième âge où le Seigneur nous a rachetés, comme l'indique la fin du dernier verset : *redemisti me, Deus veritatis*, « tu m'as racheté, Dieu de vérité, » nous imitions son sommeil, afin que les membres reposent et que le cœur veille. Ainsi la chair du Christ reposa dans le sépulcre pendant que sa divinité veillait.

VI. Il faut remarquer que dans certaines églises, aussitôt après les psaumes on dit un hymne, peut-être par la raison que, par les bonnes œuvres, on arrive à la joie du ciel sans

avoir besoin de passer par aucune expiation, lorsque l'on arrive
de cette vie en l'autre en état de grâce ; nous en donnerons
encore bientôt une autre raison. Ainsi, on dit l'hymne avant le
capitule, pour montrer que ceux en qui, d'une manière mystique, se sont accomplies les choses dont les louanges précé-
dentes sont le signe, ou ceux qui sont parfaits, désignés par
complies, préviennent l'exhortation désignée par le capitule.
Pourtant, on n'omet pas le capitule, parce que là l'exhortation à la persévérance dans le bien est toujours utile, et qu'il
est toujours bon de donner de l'éperon au cheval que l'on
monte. Dans d'autres églises, entre les psaumes et l'hymne
on intercale une antienne ou l'*Alleluia*, et par l'antienne on
suit l'ordre du bienheureux Ignace, dont on a parlé dans la
préface. Dans d'autres églises encore, aussitôt après les psaumes et l'antienne ou l'*Alleluia* suit la leçon ou capitule, avec
le répons *In manus tuas, Domine*, etc., ou seulement la leçon,
parce que, comme disent ces églises, tout office doit avoir sa
leçon ; ensuite, elles y ajoutent l'hymne *Te lucis*, où l'on demande à être protégé contre les tribulations de la nuit. Mais il
en est d'autres qui ne récitent point de leçon, comme on l'a
exprimé dans la préface de cette partie ; mais aussitôt après les
psaumes ils disent le petit verset, tant parce que c'est le moment du sommeil, temps peu favorable à l'enseignement, que
parce qu'après complies on ne doit pas plus reprendre de nourriture et de boisson que s'occuper d'enseignement, figuré par la
leçon. De là vient que le bienheureux Benoît statua que personne
ne parlerait après complies ; et l'on dit le capitule *Tu autem in
nobis es, Domine*, « Pour toi, tu es en nous, Seigneur. » Dans cet
office, les religieux font précéder la leçon avant tout le reste, en
disant : *Fratres sobrii*, etc., pour ne pas paraître déroger à l'ordre établi par Esdras. Ils représentent aussi en cela Marie-Made-
leine, dont le Seigneur a dit : « Elle a embaumé mon corps avant
qu'il fût dans le sépulcre ; » c'est-à-dire : elle a fait de mon
vivant ce qu'elle eût fait après ma mort, si elle en eût eu le

pouvoir. Ainsi, cette leçon aussi embaume pour ainsi dire les ames, en les rendant attentives à veiller avant l'ordre du sommeil. Après l'hymne on ajoute le petit verset *Custodi nos,* *Domine*, « Seigneur, garde-nous, » ou un autre qui indique l'effet de l'office tout entier; car il demande la protection de Dieu contre les périls de la nuit. On le dit d'une voix élevée et avec un neume, et par ce neume, qui fait que nous sommes pleins d'ardeur et de reconnaissance pour la joie ineffable qui doit être la récompense de nos travaux, nous chantons le can- tique de Siméon, *Nunc dimittis,* etc., qui se trouve dans saint Luc (c. II) :

VII. Premièrement, afin qu'à l'exemple de Siméon nous trouvions la paix et méritions de voir la lumière, qui est le Christ. Secondement, nous chantons ce cantique, parce que, de même que le saint vieillard le chanta dans son désir de passer de cette vie en l'autre, ainsi nous le chantons nous- mêmes quand nous sommes pour nous livrer au sommeil et comme pour mourir, car le sommeil est comme l'image de la mort; nous le chantons pour nous recommander à Dieu. Troi- sièmement, pour la raison que nous avons donnée au cha- pitre des Vêpres. Quatrièmement, parce que ce cantique se rapporte aux deux avénements. C'est pourquoi nous le di- sons, avec raison, pour nous encourager par les promesses et faire trève avec nos vices [et nous reposer, pour ainsi dire, de nos vices].

VIII. Or, il faut considérer que, bien que les autres heures renferment sept parties, c'est-à-dire le verset avec la doxologie, l'hymne, le psaume, la leçon, le chant, les prières et l'orai- son, cependant à trois heures, savoir : à matines et laudes, à vêpres, à complies, on ajoute une huitième partie, qui est le cantique évangélique, parce que ces trois heures appartien- nent à l'octave, c'est-à-dire à la résurrection du Seigneur, parce qu'il ressuscita le matin, qu'il se manifesta à ses disci- ples à l'heure des vêpres, et qu'il leur dit à complies : « La

paix soit avec vous. » C'est pourquoi l'hymne , qui est le symbole de l'allégresse, suit ce cantique, attendu qu'il fait partie
de l'Evangile de grâce. L'Evangile de grâce de cet office est
le cantique de Siméon , savoir, *Nunc dimittis,* dans lequel
nous demandons la paix éternelle, afin que, de même que
Siméon désirant passer dans l'autre vie pria le Seigneur de
le laisser sortir de ce monde après qu'il eut vu le Christ, ainsi
nous arrivions nous-mêmes à la splendeur de l'espérance où
sera la paix éternelle.

IX. Ensuite, on dit l'oraison dominicale et les prières par
lesquelles nous nous fortifions encore contre les fantômes de la
nuit. On y ajoute aussi le symbole , qui renferme la profession
de notre foi, afin que si, par accident, il nous arrivait de mourir, nous mourussions dans la confession, en confessant la foi.
Dans certaines églises, on fait encore, comme à prime, la confession générale ; car, par la confession alternative, nous nous
amendons mutuellement, d'après ces paroles de saint Jacques :
« Confessez vos péchés les uns aux autres, » afin que pendant .
cette vie nous ne nous donnions pas de repos que nous n'ayons
trouvé le lieu habité par le Seigneur. On termine cet office
par les prières et l'oraison dominicale , d'après ces paroles de
l'Apôtre : « Prions les uns pour les autres, afin que nous
soyons sauvés. » Les prières signifient encore, d'une manière
mystique, l'humilité que l'on doit avoir à la fin de l'office ;
car, de même qu'elle est nécessaire au commencement, et
que, pour la figurer, nous commençons l'office à voix très-basse,
ainsi à la fin du service divin nous devons montrer la même
humilité contre la superbe, dans laquelle sont tombés tous
les ouvriers d'iniquité. Après les prières, notre pasteur ou
prêtre recommande son troupeau à Dieu, en disant la collecte.
C'est pourquoi, après cet office, il ne convient pas de se livrer
à rien autre chose qu'à ce qui concerne le repos.

X. Et remarque qu'à prime et à complies nous n'omettons
pas le symbole des apôtres, parce que nous commençons et ache-

vons toutes nos actions au nom de celui en qui nous croyons. On ajoute également aux deux offices la confession et le *Miserere mei, Deus*, afin que tous les péchés que nous avons commis la nuit ou le jour se trouvent effacés par la confession et la pénitence, et qu'ainsi nous accomplissions ce précepte : « Confessez-vous mutuellement, » faisant encore attention à cette particularité touchant le prêtre, qui jadis, le jour qu'il était de service, offrait une mesure de farine, c'est-à-dire la moitié le matin et le reste dans l'après-midi ; mais, pour nous, notre sacrifice consiste dans l'humilité de l'esprit.

XI. Enfin, il faut remarquer que tous les offices du jour conservent invariablement les mêmes psaumes ; mais il n'en est pas de même des offices de nuit, car la nuit représente ce monde changeant et inconstant ; mais le jour désigne l'éternité, qui est immuable, et dont il est écrit : « Le jour conserve toujours la marche invariable et régulière que tu lui as prescrite ; » et le mot *perseverat* au singulier est plus vrai que *perseverant* au pluriel, quoique communément on emploie le second. Dans certaines églises, l'hymne de cet office est aussi invariable, comme on l'a dit au chapitre de Prime ; il en est de même des psaumes, de la leçon, des prières et de la collecte, et l'on fait comme aux solennités des saints et comme à prime, où l'office est invariable, par la raison qu'à cette heure il est question de la paix et surtout de cette paix après laquelle nous soupirons, et qui, comme nous l'avons dit ci-dessus, est immuable ; seulement, il y a une exception pour les dimanches, où l'on dit les cinq psaumes : *Deus, Deus meus, respice in me*, etc., et le psaume suivant, *Confitemini*, comme on l'a dit en son lieu.

XII. Mais pourquoi place-t-on ces cinq psaumes à prime, et le verset *In manus tuas, Domine*, etc., à complies plutôt qu'aux autres heures ? Je réponds que le Christ, que nous célébrons à ces heures et qui est le principe et la fin, pendant qu'il était attaché à la croix, commença lui-même, comme on

le lit, le psaume *Deus, Deus meus*, et dit tous les psaumes suivants par ordre jusqu'au verset précité. Après ce verset, il
s'arrêta, garda le silence et rendit l'esprit. C'est donc avec
raison que nous, qui sommes ballottés au milieu des passions
de ce siècle, à l'imitation du Sauveur, nous devons dire à
prime, et non ailleurs, les cinq psaumes précités; et à complies,
qui, d'après quelques considérations, est la fin ou la dernière
des heures, nous devons réciter le verset en question. Or, la
considération suivante nous porte à croire que cet office se rapporte à la dernière heure du jour. A prime, en effet, on dit
quatre huitaines de versets dans les psaumes, deux pour prime
et deux pour la seconde heure; à tierce, on en dit six, deux
pour tierce, deux pour la quatrième et deux pour la cinquième
heure; à sexte, on en dit six, deux pour sexte, deux pour
la septième et deux pour la huitième heure; six à none, deux
pour none, deux pour la dixième et deux pour la onzième
heure. Reste la dernière heure, c'est-à-dire la douzième, à
laquelle se rapportent complies, comme l'indique l'hymne *Te*
lucis ante terminum, «Avant la fin du jour.» Or, nous com-
binons les huitaines de versets précités, quand nous observons
les deux préceptes de la charité. Nous faisons onze combinaisons, afin qu'à chaque heure du jour où nous péchons nous
offrions deux psaumes de louanges à celui qui est tout à la fois
le Seigneur de la loi et de la charité, c'est-à-dire le psaume
Beati, pour prime; *Retribue*, pour la seconde heure; pour
tierce, *Legem pone;* pour la quatrième heure, *Memor esto;*
pour la cinquième, *Bonitatem;* pour sexte, *Defecit;* pour la
septième, *Dilexit;* pour la huitième, *Iniquos;* pour none,
Mirabilia; pour la dixième, *Clamavi;* pour la onzième, *Prin-*
cipes. Il y a donc onze combinaisons pour purifier onze heures
de transgressions, et à chaque huitaine on rappelle quelque article de la loi du Seigneur, parce que c'est par elle que
l'on cultive la vigne et que l'on gagne le denier de l'éternité.
Il y a donc vingt-deux huitaines qui se disent à chaque heure

du jour, pour la raison indiquée au chapitre de Prime. On les dit deux à deux, les doublant ainsi jusqu'à onze.

XIII. Or, le nombre onze signifie transgression, comme le nombre dix est le symbole de la perfection. Et on en dit onze tous les jours, afin que, par la vertu des paroles de ces psaumes, Dieu nous pardonne les transgressions de ses commandements.

FIN DU CINQUIÈME LIVRE.

LIVRE SIXIÈME.

ARGUMENT.

Des Offices des dimanches en particulier, de ceux de certains jours ouvrables (*quarundam feriarum*), des fêtes solennelles (*festivitatum*) (3) du Seigneur et des jeûnes des Quatre-Temps.

CHAPITRE PREMIER.

Dans la précédente partie que nous quittons, nous avons traité des offices divins en général ; maintenant nous allons les prendre en particulier et les montrer dans leur diversité pendant tout le cours de l'année. Ainsi, nous passerons en revue les offices des dimanches, de quelques jours ouvrables, des solennités du Seigneur et des jeûnes des quatre-temps ; nous verrons l'accord des mêmes offices, tant ceux de la nuit que ceux mêmes de la messe ; nous ne parlerons pas seulement de ceux d'une seule église, nous nous attacherons à traiter des offices de diverses églises.

I. Pour l'intelligence de cet ouvrage, nous commencerons par exposer les distinctions du temps. L'année solaire comprend la succession des quatre saisons, c'est-à-dire la saison d'hiver, où l'on ensemence les champs ; le printemps, où les semences croissent et s'allongent en épis ; l'été, où les moissons blanchissent et tombent sous le tranchant de la faulx ; enfin l'automne, où le grain, séparé de son enveloppe par le vanneur, est mis en réserve dans les greniers. Ainsi, la grande année de la vie présente, qui s'étend depuis le commencement des siècles jusqu'à la fin du monde, se mesure aussi par quatre saisons différentes.

II. La première est une époque de dégénérescence dans le genre humain. Elle s'étend depuis Adam jusqu'à Moïse. A cette époque, les hommes abandonnent le culte de Dieu, qui est la vraie lumière; ils deviennent idolâtres, ils ne conservent plus l'ombre de la lumière de la vraie doctrine, et dès-lors, devenus des membres inutiles, il n'en est plus un seul qui fasse le bien. Alors l'homme abandonne son Créateur, et, s'adressant à une pierre brute, il lui dit : Tu es mon dieu. Ce temps d'ignorance et d'aveuglement s'accorde bien avec l'hiver, où règne l'obscurité.

III. La seconde saison est celle du rappel ou de la rénovation. Elle s'étend depuis Moïse jusqu'à la nativité du Christ. A cette époque, les hommes sont instruits, par la loi et les prophètes, de l'avénement du Christ, de la rémission des péchés et de l'amour que l'on doit à un seul Dieu. Alors le Seigneur dit à Israël : « Ecoute, Israël, tu adoreras le Seigneur ton Dieu, et tu ne serviras que lui seul; » et l'homme connut alors ses devoirs envers lui-même, envers Dieu, envers le prochain. Dieu, dans la suite et pour la même raison, suscita les prophètes, afin que leur prédication fît revenir de plus en plus l'homme de ses erreurs. Cette époque coïncide avec le printemps, qui possède quelque lumière mêlée de beaucoup d'obscurité.

IV. La troisième époque est celle du retour ou de la réconciliation et de la visitation. Elle s'étend depuis la naissance du Christ jusqu'à son ascension, où les hommes reçurent la grâce et la prédication de l'Evangile. C'est de cette époque qu'il est écrit : « Voilà maintenant le temps favorable, voici maintenant le jour du salut. » Ce temps est celui de la grâce, parce qu'alors l'Orient, descendu de ses splendeurs, nous a visités. C'est dans ce temps que le Seigneur, qui est le soleil de justice, a visité le monde par sa présence, et l'a suffisamment éclairé par sa propre doctrine. Ce temps s'accorde avec l'été, où règne la clarté.

V. La quatrième est celle du pèlerinage. Elle s'étend depuis le jour de l'ascension jusqu'au jour du jugement, où aura lieu la consommation des siècles. Ce temps est tout resplendissant de lumière, parce que, par la miséricorde de Dieu, les mystères divins ont été révélés; toutefois, elle renferme quelque obscurité produite par notre négligence, et s'accorde ainsi avec l'automne, qui renferme beaucoup plus de lumière que d'obscurité. Dans la première époque, la sève de la foi, la fleur de l'espérance et le fruit de la charité ont été desséchés par le froid et l'hiver de l'infidélité. Dans la seconde, la vigne du Seigneur a repris, en quelque sorte, sa sève, et a commencé à fleurir. Dans la troisième, pleine de verdeur et couverte de fleurs, elle a porté les fruits les plus abondants. Dans la quatrième, les feuilles de la parole venant à tomber, elle a commencé à se flétrir; puis le temps de la déviation, appelé temps de la coulpe et de la peine, est revenu. Cette déviation, cet écart de l'homme, l'expose à la coulpe, et la coulpe le soumet à la peine; c'est pour cela que le Seigneur dit : « Penses-tu, lorsque le Fils de l'homme viendra, qu'il trouvera la foi sur la terre? » Le temps de la rénovation est appelé temps de doctrine et de prophétie, à cause du décalogue par où le Seigneur a instruit le genre humain; le temps de la réconciliation est appelé temps de liberté, de grâce et d'allégresse; le temps du pèlerinage, temps de deuil, de peine ou de travail et de pénitence : c'est nous qui en sommes la cause, par nos écarts et notre négligence. Le premier fut le temps du désespoir; dans le second, l'homme commença à respirer; le troisième est le temps de la délivrance; le quatrième, le temps de l'exercice. Chaque année l'Eglise représente ces quatre temps; ou bien ces quatre époques désignent les divers états de l'Eglise.

VI. L'Eglise représente le temps d'hiver et de déviation, où la mort a régné, depuis la Septuagésime jusqu'à Pâques, rappelant à notre souvenir la chute et la punition de nos premiers parents après leur désobéissance; c'est pourquoi les chants de joie cessent, excepté le *Gloria Patri,* comme on le dira au chapitre de la Septuagésime. On ne dit pas non plus le *Gloria in excelsis Deo,* chant qui fut célébré par les anges en signe de paix, quand la vérité sortit du sein de la terre et que la justice regarda du haut des cieux.

VII. L'Eglise représente l'époque du printemps ou de la rénovation depuis l'Avent jusqu'à la Nativité du Seigneur, par qui toutes choses ont été renouvelées. Aussi, pour désigner que les Pères de cette époque eurent quelques lumières mêlées de beaucoup d'obscurité, par rapport aux époques suivantes, elle chante les cantiques mineurs de l'allégresse, comme *Gloria Patri* et *Alleluia;* mais elle supprime les majeurs, comme *Gloria in excelsis, Te Deum laudamus* et les autres, ainsi qu'on le dira en son lieu. Et comme le péché a régné à cette époque, non par ignorance, comme primitivement quand la mort du péché planait sur l'humanité, mais à cause de la faiblesse de la chair, c'est pourquoi on chante *Alleluia,* car ce temps se rapporte à celui de la loi mosaïque; mais on supprime le *Gloria in excelsis,* qui est le signe de la paix et de la justice, que la loi fut impuissante à procurer.

VIII. L'Eglise célèbre l'époque de l'été et de la réconciliation ou du retour, à partir de l'octave de Pâques jusqu'à l'octave de la Pentecôte; et, comme nous sommes réconciliés avec Dieu par l'Agneau pascal, nous chantons tous les cantiques de joie et multiplions presque à chaque mot les *Alleluia,* pour témoigner la joie que nous ressentons de notre résurrection. Cette époque désigne le temps de l'éternelle fidélité; alors on chante le *Gloria in excelsis,* parce que, dans la résurrection, la justice, c'est-à-dire la charité, sera perfectionnée, et l'on jouira d'une paix surabondante. On chante deux *Alleluia* au dimanche *in albis* et aux autres dimanches de ce temps, et alors nous prions debout. Mais dans les féries particulières on ne chante pas le *Gloria in excelsis,* ni le double *Alleluia,* quoique l'on dise souvent *Alleluia,* comme on le marquera au cha-

pitre LXX, qui traite des Sept Jours après Pâques, et au chapitre suivant.

IX. L'Eglise représente le temps d'automne ou de pèlerinage depuis l'octave de la Pentecôte jusqu'à l'Avent du Seigneur, parce qu'après notre réconciliation avec Dieu il ne
nous reste plus qu'à nous considérer comme des pèlerins, avec
le Psalmiste, qui dit : « Je suis un étranger et un voyageur »
ou pèlerin. Nous chantons alors tous les cantiques d'allégresse,
pour désigner notre joie de la révélation des divins mystères ;
cependant, quelquefois l'Eglise en supprime quelques-uns, et
elle ne multiplie pas les *Alleluia* comme elle l'a fait dans le
temps précédent, pour marquer notre éloignement du bien,
enfanté par notre propre négligence ; elle chante *Alleluia* dans
l'espoir de notre résurrection, et le *Gloria in excelsis* pour
l'état de justice qui nous est rendu. Elle récite aussi tous les
jours *Alleluia,* mais non le *Gloria in excelsis,* comme on le dira
sous le temps de l'Avent. Elle chante aussi l'*Alleluia* après le
graduel, en signe des travaux par lesquels nous devons passer pour arriver à la patrie, où se trouve la véritable vie. D'a-
près ce que nous venons de dire, il résulte évidemment que
l'homme, avec raison, au commencement de l'hiver, dit,
comme en désespérant : *Circumdederunt me gemitus mortis,*
« Les gémissements de la mort m'ont environné. » Au commencement du printemps il dit, comme en respirant : *Ad te levavi
animam,* etc. Au commencement de l'été, l'architecte de l'E-
glise, saint Pierre, dit à ceux qui ont été régénérés par le baptême et éclairés par la grâce : *Quasi modo geniti infantes,* etc.,
« Semblables à des enfants nouveau-nés. » Au commencement
de l'automne, l'homme se réjouit de la miséricorde du Seigneur,
en disant : « *Domine, in tua misericordia speravi,* « J'ai espéré,
Seigneur, en ta miséricorde. » Mais, réfléchissant à l'état de
misère où il est tombé par sa négligence, il ajoute aussitôt le
verset *Usquequo, Domine, oblivisceris in finem,* « Jusques à
quand, Seigneur, m'oublieras-tu ? » sera-ce pour toujours ?

puis le graduel *Ego dixi : Domine, miserere mei, sana ani-*
mam meam, « J'ai dit : Seigneur, aie pitié de moi, guéris
mon ame, parce que j'ai pêché contre toi. »

X. Ces quatre époques sont encore représentées par les
quatre principales parties du jour, qui sont : la nuit, l'aurore,
midi et le soir. La nuit se rapporte au temps où l'homme sort
de sa voie ; car la nuit est obscure, et les idolâtres étaient aveugles. L'aurore représente le temps du rappel. Midi appartient
au temps de la réconciliation ou du retour. Le soir représente
le temps du voyage ou pèlerinage.

XI. On les désigne encore par les quatre principales actions
du Christ, qui sont : la nativité, la passion, la résurrection, et
le second avénement, au jugement dernier. A la nativité se
rattachent la circoncision, l'apparition, le baptême et la purification ; à la passion, le jeûne et la tentation ; à la résurrection, l'ascension au ciel et l'envoi du Saint-Esprit ; au dernier
avénement, la transfiguration et les miracles. Ainsi, la passion
est comparée à l'hiver, la nativité au printemps, la résurrection à l'été, le dernier avénement à l'automne, lorsque l'Ancien des jours, tenant son van dans ses mains, épurera son
aire, etc. De même, la nativité s'accorde avec le temps du rappel ou de la rénovation, à cause des prophètes, qui l'ont annoncée de beaucoup de manières ; la passion du Christ, avec le
temps de la déviation, à cause de la peine de la coulpe de nos
premiers parents ; la résurrection, avec le temps du retour, à
cause de la joie et de l'allégresse ; le second avénement, avec
le temps du pèlerinage, parce que ce temps durera jusqu'au
jour du jugement : c'est pourquoi le Prophète dit : «Je suis un
étranger auprès de toi, et un voyageur comme tous mes pères. » Or, le temps du rappel ou de la rénovation (ou renouvellement) faite par la loi et les prophètes s'étend seulement
jusqu'à la nativité du Seigneur, comme on l'a déjà dit. D'autres prétendent qu'il s'étend jusqu'à la Septuagésime, et que là
commence le temps de la déviation (temps où l'homme sort de

sa voie). Mais, d'après ce que nous avons dit d'abord, on demande sous lequel des temps précités on placera l'époque comprise entre la Nativité et la Septuagésime. A ce sujet, certains assurent que le temps compris entre la Nativité et l'octave de l'Epiphanie appartient au temps du retour, qui est le temps de la joie, comme celui-ci; de là vient que dans certaines églises on se sert alors d'ornements blancs comme dans le temps pascal. A cette époque, non plus, on ne jeûne pas et on ne fléchit pas les genoux. Le reste du temps, qui commence à l'octave de l'Epiphanie jusqu'à la Septuagésime, est compris sous le temps du pèlerinage; et, quoiqu'on lise Isaïe le jour de la nativité du Seigneur, cependant, d'après ceux qui soutiennent cette opinion, ce jour n'appartient pas au temps du rappel. C'est pour une autre considération qu'on lit Isaïe avant l'évangile aux nocturnes, et à la messe avant l'épître; car alors on pose la base de la colonne, de telle sorte que la nativité du Christ soit prouvée par l'un et l'autre Testaments.

XII. On demande encore pourquoi les offices de l'Eglise commencent à partir de la saison du printemps, époque de la rénovation ou du rappel? Il paraît qu'ils devraient commencer à la saison d'hiver, époque de la désobéissance de l'homme, parce que la désobéissance a précédé le rappel ou retour à l'obéissance. En outre, le premier livre de théologie, qui est la Genèse, commence par le temps de la déviation ou désobéissance. A cela, certains répondent que l'Eglise agit ainsi, pour ne pas débuter par l'erreur. Mais, comme certainement le temps de la déviation n'est pas ainsi nommé, dans ce sens que l'Eglise sorte de sa voie à cette époque, mais parce qu'il nous rappelle l'erreur de nos premiers parents, pour nous inviter à la pénitence; il résulte de là que cette assertion ne nous paraît pas fondée. La véritable raison, c'est que tout a été renouvelé par la venue du Seigneur, d'après ces paroles de l'Apocalypse : « Voilà que je renouvelle tout. » C'est donc pour honorer l'avénement du Seigneur, que l'Eglise commence ses offices par lé temps du renouvellement. En outre, si elle commençait par la saison d'hiver, n'ayant à la bouche que des paroles de désespoir, l'homme, en l'entendant, pourrait désespérer. C'est donc à juste titre qu'elle commence par le printemps, afin que plus tard, quand nous entendrons ses paroles de désespoir, nous ne désespérions pas, puisque précède la promesse certaine de la vraie délivrance qui a lieu dans l'Avent. Elle commence donc par le temps du renouvellement ou du rappel, temps où déjà elle est en possession de la réalité (puisque le retour est déjà accompli).

XIII. Or, quels livres lit-on, et dans quel temps les lit-on : c'est ce que nous allons exposer brièvement. Dans la plupart des églises, depuis l'Avent jusqu'à la Nativité du Seigneur, on lit Isaïe, dont les prophéties se rapportent à la nativité d'une manière d'autant plus frappante, qu'il prophétisa touchant le Christ plus clairement et d'une manière plus précise que les autres prophètes; cependant on ne le lit point pendant les jeûnes des quatre-temps, parce que cet office a ses leçons particulières. A la fête même de la Nativité, non-seulement on lit et on chante des morceaux tirés d'Isaïe, mais encore des passages touchant les causes de cette solennité, comme on a coutume de faire dans toutes les solennités : ce qui a lieu pour témoigner la grande joie que nous avons reçue d'en haut.

XIV. Le premier dimanche qui suit la Nativité, on lit dans certaines églises des extraits des épîtres de saint Paul qui ont trait à la nativité; à l'octave de cette solennité, on récite les passages de sermons et d'homélies de l'évangile du même jour. A l'Epiphanie, on lit des passages tirés d'Isaie, d'après l'institution du pape Gélase (xxv d., *Sancta in palea*), et, à l'octave de l'Epiphanie, des extraits de l'homélie du même jour. Depuis l'octave de l'Epiphanie jusqu'à la Septuagésime, on chante des extraits des psaumes, et on lit dans les épîtres de saint Paul ce qui a trait à ses travaux, à ses douleurs et à ses combats.

XV. Depuis la Septuagésime jusqu'au dimanche qui précède le dimanche des Rameaux, on fait des lectures tirées du Pentateuque; car la Septuagésime désigne l'époque de notre captivité, l'époque de la peine et de la coulpe; et, après cette captivité, nous devons d'une manière mystique retourner à Jérusalem, retour figuré jadis par les Hébreux sortant de la captivité de Babylone pour retourner dans leur patrie. Et, afin que ceux qui portent leurs vœux vers le ciel se ressouviennent de leur captivité, on commence par la création d'Adam, dès l'origine du monde; puis on lit son expulsion du paradis, l'histoire du déluge; comment Abrabam sortit de son pays, et d'autres passages où l'on voit les travaux et les tribulations de ce monde, et de grands exemples de patience et de vertu. Et, de même que les Hébreux, conduits jadis en captivité à Babylone, restèrent plongés dans la tristesse presque jusqu'à la fin des soixante-dix années, puis se réjouirent quand ils reçurent la permission de rentrer dans leur patrie ; nous aussi, quoique nous ne le fassions pas complètement, nous gardons le silence et nous nous abstenons de chanter les cantiques de joie presque jusqu'à la fin des soixante-dix jours, c'est-à-dire pendant la Septuagésime, comme on l'a déjà dit ci-dessus et comme on le dira au chapitre du Temps de l'Avent. Cependant, quinze jours avant Pâques, on lit Jérémie, parce qu'il a parlé de la passion d'une manière plus claire et plus précise que les autres prophètes, et qu'en parlant de la passion qu'il devait subir lui-même, il a préfiguré la passion du Seigneur. Pendant quinze jours, à partir de l'octave de Pâques, ou, selon d'autres, depuis l'octave de Pâques jusqu'au quatrième dimanche après cette même fête, on lit et on chante des extraits de l'Apocalypse, à cause des mystères de la passion et de la résurrection qui furent révélés à Jean et prêchés par les apôtres. Dans l'Apocalypse, il est fait mention, en effet, de la nouvelle Jérusalem.

XVI. Ensuite, jusqu'à l'Ascension, on lit les épîtres canoni-

ques, des extraits des Actes des apôtres, et on chante des passages des psaumes, parce que David aussi a prophétisé touchant
la passion, la résurrection et l'ascension, et que les apôtres
ont prêché ce qu'ils ont appris du Seigneur, tout le temps qu'ils
jouirent de sa présence, jusqu'à son ascension corporelle. Entre l'Ascension et la Pentecôte, ce que l'on chante a trait à
cette dernière solennité, parce que les apôtres, ravis dans la
contemplation des choses célestes, attendaient les dons du Père
qui leur avaient été promis par le Fils. Depuis l'octave de la
Pentecôte jusqu'aux calendes d'août, on lit les livres des Rois
et des Paralipomènes, et on chante *Deus omnium*, « Dieu de tout
le monde, » parce que, de même que Samuel, Saül, David et
les autres combattirent pour la loi de Dieu, nous aussi, après
avoir reçu le don de l'Esprit saint dans le baptême, formés par
sa vertu, formés, enfantés, nourris et armés par elle, nous
devons combattre contre les démons.

XVII. Depuis les calendes d'août jusqu'aux calendes de
septembre, on lit et on chante des extraits de la Sagesse, parce
que la sagesse est indispensable dans le combat, ou bien
parce que le mois d'août est le sixième mois, et que, dans le
sixième âge où le Seigneur est venu, nous devons vivre avec
sagesse pour respecter sa présence, parce que la sagesse incréée,
qui est sortie de la bouche du Très-Haut, s'est fait entendre
parmi nous. De plus, ce mois est chaud et se trouve au milieu
de l'année, désignant ainsi le milieu de la vie humaine; il est
au milieu de l'été, époque où l'ardeur des passions et des vices
est plus vive et nous rend les secours de la sagesse plus nécessaires. En septembre, on lit et on chante des extraits des livres
de Job, de Tobie, d'Esdras, de Judith et d'Esther, parce que
ces personnages ont supporté patiemment l'adversité, et que
l'Eglise, à la fin du monde, souffrira toutes sortes de tribulations pour le Seigneur.

XVIII. Depuis les calendes d'octobre jusqu'en novembre,
on lit les livres des Machabées et on en chante des passages,

parce que ce huitième mois représente d'une manière mystique la joie de la résurrection; parce que, de même que les
Juifs, après les combats et lorsque le temple fut réparé, bénis-
saient Dieu en chantant des hymnes et en confessant son saint
nom; de même les justes et les saints, dans la gloire et la
grande solennité qui suivra leur résurrection, après avoir
vaincu le diable dans les combats spirituels, se hâteront de voler dans le sein du Seigneur et se réjouiront en lui, d'après
ces paroles : « Heureux, Seigneur, ceux qui habitent dans
ta maison. »

XIX. Depuis les calendes de novembre jusqu'à l'avénement du Seigneur, on lit Ezéchiel, Daniel et les douze petits
prophètes avec les répons *Vidi Dominum*, etc.; car Ezéchiel
vit quatre animaux, figure des quatre évangélistes qui ont
prêché la nativité, la passion, la résurrection et l'ascension.
On lit ces divers prophètes avant l'Avent, parce qu'ils ont
prédit l'avénement du Seigneur d'une manière plus parfaite et
plus claire. Enfin, le pape Aurélius (in *Bucardo*, lib. III,
c. *Hi qui*) a décrété que ceux que l'on surprendrait à lire ou à
chanter dans l'église des livres profanes (diffamés) ou igno-
rés, seraient excommuniés. Il est donc évident, d'après ce que
nous venons de dire, qu'on lit dans l'Eglise les livres de l'Ancien et du Nouveau-Testament, ce dont on parlera encore en
son lieu. Nous exposerons aussi l'ordre des autres livres au
chapitre du Deuxième Dimanche après la Pentecôte.

XX. Et il faut remarquer que le mot testament est pris
dans une double acception; car on appelle testament la promesse même du testateur, c'est-à-dire les dispositions que l'on
lit et qui ont été prises par le testateur; c'est dans ce sens que
l'on dit que la grâce du Nouveau-Testament, c'est-à-dire la foi
et la charité, sont promises aux fidèles avec les autres vertus,
savoir la vie éternelle dans la vie future et la vertu dans la vie
présente. Et l'apôtre saint Paul dit à ce sujet : « C'est pourquoi
il est le médiateur du Testament nouveau, afin que ceux qui

sont appelés de Dieu reçoivent l'héritage éternel qu'il leur a promis » (Extra *De cel. mis. cum Marthæ*, § *Cæterum*). Or, l'Ecriture qui contient ces promesses s'appelle Testament ; c'est pourquoi le Nouveau-Testament s'appelle Ecriture du Nouveau-Testament, et l'Ancien-Testament Écriture de l'Ancien-Testament (*De consec.*, d. IV, *Sicut in sacra*, in princ.). Et, par ces expressions, on imite pour ainsi dire ce qui se pratique chez les hommes ; car, de même que celui qui fait un testament institue un héritier, fait un écrit signé de sa main, appelle des témoins et déclare les volontés qu'il laisse à remplir à son héritier ; ainsi Dieu le Père, voulant instituer les Israélites ses héritiers dans la terre promise, fit un écrit signé de sa main, c'est-à-dire donna la loi ; il appela des témoins, c'est-à-dire Moïse et Aaron, et déclara à ses héritiers les charges qu'ils avaient à remplir, et voilà l'Ancien-Testament ; mais comme ce testament ne renfermait que des promesses transitoires et temporelles (Extra *De celeb. mis.*, § *Cæterum*), c'est pourquoi le Christ voulant faire les chrétiens, c'est-à-dire les fidèles, héritiers de l'éternel héritage, fonda par conséquent le Nouveau-Testament ou l'Evangile ; il appela des témoins, c'est-à-dire les apôtres, leur déclara les conditions qu'ils avaient à remplir, et enfin il consacra son testament par sa propre mort. En outre, on entend encore par testament (*testamentum*) le témoignage, l'attestation de l'ame (*testatio mentis*) par laquelle tout homme atteste, déclare de vive voix ce qu'il a conçu dans le secret de son cœur, témoignage qu'il fortifie encore au moyen de l'écriture (XIV, q. II, § *Sit illud*). Et c'est encore de cette similitude que l'Ecriture ancienne s'appelle Testament.

XXI. Cette première Ecriture s'appelle Ancien-Testament : premièrement, parce qu'elle promettait des biens anciens, c'est-à-dire terrestres et qui convenaient au vieil homme, en disant : « Si tu fais ceci et cela, tu mangeras les biens de la terre ; » puis encore : « Je vous donnerai une terre où coulent le lait et le miel, » et autre chose de cette nature. C'est pourquoi ce

Testament ancien était transitoire. Secondement, il s'appelle Ancien-Testament, parce qu'il fut donné par le ministère du vieil homme, de Moïse, entaché de l'ancien péché d'origine. Troisièmement, parce que le Nouveau-Testament y a mis fin et qu'il a cessé d'être, comme quelque chose qui tombe de vétusté ; d'où l'Apôtre dit : *Vetera transierunt,* « Les pratiques de l'ancienne loi ont passé, et voilà que tout a été renouvelé. » Quatrièmement, il se nomme Ancien, eu égard au Nouveau qu'il a précédé dans le temps. Cinquièmement, parce qu'il nous délivre de la vétusté du péché.

XXII. L'autre Ecriture s'appelle Nouveau - Testament : premièrement, parce qu'elle nous promet des biens nouveaux, c'est-à-dire célestes, c'est-à-dire qui ont rapport à la conservation de l'homme céleste, en disant : *Qui agrum aut domum,* etc., *centuplum accipiet,* « Celui qui donne son champ ou sa maison recevra le centuple ; » *et vitam æternam possidebit,* « et il possédera la vie éternelle. » Secondement, cette Ecriture s'appelle Nouveau-Testament, parce que c'est l'homme nouveau, c'est-à-dire pur de tout péché, le Christ, qui nous l'a donné. Troisièmement, ce Testament est appelé le nouveau ou le dernier, parce que c'est toujours le dernier testament, qui est consacré par la mort du testateur, qui reste invariable et qui ressortit tous ses effets pour l'héritier (Ut extra *De celeb. mis. cum Marthæ*), et c'est pourquoi on l'appelle éternel, c'est-à-dire perpétuel, comme si l'on disait durable et immuable : ce dont nous avons parlé dans la quatrième partie, à la septième particule du canon, à ces paroles : *Novi et æterni ;* car le Christ ne meurt plus maintenant, et désormais la mort ne le dominera plus (*De consec.*, dist. ii, *Semel*). Quatrièmement, on dit Nouveau-Testament par rapport à l'Ancien, parce qu'il est plus nouveau que l'autre par le temps, ou bien parce que l'ancienne loi est comme la racine, et le Nouveau-Testament comme le fruit. Cinquièmement, parce qu'il renouvelle ; car il ne se dit nouveau qu'à cause des hommes purifiés de l'ancien péché et régénérés par la grâce, et appartenant maintenant au Nouveau-Testament, c'est-à-dire au royaume des cieux.

XXIII. Pour ce qui concerne les livres de l'office ecclésiastique, il faut savoir que l'office lui-même consiste en chant et en leçons. Il y a trois livres de chant et six de leçons. Il y a encore quelques autres livres ecclésiastiques, comme nous l'avons dit dans la seconde partie, à la fin du Traité du Prêtre.

XXIV. Les trois livres de chant sont l'Antiphonaire, le Graduaire et le Trophonaire. L'Antiphonaire a l'origine la plus vénérable, puisqu'il tire son nom des antiennes que le bienheureux patriarche Ignace entendit chanter par les anges. Quoiqu'il renferme des répons et des versets, dans la plupart des églises cependant, on l'appelle Responsionaire, à cause des répons qu'il contient.

XXV. Le Graduaire tire son nom des graduels qu'il renferme. Plusieurs l'appellent Officiaire, à cause des offices ou introïts qui s'y trouvent. Graduel vient de *gradibus*, degrés, comme on l'a dit dans la quatrième partie, au chapitre du Graduel. Nous parlerons dans le chapitre suivant du titre du Graduel, de l'Antiphonaire et du Lectionnaire.

XXVI. Le Trophonaire est le livre qui contient les tropes, c'est-à-dire les chants qui, avec l'introït de la messe, sont chantés surtout par les moines. On appelle aussi tropes les séquences ou proses, *Kyrie eleison* et les neumes. Et ce trophonaire vient de τροπος, conversion, action de tourner, ce dont nous avons parlé dans la quatrième partie, au chapitre de l'Introït. Certains l'appellent encore Livre des proses, à cause des proses qui s'y trouvent. Ce fut Vitalienus qui institua le chant romain avec accompagnement d'harmonie.

XXVII. Voici maintenant les livres de leçons : le premier est la Bibliothèque ; le second, l'Homiliaire ; le troisième, le Passionnaire ; le quatrième, le Légendaire ; le cinquième, le Lectionnaire ; le sixième, le Sermologue ou Sermonnaire. La Bibliothèque tire du grec son nom, qui est équivoque et peut s'entendre de deux manières, c'est-à-dire de l'endroit où l'on place les livres, et du volume composé de tous les livres de l'Ancien et du Nouveau-Testament (*a Hiero.*) par saint Jérôme.

XXVIII. L'Homiliaire est le livre qui contient les homélies des saints. On le lit les dimanches, pendant la Nativité, aux fêtes des saints qui ont des évangiles particuliers, à Pâques, à la Pentecôte et aux jours ouvrables qui appartiennent à ces mêmes solennités. Homélie signifie bonne louange ou parole au peuple. Et remarque que plusieurs ont composé des homélies, savoir : saint Augustin, saint Jérôme, Bède-le-Vénérable, Origène, saint Grégoire et d'autres encore. Cependant Bède n'en a pas composé, à proprement parler, et n'a fait que changer l'expression de celles d'Augustin ; car le style d'Augustin est celui de la discussion, tandis que celui de Bède est celui du sermon et de la leçon. Pourquoi Bède est-il appelé le Vénérable ? Nous le dirons dans la septième partie, au chapitre de sa Fête. Toutes les homélies ne sont pas non plus authentiques, comme certaines d'Origène que l'on dit être tombé dans l'hérésie. Cependant on dit que quelques-unes du même Père furent corrigées ou approuvées par le bienheureux Jérôme, d'après le témoignage du pape Gélase (xv d., *Sancta in palea*). Mais toutes les fois qu'on les lit dans l'Eglise, on tait le nom de l'auteur, à cause de l'infamie de l'hérésie ; on supprime aussi, dans les leçons, le nom de Salomon, qui fut entraîné à l'erreur par les femmes étrangères, et cela à cause de l'infamie attachée à l'idolâtrie ; on se contente de dire : *Lectio libri Sapientiæ*, « Leçon du livre de la Sagesse. » De même aussi, à cause de l'hésitation que Moïse fit paraître aux eaux de contradiction, et qui irrita le Seigneur, on ne dit pas : Leçon du livre de la Genèse du législateur Moïse, comme on dit : Leçon du livre de l'Apocalypse du bienheureux Jean, apôtre. Nous traitons ce sujet dans la préface de la cinquième partie, au Samedi de Pâques. Cependant certains veulent qu'au commencement des homélies d'Origène on dise : Homélie d'Origène, corrigée ou approuvée par saint Jérôme; et, pour les suivantes, on doit dire le nom de l'auteur.

XXIX. Le Passionnaire est le livre qui renferme les souffrances des saints : on le lit aux fêtes des martyrs. Il y a plusieurs Passionnaires, dont certains sont canoniques et d'autres apocryphes, d'après le témoignage du pape Gélase (xv dist., *Sancta in palea*), tels que ceux des bienheureux Georges, Cyrice, Julite et autres qui, assure-t-on, ont été compilés par les hérétiques; c'est pourquoi il est défendu de les lire dans l'Eglise. Le pape Anthéros décréta que l'on écrirait les actions des martyrs et qu'on les garderait dans les églises, et cela, à cause du très-grand nombre de prêtres couronnés par le martyre.

XXX. Le Légendaire est le livre qui traite de la vie et de la mort des confesseurs, comme saint Hilaire, saint Martin et les autres confesseurs. On le lit aux fêtes de ces saints, pourvu qu'il soit authentique.

XXXI. Le Lectionnaire est le livre qui renferme les leçons tirées des épîtres de saint Paul, et autres épîtres; on l'appelle aussi quelquefois Epistolier; on peut même lui donner le nom de Légendaire.

XXXII. Le Sermologue ou Sermonnaire est le livre qui renferme les sermons que le Pape et plusieurs autres saints ont composés. On les lit aux fêtes des confesseurs, depuis la Nativité jusqu'aux octaves de l'Epiphanie; à la Purification de la bienheureuse Marie, à la Toussaint et dans plusieurs autres fêtes.

XXXIII. Il faut aussi considérer que l'Eglise fait souvent usage des écrits de trois personnages : du prophète David, qui fut homicide, traître et adultère; de l'apôtre Mathieu, qui fut publicain et par cela même infâme; de Paul, qui fut le cruel persécuteur du Christ et de l'Eglise, et aussi d'Augustin, qui fut manichéen et se convertit du temps de l'empereur Théodose. C'est un exemple qu'elle donne aux pécheurs pour leur prouver qu'ils ne doivent pas désespérer, mais espérer, s'ils font pénitence, qu'ils peuvent obtenir leur pardon, quelque graves que soient leurs péchés, et qu'après la pénitence leurs prières et leurs aumônes peuvent être agréables à Dieu.

XXXIV. Il faut savoir que le bienheureux Jérôme, du temps du pape Damase, corrigea le psautier de la version des Septante qu'on chantait alors partout, et que c'est d'après l'ordre établi par saint Grégoire pape, qui régla enfin l'office ecclésiastique tel qu'il est, que nous chantons dans l'église, d'après ce psautier, les antiennes, les répons, les *Alleluia*, les traits, etc. Le psautier ayant encore été altéré, le même Jérôme le traduisit de nouveau entièrement du grec en langue latine, comme il l'atteste lui-même dans la préface du psautier même; et c'est ce nouveau psautier que ledit Damase, à la prière de saint Jérôme lui-même, ordonna que l'on chanterait, et qui, vulgairement, est appelé *gallicum* (français). On le lit à peu près partout, et on le voit ordinairement dans le texte de la Bible avec la préface de saint Jérôme. Le psautier précité, d'après la version des Septante, a été conservé par les Romains, qui en font encore usage aujourd'hui. Enfin, le même Jérôme, remarquant que les Juifs nous reprochaient d'avoir falsifié le psautier, parce qu'il s'éloignait de la lettre du leur, traduisit une troisième fois le psautier, mot à mot, de l'hébreu en latin. Cette version, en plusieurs points, diffère du psautier gallican et du psautier romain. Peu de gens la possèdent, quoique tous devraient l'avoir et qu'il serait bon de la placer dans le texte de la Bible. Et remarque que certains portent le psautier, mais ne chantent pas dedans, comme nous l'avons dit au chapitre de Matines et Laudes. Nous dirons, dans la préface de la septième partie, quels sont les dimanches et les jours privilégiés et principaux; comment le dimanche est plus grand que les autres jours; sous quels noms on désigne les jours de la semaine, qui sont les jours ouvrables et les jours de fêtes ou solennels. Le pape Grégoire (xcii d., c. fi.) a décidé qu'aux messes solennelles, dans l'église romaine, les diacres ne chanteraient pas, mais feraient seulement la lecture de l'évangile. Les psaumes et les autres leçons sont à la charge des sous-diacres et même des minorés, quand la nécessité l'exige.

CHAPITRE II.

DU TEMPS DE L'AVENT (4).

I. Comme nous avons dit plus haut que les offices de l'Eglise commencent par l'Avent du Seigneur, qui est le temps du renouvellement, c'est donc avec raison que nous commençons par traiter ce chapitre.

II. Il faut noter d'abord que ce fut le bienheureux Pierre qui institua que l'on célébrerait d'une manière spéciale les trois semaines entières qui, communément, précèdent la naissance dn Christ; en commémoration de son avénement, à ces trois semaines il faut en ajouter une quatrième qui, toutefois, n'est pas complète, puisque la veille de Noël n'appartient pas au temps de l'Avent, comme on le dira plus bas. On célèbre donc l'Avent pendant quatre semaines, pour glorifier le Seigneur, parce qu'il y a quatre avénements du Fils de Dieu; mais la dernière semaine n'est jamais terminée, parce que la gloire qui sera accordée aux saints dans le dernier avénement, c'est-à-dire au jugement dernier, n'aura jamais de terme. Le premier avénement est l'avénement du Christ dans la chair, c'est-à-dire dans la chair que prit le Christ dans le sein de la Vierge; et sur cet avénement on dit : *Hosanna filio David ! Benedictus qui venit in nomine Oomini,* « Hosanna au fils de David : Béni soit celui qui vient au nom du Seigneur. » Le second avénement est l'avénement spirituel, celui qui a lieu tous les jours dans le cœur des fidèles par l'Esprit saint, sur quoi saint Jean dit :

« Nous viendrons à lui, et nous ferons chez lui notre demeure. »
Et dans la Sagesse on lit (c. ix) : « Seigneur, envoie ta sagesse,
afin qu'elle réside avec moi. » C'est de ces deux avénements que
parle Habacuc (c. ii), lorsqu'il dit : « S'il diffère sa venue, at-
tends-le, parce qu'il viendra et ne tardera pas à venir. » Le
troisième avénement a lieu à la mort de tout homme ; c'est de
cet avénement que parle le bienheureux Jacques, lorsqu'il dit :
« Soyez patients jusqu'à l'avénement du Seigneur ; » et saint
Mathieu (c. xxiii) : « Si le père de famille savait l'heure à laquelle doit venir le voleur, etc. C'est pourquoi, tenez-vous
prêts, etc. ». Et plus loin : « S'il vient dans la première veille,
c'est-à-dire dans la jeunesse, et dans la seconde veille, etc.,
et qu'il nous trouve en cet état, c'est-à-dire faisant pénitence,
bienheureux sont ces serviteurs. » Le quatrième avénement
sera celui où il viendra avec une grande majesté, et cet avénement arrivera au jour du jugement. Sur cet avénement, voici
ce qu'on lit dans Isaïe (c. iii) : «.Dieu viendra pour le jugement, avec les anciens de son peuple. »

III. Et remarque que le premier avénement a délivré les
ames de la servitude du diable, le second les délivre du péché,
le troisième les affranchit de la peine, le quatrième délivre les
corps. Cependant l'Eglise ne célèbre que deux avénements,
savoir l'avénement dans la chair et l'avénement pour le jugement ; et elle confond ensemble le premier et le second,
car le Seigneur a fait son avénement dans la chair pour le faire
aussi dans notre ame ; c'est pourquoi il est dit : « Venant, il
viendra et ne tardera pas. » Venant, c'est-à-dire dans la chair,
il viendra, c'est-à-dire dans notre ame ; de plus, parce que
l'un et l'autre avénement appartiennent à la miséricorde, de
même le troisième et le quatrième avénement sont pris dans
le même sens, parce que l'un et l'autre n'ont qu'un effet sous
le rapport de la justice. L'Eglise célèbre donc l'avénement du
Christ sous deux rapports, pour inspirer à ses enfants tou
à la fois la crainte et l'amour de Dieu ; d'où on lit dans le

Psalmiste : « Levez-vous, ouvrez-vous, portes éternelles, etc. »
La crainte du Seigneur est sainte, qui reste pour l'éternité, et
l'amour du Seigneur est saint, qui durera également pendant
l'éternité ; d'où on lit dans saint Paul (I ad. Corinth., c. XIII) :
« La charité ne tombe jamais ; » car nous devons le craindre
comme Seigneur et l'aimer comme père. Et l'on voit dans
Malachie : « Si je suis père, où est l'amour? et si je suis le
Seigneur, où est la crainte ? » On célèbre donc l'Avent pendant quatre semaines.

IV. Dans la première semaine, ce que l'Eglise chante se
rapporte spécialement au premier avénement. La seconde et la
troisième se rapportent au second avénement, et cela parce
qu'il n'y eut que les anciens patriarches qui attendirent le premier avénement; mais le second a été attendu des anciens et
l'est aussi par les modernes. Dans la quatrième semaine, l'E-
glise rappelle le temps où le Christ descendit dans le sein de la
Vierge ; c'est pourquoi elle prononce cette prière : *Rorate, cœli,
desuper, et nubes pluant justum*, « Cieux, faites tomber votre
rosée, et que des nuées s'échappe le juste. » *Aperiatur terra,
et germinet Salvatorem*, « Que la terre ouvre son sein et enfante le Sauveur. » L'Eglise aussi rappelle le temps qui se
trouve entre le premier et le second avénement, entre la Pentecôte et l'Avent du Seigneur, temps où elle chante *Alleluia*,
dans l'espérance de la résurrection, et *Gloria in excelsis*, pour
la justice qui lui a été rendue ; et elle dit tous les jours *Alleluia*,
parce que son espérance n'est pas affaiblie. Mais elle ne dit pas
tous les jours *Gloria in excelsis Deo, et in terra pax hominibus
bonæ voluntatis*, « Gloire à Dieu au plus haut des cieux, et
paix sur la terre aux hommes de bonne volonté ; » elle ne le dit
qu'aux jours de fête, parce qu'elle loue toujours Dieu dans la
foi, mais non toujours dans les œuvres. Tous les jours, en
effet, elle offense Dieu, quoique par la foi elle garde toujours
la justice ; nous avons parlé de cela dans la préface de cette
partie, et on en parlera encore au chapitre des Sept Jours après

Pâques. Au reste, par les trois semaines de l'Avent, nous entendons les Pères des trois époques.

V. Les premiers furent ceux d'avant la loi, qui, très-éloignés de Dieu, s'écriaient : *Ad te levavi*. Les seconds, ceux qui vécurent sous la loi et qui, formés par sa doctrine, furent plus près de la lumière ; dans l'introït, on les appelle peuple de Sion. Les troisièmes furent les prophètes, et surtout les contemporains de la naissance du Christ, comme Siméon ; et parce qu'ils furent auprès du Sauveur, on leur adresse dans l'introït• ces paroles : *Gaudete*. Quelques–uns assurent encore que, dans l'office de la première semaine, il s'agit de la vocation des Juifs ; dans l'office de la seconde, de la vocation des Gentils. C'est pourquoi on y prononce ces paroles : *ad salvandas omnes gentes*, « pour sauver toutes les nations ; » dans l'office de la troisième, il est question de la vocation de l'un et l'autre peuple ; c'est pourquoi on y dit : *Nota sit omnibus hominibus*. La première est encore chantée dans la personne de Jean ; la seconde, dans la personne des prophètes ; la troisième, dans la personne des apôtres ; la quatrième, dans celle ¡ des docteurs. Dans le temps de l'Avent, on supprime le *Gloria in excelsis*, qui appartient à la Nativité, afin qu'on le chante dans la nuit de la Nativité avec plus de dévotion et d'avidité, pour marquer que cette hymne fut chantée pour la première fois par les anges dans la nuit de la Nativité, et que la gloire du Christ est plus grande dans l'Eglise de la loi nouvelle qu'elle ne le fut sous la loi, au temps de l'ancienne. On supprime aussi l'*Ite missa est*, qui se rapporte à la résurrection. Or, c'est avec raison que l'on omet ces deux chants dans l'Avent, puisqu'alors on est dans l'attente de l'un et de l'autre. C'est pour la même raison que l'on omet *Pax vobis*, qui se rapporte aussi à la résurrection. On ne dit pas non plus le *Te Deum laudamus*, « Nous te louons, ô mon Dieu ! » parce que celui que nous attendons n'est pas encore présent, et que ce cantique ne s'adresse ordinairement qu'à ce qui est présent. Et remarque que ces trois chants ne se trouvent pas toujours ensemble, comme nous le dirons dans la préface de la septième partie. Mais pour quoi ne supprime-t-on pas *Alleluia* dans ce temps, puisque c'est un cantique de joie; car, dans l'Avent, on jeûne et on ne célèbre pas de mariages.

VI. En outre, ce jeûne est un jeûne de pénitence, ou un jeûne qui marque la joie. Si c'est un jeûne de pénitence et de deuil, on doit supprimer tous les chants de joie; si c'est un jeûne de joie et d'allégresse, on doit dire tous les cantiques de joie et d'allégresse, et en particulier *Gloria in excelsis*. Voici la solution : Ce jeûne est un jeûne partie de joie, partie de tristesse. C'est un jeûne de joie par rapport au premier avénement, c'est-à-dire dans la chair, dont on fait mention en ce temps; c'est un jeûne de tristesse par rapport au second avénement, c'est-à-dire pour le jugement, dont on fait mention ici. Voilà pourquoi, en ce temps, on dit quelques cantiques d'allégresse, à cause de l'avénement de la miséricorde et de la joie, et on en tait certains et l'on jeûne, à cause de l'avénement de la Justice divine et de la Trinité. On ne supprime donc pas *Alleluia*, parce que le temps de l'Avent renferme quelque joie, à cause de l'espérance de l'incarnation du Christ attendu par nos pères, et à cause de la certitude de notre glorification future, qui nous est donnée par le premier avénement. Mais il n'en est pas ainsi dans la Septuagésime, parce que tout ce temps est un temps de deuil; c'est pourquoi on ne dit point alors les cantiques des anges, mais les cantiques des hommes, comme nous allons le dire. Mais, dans les fêtes de Neuf Leçons qui tombent dans l'Avent, on doit célébrer la messe des fêtes solennelles à tierce, avec *Gloria in excelsis*, etc., et *Ite missa est*, et les ministres et le prêtre quittent les chapes noires ou violettes, pour revêtir les chapes des fêtes solennelles, suivant que la fête le requiert. On dit à none la messe du jeûne, et alors on quitte les dalmatiques, vêtement nommé *subtile,* ou tunicelle, *tunicella,* pour reprendre les ornements qui con-

viennent à ce temps et au jeûne, comme on l'a dit dans la troisième partie, au chapitre de la Dalmatique. Dans ce temps, on
ne dit pas non plus dans l'église l'office de la bienheureuse
vierge Marie, parce que tout l'office de ce temps a trait aux
louanges de la Vierge.

VII. Et remarque que le pape Urbain II, qui fut élevé sur la
chaire de Pierre l'an 1078, et dont le pontificat dura douze
ans et quatre mois, décréta, dans le Concile de Clermont, que
l'office de la bienheureuse Vierge Marie serait dit chaque jour,
et que le samedi on le célébrerait solennellement. C'est dans
cet office du matin que l'on dit les leçons *O beata Maria! quis
digne*, qui sont tirées de ce sermon de saint Augustin : *Loqui-
mur, dilectissimi*, etc. Dans ce temps aussi, on ne doit pas faire
mémoire spéciale d'aucun des saints qui ont précédé l'avénement du Christ, non que tous ces saints soient descendus dans
les limbes ; mais l'Eglise d'Occident ne célèbre point leur solennité, non plus que celle des saints qui ont précédé l'Avent du
Seigneur, parce que, comme dans ce temps l'Eglise solennise
l'avénement du Fils de Dieu, il ne doit pas s'y mêler d'autre
solennité ; car le plus petit cède le pas au plus grand, et la puissance du magistrat cesse à l'arrivée du prince. C'est pourquoi,
comme le Christ est la récompense et la couronne de tous les
saints, qu'il est tout pour tous et qu'il suffit à chacun, il serait superflu d'avoir recours aux suffrages des autres et de les mendier
(c. *De pala. sacræ. largi. scrineis.*, in princ. lib. xii). Cependant on fait avec raison mémoire de tous les saints en général, parce que, bien que les saints aient éprouvé de l'avénement du Fils de Dieu une joie particulière et qu'ils en aient
reçu une récompense spéciale, cependant ils ont conçu une
plus grande joie de la joie de tous, de la joie générale, parce
qu'ils ont vu la créature raisonnable élevée d'une manière
ineffable par son union avec la nature divine ; et, comme le
bien commun l'emporte sur le bien particulier, et que, par conséquent, la joie générale des saints l'emporte sur la joie parti-

culière de chacun d'eux ; comme aussi le motif de joie dont nous avons parlé ci-dessus a existé pour tous les saints de l'un et l'autre Testaments, c'est pourquoi il convient, dans le temps de l'avénement du Seigneur, de faire mémoire générale et commune de tous les saints ; et, pour cette commémoration générale de tous les saints, on dit chaque jour l'antienne *Ecce Dominus veniet et omnes sancti ejus cum eo, et erit lux magna in die illa,* « Voici que le Seigneur viendra et tous ses saints avec lui, et en ce jour brillera une grande lumière ; » ce qui se rapporte au quatrième avénement, où apparaîtra la gloire des saints. Avec cette antienne on dit encore cette oraison : *Conscientias nostras, Domine, visitando purifica,* « Seigneur, visite et purifie nos consciences, » que l'on fait concorder avec l'antienne, et dans laquelle on fait en général mémoire de tous les saints, à ces mots : *ut veniens cum omnibus sanctis,* ce qui se rapporte au quatrième avénement, c'est-à-dire où le Seigneur apparaîtra dans sa majesté. Cependant, dans beaucoup d'endroits on supprime ces paroles : *cum omnibus sanctis,* et alors l'oraison a trait au deuxième avénement, c'est-à-dire à l'avénement du Christ dans nos ames. On ne fait pas non plus mémoire de la croix, comme dans les autres temps, afin que le Seigneur ne semble pas avoir souffert avant d'être né, et, de plus, afin de ne pas aller contre ce précepte de l'Exode : « Tu ne feras pas cuire le chevreau dans le lait de sa mère, » c'est-à-dire « Tu ne crucifieras pas le Christ tendre enfant et encore à la mamelle. » C'est contrairement à ce précepte que les Juifs se comportèrent en crucifiant le Christ le même jour qu'il fut conçu, c'est-à-dire le vendredi, comme certains l'assurent.

VIII. Or, il faut remarquer que, dans le temps de l'Avent, toutes les antiennes du dimanche, à matines et à laudes, se terminent par *Alleluia,* pour marquer la joie que nous éprouvons de la certitude que nous avons de l'arrivée du Sauveur, afin que ce soit comme une prédiction que l'on fait à l'office du matin, et pour en marquer notre allégresse et notre joie à

matines et laudes. Dans la première, la seconde et la troisième semaines, on répète les répons du dimanche ; mais la
quatrième en renferme de propres, qui se chantent pendant la
semaine. Ils sont au nombre de quinze, parce que celui qui
doit venir et que l'on attend a institué l'Ancien et est sur le
point de fonder le Nouveau-Testament. Or, le nombre quinze
est composé du nombre sept et du nombre huit. Le nombre
sept se rapporte à l'Ancien, et le nombre huit au Nouveau-Testament. A chaque semaine aussi, on renouvelle le chant, à cause
de la joie de ceux qui marchent dans la voie, qui s'élèvent de
vertus en vertus, « pour voir le Dieu des dieux dans Sion. »

IX. On doit encore remarquer que le premier dimanche de
l'Avent ne peut commencer plus tôt que le cinquième jour avant
les calendes de décembre, ni plus tard que le troisième après
les nones de décembre (du 27 novembre au 3 décembre). Le
premier dimanche de l'Avent coïncide avec chacune des sept
lettres comprises entre les calendes et les nones précitées, et elles
représentent le dimanche le plus rapproché du dimanche qui
est le premier de l'Avent ; mais dans ce dimanche de la fête du
bienheureux André, soit avant, soit après les calendes de décembre, se trouve toujours le commencement de l'Avent, et cela
nonobstant la coïncidence de la fête même de saint André.

X. L'Avent doit renfermer vingt-et-un jours, c'est-à-dire trois
semaines au moins, excepté la veille de la Nativité. Cependant,
quand l'Avent commence un dimanche, s'il arrive aussi que la
Nativité tombe un dimanche, le temps de l'Avent doit durer
pendant quatre semaines ; autrement, la vigile de la Nativité et
le samedi des quatre-temps se rencontreraient le même jour,
ce qui ne peut être (LXXI d., *De levi*), parce que ces deux
jours ont leur office propre et se rapportent à des temps différents ; car le samedi des quatre-temps se rapporte à l'Avent
tandis que la veille de la Nativité se rapporte au temps de la joie
puisqu'elle n'appartient pas à l'Avent, mais à la Nativité. Ainsi
l'Avent n'aurait pas vingt-et-un jours en en retranchant la

vigile de Noël, comme on l'a dit. Il est évident que la vigile
de Noël appartient au temps de la joïe, d'après la disposition
ou l'ordonnance de saint Grégoire, qui tire de l'Evangile les
dernières antiennes de l'Avent, c'est-à-dire *Compleli sunt dies*,
« Les jours sont accomplis; » *Et ecce completa sunt omnia*, « Et
voilà que tout est accompli. » Quand donc la Nativité tombe un
dimanche, on célèbre les quatre-temps l'avant-dernière semaine. Si la Nativité arrive le lundi ou un des autres jours de
la semaine jusqu'au dimanche, on célébrera la vigile après le
vingt-et-unième jour; si la fête coïncide avec un lundi, on dira
le dimanche l'office de la vigile. Comme-elle n'a pas d'office
propre, alors on chantera *Alleluia*, à cause du dimanche; mais
on jeûnera le samedi précédent, tant à cause de la vigile de
Noël qu'à cause du mercredi des Cendres. Nous en parlerons
encore au chapitre des Jeûnes.

XI. On ne doit pas aussi ignorer que, bien qu'au commencement, ou le premier dimanche de l'Avent, on chante l'introït
Ad te levavi animam meam, Deus, « J'ai élevé mon ame vers
toi, ô mon Dieu ! » cependant, si l'on y fait une sérieuse attention, on verra que le dimanche précédent est, à quelques
égards, une préparation à l'Avent, comme l'indique l'épître
que l'on y lit, suivant quelques-uns : *Ecce dies veniunt, dicit
Dominus*, « Voici que les jours arrivent, dit le Seigneur; » *Et
suscitabo David germen justum*, etc., «Et je susciterai à David
un rejeton juste. » Il en est de même de la fin de l'Evangile du
même jour : *Abiit Jesus trans mare Tiberiadis :* « Jésus s'en
alla par-delà la mer de Tibériade (Evangile de saint Jean, c. II).
Il insinue la même chose en disant : « Voici véritablement le
prophète qui doit venir dans le monde pour racheter le peuple, etc. » En effet, il est assez convenable de commencer le
dimanche précédent, parce que celui qui désespère ne pourrait respirer s'il ne recevait précédemment la promesse d'une
vraie délivrance. En entendant cette promesse, il respire enfin
et s'écrie : *Ad te levavi animam meam, Deus*, etc., « J'ai élevé

mon ame à toi, ô mon Dieu!» C'est donc la cinquième semaine avant la Nativité du Seigneur que commence la préparation à l'Avent, à certains égards. C'est pourquoi, dans les anciens Graduels et Lectionnaires, on lui donne le titre suivant : *Cinquième dimanche avant la Nativité du Seigneur.* Car, à partir de ce dimanche jusqu'à la Nativité du Seigneur, il y a cinq offices du dimanche, cinq épîtres et cinq évangiles; mais c'est le quatrième dimanche avant la Nativité que commence la préparation à l'Avent, quant à l'office du matin, à la diversité multipliée et au changement des offices. Il y a donc quatre offices dominicaux, à partir de ce dimanche jusqu'à la Nativité; c'est pourquoi, dans les nouveaux Antiphonaires, il est intitulé : *Quatrième Dimanche.*

XII. On a coutume de donner quatre raisons de ce double titre des livres et de ce double prélude de l'Avent. La première, c'est que, par le Lectionnaire, nous indiquons que l'avénement du Seigneur dans le monde a été désigné par les cinq âges du monde; par l'Antiphonaire, nous rappelons que l'avénement du Seigneur a été annoncé par quatre ordres de livres, c'est-à-dire par la loi, par les prophètes, par les psaumes et par le commencement de l'Evangile, qui rapporte la conception du Seigneur. Nous appelons commencement de l'Evangile ce qui appartient au livre de saint Luc, qui a traité d'une manière plus complète que les autres évangélistes l'histoire qui précède immédiatement la nativité du Seigneur, et qui raconte, par exemple, ce qui a trait a la mission de l'ange envoyé pour annoncer à Zacharie la naissance du Précurseur; à la prophétie du cantique *Benedictus Dominus Deus Israel, quia visitavit et fecit redemptionem plebi suæ*, « Béni soit le Seigneur Dieu d'Israël, parce qu'il a visité et racheté son peuple; » à l'archange Gabriel, député vers la Vierge, et autres choses semblables.

XIII. La seconde raison, c'est que l'auteur du Lectionnaire nous exhorte à purifier le sanctuaire de notre cœur, qui a été souillé par les cinq sens, afin de le rendre digne de recevoir Dieu, parce que le Roi qui doit venir aurait horreur d'habiter au milieu de l'impureté. L'auteur de l'Antiphonaire nous enseigne comment il faut purifier notre corps, formé de quatre éléments, pour préparer au Roi qui doit venir, à Dieu, une demeure digne de lui, d'après ces paroles : « Moi et mon Père, nous viendrons à lui et ferons chez lui notre demeure. »

. XIV. La troisième raison, c'est qu'on change le chant au quatrième dimanche de l'Avent, qui a trait aux hommes spirituels, et non au cinquième dimanche, qui a trait aux hommes du siècle, comme on le dira dans le chapitre suivant ; car c'est à ceux qui vivent de l'esprit de chanter un cantique nouveau, mais non aux enfants du siècle, qui, gardant encore comme un cachet de vétusté, doivent plutôt gémir sur leurs plaies encore saignantes que se livrer à la joie. Or, cette rénovation du chant désigne la joie des élus, qui progressent de vertus en vertus jusqu'à ce qu'ils voient le Dieu des dieux dans Sion.

XV. La quatrième raison, c'est qu'il y a dans l'Eglise deux ordres d'hommes qui attendent l'Avent ou avénement du Seigneur, et qui s'étudient à le recevoir dignement à sa venue. L'un de ces ordres s'occupe dans la vie du siècle, l'autre dans la vie spirituelle. Les hommes du siècle, qui s'appliquent aux affaires passagères de la vie qui s'administrent au moyen des cinq sens du corps, sont désignés par les cinq semaines ; ils sont figurés par ce passage de l'évangile de saint Jean : *Erant viri, quasi quinque millia,* « Il y avait environ cinq mille hommes. » En effet, les cinq mille hommes qui suivirent Dieu désignent ceux qui, placés encore au sein de la vie du siècle, ont su faire un bon usage des biens extérieurs qu'ils possèdent. Ce sont eux qui sont rassasiés par les cinq pains ; c'est à eux que l'on doit proposer les préceptes de la loi, et ils sont désignés par le nombre cinq, à cause des cinq livres de Moïse. Par les quatre semaines, on désigne les hommes spirituels, qui rejettent loin d'eux tous les biens passagers de cette vie ; qui, dans le dénûment, suivent le Christ dénué de tout, et qui sont encouragés par les quatre évangiles à s'élever à une perfection plus grande. Nous voyons qu'à ces derniers se rapporte le nombre quatre, d'après un autre évangile, où on lit que quatre mille hommes, élevés par la perfection évangélique, sont rassasiés avec sept pains, c'est-à-dire instruits et remplis par la grâce des sept dons du Saint-Esprit. C'est cette distinction que Dieu figurait, quand il ordonna à Moïse de placer sept colonnes à l'entrée du tabernacle, une devant l'oracle, et quatre devant le saint des saints, comme on le lit dans l'Exode (chapitres XXVI et XXXII). Les cinq colonnes placées extérieurement représentent les hommes du siècle, qui s'occupent surtout des affaires extérieures de la vie. Les quatre colonnes placées devant le saint des saints désignent les hommes spirituels, qui, placés comme à l'intérieur, se dévouent plus parfaitement au Seigneur. La colonne placée devant le tabernacle désigne l'unité de la foi, à laquelle sont attachés les uns et les autres. C'est pour cette raison que les clercs séculiers chantent cinq psaumes à l'office du soir, tandis que les moines et les religieux n'en chantent que quatre, en quoi ils désignent une plus grande perfection. Car ce qui est carré reste solide et toujours le même dans toutes ses parties ; de même l'homme parfait, en tout lieu et en tout temps, est immuable et toujours le même.

CHAPITRE III.

DU PREMIER DIMANCHE DE L'AVENT DU SEIGNEUR.

I. Le premier dimanche de l'Avent, qui est le quatrième si l'on prend Noël pour point de départ, et auquel commence l'office de l'Avent, d'après quelques-uns, se rapporte aux hommes spirituels. C'est pourquoi, ce dimanche-là, on change le chant. Le dimanche précédent, qui est le cinquième avant Noël, a trait aux hommes du siècle, comme on l'a dit dans le précédent chapitre. Aux hommes spirituels se rapportent les deux petits versets, dont l'un se dit à vêpres, et c'est *Rorate, cœli, desuper*, « Cieux, faites tomber sur nous votre rosée; » l'autre se dit à matines, et c'est le *Vox clamantis in deserto*. Dans le premier, on montre ce que les hommes spirituels doivent faire; dans le second, ils exécutent ce qui leur a été montré. Ce sont eux qui sont les cieux d'où dégoutte la rosée (*rorantes*) et les nuées d'où s'échappe la pluie (*pluentes*); la rosée est plus fine, la pluie plus épaisse. Ils laissent dégoutter la rosée, quand ils parlent d'une manière subtile et délicate touchant l'incarnation du Sauveur; par exemple, quand ils disent : *Et verbum caro factum est*, et autres choses semblables; ils laissent s'échapper la pluie (*sunt pluentes*) quand ils disent des choses plus communes, c'est-à-dire plus accessibles à l'intelligence, comme lorsqu'ils disent que Marie fut fiancée à Joseph, que l'enfant naquit à Bethléem et fut couché dans une crèche, et autres choses semblables. C'est par eux que la terre ouvre son sein et qu'elle enfante son Sauveur. Dans le sens littéral, la terre est la vierge Marie, qui, s'entr'ouvrant, pour ainsi dire, quant à la foi du cœur, conçut et enfanta le Sauveur, sans que sa virginité en souffrît la moindre atteinte. Mais, dans le sens moral, la terre est le cœur humain, que les hommes spirituels ouvrent par leur prédication, afin qu'il enfante le Sauveur, c'est-à-dire afin que le Christ soit reformé dans leur cœur, d'après ces paroles de l'Apôtre : « Vous êtes mes petits enfants, que j'enfante de nouveau, jusqu'à ce que le Christ soit reformé en vous. » Ce sont eux qui sont « la voix de celui qui crie dans le désert, » c'est-à-dire dans le monde : « Préparez la voie du Seigneur, rendez droits ses sentiers. » La voix, ce sont les œuvres; les voies sont nos pensées, que nous devons préparer dans l'Avent ou pour l'avénement du Sauveur. Cette prépara-

tion est désignée dans l'oraison qui suit, ce jour là, la post-com-
munion à la messe : *Suscipiamus, Domine, misericordiam in
medio*, etc., et qui finit ainsi : *congruis honoribus præcedamus*,
« préparons-lui les honneurs qu'il mérite. » Donc, préparer la
voie, c'est faire pénitence, c'est prêcher la pénitence ; rendre les
sentiers droits, c'est pratiquer ce qui est de conseil, après avoir
accompli ce qui est de précepte. Or, tout l'office du matin de
ce dimanche se rapporte au premier avent, comme nous l'a-
vons dit ci-dessus ; car on lit dans Isaïe, qui parle de l'Avent
d'une manière plus évidente que tout autre prophète, au chapitre II : *Ecce mons* , etc., et dans le premier chapitre il parle
de la méchanceté des Juifs.

II. Le premier répons est : *Aspiciens a longe*, qui est du
premier avent ; il n'est extrait d'aucun livre de théologie, ni
compilé dans saint Grégoire, l'ordonnateur de l'office du matin ; mais il vient probablement d'un de ses moines, ce qui
paraît certain, puisque l'on ne le trouve pas dans le corps de la
semaine ; mais on y trouve tous les autres répons, dont l'auteur est saint Grégoire ; et, si on objecte qu'en retranchant ce
répons il n'en reste plus que huit à ce dimanche, nous répondrons qu'il y en a neuf en comptant celui-ci : *Ecce dies veniunt*, qui, d'après la disposition et l'ordonnance de saint Grégoire, est le neuvième et se chante aux vêpres du samedi précédent. Or, on chante ce répons dans la personne de Jean-Baptiste ou de l'Epouse, disant : « Regardant de loin, » c'est-à-dire
de la terre aux cieux, « je vois la puissance de Dieu qui s'approche ; » et quoique la puissance soit spécialement attribuée au
Père, cependant, en cet endroit, par puissance on doit entendre la puissance du Fils de Dieu, à qui tout pouvoir a été donné
dans le ciel et sur la terre, qui est le Seigneur puissant dans le
combat, et à qui le Prophète s'adresse en disant : « Ceins-toi
les reins de ton épée, ô toi dont la puissance surpasse toute
puissance ! » Il est venu et s'est montré à la terre, qu'il a couverte tout entière d'une nuée. Cette nuée est la miséricorde

de Dieu, qui donne du rafraîchissement contre l'ardeur des vices. C'est dans ce nuage qu'est entré Moïse lorsqu'il est monté sur le Sinaï pour recevoir la loi. C'est ce nuage qu'entendait saint Pierre lorsque, voyant au sein d'une nuée brillante le Seigneur, Moïse et Elie, il dit : « Faisons ici trois tentes. » C'est cette nuée qui guidait le peuple dans le désert et le garantissait du feu. C'est la vertu du Très-Haut qui a couvert la Vierge de son ombre et qui couvre toute la terre, parce que la terre est pleine de la miséricorde du Seigneur. Cette nuée est encore l'humanité du Fils de Dieu, qui sauve tout le monde, car le remède de tout consiste dans l'approche et la venue rapide de cette nuée. Ce nuage peut s'entendre aussi de l'infidélité ou de l'ignorance.

III. Car l'homme ignorait Dieu, il s'ignorait lui-même; il ne connaissait pas le sol de la patrie et ne savait point que la concupiscence est un péché. Ce nuage planait sur toute la terre, parce que tous les hommes s'étaient détournés de leur voie et étaient devenus inutiles. « Allez au-devant de lui et dites-lui : Déclare-nous si tu es celui qui doit régner sur le peuple d'Israël. » Jean répondit aux disciples, entre autres choses semblables : « Préparez la voie du Seigneur. » Et dans la personne des disciples, il dit, en s'adressant au Christ : « Es-tu celui qui doit venir, ou devons-nous en attendre un autre? » Allez au-devant de l'Epoux, c'est-à-dire par la voie de la charité, et dites-lui : Annonce-nous; comme si l'on s'exprimait ainsi : Revèle-nous par ta présence si tu es le Messie promis dans la loi, et si tu dois régner sur le peuple d'Israël.

IV. Ordinairement, dans certaines églises, le premier répons a trois versets, comme le premier de la Nativité du Seigneur : Premièrement, pour marquer que cet avénement du Seigneur sauva les hommes des trois époques, c'est-à-dire ceux qui vécurent avant la loi, ceux qui sous la loi, ceux qui dans le temps de la grâce. C'est pourquoi aussi il se fait dans l'antienne trois répétitions : la première, depuis l'endroit le plus

éloigné jusqu'à la fin ; la seconde, depuis le milieu ; la troisième,
à partir de l'endroit le plus proche, pour montrer que les Pères
de la première époque furent plus éloignés de l'avénement du
Christ que les Pères de la seconde et de la troisième époques, et
que les Pères de la seconde époque en furent plus éloignés que
les Pères de la troisième. Ensuite on recommence le répons,
pour marquer le désir et signifier que nous devons rapporter la
fin et le principe des bonnes œuvres à Celui qui est l'alpha et
l'oméga (xxxv distinctione *Ab exordio*). Enfin, auxdits versets on ajoute *Gloria Patri,* parce que tout désir et tout devoir
doivent se rapporter à Dieu en trois personnes ; et ici on ne répète pas une partie du répons, mais tout le répons, parce qu'a-
près la vie présente toutes œuvres cesseront, et alors le Seigneur sera tout pour tous ; il sera la consommation et la suffi-
sance de tous.

V. Secondement, ledit répons a trois versets et une doxologie, pour désigner les quatre avénements, dont nous avons
déjà parlé dans le précédent chapitre, et pour désigner les
quatre époques, c'est-à-dire le temps avant la loi, le temps de
la loi, le temps des prophéties et celui de la grâce. Car l'E-
glise, s'adressant à tous les hommes qui vécurent avant la loi
et dont un petit nombre suivit le culte d'un seul Dieu, dit d'a-
bord le verset *Quinque terrigenæ,* etc., c'est-à-dire : « O vous
tous, mauvais, bons, riches et pauvres ! allez au-devant de
lui et dites-lui : Déclare nous si tu es celui qui doit régner
sur le peuple d'Israël. » Dans le second verset, elle parle au
nom des hommes qui vécurent sous la loi, dans laquelle se
trouva quelque imperfection, parce qu'elle fut donnée à des
malades ; elle s'adresse au législateur lui-même : *Qui regis
Israel, intende,* « Toi qui gouvernes Israël, révèle-toi ; » comme
si elle disait : « Toi qui diriges le peuple d'Israël avec la loi qui
t'a été donnée, et qui, comme un pasteur, conduis tes brebis,
dis-nous si tu es celui qui doit régner sur le peuple d'Israël. »
Dans le troisième verset, déjà certains de l'avénement du Sau-

veur par les prédictions des prophètes, ils poussent ce cri de désir : « Réveille ta puissance et viens, toi qui dois régner sur le peuple d'Israël. » Dans d'autres églises, le troisième verset est celui-ci : *Tollite portas,* « Ouvrez les portes. » Dans le quatrième, on rend grâces de son avénement au Sauveur qui a daigné venir; de plus, on dit *Gloria Patri* en l'honneur de toute la Trinité.

VI. Troisièmement, le répons a trois versets, parce que la loi, les psaumes et les prophètes ont annoncé cet avénement du Sauveur.

VII. Quatrièmement, les trois versets désignent les Pères des trois enfants. Les Pères d'avant la loi ont prévu l'Avent, les Pères de la loi l'ont désiré, les Pères du temps de la grâce l'ont prêché. Donc Jean-Baptiste ou l'Eglise dit : « Vous, ô Pères qui vécûtes avant la loi ! enfants de la terre, fils de ce siècle, riches ou pauvres, allez au-devant de lui. » Elle appelle enfants de la terre les méchants qui s'attachent aux biens terrestres, et enfants des hommes les bons riches, auxquels elle réunit ceux qu'elle avait nommés enfants de la terre, par rapport aux pauvres appelés enfants des hommes. « Vous tous donc, c'est-à-dire vous tous, enfants de la terre, qui êtes riches en malice ; et vous, enfants des hommes, pauvres d'esprit, qui ne faites qu'un même corps; agneaux et boucs d'une même bergerie, allez au-devant de lui, afin qu'en vous, méchants, il fasse son entrée, et que vous, qui êtes bons, il vous fasse progresser encore dans le bien. » Vous aussi, Pères qui vécûtes sous la loi, dites ces paroles : « Toi qui régis Israël, révèle-toi ; toi qui conduis Joseph comme une brebis, dis-nous, etc. ; » toi qui régis Israël, c'est-à-dire le peuple Juif, éclairé par la doctrine de la loi du Seigneur ; qui conduis par ta vertu, comme une brebis, l'innocent Joseph, c'est-à-dire le peuple Gentil, accru et mortifié, tel que le froment qui pourrit dans la terre pour se propager et s'accroître ; *intende,* révèle-toi à nos yeux, c'est-à-dire verse sur nous la

lumière de ta grâce et dis-nous : *Nuntia nobis*, etc. Et vous,
Pères de la loi de grâce, dites : « Ouvrez vos portes, princes ;
portes éternelles, ouvrez-vous, et le Roi de gloire entrera, etc., »
qui regnaturus, etc., « lui qui doit régner, etc. » O princes ! ô puissances de l'air ! etc. ; et vous, ô race de vipères !
enlevez, c'est-à-dire faites disparaître la porte de la mort,
c'est-à-dire les vices au moyen desquels le diable s'introduit
dans les cœurs. O portes éternelles ! c'est-à-dire vertus qui
conduisez à l'éternité, élevez-vous contre les vices, et par
vous entrera le Roi de gloire, en vous habitera celui qui doit
régner sur le peuple d'Israël. » Et remarque qu'au troisième
verset on ne répond pas : *Nuntia nobis*, parce que les Pères
du Nouveau-Testament sont assurés de l'avénement du Christ ;
les Pères du temps de la grâce sont certains de l'entrée du
Roi de gloire. Mais, comme la foi à l'incarnation ne suffit pas
et ne suffira jamais sans la foi à la Trinité, c'est pourquoi
on chante après le *Gloria Patri, et Filio, et Spiritui sancto;*
et parce que celui qui est venu revêtu de l'humanité viendra
encore revêtu de la majesté, c'est pourquoi on répète encore
une fois le répons. Or, dans la répétition, il faut prendre à la
lettre le mot *nebulam*, d'après ces paroles : « Il viendra sur
les nuées du ciel, » et celles-ci : « Il fut enveloppé comme
d'un nuage, » et ailleurs : « Les nuées et les ténèbres l'envi-
ronnent. »

VIII. Le second répons est celui-ci : *Aspiciebam in visu
noctis*, que saint Grégoire tira de Daniel (c. VII), prophétisant
par ces paroles la venue du Christ, et par ces paroles le mystère de l'incarnation du Verbe, qui, dans le principe, était en
Dieu, vision qu'il exprime ainsi : *Aspiciebam in visu, aut vi-
sione noctis*, etc. : « J'apercevais en vision, à travers les ténèbres de la nuit. »

- IX. Or, il y a trois visions, c'est-à-dire la vision de la nuit
avant la grâce, la vision du jour sous la grâce, la vision de la
lumière dans la gloire. Les patriarches et les prophètes, qui

étaient sous la nuée, ont vu à travers les ténèbres de la nuit, comme le prouve Daniel, qui vit ces merveilles dans une vision nocturne. Les apôtres les virent en plein jour, eux à qui apparut ostensiblement l'humanité du Christ. Les enfants de Dieu les verront au sein de la lumière et face à face. La Vérité, dans l'Evangile, insinue cette distinction, en disant : « Abraham a désiré ardemment de voir mon jour, il l'a vu et a été transporté de joie; » et ensuite : « Un grand nombre de rois et de prophètes ont voulu voir ce que vous voyez, et ne l'ont pas vu. » Suivent ces mots du répons : *Et ecce in nubibus cœli Filius hominis veniebat,* « Et voici que le Fils de l'homme venait sur les nuées du ciel. » La nuée du ciel, c'est la chair du Verbe, d'après Isaïe, qui dit : « Le Seigneur est monté sur une nuée légère, et à lui ont été donnés le règne et l'honneur, » c'est-à-dire son nom, qui lui a été donné de toute éternité, mais qui a été manifesté dans le temps, et « tout peuple, toute tribu et toute langue lui seront soumis; » car, comme le dit Isaïe, « tout genou fléchira devant le Seigneur, et toute langue confessera le Seigneur » (jurera dans le Seigneur).

X. Le troisième répons est : *Missus est angelus Gabriel,* « L'ange Gabriel fut envoyé. » Ce sont les termes dans lesquels saint Luc rapporte l'annonciation.

XI. Le quatrième est : *Ave, Maria, gratia plena,* « Je te salue, Marié, pleine de grâces, » termes par lesquels le même saint Luc relate ensuite le mode de conception de Marie; il dit : « L'Esprit saint surviendra en toi, et la vertu du Très-Haut te couvrira de son ombre; il surviendra en toi en te protégeant et te purifiant de toute souillure, et ensuite la vertu du Très-Haut, c'est-à-dire le Verbe de Dieu, t'ombragera en prenant sa chair dans ton sein, car ce qui naîtra de toi est saint et sera appelé le Fils de Dieu. » En effet, le Christ, qui n'a pas été conçu par le concours de l'homme, naît et est appelé avec raison Fils de Dieu. Suit le verset *Quomodo in me fiet istud?* « Comment cela se fera-t-il en moi? » Il y a ici comme

deux sens et deux dictions sous une seule expression, savoir,
le sens interrogatif et le sens admiratif.

XII. Le cinquième répons est : *Salvatorem*, dans lequel
l'incarnation est confirmée par l'Apôtre. Le sixième est : *Ecce
virgo concipiet*, « Voici qu'une vierge concevra. » Le septième :
Ecce dies veniunt, « Voici que les jours arrivent ; » et dans ce
répons la même chose est confirmée encore par les prophètes.

XIII. Le huitième est : *Obsecro, Domine*, dans lequel la
même chose est aussi prouvée par la loi. Le neuvième est : *Audite verbum*, où l'incarnation est annoncée par les prophètes.

XIV. Matines et laudes comprennent les deux avénements
dans leur office : car il ne peut être question de l'un sans qu'il
vienne s'y mêler quelque chose de l'autre ; il est un peu question du second, afin qu'au milieu de la joie que nous conce-
vons, notre espérance ne dégénère point en présomption. La
première antienne, qui est prise à la fin de Joël, s'entend évidemment du premier avénement ; il y est dit : *In illa die*, « En
ce jour-là, » c'est-à-dire quand le Messie est venu ; *montes*, « les
montagnes, » c'est-à-dire les apôtres ou les grands prédicateurs,
feront couler le miel, c'est-à-dire la douceur de la parole de Dieu ;
les collines, semblables aux petits prédicateurs, feront couler le
lait, c'est-à-dire le lait de la simple doctrine, pour les petits et
pour les grands. La seconde, c'est-à-dire *Jucundare*, est tirée
en partie d'Isaïe, en partie de Zacharie. Car alors Sion s'est
réjouie, suivant Zacharie, c'est-à-dire l'Eglise des Juifs ; et
Jérusalem s'est réjouie, c'est-à-dire l'Eglise des Gentils. La
troisième, c'est-à-dire *Ecce Deus veniet*, appartient au second
avénement, c'est-à-dire à l'avénement dans la majesté. La
quatrième est celle-ci : *Omnes sitientes*. Car alors tous, c'est-à-
dire ceux de toute nation qui auront soif, c'est-à-dire de la doctrine du salut et de la science, sont venus, suivant Isaïe, aux
eaux du baptême et de la doctrine. La cinquième est : *Ecce
veniet propheta magnus, et ipse renovabit Jerusalem* : « Voici
que viendra un grand prophète, et il renouvellera Jérusalem, »

c'est-à-dire en donnant une loi et en ordonnant de nouveaux préceptes. Pendant ce temps, on dit aux heures le capitule suivant d'Isaïe (c. II) : *Egredietur virga*, etc., et celui-ci de Jérémie (c. XXIII) : *In diebus illis;* puis : *Erit in novissimis*, d'Isaïe (c. II); *Ecce virga*, du même prophète (c. VII); et *Venite ascendamus*, encore du même (c. II).

XV. A la messe, l'introït est : *Ad te levavi*, etc., parce que c'est surtout notre espérance qui se ranime par l'avénement du Seigneur dans la chair. « Car Dieu a tant aimé le monde, qu'il a donné son Fils unique. » Et ensuite : « Il n'a pas épargné son propre Fils, etc. » Et remarque que si quelques-uns sont réveillés, il y en a d'autres pourtant qui sont plongés dans la torpeur du sommeil. C'est pourquoi le chantre, en commençant *Ad te levavi animam meam*, procède en conduisant sa voix du ton le plus bas au diapason le plus élevé ; ce qui est le propre de celui qui veut en éveiller un autre, et ce qui est encore indiqué dans l'épître, où l'on dit : *Hora est nos jam de somno surgere*, « C'est maintenant l'heure de sortir de notre sommeil. » Vient ensuite le petit verset : *Vias tuas Domine demonstra mihi*, « Seigneur, montre-moi, fais-moi connaître tes voies; » parce que le Christ, à son avénement, nous a montré ses voies, ce qui fait dire à Isaïe : *Erit mons domus Domini*, etc., « La maison du Seigneur sera une montagne (bâtie ou élevée comme une montagne), etc. » *Venite*, ajoute-t-il, *ascendamus in montem Domini;* « Venez, gravissons la montagne du Seigneur; » *et ad domum Dei Jacob*, « montons à la demeure du Dieu de Jacob, » *et docebit nos vias suas*, « et il nous enseignera ses voies. » Or, l'épître aux Romains, chapitre XIII, nous montre quelles sont ces voies. *Scientes quia nunc hora est de somno surgere*, « Sachant qu'il est l'heure de sortir de notre sommeil. » L'Apôtre, en disant ensuite : *Nox processit, dies appropinquavit* : « La nuit s'est avancée dans sa carrière, et le jour s'est approché, » indique l'effet, parce que le jour existe quand le soleil a paru. Et c'est pourquoi il continue

ainsi : *Ut in die honeste ambulemus,* « Afin que pendant le
jour nous marchions dans les sentiers de la droiture, » c'est-
à-dire en faisant toutes sortes de bonnes œuvres, et que nous
devenions semblables au Christ, notre modèle, pour qu'ainsi
(continue l'Apôtre) nous soyons les enfants de Dieu, parce
que le Fils de Dieu s'est fait homme pour que l'homme devînt
fils de Dieu. Les oraisons se rapportent au premier avénement, et peuvent aussi convenir au second. Après suit le répons, qui montre l'espérance que nous avons conçue au lever
du soleil : *Universi qui te expectant,* etc.; suivent *Alleluia* et
Ostende, parce que le Seigneur nous a montré son visage, qui
sauve celui qui le contemple. Ainsi, lorsque le Seigneur eut
dit à l'aveugle : « Que veux-tu que je fasse pour toi? » celui-ci
répondit : *Rabboni,* « Maître, fais que je voie. » Les hommes,
auparavant, ne pouvaient voir ce visage, parce qu'ils étaient
ensevelis dans la région de l'ombre de la mort; mais la lumière a brillé à leurs yeux, et ils peuvent voir. Or, voici le
sens de ces mots : *Ostende nobis, Domine, faciem tuam,* « Fais-
nous connaître ton visage, Seigneur ; » c'est-à-dire, donne-nous
ta connaissance, ô Seigneur !

XVI. Car le visage du Seigneur, dont il est parlé dans les
saintes Ecritures, n'est pas un visage de chair, mais on entend
par là la connaissance de Dieu; car c'est en regardant quelqu'un au visage qu'on le connaît. Vient ensuite, dans quelques
églises, l'évangile de saint Mathieu : (c. xxi), *Cum appropin-
quasset,* etc., qui se rapporte à la passion dans le sens littéral.

XVII. Cet évangile se rapporte à la passion dans le sens
allégorique et spirituel. Car alors le Seigneur vint à Jérusalem
par Bethphagé, qui est interprété *domus buccæ,* « la maison du pain, » c'est-à-dire vers l'Eglise, qui était petite, et dans
laquelle le Seigneur apparut par la confession; il traversa aussi,
pour y aller, le mont des Oliviers, qui désigne l'éminence de
la miséricorde par où le Fils de Dieu est venu dans le monde.
Et il envoya ses disciples, leur disant : Allez vers la bourgade,

c'est-à-dire dans le monde, et vous trouverez une ânesse et son ânon, c'est-à-dire le peuple juif, peuple à la tête dure, et le gentil, libre du joug de la loi. Ensuite, par ces animaux, il a montré ses voies, parce qu'ils sont humbles ; et il a dit, dans l'évangile de saint Mathieu : « Apprenez de moi que je suis doux et humble de cœur. » C'est pourquoi on lit encore des mots du passage susdit de l'évangile : « Béni soit celui qui vient au nom du Seigneur, » qui concerne le premier avénement (avec le reste). Dans d'autres églises on lit : *Cum appropinquaret Jesus,* qui se dit le dimanche des Rameaux. Dans d'autres encore, on lit l'évangile *Principium Evangelii Jesu Christi,* qui est de saint Marc (c. I), à cause de ces paroles : *Ecce ego mittam angelum meum ante faciem tuam,* etc. : « Voici que j'enverrai mon ange, qui précèdera ta face. » Et remarque que dans le texte de l'évangile il n'y a pas *principium,* mais *initium* ; mais l'Eglise met *principium,* parce que, en lisant l'évangile, elle a commencé de mettre ce titre : *Initium sancti Evangelii ;* et elle en agit de la sorte pour éviter une répétition. Dans quelques églises on lit aussi *Erunt signa,* de sain-Luc (c. xxi), qui se rapporte au second avénement, et où il est dit : *Prope est regnum,* « Le royaume de Dieu est proche. » On y adapte l'épître *Propior est nostra salus, quia prope est regnum Dei,* « Notre salut s'approche, parce que le royaume de Dieu est proche. » C'est pourquoi le chantre, ou le vieil homme, ou Jean-Baptiste, suivant quelques-uns, disent : « J'ai élevé mon ame vers toi, ô mon Dieu ! c'est pourquoi montre-moi tes voies, ô mon Dieu ! » et dans le répons : « Montre-nous, Seigneur, ta miséricorde ; » puis l'*Alleluia ;* puis, comme certains de la miséricorde du Seigneur, ils concluent ainsi à la postcommunion : Le Seigneur nous accordera ses faveurs, c'est-à-dire de bons sentiments, et notre terre, c'est-à-dire notre chair, donnera son fruit, c'est-à-dire produira de bonnes œuvres.

CHAPITRE IV.

DU SECOND DIMANCHE DE L'AVENT DU SEIGNEUR.

I. Dans ce second dimanche de l'Avent du Seigneur, comme nous l'avons dit ci-dessus, il s'agit du second avénement. Mai comme il est plus doux de se réjouir que de pleurer, et que l'amour est préférable à la crainte, c'est pourquoi certaine choses concernent le second avénement, certaines autres con cernent le premier et le second.

II. En effet, voici le premier répons de matines : *Jeru salem, cito veniet salus tua, tunc omnes plorabunt*, « Jé rusalem, ton salut va bientôt venir, alors tous gémiront, » dont une partie se rapporte au temps de la joie, et l'autre au premier et au second avénements. En outre, il y a deux versets suivant certaines églises, pour exprimer la même chose; on voit aussi deux *alleluia*, comme on le dira bientôt. Le pre mier est : *Jerusalem, si me audieris*, etc.; et le Seigneur em prunte les paroles de Moïse, pour qu'il soit bien entendu qu c'est lui qui parlait à Moïse. Quelquefois aussi il se sert de paroles de Salomon, afin que nous sachions que c'est lui qu est la sagesse dont a parlé Salomon. Ce répons est tiré de Mi chée, ainsi que celui qui suit, c'est-à-dire *Bethleem;* cepen dant certaines églises le disent le dimanche suivant, et il ap partient au premier avénement, et parle de la génératio temporelle et éternelle du Christ. Touchant sa génération tem porelle il dit : « Bethléem est la cité du grand Dieu, » parc que c'est à Bethléem qu'il est né. Touchant la génération étei nelle, il dit : « Sa génération est dès le commencement de jours, dès l'éternité. » Pour ce qui est des autres répons, leu sens est clair.

III. A laudes, la première antienne se rapporte au secon

avénement. Elle commence ainsi : *Ecce in nubibus cœli*, etc. Mais, à la messe, l'introït se rapporte évidemment à l'un et l'autre avénements. Le voici : *Populus Sion, ecce Dominus véniet ad salvandas gentes* : « Peuple de Sion, voici que le Seigneur viendra pour sauver les nations » (Isaïe, c. xxx); car il sauve dans l'un et l'autre avénements. Suivent ces mots : *et auditam faciet Dominus vocem laudis suæ*, « et le Seigneur fera entendre la voix de ses louanges, car il est la tourterelle dont la voix a été entendue sur notre terre, et il a apporté avec lui un temps tout nouveau. » Sa voix, au second avénement, fera entendre ces paroles : « Venez, les bénis de mon Père, etc. » Mais au second avénement appartient le verset *Qui regis Israël, intende, qui deducis Joseph*, « Toi qui régis Israël et qui conduis Joseph, révèle-toi; » qui conduis Joseph, c'est-à-dire qui le conduis hors de ce monde, c'est-à-dire qui diriges nos progrès, c'est-à-dire dans le bien, comme une brebis, c'est-à-dire simple comme une brebis.

IV. Comme à matines le premier répons est *Hierusalem*, etc., et qu'à la messe l'introït est *Populus Sion*, c'est pourquoi, ce dimanche-là, on fait une station dans l'église, qui est appelée Jérusalem. Suit l'oraison *Excita, Domine, corda nostra ad præparandas Unigeniti tui vias*, « Seigneur, excite nos cœurs, et prépare-les à recevoir dignement ton Fils unique, » qui a trait seulement au premier avénement; mais l'épître *Quæcumque scripta sunt*, etc. (ad Rom., c. xv), a trait au second, afin que par la patience et la consolation des Ecritures nous conservions l'espérance, et ainsi nous sommes invités à l'espérance pour adoucir nos souffrances. Le répons appartient aux deux avénements : au premier, par ces paroles : *Ex Sion species decoris ejus*, « C'est Sion qui a donné sa beauté; » au second, par celles-ci : *Deus noster manifeste veniet*, « Notre Dieu viendra et manifestera sa présence; » mais le verset ne se rapporte qu'au premier avénement. Le voici : *Congregate*, « Rassemblez; » c'est-à-dire, vous qui êtes ses anges, rassemblez *sanctos ejus,* ses saints, c'est-à-dire les bons prédicateurs, *qui ordinant Testamentum ejus,* qui placent son Testament, c'est-à-dire le Nouveau, *super sacrificia,* au-dessus des sacrifices, c'est-à-dire au-dessus de l'Ancien-Testament; car, comme dit l'Apôtre, on doit d'abord commencer par ce qui a rapport au corps animal, et ensuite on arrive à ce qui est ou ce qu'il appelle spirituel ou qui se rapporte à l'esprit. Ce *congregate* fut surtout nécessaire dans la primitive Eglise : *congregate,* rassemblez, c'est-à-dire rassemblez, ô vous qui êtes les bons prédicateurs, comme le bienheureux Paul et les autres. Ensuite vient *Alleluia,* qui, ordinairement, comprend deux versets, suivant certaines églises ; et il en est ainsi, parce qu'en cet endroit il s'agit des deux avénements. Le premier verset, *Lœtatus sum,* etc., appartient au premier avénement; car, avant le premier avénement du Christ, les hommes désespéraient de leur salut. Mais ils se réjouirent aussitôt qu'ils connurent que le Fils de Dieu s'était fait homme. Le second verset appartient au second avénement : *Stantes erant pedes nostri in atriis,* etc., « Nos pieds, c'est-à-dire les affections de notre cœur, sont restés dans tes parvis, ô Jérusalem! etc. » Car nous y sommes déjà en espérance et par les désirs de notre cœur. L'évangile est de saint Luc (chap. xxi), c'est-à-dire *Erunt signa in sole et luna,* etc., « Il y aura des signes dans le soleil et dans la lune, » appartient au second avénement. On y indique les signes qui précéderont le jour du jugement, parce que le monde tout entier, par son trouble, annoncera le jugement du Seigneur. Suivent encore ces mots du même évangile : ***His autem fieri incipientibus, respicite et levate capita vestra,*** « Or, au commencement de ces prodiges, regardez et levez vos têtes, parce que votre rédemption approche. » Voilà pour l'espérance. Certaines églises lisent l'évangile *Cum audisset Joannes in vinculis,* etc., qui, également, a trait au second avénement, parce que Jean fait cette question : « Est-ce toi qui doit venir, ou si nous devons en attendre un autre ? » Le Seigneur lui répond :

Voici que je viens pour racheter, etc., et je viendrai de nouveau pour sauver, comme vous pouvez le conjecturer par mes miracles; car les aveugles voient, etc. L'offertoire a trait au premier avénement. La postcommunion *Hierusalem*, etc., qui est de Baruch (c. IV et V), appartient à l'un et à l'autre avénements. Le mardi, le mercredi et le samedi, on lit les évangiles qui rendent témoignage du Christ, c'est-à-dire de Jean, et ceux qui renferment les témoignages de Jean-Baptiste touchant le Christ et sa venue. L'épître *Patientes estote*, qui se dit alors, traite du même sujet.

CHAPITRE V.

DU TROISIÈME DIMANCHE DE L'AVENT DU SEIGNEUR.

I. Suit le troisième dimanche de l'Avent, qui a trait également au second avénement; aussi, dans les nocturnes le premier répons est *Ecce apparebit Dominus super nubem candidam*, « Le Seigneur apparaîtra sur une nuée éclatante de blancheur, » c'est-à-dire au-dessus de toute chair, qui sera éclatante de blancheur par la gloire de l'immortalité, afin que les méchants soient remplis de frayeur, dans ce second avénement; car dans le premier avénement le Seigneur est apparu sur un nuage légèr, c'est-à-dire exempt de péché, et ce répons est tiré de l'Apocalypse, où saint Jean dit : *Vidi, et ecce nubes candida*, etc. : « Je regardai, et voici qu'un nuage blanc, etc. » Le verset appartient aux deux avénements. A laudes, la première antienne a trait au second avénement : *Veniet Dominus, et non tardabit*, etc., « Le Seigneur viendra, et il ne tardera point, et il portera la lumière dans les ténèbres les plus profondes » (II, q. I, *Multi*), parce que tout sera dévoilé, parce que le livre des consciences sera ouvert devant lui.

II. A la messe, l'introït appartient au second avénement : *Gaudete in Domino semper*, etc., « Réjouissez-vous sans cesse en notre Seigneur, réjouissez-vous, je le dis encore une fois » (aux Philippiens, c. III), car l'Apôtre ne parle point du premier avénement, quand il dit : *Dominus prope est*, « Le Seigneur est proche, » mais du second avénement. C'est pourquoi il nous invite à la joie spirituelle, par laquelle nous attendons avec une ferme confiance les joies du second avénement; c'est pour cela qu'il dit : « Réjouissez-vous sans cesse dans le Seigneur, » c'est-à-dire en attendant le second avénement; et on répète *Gaudete*, parce que la joie spirituelle fait que nous supportons avec patience toutes les aspérités du monde, de telle sorte que rien ne peut arracher de notre cœur l'espérance des biens éternels; et comme cette joie nous est si nécessaire, c'est pour cela qu'on répète *Gaudete*. C'est peut-être aussi à cause de la joie qu'éprouvent les saints à cause des deux avénements. C'est la modestie qui est la gardienne de cette joie; c'est pourquoi suivent ces mots : *Modestia vestra*, etc. Cette joie, qui est la paix pour tous les saints, l'Eglise la souhaite à ses enfants, lorsqu'elle dit, dans le verset : *Et pax Domini, quæ exsuperat omnem sensum*, « Et la paix du Seigneur, qui est au-dessus de tout sens, » c'est-à-dire au-dessus du sens humain, parce qu'aucun homme ne peut avoir la jouissance complète de la paix dont il est fait mention dans la collecte *Aurem tuam, quæsumus, Domine*, qui s'entend de l'avénement du Christ dans notre cœur. Car après l'introït de l'Avent, le prêtre prie pour que le Seigneur éclaire par sa visite les ténèbres par lesquelles nous passons, lorsque l'on fait sur notre compte de faux jugements. L'épître *Sic nos existimet homo*, etc., qui est la première aux Corinthiens (c. IV), a trait au second avénement. D'autres églises disent l'épître *Gaudete in Domino semper*, qui est adressée aux Philippiens, (c. IV). Le premier répons, *Qui sedes super Cherubim manifestare coram Ephraïm*, « Toi qui es assis sur les

Chérubins, manifeste-toi devant Ephraïm, » qui porte du fruit dans les bonnes œuvres devant Benjamin, le fils de la droite, et devant Manassé, qui a oublié les biens de la terre, s'applique au dernier jugement. Le verset *Qui regis Israel,* que l'on dit au second *alleluia,* se rapporte aussi au premier avénement; *Excita, Domine,* appartient au premier; il est tiré de l'évangile *Cum audisset Joannes,* de saint Mathieu, chapitre II, qui appartient également au premier. Car quelques-uns des disciples de Jean ne croyaient pas que le Christ fût le Messie promis dans la loi, c'est pourquoi il les envoya vers le Christ pour lui demander : « Es-tu celui qui doit venir, ou si nous devons en attendre un autre? » afin qu'ainsi ils connussent à ses miracles que le Christ était venu, comme s'il eût dit : Lui-même doit le savoir mieux que moi. Jésus leur répondit : Les aveugles voient, etc., comme s'il leur eût dit : Vous êtes maîtres, et vous ne savez pas ce que dit Isaïe (c. XXXV) : « Alors, le boiteux bondira comme un cerf, la bouche des muets s'ouvrira; » et il parle du temps du Messie comme s'il disait : « Mes actions le prouvent que je suis le Messie. » L'offertoire a trait aussi au premier avénement; la postcommunion a trait au second : *Dicite, pusillanimes,* etc., « Dites à ceux qui ont le cœur abattu : Prenez courage; » car il faut que les ames pusillanimes soient reconfortées et encouragées, pour supporter les tribulations et attendre ainsi avec confiance le second avénement.

CHAPITRE VI.

DU MERCREDI, ET DES JEUNES DES QUATRE-TEMPS (5).

C'est dans cette semaine que l'on pratique les jeûnes des Quatre-Temps. C'est pourquoi nous parlerons d'abord ici de ces jeûnes; puis, en second lieu, des autres jeûnes; et, enfin, de l'office de ce jour.

I. Dans la primitive Eglise, il fut décidé que les jeûnes des Quatre-Temps auraient lieu trois fois l'an; mais le pape Calixte (LXXXVI d.) décida qu'on les observerait quatre fois l'an, car les Juifs jeûnaient aussi quatre fois l'an, c'est-à-dire avant Pâques, avant la Pentecôte, la fête des Tabernacles au mois de septembre, et la Dédicace, dont on parlera dans la préface de la septième partie. Car si on ne jeûnait que trois fois dans l'année divisée en trois parties, il resterait certains jours dont nous n'offririons pas à Dieu les prémices, et c'est surtout pour consacrer à Dieu les prémices du temps que l'on observe ces jeûnes, comme nous le dirons bientôt. C'est de ces jeûnes que Zacharie dit : « Les jeûnes du quatrième, du cinquième, du septième et du dixième mois seront changés pour la maison de Juda et pour Jérusalem en des jours de fêtes, de joie et d'allégresse. Nous jeûnons donc quatre fois l'an :

II. Premièrement, pour corriger, en chacune des quatre saisons de l'année, les quatre éléments viciés dont notre corps se compose; car le corps de l'homme se compose de quatre éléments, et son ame de trois puissances : la puissance rationnelle, la concupiscible et l'irascible. Afin donc d'équilibrer en nous ces éléments et ces puissances, nous jeûnons quatre fois l'an, pendant trois jours à chaque jeûne, afin que le nombre quatre se rapporte au corps, et le nombre trois à l'ame. En effet, l'année se partage en quatre saisons : le printemps, l'été, l'automne, l'hiver, qui, par leurs agréments, ont coutume de nous détourner de l'amour de Dieu.

III. Le printemps est chaud et humide, et nous jeûnons dans cette saison, afin que l'élément de l'amour soit corrigé en nous et ne se laisse pas entraîner par la vaine beauté du printemps; nous jeûnons donc pour nous prémunir contre l'impureté qui provient de l'humidité et de la chaleur. L'été est chaud et sec; nous jeûnons donc alors pour corriger en nous l'élément de la chaleur, afin qu'il ne produise point l'incendie de la chair; ou bien contre l'orgueil, parce que les fruits de la terre qui fleurissent et qui mûrissent dans ce temps nous donnent lieu de nous enorgueillir. L'automne est froid et sec, et nous jeûnons dans cette saison, afin de ne pas sécher et dépérir par la langueur de notre ame, et de ne pas paraître dans les tabernacles éternels sans la graisse de l'huile; ou bien nous jeûnons contre l'avarice, parce qu'alors on recueille et on possède les moissons. L'hiver est froid et humide; nous jeûnons donc alors pour que nos membres ne s'énervent pas dans le luxe et la mollesse par l'excès du manger et du boire, de peur que par là nous ne venions à négliger l'amour de Dieu; ou bien nous jeûnons alors pour combattre la paresse, engourdis que nous sommes par la froidure.

IV. Nous jeûnons donc dans ces quatre saisons de l'année, afin de nous préserver des vices et de nous purifier de nos péchés par ces jeûnes. Et, comme chaque saison se compose de trois mois, c'est pourquoi nous observons pendant l'année quatre jeûnes de trois jours chaque, jeûnant un jour pour chaque mois, afin de consacrer un jour à satisfaire pour les péchés commis pendant le mois.

V. Secondement, nous jeûnons encore pour les raisons suivantes : le premier jeûne a lieu dans le mois de mars, c'est-à-dire la première semaine de Carême, afin qu'en nous se développe le germe des vertus, et que les vices, qui ne peuvent être entièrement exterminés, se dessèchent pour ainsi dire en nous. Le second jeûne a lieu en été, dans la semaine de la Pentecôte, parce qu'alors l'Esprit saint est venu, et que nous devons être pleins de ferveur dans l'Esprit saint. Le troisième a lieu en septembre, avant la fête de saint Michel et quand on recueille les fruits; et nous devons alors rendre à Dieu le fruit des bonnes œuvres. Le quatrième se fait en décembre, quand les herbes se dessèchent et meurent, parce que nous devons nous mortifier au monde.

VI. Troisièmement, on jeûne encore, parce que le printemps se rapporte à l'enfance, l'été à la jeunesse, l'automne à la maturité ou la virilité, l'hiver à la vieillesse. Nous jeûnons donc au printemps, afin que nous soyons des enfants par l'innocence; dans l'été, pour que nous devenions des jeunes gens par notre constance; dans l'automne, pour que nous devenions mûrs par la modestie; dans l'hiver, pour que nous devenions des vieillards par la prudence et l'intégrité de la vie.

VII. Quatrièmement, nous jeûnons encore dans les quatre saisons de l'année, afin que Dieu nous conserve tout ce qui naît de la terre dans ces saisons et qui sert à l'usage de l'homme.

VIII. Cinquièmement, pour marquer les quatre grands évé-nements qui sont arrivés dans les quatre saisons, savoir : la conception du Fils de Dieu, au printemps; sa nativité, en hiver; la conception de saint Jean-Baptiste, en automne; et sa nativité, en été.

IX. Sixièmement, selon saint Jérôme, à cause des diverses plaies ou fléaux qui sont arrivés dans ces époques. Or, en quels jours ont lieu ces jeûnes et pourquoi ont-ils lieu? C'est ce que nous dirons dans la huitième partie, au chapitre de l'Année solaire. Ces jeûnes sont nommés jeûnes des Quatre-Temps, parce qu'ils ont lieu aux quatre époques précitées de l'année.

X. On les nomme encore les Trois-Jeûnes, parce qu'ils ont lieu pendant les trois jours de la semaine qui sont consacrés aux jeûnes des hommes; car les anciens jeûnaient pendant ces mêmes jours de la semaine, et dans la suite on y a ajouté les jeûnes en question. On les appelle encore jeûnes des prémices, parce que, comme dans la loi ancienne il était prescrit d'offrir à Dieu les prémices et la dixième partie de tous les biens, il a paru convenable aux saints Pères, comme le dit saint Augus-tin dans le livre de la Doctrine chrétienne, d'offrir à Dieu les dîmes et les prémices des saisons; c'est pourquoi, pour les prémices, ils ont institué les jeûnes des quatre-temps, qui, pour cela, ont été appelés jeûnes des prémices; et, pour les dîmes (ou dixième partie), ils ont établi les jeûnes du Carême.

XI. Or, il faut savoir que les jeûnes du printemps ont d'abord été établis dans la première semaine de mars ; ceux d'été, dans la seconde semaine de juin ; ceux d'automne, dans la troisième de septembre, et ceux d'hiver, dans la quatrième de décembre. Mais, à cause des nombreux inconvénients qui résultaient de là, le pape Léon (LXXVI d., *Hujus*) décréta que le jeûne d'hiver se ferait dans la troisième semaine de l'Avent; celui du printemps, dans la première semaine de Carême ; celui d'été, la première après la Pentecôte, et que celui d'automne conserverait son ancienne institution. Pourquoi les jeûnes ont-ils été établis pendant les mois précités, et pourquoi les ordinations ont-elles lieu pendant ces jeûnes? C'est ce que l'on peut voir dans la septième partie, au chapitre du Samedi après le dix-septième dimanche qui suit la Pentecôte et dans la préface de la seconde partie. Pourtant, fais attention, dans la computation des semaines du mois de septembre, que, si ce mois commence le dimanche, le lundi, le mardi ou le mercredi, ces jours font partie de la première semaine de ce mois, et que le jeûne aura lieu dans la troisième semaine à partir de celle-ci. Mais si ce mois commence le jeudi, le vendredi ou le samedi, alors, le dimanche suivant, tu commenceras à compter la première semaine, et le jeûne aura lieu la troisième semaine après. Ainsi les jours précédents ne comptent pas dans la supputation des semaines. Cependant, d'après la primitive institution de l'Eglise, les jeûnes du printemps sont appelés les premiers, parce qu'ils avaient lieu dans le premier mois, c'est-à-dire en mars, parce que, chez les Romains, c'était le premier mois. Les jeûnes de l'été sont appelés les quatrièmes, parce qu'ils se faisaient dans le quatrième mois, c'est-à-dire en juin. Les jeûnes d'automne sont les septièmes, parce qu'ils s'observent dans le septième mois, c'est-à-dire en septembre. Les jeûnes d'hiver sont les dixièmes, parce qu'ils ont lieu dans le dixième mois, c'est-à-dire dans le mois de décembre. C'est pourquoi Zacharie dit : « Les jeûnes du premier, du quatrième, du septième et du dixième mois seront changés en joie pour la maison de Juda » (LXXVI d., *Jejunium quarti*). Mais, puisque ces jeûnes rappellent les quatre saisons de l'année, comme on l'a dit ci-dessus, pourquoi ont-ils lieu au premier, au quatrième, au septième et au dixième mois, puisque ces saisons ne commencent pas dans ces mois? — Je réponds :

XII. Ce jeûne est imité de celui de l'ancienne loi, et il a lieu dans ceux de nos mois qui correspondent aux nombres des mois de ce temps-là chez les Juifs; car ce peuple jeûnait suivant les lunaisons, c'est-à-dire à la première, à la quatrième, à la septième et à la dixième [lune]. Et c'est ce que signifient ces paroles de Zacharie, quand il dit le jeûne du premier, du quatrième, du septième et du dixième [mois], parce que, comme le commencement de l'année judaïque coïncide avec la première lunaison, ainsi le mois de mars est aussi le commencement de notre année.

XIII. Or, cette assertion, que nos jeûnes sont tirés de l'ancienne loi, se trouve fondée sur ce que, depuis le jeûne du printemps jusqu'au jeûne d'été, il y a quatorze semaines, nombre équivalent à celui des générations depuis Abraham jusqu'à David; de même, depuis le jeûne d'été jusqu'au jeûne d'automne, il y a également quatorze semaines, nombre correspondant aux générations qui eurent lieu depuis David jusqu'à Jéchonias; depuis l'automne jusqu'à l'hiver, quatorze semaines, nombre égal à celui des rois depuis Jéchonias jusqu'au Christ, y compris les rois que saint Mathieu a passés dans son évangile.

CHAPITRE VII.

DES AUTRES JEUNES.

Comme nous avons traité des jeûnes des quatre-temps, il s'ensuit que nous devons ici toucher quelques mots des autres jeûnes.

I. Or, le jeûne est la satisfaction commune de tous les membres, c'est-à-dire est institué pour que les membres satisfassent suivant le péché qu'ils ont commis ou fait, de manière que, si c'est par la gourmandise que l'on a péché, on fasse jeûner la bouche, et cela suffit, parce que, comme la bouche seule a péché, seule aussi elle doit subir la peine; il en est de même pour l'œil. C'est pourquoi Jérémie dit : « Mon œil a porté le ravage dans mon ame, et par les fenêtres de mes yeux la mort a pénétré dans mon ame ; » et saint Augustin : « Rien de plus pervers et de plus méchant que l'œil; » et ainsi des autres membres.

II. Ou bien encore le jeûne est un retranchement et une abstinence de nourriture. Saint Augustin dit que le jeûne le plus grand et le plus parfait, c'est de s'abstenir de l'iniquité, des voluptés de la chair et des plaisirs du siècle; d'où le pape Pie (*De consec.*, d. v) : « Rien, dit-il, rien ne sert de prier et de jeûner, si l'ame ne s'éloigne de l'iniquité, et si la langue ne met un frein à ses médisances et à ses calomnies. »

III. Jeûne vient de *jejuno*, qui est un intestin de l'homme qui est toujours vide et fort mince; ainsi, en jeûnant nous devons toujours être vides, c'est-à-dire exempts des superfluités tant du corps que de l'ame.

IV. L'autorité du jeûne dérive de trois choses : de la personne, du lieu et du temps. De la personne, parce que Dieu ordonna à Adam et Ève de s'abstenir du fruit de l'arbre de la science du bien et du mal. Du lieu, parce que c'est dans le paradis qu'il fut institué et qu'il commença (XXXVI, d. vi). Sous le rapport du temps, parce que dès l'antiquité, dès que l'homme fut créé, le jeûne lui fut enjoint, et au commencement du monde il lui fut dit : « Ne mange pas du fruit de l'arbre de la science du bien et du mal; » parce qu'il fut observé avant la loi par Moïse; sous la loi, par Elie, et dans le temps de la grâce par le Christ; car Moïse ne mangea ni ne but pendant quarante jours; Elie marcha courageusement pendant quarante jours

et quarante nuits, ne mangeant que du pain cuit sous la cendre, et le Christ jeûna quarante jours et quarante nuits. Le
jeûne fut observé pendant les six âges du monde. Dans l'âge
qui s'écoula depuis Adam jusqu'à Noé, on s'abstint de la chair
et du vin (xxx d., *Ab exordio*). A partir de Noé, la chair et
le vin furent permis, et ainsi des autres âges.

V. Or, le jeûne est recommandé par des exemples. Tant
qu'Ève jeûna et garda l'abstinence dans le paradis, elle demeura vierge. Quand Adam eut violé le jeûne, il tomba des
délices du paradis dans la plus profonde misère. Elie, à cause
de son jeûne, fut ravi au ciel dans un char de feu. Moïse, après
avoir jeûné, s'entretint avec Dieu. Jérusalem, par le jeûne, est
délivrée de Sennachérib, au temps du roi Ezéchias et d'Isaïe. A
la prédication de Jonas, les Ninivites font pénitence sur le sac,
sur la cendre et par le jeûne, et obtiennent leur pardon. Nous
jeûnons aussi à l'exemple des apôtres, comme on le dira le
Mercredi de la Pentecôte.

VI. Or, autre est le jeûne du corps et de la chair, autre est
celui de l'ame, autre celui de l'avarice ; autre est le jeûne fastueux, autre celui de la dispensation ou dispensé, autre celui
de la dévotion, autre celui des promesses votives, autre celui
de supplément, autre celui de la compassion, autre celui de
l'inspiration, autre celui de la circonspection, autre le jeûne
raisonnable, autre le jeûne déraisonnable, autre celui de la
qualité, autre celui de la quantité, autre celui du nombre, autre
celui qui est d'une stricte rigueur, autre le jeûne alternatif,
autre celui de la xérophagie, autre celui du chagrin, autre
celui de l'allégresse, autre celui de la vanité ou de l'hypocrisie,
autre celui de la vertu ou de la charité, autre celui d'indiction,
autre celui de nécessité, autre celui d'institution, autre celui
de la volonté, autre celui de la perversité.

VII. Le jeûne du corps et de la chair existe quand on s'abstient de nourriture pour ne pas trop engraisser, pour se délivrer d'une maladie, ou bien parce qu'on ne peut manger ; et

il n'y a pas de mérite dans ce jeûne. Le jeûne de l'esprit ou de l'ame consiste à s'abstenir des vices, ou même à se priver de nourriture, pour réprimer l'incontinence de la chair. Le jeûne de l'avarice est l'action de celui qui ne pratique le jeûne que pour épargner sa bourse. Le jeûne fastueux est celui que l'on fait pour qu'il frappe les yeux des hommes. Le jeûne de dispense est celui qui s'observe aux vigiles des jours solennels et des grandes festivités.

VIII. Tel est le jeûne de la vigile de Noël. Ces jours se nomment vigiles, parce qu'anciennement, dans les grandes villes, on célébrait deux offices de nuit, et le peuple qui s'était rendu à la fête veillait toute la nuit dans l'église, en chantant les louanges de Dieu, comme cela se pratique encore à Rome et dans la plupart des pays, aux grandes festivités, surtout à celles des saints patrons des églises. Mais comme il s'y rendait des joueurs et des chanteurs qui y faisaient entendre des chansons obscènes, se livrant à la danse, aux excès du manger et du boire et à l'impureté, à cause de ces profanations et de beaucoup d'autres inconvénients encore, ces vigiles ou veilles ont été interdites, et on a décrété qu'on les remplacerait par des jeûnes qui gardent encore le nom de l'office et se nomment communément vigiles et non pas jeûnes. Cependant celui qui jeûnerait et veillerait honnêtement dans l'église, agirait saintement, comme cela se pratique la veille de la Nativité de saint Jean-Baptiste, à cause de la grande vénération que l'on a pour ce saint. Ce jeûne se nomme jeûne de dispensation ou dispense, parce que le jeûne remplace les vigiles ou veilles. Nous avons traité ce sujet au chapitre de Nocturnes, dans la cinquième partie. Le jeûne de dévotion est celui auquel on n'est pas nécessairement astreint et que, plus bas, nous appelons volontaire. Le jeûne de promesse votive est celui que l'on fait vœu d'observer à jour fixé, soit que l'on promette de jeûner ou de s'abstenir de viandes.

IX. Et remarque que les vœux que l'on fait avec discrétion,

et qui sont conformes à la raison, doivent être remplis envers
Dieu, d'après ces paroles : *Vovete et reddite Deo vota vestra*,
« Faites des vœux, et accomplissez-les à l'égard de Dieu. » Or,
parmi les vœux, ceux qui dérivent de la nécessité sont bien différents de ceux qui viennent de la volonté spontanée. Les vœux
de nécessité sont ceux qui sont intimement liés à la foi, comme
par exemple, dans le baptême, la profession de foi catholique
et la renonciation à Satan ; comme le vœu d'observer les dix
préceptes de la loi, de pratiquer la continence, que fait celui
qui reçoit les ordres sacrés. Chacun est tenu d'observer invio-
lablement ces vœux. Parmi les vœux volontaires, les uns sont
indiscrets, les autres discrets. Les vœux indiscrets sont ceux
des jeunes garçons et des jeunes filles qui sont sous la puissance
paternelle ; aussi leurs vœux peuvent-ils être annulés. Si donc
une jeune fille dans l'âge nubile fait vœu de chasteté perpétuelle, elle peut licitement se marier si ses parents ou ses cura-
teurs l'y contraignent. Le vœu même d'une femme est indis-
cret, quand elle est en puissance de mari. Ainsi, si à l'insu du
mari elle fait vœu de se rendre en pèlerinage, le mari peut
annuler ce vœu, parce que la femme n'est pas maîtresse de
son corps ; c'est l'homme qui en est le maître. Les vœux sont
encore indiscrets quand ils sont formés par des vieillards ou
des enfants qui sont dans l'impossibilité de les accomplir, ou
par des personnes qui sont d'un tempérament si faible qu'elles
ne pourraient les accomplir sans être leurs propres meurtriers ;
quand ils ne peuvent être accomplis sans la permission d'un
tiers ; quand ils sont formés sans réflexion et dans l'impétuo-
sité de la colère. De tels vœux méritent plutôt d'être ajour-
nés (*speranda*) que d'être mis à exécution. Le jeûne de supplément (ou surérogation) a lieu quand, à la pénitence qui
est prescrite par le prêtre, on ajoute quelque chose de soi-
même.

X. Le jeûne de compassion a lieu quand un prêtre dit à un
fidèle : Pour ce péché que tu as commis, fais chanter deux

messes et jeûne, et moi je chanterai et jeûnerai pour toi pendant trois jours (pour cela, pourtant, il doit recevoir quelque chose), parce que le prêtre doit être compatissant pour son prochain, doit prier et même jeûner pour lui. On pourrait encore appeler compassion l'action d'un fils qui demanderait à un prêtre à partager la pénitence enjointe à son père.

XI. Cette compassion se pratique de quatre manières : quelquefois par des sacrifices, quelquefois par des jeûnes, d'autres fois par des prières et aussi par des aumônes. Le jeûne d'inspiration est, par exemple, celui que pratiquait le bienheureux Nicolas, qui, encore petit enfant dans son berceau, s'abstenait, trois jours de la semaine, du lait maternel, ou qui, comme d'autres le prétendent, ne tétait sa mère qu'une fois, le mercredi et le samedi. Le jeûne de circonspection est celui que l'on observe quand on est menacé de mort par une tempête, par l'ennemi, et dans toute autre circonstance grave et dangereuse. Le jeûne raisonnable consiste à prendre le manger et le boire avec modération et sans affaiblir la nature ; c'est pourquoi l'Apôtre dit : « Que votre obéissance soit raisonnable ; et ne vous abandonnez pas à la gourmandise et à l'ivresse. » Le jeûne déraisonnable serait le jeûne de celui qui voudrait jeûner pendant deux ou trois jours, ou pendant toute une semaine, ce que Dieu n'approuve pas ; car il veut que l'homme jeûne de telle sorte que sa nature soit forcée de mourir aux vices, mais sans être elle-même épuisée et désorganisée. Ainsi est prohibé le jeûne que certains pratiquent depuis le Jeudi saint jusqu'à Pâques. Le jeûne de qualité est celui qui consiste à promettre à Dieu, par vœu, de ne plus manger de viande. Le jeûne de quantité consiste à manger au poids et à la mesure et pas plus un jour que l'autre, ou bien à faire vœu de ne plus manger qu'un pain de tel poids. Le jeûne du nombre consiste à faire vœu de ne manger qu'une fois le jour, pensant que manger plusieurs fois le jour est d'un animal, manger deux fois est d'un homme, manger une fois est d'un ange. Le jeûne

de stricte rigueur est celui qui consiste à ne manger que des
légumes, des racines et des herbes, comme Jean-Baptiste dans
le désert, et Marie l'Egyptienne dans la solitude, qui, avec
deux pains seulement, passa le Jourdain, mena la vie la plus
austère dans le désert pendant quarante-sept ans. Le jeûne
alternatif consiste à manger un jour et à jeûner l'autre. Le
jeûne de la Xérophagie consiste à manger une nourriture sèche. Ce mot vient de ζαρος, vin ou chose sèche, et φαγειν, manger. C'est de là que Priscien parle du Zorophage de Bysance.
La nourriture sèche consiste dans les fruits, les pommes, les
poires, les châtaignes et autres choses semblables. Certains,
pourtant, nomment aliments secs les légumes crus ou cuits,
même quand, avec une cuillère, on les mange bouillis. Le
jeûne de chagrin ou de tristesse consiste dans une seule chose,
c'est-à-dire dans l'abstinence de nourriture et des choses du
monde. Il a lieu pour deux motifs, c'est-à-dire à cause de l'abstinence corporelle et spirituelle de l'époux. L'Eglise représente
ce jeûne pendant les quatre-temps. Le jeûne de la joie ou de
l'allégresse consiste en deux points, savoir dans l'abstinence
de nourriture et des plaisirs mondains ; et il a lieu pour un seul
motif, c'est-à-dire à cause de l'avant-goût de la suavité intérieure, d'après ces paroles : *Gustate et videte;* ce que l'Eglise
représente la veille de la Pentecôte et pendant la semaine
après cette fête. Elle représente aussi ces deux abstinences dans
la semaine de l'Avent, comme on l'a dit ci-dessus. Il y a donc
deux jeûnes, c'est-à-dire de la tribulation et de la joie, ou du
chagrin et de l'allégresse, comme on le voit *in globo* en cet
endroit de saint Mathieu (chap. IX) : « Les enfants de l'époux
peuvent-ils être dans la tristesse tant que l'époux sera avec
eux? » Le jeûne de la vanité, de la dissimulation ou de la
feinte, a lieu chez les hypocrites. Le jeûne de la vertu ou de la
charité est celui des saints et de ceux qui sont parfaits. Le
jeûne de surcroît ou d'indiction est, par exemple, celui du
jour du bienheureux Marc. Le jeûne de nécessité se trouve

chez ceux qui sont imparfaits. Le jeûne d'institution est le jeûne du Carême et les autres, qui ont été institués par les saints Pères. Nous avons déjà dit pourquoi ces jeûnes furent institués, et nous en reparlerons au chapitre du Mercredi des Cendres, *In capite jejuniorum*. Et remarque que les jeûnes d'indiction, de nécessité et d'institution se rapportent au même objet.

XII. Les jeûnes nécessaires, c'est-à-dire institués et ordonnés par l'Eglise, sont les jeûnes des quatre-temps, des vigiles des apôtres, de la Nativité du Seigneur, du bienheureux Jean-Baptiste, de tous les saints, de l'Assomption de la bienheureuse Marie, du bienheureux Laurent, du Carême et du vendredi des jours ouvrables, excepté ceux qui se trouvent entre Pâques et la Pentecôte, et si la Nativité du Seigneur vient coïncider avec ces jours, à moins toutefois que l'on ne soit lié par un vœu ou par la religion. Certains disent pourtant que le jeûne du vendredi n'est pas nécessaire, qu'il n'y a de nécessaire que l'abstinence de viande ; autrement il ne serait point permis aux moines de Cîteaux de le changer ; mais, selon le pape Léon, quoique l'abstinence de viande, le samedi, ne soit pas de nécessité, cependant cet usage est raisonnable. Le Canon d'Innocent donne une autre interprétation, assurant que, dans les trois jours qui suivirent la passion du Seigneur, toute la foi ne résida que dans la personne de la bienheureuse Vierge Marie. Les jeûnes généraux et particuliers, établis par les évêques dans les synodes et les conciles, doivent aussi être observés.

XIII. Sont astreints aux jeûnes nécessaires ceux qui ont atteint l'âge de discrétion et qui sont capables de dol. Ils doivent jeûner, puisqu'ils peuvent pécher. Cependant, peuvent en être dispensés ceux qui n'ont pas atteint l'âge de puberté, ceux même qui sont dans un âge plus avancé, et aussi les vieillards, les malades et les gens d'un faible tempérament. Les femmes, quoiqu'elles, doivent s'abstenir de jeûnes votifs quand leur mari le leur défend, comme nous l'avons dit ci-dessus, ne peuvent pas, cependant, se dispenser des jeûnes prescrits par l'Eglise, quoique le prêtre puisse par occasion les en dispenser, pour éviter le scandale. Autrement, les jeûnes prescrits ne peuvent être rachetés ni par argent, ni d'aucune autre manière, à moins qu'il n'intervienne une nécessité accidentelle, auquel cas ils peuvent être rachetés ou changés, comme, par exemple, un jeûne de fête qui tombe le lundi et qui se pratique le samedi. Ainsi, dans certains pays où il y a des églises sous l'invocation de saint Quentin, on ne jeûne pas la veille de la Toussaint, mais l'avant-veille. Nous avons parlé de cela dans la préface de la seconde partie. On pourrait encore permettre, comme le disent quelques-uns, de prendre par deux fois quelque nourriture dans les jeûnes précités, comme font les moines de Cîteaux, qui, pour éviter le scandale et conserver la charité, goûtent la moindre des choses, sans être censés pour cela rompre le jeûne prescrit par l'Eglise.

XIV. Les jeûnes volontaires sont ceux auxquels on s'oblige par vœu et de propos délibéré, ou même ceux que les prêtres imposent par pénitence en sus des jeûnes obligatoires; on peut les échanger ou les racheter, même sans motif aucun, pourvu que la compensation soit plus utile que le jeûne.

XV. Au reste, manger avant l'heure du repas et avant la messe dans les jeûnes prescrits et d'obligation, d'après les saints canons, constitue un péché mortel, et véniel seulement si c'est un jeûne volontaire.

XVI. Touchant les vigiles des fêtes des apôtres, il faut remarquer que nous observons le jeûne *a pari*, quand les mérites des saints sont égaux, comme on peut le voir aux vigiles des fêtes des bienheurenx Jacques et Barthélemy, et des autres apôtres qui n'ont pas de jeûnes d'institution, mais où nous jeûnons cependant, parce qu'ils furent apôtres et parce que les autres apôtres ont des vigiles-jeûnes. Car, comme ils sont égaux en mérites, il convient que tous aient des vigiles-jeûnes;

d'où le Concile de Brague dit que les vigiles de tous les apôtres doivent être vigiles-jeûnes, excepté les vigiles des apôtres Philippe, Jacques et Jean l'évangéliste. Cependant l'Eglise gallicane ne célèbre la vigile que pour six apôtres et ne jeûne que quatre fois. Il n'y a qu'un seul jeûne pour saint Pierre et saint Paul, qui souffrirent le même jour. On en observe un autre pour saint Simon et saint Jude, un troisième pour saint Matthieu, un quatrième pour saint André. Nous devons jeûner à la vigile des fêtes de ces apôtres, afin que, de même qu'ils ont souffert pour le nom du Christ, nous souffrions aussi avec eux, si nous voulons régner avec eux. On n'a pas institué de vigiles-jeûnes pour les autres apôtres, à cause de quelques empêchements. Car la fête de saint Philippe et de saint Jacques se trouve entre Pâques et la Pentecôte, temps de joie et d'allégresse ; c'est pourquoi on n'y observe pas le jeûne. Si on nous objecte les jeûnes des Litanies ou des Rogations, nous répondrons que c'est par nécessité, comme on le dira en son lieu. Au reste, ce n'est pas un jeûne obligatoire, mais un jeûne volontaire. Si on nous objecte que quelques-uns, dans l'attente du Saint-Esprit, jeûnent depuis l'Ascension jusqu'à la Pentecôte, parce qu'on dit que les apôtres jeûnèrent en ce temps-là, nous répondrons :

ı XVII. Que nulle écriture authentique ne dit que les apôtres jeûnèrent en ce temps ; c'est pourquoi on ne doit pas jeûner alors, parce que ce temps appartient au temps pascal. Cependant, à la vigile de la Pentecôte, nous devons jeûner et avec raison, afin que, purifiés et épurés par le jeûne, nous méritions de recevoir dignement le Saint-Esprit. De même, Jacques, fils de Zébédée, frère de Jean l'évangéliste, fut tué par Hérode pendant les azymes, et, pour cette raison, n'a pas de jeûne ; on ne célèbre même pas sa fête alors, comme on le dira dans la septième partie, à sa Fête. Pour ce qui est du bienheureux Barthélemy, dont la fête est célébrée le neuvième jour des calendes de septembre, on dit qu'il fut écorché vif et mourut le jour suivant ; et ainsi, s'il avait une vigile, il faudrait qu'elle fût célébrée l'avant-veille, ce qui serait contre la règle des jeûnes des autres festivités. Mais certains célèbrent la fête de son excoriation ; d'autres, et avec plus de raison, la fête de sa mort ; mais, comme on l'a dit dans le Concile de Brague, en cela chaque église doit conserver ses usages.

XVIII. On n'observe pas le jeûne pour saint Barnabé, parce qu'il n'est pas au nombre des douze apôtres ; et il n'est appelé apôtre que parce qu'il était compagnon de Paul et qu'il fut aussi envoyé pour prêcher l'Evangile ; de là ces paroles : *Segregate mihi Barnabam et Paulum*, « Choisissez-moi Barnabé et Paul. » Il n'y a pas non plus de jeûne établi pour le bienheureux Thomas, parce que sa fête se trouve dans l'Avent du Seigneur, qui est un jeûne continuel. Saint Matthias n'a pas non plus de jeûne d'institution, parce que sa fête arrive souvent dans le Carême, ou bien coïncide toujours avec la Septuagésime, temps de jeûne, ou bien encore parce qu'il ne fut pas au nombre des apôtres primitifs, mais élu après la passion du Seigneur et remplaça Judas par le choix des autres apôtres ; d'où le Prophète dit : « Un autre recevra son épiscopat. » Cependant on lit dans la Décretale qu'il a une vigile-jeûne, ce que nous accordons, soit que cette fête se célèbre au premier jour bissextile, soit au second, comme nous le dirons dans la huitième partie, au chapitre de l'Année solaire. La fête de saint Jean l'évangéliste se trouve le troisième jour après la Nativité du Seigneur ; et alors on ne jeûne pas, tant à cause des fêtes qui coïncident avec ce jour que parce que saint Jean ne mourut pas ce jour-là. On ne jeûne même pas à la fête du bienheureux Jean-Baptiste.

XIX. Si, cependant, on pouvait le faire, il serait bon de jeûner à toutes les vigiles des apôtres.

XX. Le bienheureux Laurent, parmi les martyrs, et le bienheureux Martin, parmi les confesseurs, ont seuls une vigile-jeûne. Or, certains prétendent que l'on ne rompt pas le jeûne, quoique l'on pèche en mangeant du fromage et des œufs pendant les jeûnes prescrits, si l'on en excepte le Carême. D'autres disent le contraire. Cependant, et pour cause, on pourrait faire cette concession dans certaines localités (iv dist. *Deinde*). Saint Grégoire parle ainsi touchant le jeûne du Carême : « Nous devons, pendant ces jours, nous abstenir des animaux et également de toute nourriture qui provient de la chair, comme le lait, » et, par conséquent, le fromage et les œufs. Certains hérétiques disent que les chrétiens ne devraient jamais se nourrir de chair, de fromage et d'œufs, parce que, disent-ils, on ne parle pas de ces mets dans le Nouveau-Testament. Bien plus, les apôtres jugèrent convenable de s'abstenir des viandes qu'on immolait aux idoles, du sang et de la chair des animaux suffoqués. Et l'apôtre saint Paul dit : « Si donc ce que je mange scandalise mon frère, je ne mangerai plutôt jamais de chair toute ma vie. » Et ailleurs : « Il est bon de s'abstenir de chair et de vin, etc. » On ne lit point non plus, disent-ils, que le Christ ait donné à ses apôtres des aliments provenant d'êtres vivants, ni même qu'il leur ait permis d'en manger en sa présence, si l'on en excepte le poisson, ni même des productions de quelque animal, excepté le miel des abeilles. Il n'est pas permis d'user d'électuaires, à moins qu'on ne les prenne pas comme nourriture ordinaire. Il n'en est pas de même dans la médecine curative et préservative. Cependant, quand il n'y a aucune marque de nécessité pressante, il n'est pas permis de prendre l'électuaire. Cependant quelques-uns prétendent que le jeûne n'est rompu par aucun remède médicinal, ni par l'électuaire, ni par la boisson prise avant ou après le repas.

XXI. Car tel est l'usage établi dans les jeûnes de l'Eglise qui le tolère. Or, les sénéchaux ou tous autres serviteurs, ou ceux qui portent les mets, ne rompent point le jeûne en goûtant ces mets avant leurs maîtres, quand par hasard ils soupçonnent la présence du poison. Dans ce même cas, les moines qui servent les abbés, et les autres serviteurs peuvent aussi goûter avant les viandes. Il en est de même des médecins qui goûtent auparavant les médecines destinées aux malades. Dans le temps des jeûnes, on quitte les habits précieux pour revêtir des vêtements plus modestes, et on ne mange de viandes ni solides, ni liquides.

XXII. Mais, puisque les poissons sont de la chair, pourquoi en mange-t-on dans ce temps? Voici la réponse : Dieu n'a pas maudit les eaux, puisque par l'eau devait avoir lieu la rémission des péchés dans le baptême. Car cet élément est le plus digne, puisqu'il lave les impuretés et que l'esprit de Dieu, avant la création du monde, était porté sur les eaux ; mais il maudit la terre dans les œuvres des hommes ; c'est pourquoi toute chair qui se trouve sur la terre, tant de quadrupèdes que d'oiseaux, ne peut être mangée dans le jeûne ; et, bien que certains oiseaux vivent autour de la mer et dans les eaux, et que quelques-uns naissent dans les eaux ou même des eaux, cependant ils sont censés appartenir principalement à la terre dont ils tirent leur nourriture. En outre, comme certains poissons participent à la nature du quadrupède et du poisson, on peut dans les jeûnes manger la partie de la loutre qui participe de la nature du poisson, mais non pas l'autre. L'usage du poisson, selon saint Grégoire, a été laissé au chrétien comme un adoucissement dans son infirmité, et non pour engendrer l'incendie de la luxure. Enfin, celui qui veut faire abstinence de chair ne doit point préparer de somptueux festin, en prenant les poissons les plus beaux et les plus délicats de la mer. On doit aussi, dans le jeûne, user du vin de manière à éviter entièrement l'ivresse. C'est pourquoi, dans le Pénitentiaire romain, il a été décrété qu'on ne devrait user, et avec modération, dans le temps de la pénitence, que de très-petits poissons et de petite bière. Enfin, il faut remarquer, comme le dit saint Grégoire dans l'homélie de cet évangile : *Homo quidam fecit cœnam magnam,* « Un homme riche fit un grand festin, » que, dans les jours de jeûne, la réfection du corps, quand on ne fait aucune autre préparation, n'est pas appelée *prandium*, mais *cœna*.

CHAPITRE VIII.

DE L'OFFICE DU MERCREDI.

Revenons maintenant à l'office de ce jour.

I. C'est ce jour-là que l'on examine les ordinants pour savoir s'ils sont capables ou non de recevoir les ordres; cela vient de ce que c'est dans le quatrième âge que David et Salomon nommèrent les lévites aux différents ministères du temple.

II. De là vient qu'on lit deux leçons à la messe. La première se lit sur un ton nocturne, c'est-à-dire sur un ton descendant; elle représente l'Ancien-Testament. La seconde, qui se lit sur le ton ordinaire, c'est-à-dire sur un ton ascendant, désigne le Nouveau-Testament; car, pour marquer que les ordinants doivent être instruits dans les deux Testaments, on doit avertir ceux qui s'approchent pour recevoir les ordres sacrés qu'ils doivent avoir la connaissance de la loi et des prophètes, afin qu'ils puissent instruire les autres. La première leçon, qui est d'Isaïe (c. II), est : *Erit in novissimis;* la seconde est : *Locutus est Dominus* (Isaïe, c. VII). Et la loi et les prophètes furent en vigueur dans le quatrième âge du monde; car la doctrine des jeûnes nous vient de l'Ancien-Testament, comme nous l'avons lit ci-dessus. On fléchit une fois les genoux, parce qu'il est ordonné de n'adorer qu'un seul Dieu, tant dans la loi que dans les prophètes. On peut généralement, le samedi suivant, conférer autant d'ordres qu'il y a de leçons le mercredi, ce qui arrive six fois, savoir : trois fois pendant le Carême, et trois fois hors du Carême, comme nous l'avons dit dans la préface de la seconde partie.

III. Le vendredi des jeûnes des quatre-temps, on ne lit

qu'une seule leçon à la messe, parce que la loi et les prophètes qui florirent dans le quatrième âge sont récapitulés au
sixième âge dans un seul évangile. L'évangile de ce mercredi est *Missus*, etc., qui est de saint Luc (c. i), où se récitent l'annonciation du paranymphe, le consentement de la
Vierge et l'incarnation du Seigneur, qui avait été auparavant
annoncée par les trompettes prophétiques; d'où le Prophète a
chanté d'avance l'introït *Rorate, cœli, desuper, et nubes pluant
justum*, « Cieux, envoyez d'en haut votre rosée, et que les
nuées fassent descendre le juste comme une pluie » (Isaïe). *Rorate, cœli*, signifie aussi pleuvoir, parce que le Verbe est descendu dans le sein de la Vierge pleine de foi, comme la pluie
sur la toison de Gédéon. Il appelle les anges et les prophètes
cieux et nuages, parce qu'ils racontent la gloire de Dieu. Dans
la leçon prophétique *In novissimis diebus*, qui est d'Isaïe, il
s'agit de la montagne de Dieu, qui, petite pierre d'abord, s'est
accrue et est devenue une montagne qui régnera éternellement sur la maison de Jacob; c'est pourquoi on ajoute avec
raison dans le graduel : *Tollite portas, principes, vestras*, etc.,
« Ouvrez vos portes, ô princes, ouvrez-vous, portes éternelles, et le roi de gloire entrera. Qui montera sur la montagne du Seigneur, ou qui s'arrêtera dans son lieu saint? » La
leçon qui se chante à l'épître : *Locutus est Dominus ad
Achaz*, etc., qui est d'Isaïe (c. vii), désigne évidemment la
bienheureuse Vierge Marie; après quoi on chante très-heureusement le graduel *Prope est Dominus*, « Le Seigneur est proche, » et, pour qu'il n'y ait pas l'ombre du doute, on ajoute
dans l'offertoire *Confortamini*, « Prenez courage. » Cependant d'autres églises disent : *Ave, Maria*, « Je te salue, Marie,
pleine de grâce, le Seigneur est avec toi; tu es bénie entre
toutes les femmes, et béni est le fruit de tes entrailles, » qui
l'on tire de l'évangile précité. La communion est : *Ecce virgo
concipiet et pariet*, « Voici qu'une vierge concevra et enfantera
un fils, et son nom sera Emmanuel (Isaïe, c. vii). ·

IV. A l'office du matin, dans certaines églises, après la psalmodie, le diacre, le sous-diacre et les acolytes en aubes, avec les chandeliers et l'encensoir, se dirigent processionnellement au pupitre, par ordre du prélat, et le diacre récite l'évangile *Missus est*, « L'ange Gabriel fut envoyé par Dieu, » puis l'homélie de cet évangile. Ensuite il encense l'autel, et après il s'asseoit avec le sous-diacre, jusqu'à ce qu'un des acolytes ait encensé le chœur : ce qui se fait par respect pour l'annonciation du Seigneur qui est contenue dans ce même évangile. Or, le prélat envoie ces ministres pour marquer que Dieu le Père a envoyé les prophètes pour annoncer d'avance l'incarnation future du Seigneur, et l'archange Gabriel pour l'annoncer à la Vierge Marie. Le diacre, récitant l'évangile, est l'ange annonçant à la Vierge sa conception. L'encensement de l'autel est l'action du Saint-Esprit couvrant la Vierge de son ombre. Le repos, ou l'action des ministres de rester assis, désigne la crainte de la Vierge et sa réflexion sur ce que pouvait être cette salutation de l'ange. L'encensement du chœur représente les actions de grâces et les félicitations mutuelles des Pères de ce temps pour l'incarnation si longtemps désirée du Fils de Dieu.

CHAPITRE IX.

DU VENDREDI.

I. Le vendredi, il n'y a qu'une leçon à la messe, parce que l'auteur du Nouveau et de l'Ancien-Testament, dont on a parlé ci-dessus, est un seul Dieu et qu'il n'a été formé qu'un seul évangile des deux Testaments. Cette leçon se dit à l'épître et commence ainsi : *Egredietur virga de radice Jesse* « Il sortira un rejeton de la racine de Jessé. » Elle est d'Isaïe et désigne manifestement l'Avent et la bienheureuse Vierge Marie qui, étant immaculée, est demeurée vierge. C'est pourquoi, dans l'introït, l'Eglise chante : *Prope esto mihi, Domine*, « Seigneur, reste à mes côtés, » et dans le verset : *Beati immaculati in via*, « Heureux ceux qui sont sans tache dans la voie et qui marchent suivant la loi du Seigneur. » Au même objet se rapportent l'évangile *Exurgens Maria*, qui est de saint Luc ; le graduel *Ostende nobis, Domine, misericordiam tuam*, « Montre-nous, Seigneur, ta miséricorde, » et l'offertoire *Deus tu*, etc.; ou, selon d'autres : *Audi, Israel*, « Ecoute, Israël, etc. » Ces paroles ont trait au premier avénement que les cieux ont raconté, c'est-à-dire qui a été prêché par les apôtres qui viendront juger avec le Seigneur au dernier avénement. C'est pourquoi la station de ce jour est en l'honneur des saints apôtres, dont il est question dans le cantique de la Vierge et dont il est fait mention dans le susdit évangile en ces termes : « Il a détrôné les puissants, c'est-à-dire les orgueilleux scribes et pharisiens, et il a exalté les humbles, c'est-à-dire les apôtres; » et dans la communion *Ecce Deus veniet*, de Zacharie (dernier chapitre), « Voici que Dieu va venir. »

CHAPITRE X.

DU SAMEDI.

I. Le samedi, avant la leçon *Angelus Domini*, on dit quatre leçons de l'Ancien-Testament, tirées de la loi et des prophètes, et dans certaines églises la première est : *Clamabunt*, qui est d'Isaïe (c. xix); la seconde est : *Lætabitur*, du même prophète (c. xxxv); la troisième : *Super montem*, du même encore (c. xl); la quatrième : *Christo meo*, qui est du même (c. xlv). Elles sont au nombre de quatre, parce qu'il y a quatre ordres de fidèles qui bénissent Dieu, c'est-à-dire les prélats, les clercs, les religieux et les laïques ou le peuple, que le Psalmiste énumère en disant : *Domus Israel, benedicite Dominum*, « Maison d'Israël, bénissez le Seigneur, » qui désignent le peuple ; *Domus Aaron*, etc., qui désignent les prélats ; *Domus Levi*, etc., qui désignent les ministres. *Qui timetis Dominum*, etc., « Vous qui craignez le Seigneur, bénissez le Seigneur, » se rapportent aux religieux. La première leçon se rapporte donc au peuple ; la seconde a trait aux prélats, la troisième aux ministres, la quatrième à tous les religieux. Ces leçons apprennent aux ordinants qu'à l'exemple des saints Pères des quatre ordres précités, ils doivent bénir Dieu ou bien attirer sur eux leur bénédiction. Ou bien encore on lit quatre leçons, parce que celui qui jeûne doit posséder les quatre vertus cardinales ; c'est-à-dire la tempérance, parce que le jeûne n'est autre chose que la tempérance ; la prudence, d'où l'Apôtre dit : « Que votre obéissance soit raisonnable ; » la force, d'où la fin des Proverbes, parlant de la femme forte, c'est-à-dire de l'Eglise, s'exprime ainsi : « Elle a ceint ses reins de force, » parce que ce n'est qu'à force de sueurs et de travaux que notre chair devient pure ; ce qui n'arrive qu'après de violents combats, parce que sa corruption est grande, qu'elle produit des épines et des chardons, et ce n'est qu'à travers la tribulation et le laminoir (pour ainsi dire) qu'elle arrive à la candeur et à la pureté, comme le byssus. Pour ce qui est de la justice, Isaïe dit : « Et la justice sera la ceinture de ses lombes, et la foi le baudrier de ses reins » (il parle du Christ dans ses membres).

II. Car, lorsque justice se fait sur la terre, les voleurs disparaissent ; de même, quand nous avons la vertu de justice, les mouvements désordonnés s'éloignent de nous et ne conservent plus d'espérance, tout en restant en nous. Mais, si nous n'avons pas la justice, ils ne s'éloignent pas ; d'où Isaïe : « Parce que nous ne faisons pas la justice, ceux qui habitent la terre ne se sont pas éloignés ; où est la justice, là est la paix. » La foi est la ceinture de ses reins, parce que, comme dit Grégoire, le mépris des choses terrestres réprime le flot des voluptés charnelles.

III. Ainsi, si tu jeûnes des nourritures du corps, il faut que tu jeûnes aussi des nourritures du démon et que tu manges les nourritures de l'esprit. Celui qui jeûne ainsi n'aura rien à souffrir du feu de la tribulation et du feu du monde. De même que le feu de la fournaise de Babylone ne fit aucun mal aux trois enfants, c'est pourquoi suit la leçon *Angelus Domini* (de Dan., IV). Or, la leçon précède l'ordination des clercs, pour marquer que personne ne peut régulièrement s'approcher de la consécration, à moins d'avoir passé auparavant par la fournaise et qu'il ne bénisse Dieu dans la fournaise, d'après ces paroles de la Sagesse : « La fournaise éprouve les vases de terre, la tentation de la tribulation éprouve les hommes justes, » parce que ceux qui s'approchent du ministère sacré doivent être éprouvés, dans la fournaise, de beaucoup de tribulations et de beaucoup de tentations, d'après ces paroles de l'Apôtre : « Qu'ils soient d'abord éprouvés, et qu'ainsi ils pratiquent le ministère. » Car on lit cette leçon pour les ordinants ; afin de marquer qu'ils doivent vivre de telle sorte qu'aucun feu du roi de Babylone, c'est-à-dire du diable, ne leur nuise, de même que le feu de la fournaise ne nuisit pas aux trois enfants. Suivent après les bénédictions, c'est-à-dire l'hymne *Benedictus es, Domine,* etc. Et comme, après l'épreuve, ils sont couronnés et sont bénis du Seigneur, à la fin on ajoute, à la louange et en l'honneur de la Trinité, le verset *Gloria Patri,* qui ne se dit point après le psaume *Benedicite,* tant parce que dans le dernier verset on fait mention du Père, du Fils et du Saint-Esprit, que parce que, dans le trait des trois enfants, toute la Trinité fut honorée. Or, ces versets précédents se rapportent à la gloire du Père seul, et dans les ordinants la Trinité se trouve honorée. Il est permis au chœur de s'asseoir pendant la lecture de la leçon, mais non pas quand elle est chantée ; car la leçon, quand elle est lue, n'a pas la même signification que quand elle est chantée : ce qui fait qu'alors l'évêque et le clergé doivent se tenir debout, parce que nous ne devons pas nous reposer, sachant que les trois enfants ont travaillé (ou souffert) pour la gloire de Dieu.

IV. Les samedis des jeûnes, on lit sept évangiles disposés en forme de leçons, à cause des sept ordres. Certains en disent douze, parce qu'anciennement cela se pratiquait à Rome et maintenant se pratique encore, dit-on, à Constantinople. On les lisait en grec et en latin; et il y avait douze leçons et autant de lecteurs, six grecs et six latins; et il n'y en avait que six en réalité pour la pensée, les évangiles que l'on lisait en latin se lisant aussi en langue grecque,comme si nous disions *Amen,* et qu'ensuite nous répétions Ainsi soit-il. Evidemment, nous n'émettrions pas deux idées différentes.

V. Or, on les disait dans les deux langues, parce qu'à Rome il y avait des Grecs auxquels la langue latine était inconnue, et il y avait aussi des Latins qui ignoraient la langue grecque. Ceci se faisait peut-être aussi pour marquer l'union des deux peuples; mais, à l'oraison qui se dit après la leçon *Angelus Domini,* savoir : *Deus qui tribus pueris,* l'Eglise ne fléchit point le genou, bien qu'elle le fléchisse avant les oraisons des autres leçons, excepté dans l'octave de la Pentecôte, pour montrer que l'Eglise se modèle sur les trois enfants. Car Nabuchodonosor fit une statue, et il forçait tout le monde de l'adorer; mais les trois enfants, avec Daniel, refusèrent de fléchir les genoux devant la statue. Ainsi doivent se montrer les ordiants, qui ne doivent point fléchir les genoux devant la statue, c'est-à-dire devant la gloire de ce monde. Nous avons dit dans la préface de la seconde partie pourquoi les clercs sont ordonnés, et pourquoi ils le sont le samedi. Quelques évêques confèrent les ordres sacrés entre la leçon *Angelus* et l'épître de saint Paul, afin qu'après l'ordination ils proposent à ceux qui ont été ordonnés l'épître et l'évangile comme modèles à suivre, à l'exemple du bon pasteur qui, sur le point d'envoyer son Fils, l'avertit de ce qu'il doit faire et lui dit comment il le doit faire. Les ordonnés, sur le point d'être envoyés pour des-

servir les chapelles, sont avertis par l'épître de ne pas, en reprenant les autres, perdre la bénédiction qu'ils ont reçue. Par
l'évangile on leur dit : Allez, enseignez toutes les nations.
Quelques-uns encore donnent le sous-diaconat avant l'épître,
pour la raison précitée; puis, après l'épître, continuent de conférer le diaconat et la prêtrise, après quoi, d'une voix pleine
d'allégresse, ils entonnent et chantent le *Benedictus es, Domi-
mine*, où ces ordres surtout sont invités à louer Dieu; et ils
sont conférés avant l'évangile, parce que Moïse et Aaron or-
donnèrent les lévites pour le ministère du tabernacle, et que
le Christ, l'ordonnateur des soixante-douze disciples, les envoya prêcher l'Evangile.

VI. Un des ordonnés de ce jour-là doit lire l'épître *Rogamus*, etc., qui est la seconde aux Thessaloniciens (chap. ii),
parce que l'évêque doit d'abord avertir les ordonnés, et ensuite,
pour plus grand avertissement encore, leur livrer l'épître. En
outre, l'ordonné montre par là qu'il met en pratique la doctrine qui lui a été présentée dans l'ordination. Pour la même
raison encore, un des nouveaux ordonnés lit l'évangile *Anno
quinto decimo*, qui est de saint Luc (c. iii). Après l'épître, on
chante encore le trait, qui signifie la gravité que celui qui a
été consacré et ordonné doit conserver, de peur qu'enflé par
l'orgueil il ne tombe dans les filets du diable. La communion
est : *Exulta satis*, de Zacharie (chap. ix).

CHAPITRE XI.

DU QUATRIÈME DIMANCHE DE L'AVENT DU SEIGNEUR.

I. Dans le quatrième dimanche de l'Avent, le premier répons, aux nocturnes, est : *Canite, tuba*, tiré de Joël.

II. Car, anciennement, les Juifs sonnaient de la trompette
pour inviter les hommes aux noces et aux solennités et pour

lever le camp. C'est pourquoi, ce jour-là, le Seigneur a ordonné aux prélats de sonner de la trompette pour inviter les nations aux noces du nouveau Roi dont le jour approche, c'est-à-dire le jour de la naissance du Seigneur, jour auquel le Christ a épousé la nature humaine, selon ces paroles du Psalmiste : *Ipse tanquam sponsus procedens de thalamo suo*, « Et il est lui-même comme un époux qui sort de sa chambre nuptiale. » Chantez donc, parce que les noces approchent; et pour la raison précitée les chantres, pendant cette semaine, élèvent la voix plus que de coutume dans les répons et dans les introïts, afin que si, auparavant, plongés dans l'assoupissement de la négligence, nous n'avons pas voulu être réveillés par les leçons, nous le soyons au moins par les vociférations et le tumulte des chants. Or, dans les sept années avant l'année jubilaire, le Seigneur ordonna de sonner de la trompette pour marquer la joie et l'allégresse de l'approche de cette année. L'office de ce dimanche, tiré tant des prophètes que de l'Evangile, est chanté en mémoire des deux avénements; mais l'Avent du Seigneur désigne surtout la vocation des Gentils pendant ce dimanche, où il est dit dans la personne des apôtres ou des docteurs : *Canite tuba*, etc., « Sonnez de la trompette, et appelez les nations. »

III. Et la gentilité, voyant que la divinité va être resserrée dans le sein d'une Vierge, crie vers elle à l'introït, en disant, d'après quelques églises : *Memento nostri, Domine, in bene-placito tuo*, « Souviens-toi de nous, Seigneur, dans ton bon plaisir, » c'est-à-dire dans le Fils, dans lequel tu as mis toutes tes complaisances; souviens-toi de ce peuple composé de milliers d'hommes et qui fut ton peuple dès l'origine du monde; et c'est pourquoi elle félicite l'autre peuple dans l'épître, en disant, d'après quelques églises : *Gaudete*, etc. (épître aux Philipp., c. IV). Mais, après la considération du sein de la Vierge, elle chante dans le graduel que le Seigneur est proche et que son avénement aura bientôt lieu. Après l'*Al-*

leluia, elle chante le verset *Veni, Domine;* à l'offertoire, *Confortamini;* à la communion, *Ecce Virgo;* elle désire, elle se montre consolée, puis conclut en exposant la cause de sa consolation.

IV. Or, pour montrer l'ardeur du désir des anciens Pères, on chante à la fin de l'Avent sept antiennes, chacune suivant son rang et son jour, jusqu'à la Nativité. Elles commencent par O. La première est *O sapientia!* Elles sont au nombre de sept, parce qu'elles s'adressent au Christ, dans lequel s'est reposé l'esprit de sagesse et d'intelligence, l'esprit de conseil et de force, etc. (Isaïe, c. II), par lesquels sept dons il nous a conféré la grâce de son incarnation, comme les sept antiennes le prouvent. Ces sept antiennes se chantent encore pour désigner les anciens Pères qui attendaient l'Avent du Seigneur, en servant Dieu le septième jour, *septenario* (le sabbat). C'est pourquoi dans toutes ces antiennes on dit : *Veni,* « Viens ; » ou bien encore elles désignent les sept dons de l'Esprit saint que le Christ donna au monde à sa venue, et par lesquels ceux qui l'attendaient ont été éclairés. Toutes appartiennent au second ton : premièrement, parce que chacune parle de l'un et l'autre avénement ; secondement, pour nous désigner les deux amours, c'est-à-dire de Dieu et du prochain ; troisièmement à cause de la double nature du Christ auquel elles s'adressent, ce qui fait qu'il est appelé géant d'une double nature; quatrièmement, parce que ces antiennes marquent tant le désir des anciens Pères qui attendaient le premier avénement du Sauveur, que celui des modernes qui attendent le second avénement. Toutes sont donc du second ton, pour marquer que nous attendons le second avénement. Et remarque que celles de ces antiennes qui renferment au commencement des expressions désignant la divinité du Christ, concernent ceux qui attendent le premier avénement, comme *O sapientia! et O Adonaï!* Or, *Adonaï* signifie (*Dominus*) le Seigneur, parce qu'il dominera sur toute créature, ou parce que toute créatur

est soumise à sa domination. Celles, au contraire, qui renferment des termes concernant son humanité, se rapportent à
ceux qui attendent le second avénement, comme *O radix Jesse!*
et *O clavis David!* Il y en a aussi qui désignent les deux natures, comme *O rex gentium!* car le Fils de Dieu est appelé
roi, selon sa divinité (comme Dieu), d'après ces paroles du
Psalmiste : *Deus, judicium tuum regi da*, etc., « O Dieu! donne
au roi la droiture de ton jugement. » Il est aussi appelé roi,
selon son humanité, d'après ces paroles : *Domine, in virtute
tua lœtabitur rex*, etc., « Seigneur, le roi se réjouira dans ta
force. » Cependant la royauté se rapporte dans l'Ecriture plus
souvent à son humanité, parce que c'est selon son humanité
qu'il fut oint de l'huile de la joie au-dessus de ses égaux.

V. L'Eglise, dans ces sept antiennes, montre encore la multi-
plicité de ses infirmités, et dans chaque antienne elle demande
un remède pour ses maux ; car, avant l'avénement du Fils de
Dieu dans la chair, nous étions ignorants ou aveugles, réservés aux peines éternelles, esclaves du diable, enchaînés par la
mauvaise habitude du péché, environnés de ténèbres, exilés
et chassés de la patrie; c'est pourquoi nous avions besoin d'un
docteur, d'un rédempteur, d'un libérateur, d'un précep-
teur, d'une lumière, d'un sauveur. Comme nous étions ignorants, nous avions besoin d'être enseignés par le Christ; c'est
pourquoi dans la première antienne nous crions : *O sapientia
uœ ex ore* (Eccl., c. XXIV; Sap., c. VIII; et Esa., c. XL). Et
comme il nous importerait peu d'être instruits, si nous n'étions
pas rachetés, c'est pourquoi dans la seconde nous demandons à
être rachetés : *O Adonaï*, etc. (Exode, chap. VI, XIII, XIX et
X.) Mais comme il ne nous servirait de rien d'être instruits et
rachetés, si, nonobstant notre rédemption, nous étions encore
détenus en captivité, c'est pour cela que dans la troisième
nous demandons à être délivrés : *O radix Jesse*, etc. (Isaïe,
chap. XL et LII). Mais que servirait aux captifs d'être rachetés
et délivrés, si, cependant, ils n'étaient pas encore libres de tous

liens, puisque, enchaînés volontairement par les liens du péché, ils ne pourraient aller où ils voudraient? Aussi, dans la
quatrième, demandons-nous à être délivrés de tout lien du péché : *O clavis David*, etc. (Apoc., chap. iii; Isaïe, c. xlii ; et Luc,
chap. i). En outre, comme ceux qui ont séjourné longtemps en
prison ont les yeux obscurcis et ne peuvent voir distinctement,
il nous reste, après notre absolution, il nous reste à être éclairés
pour que nous voyons le but où nous devons tendre ; de là vient
que dans la cinquième nous disons : *O Oriens*, etc. (Zach., chap.
vi; Sap., c. vii; Malach., cap. ulterius ; et Luc, cap. i). Mais
à quoi bon l'instruction, l'entière délivrance de nos ennemis ;
à quoi bon la lumière, si nous ne devions arriver au royaume
et y être sauvés ; donc, nous demandons à être sauvés dans
les deux suivantes : *O rex gentium*, etc. (Aggée, chap. ii;
I Pet., ii; Ephes., ii, et Genèse, ii), dans laquelle nous demandons le salut des Gentils ; et *O Emmanuel*, etc. (Isaïe, chap. vii;
Matth., i; Isaïe, xxxiii; et Genèse, pen. c.), dans laquelle nous
implorons le salut des Juifs. Dans certaines églises on en ajoute
deux autres : la première, en l'honneur de la conception de la
bienheureuse Marie ; la seconde, en l'honneur de l'ange qui
salua la Vierge, ou en l'honneur de saint Thomas, dont la fête
coïncide avec ce temps. On ajoute ces deux antiennes pour arriver au nombre neuf, pour désigner que, par les sept dons du
Saint-Esprit, nous nous élevons jusqu'aux neuf ordres des anges, dont chacun désirait la nativité du Christ pour voir se
compléter leur nombre et remplacer ceux qui ont été précipités
du ciel. Quelques églises mêmes en chantent douze, qui désignent les douze prophètes qui ont prédit l'avénement du Christ
et qui ont corroboré le témoignage des douze apôtres. C'est cet
avénement qui sauve les douze tribus et douze mille élus dans
chaque tribu. Mais il n'y en a que sept qui renferment le pardon. Toutes ces antiennes commencent par O, expression qui
marque plutôt l'admiration que le vocatif. Elles se chantent
vêpres, parce que le Seigneur est venu dans le monde à l'heu

de vêpres. C'est lui qui est Elie, qui, le soir, se nourrit de chair, et le matin se nourrit de pain. C'est le Seigneur, c'est-à-dire notre Seigneur qui s'est incarné dans le dernier âge du monde, et qui, ressuscitant au point du jour, se changea au pain des anges.

VI. Et remarque que cette semaine, proche de la Nativité, est nommée avec raison préparation, et qu'on y chante cette histoire : *Clama in fortitudine,* qui ne concerne pas les quatre-temps, comme le pensent quelques gens naïfs et simples, mais qui se rapporte à la nativité prochaine du Seigneur. C'est pourquoi on la chante avec les six *laudes* du matin, parce que chaque férie ou jour ouvrable de cette semaine a ses antiennes propres à laudes; parce que, pendant six âges, les anciens se préparèrent à l'avénement; et nous, de notre côté, nous nous préparons au second avénement par les six œuvres de miséricorde. Cependant certains ont coutume de chanter huit jours auparavant les antiennes fériales, qui ont été écrites pour le jour ouvrable où se rencontre la fête de saint Thomas; car il est convenable, avant la Nativité du Seigneur, de renouveler les chants, toutes les antiennes et presque tous les répons, parce que, de même que des courriers nombreux et souvent réitérés excitent de plus en plus l'esprit du sujet et le remplissent de sollicitude et de soins, pour faire à son supérieur une réception honorifique; de même aussi, par la rénovation du chant, nous sommes excités de plus en plus aux soins de notre préparation pour la réception du Seigneur. En outre, par la rénovation quotidienne du chant, nous sommes plus fréquemment encouragés à purifier notre cœur des pensées honteuses et terrestres, afin qu'il soit un digne sanctuaire du Christ et que, par de pieuses pensées, nous préparions au Roi des rois qui doit venir un tabernacle orné d'une manière digne de lui. Cependant tout l'Avent peut être appelé une préparation; c'est pourquoi on lit au commencement : *Abjiciamus,* etc., « Rejetons les œuvres des ténèbres, et revêtons-nous des armes

de la lumière, etc. » Or, tout ceci est une marque de préparation.

VII. Or, ce dimanche, dans les livres anciens est intitulé :
Dominica vacans, « Dimanche vacant ou vide. » Premièrement, parce qu'il montre que tout saint est vide (de bonnes œuvres), puisque Jean-Baptiste, qui n'a pas eu de plus grand que
lui dans les enfants des femmes, n'est pas digne de dénouer les
cordons de la chaussure du Christ, comme on le dit dans l'é-
vangile de ce dimanche, c'est-à-dire n'est pas digne de soule-
ver le voile du mystère de l'Incarnation ; c'est pourquoi, ce jour-
là, le seigneur Pape ne fait de station auprès d'aucun saint.
Secondement, ce dimanche est nommé vacant, parce qu'il n'a
pas d'office propre, mais emprunte un office étranger, c'est-à-
dire *Rorate, cœli*, etc.; et cela, à cause des ordres du jour précédent que le pape, successeur des apôtres, s'est occupé de
conférer ; car les évêques, très-souvent d'après l'usage, confèrent les ordres en décembre. Troisièmement, parce que ce
dimanche dépasse le nombre des jours de l'Avent, c'est-à-dire
vingt-et-un jours ; ce qui fait qu'il n'a pas dû être compris parmi
les dimanches de l'Avent, mais qu'il a dû plutôt être nommé
vacans, « vacant. » Quatrièmement, parce que c'était ce dimanche-là que le pape, successeur des apôtres, consacrait
autrefois à la distribution des aumônes ; et, occupés à cette
œuvre, lui et ses ministres, ils ne faisaient pas de station.
C'est pourquoi ce dimanche a été appelé vacant, c'est-à-dire
sans station et sans indulgence. Certaines églises, ce dimanche-
là, disent l'évangile *Miserunt Judæi*, de saint Jean (c. ı), et
l'épître *Gaudete*, etc., adressée aux Philippiens, chapitre ııı.
D'autres disent l'épître *Sic nos existimet* (aux Corinthiens,
chap. ııı).

CHAPITRE XII.

DE LA VEILLE OU VIGILE DE LA NATIVITÉ DU SEIGNEUR.

I. A la vigile de la Nativité du Seigneur, l'invitatoire est : *Hodie scietis quia*, etc., tiré de l'Exode, chapitre xvi, parce qu'il y est dit : *Vespere scietis quia educit vos Dominus de terra Ægypti; et mane videbitis*, etc. Et l'on peut dire que cette clause si courte se rapporte d'une part à la nativité, et de l'autre à la résurrection. Ainsi *hodie*, aujourd'hui, c'est-à-dire dans la vie présente; *scietis*, vous saurez que le Seigneur viendra, c'est-à-dire le pain vivant qui est descendu du ciel, et nous verrons non-seulement la gloire humaine de sa résurrection, mais encore la gloire de sa divinité. Dans cette vigile l'Eglise avertit ses enfants et les invite à se préparer à recevoir le Seigneur. C'est pourquoi dans l'office nocturne est le premier répons : *Sanctificamini*, « Sanctifiez-vous, » c'est-à-dire, enfants d'Israël, ou bien hommes spirituels qui découvrez Dieu par la foi, préparez-vous à assister aux noces, parce qu'il ne participera pas au festin celui qui est chassé des noces. Moralement parlant, celui qui refuse d'accomplir les préceptes n'accomplira pas les conseils. Suivent ces paroles du verset, *Et mane*, etc., « Et, le matin, vous verrez sa gloire, » c'est-à-dire l'avent de sa gloire; ou bien encore le matin est pris à la lettre. Cette dernière partie est tirée de l'Exode; mais la première n'est extraite d'aucun livre. On dit aussi le capitule *Gaudete in Domino* (Philipp., c. iv).

II. L'intention de l'office du jour est de montrer que le Christ est né, et on le déclare dans l'épître *Paulus servus*, etc., adressée aux Romains (chap. i), et dans l'évangile *Cum esset desponsata*, etc., qui est de saint Mathieu (c. i). On parle ce jour-là des fiançailles de Marie, pour que l'on sache qu'elle fut l'épouse de l'un, c'est-à-dire de Joseph, et qu'elle conçut par l'opération d'un autre, c'est-à-dire de l'Esprit saint.

III. Cependant quelques églises, afin de convaincre plus fortement encore les incrédules, font précéder cet évangile de la prophétie *Propter Sion,* qui est d'Isaïe (c. XLII), dans laquelle est prédite la naissance du Messie. Or, il est né pour sauver le peuple et pour effacer l'iniquité de la terre : aujourd'hui, en espérance, par les sacrements de la grâce; demain, en réalité, par la révélation de sa gloire, comme cela paraît évidemment dans l'introït et dans le graduel *Hodie scietis* (Exod., c. XVI), et dans l'*Alleluia, Crastina,* etc. Certains pourtant disent l'*Alleluia, Ave, Maria,* quand la vigile tombe un dimanche; car on dit alors *Alleluia,* à cause de la résurrection du Seigneur. La même chose se voit dans la postcommunion *Revelabitur,* qui est d'Isaïe (chap. XL). Mais comme dans l'incarnation du Christ devait avoir lieu la dispersion des Juifs, c'est pourquoi on ajoute dans le graduel le verset *Qui regis,* dans lequel on prie pour eux. Le psaume qui se chante à l'introït, *Domini est terra, et plenitudo ejus,* « La terre et tout ce qu'elle renferme appartient au Seigneur, » montre la grandeur du Messie; c'est aussi à sa grandeur qu'a trait l'offertoire *Tollite portas, principes, vestras,* etc., « Ouvrez vos portes, ô princes! »

IV. Aux vêpres de la vigile de Noël, certains disent les psaumes : *Laudate, pueri, Dominum; Laudate Dominum, omnes gentes; Lauda, anima mea, Dominum; Laudabo Dominum in; Laudate Dominum, quoniam bonus est; Lauda, Jerusalem Dominum, lauda Deum tuum, Sion,* dans lesquels nous sommes invités aux louanges du Seigneur. D'autres disent : *Laudate, pueri, Dominum, laudate nomen Domini; Qui confidunt; In convertendo Dominus captivitatem Sion; Memento, Domine,* et *Benedictus Dominus Deus,* etc. C'est avec raison qu'on dit ces psaumes, parce que le premier invite les pieux fidèles à louer et à prêcher incessamment, le second nous exhorte à mettre en Dieu notre confiance. Dans les trois psaumes suivants, on explique les raisons pour lesquelles nous devons nous appliquer avec ardeur à louer Dieu et mettre en lui notre confiance, c'est-à-dire parce qu'il nous a délivrés de notre captivité et nous a beaucoup glorifiés ; parce qu'il a tenu ses promesses, en plaçant sur son trône le rejeton de David ; parce qu'il a abaissé les cieux et qu'il est descendu, lui qui, enfin, du haut de ses splendeurs nous enverra le secours de sa main pour nous délivrer des grandes eaux et des enfants des étrangers. Or, ces vêpres sont privilégiées, parce qu'elles restent les mêmes, tandis que l'on change les autres offices, à cause de l'incidence de la fête. Car, aux vigiles des autres fêtes, on change le capitule, l'hymne, l'antienne et la collecte. Dans quelques églises, après avoir achevé tout l'office de vêpres du jour, on se contente de dire l'antienne et la collecte de la fête suivante, parce que le Seigneur est venu à l'heure de vêpres, c'est-à-dire dans le dernier âge du monde, pour sauver du moins les restes du genre humain.

CHAPITRE XIII.

DE L'OFFICE DE NOEL (6).

I. Tout ce qui se dit à l'office de Noël respire la joie de la nativité, parce que, comme on le chante dans le répons : *Descendit de cœlis,* « Le Christ est descendu des cieux, » c'est-à-dire du sein de son Père, pour se rendre visible, c'est-à-dire du secret des entrailles de son Père, suit *Introivit,* c'est-à-dire il est entré par l'oreille de la Vierge, c'est-à-dire par la foi qui procède de l'ouïe, comme on le lit dans l'épître aux Romains. Ainsi, lorsque l'ange dit à Marie : « L'Esprit saint surviendra en toi, et la vertu du Très-Haut te couvrira de son ombre, »

elle se rendit aux volontés de l'Esprit saint, d'après ces paroles du Cantique des cantiques : « J'ai ouvert le verrou de ma
porte à mon bien-aimé. » La porte est le désir, le verrou la
discrétion, comme si elle disait : « J'ai découvert avec discrétion les désirs de mon cœur à mon bien-aimé, » et, en entendant sa voix, j'ai dit : « Voici la servante du Seigneur, qu'il
me soit fait selon ta parole, » non à la manière d'Eve, qui
brisa le verrou quand elle voulut être semblable à Dieu. Je dis
donc que le Verbe est entré dans le sein de la Vierge, où il a
pris une chair semblable à la nôtre et d'où il est sorti, la porte
demeurant fermée, pour venir dans notre région. Touchant
cette porte Ezéchiel dit : « Cette porte sera éternellement
fermée. » Et il est sorti du monde par une porte d'or, c'est-à-
dire par la charité, puisqu'il en est sorti par la croix ; car personne ne peut avoir une charité qui surpasse la charité de celui qui donne sa vie pour ses amis.

II. Et il faut remarquer que le Seigneur a voulu naître à la
fin de l'année pour montrer qu'il venait dans le dernier âge
du monde. Il a été conçu le vendredi, il est né le dimanche ;
il a été crucifié le vendredi, et est ressuscité le dimanche, afin
que celui qui avait perdu l'homme créé le vendredi le déli-
vrât le vendredi, et que celui qui avait prononcé le dimanche
Fiat lux, « Que la lumière soit, » nouvel orient, descendît du
haut des cieux pour nous éclairer ; ce dont nous parlerons au
chapitre du Vendredi saint. De plus, il est né pendant la nuit
pour marquer qu'il venait caché sous l'enveloppe de la chair,
ou pour montrer qu'il venait pour chasser les ténèbres de notre nuit, parce que la lumière s'est levée sur ceux qui habitaient dans la région de l'ombre de la mort.

III. C'est pourquoi, à partir de Noël, les jours croissent,
parce que ceux qui croient au Christ sont appelés à la lumière de l'éternité. C'est donc avec raison que l'on célèbre les
offices de nuit.

IV, Or, les autres fêtes du Sauveur, la Passion, la Résurrection, l'Ascension, la Pentecôte et autres étant mobiles, parce qu'elles ne sont pas toujours célébrées aux mêmes calendes ou au même jour du mois, pourquoi la fête de Noël est-elle invariable, étant célébrée toujours aux mêmes calendes ou au même jour du mois? Je réponds, d'après saint Augustin : Cette fête n'est qu'une commémoration ; d'où il suffit qu'elle rappelle en quel jour du mois naquit le Christ ; ce qui fait qu'elle est toujours célébrée le même jour du mois, quoique le jour ouvrable de la semaine varie à cause du changement de la lettre dominicale. Les autres fêtes appartiennent à la commémoration et au sacrement ; par exemple, le Christ a souffert le vendredi pour racheter l'homme qui était tombé un vendredi, et ainsi des autres fêtes. C'est pourquoi il faut qu'elles aient lieu sous diverses calendes, et cependant au même jour de la semaine, c'est-à-dire le dimanche. En outre, notre Pâques est toujours célébrée le premier dimanche après la Pâque des Hébreux, qui est toujours le quatorzième de la lune ; or, comme le quatorzième de la lune n'est pas toujours dans le même temps ou le même jour du mois, mais varie suivant les années solaires, c'est pour cela que notre Pâques n'est pas toujours célébrée dans le même temps, ni le même jour du mois, quoiqu'elle le soit toujours le même jour, c'est-à-dire le dimanche.

V. La fête de Pâques, la Pentecôte et les autres fêtes sont encore variables et n'arrivent point à un jour du mois déterminé, pour que nous ne semblions pas imiter les Juifs qui les célèbrent toujours à certaines calendes. Or, Alcuin dit que cette fête arrive indistinctement à n'importe quel jour de la semaine, parce que pour nous est né celui qui, tous les jours de ce monde, purifie ceux qui sont souillés du péché d'Adam.

VI. Touchant l'office de la nuit il faut savoir que l'invitatoire, c'est-à-dire *Christus natus est nobis*, etc., est chanté dans la personne des anges, qui invitent les bergers, ou plutôt tout le peuple à adorer le Seigneur qui vient de naître. On dit neuf psaumes pendant les trois nocturnes, pour marquer que tous les saints Pères qui vécurent pendant les trois époques, c'est-à-dire avant la loi, sous la loi et dans le temps de la grâce, sont dans le Nouveau-Testament, par l'avent du Christ, associés aux neuf ordres des anges, afin que, comme les anges, ils se rejouissent avec la sainte Trinité. Dans le premier psaume il s'agit de la génération éternelle et ineffable du Christ; dans le second, de son incarnation; dans le troisième, des louanges de l'époux et de l'épouse. Dans les trois premières leçons nous sommes témoins des oracles d'Isaïe, qui a décrit l'incarnation du Christ d'une manière plutôt évangélique que prophétique. La première est : *Primo tempore* (Isaïe, chap. ix); la seconde est : *Consolamini, consolamini*, etc., « Console-toi, mon peuple, dit votre Dieu » (Isaïe, chap. xl); la troisième est : *Consurge, consurge* (Isaïe, chap. xlii). Dans les unes on fait des promesses, dans les autres on montre l'accomplissement des promesses.

VII. Le premier nocturne rappelle le temps d'avant la loi ou ceux qui vécurent avant la loi, comme Abraham, Isaac et Jacob. Le second nocturne, le temps de la loi ou ceux qui vécurent sous la loi, comme David, les prophètes et plusieurs autres; et dans les antiennes qui se chantent à ces deux nocturnes, qui ont trait à l'Ancien-Testament, on ne dit pas *Alleluia*, parce que les Pères de ces époques étaient éloignés de l'éternelle joie, c'est-à-dire de la patrie, où, selon l'Apocalypse, on chante *Alleluia*. Le troisième nocturne rappelle le Nouveau-Testament, qui a commencé par le baptême et qui nous a été donné dans le troisième temps, c'est-à-dire dans le temps de la grâce, ou ceux qui ont vécu sous la nouvelle alliance, comme les apôtres, les martyrs, les confesseurs et les autres saints; et c'est pour cela que, dans ces antiennes qui les rappellent et qui sont tirées du Nouveau-Testament, on chante *Alleluia*, parce que l'Avent du Seigneur a plus honoré ces Pères que les Pères précédents; de telle sorte que, s'ils quittent cette vie dans l'état de grâce, sur-le-champ ils sont transportés au ciel et réunis à la société des saints, bonheur que les anciens Pères ont long-temps attendu, en gémissant dans la sombre prison des limbes.

VIII. Avant les nocturnes on a coutume, dans certaines localités, de placer sur l'autel trois bons voiles pour désigner , les trois époques précitées, et d'en enlever un à chaque nocturne. Le premier est noir, et désigne le temps avant la loi; le second est blanc, et désigne le temps de la révélation; le troisième est rouge, et désigne le temps de la grâce, à cause des transports d'amour de l'épouse du Cantique des cantiques (c'est-à-dire de l'Eglise), laquelle est tout à la fois blanche et rose. Dans certaines églises encore on suspend des voiles de bonne qualité, ou de qualité médiocre; dans d'autres églises ils sont d'une très-mauvaise qualité, comme nous l'avons dit dans la première partie, au chapitre des Peintures. Au premier répons du premier nocturne, dans certaines églises on dit trois versets, pour la raison que nous avons donnée au premier dimanche de l'Avent; et après chacun des trois premiers répons on dit *Gloria Patri*, etc., parce que les trois répons ont trois significations.

IX. Ils signifient la restauration des anges, la réparation des hommes et la manière dont se sont accomplies ces deux réparations. La restauration des anges est marquée dans le premier, où il est dit : *Gaudet exercitus angelorum*, « L'armée angélique se réjouit; » la réparation des hommes dans le second, où il est dit : « La paix véritable est descendue, » *Pax vera descendit*. Le mode d'accomplissement, ou plutôt la manière dont est descendu celui qui les a accomplies, est insinué dans le troisième, qui est dans certaines églises : *Descendit de cœlis*, où l'on montre, comme nous l'avons dit ci-dessus, que Dieu est descendu du sein de son Père dans le sein de la Vierge, et ainsi jusqu'à nous; ou bien, comme le répons lui-même en touche quelque chose, en ce qu'il est descendu dans notre région, on rappelle la délivrance de ceux qui habitaient dans la région de l'ombre de la mort. Or, comme ces merveilles se sont accomplies par la Trinité, c'est pourquoi, après chacun de ces trois répons, on chante le *Gloria Patri*, parce qu'il a trait à la louange de la Trinité.

X. Comme la manne avait une saveur semblable à celle du miel, ainsi le Christ a porté en sa personne une double nature, l'humanité et la divinité; l'humanité désignée par la fleur de farine de froment, la divinité par le miel. C'est pour cela encore que dans ce second répons on dit : *Hodie per totum mundum melliflui facti sunt cœli,* « Aujourd'hui, dans tout le monde, les cieux ont laissé échapper une rosée de miel, » comme si l'on disait : Tout le monde a été imprégné de la douceur et de la saveur du miel. Dans le troisième répons on fait entendre une triple jubilation; une à *fabrica*, une à *tanquam,* et la troisième à *Gloria Patri.* En quoi nous louons le Seigneur de trois choses, témoignant que c'est lui qui a créé d'une manière ineffable la machine du monde, qui d'une manière ineffable est sorti de la chambre nuptiale de la vierge, est resté aussi d'une manière ineffable égal au Père et au Saint-Esprit. Et il est maintenant et sera éternellement, comme il a été de toute éternité; trois états identiques que nous désignons par une triple jubilation : le premier, par la première jubilation; le second, par la seconde; le troisième, par la troisième; et, pour exprimer le troisième avec plus d'énergie, dans certaines églises on chante *Gloria Patri,* etc., et *Sicut erat in principio,* etc., jusqu'à *Amen.*

XI. Et remarque que la jubilation ou le neume se fait sur la lettre *A* et la lettre *O.* Sur la lettre *A,* dans les mots *fabrica* et *tanquam;* sur la lettre *O,* au *Gloria Patri,* pour marquer que celui pour qui l'on fait ces jubilations est *A* et *O,* c'est-à-dire le principe et la fin. La jubilation marque aussi quelquefois notre attente, comme on le dira au chapitre des Sept Jours après Pâques; quelquefois elle marque aussi notre infirmité, comme dans le verset *Tanquam sponsus;* quelquefois aussi elle désigne la grandeur du sujet que l'on traite, comme ici *fabrica mundi;* quelquefois l'immensité de la joie, comme à la fin du répons *Verbum caro,* dont les saints personnages sont animés, de ce que le Verbe, plein de grâce et de vérité, s'est fait chair. Nous avons parlé de la jubilation dans la préface de la cinquième partie.

XII. Il nous reste encore à parler des six répons. Or, dans les deux premiers du troisième nocturne il s'agit de la Vierge mettant au monde le Sauveur, et dans le troisième de celui qu'elle a enfanté : en cela nous imitons la coutume des femmes; car les femmes ont coutume de visiter les femmes en couche et leur fruit, et de leur donner de petits présents; nous aussi nous visitons l'accouchée et celui qu'elle a enfanté, et nous les glorifions autant que peuvent le permettre nos faibles accents; et nos louanges sont les petits présents que nous leur offrons. On dit aussi aux heures le capitule *Paulus servus* (Rom., II), et celui-ci : *Multifarie* (aux Hébreux, c. I), puis celui-ci : *Apparuit gratia* (à Tite, c. II), et cet autre : *Apparuit benignitas* (ibidem, c. III).

XIII. A l'office de nuit, on lit trois évangiles, pour que l'Eglise accomplisse son intention; car elle veut montrer que l'une et l'autre nature se trouvent réunies dans le Christ, afin qu'ainsi il y ait plusieurs témoins de la nativité du Christ; c'est pourquoi on lit encore les leçons dans lesquelles saint Augustin et les autres saints se servent dans ce but de témoignages innombrables, c'est-à-dire des témoignages de ceux qui vécurent avant la loi, sous la loi, après la loi, parce qu'un jugement est intègre et complet quand il est confirmé par l'opinion et la sentence de la multitude (Extra *De offic., Dele prudentiam*). On lit aussi le quatrième évangile de saint Mathieu, c'est-à-dire le livre de la génération du Christ, après le neuvième verset, où l'on exprime sa génération, pour montrer qu'il descend des Pères auxquels fut faite la promesse, c'est-à-dire de David et d'Abra-

ham. De David, dans le psaume *De fructu ventris*, etc., et
dans les Paralipomènes (c. 1), *Cum dormieris*, etc. « Lorsque
tu te seras endormi avec tes pères, je susciterai après toi un rejeton de ta race. » D'Abraham, comme on le voit dans la Genèse, où il est dit : *In semine tuo*, etc. « En toi seront bénies
toutes les nations ; » c'est pourquoi l'Évangéliste commence par
dire : *Filii David, filii Abraham*, « Fils de David, fils d'Abraham, » parce que c'est à ces deux saints personnages que la
promesse fut faite d'une manière spéciale ; et c'est ainsi que
l'on montre que le Christ était le Messie promis dans la loi et
par les prophètes. Et remarque ici que saint Mathieu décrit la
généalogie du Christ en suivant l'ordre descendant jusqu'à Joseph, tandis que saint Luc suit l'ordre ascendant, comme nous
le verrons au chapitre de l'Epiphanie.

XIV. Mais pourquoi suppute-t-on la génération de Joseph
plutôt que celle de Marie, puisque le Christ ne fut pas le fils
de Joseph? A cela je réponds qu'ils étaient tous deux de la
même tribu, et la tribu, c'est-à-dire la généalogie, a coutume
d'être distinguée et supputée dans l'Ancien-Testament par les
hommes et non par les femmes. Or, en supputant jusqu'à Joseph, c'est comme si l'on eût supputé jusqu'à la bienheureuse
Vierge. En outre, le Christ a mieux aimé être appelé le fils du
charpentier que de voir sa mère lapidée pour soupçon d'adultère. En effet, il est le fils du charpentier qui a fabriqué l'aurore et le soleil.

XV. Et sache que la bienheureuse Vierge tire son origine
de la tribu de Juda et de la race royale de David, comme l'E-
criture l'atteste souvent, lorsqu'elle dit que le Christ, qui est né
de la Vierge seule, descend de la race de David. David, en
effet, eut entre autres deux fils, Nathan et Salomon ; c'est de
la filiation ou génération de Nathan que descend la vierge
Marie ; car de la filiation de Nathan Lévi engendra Melchi
et Panthère, la vierge Panthère engendra Barpanthère, Barpanthère engendra Joachim, Joachim engendra la vierge

Marie, comme on le dira dans la septième partie, à la fête des apôtres saint Philippe et saint Jacques. Or, c'est de la souche de Salomon que descend Joseph, époux de Marie, puisque c'est de la filiation ou génération de Salomon que Mathan engendra Jacob de son épouse. Après la mort de Mathan, Melchi, de la tribu de Nathan, fils de Lévi et frère de Panthère, se maria avec l'épouse de Mathan, c'est-à-dire avec la mère de Jacob, de laquelle il engendra Hély; et ainsi Jacob et Hély devinrent frères utérins. Or, Hély, de la tribu de Nathan, mourut sans enfants. Jacob, son frère, de la tribu de Salomon, se maria avec son épouse et donna des enfants à son frère; il engendra Joseph. Joseph est donc fils de Jacob par la nature, et de Salomon par descendance, et, selon la loi, fils d'Hély, de la tribu de Nathan; car celui qui naissait selon la nature était le fils de celui qui l'avait engendré.

XVI. Ensuite on chante *Te Deum laudamus, te Dominum confitemur,* « Nous te louons, ô Dieu, nous te reconnaissons pour Seigneur, » comme action de grâces pour tout ce qui a précédé, et pour désigner que nous nous réjouissons avec les anges et nous félicitons d'avoir retrouvé la drachme que nous avions perdue. Cependant, dans certaines églises, après la première messe, on chante le susdit évangile de saint Mathieu : *Liber generationis,* etc., par la raison que deux témoins nous étaient au moins nécessaires. Le premier témoin était saint Luc, qui fournit l'évangile de la messe : *Exiit edictum a Cæsare Augusto,* etc., « César-Auguste publia un édit, etc., » et qui a raconté, d'après les paroles de son évangile, la naissance de Dieu dans la cité de David. Nous amenons donc encore un autre témoin, qui affirme qu'il est né de David, comme s'il disait : Non-seulement il est né dans la cité de David, mais encore il est né de David. C'est pour cela que saint Mathieu nomme David avant Abraham, en disant : *Filii David, filii Abraham,* quoiqu'il puisse exister une autre raison de cette préférence en vertu de laquelle il est nommé le premier; et

cette raison serait que David l'emporte sur Abraham en di.
gnité, car celui-ci est patriarche, mais celui-là est tout à la
fois patriarche et roi. L'Eglise a donc entendu un témoin dans
l'évangile de la messe ; mais, comme on aurait peine à croire
un témoin isolé, on en amène un autre qui décrit aussi la
génération du Seigneur ; alors l'Eglise, pleinement convaincue, s'écrie, en triomphant d'allégresse : *Te Deum laudamus,*
parce que la vérité se trouve dans la bouche de deux, de
trois ou de plusieurs témoins (Extra *De testim.*, *in omni,*
II quæstio, IV, § 1). Or, comme l'on consentirait à peine à
ajouter foi au témoignage d'un seul, c'est encore pour cela
que, dans certaines églises, comme c'est un seul qui termine la messe, en disant : *Benedicamus Domino,* l'Eglise,
comme à voix basse, répond : *Deo gratias.* Après la messe, on
dit encore l'évangile *Liber generationis,* et ensuite *Te Deum
laudamus,* parce que la génération divine a précédé la génération humaine. Et comme cette connaissance est pour nous une
matière de louanges, c'est pour cela que les laudes suivent
après. Or, une messe précède les laudes, parce que la généra-
ration éternelle, que célèbre cette messe, a eu lieu avant qu'il y
eût au monde une créature capable de louer Dieu. A matines e
laudes, nous formons comme une danse. Ainsi, dans la première antienne nous disons : « Qu'avez-vous vu, pasteurs ?
Quem vidistis, pastores, etc.? Ceux-ci répondent : « Nous avons
vu l'enfant qui vient de naître. »

XVII. Touchant l'office de la messe, il faut remarquer que
le pape Télesphore décréta que, ce jour-là, on chanterait trois
messes, pour marquer que la nativité du Christ a sauvé le
Pères des trois époques, c'est-à-dire les Pères d'avant la loi
ceux de la loi et ceux d'après la loi. La première se chante à
minuit, pour montrer que les Pères qui vécurent avant la loi
ne furent éclairés par aucune loi ; cette messe montre encor
que le pain qui, tous les jours, est offert en sacrifice et consommé sur l'autel, c'est-à-dire le Christ, est né à Bethléen

(ville du pain) au milieu de la nuit. Ainsi parle saint Luc, d'après le Sagesse (c. xviii) : *Dum medium,* etc., « Tandis que tout était plongé dans le silence du milieu de la nuit, etc...... » ce qui s'applique littéralement à la nativité du Seigneur ; ce qu'insinuent encore l'évangile de cette messe et cette collecte : *Deus qui hanc sacratissimam carnem tuam,* etc. ; et cette prophétie : *Populus gentium, qui ambulat in tenebris, vidit lucem magnam,* « Le peuple des Gentils, qui marche dans les ténèbres, a vu une grande lumière ; » *habitantibus in regione umbræ mortis,* etc. ; et l'épître, ainsi que presque tout ce qui se dit pendant cette messe.

XVIII. Le même pape Télesphore (*De consec.,* dist. i, *Nocte*) a statué que l'on chanterait solennellement dans cette messe l'hymne angélique *Gloria in excelsis,* pour rappeler que les anges le chantèrent cette nuit, pendant laquelle ils annoncèrent aux bergers la naissance du Christ ; d'où on lit dans l'évangile : « Et soudain il parut en l'air, avec l'ange, une troupe de l'armée céleste qui louait Dieu et qui disait : Gloire soit à Dieu au plus haut des cieux, et paix sur la terre aux hommes de bonne volonté ! »

XIX. Il faut remarquer que, dans la plupart des églises, cette messe, matines et laudes sont terminées par une seule oraison, pour marquer que tout cet office désigne la même chose, c'est-à-dire la nativité éternelle et temporelle ; de là vient que cette messe commence par ces paroles : *Dominus dixit ad me : Filius meus es tu ; ego hodie genni te,* « Le Seigneur m'a dit : Tu es mon Fils ; je t'ai engendré aujourd'hui ; » ce qui ne s'entend que de la génération éternelle ou de la génération du Christ ; mais ce qui suit : *Ego hodie genui te,* s'entend de l'une et de l'autre, et alors *hodie* signifie éternellement. Car, selon saint Augustin, *hodie* désigne la présence, et ce qui est éternel est toujours présent. Le verset *Quare fremuerunt gentes et populi meditati sunt inania?* « Pourquoi les nations se sont-elles soulevées avec un grand bruit, et les peuples ont-ils formé de

vains desseins? » a trait à la génération temporelle, comme
s'il disait : C'est bien en vain qu'ils se soulèvent, puisque le
Christ est Dieu et homme tout ensemble. Le répons, où il est
dit : *Deus Pater, ego Pater sum; tecum principium*, « Dieu
est mon père, je suis père; ta royauté apparaîtra, » a trait
à la génération éternelle; suivent ces mots : *In Die virtutis
tuæ*, « Au jour de ta puissance, » c'est-à-dire au jour de ta
résurrection; *in splendoribus sanctorum*, « au milieu de l'é-
clat et de la splendeur de tes saints, » c'est-à-dire dans la lumière
de tous les saints. Et il dit au pluriel : *in splendoribus sanctorum*, « dans les splendeurs, » à cause de leurs divers effets;
ex utero, « du sein, » c'est-à-dire du fond intime de ma bonté,
ante luciferum genui te, « je t'ai engendré avant l'étoile porte-
lumière » (du jour), c'est-à-dire avant toute créature, comme
s'il disait : Dès l'éternité. L'épître *Paulus servus*, que quelques-
uns disent à la vigile, et l'évangile ont trait à la génération
temporelle. Dans l'épître l'Apôtre dit : *Ex semine David, secundum*, « Il est de la race de David selon la chair; » et l'évangile : *Exiit edictum ab Cæsare Augusto*, « César-Auguste publia
un édit » (saint Luc, chap. II). Dans d'autres églises on lit
l'épître *Apparuit gratia Dei*, etc., « La grâce de Dieu s'est
manifestée, » adressée à Tite (chap. II).

XX. On lit immédiatement la prophétie avant l'épître : premièrement, pour que la colonne soit sur sa base et appuyée
par sa base; car ce qui se dit dans l'évangile ne trouverait pas
créance, si les prédictions de l'Ancien-Testament ne se trouvaient accomplies. Secondement, à la vigile et à la messe dont
nous parlons, on dit deux leçons sans intervalle : une tirée de
la prophétie, une de l'Apôtre, parce que le Christ naît pour
deux peuples qui ne doivent former qu'une même muraille.
Troisièmement, parce que sur la base des prophètes a été établie la colonne des apôtres. Quatrièmement, parce que ceux
qui s'occupent de la vie active, ainsi que ceux qui s'occupent
de la vie contemplative, sont par cette nativité sauvés dans

une même foi. Cinquièmement, parce que la nativité du Christ est préconisée de concert par les deux Testaments : ce sont les deux Chérubins qui couvrent le propitiatoire et qui face à face tiennent leur visage tourné vers le propitiatoire, comme on l'a dit dans la préface de la quatrième partie. Certains, cependant, ne lisent aucune prophétie, pour marquer que les anciennes figures ont passé et que tout a été renouvelé, comme s'ils disaient : La figure doit cesser par le fait même de l'apparition de la vérité.

XXI. La seconde messe est chantée à l'aurore, au commencement du jour, moment où le Christ fut adoré dans la crèche par les bergers : premièrement, pour montrer que les saints Pères et les prophètes qui vécurent sous la loi écrite eurent bien quelque connaissance de Dieu, mais ne l'eurent pas dans un degré aussi éminent que nous maintenant. C'est pourquoi on commence la messe par la promesse qui fut faite aux anciens dans la loi ancienne : *Lux fulgebit hodie in domo Domini*, etc., « Une nouvelle lumière brillera aujourd'hui dans la maison du Seigneur. » Secondement, c'est parce que, de même que le Seigneur fut annoncé par l'ange Gabriel avant sa naissance, de même l'on chante la messe de sa nativité avant le commencement du jour. Troisièmement, à cause du lever du nouvel astre, parce que celui qui est né a toujours été la vraie lumière, à sa naissance, dans le sein de sa mère et hors du sein de sa mère. On dit donc cette messe au lever de cet astre temporel, comme si l'on disait, par ce fait même : Le soleil est levé, comme le marquent l'introït *Lux fulgebit* et le graduel *Deus Dominus et illuxit nobis*, « Le Seigneur est le vrai Dieu, et il a fait paraître sa lumière sur nous ; » et ce qui suit dans l'introït : *et vocabitur Admirabilis*, « et il sera appelé l'Admirable, » tiré d'Isaïe (chap. IX); ce que pourtant quelques-uns disent à la messe de nuit, parce que les pasteurs, pendant cette nuit, visitèrent la crèche du Seigneur, comme le marque l'évangile de cette messe : *Pastores*, etc. (S. Luc, c. II).

On lit d'abord aussi alors dans certaines églises la prophétie *Spiritus Domini super me*, « L'esprit de Dieu est sur moi, » qui est d'Isaïe (chap. XLI); ensuite l'épître *Apparuit benignitas*, adressée par saint Paul à Tite (chap. III). La communion est : *Exulta, filia*, etc., de Zacharie (chap. IX).

XXII. La troisième, qui se dit en plein jour, à l'heure de tierce, heure où a brillé pour nous le jour de notre rédemption, est célébrée avec plus de solennité. Elle se rapporte au temps de la grâce, temps où une grande lumière est venue des cieux éclairer tout homme venant en ce monde. Car le voile du temple se déchira en deux ; d'où la Sagesse dit : *Aperta sunt prata*, etc., « Les prairies sont ouvertes et les herbes verdoyantes ont poussé. » L'épître *Multifarie*, aux Hébreux (chap. I) et l'évangile de cette messe ont trait à la génération éternelle. C'est pourquoi on lit dans l'épître : *Filius meus es tu*, « Tu es mon Fils, je t'ai engendré aujourd'hui. » Dans cet endroit, *Multifarie multisque modis*, « Dieu a parlé à nos pères en plusieurs et diverses manières, » s'entend des choses temporelles. L'évangile traite de la génération éternelle ; car il commence ainsi : *In principio*, comme s'il disait : « Au commencement de la création était le Verbe ; » cet évangile est de saint Jean (chap. I). Dans certaines églises on dit encore alors la prophétie *Propter hoc sciet*, qui est d'Isaïe (chap. LII). La communion est : *Viderunt*, etc., d'Isaïe (chap. LII) et du Psalmiste.

XXIII. La première messe a donc trait à la génération éternelle ; la seconde a trait aux promesses faites aux anciens ; d'où vient que l'on chante *Lux fulgebit*, « La lumière brillera dans la maison du Seigneur. » On ne dit point *fulsit* au parfait, ni *fulget* au présent. La troisième a rapport à la vérité qui nous a été montrée ; c'est pourquoi on chante *Puer natus est nobis, et Filius datus est nobis* (Isaïe, chap. IX), « I nous est né un enfant, et un Fils nous a été donné. » En ce endroit on se sert du futur pour marquer la promesse, et du passé pour désigner l'accomplissement de la promesse ; et comme la génération éternelle nous est cachée, d'après ces paroles d'Isaïe : *Generationem ejus quis enarrabit?* « Qui racontera sa génération ?» c'est pourquoi la messe, qui désigne la génération éternelle, se chante au milieu d'une nuit profonde. Or, comme les anciens Pères, auxquels fut faite la promesse, étaient assurés de l'incarnation du Seigneur, mais non au même degré que ceux du Nouveau-Testament, auxquels la vérité fut manifestée, c'est pourquoi la messe qui a trait à la promesse faite aux anciens se chante au lever de l'aurore, temps où la lumière paraît à peine. D'après l'introït, il semblerait que le jour alors doit être dans tout son éclat ; mais il n'en est pas ainsi, parce qu'à l'aurore le jour ne fait qu'empourprer l'horizon. A tierce, il paraît dans son éclat ; à sexte, le soleil est dans son ardeur ; à vêpres, sa chaleur se ralentit. Comme c'est à l'époque du Nouveau-Testament que la vérité a été manifestée, de là vient que la messe qui a trait à cette manifestation de la vérité se chante en plein jour.

XXIV. La première messe désigne la génération éternelle, c'est-à-dire la génération du Christ, engendré du sein de son Père sans le concours de sa mère. La seconde messe représente la génération temporelle du Christ, sorti du sein de sa mère sans le concours du Père. La troisième messe est mixte, c'est-à-dire qu'elle a trait aux deux générations, éternelle et temporelle. Il faut remarquer que, pendant la messe qui a trait à la génération éternelle, on lit l'évangile qui se rapporte à l'humanité, c'est-à-dire *Exiit edictum ab Augusto Cæsare.* Dans l'autre, qui a trait à la vérité qui nous a été manifestée, on lit l'évangile qui désigne la divinité, savoir : *In principio erat Verbum,* «Au commencement était le Verbe, » pour marquer que, depuis que l'humanité a été unie à la divinité, l'humanité n'est point restée ni ne restera point sans la divinité, ni la divinité sans l'humanité. C'est là la raison que donne le Maître dans le psautier. Certains prétendent que comme dans les collectes, les leçons, l'évangile et l'offertoire de la première

messe, il est évidemment question de la naissance du Christ
du sein de la Vierge, il s'ensuit que l'intention de tout l'office
peut se rapporter à la nativité temporelle ; et, dans l'introït,
voici comment ils expliquent *hodie : hodie*, « aujourd'hui, »
c'est-à-dire ce jour-ci, avant l'étoile porte-lumière, c'est-à-dire
l'étoile du matin ; *genui te,* « je t'ai engendré, » c'est-à-dire j'ai
opéré ta génération.

XXV. Et ils expliquent ainsi *primogenitum* de ce passage
de l'évangile : *Maria peperit filium suum primogenitum*,
« Marie enfanta son fils premier-né ; » *primogenitum,* premier-né, c'est-à-dire le premier enfant né de la Vierge (Extra
De verb. signif. ; Nam et ego).

XXVI. Ils disent encore que l'office de la seconde messe
s'accorde avec les paroles des bergers qui disaient, comme on
le dit dans l'évangile : *Transeamus,* etc., « Passons jusqu'à
Bethléem, etc. » (VI, q. v, *Hoc factum est*). Ces bergers, se
félicitant, disent dans l'introït : *Lux fulgebit,* « La lumière va
briller. » En effet, elle s'était levée et avait apparu l'étoile de
Jacob. Ou bien encore on dit : *Lux fulgebit,* par rapport à la
loi ancienne, qui promit aux anciens Pères la nativité temporelle ; puis on ajoute : *Deus regnavit, decorem indutus est,* «Le
Seigneur a régné, il s'est revêtu de gloire, » c'est-à-dire de
cette gloire dont sa mère l'a couronné, c'est-à-dire de son humanité ; et ils ajoutent au graduel : *Benedictus,* etc., « Béni
soit celui qui vient au nom du Seigneur ; » et dans l'*Alleluia,
Dominus regnavit.* A l'offertoire, ils expliquent qui il est et
quelle est sa grandeur, en disant : *Dominus enim firmavit or-
bem terræ,* « Car le Seigneur a consolidé l'univers ; » et, comme
la première muraille est formée par les Hébreux, c'est pour
cela que les prémices de ce peuple, c'est-à-dire les bergers,
s'adressent à eux dans la communion : *Exulta, filia Sion,* « Réjouis-toi, fille de Sion, » c'est-à-dire l'Eglise.

XXVII. La troisième messe fait retentir les merveilles du
Verbe de Dieu, qui était au commencement et qui commence

à être chair, comme on le lit dans l'évangile. Ce Verbe est l'enfant qui, selon le Prophète, nous est né, comme nous le chantons dans l'introït; il est ce cantique nouveau dont parle le Prophète dans le verset *Cantate Domino canticum novum*, « Chantez au Seigneur un cantique nouveau. » Ce Verbe est encore le Sauveur, dont on chante après, dans le graduel : *Viderunt omnes,* « Toute la terre a vu, » c'est-à-dire la grande lumière descendue dans le sein de la Vierge, lumière qui éclaire tout homme venant en ce monde et dont on dit dans l'Evangile : *In principio erat Verbum,* etc., « Au commencement était le Verbe. » Enfin, c'est le roi riche et puissant à qui l'on dit dans l'offertoire : *Tui sunt cœli,* etc., « A toi sont les cieux, et la terre t'appartient. » A la fin de la première et de la seconde messe, quelques-uns disent *Benedicamus Domino,* comme on l'a marqué au chapitre de l'Avent. Depuis ce jour jusqu'à l'octave de l'Epiphanie, on dit les répons et leur verset, avec l'*Alleluia,* pour représenter la grande joie qui est arrivée dans le temps de la grâce.

CHAPITRE XIV.

DU DIMANCHE DANS L'OCTAVE DE NOEL.

I. Le dimanche qui est dans l'octave de Noël on chante le même office qu'à Noël. C'est pourquoi l'introït de la messe est : *Dum medium silentium tenerent omnia,* etc. (Sagesse, c. XVIII.), « Pendant que toute la terre était plongée dans le silence du milieu de la nuit. »

II. Il y a trois espèces de silence : le silence de l'ignorance, le silence du désespoir et le silence de la gloire. Le silence de l'ignorance exista avant la loi, parce que les hommes ignoraient leurs péchés; c'est pourquoi ils ne criaient pas vers le

Seigneur (aux Romains, c. x). La mort a régné depuis Adam jusqu'à Moïse; et, lorsque la loi a été donnée pour la connaissance du péché, les hommes ont gardé la loi un très-long temps. A la fin, ils désespérèrent, quand, venant à sortir de la voie, ils devinrent des membres inutiles; alors ce fut le silence du désespoir. Mais, à la venue du Christ, ce silence fut rompu ; c'est de là que tous s'écrient, en chantant les louanges de Dieu : « Le silence de la gloire viendra quand tous nos vœux seront comblés. » Le Seigneur viendra dans le silence du désespoir, afin que celui-là opère le salut du genre humain, qui en est le vrai médecin.

III. Et voilà pourquoi on dit : *Dum medium silentium*, c'est-à-dire que la nuit, c'est-à-dire le diable dans sa course, tenait le milieu du chemin, c'est-à-dire occupait le chemin commun à tous; car tous les hommes, sans distinction, descendaient aux enfers. Ta parole toute-puissante, c'est-à-dire ton Fils, ô Seigneur Père, qui est appelé la parole du Père, parce que c'est par lui qu'il est né et qu'il est venu de sa royale demeure chercher et faire des rois ; ou bien, dans le sens littéral : *Dum omnia tenerent medium*, c'est-à-dire pendant que toute la terre était plongée dans le silence de la nuit, commun à tous ; c'est-à-dire quand tout se tait, au moment où la nuit, dans son cours, avait fourni la moitié de sa carrière. Dans le sens littéral encore : *Sermo tuus*, Ta parole est descendue des royales demeures; ou bien parce que le Seigneur est né au milieu de la nuit, et avec ce sens s'accordent l'épître aux Galates (chap. IV), où il est dit : *At ubi venit plenitudo temporis*, « Dès que le temps marqué fut arrivé ; » et le répons *Speciosus forma*, etc., parce qu'il est exempt de tout péché et comblé de toutes les vertus. Car, comme saint Paul le dit aux Colossiens (chap. III), « En lui réside corporellement la divinité dans toute sa plénitude ; » corporellement, c'est-à-dire sous le rapport des trois dimensions, c'est-à-dire comme cela a lieu en toutes choses : c'est-à-dire en essence, en présence et en puissance. La même plénitude se trouve dans les saints par la grâce, et dans le Christ par union *hypostatique*; d'où ces paroles : « La grâce est répandue sur tes lèvres. » La grâce, dis-je, est répandue sur ses lèvres, parce qu'aucun homme n'a parlé comme lui; parce que dans sa bouche se trouve la loi de clémence, comme quand il a dit : « Femme, personne ne t'a condamnée, je ne te condamne pas non plus; va, et ne pèche plus; » et lorsqu'il dit : « Aimez vos ennemis. » L'évangile *Erat Joseph,* de saint Luc (chap. ii), a trait également à la nativité, quant à son principe, quoiqu'il se rapporte encore à autre chose. « Son père, » c'est-à-dire son père supposé, « et sa mère étaient dans l'admiration touchant les choses qui étaient dites de lui, » c'est-à-dire par les bergers.

IV. Suit dans l'évangile la prophétie de Siméon : *Ecce positus est hic in ruinam,* « Cet enfant est établi pour la perte, » c'est-à-dire de ceux qui ne seront pas fidèles, « et pour le salut et la résurrection d'un grand nombre, » c'est-à-dire de ceux qui seront fidèles; *et in signum,* « et il sera comme une marque, » c'est-à-dire comme un but pour la contradiction, comme s'il disait : *Si in viridi,* etc., « Si ceci arrive pour le bois vert, qu'arrivera-t-il pour le bois sec? » ou bien encore, *in signum,* c'est-à-dire pour montrer que c'est par l'humilité et la pauvreté que l'on arrive au paradis. Ou bien encore, *in signum,* c'est-à-dire que ce mot est pris dans le sens de sceau, de cachet, de marque distinctive; d'où saint Jean dit (c. i) : *Quem signavit Pater,* « Celui que le Père a marqué comme d'un sceau et a envoyé dans le monde pour que nous fussions également marqués de lui comme d'un sceau; » de là, également, le prophète Aggée dit : « Je t'ai placé pour servir de sceau, de marque distinctive, parce que je t'ai choisi; » et dans le Cantique des cantiques : « Place-moi comme un sceau sur ton cœur, etc. »

V. Le Christ donc a été placé *in signum* de trois manières; c'est-à-dire comme un but, comme un exemple, comme un sceau. Cet office : *Dum medium,* etc., est encore la voix de la primitive Eglise, par laquelle elle rappelle la nativité du Seigneur dont elle annonce l'effet fructueux dans l'épître, parce que nous sommes passés de l'état de servitude à l'état d'adoption; dans l'évangile elle nous recommande la sagesse, en nous proposant le Seigneur comme modèle, en ces termes : *Puer crescebat*, « L'enfant croissait et se fortifiait, étant rempli de sagesse. » c'est-à-dire d'après sa puissance ou d'une manière potentielle (puisqu'il est la sagesse incréée). Le verset qui suit l'*Alleluia* est : *Dominus regnavit;* l'offertoire est : *Dominus enim firmavit*, etc., « Car le Seigneur a consolidé l'univers, » d'après sa splendeur et son éternelle beauté. Le graduel est : *Speciosus forma;* la postcommunion : *Tollite puerum*, de saint Mathieu, chapitre II. Elle désigne le temps de la fuite, où le Seigneur descendit en Egypte, et se rapporte d'une manière mystique à l'adoption des Gentils, parce que le Seigneur passa de la Judée à la gentilité pour en faire son héritière par adoption.

CHAPITRE XV.

DE LA FÊTE DE LA CIRCONCISION (7).

C'est ici qu'il nous faut parler de la fête de la Circoncision.

I. Or, il est bon de savoir que la circoncision avait d'abord été prescrite à Abraham et à sa race, c'est-à-dire aux Hébreux qui devaient naître de lui, pour prouver par là son obéissance ou sa désobéissance; de même Adam, pour que son obéissance fût mise à l'épreuve, avait reçu l'ordre de ne pas manger du fruit de l'arbre défendu. Or, la circoncision fut prescrite pour cinq raisons :

II. Premièrement, afin que par son obéissance Abraham plût à Dieu, à qui Adam avait déplu par sa prévarication. Secondement, elle fut prescrite pour marquer la grandeur de la foi d'Abraham; car ce patriarche crut qu'il aurait un fils en qui toutes les nations seraient bénies par la foi, c'est-à-dire par la foi au moyen de laquelle s'accomplirait la circoncision spirituelle, afin qu'ainsi il fût justifié lui-même. Troisièmement, afin que la circoncision fût la marque distinctive qui séparât le peuple juif des autres peuples. Quatrièmement, afin que la circoncision faite sur le membre viril, par lequel est engendrée toute créature mortelle et dans lequel l'aiguillon des passions a coutume de dominer, marquât que nous devons conserver là chasteté du corps et de l'ame et retrancher de nous l'impureté. Cinquièmement, parce que c'était là le moyen le plus énergique qui pût figurer la destruction du péché originel par le Christ; car tout homme naît avec le prépuce, de même qu'il naît entaché du péché originel.

III. C'est pourquoi la chair du prépuce a été choisie de préférence pour la circoncision, parce qu'elle a été prescrite comme remède contre le péché originel que nous avons contracté et qui nous a été transmis, par nos parents, par la concupiscence et la corruption qui domine surtout dans cette partie du corps; et parce que, comme c'est par ce membre que l'homme a connu et commis la première faute de désobéissance, Dieu a manifesté sa volonté qu'en ce membre se montrât aussi son obéissance.

IV. La circoncision avait lieu, au texte de la loi, le huitième jour après la naissance de l'enfant (Lévitique, chap. XII). Elle se pratiquait avec un couteau de pierre, pour marquer qu'après le septième âge de cette vie, le huitième jour ou âge qui aura lieu à la résurrection, toute corruption de la chair et de l'esprit sera retranchée des élus par la pierre, c'est-à-dire par le Christ, alors que nous serons délivrés de la servitude de la corruption, quand l'ame de tous ceux qui croient en lui sera circoncise ou séparée du péché. Ce sacrement a donc un double objet, c'est-à-dire la circoncision du péché pour le présent, et la circoncision ou séparation de toute corruption pour l'avenir.

Or, le Christ n'avait pas besoin d'être circoncis, comme on le dira bientôt.

V. Dans son temps, la circoncision remettait les péchés, comme le fait maintenant le baptême. C'est pourquoi saint Grégoire (*De consec.*, d. IV, *Quod apud extra de bap. majores*) dit : « Ce que fait chez nous l'eau du baptême pour les anciens ou pour les enfants, c'est la foi seule qui l'opère; pour les adultes, c'est la vertu du sacrifice; pour ceux qui sont issus de la race d'Abraham, c'est le mystère de la circoncision. »

VI. Mais pourquoi le Christ, qui fut l'agneau sans tache, n'ayant pas l'ombre ni la moindre ride d'une souillure, lui qui n'a point commis le péché; lui, sur les lèvres duquel la ruse n'a pas été trouvée; pourquoi le Christ a-t-il voulu être circoncis? A cela je réponds que, de même qu'il a voulu être présenté au temple, baptisé et manger l'agneau pascal avec ses disciples, ainsi il a voulu pour nous être circoncis dans son corps.

VII. Secondement, pour ne pas fournir aux Juifs le prétexte de dire qu'il n'était pas le Messie promis dans la loi, puisqu'il n'était pas circoncis et ne vivait pas selon la loi; car c'est lui qui a dit : « Je ne suis pas venu pour abolir la loi, mais pour l'accomplir (et la compléter). »

VIII. Troisièmement, par rapport à nous, c'est-à-dire pour figurer que cette circoncision charnelle désigne la circoncision présente et spirituelle, qui est la grâce, et la circoncision future qui sera dans la gloire; et il ne nous a pas donné l'exemple d'une circoncision charnelle, mais d'une circoncision spiri-tuelle, par l'incarnation de sa vie (en faisant passer sa vie en nous par une sorte d'incarnation); car, d'après saint Bernard, nous devons subir une double circoncision, c'est-à-dire une cir-concision charnelle et extérieure, et une circoncision spiri-tuelle ou intérieure.

IX. Quatrièmement, par rapport à lui-même, pour montrer qu'il avait pris une véritable chair.

X. Cinquièmement, pour que les démons ne connussent

point le mystère de la circoncision ; car, comme elle se pratiquait contre le péché originel, le diable s'imagina que le Christ,
qui était circoncis comme les autres hommes, était aussi un
pécheur. C'est pourquoi le Christ voulut que sa mère, toujours
vierge, fût mariée (à Joseph).

XI. Sixièmement, à cause de sa parfaite humilité, comme
s'il eût été un pécheur, il voulut être circoncis, quoiqu'il n'en
eût pas besoin, comme par humilité il voulut être baptisé, en
se soumettant à son inférieur. Nous avons dit, dans la quatrième partie, à ces mots : *Novi et æterni*, à la particule septième du canon, où se trouve la chair du prépuce du Christ.

XII. Or, le baptême remplaça la circoncision pour quatre
motifs : premièrement, parce que le sacrement du baptême est
plus parfait ; secondement, parce qu'il a plus d'extension, car
on ne pouvait pratiquer la circoncision sur les femmes ; troisièmement, parce qu'il renferme plus de grâces ; car la circoncision ne faisait que remettre le péché, mais ne donnait
pas la grâce pour faire le bien, et ne donnait ni n'augmentait
les vertus.

XIII. Le baptême remet non-seulement le péché, mais confère la grâce coopérante (sanctifiante) et augmente les vertus ;
et c'est pourquoi l'Apôtre dit avec raison qu'Abraham n'adopta
la circoncision que comme un signe distinctif (ou comme une
figure du baptême). Quatrièmement, à cause de la conve-
nance ; car il est plus convenable de purifier le corps avec
l'eau que de le mutiler. Mais il semble qu'on ne doive pas
faire une fête de la circoncision, puisque l'Apôtre dit : *Circumcisio nihil prodest*, « La circoncision ne sert à rien. » (*Extra
De bapt. majores*). Et ensuite : *Si circumcidimini, Christus
nihil proderit vobis*, « Si vous vous circoncisez, le Christ ne
vous servira de rien. » En outre, puisque l'Eglise ne célèbre
point de fête de la passion du Seigneur, il paraîtrait qu'on ne
doit pas non plus fêter la circoncision, mais plutôt gémir en
ce jour-là, puisque c'est alors que commença la passion du

Seigneur qui, pour la première, répandit son sang. A cela nous répondrons qu'on ne célèbre pas la fête de la circoncision, mais la fête de l'octave de Noël. Mais rien ne nous empêche de dire que la fête de la circoncision ou de la délivrance de la coulpe et de la peine est celle qui se célèbrera dans l'octave de la résurrection, car elle en est la cause méritoire; et c'est à cause de la joie de la résurrection que l'Eglise solennise cette fête. A l'objection que l'on nous fait touchant la passion, nous répondrons que, si l'Eglise ne fête pas le jour où le Seigneur souffrit, c'est parce qu'alors il plaça nos péchés dans la balance; de là ces paroles de Job : « Plût à Dieu que les péchés qui m'ont mérité la colère divine et que les maux que je souffre fussent pesés dans une balance! » car il a fallu que le Fils de Dieu souffrît pour nos péchés, pour nous délivrer de tout péché. C'est pour cela que l'Eglise pleure sur l'énormité de ses péchés, considérant que le soleil, rougissant à cause des péchés des hommes, se couvrit de ténèbres; ce dont on parlera au chapitre du Vendredi saint.

XIV. On célèbre donc en ce jour l'octave de la Nativité, qui est une octave de supplément, comme on le dira dans la préface de la septième partie. Cette octave a encore une autre signification. Or, elle figure deux choses : premièrement, la circoncision du Seigneur, qui est exprimée dans l'évangile; secondement, l'avénement de l'homme vers Dieu; car il y a un double avénement, savoir : celui du Christ vers les hommes, dont on a parlé dans la Nativité, et l'avénement des hommes vers le Christ, dont il est question dans cette octave. C'est ce que marquent les antiennes de laudes, comme celle-ci : *O admirabile commercium!* « O admirable commerce ! »

XV. Car le commerce consiste à recevoir une chose et à en donner une autre. Or, le Seigneur a reçu notre humanité pour nous donner sa divinité; ce qui est marqué dans les paroles suivantes, c'est-à-dire : *Animatum corpus sumens*, etc., « En prenant un corps animé dans le sein de la Vierge; » mots qui désignent ce que le Seigneur a reçu, et par ces mots : « Il nous a donné sa divinité, » on désigne ce qu'il a donné. La seconde et la quatrième antienne sont terminées par *Te laudamus, Deus noster,* « Nous te louons, ô notre Dieu ! » comme si on disait : Nous viendrons à toi en te louant. La troisième se termine par *Virgo Dei genitrix, intercede pro nobis,* « Mère de Dieu, intercède pour nous. » C'est comme si l'on disait : Intercède pour que ton Fils nous reçoive à lui. Dans la cinquième, on dit ces paroles de Jean-Baptiste : « Voici l'Agneau de Dieu, » comme si l'on disait : Nous devons aller vers lui ; d'où vient qu'André et un autre disciple de Jean, ayant entendu ces paroles, suivirent le Seigneur. Dans l'antienne *Benedictus* ci-dessus, on prononce ces mots : *Innovatur natura ;* car notre nature vieillit quand nous nous éloignons de Dieu, mais elle rajeunit et se renouvelle quand nous nous rapprochons de lui.

XVI. Or, il faut remarquer que cinq raisons se réunissent pour rendre ce jour solennel : la première est la coïncidence de deux fêtes, c'est-à-dire la fête des couches de la Vierge et celle de l'enfantement du Christ ; ce qui fait que l'on célèbre deux messes. La première est celle des couches de la bienheureuse Vierge, où l'on dit l'introït *Vultum tuum* et la communion *Simile est regnum cœlorum homini negotiatori,* « Le royaume des cieux est semblable à un homme faisant le commerce, etc. » (Mat., c. xiii). La seconde est celle de l'enfantement du Christ, c'est-à-dire de son fils, où l'on dit l'introït *Puer natus est nobis,* « Un enfant nous est né ; » ou, dans d'autres églises, *Dum medium tenerent,* etc. ; de là vient que, dans certains graduels, on trouve cet office sous un double titre. C'est à cause de cette fête de la bienheureuse Vierge qu'il y a une station dans l'église Sainte-Marie, au-delà du Tibre, quoique quelques-uns aient écrit qu'elle se fait dans le sanctuaire de Latran, à raison de ce qu'on y conserve, dit-on, la chair de la circoncision du Seigneur, comme on l'a dit dans la quatrième partie, sous la septième particule du canon. L'épître est :

Apparuit benignitas, adressée à Tite (c. III) ; l'évangile :
Postquam consummati sunt, est de saint Luc (c. II); l'*Alleluia*
est : *Multifarie* (I aux Héb.). La seconde raison qui rend ce jour
solennel, c'est l'octave dont nous avons parlé. La troisième est
l'imposition d'un nom nouveau et salutaire ; ce dont on parlera
au chapitre du Samedi saint, où l'on traite du baptême. Or,
l'Homme-Dieu a reçu un triple nom, c'est-à-dire le nom de
Fils de Dieu, de Christ et de Jésus, comme on le voit d'après
l'évangile ; nous en avons parlé dans la préface de la seconde
partie. La quatrième est l'effusion du sang de Jésus-Christ ; car,
aujourd'hui, pour la première fois, il a commencé à verser
son sang pour nous, lui qui dans la suite a voulu si souvent le
verser. La cinquième raison est le sceau de la circoncision
que le Christ, aujourd'hui, a daigné recevoir pour nous, pour
les motifs précités. Dans certaines églises, des sous-diacres,
jeunes et vigoureux, font une fête en ce jour, pour marquer
que dans l'octave de la résurrection, qui est désignée par le
huitième jour auquel avait lieu la circoncision, il n'y aura point
d'âge débile, point de vieillesse, point de caducité, point d'enfance faible et impuissante ; mais tous, nous deviendrons des
hommes parfaits, lorsque ce corps mortel se revêtira de l'immortalité, et que ce corps corruptible deviendra incorruptible,
comme nous l'avons dit ci-dessus et comme nous le dirons
dans la septième partie, aux fêtes de saint Etienne et de saint
Jean.

XVII. Enfin, il faut remarquer que jadis les païens et les
Gentils, dans ces calendes, observaient un grand nombre de
superstitions, dont saint Augustin cite quelques-unes dans un
de ses discours (XXVI q. ult., *Non observet*). Car ils adoraient
alors, dit-il, un certain Janus, qu'ils considéraient comme un
Dieu. Ils le représentaient avec deux visages, un par devant,
l'autre par derrière, parce qu'il est le commencement de l'année qui suit et la fin de l'année qui précède. Ils prenaient alors
diverses formes monstrueuses ; les uns se revêtaient de peaux

d'animaux, les autres de têtes de bêtes; d'autres portaient des habits de femmes; d'autres encore observaient les augures, en donnant ou recevant des étrennes diaboliques; d'autres, pendant toute la nuit, tenaient des tables splendidement servies, dans la pensée que pendant toute l'année ils seraient dans l'abondance de semblables mets; ce que la vérité empêche aux chrétiens de faire.

CHAPITRE XVI.

DE LA FÊTE DE L'ÉPIPHANIE (8).

I. Suit la fête de l'Epiphanie, mot grec qui signifie en latin manifestation ou apparition, et qui se confond avec la fête de la Nativité; car la naissance du Christ eût été inutile sans son apparition. Mais aujourd'hui l'Eglise célèbre une fête solennelle, à cause de cette triple apparition ou manifestation. C'est pourquoi, dans les anciens livres, ce jour de l'Epiphanie est diversement intitulé et reçoit trois appellations différentes, savoir : Epiphanie, Théophanie et Bethphanie. On dit Epiphanie, par rapport à cette manifestation du Seigneur qui se fit surtout par l'étoile.

II. Or, les mages furent Gaspard, Melchior et Balthazar. Ils étaient rois, d'après cette parole du Psalmiste : « Les rois t'offriront des présents; » et ensuite : « Les rois de Tharse et des îles, de l'Arabie et de Saba offriront au roi des présents, etc. » Leurs corps furent transportés de Milan à Cologne; et on les appelle mages (*a magnitudine scientiæ*), à cause de la grandeur de leur science; car c'est par l'astronomie qu'ils connurent que cette étoile n'était point du nombre de celles qui avaient été créées dès le commencement, mais celle dont Balaam, leur maître, avait prophétisé (Nombres, c. XXIV) : *Orietur stella ex Jacob*, « Il s'élèvera une étoile de Jacob, et un rejeton d'Israël, et il sortira de Jacob, celui qui dominera. » C'est pourquoi ils furent excités à se rendre à Bethléem, sous la direction de cette étoile, pour adorer le roi qui venait de naître et qui leur avait été prédit par Balaam. Epiphanie vient de ἐπί, sur, et φανεία, apparition, parce que cette apparition vint d'en haut ou du ciel; ou bien de ἐπί, sur, parce qu'il est écrit : *Usquedum veniens*, etc., « Jusqu'à ce qu'étant arrivée sur le lieu où était l'enfant, elle s'arrêta au-dessus. » Elle était plus près de la terre que les autres étoiles; et ceci arriva le treizième jour après la nativité du Seigneur, jour auquel l'étoile conduisit les mages à la crèche.

III. Quelques-uns prétendent que cette étoile ne fut autre que l'Esprit saint, qui dans la suite descendit en forme de colombe sur le Seigneur, au moment de son baptême, et qui apparut aux mages eux-mêmes sous la forme d'une étoile. D'autres disent que ce fut l'ange qui avait apparu aux bergers juifs, c'est-à-dire qu'il apparut à ces derniers qui usaient de leur raison sous une forme raisonnable, et aux Gentils qui n'en usaient pas sous une forme matérielle. D'autres encore, et avec plus de vérité, disent que ce fut une étoile nouvellement créée et qui, après avoir rempli sa destination, retourna en sa matière primordiale. D'autres prétendent qu'elle tomba dans un puits, où elle apparaît encore, dit-on, mais seulement à ceux qui sont vierges. On a coutume de demander comment il se fait qu'en si peu de temps, dans l'espace de treize jours, les mages aient pu venir de régions si éloignées jusqu'à Jérusalem, qui est, dit-on, au centre du monde, d'après ces paroles du Psalmiste : « Notre roi a opéré le salut au milieu de la terre. » Saint Isidore prétend que l'étoile apparut aux mages avant la nativité, afin qu'ils pussent arriver à temps à Bethléem. Saint Jérôme dit que c'est le jour de Noël qu'elle leur apparut pour la première fois; mais ils vinrent sur des dromadaires, d'après ces paroles du Prophète : *Inundatio camelorum*, « Tu seras inondé par une foule de chameaux, » par les dromadaires de Madian et d'Epha, dont la course est très-rapide; d'où leur nom dérive de ὄρομος, qui veut dire course.

et de αρη, qui signifie vertu. Et ils sont plus petits que les chameaux; mais leur course est plus rapide, c'est-à-dire qu'en un seul jour ils font autant de chemin qu'un cheval en trois jours.

IV. On demande encore pourquoi les mages apportèrent avec eux des présents? Je réponds, suivant Bède, qu'anciennement personne ne s'approchait d'un roi ou du Seigneur les mains vides, ce que les Perses et les Chaldéens observent encore. Secondement, suivant Bède, ils offrirent de l'or à la bienheureuse Vierge pour soulager son indigence. Ils offrirent de l'encens contre la mauvaise odeur de l'étable; de la myrrhe, pour fortifier les membres de l'enfant et pour l'expulsion des vers. Troisièmement, parce que l'or se rapporte au tribut, l'encens au sacrifice et la myrrhe à la sépulture, ces trois présents insinuent qu'il y a dans le Christ la puissance royale, la majesté divine et la mortalité humaine. Quatrièmement, parce que l'or signifie l'amour, l'encens la prière, et la myrrhe la mortification de la chair; trois choses que nous devons offrir à Dieu.

V. La seconde apparition se fit le même jour, dans le baptême du Christ, mais un grand nombre d'années après, c'est-à-dire le treizième jour de sa trentième ou trente-et-unième année. D'où saint Luc dit : « Jésus, en commençant sa mission, était âgé d'environ trente ans. » Or, cette manifestation est appelée Théophanie, de θεος, Dieu, et φανεια, apparition, parce qu'alors toute la Trinité se manifesta : le Père, par sa parole; le Fils, dans sa chair, et le Saint-Esprit, sous la forme d'une colombe.

VI. Or, certains hérétiques ont prétendu qu'on ne devait baptiser que le jour de l'Epiphanie, parce que ce fut alors que le Christ fut baptisé, et que le Saint-Esprit n'est pas conféré au baptisé dans un autre jour qu'en celui-ci. Les Grecs baptisent ce jour-là. Pour extirper cette hérésie, les saints Pères ont décrété que personne, excepté dans le cas de nécessité, ne serait baptisé ce jour-là.

VII. La troisième manifestation eut lieu dans la suite, au même anniversaire, quand le Christ, âgé de trente ans et treize jours, manifesta sa divinité en changeant l'eau en vin ; ce qui est le premier miracle public que fit le Seigneur à Cana en Galilée, ou simplement le premier miracle qu'il fit. Cette manifestation se nomme Bethphanie, de Βητα, qui signifie maison, et φανεία, apparition, parce que cette manifestation se fit dans la maison où avaient lieu les noces. C'est de ces trois manifestations que l'on célèbre la solennité en ce jour. Mais comme l'Eglise ne peut complètement les solenniser toutes les trois pendant un seul et même jour, c'est pourquoi elle ne célèbre complètement que la manifestation de l'étoile, et elle y mêle quelque chose des autres, pour que l'on remarque qu'il y eut en ce jour trois manifestations, que l'on lit dans l'évangile comme faites le même jour. Or, on chante aujourd'hui tout l'office du premier miracle, parce que c'est par celui-là que la nativité du Seigneur a été spécialement manifestée aux Gentils. On chante deux répons *de sancto*, c'est-à-dire le premier : *Hodie in Jordane* et *In columbæ specie*, que plusieurs églises placent le neuvième ; et on chante le premier et le neuvième, parce que le baptême est le premier sacrement de notre rédemption, par lequel nous sommes réformés et qui nous rend semblables aux anges, dont les ordres ou les chœurs sont au nombre de neuf. Or, Bruno, évêque de Segni, le correcteur de l'office de l'Antiphonaire, dit que dans le répons *In specie columbæ* et dans l'antienne *Vox de cœlo*, qui se dit dans l'octave à laudes, il ne doit pas s'y trouver cette parole : *ipsum audite*, « écoutez-le ; » car ce ne fut pas au baptême du Christ que le Père proféra ces paroles, mais dans la transfiguration ; et ceux qui célèbrent la fête de la Transfiguration chantent le répons où se trouvent ces paroles, comme s'il disait : « Je suis témoin que celui-ci est celui qui a été promis dans la loi (Deut., c. xviii), où Moïse dit : Dieu te suscitera un prophète tiré du sein de ta nation et du milieu de tes frères ; vous l'écouterez, etc. Or, celui qui ne voudra pas écouter les paroles de celui qui parlera en mon nom, j'en serai le vengeur. » Or, on ne chante qu'une seule antienne qui lui est commune avec les autres, c'est-à-dire avec les trois autres parties.

VIII. Bède, dans son commentaire sur saint Luc, dit qu'il y eut encore une quatrième manifestation au même anniversaire, quand le Christ avait trente-et-un ans, c'est-à-dire lorsqu'avec cinq pains il rassasia cinq mille hommes ; et cette manifestation est nommée Phagi-phanie, de φαγεῖν (bouche ou manger). Mais, en ce jour, il n'est pas question de cette phagiphanie. En outre, on doute si véritablement ce miracle eut lieu en ce jour, tant parce qu'on ne le lit point dans l'original de Bède, que parce que saint Jean, qui parle de ce miracle (c. VI), dit : *Erat autem proximum Pascha*, « Or, la fête de Pâques approchait. » On a institué ce jour-là la fête des Trois-Miracles, parce qu'on y célébrait anciennement une fête en l'honneur de César-Auguste, à cause du triple triomphe qu'il remporta, en soumettant à l'empire romain de son temps trois provinces : la Parthie, l'Egypte et le pays de Madian. L'Eglise a donc, par une heureuse transformation, consacré ce jour à célébrer le Christ et son triple miracle. Dans certaines églises on ne dit point à nocturne, ce jour-là, *Domine, labia mea aperies*, ni *Deus in adjutorium*, ni *Gloria Patri*, ni l'hymne, pour marquer la promptitude des Gentils qui vinrent aussitôt qu'ils virent l'étoile apparaître. On arrive donc *ex abrupto* aux nocturnes, comme si l'Eglise disait par-là même : « Ceux qui n'en ont pas entendu parler se hâtent de venir, et ceux auxquels on n'en a rien dit l'ont contemplé (Isaïe, chap. LIII). » Ou bien, on peut dire que dans cette fête on fait principalement mention de la conversion des Gentils, que les trois mages précèdent dès le commencement. Or, comme la conversion des Gentils était encore imparfaite, à cause de leur petit nombre qui consistait dans les trois mages, c'est pourquoi, en signe de cela, l'Eglise passe sous silence les can-

tiques qui semblent ne convenir qu'à ceux qui sont déjà convertis ou parfaits, comme le *Gloria Patri*, l'hymne et autres
semblables. Voici encore une raison pour laquelle on ne dit
dans l'office ni *Domine, labia mea aperies*, ni *Deus in adjutorium;* c'est parce que, selon l'Apôtre, il faut croire de cœur
pour être justifié, mais il faut confesser sa foi par ses paroles
pour obtenir le salut; c'est-à-dire, ensuite, il faut confesser sa
foi par ses paroles, etc. On ne dit point non plus l'invitatoire,
pour quatre raisons ou motifs.

IX. Premièrement, pour montrer que l'Eglise quitte la
gentilité pour se rendre au Seigneur sans y être appelée ou
invitée par un hérault quelconque, mais seulement sous la
conduite ou la direction de l'étoile, d'après ces paroles de l'Evangéliste : «Personne ne nous a conduits, afin que par là ceux-
là soient couverts de la rougeur de la honte, qui sont lents à
croire, bien qu'ils aient à leur disposition une foule de prédicateurs;» car les mages, sans être appelés, vinrent adorer
le Christ. Secondement, afin que nous qui chaque jour sommes invités et excités à adorer et prier Dieu, nous manifestions notre dégoût pour l'invitation perfide d'Hérode qui dit aux
mages : « Allez, et informez-vous soigneusement touchant
l'enfant, etc. » La troisième raison, c'est que nous sommes invités par l'étoile même qui désigne la foi, qui nous conduit
à Dieu et qui nous éclaire au milieu des ténèbres de ce siècle.
La quatrième raison, c'est que le psaume *Venite*, qui a la
même signification, se dit au nocturne, et qu'il semble ainsi
que l'on fait une répétition. Quoique ce jour-là on ne dise pas
d'invitatoire, cependant on dit le psaume invitatoire *Venite,
exultemus,* au troisième nocturne, à la septième antienne,
pour montrer que dans le troisième temps, c'est-à-dire dans le
temps de la grâce, les Gentils ont été suffisamment invités à
entrer dans le giron de l'Eglise, et qu'il n'y a d'excuse pour
personne, parce que la prédication de l'Evangile a retenti par
toute la terre, et parce que, dans le troisième temps qui est ce-

lui de la grâce, tous ont reçu la même grâce dans sa plénitude. On dit encore le psaume invitatoire à la septième antienne, pour marquer que le baptême confère la grâce septiforme de l'Esprit saint. Pendant la semaine on dit l'invitatoire
dans la personne des mages, annonçant ce qu'ils avaient vu
aux autres Gentils qui n'avaient pas eu le même bonheur qu'eux.
On lit trois leçons tirées d'Isaïe, qui parle plus expressément
que les autres prophètes de la nativité du Christ dont on célèbre en ce jour la nativité ou la manifestation.

X. Mais on demande pourquoi dans certaines églises, au
commencement du troisième nocturne de cette fête, on chante
le psaume *Deus noster refugium* avec l'antienne *Fluminis*, etc.,
puisque ce psaume lui-même précède dans l'ordre du psautier
le dernier psaume du premier nocturne et tous ceux du second. A cela je répons que le troisième nocturne rappelle le
nouveau témoignage, qui est le temps de la grâce. C'est pourquoi ce troisième nocturne commence par l'antienne qui, avec
le psaume en question, se rapporte au Nouveau-Testament ;
c'est pourquoi le psaume précité se dit alors et non auparavant. En outre, l'antienne elle-même renferme *Alleluia*, qui
ne se trouve pas dans les antiennes du premier ou du second
nocturne, comme on l'a dit au chapitre de Noël. De plus, il ne
vient qu'en septième lieu, parce qu'il se rapporte à la grâce
septiforme du Saint-Esprit, qui est conférée par la vertu du
baptême. Les antiennes suivantes, avec leurs psaumes, désignent le Nouveau-Testament ; et ces trois psaumes montrent
l'opposition des Gentils à la prédication des apôtres, le ren-
versement des idoles et la conversion des fidèles. Cependant
l'Eglise romaine place au premier nocturne ladite antienne
Fluminis, avec son psaume, et le psaume *Venite* au troisième
nocturne, d'après l'ordre naturel et habituel des psaumes ; et
c'est avec raison, puisque les nations arrivèrent à la foi dans
le temps de la grâce.

XI. Et remarque que les antiennes de la première division

ou du premier nocturne ont trait aux prêtres, celles du second ont trait aux rois, et celles du troisième ont trait aux anges. Après le troisième nocturne, on chante aussitôt l'évangile de saint Luc : *Factum est*, où il est pleinement question du baptême du Sauveur et où l'on fait la description de sa généalogie, parce que, comme nous l'avons dit ci-dessus, cette fête a trait à la nativité.

XII. Il faut remarquer que saint Mathieu, dans l'évangile intitulé : *Liber generationis*, parcourt cette génération du Christ, en commençant à Abraham et en descendant jusqu'à Joseph, époux de Marie, de laquelle est né Jésus qui est appelé Christ, en montrant par là que l'origine du Christ vient du plus haut des cieux ; montrant encore comment le Seigneur est descendu jusqu'à nous. De même Isaïe (chap. xi), énumérant les dons du Saint-Esprit et plaçant en dernier lieu l'esprit de crainte, s'exprime ainsi : *Et replevit eum*, etc., « Et il a été rempli de l'esprit de la crainte du Seigneur. » Mais saint Luc, dans l'évangile *Factum est autem*, suppute la génération du Christ en adoptant l'ordre ascendant, parce que sa supputation commence après le baptême ; et il ne s'arrête pas à Abraham, mais à Adam, et procède ainsi par degrés jusqu'à Dieu, en disant, par exemple : « qui fut d'Hély, » montrant par là que le baptême est le chemin qui nous conduit jusqu'à Dieu ; et pour cela il pose comme certains échelons de vertus, désignés par les Pères rangés dans l'ordre des temps. Sa généalogie a trait aux fils selon la loi, et non selon la nature ; ainsi il dit : *Qui fuit Nathan, qui fuit David* : « Qui fut de Nathan, qui fut de David ; » supplée : Qui fut fils de Nathan, qui fut fils de David ; supplée encore : *adoptivus*, « Qui fut fils adoptif, etc. » Il y a donc dans l'Évangile une description de la génération du Christ dans l'ordre descendant et l'autre dans l'ordre ascendant, parce que l'une est charnelle, l'autre spirituelle. On exprime l'une par *genuit*, « engendra, » et par là on exprime la génération successive, charnelle, générale et temporelle. On exprime l'autre génération par *qui fuit*, « qui fut, » pour marquer l'adoption de la génération spirituelle. Et on décrit la généalogie dans l'ordre ascendant, pour marquer l'ascension spirituelle. La première se termine à l'enfantement de la Vierge ; nous commençons la seconde par le baptême.

' XIII. Il y a donc trois évangiles pour cette solennité : l'un se rapporte au baptême, c'est-à-dire l'évangile *Factum est ;* le second a trait aux mages, c'est-à-dire l'évangile *Cum natus esset Jesus*, que l'on dit à la messe où on lit : *Sic enim scriptum est per Prophetam* : « Comme ceci a été écrit par le Prophète, » c'est-à-dire par le prophète Michée (chap. v). Le troisième est l'évangile des noces, qui se dit le dimanche suivant, après la fête de saint Hilaire. Les deux évangiles précités de la génération du Christ se disent de nuit, l'un à la Nativité, l'autre à la fête de l'Epiphanie, parce que l'une et l'autre génération du Christ eurent lieu pendant la nuit, c'est-à-dire furent obscures et peu comprises des anciens. Nous en avons déjà parlé au chapitre de Noël. Après l'évangile, l'Eglise, pleine d'allégresse, dit le *Te Deum laudamus.* Il est fort peu question du baptême du Seigneur dans l'office de nuit ; mais on y supplée dans l'octave, où il s'agit de la manifestation qui eut lieu au baptême du Christ, surtout dans les antiennes de laudes, qui montrent l'effet du baptême en nous, c'est-à-dire comment nous sommes baptisés et purifiés de nos péchés par le bain régénérateur. Toutes ces antiennes appartiennent au premier et au septième ton : au premier, pour marquer l'unité de l'Eglise, où le baptême seul peut servir de salut ; au septième, pour marquer que dans le baptême on reçoit la grâce des sept dons de l'Esprit saint ; ou bien parce que c'est par le baptême que l'on arrive au septième âge, qui est l'âge du repos ; car celui qui meurt aussitôt après avoir reçu dignement le baptême, reçoit aussitôt la première robe qui est donnée au septième âge, c'est-à-dire aux secondes vêpres (au second soir). L'antienne à *Magnificat* est du huitième ton, parce qu'au

soir du monde, c'est-à-dire à l'heure de vêpres, on nous donnera la seconde stole, c'est-à-dire la gloire du corps, que nous
espérons recevoir au huitième âge.

XIV. Car il y a deux vêpres ou soirs du monde : le premier
est le sixième âge, et c'est dans celui-là que le Seigneur est né,
c'est-à-dire le soir du monde ou à l'heure de vêpres, d'après
ces paroles : *Vergente mundi vespere*, « Sur le soir du monde. »
Le second est la fin du monde, dans laquelle ou après laquelle on nous donnera la grâce de la chair, et dont il est dit :
Ad vesperam demorabitur fletus, « Les pleurs dureront jusqu'au soir ; » car, jusque là, se feront entendre les pleurs de
notre misère ; mais là ils se borneront. On dit aussi aux
heures ce capitule : *Surge, illumina ;* et celui-ci : *Super te autem ;* enfin : *Inundatio*, qui sont tirés d'Isaïe (chap. LX).

XV. La messe ou office du jour se rapporte également au
premier et principal miracle, c'est-à-dire aux prémices des
Gentils, aux présents des mages et à la nativité du Christ ; d'où
l'introït, qui est tiré d'Isaïe, quoiqu'il ne soit pas tout entier.
de ce prophète, est : *Ecce advenit*, etc. Car l'Eglise, choisie
parmi les Gentils, se réjouissant, au commencement, de sa vocation, offre à Dieu pour son salut des actions de grâces et
des louanges, en disant : *Ecce*, etc., comme si elle disait :
Voici qu'il est évident, aux yeux de tous, que celui qui est Seigneur par nature et dominateur par sa puissance est arrivé,
c'est-à-dire est venu à nous et s'est incarné ; ou bien, pour
faire allusion au jour présent, est venu à nous ; c'est-à-dire lui
qui était caché dans la chair a manifesté sa divinité par plusieurs signes : par l'étoile, par les présents des mages, par la
voix de son Père, par l'Esprit saint qui s'est manifesté sous la
forme d'une colombe ; c'est pourquoi elle emploie l'adverbe
démonstratif *Ecce*, pour montrer pour ainsi dire à l'œil l'apparition ou manifestation du Fils de Dieu. L'épître précitée :
Surge, illumina, et le graduel *Omnes de Saba*, etc., ont le
même but et sont tirés d'Isaïe ; il en est de même de l'évan-

gile *Cum natus esset*, etc., qui est de saint Mathieu (chap. II), et d'où l'on tire l'*Alleluia* et la communion. Or, comme on supplée à l'office du matin dans l'octave, comme nous l'avons déjà touché, de même aussi on y supplée simplement à l'office de la messe.

XVI. L'introït de la messe de ce jour marque l'allégresse des Gentils se réjouissant de l'avénement du Sauveur. Dans la collecte l'Eglise exhorte les nations à contempler sa beauté qu'ils ont connue par la foi. Tout le reste appartient aux miracles de ce jour, c'est-à-dire a trait aux Gentils guidés par l'étoile.

XVII. Il ne faut pas omettre qu'en Italie, à la messe de ce jour, on annonce au peuple l'époque de la célébration de Pâques. Le prêtre ou un autre, après l'offertoire, dit à haute voix : J'annonce à votre charité une grande joie, qui se répandra parmi tout le peuple : c'est la Septuagésime qui sera tel jour, et la fête de Pâques qui sera tel autre. Dans le Concile de Brague (*De consec.*, d. III, *Placuit primum*), on lit ce qui suit : « Après que tout a été réglé dans l'assemblée des prêtres, il nous a semblé bon que l'évêque métropolitain fît savoir en quel jour des calendes, c'est-à-dire en quel jour avant ou après les calendes, ou à quel quantième de la lune l'on devra célébrer la fête de Pâques de l'année courante ; les autres évêques, ou le reste du clergé, le noteront sur leurs tablettes, et chacun dans son église, à l'époque de Noël, l'annoncera au peuple après la lecture de l'évangile. » Cependant cet usage n'est pas observé partout. De plus, dans le Concile de Carthage (E., d I., *Placuit*), il a été décrété qu'on annoncerait à tous les fidèles le jour de la célébration de Pâques, par la supputation et le calcul des lettres dominicales, et que le jour adopté par le Concile pour cette notification serait le onzième des calendes de novembre. Cependant certains évêques ultramontains, dans le synode qu'ils tiennent le mercredi le plus proche de la fête de saint Luc, l'annoncent avant la messe (ou pendant la messe). Quel-

ques-uns affirment que l'on doit jeûner pendant la vigile de
l'Epiphanie, parce qu'elle a un office propre. On supprime
l'*Alleluia* dans l'office, à moins que cette vigile ne tombe un
dimanche. On dit l'évangile *Defuncto Herode*, qui est de saint
Mathieu (chap. II).

CHAPITRE XVII.

DE L'OCTAVE DE L'ÉPIPHANIE.

I. L'octave de l'Epiphanie, dans tous ses chants et dans la
leçon d'Isaïe qu'on lit pour épître, c'est-à-dire *Domine Deus
meus*, a trait au baptême. Ainsi il y est dit : *Exultent solitu-
dines*, etc., « Que les solitudes du Jourdain bondissent d'allégresse, » parce que c'est dans le Jourdain que le Seigneur a
donné aux eaux leur vertu régénératrice, en instituant le baptême, et parce que les nations qui, auparavant éloignées de
Dieu, étaient comme dans la solitude du désert, reviennent à
lui. L'octave de l'Epiphanie est une fête supplémentaire, comme
nous l'avons dit dans le chapitre précédent, parce que, de même
que dans la fête de l'Epiphanie on rappelle de quelle manière
le Christ a été baptisé, ainsi dans l'octave on rappelle pourquoi il a été baptisé, comme l'indiquent les antiennes de ce jour.
Dans l'octave on se réjouit donc à cause du second miracle,
c'est-à-dire à cause du baptême, comme dans l'antienne *Ve-
terem hominem* et les suivantes, qui, parce qu'elles ont été
traduites du grec en latin, sont d'un style et d'une diction plus
graves.

II. Elles sont du septième ton, parce qu'elles ont trait au
baptême, dans lequel opère la grâce des sept dons de l'Esprit
saint. Elles sont au nombre de neuf, parce que c'est par la
porte du baptême que nous parvenons à être associés aux neuf
ordres des anges. Il y en a cependant huit qui ont trait à cela

d'une manière plus expressive, à cause de la véritable octave
où conduit le baptême. C'est avec raison que l'on remet à l'octave l'office du baptême, parce qu'il tient la place de la circoncision qui est célébrée dans l'octave ; et on chante ce jour-là un
invitatoire, parce que la prédication des apôtres invita les
hommes à recevoir le baptême. Certaines églises disent à la
messe, ce jour-là, l'évangile *Venit Jesus a Galilæa*, qui est de
saint Mathieu, chapitre III. D'autres disent l'évangile *Vidit
Joannes Jesum venientem ad se*, qui est de saint Jean (chap. I)
et qui tous deux se rapportent littéralement au baptême du
Christ; et l'épître *Surge, illuminare.*

CHAPITRE XVIII.

DU PREMIER DIMANCHE APRÈS L'ÉPIPHANIE.

I. Nous commençons par parler du premier dimanche après
l'Epiphanie, c'est-à-dire dans l'octave, parce que depuis l'Epiphanie jusqu'à la Septuagésime il peut y avoir six dimanches au
plus et un au moins. Dans ces dimanches l'Eglise a intention,
dans les offices de la nuit, de montrer l'apparition ou manifestation du Seigneur, afin que l'étoile se lève dans nous et nous
conduise dans la Bethléem céleste. Presque tout ce qui se dit
en ce temps appartient à la joie; mais, cependant, il n'y a que
trois de ces dimanches qui ont un office propre. C'est pourquoi,
quand il y en a quatre ou plus, dans plusieurs églises on dit
l'office suivant du premier dimanche après l'octave de l'Epiphanie; quand il n'y a que trois dimanches, on dit l'office suivant du dimanche dans l'octave. Dans ce dimanche, c'est-à-
dire le dimanche dans l'octave, l'Eglise nous avertit, dans l'introït, d'offrir de l'or au Seigneur, parce qu'il est le roi des rois ;
de l'encens, parce qu'il est le Dieu des dieux ; et elle fait la même
chose aux deux dimanches suivants.

II. L'introït est : *In excelso throno, vidi sedere virum quem adorat multitudo angelorum*, « Je vis sur un trône élevé un homme qu'adorait une multitude d'anges. » Ce passage est tiré de cet endroit d'Isaïe : *Vidi Dominum sedentem super solium*, « Je vis le Seigneur assis sur un trône. » Dans le premier passage le Prophète dit *thronum* ; dans le second, *solium* ; ce qui a la même signification. Dans l'introït on parle d'une multitude d'anges ; c'est la même chose que ce que rapporte le prophète Isaïe, qui dit que les anges chantaient : *Sanctus, sanctus, sanctus*, « Saint, saint, saint. » L'Eglise est un trône élevé où réside Dieu, qui nous avertit d'adorer le Christ comme étant vraiment le Christ. L'Eglise nous avertit aussi d'offrir de la myrrhe, en disant : *Obsecro vos*, etc., « Je vous conjure, par la miséricorde divine, d'offrir vos corps comme une hostie vivante, une hostie sainte et agréable à Dieu » (aux Romains, chap. XII) ; ce qui désigne la myrrhe marquée par la mortification de la chair. L'évangile a trait à l'apparition ou manifestation du Seigneur : *Cum factus est Jesus annorum duodecim*, etc. (saint Luc, chap. II), où suivent ces mots : *mater ejus*, etc. « Sa mère le trouva dans le temple s'entretenant avec les docteurs et les enseignant. »

III. On peut encore dire que, pour devenir le trône digne de recevoir le Seigneur, nous avons besoin de trois choses, savoir : la pureté du corps, l'humilité de l'esprit et la joie dans le Seigneur. Nous sommes invités à la pureté du corps dans l'épître *Obsecro vos*, etc., que nous avons précitée ; à l'humilité de l'esprit, dans l'évangile, par l'exemple du Christ dont on lit qu'il était soumis à ses parents ; à nous réjouir dans le Seigneur, dans le graduel, où nous bénissons le Seigneur qui seul a fait des merveilles ; puis dans l'*Alleluia* et l'offertoire, où nous recevons l'ordre de chanter le Seigneur dans l'allégresse et la jubilation. Il y a pourtant cette différence entre l'*Alleluia* et l'offertoire, qu'à l'*Alleluia* on ne dit qu'une fois *Jubilate Deo, omnis terra* ; et à l'offertoire on le répète deux fois sur une mélodie différente, pour marquer que nous devons aller en croissant dans la joie du Seigneur, parce que nous sommes son corps mystique; c'est pourquoi dans l'évangile on dit : *Puer autem crescebat*, etc., « L'enfant croissait. » Dans la communion, tirée de saint Luc, on montre l'humanité du Christ, selon laquelle la Vierge l'appelle son fils et lui dit, comme pour le réprimander : «Mon fils, pourquoi en avez-vous agi ainsi à notre égard etc.? » et sa divinité, selon laquelle il dit lui-même : « Ne saviez-vous pas qu'il faut que je m'occupe de ce qui concerne le service de mon Père? »

CHAPITRE XIX.

DU SECOND DIMANCHE APRÈS L'ÉPIPHANIE.

I. Ce second dimanche est le premier des dimanches qui suivent l'octave; dans certaines églises on chante à vêpres, les samedis, le répons *Peccata mea*, etc., «Mes péchés, Seigneur, se sont attachés à moi comme des flèches; mais, avant que mes plaies se fécondent en moi, c'est-à-dire avant qu'elles n'engendrent d'autres péchés, guéris-moi, etc. » C'est pour la même raison qu'on dit, au premier répons de matines, *Domine, ne in ira;* car l'Eglise montre à ses enfants les peines du feu du purgatoire et de l'enfer; elle nous apprend qu'il faut manger l'agneau pascal avec des laitues sauvages, et qu'il faut que nous passions entre les deux meules de l'espérance et de la crainte. Or, comme l'Eglise se propose de nous manifester la foi du Fils de Dieu, et comme on a dit que le meilleur moyen à employer pour cela est de lire les épîtres de saint Paul et de chanter les psaumes, c'est pourquoi on lit ces épîtres et on chante les psaumes. Car presque tous les répons, depuis l'octave de l'Epiphanie jusqu'à la Septuagésime, sont de David; ils ne sont pas tirés de ses guerres, mais des psaumes qui nous instruisent à la pratique des bonnes œuvres, parce que la foi sans les

œuvres est morte (Extra *De sac. unc.*, c. 1). Et, parce que c'est
surtout dans les psaumes que nous implorons la miséricorde de
Dieu, c'est pour cela que plusieurs lisent en ce temps des
psaumes, de telle manière que les répons correspondent aux
leçons ; mais les psaumes ne doivent être lus que comme certains le font, trois jours avant Pâques.

II. Et remarque que presque tous les répons des dimanches
de ce temps jusqu'à la Septuagésime sont tirés du nocturne
du dimanche et des cinq psaumes qui suivent, c'est-à-dire
Deus, Deus meus, respice, et des autres répons du lundi. On les
extrait également du nocturne de çe jour ; et il en est de même
de presque tous les autres. On lit aussi les épîtres de saint Paul :
d'abord, parce qu'il a parlé d'une manière supérieure à tous
les autres de la foi par laquelle on connaît le Christ comme
par l'étoile ; car ces épîtres nous invitent à la pénitence. Secondement, parce que, de même que les prophètes et surtout Isaïe
ont prédit la naissance du Seigneur ; ce qui fait que nous lisons Isaïe avant la Nativité du Seigneur, ainsi les apôtres prêchè-
rent le Seigneur après sa naissance, et surtout l'apôtre Paul
qui travailla plus que les autres ; ce qui fait qu'après la Nativité nous lisons les épîtres de saint Paul qui désignent le Christ
après sa naissance. Or, il faut remarquer en quelques mots
que nous avons témoigné notre allégresse pour la nativité du
Sauveur, qui nous a été montrée sous divers aspects, depuis
le jour de la Nativité jusqu'à l'octave de l'Epiphanie. Mais
comme cette joie, qui devrait être toute spirituelle, nous la dé-
naturons presque tous et en faisons une joie charnelle, et
passant notre temps en repas, en ivresse et en vains amuse-
ments, de là vient qu'en ce dimanche, qui est le premier après
l'octave de l'Epiphanie, nous chantons à l'office de nuit le
psaume *Domine, ne in ira*, dans lequel nous implorons la miséricorde du Seigneur et par les gémissements de la pénitence
nous pleurons nos péchés ; et comme nous péchons chaque
jour, c'est pourquoi chaque jour doit avoir son office spécial,

c’est-à-dire ses répons. Le dimanche a donc les siens, qui sont au nombre de neuf ; le lundi doit aussi avoir les siens, qui sont au nombre de trois ; et ainsi des autres jours. Car, de même que dans la semaine avant la Nativité, pour marquer le désir que nous avons de l’arrivée du Sauveur, nous avons chanté chaque jour pendant les laudes des répons et des antiennes propres à chaque jour, de même, pour marquer notre douleur et le désir que nous avons de faire pénitence, chaque jour, après l’octave de l’Epiphanie, nous récitons à laudes des répons et des antiennes propres à chaque jour ; et, tant aux psaumes des nocturnes qu’à ceux de matines et laudes, nous chantons des antiennes spéciales, qui sont appelées antiennes des jours ouvrables (*fériales*), parce que ces antiennes ne se chantent que dans les jours et les nuits de la semaine, excepté dans le temps qui se trouve entre Pâques et l’octave de la Pentecôte, à moins qu’il n’y survienne une fête qui y mette empêchement.

III. Pour ce qui est de l’office de la messe, il faut savoir que l’introït de ce dimanche est : *Omnis terra*, etc. ; et on le dit dans le même but que l’autre office, c’est-à-dire pour désigner l’apparition ou la manifestation. Mais tout cet introït est rempli d’expressions telles que celles-ci : *Jubilate*, etc., « Soyez remplis d’allégresse et de jubilation, à cause de notre rénovation. » C’est parce que nous avons un nouveau roi, une nouvelle loi et que tout a été renouvelé (Apocalyp.) qu’en ce dimanche on chante encore *Omnis terra*, etc., etc.

IV. Car César-Auguste, pour la gloire de l’empire romain, ordonna que quiconque viendrait à Rome de n’importe quelle cité de l’univers apporterait une poignée de terre, pour marquer que toutes les nations du monde étaient soumises à l’empire. Il en résulta un monticule sur lequel les Romains, convertis à la foi, bâtirent une église qui fut dédiée en ce même dimanche ; et comme ce monticule fut le résultat d’un amas de terre venant de tous les points du monde, c’est pour cela qu’en la fête de la Dédicace de l’église construite sur ce

monticule, on chante *Omnis terra*. Ainsi, de même que César-
Auguste était adoré de tous les peuples du monde qui avaient
formé ledit monticule, ainsi Dieu est adoré par toute la terre,
c'est-à-dire par tous les hommes ou par tout le genre humain.
C'est aussi dans ce jour que le bienheureux Grégoire donna la
paix à l'univers ; c'est pourquoi dans la collecte de ce jour il a
placé ces paroles : *Et pacem tuam nostris concede temporibus,*
« Et accorde-nous ta paix dans les jours où nous vivons. »
Or, cette paix, ainsi que la véritable adoration du Christ, est
le prix du véritable amour du prochain, auquel l'Apôtre nous
invite dans l'épître *Habentes donationes,* etc. (aux Romains,
chap. XII), dans laquelle nous sommes avertis d'employer
les dons que nous avons reçus du Christ à l'édification des
autres ; c'est pourquoi l'Apôtre dit : *Communicantes necessita-*
tibus sanctorum, « Subvenant aux nécessités des saints. »
Nous recevons la même invitation dans l'évangile, où l'on
nous propose pour exemple le Seigneur qui, comme on le lit,
changea l'eau en vin aux noces de Cana, et fit un grand miracle pour subvenir aux nécessités de ceux auxquels il impor-
tait de servir les convives. Mais l'épître ne semble pas s'accorder avec l'évangile, qui est : *Nuptiæ factæ sunt in Cana Gali-*
læœ, « Des noces se célébraient à Cana, en Galilée » (Jean,
chap. II). Cependant elle s'accorde très-bien avec l'évangile, car
les miracles ont été faits et les dons nous ont été accordés pour
nous affermir dans la foi et dans la pratique des œuvres ; aussi
l'Apôtre, comme si nous assistions à des noces spirituelles,
nous sert vingt mets principaux, en disant : *Sive prophetiam*
secundum rationem fidei, etc., « Que celui qui a reçu le don
de prophétie en use suivant les règles de la foi, etc. »

V. Or, Cana, par interprétation, signifie zèle, et Galilée signifie transmigration. Ces paroles : *Nuptiæ factæ sunt,* etc.
« Des noces furent célébrées à Cana, en Galilée, » signifient
que des noces se célèbrent dans le cœur de celui qui a le zèle,
c'est-à-dire l'ardent désir de passer du vice à la vertu, de ce

monde vers le Père céleste, de la terre au ciel. Or, le Seigneur se trouve à ces noces avec sa mère ; car une des premières joies de celui dans le cœur duquel se célèbrent les noces spirituelles, c'est la pensée que le Sauveur est né de la Vierge. Là encore, l'eau est changée en vin, c'est-à-dire que le dégoût l'insipidité des œuvres se changent en joie spirituelle. Or, c'est pour célébrer ces noces que le pape Innocent III a ordonné, pour ce jour, une station auprès du vénérable sanctuaire de l'Esprit saint, où, comme à Cana de Galilée, se trouve le zèle ou le désir de passer des vices aux vertus.

VI. Là encore se trouvent six amphores, c'est-à-dire que l'on exerce les six œuvres de miséricorde, qui consistent à nourrir ceux qui ont faim, à donner à boire à ceux qui ont soif, à pratiquer l'hospitalité, à vêtir ceux qui sont dans la nudité, à visiter les malades, les prisonniers, et à ensevelir les morts. Là aussi se trouve la mère de Jésus, puisque cette église a été dédiée en l'honneur de la très-sainte vierge Marie. On invite aussi à ces noces le fils de la Vierge, Jésus, avec ses disciples.

VII. Car l'image de Jésus-Christ, appelée suaire ou communément véronique, est en ce jour-là ; par le décret du même pontife Innocent III, solennellement exposée par le seigneur Pape et les cardinaux à la vue des peuples fidèles qui se sont réunis en ce saint lieu pour célébrer les noces de la piété et de la miséricorde. A l'offertoire, pour ainsi dire à cause de la joie qui nous anime et de l'ivresse spirituelle où nous sommes plongés, nous faisons comme ceux qui dansent, en doublant les mots tant à l'offertoire que dans ses versets ; et ainsi nous doublons *Jubilate Deo, omnis terra*, « Peuples de la terre, poussez vers Dieu des cris de joie. » Il en est de même de ces mots : *Reddam tibi vota mea*, « J'accomplirai les vœux que je t'ai faits ; » et de ceux-ci : *Locutum est os meum in tribulatione mea*, « Au sein de mes tribulations, j'ai fait entendre ma voix. » Car il y a deux espèces d'hommes qui doublent et multiplient les paroles, savoir ceux qui dansent ou qui nagent dans l'allégresse, et ceux qui gémissent dans les infirmités ou les afflictions. Nous venons de parler de ceux qui dansent; ceux qui sont dans l'affliction sont désignés par les versets de l'offertoire *Vir erat in terra*, etc., qui se chante le vingt-unième dimanche après la Pentecôte. Mais il y a cette différence que, pour les premiers, nous redoublons les paroles tant à l'offertoire que dans les versets, tandis que pour les derniers nous ne les redoublons que dans les versets et comme d'une manière grotesque et ridicule. La raison en est que l'ordonnateur de l'office, dans le premier cas, ne parle à l'offertoire que comme historien, en racontant simplement le fait, et non à la manière d'un homme qui souffre et qui est malade. Il parle à la troisième personne de Job, dont la patience nous est proposée en exemple ; mais, dans les versets du même offertoire, il parle comme un homme accablé d'infirmités, à qui la douleur fait multiplier les paroles, et qui dit : « Plût à Dieu que mes péchés fussent placés dans la balance, etc.! » Car, lorsqu'un malade veut essayer de parler, ses paroles sont entrecoupées, et c'est à peine s'il peut achever les mots commencés. Il rappelle à notre souvenir Job souffrant et se lamentant; il répète souvent ses paroles, comme font les malades dont la respiration est faible et embarrassée; c'est pourquoi il a coutume de répéter souvent ce qu'il a commencé de dire. On redouble aussi les paroles de l'offertoire du dimanche de la Quinquagésime et de celui du jeudi après le second dimanche de Carême. Or, c'est principalement à l'offertoire que ceci a lieu, car c'est surtout à l'offertoire que se manifestent les sentiments affectueux de celui qui offre le sacrifice.

VIII. A la postcommunion *Dicit Dominus*, de saint Jean, (chap. II), on montre d'une manière mystique que le Seigneur change l'eau en vin, en nous-mêmes; c'est-à-dire l'eau de la crainte, au vin du divin amour; l'eau de la lettre, au vin de l'intelligence, de l'esprit; l'eau de la mortalité, au vin de l'immortalité.

CHAPITRE XX.

DU TROISIÈME DIMANCHE APRÈS L'ÉPIPHANIE.

I. Le troisième dimanche après l'Épiphanie nous avertit d'adorer notre seul roi, unis aux anges, en disant, dans l'introït : *Adorate Dominum, omnes angeli*, « Anges du Seigneur, adorez-le tous, etc. » Il nous avertit d'adorer Dieu avec les anges, parce que dans l'Apocalypse un ange dit à Jean : « Je suis ton compagnon et celui de tes frères. » Suivent ces paroles : *Audivit*, etc., « Sion a appris ce qu'il a fait pour elle, et elle s'en est réjouie; » Sion, c'est-à-dire l'Eglise. Et remarque que cet introït renferme en lui la fête de l'Hypopante, quand il est le second à partir de l'octave; ce qui arrive toujours, à moins que la Septuagésime n'y vienne mettre obstacle. De là vient que les paroles de cet introït s'accordent avec celles de l'invitatoire de cette festivité; car voici les expressions dudit introït : *Audivit et lætata est Sion*, « Sion a entendu et a été comblée de joie; » et voici celles de l'invitatoire : *Gaude et lætare, Sion, occurrens Deo tuo*, « Réjouis-toi, Sion, et triomphe d'allégresse, en allant à la rencontre de ton Dieu. » Avec ces paroles s'accordent encore celles du répons de cette fête, c'est-à-dire : *Adorna thalamum tuum, Sion*, « Orne et pare ta chambre nuptiale, ô Sion ! » L'évangile *Cum descendisset Jesus*, de saint Mathieu (chap. VIII), a trait à la guérison d'un lépreux qui dit : « Seigneur, si tu le veux, tu peux me guérir. » Telle est sa foi, qu'elle lui mérite ces paroles du Christ : « Je le veux, sois guéri. » Mais l'épître, qui est : *Nolite esse prudentes*, etc. (aux Romains, chapitre XII), ne paraît point s'accorder avec l'évangile, quoiqu'elle concorde très-bien d'après le sens mystique et intellectuel.

II. Car la guérison du lépreux signifie que Dieu veut nous

guérir de la lèpre volante, qui est la perversité des hérésies qui volent par tout le monde, et de toute autre lèpre, c'est-à-dire de tout péché, et qu'il veut nous en délivrer par l'étoile, c'est-à-dire par la foi à la nativité et à l'apparition ou manifestation (Epiphanie). Avec ce sens intellectuel s'accorde l'épître; et elle éloigne de nous la première lèpre précitée, lorsqu'elle dit : « *Nolite esse prudentes apud vosmetipsos*, « Gardez-vous d'être sages à vos propres yeux. » Car c'est la seule cause de l'hérésie, parce que l'homme veut s'appuyer sur son sens propre ou particulier dans l'interprétation des Écritures. (Extra *De Const. Conc.*, II, xxxvii d., *Relatum*). Elle éloigne de nous l'autre lèpre, en disant : *Nulli malum pro malo reddentes; sed, si esurierit inimicus, ciba illum*, « Ne rendez à personne le mal pour le mal; au contraire, si ton ennemi a faim, donne-lui à manger, etc. » On peut encore dire que, dans l'office de ce dimanche, les anges sont invités à prier le Seigneur pour leur réintégration, qui consiste dans la conversion des Juifs et des Gentils, comme on le fait ressortir dans le graduel. A la conversion des Gentils ont trait ces paroles : *Timebunt Gentes nomen tuum*, « Seigneur, les nations craindront ton nom, etc. » A celle des Juifs se rapportent les suivantes : *Quia ædificavit Dominus Sion*, « Parce que le Seigneur a bâti Sion. » Pour cette réintégration, on dit l'*Alleluia : Adorate Dominum, omnes angeli ejus*, « Anges du Seigneur, adorez-le tous. » Au même objet se rapporte l'évangile où il est question de la guérison du lépreux, sous la figure du peuple hébreu, et de la guérison du Centurion, sous la figure du peuple gentil, guéri spirituellement par le Seigneur; et, comme l'amour du prochain procure la guérison de l'un et de l'autre peuple, c'est pourquoi dans l'épître nous sommes invités à cet amour en ces termes : *Ne reddamus malum pro malo*, etc., « Ne rendons pas le mal pour le mal, mais faisons le bien devant Dieu et devant les hommes. » L'Eglise, dans l'offertoire, loue Dieu pour les deux peuples réunis, en disant : *Dextera Domini fecit vir-*

tutem, etc. , « La droite du Seigneur a signalé sa force, etc. » Et comme le Christ, jusqu'au jour du jugement, voit son corps mystique prendre de l'accroissement, c'est pourquoi dans plusieurs églises on chante à la communion : *Puer crescebat,* etc., « L'enfant croissait, » quoique dans d'autres on dise : *Mirabantur omnes,* « Tous admiraient, etc. » (Saint Luc, chap. iv). En effet, le Christ fut petit, tant qu'il ne fut connu que de quelques Juifs ; mais il grandit, parce qu'il ne fut pas connu que des Juifs, mais encore des Gentils. Ces paroles : *Mirabantur omnes,* sont ici très-convenablement placées, parce que les Juifs et les Gentils, voyant les merveilles de Jésus et entendant parler de ses dons, étaient dans l'admiration et se convertissaient. Or, il en est quelques-uns qui appliquent les offices des trois dimanches précédents aux trois années pendant lesquelles ils disent que le Seigneur prêcha, après son baptême, et manifesta par ses miracles sa divinité ; car ils prétendent que le Seigneur prêcha pendant trois années et cette partie de la quatrième qui s'étend depuis la Nativité jusqu'à la Passion ; et ils font rapporter le premier office au ministère des anges qui, comme on le lit, servirent le Seigneur après son baptême, après son jeûne et après la tentation du diable ; d'où on dit dans cet office : *Quem adorat angelorum multitudo,* « Qui est adoré par une multitude d'anges. » Et comme les anges, au commencement de ces trois années, aussitôt après son baptême et sa tentation, s'approchèrent de lui et le servirent, c'est pour cela que le dimanche après l'Epiphanie, qui est enclavé dans l'octave, on chante à l'introït : *In excelso,* et on lit l'évangile *Cum factus esset Jesus annorum duodecim ;* et cela est convenable et s'accorde bien à ce qu'on lira le dimanche prochain, douze jours après la Nativité, savoir que le Seigneur est âgé de douze ans accomplis ; et on le répètera encore, au besoin, le dimanche suivant.

III. Le second office, dit-on, se rapporte aux miracles, parce que ce fut dans la deuxième année de sa prédication que le Christ se manifesta et brilla avec le plus d'éclat par ses miracles. C'est pourquoi, le second dimanche, on lit l'épître où se trouvent décrits les dons des grâces ; et on récite l'évangile du commencement des miracles du Christ, parce qu'on lit que ce miracle fut accompli la seconde année de son baptême ; ce qui convient encore. Et comme ce miracle figure le changement de la lettre en l'esprit, de la terre au ciel, de ce qui est corruptible en celui qui est incorruptible, c'est pourquoi dans l'introït on invite toute la terre à adorer le Seigneur.

IV. Le troisième office, dit-on, appartient à la conversion des Gentils et des Juifs, comme on l'a déjà dit. En effet, comme le Sauveur nous a rachetés par sa passion dans la troisième année, passion par laquelle il a guéri les deux peuples de la maladie éternelle, c'est pourquoi on lit l'évangile qui traite de la guérison d'un malade et d'un lépreux. C'est pourquoi dans le chant on redouble les paroles, comme à l'introït *Lœtata est Sion*, etc. (c. f. 1); et dans le graduel *Timebunt gentes et reges* ; et dans l'*Alleluia* : *Exultet terra et lœtentur insulœ multœ*, « Que la terre bondisse d'allégresse, et que les nombreuses îles se réjouissent ; » et dans l'offertoire *Dextera Domini*. Et comme la guérison des deux peuples a augmenté le nombre des anges, c'est pourquoi dans l'introït on les invite à louer le Seigneur, en disant : *Adorate*, etc. Mais comme l'humeur putride n'est pas guérie, si on ne se délivre de l'enflure de l'orgueil, c'est pourquoi dans l'épître nous sommes invités, à l'exemple du Christ qui souffrait et ne frappait point, à ne pas rendre le mal pour le mal. Ces trois offices nous insinuent les bienfaits dont le Christ nous a comblés, pour porter la foi dans nos cœurs ; c'est pourquoi nous chantons les offertoires *Jubilate*, car nous devons être dans la jubilation de ce que le Sauveur nous a fait sortir de l'entrée de l'enfer et nous a délivrés du plus profond de l'enfer.

V. Le quatrième évangile, où il s'agit du sommeil du Seigneur dans la barque et de son réveil, se rapporte à cette partie

-de l'année où le Seigneur mourut et ressuscita ; car le sommeil du Seigneur dans la barque est son sommeil sur la croix, et son réveil est sa résurrection qui fut pressée par les vœux de ses apôtres. Le cinquième évangile a trait à ce que le Seigneur, après sa résurrection ouvrit le sens de ses disciples à l'intelligence des Écritures. C'est pourquoi dans cet évangile il rend grâces à son Père de ce qu'il a révélé ces mystères aux petits et les a cachés aux sages de ce siècle. Or, toutes les épîtres de ce temps se rapportent à l'amour du Christ, qui fait que nous sommes tous mutuellement les membres du Christ ; c'est pourquoi on dit dans la première épître, c'est-à-dire celle qui se lit au premier dimanche après l'octave, que nous devons employer les dons que nous avons reçus de Dieu à l'édification des autres; dans la seconde, que nous ne devons pas rendre le mal pour le mal ; dans la troisième on recommande aux fidèles de s'aimer les uns les autres ; dans la quatrième, d'avoir des entrailles de miséricorde ; dans la cinquième, d'être soumis en toute humilité aux prélats, à l'exemple du Christ, qui était soumis à ses parents. Il en est de même aussi dans le premier évangile, c'est-à-dire celui qui se lit au premier dimanche après l'octave, où l'eau est changée en vin pour nous ; dans le second, où nous sommes délivrés de la lèpre du péché ; dans le troisième, où le Seigneur, endormi dans nos cœurs, est réveillé ; dans le quatrième, où il nous révèle ses secrets. On peut encore, par une autre interprétation, dire que, de même que depuis Noël jusqu'à l'Epiphanie, l'humanité du Sauveur s'est manifestée par ses fonctions et ses devoirs, de même il convenait que, pendant les trois dimanches susdits, la divinité se manifestât par ses devoirs et ses propriétés ; car dans l'évangile du premier dimanche il est dit : *Nesciebatis*, etc.? « Ne saviez-vous pas qu'il faut que je m'occupe de ce qui regarde le service de mon Père? » par où le Seigneur déclare manifestement qu'il est ce Dieu que servent des millions d'anges ; c'est pourquoi on dit dans l'introït qu'une multitude d'anges l'adore. Dans le graduel on loue le Seigneur, et on invite, dans l'*Alleluia* et dans l'offertoire, toute la terre à le louer, en disant : *Jubilate Deo, omnis terra,* « Peuples de la terre, louez Dieu dans les transports de la joie. » Mais comme les louanges du Sauveur sont déplacées dans la bouche des pécheurs, l'Apôtre, dans l'épître, commence par nous exhorter et nous supplier de sanctifier notre vie. La communion s'accorde très-bien avec l'évangile. Dans l'évangile du second dimanche on dit que le Seigneur, invité aux noces, changea l'eau en vin, ce qui fut une preuve éclatante de sa divinité.

VI. Car il n'appartient qu'à Dieu seul de changer les lois de la nature et de transformer notre nature corrompue en une nature glorieuse et incorruptible. C'est pourquoi toute la terre doit l'adorer, le chanter, le célébrer dans la jubilation, confesser et louer son saint nom ; c'est pourquoi on invite les anges à le louer aussi, comme on le voit dans l'introït, le graduel, l'*Alleluia* et l'offertoire. La communion s'accorde aussi avec l'évangile.

VII. Dans l'évangile du troisième dimanche, le Seigneur, en disant au lépreux : « Je le veux, sois guéri, » nous montre sa bonté et la puissance de sa divinité. C'est pourquoi le lépreux, après sa guérison, semblable à un joueur de flûte, invite tant les anges que les hommes à adorer le Seigneur, en disant dans l'introït : *Adorate Dominum ;* dans le graduel : *Timebunt ;* et dans l'*Alleluia* et l'offertoire, en disant : *Dextera Domini,* il explique là cause de ces louanges : « La droite du Seigneur a signalé sa force. » La communion *Ecce* se rapporte à l'évangile, parce qu'évidemment la divinité du Christ se manifeste dans ces trois offices du dimanche ; et il y en a trois, parce que le Seigneur prêcha pendant trois ans. Quelques-uns rapportent tout cet espace de temps, c'est-à-dire qui s'étend depuis Noël jusqu'à la Purification, à l'enfance du Sauveur. C'est pour cela, disent-ils, qu'on ne doit pas, pendant ce temps, faire mention des saints, ni surtout de la croix, afin qu'on ne reproche pas à l'Eglise de contredire ce précepte : « Tu ne féras point cuire le chevreau dans le lait de sa mère. » Et c'est pour cela encore qu'aux vigiles des nocturnes les leçons sont tirées du Nouveau-Testament, à cause de la vie présente de l'Homme-Dieu, du Christ, qui est désigné par ces jours. Le grand hérault, le doc-teur de la sainte nativité, le bienheureux Paul est alors com-pulsé par la main des lecteurs, lui qui, comparant la loi nou-velle avec la loi antique, rabaissait la loi des saints et élevait la loi de la foi avec la palme de justice ; et ce temps est en quel-que sorte la quarantaine (carême du Christ), composée de deux nombres parfaits. C'est du nombre six doublé et du nombre (28) (xxviii) vingt-huit. Le nombre six doublé signifie la double perfection, c'est-à-dire l'humanité du corps et la divinité de l'ame ; l'unité plus grande du nombre parfait (28) signifie l'u-nité de la divinité.

VIII. C'est pour cela que, de même que, pendant les douze jours qui se trouvent entre Noël et l'Epiphanie, on célèbre la manifestation de l'humanité, ainsi, durant les vingt-huit jours qui s'étendent depuis l'Epiphanie jusqu'à la Purification, on célèbre la manifestation de la divinité. Nous célébrons cette quarantaine dans la joie, parce que l'incarnation du Christ a été la joie des anges et des hommes. Après cette quarantaine suit l'Hypopante, c'est-à-dire la présentation du Seigneur au temple, qui nous invite à nous présenter aussi à Dieu le Père. Donc ces quarante jours indiquent l'état présent de l'Eglise, pendant lesquels, dans les quatre parties du monde, nous nous efforçons d'observer le décalogue, c'est-à-dire de vivre sainte-ment et pieusement dans ce siècle, en attendant la bienheureuse espérance et l'avénement de la gloire du grand Dieu. Dans cette présentation le Seigneur nous apparaîtra dans sa gloire, et c'est pour cela que pendant ces jours on chante le verset : *Quoniam ædificavit Dominus Sion et videbitur in gloria sua,* « Parce que le Seigneur a bâti Sion et qu'il sera vu dans sa gloire. » De là vient que, comme nous l'avons dit ci-dessus, vers la fête de l'Hypopante, on chante avec raison l'introït *Adorate,* parce qu'alors nous verrons face à face les chœurs des anges adorer le Seigneur.

CHAPITRE XXI.

DU QUATRIÈME DIMANCHE APRÈS L'ÉPIPHANIE.

I. Le quatrième dimanche après l'Epiphanie n'a point d'office propre, parce qu'il n'y a pas toujours quatre semaines jusqu'à la Septuagésime. Cependant il y a un évangile propre, qui est : *Ascendente in navicula,* etc., de saint Mathieu (chap. VIII). On y voit comment le Seigneur calma et apaisa la tempête de la mer, en disant à ses disciples : « Pourquoi craignez-vous, hommes de peu de foi? » comme s'il disait : C'est le peu de foi qui est cause de la crainte et de la tempête du cœur.

II. Car celui qui a la charité ne craint rien; et celui-là a la charité qui a la vraie foi; c'est pour cela que l'épître a trait à la charité : *Nemini quidquam debeatis, nisi ut invicem diligatis.* « Ne soyez redevables à personne que de l'amour qu'on se doit les uns aux autres, etc. » (aux Romains, chap. XIII). L'évangile signifie que, si le Christ sommeille en nous, la tempête s'élève; car celui qui a la foi possède Dieu. D'où saint Augustin dit : « La foi est-elle en toi, le Christ s'y trouve aussi. » Le Christ sommeille donc en nous quand notre foi est engourdie, et alors s'élève dans nos cœurs la tempête des tentations. Le calme y revient quand la foi s'y réveille. Or, c'est la charité qui réveille la foi; c'est pourquoi dans l'épître de ce jour il est dit : « Tu ne tueras pas; tu aimeras ton prochain comme toi-même. »

III. Car la foi et la charité donnent la sérénité au cœur de l'homme. Ces trois évangiles, par leurs trois sens moraux, re-forment complètement l'homme. Premièrement, l'homme est guéri comme le lépreux ; secondement, la tempête des tenta-tions s'apaise dans son ame ; troisièmement, des noces spiri-tuelles se célèbrent en lui. Mais on commence d'abord par l'é-vangile des noces, parce que c'est l'état le plus parfait. Et voilà les trois états dont la manifestation du Christ enrichit l'homme.

CHAPITRE XXII.

DU CINQUIÈME DIMANCHE APRÈS L'ÉPIPHANIE.

I. L'évangile du cinquième dimanche après l'Epiphanie est tiré de saint Mathieu : *Confiteor tibi*, etc., « Je te confesse, ô Dieu, Père du ciel et de la terre, » où l'on montre qui sont ceux à qui Dieu se manifeste, c'est-à-dire les petits et ceux qui sont doux. C'est pourquoi le Christ dit : *Et revelasti ea parvu-lis*, « Et tu as révélé ces choses aux petits ; » et ensuite : *Ve-nite ad me*, etc., « Venez à moi, vous tous qui êtes dans la peine. » Avec cet évangile s'accorde bien l'épître aux Colos-siens (chap. III) : *Induite*, etc., « Revêtez-vous de la douceur et de la charité, » c'est-à-dire : Revêtez-vous de l'habit nouveau, si vous voulez aller avec le roi nouveau ; car le Seigneur a tout renouvelé. D'autres églises lisent l'évangile *Simile est re-gnum cœlorum*, qui est de saint Mathieu (chap. XIII).

CHAPITRE XXIII.

DU SIXIÈME DIMANCHE APRÈS L'ÉPIPHANIE.

I. Comme le sixième dimanche après l'Epiphanie est rare-ment célébré, il n'a de particulier et de propre que les orai-sons, et il emprunte son office aux deux dimanches précédents.

CHAPITRE XXIV.

DU DIMANCHE DE LA SEPTUAGÉSIME.

I. Après le temps du rappel suit le temps de la déviation, c'est-à-dire le temps de pénitence, qui est la Septuagésime. Or, après avoir vu la voie qui conduit à la Bethléem céleste, l'homme, éclairé par l'étoile ou par la foi, se repent d'être sorti de cette voie.

II. Il faut d'abord remarquer que la Septuagésime a été instituée pour trois raisons. D'abord, à cause de la rédemption (ou pour le rachat du sabbat), et, selon d'autres, du jeudi, jour dans lequel les saints Pères établirent le jeûne, comme on le dira bientôt. Secondement, à cause de l'événement dont elle est la figure ; car elle représente les soixante-dix années de la captivité de Babylone, comme on le dira également. Troisièmement, à cause de sa signification ; car ce temps signifie la déviation, l'exil et la tribulation de tout le genre humain depuis Adam jusqu'à la fin du monde. Cet exil s'accomplit dans l'espace de sept jours révolus, et est compris dans le cours de sept mille ans ; car, par les soixante-dix jours, nous entendons soixante-dix centaines d'années.

III. Depuis le commencement du monde jusqu'à l'ascension nous comptons six mille ans, car on suppute les années de diverses manières ; mais, à partir de ce moment, tout le temps qui suit jusqu'à la fin du monde, nous le comprenons sous sept mille ans. Dieu seul en connaît le terme, parce que Dieu le Père le tient en son pouvoir. Et ne sois pas surpris des six mille ans dont nous venons de parler, car on suppute les années de diverses manières ; selon les uns, depuis l'origine du monde jusqu'à la nativité, jusqu'à la passion selon d'autres ; et, selon d'autres encore, jusqu'au baptême du Christ, il y a eu

cinq mille cent quatre-vingt-dix-neuf ans écoulés ; d'autres
ont prétendu que, depuis Adam jusqu'à la nativité du Christ
selon la chair, on compte cinq mille deux cent vingt-huit ans.
On lit dans les histoires que, suivant la septuagésime d'années
ou de siècles, depuis Adam jusqu'à la quinzième année de
l'empire de Jules César, on compte cinq mille deux cent
vingt-cinq ans ; mais, selon la supputation hébraïque qui
est la vraie, on ne compte que quatre mille ans. Cependant
la supputation de six mille ans, de Méthodius, a été trouvée
vraie plutôt dans le sens mystique que dans le sens chronologique. Le Christ donc, au sixième âge du monde, nous a
arrachés à notre exil par le baptême et nous a rendu l'espérance de la rétribution éternelle, avec la robe ou étole de l'innocence. Mais quand notre exil sera entièrement achevé,
nous recevrons l'ornement complet de la double robe ou étole,
comme nous le dirons bientôt.

IV. Et il est bon de savoir qu'il y a cinq septuagésimes. La
première est la septuagésime d'années, c'est-à-dire celle qui
représente la captivité de soixante-dix ans des Juifs à Babylone,
et dont Jérémie dit : *Trademini in manu hostili,* « Vous serez livrés entre les mains de vos ennemis, et vous serez esclaves de Nabuchodonosor pendant soixante-dix ans ; » et il faut
ainsi construire la phrase : « Vous serez livrés aux mains de
votre ennemi, » c'est-à-dire Nabuchodonosor, « et votre servitude durera soixante-dix ans ; » car Nabuchodonosor ne vécut
pas pendant tout le temps de la captivité. La seconde est celle
des soixante-dix jours, qui commence en ce dimanche où l'on
chante *Circumdederunt*, etc., et qui se termine au samedi *in
albis,* et selon d'autres à Pâques, comme on le dira bientôt. La troisième est la septuagésime de notre pèlerinage,
c'est-à-dire qu'elle comprend tout le temps de cette vie, renfermé dans sept jours révolus. La quatrième est la septuagésime des semaines, qui commence également par *Circumdederunt me,* etc., mais qui se termine le samedi où l'on chante

Sitientes. La cinquième est la septuagésime des âges, c'est-à-dire les sept âges, dont six appartiennent à la mort et le septième au repos. De ces septuagésimes deux sont figuratives, et ce sont les septuagésimes des âges et de notre pèlerinage ; trois sont figurées, ce sont la septuagésime des années, celle des jours et celle des semaines. Nous allons d'abord parler des deux dernières. La septuagésime des semaines figure la septuagésime des âges, de telle sorte qu'une semaine désigne un âge. De là vient que dans le septième âge reposent les ames des fidèles, quoique certaines pour un temps restent dans le purgatoire ; et c'est pour cela qu'au commencement de la septième semaine des âges on chante *Lœtare, Jerusalem,* où se trouvent trois expressions désignant la joie, savoir : *Lœtare, Gaudentes* et *Exultetis,* parce que les saints dans le septième âge se réjouissent de la vision de la Trinité. Et comme les docteurs l'ont interprété, c'est de la septuagésime des semaines que sont venues ces dénominations de Sexagésime, Septuagésime, Quinquagésime et Quadragésime ou Carême.

V. D'où la Septuagésime a été ainsi nommée, parce qu'elle est la septième semaine des âges à partir de celle où l'on chante *Lœtare, Jerusalem ;* la Sexagésime est ainsi nommée parce qu'elle est la sixième ; la Quinquagésime, parce qu'elle est la cinquième ; la Quadragésime ou Carême, parce qu'elle est la quatrième.

VI. Et si par hasard on demande pourquoi on ne dit pas la Trigésime, qui ainsi serait la troisième, nous répondrons que l'abstinence ne commence pas à la même époque pour tous : les religieux commencent à jeûner à partir de la Septuagésime ; les Grecs, à partir de la Sexagésime ; le clergé, à partir de la Quinquagésime ; et toute la milice chrétienne, depuis la Quadragésime ou Carême, en ayant soin d'y ajouter quatre jours de la semaine précédente. Mais il paraît que l'on devrait dire *septena,* qui veut dire sept ou septième, plutôt que *septuagesima,* qui signifie soixante-dix, parce que, comme on l'a dit, il n'y a que sept semaines depuis l'introït *Circumdederunt* à l'introït *Si-tientes*. Mais on en agit ainsi, afin que cette septuagésime corresponde en quelque sorte à la septuagésime, c'est-à-dire aux soixante-dix années de la captivité de Babylone. Et de même qu'un grand nombre d'entre les Juifs, par la faveur de Cyrus qui fut surnommé Christ, revinrent d'abord dans leur patrie, et qu'à la fin tous y retournèrent; de même, avant la fin de la septuagésime des âges, figurée par la septuagésime des semaines, un grand nombre d'hommes est retourné dans la patrie par la grâce du Christ, et à la fin tous y retourneront. Quelques-uns disent encore que la Septuagésime est ainsi appelée, parce qu'elle est le commencement des soixante-dix jours qu'elle renferme; la Sexagésime, parce qu'elle est le premier des soixante jours qu'elle contient; et ainsi de suite de la Quinquagésime et de la Quadragésime. Parlons maintenant des trois premières. La septuagésime des jours représente la septuagésime des années et figure la septuagésime ou le temps de notre pèlerinage, dont nous parlerons bientôt.

VII. Le grand empereur Charles pensait que la Septuagésime, la Sexagésime et la Quinquagésime n'étaient point ainsi nommées à cause du nombre de leurs jours, puisqu'à partir de la Septuagésime jusqu'à Pâques il n'y a pas soixante-dix jours, mais soixante-quatre; qu'à partir de la Sexagésime il n'y en a que cinquante-trois et non soixante; mais qu'elles ont été ainsi nommées à cause de la conséquence qui résulte de cette manière de compter. Comme dans l'ancienne loi on ordonnait de donner à Dieu les prémices et les dîmes, il a plu aux saints Pères d'offrir à Dieu, comme une espèce de dîme, les jours qui constituent le Carême. En effet, depuis l'office *In-vocavit* jusqu'à Pâques, en retranchant les dimanches, il y a trente-six jours qui sont la dixième partie des trois cent soixante jours dont se compose l'année. Cependant il reste encore cinq jours qu'il semble qu'on ne décime pas; nous en parlerons au chapitre du Mercredi de la Quinquagésime.

Ce temps est nommé Quadragésime ou Carême, parce qu'il renferme six semaines, comme on le dira au chapitre du Premier Dimanche de Carême. Le pape Télesphore (ıv d., *Statuimus*, et duob. cap. sequent.) et le pape Grégoire *De cons.*, d. v, *Quadragesima.*), désirant que les clercs ajoutassent quelque chose à l'obligation stricte de la sainte religion et jeûnassent plus que les laïques, y ajoutèrent une septième semaine; et ce temps a été appelé *Quinquagésime* pour deux raisons : d'abord, parce qu'il y a cinquante jours depuis l'introït *Esto mihi* jusqu'au saint jour de Pâques, et ensuite à cause de la conséquence qui résulte de cette manière de supputer, car la Quadragésime vient après la Quinquagésime.

VIII. En outre, de même que par les six semaines on entend les six œuvres de miséricorde, de même aussi les sept semaines désignent les sept manières dont les péchés sont remis, c'est-à-dire par le baptême, le martyre, les aumônes, les indulgences, la prédication, la charité et la pénitence. Ensuite, comme primitivement il avait été enjoint aux chrétiens de jeûner le jeudi, le pape Melchiade (*De consec.*, d. ııı, *Jejunium*) décréta que personne ne jeûnerait le jeudi pas plus que le dimanche, et que comme le dimanche était un jour solennel, à cause de la résurrection du Seigneur, de même le jeudi le serait également, à cause de l'institution de l'eucharistie et de l'ascension du Seigneur; de là vient que ce même jour nos tables sont servies avec plus de recherche. C'est pourquoi il a semblé bon aux saints Pères d'ajouter une huitième semaine, pour racheter et compenser les cinq jours précités de l'année ; et ce temps a été appelé Sexagésime, par suite de la manière de supputer. Car, de même que le nombre cinquante accompagne le nombre quarante, de même le nombre soixante accompagne le nombre cinquante. Or, si tu retranches tous les jeudis et tous les dimanches, il ne reste à partir de ce temps que quarante jours jeûnables, pendant lesquels non-seulement tu donneras la dîme, mais encore tu rempliras le nombre des jours du jeûne du Seigneur. Le pape Innocent (*De consec.*, d. III) a encore décrété qu'on ne jeûnerait pas le samedi, parce que le Seigneur, le samedi, se reposa dans le sépulcre, pour marquer notre repos futur dans lequel toute affliction disparaîtra de nous. Les papes Melchiade et Sylvestre rendirent un décret analogue, de peur que l'abstinence du sixième jour n'exténuât par trop la nature; c'est pourquoi on a ajouté une neuvième semaine, et ce temps a été nommé la Septuagésime, toujours par suite du même système de numération et par une conséquence toute naturelle; car, si tu retranches de ce temps tous les dimanches, les jeudis, les samedis et le jour de Pâques, il ne te reste plus que trente-six jours qui, comme on l'a dit, sont la dixième partie des jours de l'année. Or, la Septuagésime commence dans le deuil et se termine dans la joie, comme la pénitence qu'elle désigne et comme les psaumes pénitentiaux. Une partie de la Septuagésime appartient à la tristesse et l'autre partie à une demi-joie, parce que ceux qui meurent dans la pénitence reçoivent la vie éternelle ou la béatitude de leurs ames, ou du moins, dans le purgatoire, l'attente certaine de la béatitude future.

IX. De même, la Septuagésime commence le dimanche et se termine le samedi, parce que notre captivité a commencé à partir de notre expulsion du paradis (depuis notre résidence dans le paradis), et se prolongera jusqu'à notre repos futur; ou bien parce qu'après avoir été éloignés de notre Seigneur par le péché, nous reviendrons au repos par la pénitence. Elle se termine au samedi *in albis*; et ainsi elle dure dix semaines, parce que c'est par le décalogue que nous parvenons à la joie. De plus, elle commence dans le mois de février, suivant Zacharie (chap. I), qui dit « qu'au onzième mois, au mois de sabath, la seconde année du règne de Darius, le Seigneur lui fit entendre sa parole. » Sabath, qui est le onzième mois des Hébreux, est traduit dans notre langue par *virgam*, verge, baguette; il signifie encore austérité et correction, parce que, dans ce temps de la Septuagésime nous devons nous amender et nous corriger de nos péchés dont le diable s'est servi pour nous rendre ses esclaves. La Sexagésime se termine le mercredi *in albis;* la Quinquagésime, le jour de Pâques; et le Carême ou Quadragésime, le Jeudi saint. Les deux jours qui suivent cette dernière, avec les quatre qui sont pris sur la Quinquagésime, suppléent aux six dimanches, afin que de cette manière notre jeûne corresponde, pour la mesure du temps, au jeûne du Seigneur, qui dura quarante jours; car, depuis la Septuagésime jusqu'au samedi *in albis,* il y a soixante-dix jours; depuis la Sexagésime jusqu'au mercredi *in albis,* il y a cinquante jours; et ainsi des autres. Car, de même qu'il y eut trois retours de la captivité de Babylone; le premier sous Zorobabel, le second et le troisième sous Esdras, comme on le dira bientôt; ainsi il convenait que nous, pleurant nos péchés et implorant pour eux miséricorde, nous terminassions notre pénitence à trois fois différentes, c'est-à-dire le samedi, le mercredi et à Pâques, pour retourner à la gloire du triomphateur; et une quatrième fois, le Jeudi saint, à cause des quatre évangiles par lesquels nous avons été formés à la pénitence. Or, il y a six jours entre le commencement de la Septuagésime et celui de la Sexagésime; six, entre celui de la Sexagésime et celui de la Quinquagésime; six, entre celui de la Quinquagésime et celui de la Quadragésime; entre la fin de la Septuagésime et celle de la Sexagésime, il y en a deux; entre celle de la Sexagésime et celle de la Quinquagésime, deux; entre celle de la Quinquagésime et celle de la Quadragésime, deux également. Ainsi, à partir du commencement, nous avons un nombre de six; et à partir de la fin deux nombres de six; de plus, à partir de la fin, nous avons deux et deux fois le nombre de deux. Alcuin nous montre ce que ces nombres figurent, en disant que le Christ ne mourut qu'une fois, c'est-à-dire de la mort du corps, que nous figurons par un nombre de six; pour nous il y a deux morts, c'est-à-dire la mort de l'ame et la mort du corps, que nous désignons par deux nombres de six. Or, le Christ, par son unique mort, a détruit notre double mort. De plus, le Christ n'eut qu'une seule résurrection, c'est-à-dire la résurrection de son corps, qui désigne un nombre de deux; mais, pour nous, nous avons une double résurrection, savoir : la résurrection de l'ame, du péché; et la résurrection du corps, de la corruption ; c'est cette double résurrection que désigne le double nombre binaire ; et le Christ, par son unique résurrection, confirma et assura notre double résurrection.

X. La Septuagésime représente donc le temps judiciel de la captivité. Nabuchodonosor conduisit de Jérusalem à Babylone le peuple juif, à cause de ses péchés; ce peuple, pendant soixante-dix ans, fut condamné aux plus durs travaux. Là il ne chanta point sur la harpe, ni sur tout autre instrument de musique, comme il avait coutume de le faire à Jérusalem; et il disait : « Comment chanterions-nous le cantique du Seigneur sur la terre de l'exil? » Bien plus, pendant ce temps, il ne se revêtit que des vêtements de la misère.

XI. Après soixante années, Cyrus, qui lui aussi a été appelé Christ, vainquit le roi de Babylone, subjugua ses Etats et donna aux Juifs la permission de retourner dans leur pays. Une partie d'entre eux, sous la conduite du grand-prêtre Jésu et de Zorobabel, retourna dans la patrie et rebâtit avec une grande joie le temple de Jérusalem ; l'autre partie demeura en captivité jusqu'à l'entier écoulement des soixante-dix années : après quoi, sous le règne de Darius et sous celui d'Assuérus, les uns sous la conduite d'Esdras, les autres sous celle de Néhémie, ils revinrent tous à Jérusalem, ce qui fut l'occasion d'une double joie. Or, Nabuchodonosor, dans le sens mystique, représente le diable; Babylone, le monde ou l'enfer ; Jérusalem, le paradis ; le peuple juif, le genre humain. Nabuchodonosor emmena de Jérusalem le peuple en captivité ; le diable précipita le genre humain du paradis dans le monde ou dans l'enfer, où il le retint pendant soixante-dix ans, soit parce que la vie présente est contenue dans le cours de sept jours révolus, ou qu'elle est renfermée dans l'espace de sept mille ans, comme nous l'avons déjà dit au commencement. Le peuple juif cessa de faire entendre des cantiques de joie; le genre humain cessa aussi de faire monter vers le Seigneur ses chants d'allégresse; les Juifs se couvrirent des vêtements de la misère; le genre humain fut couvert du vêtement de la malédiction, d'après ces paroles : *Fiat sicut vestimentum*, « Qu'elle devienne comme le vêtement dont on se couvre. » Soixante ans après, le peuple revint à Jérusalem sous la conduite de Jésu; le genre humain aussi fut racheté dans le sixième âge par Jésus, le véritable prêtre. Quelques-uns revinrent à Jérusalem sous la conduite d'Esdras, d'autres sous celle de Néhémie. Esdras, par interprétation, signifie aide et protecteur; Néhémie signifie consolateur. Or, tous les vrais fidèles, quand cette captivité temporaire sera achevée, reviendront dans la patrie par le moyen du Christ, protecteur; et de l'Esprit saint, consolateur; et alors ils posséderont une double joie, dans la glorification de leur corps et de leur ame.

XII. C'est encore ce que représente l'Eglise depuis la Septuagésime jusqu'au samedi *in albis;* car, comme le peuple d'Israël ou le genre humain fut plongé dans la plus affreuse misère, c'est pourquoi elle commence par ces mots : *Circumdederunt me gemitus mortis*, « Les gémissements de la mort m'ont environné. » Et comme les deux peuples ont cessé tout cantique d'allégresse, l'Eglise aussi supprime les cantiques de joie, *Alleluia, Gloria in excelsis Deo* et *Te Deum*, etc., etc. De plus, comme le peuple perdit le vêtement des vertus, l'Eglise ne se sert point des ornements brillants et solennels, comme dalmatiques, tunicelles et autres de cette espèce qui sont des vêtements de joie; mais elle n'emploie que des vêtements lugubres. Dans notre nourriture, c'est-à-dire dans nos jeûnes, nous représentons la tristesse; d'où Zacharie dit (chap. VIII) : *Cum jejunaretis*, etc., « Lorsque vous jeûniez pendant ces soixante-dix ans, avez-vous jeûné en mon honneur? » C'est pourquoi les Grecs sanctifiaient par le jeûne la semaine précédente.

XIII. De même encore, comme le peuple Juif, la soixantième année de sa captivité, reçut de Cyrus, qui est appelé Christ, la permission de retourner dans sa patrie, et fut délivré de la servitude; nous aussi, dans le sixième âge du monde, nous avons été rachetés par le Christ de la servitude du diable, et la robe ou étole de l'innocence nous a été rendue par le baptême régénérateur; c'est pour cela que le Samedi saint nous chantons un *Alleluia*, nous félicitant et nous réjouissant par l'espérance que nous avons déjà de recouvrer le repos éternel et la patrie véritable.

XIV. Et de même qu'une partie du peuple rentra dans la patrie avec Zorobabel, et qu'une autre partie resta en captivité, de même une partie des fidèles défunts est ressuscitée avec le Christ, tandis que l'autre est restée dans l'attente de la résurrection. Et de même que ceux qui revinrent à Jérusalem subirent de rudes fatigues, produites tant par la longueur du chemin que par les préparatifs du retour, de même aussi dans l'Eglise militante nous souffrons et nous gémissons. Voilà pourquoi, le Samedi saint, aussitôt après l'*Alleluia*, nous chantons le trait *Laudate Dominum* qui marque la peine et la douleur; cependant on le dit pour louer le Seigneur, en se félicitant et en se réjouissant à cause de la résurrection. De même, les Juifs retournaient avec joie à Jérusalem, malgré les vexations qu'ils éprouvaient dans le voyage; nous aussi, pendant la semaine de Pâques tout entière, nous chantons le graduel avec l'*Alleluia*, figurant la peine par le graduel et la joie par l'*Alleluia*.

XV. Ensuite tous les Juifs, à la fin des soixante-dix années, retournèrent dans leur patrie et éprouvèrent alors une joie sans mélange. Pour nous, le samedi *in albis*, où la Septuagésime est terminée, comme on l'a dit ci-dessus, nous chantons deux *Alleluia* pour marquer qu'après le temps de notre exil notre captivité cessera, et que nous serons revêtus de la double robe. Dans le temps de la Septuagésime on supprime donc les chants de joie, comme nous l'avons dit ci-dessus; et, à ce sujet, Jérémie s'exprime ainsi (c. VII) : « Je ferai taire les chants de la joie et de l'allégresse; je ferai taire la voix de l'époux et celle de l'épouse, » car l'époux s'est re tiré de nous. Lors donc que nous rappelons l'état de l'Eglise avant son rachat et que nous gémissons sur notre exil, c'est avec raison que nous supprimons tout ce qui marque et désigne spécialement sa glorification ou sa splendeur, qui est le Christ. A ce sujet, le Psalmiste dit : « Lève-toi, ô ma gloire! levez-vous, ô mon psaltérion et ma harpe! » Car la gloire du Père, c'est le Fils, qui a pris et élevé jusqu'à lui la harpe de notre humanité qui a été brisée dans sa passion, mais qu'il a reformée et transformée en psaltérion par sa résurrection.

XVI. On ne dit point non plus dans ce temps d'autres chants de joie, tant parce que ce temps représente l'état de l'Eglise avant son rachat par le Christ, et que ces chants désignent spécialement le Christ, que parce que dans ce temps nous nous représentons comme des pécheurs, et que les louanges du Sauveur seraient déplacées dans la bouche des pécheurs. Cependant on ne supprime ni le cantique des trois enfants, ni le *Gloria Patri, et Filio*, etc., parce qu'en tous temps il y a toujours eu des adorateurs de la Trinité.

XVII. Le pape Léon (*De consec.*, dist. I, *Hi tuo*) dit que nous supprimons à la Septuagésime les hymnes, c'est-à-dire *Alleluia* et *Gloria in excelsis* que chantèrent les anges, parce que, chassés par le péché du premier homme de l'assemblée et du concert de jubilation des anges, maintenant exilés dans la Babylone de cette misérable vie, nous restons assis sur la rive de son fleuve et nous pleurons en nous souvenant de cette Sion où l'on peut chanter des hymnes au Seigneur. A partir donc de la Septuagésime, époque de la chute du premier homme, nous cessons dans l'Eglise de réciter l'*Alleluia* et le *Gloria in excelsis* pendant neuf semaines, c'est-à-dire jusqu'à Pâques, où le Christ, ressuscitant d'entre les morts, change notre tristesse en joie et nous rend l'*Alleluia*. Nous avons déjà parlé de cela dans la préface de cette partie. Nous dirons dans la préface de la septième partie quels sont les cantiques de joie que l'on dit, quand il se rencontre des fêtes pendant la Septuagésime. La Septuagésime commence donc par la tristesse et se termine par la joie, ainsi que nous l'avons déjà dit.

XVIII. Et remarque que, le samedi qui précède la Septuagésime, souvent et dans presque tous les offices chantés on répète ou réitère l'*Alleluia*, parce que nous aimons ce cantique et que nous le tenons renfermé dans le trésor de notre cœur; c'est ainsi que nous embrassons souvent un ami qui doit entreprendre un long voyage (IX), et que nous le baisons à la bouche, au visage et aux autres parties du corps. On réitère ou multiplie encore l'*Alleluia*, le samedi à vêpres, parce que, par la chute d'Adam qui jouissait d'un parfait repos, nous avons perdu notre joie; mais nous recouvrerons le repos de nos ames, et un jour viendra, à la résurrection, où nous aurons le double repos de l'ame et du corps. Quelques-uns, pendant ce même samedi, disent l'*Alleluia* à sexte, d'autres à none, certains le disent à vêpres, quelques-uns aux nocturnes de ce dimanche, d'autres enfin à l'heure de prime de ce même dimanche. Cette diversité vient des différentes manières dont commence ce jour; nous en parlerons dans la préface de la septième partie. Cependant il est plus logique de le remettre au temps des vêpres, parce que c'est le commencement du jour par rapport aux offices divins, parce que la nuit a précédé et que le jour approchera. Le pape Alexandre II a décrété que l'on rapporterait la répétition de ce cantique à la fin du temps précédent de pénitence, suivi de la louange évangélique, et que l'on en ferait rapporter la suppression au deuil et à la tristesse du temps suivant. C'est pour cela que certaines églises disent le dernier *Alleluia* avec une grande allégresse; d'autres églises ne le disent qu'avec gémissements et larmes ; les unes représentent la réparation future, les autres l'expulsion du paradis. Du reste, comme ce temps est un temps de deuil, on ne dit point les cantiques des anges, mais ceux des hommes ; ainsi, pour remplacer l'*Alleluia*, l'Eglise dit au commencement des heures : *Laus tibi, Domine, rex æternæ gloriæ*, « Louange à toi, Seigneur, roi de la gloire éternelle ; » et ces termes ne sont pas équivalents à l'*Alleluia*.

XIX. Car *Alleluia* est une expression angélique ; *Laus tibi* est une expression humaine ; la première, une expression hébraïque et par suite une expression plus digne ; la dernière, une expression latine et par conséquent inférieure en dignité. Dans les antiennes et dans les répons certains disent *in æternum ;* à la messe, au lieu de l'*Alleluia*, nous disons le trait. On ne dit point *Alleluia* en langue hébraïque, qui, selon saint Jérôme sur Isaïe, est plus riche que la langue grecque ; on ne le traduit point en grec, langue plus riche que la latine, mais on le traduit en latin, qui est la langue la plus pauvre de toutes, pour désigner par là la pauvreté de la vie présente.

XX. Et remarque que, depuis la Septuagésime jusqu'à Pâques, aux nocturnes du dimanche, on change deux psaumes à laudes, c'est-à-dire que l'on dit le *Miserere mei*, qui est le psaume pénitentiel, à la place du psaume *Dominus regnavit* qui est un chant de joie qui nous forme à la perfection ; et le psaume *Confitemini*, à la place du psaume *Jubilate*, par la raison que c'est la pénitence qui nous conduit à la confession de louanges, et la crainte qui nous conduit à l'espérance. Et tou ceux qui sont dans le pèlerinage et l'exil, désignés par la Sep tuagésime, sont soumis à la crainte et à l'espérance. Or, l psaume *Miserere* désigne la crainte que doivent avoir de la ven geance divine les fragiles pécheurs dans le présent exil ; et i les excite à pleurer leurs péchés. Mais comme, après la dou leur du cœur et la confession de la faute, nous devons prendre confiance et espérer d'arriver jusqu'au Seigneur, voilà pourquoi nous louons Dieu en chantant dans l'autre psaume : *Confitemini*. On dit encore dans ce temps le psaume *Confitemini*, à laudes, pour marquer que les enfants doivent être instruits, afin qu'ils puissent, le dimanche des Rameaux, chanter les louanges de Dieu; et encore parce que ce psaume se rapporte d'une manière particulière au sens renfermé dans ce verset : *O Domine, salvum me fac ! o Domine, bene*, etc.! « Seigneur, sauve-moi; Seigneur, etc.; » ou encore pour que, par la mort (au péché) et par la confession du péché, nous obtenions la rémission de nos péchés. Or, le susdit psaume *Dominus regnavit* et le psaume *Deus meus, respice*, etc., et les suivants, se disent à prime pendant ce temps, pour ne rien omettre du psautier, et pour que l'on puisse dire, au moins dans une semaine, ce que la primitive Eglise avait coutume de dire en entier dans un jour.

XXI. Au reste, comme, d'après ce que nous avons dit ci-dessus, tout l'espace de notre vie se trouve compris dans le temps de la Septuagésime, c'est avec raison que l'on varie et que l'on change les offices des dimanches, depuis la Septuagésime jusqu'à Pâques, par où sont marqués les divers états de notre vie ou de l'ame de chaque fidèle après la prévarication. En effet, par le premier office, c'est-à-dire *Circumdederunt me*, etc., nous représentons le pécheur confessant ses péchés; dans le second, c'est-à-dire *Exurge*, il adresse à Dieu ses demandes; dans le troisième, *Esto mihi*, il prie le Seigneur de venir à son aide; dans le quatrième, *Invocavit me*, nous savons que le Seigneur l'a entendu et s'est déclaré son protecteur, d'après ces paroles : *Te orante, dicam : adsum*, «Lorsque tu me prieras, je dirai : me voici; » dans le cinquième, *Reminiscere*, etc., le pécheur croit ou espère; dans le sixième, c'est-à-dire *Oculi mei*, il promet à Dieu de faire des bonnes œuvres; dans le septième, c'est-à-dire *Lœtare, Jerusa-*

lem (nous en parlerons en son lieu), nous le voyons se réjouir de ses souffrances et de ce que le repos a été donné à un grand nombre dans cette vie ; dans le huitième, c'est-à-dire *Judica me*, nous le voyons confirmé par Dieu dans la pratique des vertus et des bonnes œuvres, parce qu'il désire et demande avec confiance d'être jugé, à la consommation éternelle des siècles ; au neuvième, c'est-à-dire *Domine, ne longe*, nous comprenons que déjà il appartient aux ordres des anges ; car il demande à Dieu la persévérance, puis il explique par quel moyen il peut acquérir toutes ces grâces, c'est-à-dire par *Resurrexi*, la Résurrection, qui est célébrée dans le dixième office. Nous parlerons encore de cela au chapitre du Carême.

CHAPITRE XXV.

DE L'OFFICE DE LA SEPTUAGÉSIME.

Il nous reste à dire quelques mots sur l'office du présent dimanche.

I. Or, comme nous l'avons dit ci-dessus, les Israélites restèrent pendant soixante-dix ans dans les fers du roi de Babylone ; ensuite ils furent délivrés et revinrent à Jérusalem. Il faut aussi que nous lui soyons assujettis, pendant tout le cours de cette vie, par la coulpe et par la peine, ou tout au moins par la peine. C'est pourquoi l'Eglise, volontairement, fait pénitence comme placée dans la captivité de Babylone, c'est-à-dire de ce monde, afin qu'un jour elle soit délivrée et parvienne à la céleste Jérusalem. C'est pourquoi elle célèbre la Septuagésime.

II. Pour cela, elle commence les cinq livres de Moïse, parce que ces livres nous montrent par degrés l'utilité de la pénitence. Le premier livre, savoir la Genèse, nous forme à la pénitence initiale, c'est-à-dire par la foi et la crainte qui sont l'essence de la pénitence, parce que c'est par elles que l'on commence

- concevoir des sentiments de pénitence. Ce livre nous forme à la foi, comme si c'était le symbole même de la foi ; car ce qu'il rapporte a trait aux choses visibles et tout à la fois aux choses invisibles. Voici par où il commence : *In principio*, etc. « Au commencement, ou dans le principe, Dieu créa le ciel et la terre, » c'est-à-dire le ciel, l'empyrée et ce qu'il renferme, c'est-à-dire les choses invisibles ; et la terre, c'est-à-dire toutes les choses visibles. Et de même que la personne du Père est exprimée en ce passage, celle du Fils ne l'est pas moins. *In principio.* « Au commencement, dans le principe, » c'est-à-dire Dieu le Père a créé le ciel et la terre dans le principe, c'est-à-dire dans le Fils. La personne de l'Esprit saint se trouve aussi exprimée ensuite par ces mots : *Et spiritus Domini ferebatur super aquas*, « Et l'Esprit du Seigneur était porté sur les eaux, » c'est-à-dire l'Esprit saint qui a créé et gouverne tout. Ce livre nous instruit dans la foi de l'incarnation et de la passion, afin que nous croyions que le Christ a souffert comme homme et non comme Dieu, et cela dans la personne d'Isaac qui ne fut point immolé et qui fut remplacé dans le sacrifice par un bélier. Il forme encore à la foi, pour que nous croyions que le Christ nous a été accordé par pure grâce et non à cause de nos mérites, comme Isaac, le fils de la promesse. Il nous forme encore dans la foi à la résurrection, à l'ascension et à la mission de l'Esprit saint, par Joseph qui, après avoir été vendu, parvint en Egypte à une haute dignité, et fit régner l'abondance du blé dans toute l'Egypte, de même que le Christ, après avoir été vendu et élevé au-dessus du monde par son ascension, fit répandre par ses prédicateurs le froment de la parole de Dieu dans tout l'univers. Joseph est une figure de la résurrection, de l'ascension et de la mission ou envoi de l'Esprit saint. La Genèse nous inspire encore une crainte salutaire dans l'histoire d'Adam, afin que, par le vice de la gourmandise ou par la désobéissance, nous ne soyons pas chassés du paradis spirituel, comme Adam le fut du paradis terrestre. Par Caïn,

elle nous apprend à éviter l'homicide; par la destruction entière des trois villes elle nous apprend à éviter le vice des Sodo-
mistes; par le déluge, à nous abstenir de tout vice. Elle nous détourne encore de la gourmandise, par l'exemple d'Esaü qui fut
réprouvé pour un plat de lentilles rousses. En outre, la Septuagésime nous remémore la misère où nous sommes tombés
par la faute de nos premiers parents.

III. C'est pourquoi nous lisons la Genèse, qui fait l'historique de l'expulsion de nos premiers parents du paradis terrestre et des autres choses qui les concernent, et dont nous faisons
mention dans le chant des répons : *In sudore vultus tui*, etc.,
et celui-ci : *Ecce Adam*, etc. Pour mieux faire ressortir notre
misère, nous commençons par lire les leçons, et ensuite nous
chantons les passages qui ont trait à la dignité de l'homme,
savoir : que l'homme a été créé à l'image et à la ressemblance de Dieu, qu'il a été placé dans le paradis; qu'une com-
pagne lui fut donnée et fut formée pour lui; qu'il ne devait ni
mourir, ni subir quelque peine que ce fût, à moins qu'il ne
perdît ces prérogatives par sa faute.

IV. Or, l'office de la messe est : *Circumdederunt me*, etc.,
où l'Eglise confesse qu'elle est dans la peine et qu'elle souffre
les maux que le péché lui a faits, c'est-à-dire la faim, la soif,
la chaleur, le froid, la fatigue, la maladie et la mort même,
par la mauvaise conscience, l'amertume, les odeurs infectes
et les ténèbres, souffrances qui sont comme les douleurs de
l'enfer. Mais, afin que ce deuil ne dégénère point en découra-
gement ou en cette tristesse qui produit la mort, elle place
dans le verset des paroles de consolation : *Diligam te, Domine, virtus mea*, etc., « Je t'aimerai, Seigneur, toi qui es ma
force, etc., » afin qu'ainsi elle puisse dire : « Mes larmes ont
été le pain destiné à ma nourriture. » Et remarque que ces paroles : *Circumdederunt me*, etc., sont encore la voix de la primitive Eglise pleurant Abel, son premier martyr et docteur,
dont le sang cria de la terre vers le Seigneur, qui ouvrit sa

bouche et le reçut de la main de Caïn, frère d'Abel. C'est de là qu'on fait une station en l'honneur de saint Laurent dont la mort précieuse, causée par un genre de supplice nouveau et inouï, cria vers le ciel, et dont la voix fut entendue dans le monde entier. C'est pourquoi l'Eglise romaine a été illustrée plus que toutes les autres par le témoignage éclatant de ses martyrs.

V. Mais que l'Eglise ne désespère point. Déjà, dans l'évangile, un triple remède salutaire lui est proposé, et dans l'épître une triple récompense. Voici le remède : Celui qui veut être parfaitement guéri de ses maux doit travailler à la vigne de son ame, en en retranchant les vices et les péchés ; ensuite, courir dans la carrière de la vie présente à travers les œuvres de la pénitence ; enfin, combattre virilement dans l'arène contre toutes les tentations du diable : s'il emploie ce triple remède, il obtiendra la triple récompense, parce que celui qui travaille recevra le denier ; celui qui fournit la carrière recevra le prix de la course, et à celui qui aura combattu sera décernée la couronne.

VI. Mais, comme l'homme ne consent pas volontiers à porter le fardeau de la pénitence, à moins qu'il n'en voie la récompense, l'Apôtre nous la montre dans sa première épître aux Corinthiens (chap. IX) : « Ne savez-vous pas, dit-il, que ceux qui courent dans la carrière courent tous ; mais qu'il n'y en a qu'un seul qui remporte le prix ? » Or, le prix est la récompense de ceux qui fournissent la course, par où est désignée la béatitude éternelle, qui est la récompense de ceux qui courent pour obtenir le royaume éternel ; récompense qui est proposée aux hommes, pourvu qu'ils fassent plus volontiers pénitence et pleurent davantage leurs péchés. D'où le Psalmiste dit : *Super flumina Babylonis illic*, etc. ; et de même que dans une course extérieure on éloigne tous les obstacles qui pourraient entraver la course, comme l'Apôtre dit qu'il fait lui-même, en ces termes : « Je châtie mon corps et je le réduis en servitude, » comme s'il disait : Je m'amincis et je me rends le plus léger possible, afin de pouvoir fournir la course ; ainsi fait l'Eglise. Elle macère son corps, afin d'éloigner d'elle toutes les choses nuisibles, pour courir avec plus de rapidité vers le prix de la vie éternelle. Et le répons *Adjutor in opportunitatibus, in tribulatione*, « Seigneur, tu es notre secours dans le besoin et dans l'affliction, » convient bien à son état ; car la tribulation est utile et profitable à l'homme, en le faisant ressouvenir des joies éternelles. Il n'y a point ensuite d'*Alleluia*, parce que l'Eglise supprime les chants d'allégresse, comme on l'a dit ci-dessus.

VII. Après le répons suit le trait, *tractus, a trahendo*, de traîner. Il est agréable à entendre. C'est *De profundis clama-vi*, etc., pour marquer que c'est au milieu des gémissements et des soupirs que l'Eglise traîne sa vie dans les profondeurs du péché ou de la peine. Mais, pour la consoler, à ces paroles viennent se joindre des paroles de miséricorde, lorsqu'on dit : *Quia apud te propitiatio est*, « Parce que la clémence est en toi, Seigneur. »

VIII. Mais comme l'Eglise ne veut pas que ses enfants tombent dans la langueur, c'est pourquoi, après le trait suit l'évangile du denier de la journée d'un jour de travail, c'est-à-dire de la béatitude éternelle, qu'elle montre à ses enfants afin qu'ils fassent pénitence avec joie et gaîté de cœur. Cet évangile commence ainsi : *Simile est*, etc., « Le royaume des cieux est semblable à un père de famille qui sort de grand matin, etc. » (Saint Mathieu, c. xx). L'homme et l'Eglise sont la vigne de Dieu que chacun doit cultiver de tout son pouvoir : dans les autres, par la prédication ; en soi-même, par la pratique de bonnes œuvres ; celui qui la cultivera avec soin aura la vie éternelle, qui est appelée denier. Sur les deniers sont empreints une effigie et une inscription ; pour nous, nous portons sur nous l'image de Dieu et l'empreinte visible de sa main, parce que nous serons des dieux, et nous serons appelés dieux et en fants de Dieu. D'où le Psalmiste : « Je vous l'ai dit : vous êtes des dieux, tous vous êtes des enfants d'une haute lignée. » Suit après l'offertoire *Bonum est confiteri*, « Il est avantageux de louer le Seigneur, » par où nous sommes avertis que nous devons louer le Seigneur dans la tribulation; ce que nous pouvons faire en voyant le denier proposé. Pour voir cette récompense, l'Eglise demande à être éclairée, dans la postcommunion *Illumina faciem tuam*, « Laisse tomber sur ton serviteur un rayon de ta face. » On peut encore dire autrement, d'après Innocent III dans le sermon de ce jour; car on y lit « qu'une grave occupation a été créée à tous les hommes, et qu'un joug pesant pèse sur les enfants d'Adam, depuis qu'ils sont sortis du ventre de leur mère commune jusqu'au jour où ils rentreront dans le sein de leur mère. »

IX. Or, la mère de tous les hommes c'est la terre, qui est la sépulture commune de tous. Voilà pourquoi Job disait : « Je suis sorti nu du sein de ma mère, et nu j'y rentrerai. » Or, dans les paroles précitées touchant l'état de la condition humaine, il y a trois choses à examiner, c'est-à-dire l'entrée ou le commencement, la marche ou la durée, et la sortie ou la fin. Touchant la marche ou la durée, on a commencé par dire : « Une grave occupation a été créée aux hommes et un fardeau pesant, etc.; » on parle ensuite du commencement ou de l'entrée :

X. « Depuis le jour où ils sont sortis du ventre de leur mère; » puis on conclut par la sortie ou la fin : « jusqu'au jour où ils rentreront dans le sein de la mère commune. » Or, en chacun de ces états, un joug pesant est imposé aux fils d'Adam, pesant à l'entrée, plus pesant encore dans la durée, mais très-pesant à leur sortie de cette vie. C'est donc avec raison que le Prophète pleurait en disant : « Pourquoi suis-je sorti du sein de ma mère pour voir le travail et la douleur, pour que mes jours s'écoulent dans la confusion? » Car l'homme a été formé de la terre; il a été conçu dans le péché; il est né pour souffrir; il est donc vrai qu'une lourde occupation a été créée pour tout homme, et qu'un joug pesant est imposé aux fils d'Adam. Bienheureux sont ceux qui s'occupent dans les bonnes œuvres! malheur à ceux qui font le mal! Heureux ceux qui portent le joug du Christ! malheur à ceux qui portent le joug du diable! L'Eglise, en considérant cette misérable condition de l'humanité, gémit, en disant dans l'introït : *Circumdederunt me dolores inferni*, « Les douleurs de l'enfer m'ont environnée, etc., » paroles par lesquelles le Prophète fait allusion à la chute de l'homme; mais ensuite, pour qu'une excessive douleur ne pousse point l'homme au désespoir, l'Eglise rappelle aussitôt après la miséricorde du Créateur dans le graduel *Adjutor*, etc. Dans l'évangile le Seigneur nous propose une honnête et utile occupation :

XI. *Operarios conducens*, etc., « Louant des ouvriers pour leur donner un salaire. Or, dans l'épître l'Apôtre nous apprend à éviter les occupations déshonnêtes et futiles. « Ne savez-vous pas, dit-il, que ceux qui courent dans la carrière courent tous, mais qu'il n'y en a qu'un seul qui remporte le prix? courez donc de telle sorte que vous le remportiez; » puis il ajoute : « C'est pourquoi je cours, non pas au hasard, etc. » Dans le trait *De profundis*, etc., le Prophète fait une distinction entre joug et joug; car, en disant : *Si iniquitates*, il fait allusion au joug du diable dont le Prophète dit : *Computruit jugum a facie Domini*, « Son joug est tombé en pourriture devant la face du Seigneur; » mais il ajoute bientôt : *Quia apud te propitiatio est*, « Parce que la clémence se trouve en toi. » Voilà le doux joug du Christ dont la Vérité a dit : « Mon joug est agréable et mon fardeau léger. » En somme, l'office de la messe renferme l'affliction dans l'introït, marque le jeûne dans l'oraison, la guerre dans l'épître, le secours dans le graduel; à l'évangile, nous sommes conduits à la vigne, sujet de nos travaux et, plus tard, de notre règne et de notre gloire.

CHAPITRE XXVI.

DE LA SEXAGÉSIME.

La Sexagésime suit immédiatement la Septuagésime.

I. Or, de même que l'Eglise célèbre la Septuagésime comme faisant partie de l'office et du saint ministère (car, ainsi que les enfants d'Israël, par leurs pleurs et leurs gémissements, sont sortis et ont été délivrés de la captivité de Babylone après soixante-dix ans, l'Eglise a été délivrée, du moins par la pénitence qu'elle a faite dans les sept jours qui comprennent le cours de cette vie, de la servitude du diable auquel il faut que nous soyons présentement assujettis), de même aussi elle célèbre la Sexagésime comme partie intégrante du saint ministère (ou dans un office particulier). Car, bien qu'elle ait été instituée pour compenser les cinq jours ouvrables dont il a été question au chapitre de la Septuagésime; cependant elle l'a été aussi à cause de sa signification propre; car elle marque le temps du veuvage de l'Eglise et sa douleur à cause de l'absence de l'époux, qui éloigne sa grâce des pécheurs; et là présence de son humanité, des hommes voyageurs sur cette terre. Car, bien que le Christ soit toujours présent en nous par sa divinité, d'après ces paroles : « Je serai avec vous jusqu'à la consommation des siècles, » cependant, en tant qu'homme, il est dans le ciel assis à la droite du Père. Or, comme la veuve mérite d'obtenir le fruit de la Septuagésime, pour la consoler de cette absence de l'époux qui a été ravi aux cieux, l'Eglise obtient deux ames, c'est-à-dire l'exercice des six œuvres de miséricorde et l'accomplissement du décalogue.

II. C'est pourquoi sexagésime signifie six fois dix ou six dizaines, désignées par les six œuvres de miséricorde et les dix

commandements du décalogue. Car la sexagésime ou soixan-
taine est formée du nombre six et du nombre dix (multipliés),
afin que, comme le Seigneur, après les six jours de travail de
la création, bénit le septième jour, de même aussi, après avoir
rempli les préceptes du décalogue, nous arrivions à la béatitude éternelle, où l'on nous adressera ces paroles : « Venez,
les bénis de mon Père, etc. »

III. C'est pourquoi dans la sexagésime on lit l'évangile
Cum turba plurima, de saint Luc (chap. VIII), qui a trait à
la semence de la parole de Dieu, afin que les hommes sèment
les œuvres de miséricorde, pour récolter cette suprême bénédiction. Et comme la semence se trouve étouffée en plusieurs,
c'est pourquoi l'Eglise crie dans l'introït, et crie à haute voix :
Exurge, quare obdormis, Domine? « Lève-toi, pourquoi dors-
tu, Seigneur? » Dans le troisième dimanche, c'est-à-dire la
Quinquagésime, elle montre par qui elle veut être délivrée,
c'est-à-dire par Dieu ; c'est pourquoi dans l'introït elle dit :
Esto mihi in Deum protectorem, « Sois pour moi un Dieu protecteur ; » et comme le Seigneur s'approche de ceux qui l'invo-
quent, la délivrance arrive le dimanche suivant, où l'on dit à
l'introït : *Invocavit me, et ego exaudiam eum,* « Il m'a invoqué,
et moi je l'exaucerai. » Car il est impossible que celui-là ne soit
pas délivré, qui, par la confession, déclare ses péchés qui sont
des douleurs qui conduisent à l'enfer. La douleur dont l'Eglise
se plaint est une douleur expiatoire, et elle demande au Seigneur d'en être délivrée. Mais comme les péchés séparent
l'homme de Dieu, c'est pourquoi elle dit, en hésitant : *Exurge,*
« Lève-toi ; » et elle dit trois fois *Exurge* dans l'introït de ce
jour, à cause de ses trois espèces d'enfants.

IV. D'abord, elle le crie pour ses enfants qui sont éprouvés par les tribulations, mais qui n'y succombent point, comme
le bienheureux Paul ; c'est pour eux qu'elle dit d'abord *Exurge,
quare obdormis?* « Lève-toi, pourquoi dors-tu? » c'est-à-dire
pourquoi sembles-tu dormir, en ne les exauçant pas, ou en ne

les délivrant pas? Mais Dieu en agit de la sorte, pour qu'ils soient éprouvés et passés au creuset par le feu de la tribulation ; car les trois enfants sortirent de la fournaise de Babylone plus purs qu'ils n'y étaient entrés. Ainsi Dieu ne dort pas, comme le dit Jérémie (c. ii) : «Je vois, dit-il, la verge qui veille. » — Tu vois exactement, lui dit le Seigneur, car je veillerai sur mon troupeau et sur mes enfants ; — et le Psalmiste : « Il ne sommeillera pas et ne dormira point, celui qui garde Israël. » Puis il dit, en s'adressant à ses enfants de l'Eglise : « Vous oublierez les tribulations, car chacun sera rétribué selon ses œuvres. »

V. Les seconds enfants de l'Eglise sont ceux qui succombent dans le combat ; et c'est pour eux que l'Eglise dit : « Lève-toi, ne nous repousse pas pour toujours, » *ne repellas in finem*, etc. ; « pourquoi détournes-tu ton visage? » comme si elle disait : Montre ton visage, et ils reviendront à toi.

VI. Les troisièmes sont ceux qui sont tentés par les caresses de la fortune, sans pourtant succomber ; mais comme ils ne supportent point l'adversité, il est à craindre que la prospérité ne les brise. C'est pourquoi ils disent : *Exurge, Domine, adjuva nos*, « Lève-toi, Seigneur, et viens à notre aide, etc., et délivre-nous par ton saint nom. » C'est pourquoi suivent ces mots : *Libera nos*. Nous parlerons encore de cela au dimanche suivant. L'épître *Libenter suffertis* (I aux Corinthiens, c. ii), nous exhorte à chercher le Seigneur, à mépriser et supporter patiemment ceux qui nous frappent et nous insultent, et, comme avertis par cette lecture, nous disons le répons *Sciant gentes, quoniam*, etc. Le trait nous montre la terre ébranlée, c'est-à-dire la conscience des pécheurs. Dans l'évangile nous jetons la semence dans la terre ; car, le dimanche précédent, nous avons été loués pour travailler à la vigne. Or, cet évangile est celui du semeur : *Exiit qui seminat*, etc., « Celui qui sème sortit pour semer sa semence. » C'est ce que fit le bienheureux Paul, qui sema lui aussi sa semence, c'est-à-dire la parole de Dieu.

VII. C'est pour cela que l'on fait en ce jour une station à saint Paul; et de là vient qu'à la fin de la collecte de ce jour il est fait mention du docteur des Gentils, *Doctoris gentium,* etc.; car souvent les offices sont réglés suivant les stations : comme aujourd'hui il y a une station à saint Paul, c'est pour cela que l'on fait mention de lui dans la collecte, et de la même manière le jeudi avant le dimanche *Lœtare, Jerusalem,* et le samedi suivant (ibid.), comme on le dira alors. Or, la Sexagésime s'étend jusqu'au mercredi après Pâques, où l'on chante : *Venite, benedicti Patris mei,* « Venez, les bénis de mon Père, etc., » parce que ceux qui s'exercent aux œuvres de miséricorde entendront ces paroles, *Venite,* etc., comme le Christ l'atteste lui-même; et alors la porte sera ouverte à l'épouse, et elle jouira des embrassements de l'époux. De là vient que dans l'épître elle est avertie, à l'instar de Paul, de supporter patiemment l'absence de l'époux, et dans l'évangile, de persévérer toujours dans la semence des bonnes œuvres; et cette épouse qui, comme désespérée, s'était écriée d'abord : « Les gémissements de la mort et les douleurs de l'enfer m'ont environnée, » revenue maintenant à elle, demande dans l'office à être secourue dans ses tribulations et à en être délivrée, en disant : « Lève-toi, Seigneur, et viens à notre aide, etc. »

CHAPITRE XXVII.

DE LA QUINQUAGÉSIME.

Suit après la Quinquagésime.

I. Il faut d'abord remarquer qu'il y a plusieurs quinquagésimes, c'est-à-dire une quinquagésime de jours, une d'années, une de psaumes, une de personnes et une de deniers. Il y a trois quinquagésimes de jours : une à partir de ce dimanche jusqu'au jour de Pâques ; une depuis Pâques jusqu'à la Pentecôte, dont il est dit dans le Concile d'Orléans (*De consec.* , dist IV, *Sacerdotibus*) : « Qu'avant la fête de Pâques on ne doit pas suppléer à la Quinquagésime, parce qu'elle est réservée pour après Pâques, mais qu'il faut observer la Sainte-Quarantaine ou Carême » (*Quadragesima*). La troisième s'étend depuis l'octave de Pâques, c'est-à-dire depuis le samedi *in albis* jusqu'au samedi après la Pentecôte. La première a trait à la pénitence, à l'affliction et à l'abstinence ; car alors les hommes s'abstiennent de viandes et gardent la continence et la chasteté. La seconde appartient à la joie et à l'allégresse. La troisième est une figure et a trait à la gloire et à la glorification ; car elle représente le huitième âge, où l'on sera revêtu de l'étole, c'est-à-dire de l'étole de l'ame et de celle du corps. De là vient que nous chantons deux *Alleluia* dans cette quinquagésime.

II. La quinquagésime des psaumes est triple (ou en renferme trois aussi). Elle désigne les trois états de la religion chrétienne. Le premier est l'état de pénitence ; le second, l'état de justice ; le troisième, l'état de gloire de la vie éternelle. C'est pour cela que la première quinquagésime de psaumes est renfermée dans le psaume *Miserere mei, Deus ;* la seconde, dans le psaume *Misericordiam et judicium ;* la troisième, dans le verset *Omnis spiritus laudet Dominum*, qui est à la fin du psaume *Laudate Dominum de cœlis*. Ces trois quinquagésimes représentent les jours du déluge ; car l'eau séjourna pendant autant de jours sur la surface de la terre, c'est-à-dire cent cinquante jours. Nous chantons donc trois quinquagésimes de psaumes, afin que Dieu nous préserve d'un pareil fléau et nous protège contre tout péril.

III. Dans la quinquagésime d'années se trouvait l'année jubilaire, qui était la cinquantième. Telle était la célébrité du nombre sept, que l'on célébrait le septième jour de la semaine, c'est-à-dire le jour du sabbat ; la septième semaine, comme la semaine de la Pentecôte ; le septième mois, ou mois de septembre; et la septième année ou l'année septenaire, l'année du jubilé, pendant laquelle tous les esclaves étaient affranchis. S'il s'en trouvait quelqu'un qui ne voulût point être affranchi, mais qui désirât rester au service de son maître, on le conduisait aux portes du tabernacle ou du temple, et on lui perçait l'oreille avec un poinçon, ce qui était une marque de servitude; et dans la suite il n'était plus affranchi, quand même il l'aurait voulu. De même, tout ce que la terre produisait de grains cette année-là appartenait à tout le monde, car elle n'était point cultivée cette année-là. Pendant cette année aussi toutes les dettes étaient remises, et les biens aliénés étaient restitués, comme nous le dirons au chapitre de la Pentecôte. C'est pourquoi jubilé signifie, par interprétation, rémission, initiation ou recouvrement; ce qui figure très-convenablement la pénitence, par où nous sommes mis en possession de la vraie liberté et délivrés de la servitude du diable. C'est encore la pénitence qui remet la dette du péché et qui nous fait recouvrer l'héritage éternel et la céleste patrie.

IV. La Quinquagésime désigne donc le temps de la pénitence et de la rémission. Pendant ce temps on lit fréquemment et on chante des leçons tirées de l'histoire du déluge; car, de même que le déluge a purgé le monde des hommes pervers, de même la pénitence purge des vices et des crimes le *micro cosmos*, c'est-à-dire le monde en petit ou le petit monde, c'est-à-dire l'homme (10). Nous passons encore cinquante jours dans la pénitence, afin que nous ne laissions point écouler les cinquante jours suivants, c'est-à-dire le temps qui s'étend depuis Pâques jusqu'à la Pentecôte, temps de joie et d'allégresse, sans nous rendre dignes de recevoir la grâce de l'Esprit saint au jour de la Pentecôte. Car la Quinquagésime se termine à Pâques, parce qu'alors par la pénitence nous ressuscitons pour prendre une vie toute nouvelle. Il est question dans la Genèse de la quinquagésime de personnes. Abraham demanda au Seigneur s'il épargnerait le peuple, s'il se trouvait dans son sein cinquante justes. « Bien plus, dit le Seigneur, je lui pardonnerai, s'il ne s'y en trouve que quarante; » et il alla ainsi en diminuant jusqu'à dix.

V. Touchant la quinquagésime de deniers, on en fait mention dans l'évangile où il s'agit des deux débiteurs dont l'un devait cent deniers et l'autre cinquante; mais nous n'en dirons rien pour le moment. Or, on dit Quinquagésime comme si l'on disait cinq dizaines, désignant par là le temps de la rémission, comme nous l'avons expliqué ci-dessus. Car le nombre cinquante est formé des deux nombres cinq et dix multipliés l'un par l'autre. Or, celui qui aura refréné les cinq sens du corps par les dix préceptes de la loi, pourra dire ce que l'on chante au dernier jour de la Quinquagésime, c'est-à-dire à Pâques, *Resurrexi et adhuc tecum sum*, etc., « Je suis ressuscité, et je suis encore avec toi. »

VI. Et remarque que les papes Télesphore et Grégoire IV (d. *Statuimus*, cap. II, et cap. seq.) décrétèrent que les clercs commenceraient à jeûner à la Quinquagésime.

VII. La Quinquagésime a été instituée : premièrement, comme supplément pour suppléer aux dimanches retranchés du jeûne du Carême ou Sainte-Quarantaine, et afin qu'ainsi le jeûne durât pendant quarante jours, comme on l'a dit à l'article de Septuagésime. Secondement, à cause de sa signification; car elle désigne le temps de la rémission, comme nous l'avons dit ci-dessus. Troisièmement, à cause de ce qu'elle représente; car elle marque non-seulement le temps de la rémission, mais encore l'état de béatitude. Car, dans la cinquantième année, les esclaves étaient élargis, comme nous l'avons dit précédemment; et le cinquantième jour, fut ordonnée l'immolation de l'agneau pascal. Ce fut aussi cinquante jours après Pâques que l'Esprit saint fut donné aux apôtres; et c'est pourquoi ce nombre représente l'état de béatitude, où nous jouirons de la liberté, de la connaissance de la vérité et de la perfection de la charité.

VIII. L'office du matin de ce jour traite du déluge, afin que l'Eglise inspire à ses enfants une terreur salutaire pour les détourner de la luxure. Elle en parle aussi à la messe, après la communion, pour les détourner de la gourmandise. Et, comme ces deux vices dominent surtout en ce temps, voilà pourquo elle fait mention du déluge, qui désigne la pénitence. Cependant, pour que la crainte ne les pousse pas au désespoir, elle dit le répons, comme on l'a dit ci-dessus : *Ponam arcum meun in nubibus cœli,* etc., « Je placerai mon arc dans le ciel comme signe de mon alliance ; » ce qui s'entend allégoriquemen du Christ ou de tout autre saint, tout en gardant les proportions convenables.

IX. Car plus l'arc-en-ciel est élevé dans le ciel, plus il se rapproche de la terre ; ainsi, plus l'homme saint est élevé vers les choses du ciel, plus il s'humilie ; d'où ces paroles « En tout humilie-toi d'autant plus que tu es plus élevé. » De même, cet arc est le signe de l'alliance, comme le Christ l'es aussi ; d'où ces paroles du psaume : *Respice in faciem Christ tui,* « Jette un regard sur la face de ton Christ. » Les saint sont aussi le signe de l'alliance, parce qu'ils pourraient arrê ter la colère de Dieu, comme fit Moïse (LXV dist., *Disciplina)* L'arc-en-ciel est encore un présage ; il en est de même de saints ; car, si Dieu permettait que ses fidèles fussent affligés d la sorte, qu'adviendrait-il des méchants ? d'où il est dit dan l'Ecclésiaste : « Il a vu l'arc, c'est-à-dire le saint, et celui qu l'a produit le bénit. » Il faut donc remarquer que l'on chant d'abord certains répons tirés de l'histoire du déluge ; en secon lieu, certains qui ont trait à l'obéissance d'Abraham ; d'autre enfin, tirés de l'évangile de l'aveugle rendu à la lumière pour marquer que celui qui, par la pénitence, a noyé ses pé chés (*diluerit*) et a obéi aux préceptes du Seigneur, comm Abraham, méritera de recevoir du Seigneur la plénitude d la lumière.

X. Or, dans l'office de la messe, l'Eglise prie Dieu et l'in voque pour ses fils affligés, en disant dans l'introït : *Esto mihi in Deum protectorem*, « Seigneur, sois pour moi un Dieu protecteur. » Ensuite elle prie pour ceux qui sont tombés dans la lutte, et elle dit : *Et in domum refugii*, etc., « Et sois-moi un asile pour me sauver. » Elle en expose le motif, c'est-à-dire par la foi, lorsqu'elle prononce ces paroles : *Quoniam firmamentum meum*, etc., « Car tu es ma force, et je mets en toi toute ma confiance. » Troisièmement, elle prie en ces termes pour ceux qui, placés dans la prospérité, éprouvent des tentations : *Et propter nomen tuum*, etc., « Et pour la gloire de ton nom, tu me conduiras et tu me donneras tout ce qui m'est nécessaire. » Nous avons déjà parlé sur ce sujet dans le précédent dimanche. Suit le verset qui a trait à l'espérance, comme s'il disait : « Seigneur, j'ai mis en toi mon espérance, » *In te, Domine, speravi*, puisque tu dois, et avec justice, me donner cette espérance. L'oraison pour les affligés est : *Preces nostras, quæsumus, Domine*, etc., « Seigneur, nous te prions d'écouter favorablement nos prières. » L'épître a trait à la charité ; c'est la première aux Corinthiens (chapitre XIV) : *Si linguis hominum loquar*, etc., « Quand je parlerais le langage des hommes, etc., » comme s'il disait que toutes les vertus, à quelque degré qu'elles soient portées, sans la charité, ne peuvent nous faire arriver à la vie éternelle.

XI. Et il place dans cette épître quinze degrés par lesquels on arrive au royaume des cieux ; voici le premier degré : la charité est patiente ; le second, elle est douce et bienfaisante ; le troisième, elle n'est pas envieuse, etc. Suivent après une louange et une recommandation de la charité : *Charitas nunquam excedit*, « La charité ne se fatigue jamais. » Or, comme l'homme ne peut avoir la charité sans qu'il s'opère des choses merveilleuses, car il est plus facile de faire un saint d'un impie que de créer le ciel et la terre, c'est pour cela que suit le répons *Tu es Deus*, etc., « C'est toi seul, ô mon Dieu ! qui fais des merveilles. » Le verset est : *Liberasti in brachio tuo*,

« Tu m'as délivré dans la force de ton bras, etc., » c'est-à-dire dans le Christ, par la foi du Christ. Vient ensuite le trait *Jubilate*, etc., dont les paroles semblent contredire la signification naturelle du trait, qui marque les douleurs au milieu desquelles l'Eglise traîne sa malheureuse existence. Mais je soutiens que la jubilation et l'allégresse ne contredisent point le trait ; car l'homme bienheureux est plein d'allégresse au sein même de ses disgrâces, et, alors que l'homme a été délivré de ses péchés, il se réjouit au milieu de ses misères. Témoin les apôtres, qui, comme on le voit dans les actes, *Ibant gaudentes*, « Allaient tout remplis de joie, etc. » Témoin ces paroles de Salomon : *Cor quod novit*, « Lorsque le cœur connaîtra bien l'amertume de son ame, l'étranger ne se mêlera pas dans sa joie ; » l'étranger, c'est-à-dire le diable, ne se mêlera à la joie de qui que ce soit. L'évangile a trait à la foi, à la passion et à la résurrection : *Ecce ascendimus Hierosolymam*, etc., « Voilà que nous montons à Jérusalem » (de saint Luc, chap. xviii). Et comme c'est par la foi que les aveugles sont éclairés, c'est aussitôt après, que suit la guérison de l'aveugle, dont la demande est pleine de sagesse : « Seigneur, s'écrie-t-il, fais que je voie ; » car la vision de Dieu sera toute la récompense des élus. L'offertoire se rapporte également à la foi : *Benedictus es, Domine*, « Tu es béni, Seigneur. » Et remarque que dans l'évangile l'aveugle redouble sa demande, en disant par deux fois : *Fili David, miserere mei*, « Fils de David, aie pitié de moi. » Dans l'offertoire également on redouble les actions de grâces que l'on rend à Dieu, pour avoir éclairé les deux peuples, en disant deux fois : *Benedictus es, Domine.* Dans les paroles qui suivent on demande à être éclairé, en redoublant de plus en plus les prières. On dit deux fois : *Doce me justificationes tuas*, «Enseigne-moi tes ordonnances ; » ou bien on répète deux fois *Justificationes tuas*, et cela pour entrer dans la voie des témoignages du Seigneur, dans la voie de sa vérité et de ses commandements. La postcommunion *Man-*

-ducaverunt, et saturati sunt nimis, «Ils mangèrent et en furent pleinement rassasiés, » appartient à la crainte, afin que nous nous remettions en mémoire ce qui est dit des Juifs : « Leur nourriture était encore dans leur bouche, quand la colère de Dieu descendit sur eux; » car, comme ils avaient mangé jusqu'au point d'en avoir des nausées, ils excitèrent aussitôt la colère de Dieu. Ces paroles de la postcommunion ont donc pour but de nous inspirer la crainte d'offenser Dieu par la gourmandise, comme le firent les Juifs. L'Eglise en agit de la sorte, parce que les hommes ont coutume de se livrer avec plus de passion aux excès de la table, à cause de l'approche du carnaval. Saint Grégoire dit à ce sujet (dist. iv) que l'on doit abandonner chacun à son caractère et lui pardonner. C'est pourquoi cette postcommunion est convenablement placée en ce jour.

XII. On peut encore dire, dans un autre sens, qu'il y a trois choses nécessaires qui nous sont proposées dans l'épître et dans l'évangile, afin que les œuvres de pénitence figurées par la Quinquagésime soient parfaites; c'est-à-dire la charité, qui est proposée dans l'épître; le souvenir de la passion du Seigneur et la foi que l'on entend par la guérison de l'aveugle, qui nous sont proposées dans l'évangile. La vraie foi, sans laquelle personne ne peut plaire à Dieu, rend nos œuvres plus agréables; le souvenir de la passion les rend faciles; la charité en assure la perpétuité. Et de même que l'Eglise, d'abord désespérée, s'était écriée : *Circumdederunt me*, etc., et qu'ensuite, reprenant ses sens, elle demandait le secours de Dieu; de même en ce dimanche, après avoir repris confiance, espérant d'obtenir son pardon par la pénitence, elle prie en ces termes, comme si elle était en possession du Seigneur : *Esto mihi*, et demande quatre grâces, savoir : la protection de Dieu pour ceux qui sont dans l'adversité, la persévérance de ceux qui sont dans la grâce, le rafraîchissement de ceux qui sont dans le péché et la direction pour ceux qui sont dans la prospérité. Pour ce qui est de l'épître, elle nous met en expédition et nous fait faire les préparatifs de guerre. Le trait nous invite à faire des provisions d'armes ; il nous apprend à servir dans la milice du triomphateur, de celui qui nous a créés, et non dans celle de celui à qui nous nous sommes vendus. Et remarque toute la logique de la série des évangiles. Dans la Septuagésime, nous cultivons la vigne ; dans la Sexagésime, nous ensemençons le champ, ou nous confions la semence à la terre ; dans la Quinquagésime, nous récoltons le fruit de la lumière dans la personne de l'aveugle rendu à la jouissance du jour.

CHAPITRE XXVIII.

DU MERCREDI DES CENDRES (11), OU MERCREDI EN TÊTE DES JEUNES
(*IN CAPITE JEJUNIORUM*).

I. Après la Quinquagésime suit la Sainte-Quarantaine ou Carême, qui est le nombre de jours de la pénitence spirituelle dans laquelle l'Eglise jeûne et se repent de ses péchés. Car c'est en passant par la pénitence du Carême que l'on arrive à la Quinquagésime, c'est-à-dire à l'année jubilaire, savoir à la rémission des péchés, comme on l'a dit ci-dessus. Le Carême commence au dimanche suivant, où l'on chante *Invocavit me ;* mais le jeûne commence au mercredi, comme on le verra bientôt.

II. Ce fut le bienheureux Pierre qui institua le jeûne de la quarantaine qui précède Pâques. Cette abstinence, que nous observons pendant quarante-six jours, depuis la tête des jeûnes jusqu'à Pâques, n'est pas sans raisons mystiques ; car ce fut quarante-six ans après la captivité de Babylone que le temple du Seigneur fut rebâti. Et nous aussi, quarante-six jours après la captivité de Babylone, c'est-à-dire de la confusion des vices, nous consacrons dans notre cœur un temple au Seigneur, par l'abstinence et les bonnes œuvres. Mais pourquoi jeûne-t-on pendant quarante jours, et d'où vient ce nom de Carême, *Quadragesima* (quarantaine)? C'est ce que nous verrons au chapitre du dimanche suivant. Or, le jeûne du Carême est recommandable ou recommandé par son institution, par les trois époques (avant la loi, sous la loi et après la loi) où il fut observé, et par les personnages qui jeûnèrent à ces trois époques.

III. Les jeûnes ont encore été institués, parce que dans la loi ancienne il était ordonné de donner à Dieu les dîmes et les prémices de tous les biens. Nous devons aussi en agir de même et payer à Dieu la dîme et les prémices de nos personnes, c'est-à-dire de notre corps, de notre ame et de notre temps. Nous avons parlé des autres jeûnes, au chapitre du Mercredi de la troisième semaine de l'Avent; or, nous offrons à Dieu les dîmes et les prémices de nos propres personnes, lorsque nous accomplissons de bonnes œuvres. Dans la sainte Quarantaine, on paie la dîme des jours, parce que, selon saint Grégoire (*De cons.*, d. v, *Quadragesima*), depuis le premier dimanche de Carême jusqu'à Pâques, on compte six semaines, qui forment la somme de quarante-deux jours; si de ces quarante-deux jours on retranche six dimanches, il ne reste plus que trente-six jours, qui sont comme la dîme de l'année. Or, pour compléter le nombre de quarante jours, pendant lesquels jeûna le Christ, d'après l'institution du pape Grégoire (*De cons.*, d., v, *Quadragesima*), on prend quatre jours de la semaine précédente, c'est-à-dire le mercredi, le jeudi, le vendredi et le samedi; et c'est d'après cela que l'on dit Carême (*Quadragesima*), comme si l'on disait : Quatre jours ajoutés à la dîme, *quatuor cum decima*, parce qu'aux trente-six jours, qui sont la dîme de l'année, on ajoute quatre jours, comme on l'a déjà dit. Le premier de ces jours ajoutés est un jour de sanctifica-

tion et de purification, parce qu'alors nous purifions tant notr
ame que notre corps, en aspergeant nos têtes de cendre. Le
trois autres jours appartiennent aux prémices des jours qu
sont payés dans les quatre temps de l'année ; mais comm
les trente-six jours précités sont la dîme des trois cent soixant
jours de l'année (ou la dixième partie), et comme l'anné
se compose de trois cent soixante-cinq jours et six heures,
est évident qu'en jeûnant pendant trente-six jours sous le rap
port de la dîme, il reste cinq jours et six heures qui ne son
pas dîmés. Le jeûne que nous observons pendant les quatr
jours, depuis le mercredi des Cendres jusqu'au dimanche su
vant, c'est-à-dire pendant quatre jours de la semaine préc
dente, comme nous l'avons dit précédemment, complètent
nombre sacré de la quarantaine. Il reste encore néanmoi
trente heures qui ne sont pas dîmées, c'est-à-dire un jour, q
contient vingt-quatre heures, plus six heures ; mais on pe
dire que nous payons la dîme de ce temps en dînant plus tar
qu'à l'ordinaire le Samedi saint ; c'est peut-être aussi à cau
de cela qu'en ce jour on célèbre la messe beaucoup plus tar
c'est-à-dire à la nuit, comme nous l'avons dit dans la préfa
de la quatrième partie.

IV. Nous autres Provençaux, nous commençons le jeûr
du Carême dès le lundi avant les Cendres, et ainsi nous jeû
nons deux jours de plus que les autres peuples ; et nous agi
sons de la sorte, non-seulement par décence et par convenanc
c'est-à-dire afin que nous commencions le saint jeûne le me
credi, après nous être purifiés ainsi pendant deux jours, ma
encore parce que le Carême se termine le Jeudi saint, au gra
jour de la Cène du Seigneur, comme nous l'avons dit au ch
pitre de la Septuagésime : nous jeûnons donc les deux derni
jours de la semaine sainte, non pas à cause du jeûne du Ca
rême, mais pour la raison précitée, et à cause de la sainte
de ces jours. Les clercs sont tenus de commencer le jeûne
dimanche de la Quinquagésime, comme nous l'avons dit

son lieu. Quelques-uns ont prétendu que les quatre jours qui précèdent le Carême y ont été ajoutés pour une autre raison. Ainsi, trois jours de jeûne seraient observés pour les trois jours des quatre-temps qui arrivent dans le Carême, et le quatrième se rapporterait à la vigile de Pâques, qui doit être vigile-jeûne. Mais la raison précitée est plus vraie.

V. Mais comme, dans le Carême, nous sommes invités à jeûner pour imiter le jeûne du Christ (12), comme nous l'avons dit précédemment, et que le Christ lui-même, aussitôt après son baptême, c'est-à-dire après l'Epiphanie ou manifestation, a commencé son jeûne, on demande pourquoi nous commençons à jeûner en ce temps jusqu'à Pâques, et pourquoi nous ne jeûnons point à la même époque que le Christ, dont les actions doivent être notre instruction (*Duodecima quæstione, secunda, Exemplum*). Nous en donnerons quatre raisons. La première, c'est que dans le Carême nous représentons le peuple d'Israël, qui fut quarante ans dans le désert, et qui, aussitôt après, célébra la Pâque. La seconde, c'est qu'à l'époque du printemps les hommes éprouvent naturellement en eux la fermentation des appétits déréglés, et c'est pour y mettre un frein que le jeûne a été institué en ce temps. La troisième, parce que la résurrection suit la passion du Christ ; il était donc raisonnable que notre affliction coïncidât avec la passion du Sauveur : car, puisqu'il a souffert lui-même pour nous, nous devons aussi souffrir avec lui, pour régner enfin avec lui, de telle sorte que notre résurrection soit la suite de notre passion ou de notre pénitence, d'après ces paroles de l'Apôtre : « Si nous souffrons avec lui, nous régnerons avec lui ; » car le moment où le malade souffre le plus est celui de sa convalescence. La quatrième raison, c'est que, de même que les enfants d'Israël, avant de manger l'agneau pascal, se condamnaient à la souffrance et mangeaient des laitues sauvages, c'est-à-dire amères, de même nous devons nous condamner à la souffrance par l'amertume de la pénitence, afin qu'aussitôt après nous

puissions manger dignement l'agneau de vie, c'est-à-dire le
corps du Christ, pour participer ainsi aux sacrements mystiques de la Pâque nouvelle.

VI. Or, dans les messes de Carême on répète fréquemment
ces paroles : *Humiliate capita vestra Deo*, « Humiliez vos têtes
devant Dieu, » parce que c'est surtout dans ce temps que le
diable multiplie contre nous ses attaques. De là vient que nous
devons prier Dieu avec humilité, et nous humilier ou nous
abaisser devant lui ; et, pour que nous nous abaissions sous la
main du Dieu tout-puissant, on dit aussi : *Flectamus genua*,
« Fléchissons les genoux, » dont nous avons parlé dans la
quatrième partie, au chapitre du Salut.

VII.-Il faut savoir que le *Flectamus genua* et l'*Humiliate capita* s'accompagnent, et que le dimanche on ne dit ni l'un ni
l'autre ; car, comme le dit saint Grégoire, celui qui fléchit les
genoux le dimanche nie la résurrection de Dieu. Or, c'est pour
beaucoup de motifs que nous nous prosternons à terre en
priant, comme on l'a dit dans la cinquième partie, au chapitre
de Prime. On dit encore l'oraison sur le peuple après l'*Humiliate capita*, etc., à cause de la sainteté du temps. Et
pour marquer que dans cette vie nous avons besoin de prières
afin de mériter d'entendre un jour ces paroles de la bouche du
Seigneur : « Venez, les bénis de mon Père, » cette oraison tient
lieu de la sainte communion. Car, autrefois, tous les fidèles
communiaient, et quand ils s'approchaient de la sainte table,
le diacre les invitait à fléchir les genoux ; maintenant, comme
un grand nombre reçoivent indignement le corps du Seigneur,
l'oraison remplace la communion. Le diacre, comme auparavant, s'acquitte de sa fonction, et dit : *Humiliate capita vestra Deo*, parce que quiconque s'humilie sera élevé, et quiconque alors sera béni pour ses bonnes œuvres, sera désigné
dans la suite pour l'éternelle bénédiction. Dans cette oraison, le
prêtre excite les soldats aux combats du Christ et contre l'ancien ennemi, et à éviter les embûches de leurs ennemis ; et

les fortifie en leur donnant par le ministère du diacre les armes de l'humilité, par ces paroles : *Humiliate capita vestra Deo ;* et quand ils ont ainsi abaissé leurs têtes, il verse sur eux, comme pour les confirmer et les fortifier, la protection de sa bénédiction, et cela surtout à la Septuagésime, parce qu'alors notre ennemi, plein d'inquiétude, multiplie ses tours et ses recherches pour trouver une proie à dévorer.

VIII. En second lieu, dans la première collecte nous fléchissons les genoux pour demander la justice qui nous est nécessaire dans la vie présente, et dans la dernière nous nous inclinons respectueusement pour remercier Dieu du denier quotidien qui doit nous procurer la vie éternelle.

IX. En troisième lieu, dans la première collecte nous fléchissons les genoux à cause des combats de la vie présente, montrant par là l'affliction que nous causent le travail et la continence. Mais dans la dernière, qui est une collecte d'actions de grâces, nous humilions notre tête pour marquer l'humilité de notre ame, parce que dans la vie éternelle tout travail et toute peine cesseront, mais l'humilité subsistera toujours. Nous parlerons de cela au Samedi de la première semaine de Carême. On dit aussi, à la fin de la messe, *Benedicamus Domino*, dont nous avons parlé dans la quatrième partie, au chapitre de la Dernière Oraison. C'est aussi dans ce temps que l'on suspend des voiles dans l'Eglise, comme nous l'avons dit dans la première partie, au chapitre des Peintures.

X. Or, l'Eglise, exposée à de grands combats pendant ces jours, dit souvent pendant le Carême le psaume *Qui habitat*, parce que ce psaume apprend à ceux qui sont dans la lutte à mettre leur espérance dans le Seigneur, et à lui demander toute protection, comme nous le dirons au chapitre du dimanche suivant. Pendant ce temps, le diacre porte sur l'épaule la chasuble (*casulam*), comme nous l'avons dit dans la seconde partie, au chapitre du Diacre. A partir de ce mercredi jusqu'au dimanche des Rameaux, on dit chaque jour la pré-

face du jeûne, même les jours de dimanche dans certains endroits. Mais au dimanche des Rameaux et les suivants, on dit
la préface de la passion. Toutefois, il ne paraît point convenable de chanter la préface du jeûne les dimanches, puisque
l'on ne jeûne pas en ces jours; c'est pourquoi il y en a qui disent, les dimanches, la préface de tous les jours. Mais, bien
qu'on ne jeûne point sous le rapport du nombre des repas, on
jeûne sous le rapport de la qualité, c'est-à-dire que l'on fait
usage de la nourriture usitée pour les autres jours du Carême.
Cependant, dans certaines églises on commence à dire la préface de la passion le dimanche de la Passion; mais dans certaines autres, on dit la préface du jeûne jusqu'au mercredi
avant Pâques. Mais, comme on l'a déjà dit ci-dessus, quoique
l'on ajoute quatre jours au jeûne du Carême, qui commence
le premier dimanche de Carême, cependant la célébration *ou*
solennité de l'office du temps du Carême ne commence qu'à
ce même dimanche, comme dans les temps primitifs, et non
auparavant. Et l'on n'a point fait d'innovation en cela, quoiqu
l'on croie ceci plutôt l'effet du manque d'observation et de
l'incurie, que celui d'une science appuyée sur des raisons po-
sitives; car le commencement du jeûne devrait être aussi celui
de l'office; et, suivant cela, dans les quatre jours précités, c'est-
à-dire depuis le jour des Cendres inclusivement jusqu'au dimanche suivant, on devrait dire immédiatement les vêpres
après la messe.

XI. A ce sujet, il faut remarquer que le temps du Carême est
un temps de deuil et de pénitence. Or, les pénitents, en se con-
vertissant et en tournant leurs regards et leurs cœurs vers le
Christ, passent des ténèbres à la lumière; or, le temps de vêpres, à cause du manque de lumière et de l'obscurité, désigne
l'imperfection; mais comme les pénitents ne s'arrêtent point à
l'état d'imperfection et de ténèbres, mais tendent plutôt à acquérir la perfection et la lumière de la vérité, c'est pourquoi,
et avec raison, le temps de vêpres est appelé temps de lumière;

et, d'après l'institution du Concile de Châlons (*De consec.*, d. I, *Solent*), il est statué que l'on dira, immédiatement après la messe, les vêpres que l'on dit ordinairement vers le temps de la nuit. Cependant on n'observe pas cette règle pour les quatre jours précités que l'on a ajoutés pour une autre raison aux jours de Carême; ou bien l'on peut dire encore que, comme nous devons, dans le temps du Carême, avancer dans la pratique d'œuvres plus saintes, pour nous disposer à la fête de Pâques et nous corriger de nos fautes passées, c'est pourquoi on a pourvu à ce qu'en ce temps, où nous observons ces jeûnes, nous adressions à Dieu plus de prières et de supplications, à cause de ce temps de jeûne; et c'est à cause de cela que nous disons non-seulement les autres heures, mais encore les vêpres, avant de prendre de la nourriture. Cependant cette règle ne s'observe point dans les quatre jours précités de la semaine, pour rappeler les dispositions de ceux qui commencent à faire pénitence, qui, en débutant, ne peuvent suivre avec autant de rigueur les observances de la piété et de la sainteté. En ce temps on dit aux heures le capitule *Convertimini*, de Johel (chap. II), le capitule *Inter vestibulum*, du même; les capitules *Clama, ne cesses* (chap. LVIII), *Derelinquat impius* (chap. LV), et *Frange esurienti* (chap. LVIII), tous trois d'Isaïe.

XII. Or, le mercredi des Cendres jouit de quatre priviléges qui le distinguent. Le premier, c'est que nous commençons le jeûne en ce jour, et cela pour quatre raisons : Premièrement, parce qu'on lit que le Christ commença son jeûne le mercredi, à ce qu'il paraît du moins, car il est né le dimanche; et, si l'on compte attentivement les années qui s'écoulèrent depuis sa naissance jusqu'à ce qu'il eût atteint l'âge de trente ans, on trouvera, d'après ce calcul, qu'il a été baptisé le mardi, et que le jour suivant il est entré dans le désert et a commencé son jeûne.

XIII. Secondement, nous commençons à jeûner le mercredi des Cendres, parce que c'est dans le quatrième âge que Salo-

mon bâtit le temple ; et nous aussi, en jeûnant, nous posons
pour ainsi dire les fondations du temple, qui doit être notre
personne même, afin que, le jour de Pâques, nous puissions servir de temple au Seigneur, selon ces paroles de l'Apôtre :
« Le temple du Seigneur, qui est votre propre personne, est
saint. »

XIV. Troisièmement, notre jeûne commence le mercredi des
Cendres, car l'Eglise ne jeûne point pendant les dimanches du
Carême, à cause de la joie qu'elle éprouve de la résurrection
du Seigneur, qui est arrivée ce jour-là. Après sa résurrection,
on lit que le Seigneur mangea deux fois : une fois avec les disciples qui allaient à Emmaüs, et la seconde fois quand il entra
dans le cénacle où étaient ses disciples, les portes restant fermées ; ses disciples, en cette circonstance, lui apportèrent un
morceau de poisson grillé et un rayon de miel. Voilà pourquoi
on commence le jeûne le mercredi qui précède le premier dimanche de Carême, lequel mercredi, pour cette raison, est
appelé *caput jejunii*, « tête ou commencement du jeûne, »
comme nous l'avons dit ci-dessus.

XV. Quatrièmement, parce que, comme on le dira en ce
temps, nous marchons au combat et nous jeûnons pendant
quatre jours de cette semaine, afin qu'armés et fortifiés par les
quatre vertus cardinales, qui sont la justice, la force, la prudence et la tempérance, nous déplorions les quatre maux dans
lesquels notre premier père nous a plongés, et qui consistent à
avoir été chassés du paradis ; à avoir besoin, dans cette vallée
de misère, de nous nourrir à la manière des brutes ; à craindre
de descendre dans l'enfer, et à ne pas nous réjouir dans la patrie
avec le Seigneur.

XVI. Cinquièmement, à déplorer les quatre maux ou péchés
dont nous nous sommes rendus coupables par pensées, par actions, par habitude et par la langue. Le second privilége, c'est
que l'on entend en ce jour les confessions publiques des pénitents, et qu'en ce jour aussi on leur impose des pénitences. Le

troisième, c'est qu'en ce jour on asperge de cendres la tête des fidèles, comme on le dira bientôt. Le quatrième, c'est qu'en ce mercredi on fait une procession qui n'a pas lieu dans tout le reste de l'année ; car alors on conduit les pénitents hors de l'Eglise, avec la procession et la croix, pour ne les y recevoir que le Jeudi saint, comme nous le dirons à ce jour. Or, nous faisons la procession, parce qu'alors nous marchons au combat contre nos ennemis, car nous avons été pour ainsi dire en campagne depuis la Septuagésime jusqu'alors. Nous marchons donc contre l'ennemi revêtus de nos armes, qui sont l'humilité, l'oraison, l'affliction et l'aumône. L'humilité, comme nous le dirons bientôt, est désignée par la cendre ; l'oraison, par ces paroles que nous prononçons : *Parce, Domine,* etc.; l'affliction, dont il est question dans l'évangile *Cum jejunatis ;* l'aumône, qui surtout doit être pratiquée en ce temps, d'où ces paroles : *Absconde eleemosynam in sinu pauperis,* « Cache ton aumône dans le sein du pauvre. » C'est avec ces armes que nous marchons au combat ; de là la collecte de ce jour : *Concede nobis,* etc., « O Dieu tout-puissant ! accorde-nous la grâce de commencer le service de la milice chrétienne par de saints jeûnes, etc. » Au reste, en ce jour nous différons l'office jusqu'à none, non-seulement parce que le Seigneur a rendu le dernier soupir à cette heure, mais encore pour combattre notre gourmandise (*gastrimargiam*) et notre sensualité ; car nous sommes tellement enclins à ce vice, qu'aussitôt après la messe nous courons nous mettre à table, ne nous inquiétant que peu ou point du tout des heures. C'est pourquoi, dans le Concile de Châlons (*De consec.,* d. I, *Solent*), on recommande de se presser et de se rendre en foule à la messe, d'entendre la messe et les vêpres, de distribuer ses aumônes, puis ensuite de prendre son repas.

XVII. C'est encore en ce jour que l'on bénit les cendres, et que le prêtre en répand sur la tête des fidèles en signe d'humilité, en disant : *Cinis es et in cinerem reverteris,* « Tu es cen-

dre et tu retourneras en cendre, » paroles qui furent adressées
à Adam (Genèse, chap. III). Job aussi fit pénitence dans la
poussière et dans la cendre, comme on le lit dans le livre de
Job (dernier chapitre). Le Seigneur dit encore : « Couvrez-
vous de cendres, dans votre maison de cendre » (Michée, c. I).
On lit dans le livre de Judith (chap. III) que les enfants d'Israël humilièrent leurs ames par les jeûnes et en couvrant leurs
têtes de cendres. « Je parlerai à mon Seigneur, dit Abraham,
quoique je ne sois que poussière et cendre » (Genèse, chap.
XVIII). Mardochée se revêt d'un sac et se couvre la tête de
cendres (Esther, chap. IV). Les filles de Sion se couvrent aussi
la tête de cendres (Tren., chap. IV). Les pénitents et les mou-
rants, dit le Pontifical, en signe de pénitence et d'humilité, et
parce qu'ils ne sont que poussière et cendre, se prosternent
dans la cendre ou sur la terre, et ils revêtent le cilice, coutume
que nous avons empruntée à l'Ancien-Testament. On lit dans
Isaïe (chap. LVIII) que les pénitents se revêtent du sac et de
la cendre. « Couvrez-vous de cendre, dit Jérémie, parlant dans
le même sens, car vos jours sont accomplis » (chap. XXV). Jonas
(chap. III) parle de même : « Le roi de Ninive, dit-il, se revêtit d'un sac et s'assit sur la cendre. » On voit la même chose
(Tren., chap. III) : « Les vierges de Jérusalem, dit-il, se sont
ceintes du cilice. » De même, le psaume XXXV dit : *Induebat
cilicio,* « Il se revêtait d'un cilice. »

XVIII. Cette cérémonie se fait encore pour marquer que, de
même qu'après l'expulsion d'Adam du paradis la terre fut
maudite à cause de son péché; de même, par l'humilité de la
pénitence, notre terre, c'est-à-dire notre libre arbitre, est bénie
par la pénitence, de telle sorte qu'elle ne produit point d'épines
ni de chardons, mais de dignes fruits de pénitence. Or, on invite généralement tous les hommes à la pénitence lorsque l'on
dit, dans l'antienne *Immutemur habitu,* etc. : *Jejunemus et
ploremus ante Deum,* etc., « Changeons de vêtements, jeûnons
et pleurons devant Dieu; » et l'on expose la raison pour laquelle

les hommes doivent jeûner, c'est-à-dire parce que le Seigneur attend qu'ils fassent pénitence ; c'est pour cela que l'introït est *Misereris omnium, Domine, propter pœnitentiam*, etc., « Seigneur, tu as compassion de toutes les créatures, et tu leur donnes le temps de faire pénitence. » Il est tiré de la Sagesse (chap. II). Toutes les oraisons de la messe tendent au même but. L'épître *Convertimini*, qui est du prophète Joël (chap. II), invite généralement tous les hommes, petits et grands, de l'un et l'autre sexe, à faire pénitence ; c'est pourquoi le Prophète dit : « Sanctifiez le jeûne, publiez une assemblée générale, faites venir tout le peuple, etc. »

XIX. Suit le répons *Miserere mei, Deus*, et le capitule qui correspond à l'épître. Il nous montre le triple effet de la pénitence, qui d'abord nous procure la rémission de nos péchés, qui nous confère ensuite la grâce, et enfin foule aux pieds nos ennemis. D'où ces paroles : *Dedit in opprobrium*, etc., « Il a couvert de confusion et d'opprobre ceux qui me foulaient aux pieds. » Suit le trait *Domine, non secundum peccata nostra*, etc., qui marque les travaux de la pénitence. On dit ce trait les lundi, mercredi et vendredi de la semaine, jusqu'au dimanche de la Passion, afin que, dans ces jours, désignés pour un jeûne plus rigoureux, nous nous souvenions de la pénitence que nous avons commencée, et que nous proportionnions les prières au jeûne. Dans l'évangile *Cum jejunatis*, qui est de saint Mathieu (chap. VI), nous apprenons la manière dont nous devons jeûner, dans ce passage : « Pour toi, lorsque tu jeûnes, parfume ta tête et lave-toi le visage, » parce que tout pénitent doit être oint de l'huile spirituelle, qui est la joie du cœur, semblable à un athlète et à un soldat du Seigneur. Ainsi on lit dans l'Ecclésiaste : « Que l'huile ne manque point à ta tête ; lave-toi le visage ; » c'est-à-dire, que l'extérieur de ta personne indique la joie intérieure dont tu jouis, afin de ne pas faire paraître aux hommes que tu jeûnes ; c'est-à-dire, jeûne, non point pour t'attirer le suffrage des hommes, mais celui de

Dieu seul, et ton Père qui voit tout ce qui se passe dans le secret, t'en récompensera. L'offertoire est : *Exaltabo*, où l'on
rend grâces à Dieu pour le pardon des péchés que l'on doit
obtenir. La communion est : *Qui meditabit*, etc., où l'on
exhorte les fidèles à méditer la loi de Dieu ; elle s'accorde avec
l'évangile, parce que méditer la loi, c'est amasser des trésors
dans le ciel.

CHAPITRE XXIX.

DU JEUDI.

Parlons maintenant du jeudi. Tous les hommes ont été invités à la pénitence, comme nous l'avons dit dans le dernier
chapitre.

I. Mais, comme la pénitence consiste en trois choses, c'est-
à-dire dans la·prière, dans le jeûne et dans l'aumône, il s'ensuit qu'on parle, dans les trois jours suivants, de ces trois conditions de la pénitence. Et d'abord, le jeudi, on parle de l'o-
raison ou prière ; aussi l'introït commence-t-il par ces mots :
Dum clamarem ad Dominum, etc., « Pendant que je poussais
des cris vers le Seigneur, etc. » Or, on prie, quand on prie pour
soi ou pour les autres. Et, pour montrer ce que vaut la prière
que l'on faît pour soi, suit l'épître *Ægrotavit*, d'Isaïe
(chap. XXXVIII), où l'Eglise nous propose l'exemple du roi
Ezéchias, qui, ayant prié pour lui, obtint du Seigneur un surcroît de quinze ans de vie. L'Eglise, pour nous montrer la
puissance de la prière faite pour les autres, lit l'évangile
Cum intraret Jesus, de saint Mathieu (chap. VIII), où il s'agit
du centurion, qui pria le Seigneur de guérir son serviteur,
dont la guérison lui fut octroyée.

CHAPITRE XXX.

DU VENDREDI.

I. Le vendredi a trait au jeûne, et on y voit quel est le jeûne qui plaît à Dieu, c'est-à-dire le jeûne spirituel, et non le jeûne matériel ; l'épître traite de ce dernier jeûne. Elle est d'Isaïe (chap. LVIII) : *Clama, ne cesses*, etc., « Crie, et ne te lasse pas, » y est-il dit. Et plus loin : *Quare jejunavimus*, etc., « C'est pourquoi nous avons jeûné, et tu ne nous as pas regardés, etc. » Et le Seigneur répond : *Numquid tale est jejunium*, etc. : « Le jeûne que je demande consiste-t-il à faire qu'un homme afflige son ame pendant un jour, qu'il fasse comme un cercle de sa tête en baissant le cou, etc. ? » comme s'il disait : Je n'aime pas le jeûne où l'on se contente de mortifier le corps ; mais le jeûne qui m'est agréable est celui où l'on brise les faisceaux de l'impiété, c'est-à-dire où l'on s'abstient de tout péché, ce qui a lieu quand on a la charité.

II. C'est pour cela que l'on dit l'évangile *Audistis quia*, etc., de saint Mathieu (chap. v), qui traite de la charité, et où il est dit, quoiqu'on ne le lise pas dans l'Eglise : *Dictum est antiquis*, etc., « Il a été dit aux anciens : Tu ne tueras pas, et moi je dis : Tu ne te mettras pas en colère. »

CHAPITRE XXXI.

DU SAMEDI.

Le samedi de cette semaine, l'Eglise fait mention de l'aumône et du sabbat, parce que, par les trois moyens précités, c'est-à-dire la prière, le jeûne et l'aumône, on arrive au sab-

bat ou repos de l'ame, où l'on a déjà subi la peine du péché
quant à ce qui concerne la pénitence; c'est-à-dire que la paix,
qui est le repos, et le sabbat ou la tranquillité de l'ame, s'em-
brassent, c'est-à-dire ne font plus qu'une même chose. C'est
ce qui est exposé sans figure dans l'épître (Isaïe, chap. LVIII):
« Si tu le délivres de la chaîne, » c'est-à-dire de la chaîne des
péchés, et la suite : « tu seras appelé au sabbat des cieux; »
et le reste. On dit la même chose dans l'évangile *Cum sero
esset,* etc. (Math., VI), où il est question des disciples ballottés
par la tempête, par où sont désignés les pénitents. Or, le Seigneur étant monté sur leur barque, le calme aussitôt succéda
à la fureur des flots; car lorsque Dieu est présent dans le
cœur de l'homme, son ame est tranquillisée, et le calme s'y
fait.

I. Quoique ce samedi ait une épître et un évangile, comme
quelques autres dans le courant de l'année, on n'en fait pas
l'office par des chants, pour marquer, suivant quelques-uns,
qu'il ne fait point partie du jeûne solennel. Or, nous jeûnons
en ce jour, pour arriver au sabbat de l'éternel repos.

CHAPITRE XXXII.

DU PREMIER DIMANCHE DE CARÊME.

C'est en ce dimanche, où l'on chante *Invocavit me,* etc., que
commence le Carême ou la sainte Quarantaine, qui signifie ou
désigne le temps de la pénitence spirituelle.

I. On le nomme *Dominica quintana,* « cinquième dimanche, » parce qu'il est le cinquième avant Pâques. Nous avons
déjà dit, dans la première partie, au chapitre des Peintures,
ce que signifient les cinq quadragésimes ou quarantaines (carêmes). Or, on l'appelle quarantaine, quoiqu'il renferme qua-

rante-deux jours jusqu'à Pâques : d'abord, parce que l'Eglise
ne tient pas compte de cet excédant de deux jours. Elle ne s'arrête point à des minuties, mais pose un nombre rond, qu'il
soit un peu plus fort ou un peu plus faible. Secondement, parce
que la quarantaine ne va que jusqu'au Jeudi saint, qui est le
jour de l'absolution. Car, par le Carême bien observé et par une
vraie pénitence, l'homme parvient spirituellement au banquet
de l'Agneau. C'est pourquoi l'Apocalyse dit : « Bienheureux
est celui qui a été invité au festin des noces de l'Agneau. » Or, le
Carême ne renferme donc que quarante jours jusqu'au Jeudi
saint. Troisièmement, parce que les enfants d'Israël, errants
dans le désert et nourris de la manne pendant quarante ans,
après quarante haltes ou stations, arrivèrent dans la terre de
promission ; et nous, à leur exemple, pendant quarante jours,
nous abstenant des péchés du corps, nous nourrissons nos
ames des paroles de vie et nous vaquons à la prière, pour que
nous puissions enfin, par notre Seigneur Jésus-Christ, parvenir dans la terre des vivants, comme les Israélites, sous la conduite (*nave*) de Jésus, c'est-à-dire Josué, arrivèrent dans la
terre promise. Or, le Carême renferme quarante-deux jours,
suivant saint Jérôme, parce que le Seigneur est venu à nous
à travers quarante-deux générations, en comptant Jéchonias
le père, Jéchonias le fils, et le Seigneur lui-même. Or, la
sainte Quarantaine représente tout le temps de notre vie.

II. Nous jeûnons pendant quarante jours, en commençant
au mercredi de la semaine précédente, c'est-à-dire au mercredi des Cendres : Premièrement, parce que, selon saint Augustin, saint Mathieu compte quarante générations. Car le
Seigneur est descendu vers nous, dans son nombre quadragénaire, afin que nous montions à lui par le même nombre quadragénaire de nos jeûnes. Secondement, d'après le même, parce
qu'il faut ajouter dix (*denarius*) au nombre quadragénaire,
pour que nous ayons le nombre quinquagénaire ; car, pour arriver au repos bienheureux, il faut que nous travaillions tout

le temps de notre vie présente : d'où vient que le Seigneur resta
quarante jours avec ses disciples ; et, dix jours après son ascension, il leur envoya l'Esprit saint.

III. Nous jeûnons donc quarante jours, à l'imitation de
Moïse, qui jeûna quarante jours lorsqu'il reçut la loi de Dieu,
et à l'imitation d'Elie, qui jeûna aussi quarante jours. Notre Seigneur jeûna aussi et s'abstint de nourriture pendant quarante
jours. C'est lui qui a institué le jeûne, et nous jeûnons à son
exemple ; d'où quelques-uns n'observent qu'une quarantaine :
mais les personnages dont nous venons de parler n'ont pas
jeûné pour faire pénitence, mais pour acquérir des mérites
[mais par vertu]. Cependant, plus communément on observe
trois quarantaines, parce que Moïse, selon la tradition des
Hébreux, se rendit trois fois auprès du Seigneur et jeûna
trois fois ; ou plutôt, parce que nous lisons dans l'Ecriture que
trois personnes ont jeûné, à elles trois, pendant trois quarantaines ; ce sont : Moïse, Elie et notre Seigneur. Nous avons
dit, au chapitre du précédent mercredi, pourquoi nous gardons
l'abstinence pendant quarante-six jours. Or, il faut remarquer
que le Carême est un temps consacré à la pénitence.

IV. Les fruits de la pénitence sont : le jeûne, les veilles et
les autres afflictions de la chair ; l'aumône corporelle et spirituelle, et les autres œuvres de miséricorde, et les autres genres de contemplation, la prière et la supplication ; les pleurs,
les larmes et les autres marques de la contrition. C'est pourquoi en ce jour et les suivants, l'Eglise, dans ses lectures et
dans ses chants, dans les offices de nuit et de jour, parle sans
cesse de ces actes et autres encore qui ont trait à la pénitence.
C'est encore pour cette raison que dans ce temps on dit régulièrement huit fois, pendant les heures canoniques, le psaume
pénitentiel *Miserere mei, Deus, secundum magnam misericordiam tuam,* etc.

V. Nous devons remarquer ici que l'ordre historique de l'Ancien-Testament se trouve interrompu, à cause du commence-

ment du jeûne; car, pendant la septuagésime et la sexagésime, on a parcouru dans lé chant l'histoire d'Adam; dans la quinquagésime, celle de Noé et d'Abraham. Dans cette première semaine, *ce premier dimanche* de Carême, on intercale les passages qui ont trait aux fruits de pénitence; dans la seconde, on fait mention de Jacob; dans la troisième, de Joseph; dans la quatrième, de Moïse. Anciennement, l'Eglise a institué trois sexagésimes, comme nous en avons touché quelques mots dans la première partie, au chapitre des Sacrements de l'Eglise. Or, parce que ce temps, comme nous l'avons dit au chapitre du mercredi des Cendres, est le temps de la milice chrétienne, et où le diable nous attaque avec le plus d'ardeur, c'est pourquoi, afin que l'homme ne désespère point, et comme pour le réconforter,

VI. L'Eglise chante l'introït *Invocavit me*, etc.; à ces mots l'homme espère et prend courage : c'est pourquoi l'Apôtre dit : *Spe fortes, in tribulatione gaudentes*, etc. : « Soyez forts par l'espérance, et réjouissez-vous dans la tribulation; » et Isaïe (chap. xxx) : « Votre force sera dans le silence et dans l'espérance. » Or, c'est en ces deux points que consiste toute la force de l'homme spirituel, dans le silence, c'est-à-dire loin du tumulte du monde, en ne désirant rien des biens du siècle, mais en mettant tous ses désirs dans l'espérance des biens éternels, comme on le voit dans l'épître qui commence ainsi : *Hortamur vos*, etc. (IIe aux Corinthiens, chap. VI).

VII. L'Eglise arme ses soldats des quatre vertus cardinales. Premièrement, elle les arme de la vertu de force, par ces mots : *Ecce nunc tempus acceptabile, ecce nunc dies salutis*, etc. : « Voici maintenant le temps favorable, voici le jour du salut, » qui ont trait à la force, comme les suivants : *In omnibus*, etc. : « En tout, montrons-nous comme les ministres de Dieu, dans une patience à toute épreuve. » Secondement, elle les arme de la vertu de tempérance, en disant : *In castitate, in jejuniis multis*, etc. : « Dans la chasteté et de nom-

breux jeûnes. » Troisièmement, de la vertu de prudence, lors
qu'elle dit : *In scientia*, « Dans la science, » c'est-à-dire dan
la prudence. Or, ici la science et la longanimité ont un mêm
objet, parce que c'est par la science ou la prudence et la lor
ganimité que nous savons vivre au milieu du monde mauvai
et pervers. L'Apôtre ajoute : « Par la douceur et la bonté, qu
sont les fruits de l'Esprit saint, » et qui ont une même signifi
cation. Suivent ces mots : « par une charité sincère, » parce qu
nous devons tout faire sans dissimulation. Quatrièmement
l'Eglise donne à ses soldats la vertu de justice, en disant : *Pe
arma justitiæ*, « Par les armes de la justice, pour combattr
à droite et à gauche. » Après l'épître suit le répons *Angeli
suis Deus mandavit de te*, etc., « Dieu a ordonné à ses ange
de te garder, etc., » afin que de la sorte l'homme puisse com
battre en sûreté. Vient ensuite le trait *Qui habitat in adju
torio*, etc., qui traite de la tentation. Or, on adresse à Dieu l
trait, pour montrer par là que cette misérable vie est distrait
et tiraillée par une infinité de douleurs et de travaux.

VIII. Et, comme on pourrait se plaindre de l'inégalité d
cette lutte, car la puissance du tentateur est bien redoutable
comme on le voit dans le livre de Job, qui dit « qu'il n'y
pas de puissance sous le ciel qui puisse lui être comparée ;
sa sagesse est également très-grande, car il a beaucoup d'ex
périence ; il est encore d'une atroce cruauté, comme le dit J
rémie : « Il est cruel et sans pitié ; » l'homme, au contraire, e
d'une faiblesse et d'une ignorance désespérantes : voilà peu
être ce dont on pourrait se plaindre ; c'est pourquoi le tra
même renferme la solution de la question : Dieu permet q
l'ennemi nous tente, pour que nous soyons dans la crainte
que nous nous réfugiions dans le sein de Dieu, qui sait et pe
nous délivrer. Que l'homme donc ne mette pas sa confian
en lui-même, mais qu'il espère en Dieu, qui lui promet de
délivrer s'il a recours à lui. Dieu veut donc que l'homme redou
cet ennemi si formidable, il veut qu'il mette son espéran

dans les promesses des biens futurs et dans l'amour le plus vif de Dieu. Il suit de là que Dieu veut le protéger, comme la poule couve ses poussins dans son ardente tendresse de mère, et c'est aux anges que Dieu a confié notre garde et notre protection. Or, si l'homme est broyé entre les deux meules de la crainte et de l'espérance, il deviendra comme un pain agréable à Dieu, et surmontera ainsi toute tentation légère et cachée, ce que l'on appelle crainte de nuit; legère et évidente, que l'on nomme la flèche qui vole durant le jour; formidable et occulte, qui est la contagion qui se glisse dans les ténèbres; formidable et évidente, et que l'on nomme démon du midi.

IX. Quiconque sera armé de la sorte surmontera ces quatre espèces de tentations, comme on l'a dit. Dans l'Evangile, il n'est question que de trois tentations : « Jésus, y est-il dit, fut conduit dans le désert, » *Ductus est Jesus in deserto* (Mathieu, chap. IV). Quelquefois, comme nous l'avons dit, on comprend toutes les tentations sous le nombre de quatre, et d'autres fois sous le nombre de trois, comme on le dira plus bas dans le même psaume : *A laqueo venantium,* « Délivrez-nous du filet des chasseurs, » c'est-à-dire des œuvres mauvaises; *a verbo aspero,* « de la langue des méchants, » c'est-à-dire du péché de paroles.

X. Le Seigneur éprouva donc de la part du diable une triple tentation : une tentation de gourmandise, quand le diable lui dit : « Ordonne que ces pierres deviennent des pains; » une tentation de cupidité, quand il ajouta : « Je te donnerai toutes ces choses si tu te prosternes et que tu m'adores; » une tentation de vaine gloire, quand le diable voulut le précipiter du haut du temple, comme il avait fait pour un grand nombre d'autres prédicateurs. Mais le Seigneur le terrassa par l'autorité de la sainte Ecriture; ce qui est désigné par l'action de David, qui, ayant ramassé des pierres dans le torrent, terrassa Goliath, nous apprenant que nous devons être armés du glaive de la parole de Dieu, en outre des armes dont nous revêt l'Apôtre dans l'épître de ce jour, afin que nous soyons suffisamment armés pour le combat. On peut encore dire que, depuis le commencement de la septuagésime, accablée par tant de tribulations, l'Eglise s'était écriée avec désespoir : *Circumdederunt me gemitus mortis*, comme si elle n'eût vu aucun moyen d'échapper et de se soustraire à tant de maux. Au commencement de la quinquagésime, comme nous l'avons déjà dit et comme nous en reparlerons dans le chapitre du quatrième Dimanche de Carême, placée pour ainsi dire entre la crainte et l'espérance, elle s'est écriée : *Exurge!* « Lève-toi! Pourquoi dors-tu, Seigneur? » *Esto mihi, Domine in Deum protectorem*, « Sois pour moi un Dieu protecteur. » Bien plus, quittant la forme oratoire ou déprécatoire, pour prendre la forme affirmative, elle a dit : *Dux mihi eris*, « Tu seras mon guide, » *et nutries me*, « et tu me donneras ma nourriture. »

XI. Maintenant, au commencement du Carême, montrant qu'elle a été exaucée, elle dit : *Invocavit me, et ego exaudiam*, « Il m'a invoqué, et je l'exaucerai. » Dans l'épître : *In tempore placito exaudivi te*, « Je t'ai exaucé dans le temps qui m'a paru convenable. » Dans le graduel, on nous confie à la garde des anges; dans le trait, on nous donne la protection divine, puisque nous sommes protégés par le bouclier de la vérité. Dans l'évangile, à l'exemple du Sauveur, nous triomphons de l'ennemi, à qui nous disons : « Arrière, Satan! » L'offertoire encore a trait à la protection divine, car il y est dit : *Scapulis suis*, etc., « Le Seigneur te couvrira de ses ailes, etc.; » la postcommunion met les démons à ses pieds en ces termes : *Super aspidem*, etc., « Tu fouleras aux pieds l'aspic et le basilic. »

XII. Depuis ce jour jusqu'au jour de la Parascève ou Vendredi saint, on couvre les croix et on suspend un voile devant l'autel, ce dont nous avons parlé dans la première partie, au chapitre des Peintures. Ce dimanche est privilégié, parce qu'il est la porte et l'entrée du Carême, qui représente le temps du séjour des enfants d'Israël dans le désert. Trois événements mémorables partagent l'histoire du peuple d'Israël, et nous n'avons parlé que de deux ; savoir : le voyage et l'arrivée en Egypte de Jacob et de ses enfants, la captivité de Babylone, et la dispersion du peuple juif par tout le monde, opérée sous Titus et Vespasien ; nous ne l'avons pas mentionnée, parce que les Juifs ne se réuniront jamais. « Je les livrerai, dit le Seigneur, entre des mains d'où ils ne pourront jamais s'échapper. » En ce dimanche, on dit aux heures le capitule *Fratres, hortamur vos ne in vacuum,* etc. (II Corint., chap. VI) ; puis celui-ci : *Ecce nunc tempus* ; et cet autre : *In omnibus exhibeamus* (ibid.). On fait en ce jour une station dans la basilique de Latran, construite en l'honneur du Sauveur, et de Jean-Baptiste, qui fut plus qu'un prophète, parce que l'office de ce jour désigne d'une manière prophétique la félicité de notre Sauveur.

CHAPITRE XXXIII.

DU LUNDI.

I. Après que le Seigneur et l'Apôtre ont armé leurs soldats, il ne reste plus qu'à combattre, parce que l'ennemi est toujours prêt. Mais comme ce combat a lieu spécialement et principalement par les œuvres de la miséricorde, c'est de ces œuvres que s'occupe principalement le lundi, qui traite de l'aumône ; et, comme on ne consentirait pas volontiers à supporter les fatigues du combat si l'on n'avait la récompense devant les yeux, c'est pourquoi l'introït de ce lundi est : *Sicut oculi servorum,* etc. Le Seigneur, dans l'épître *Ecce ego requiram* (Ezéchiel, c. XXIV), « Voilà que je me mettrai à la recherche de mes brebis, » montre la récompense par ces mots : *et pascam eas,* « et je les conduirai au pâturage ; » car celui qui donne à manger au Seigneur dans la personne d'un pauvre, le Seigneur le repaîtra aussi lui-même sur les montagnes d'Israël, comme dit le Prophète, c'est-à-dire dans les demeures éternelles. L'évangile parle dans le même sens : *Cum venerit filius*, etc. (Math., chap. xxv) ; il y est dit : « Venez, les bénis de mon Père, etc., car j'ai eu faim et vous m'avez donné à manger, etc. »

II. Or, nous devons toujours avoir l'œil en éveil, non-seulement l'œil gauche, pour regarder les peines éternelles et faire le bien par suite de notre frayeur, et c'est en quoi consiste la crainte servile ; mais aussi l'œil droit, pour considérer la récompense. C'est cet œil que le diable tente, par tous les efforts possibles, de nous arracher. D'où il est dit au premier livre des Rois (chap. ii) : « Le roi des Ammonites ne voulut faire alliance avec les Jabites qu'à condition qu'il leur ferait arracher l'œil droit » (VIII, q. *Denique*). Ainsi veut faire le diable à notre égard, afin que nous ne soyons plus capables de combattre, semblables à un soldat qui est privé de l'œil droit.

CHAPITRE XXXIV.

DU MARDI.

I. Le mardi traite de la prière. L'introït est tiré du psaume *Domine, refugium*, « Seigneur, tu es devenu notre refuge, » qui est une prière, car nous combattons lorsque nous prions ; ainsi Josué combattait vaillamment dans le désert, pendant que Moïse priait. Celui qui combattait n'avait pas le dessus, par la raison que celui qui priait remportait la victoire (xxxviii distinct., *Si quis vult*). L'épître *Quærite Dominum*, qui est d'Isaïe (chap. lv), nous apprend à prier et nous invite à la prière. *Quærite Dominum*, « Cherchez le Seigneur, » c'est-à-dire en vous éloignant des vices et des péchés, parce que le Seigneur est doux et facile pour pardonner ; car mes pensées, dit-il, ne sont pas vos pensées. Or, Jérémie nous montre quelles sont ses pensées, en disant :

II. « Mes pensées sont des pensées de paix et non des pensées d'affliction. » Or, si on le prie et si on lui adresse ses demandes avec un cœur sincère, quelque grandes que soient les fautes de l'homme à son égard, Dieu fait aussitôt sa paix avec lui, et cela arrive tant qu'on peut trouver le Seigneur, c'est-à-dire dans la vie présente ; on voit ainsi l'effet de la prière, qui rétablit la paix entre l'homme et Dieu. L'évangile *Cum intrasset*, de saint Mathieu (chap. XXI), a la même signification : « Après que le Seigneur, y est-il dit, eut chassé les acheteurs et les vendeurs du temple, il dit : Ma maison (c'est-à-dire l'homme dans lequel il habite), sera appelée une maison de prière. » L'épître nous avertit de demander que Dieu habite en nous ; l'évangile, de le prier de nous donner les joies éternelles ; les autres chants de l'office, c'est-à-dire le graduel, l'offertoire et la postcommunion, renferment les prières, les consolations et les actions de grâces de ceux qui cherchent le Seigneur.

CHAPITRE XXXV.

DU MERCREDI.

Le mercredi de cette semaine a trait au jeûne, parce qu'il est le septième jour à partir de la tête du jeûne.

I. Or, le nombre septième et le nombre septante ont la même signification, car le nombre multiplié et le nombre multiplicateur signifient la même chose. Le nombre septante désigne notre délivrance de la captivité. C'est pourquoi, dans l'introït *Reminiscere*, etc., l'Eglise demande notre délivrance,

c'est-à-dire celle qui s'obtient par le jeûne. Dans l'épître et
dans la leçon nous sommes encore invités au jeûne, à l'exemple de Moïse et d'Elie. La leçon qui se lit pour les Ordres est de
l'Exode (c. xxiv) : *Ascende ad me in montem*, « Monte vers moi
sur la montagne; » l'épitre, tirée du troisième livre des Rois,
est : *Venit Elias*, etc. Le jeûne de Moïse nous montre quel doit
être le jeûne, c'est-à-dire spirituel; le jeûne d'Elie nous en
fait voir l'utilité. Car c'est par le pain azyme que nous arrivons jusqu'à Oreb, montagne de Dieu, c'est-à-dire jusqu'à la
hauteur de cette table où nous mangerons sur la table du Père
du Christ, dans son royaume. C'est par le jeûne que l'on calme
et qu'on apaise la colère de Dieu, comme on le voit dans l'é-
vangile de saint Mathieu (chap. xii), *Accesserunt ad Jesum*,
où l'on parle des Ninivites, qui apaisèrent la colère de Dieu
par leur jeûne.

II. Et remarque qu'en ce jour on double l'austérité du jeûne,
parce qu'on jeûne tout à la fois pour observer le jeûne du Carême, et, de plus, celui des quatre-temps. Or, comme le corps
des pénitents qui jeûnent avec plus d'austérité se trouve des-
séché et affaibli par les privations, en eux n'habite pas l'esprit
immonde, qui, comme le dit l'Evangile, parcourt des déserts
arides, cherche un repos qu'il ne trouve pas; car il a de l'horreur pour les corps exténués par le jeûne. Or, pour que nous
acceptions les jeûnes avec plus de courage, on commence par
nous proposer l'exemple de Moïse et d'Elie, qui l'un et l'autre,
comme on le rapporte dans chacune des deux leçons qu'on lit
touchant ces saints personnages, jeûnèrent chacun pendant
quarante jours et pendant quarante nuits.

III. Or, à cause du double jeûne du Carême et des quatre-
temps, il y a deux versets dans le graduel. Ce que l'on chante
dans l'introït, le graduel, le trait, la communion et l'offertoire, renferme des consolations et des prières, afin que ceux
qui jeûnent soient délivrés des tribulations, et pour que l'ennemi ne vienne pas à prévaloir sur ceux qui se mortifient par

les jeûnes. Ce mercredi est privilégié, parce qu'on y interroge
sur les Ecritures, et qu'on y examine ceux qui doivent être ordonnés le samedi suivant. Nous avons traité ce sujet au Mercredi
de la troisième semaine de l'Avent, où nous avons expliqué
pourquoi on lit deux leçons à la messe.

CHAPITRE XXXVI.

DU JEUDI.

I. Le jeudi de cette semaine traite de la confession, par
laquelle on combat aussi. L'introït est : *Confessio et pulchri-
tudo*, etc.

II. Or, il y a trois confessions : celle de la foi, celle du péché
et celle de l'humilité. Celui qui observe cette confession ne voit
devant lui que sujets de louanges; car, en apercevant Dieu
nous nous humilions, et nous devenons semblables à Dieu en
l'imitant. L'épître *Oravit Esdras* est tirée du livre d'Esdras
(chap. ix). Elle renferme la prière et la confession d'Esdras,
qui est la même que celle de Daniel : *Peccavimus et injuste
egimus*, etc., « Nous avons péché et nous avons commis l'in-
justice. » C'est par cette confession que ces personnages ont
mérité la rémission de leurs péchés, et là paraît évidemment
l'effet de la confession. Dans d'autres églises, on lit l'épître
Factus est sermo Domini, d'Ezéchiel (chap. xviii), qui traite
également de l'effet de la confession. L'évangile *Egressus inde
Jesus*, de saint Mathieu (chap. xv), a trait à la Chananéenne,
qui, par sa confession de foi, en disant : « Seigneur, viens à mon
secours, » et par la confesion de son humilité par ces mots :
Nam et catelli, etc., obtint la guérison de sa fille, et mérita cette
louange du Seigneur : « Femme, ta foi est grande. » Quelques-
uns lisent l'évangile où les Juifs, se glorifiant d'être enfants

d'Abraham, sont convaincus de ne pas l'être, parce qu'ils n'i-
mitent pas ses œuvres, mais d'être, au contraire, les enfants
du diable, dont ils font les œuvres ; ou bien encore, suivant une
autre coutume, on lit l'évangile que d'autres ne disent que le
jeudi de la semaine suivante, et qui a trait au mauvais riche,
qui est tourmenté dans les enfers, qui invoque et qui supplie
en vain son père Abraham, et qui n'est point exaucé comme
un fils. Avec ces maximes s'accorde parfaitement cette parole
prophétique de l'épître, dont la teneur est que « si un homme
juste engendre un fils qui verse le sang et se rende coupable de
toutes espèces d'abominations, lui-même vivra dans la justice ;
mais son fils, qui a opéré l'iniquité, devra subir la peine de la
mort éternelle. » Le reste de l'office, l'introït, le graduel et l'offertoire, contient les louanges et les prières du juste. La communion *Panis, quem ego dedero,* de saint Jean (chap. vi),
déclare que le juste vit, c'est-à-dire se nourrit de la chair du
Christ.

III. Et remarque que ces cinq jours de la première semaine
de Carême n'avaient point d'offices propres autrefois, mais
empruntaient leurs offices aux dimanches d'été ; leurs évangiles ne traitent pas du jeûne, mais du mauvais riche, de Lazare, et de la résurrection du fils de la veuve.

IV. Autrefois, en effet, on ne jeûnait point le jeudi, et on le
fêtait comme on fête les dimanches. Ce fut Grégoire-le-Jeune
qui, dans la suite, ajouta les jeudis au jeûne du Carême, comme
nous l'avons dit au chapitre de la Septuagésime et de la Bonté
de Dieu (*officiositat*). De là vient la variété et la diversité des
épîtres et évangiles que l'on trouve pour les jeudis. Nous en
parlerons encore au chapitre du Jeudi de la semaine suivante.

CHAPITRE XXXVII.

DU VENDREDI.

I. Pendant ce vendredi, qui est un nouveau jour de jeûne et qui renferme un nombre angélique, l'Eglise demande à être délivrée de toutes ses tribulations. L'introït est : *De necessitatibus*, etc. L'Eglise obtient ce qu'elle demande par le ministère des anges et surtout de l'Ange du grand Conseil.

II. C'est pour cela qu'on lit : *Erat dies festus*, etc., de saint Jean (chap. v), où l'on rapporte que l'ange du Seigneur descendait dans la piscine, et qu'aussitôt que l'eau était agitée, un malade se trouvait guéri, et il n'y en avait qu'un, parce que l'Eglise n'est guérie que dans son unité. Mais, afin que nous ne péchions pas par esprit de contradiction, comme les Juifs, qui répétaient ironiquement ce proverbe : « Nos pères, disaient-ils, ont mangé le raisin acide dans le désert, et voilà pourquoi, les dents de leurs fils sont agacées, » c'est-à-dire nous sommes punis pour un motif qui n'est pas juste ; c'est pourquoi on lit l'épître tirée d'Ezéchiel (c. xviii), et qui dit : « L'ame qui aura péché mourra. » Le fils ne portera pas l'iniquité de son père, à moins qu'il ne l'imite dans sa malice, car le Seigneur venge l'iniquité des pères sur les enfants dans ceux qui le haïssent Extra *De regul. jur. Nisi*, I, q. iv, *Per totum*).

CHAPITRE XXXVIII.

DU SAMEDI.

Vient enfin le samedi, qui est le dernier jour de la semaine.

I. L'épître a trait au sabbat ou au repos de l'ame : *Fratres, ortamur vos*, etc. Or, c'est par le sabbat ou repos de l'ame que l'on arrive au sabbat ou repos de l'éternité. C'est pourquoi on dit l'évangile de la transfiguration du Seigneur, où apparurent seulement Moïse et Elie, dont l'exemple encourage l'Eglise au jeûne.

II. A la messe de ce jour, la première leçon est : *Oravit Moses* (Deut., chap. xxv); la seconde : *Dixit Moses filiis Israel*, « Moïse dit aux enfants d'Israël » (ibid., chap. xi); la troisième est : *Orationem faciebant*, etc. (II Machab., chap. i); la quatrième : *Miserere nostri* (Ecclésiaste, chap. xxxvi); la cinquième : *Angelus Domini*, dont nous avons parlé au Mercredi de la troisième semaine de l'Avent. Or, comme l'Eglise prie pour les ordinants, elle chante l'introït *Intret in conspectu*, etc., et le graduel *Propitius esto*, etc., et *Protector noster, aspice*, etc., *Converte, Domine*, etc., et *Dirigatur, Domine, oratio mea*, etc., et *Ad Dominum, cum tribularer, clamavi*, etc., etc.; aux cinq leçons on fléchit les genoux, afin que les cinq sens des ordinants soient dirigés et réglés par le Seigneur.

III. Or, comme les diacres et les prêtres sont obligés, comme étant plus parfaits, de s'appliquer aux choses éternelles, de là vient qu'avant la sixième leçon ou avant l'épître on ne dit point *Flectamus genua*, non plus qu'avant l'évangile. Cela se pratique encore par respect pour la leçon apostolique. C'est encore pour la même raison qu'à l'oraison qui se fait sur le peuple, on ne fléchit pas les genoux; on se contente d'incliner la tête. De plus, comme les prières assidues de l'Eglise ont beaucoup de valeur (car quel est celui qui n'est pas exaucé au sein des tribulations?), c'est pour cela qu'en cinquième lieu on lit la leçon des trois enfants délivrés de la fournaise ardente; suivent après, les actions de grâces du cantique *Benedictus es, Domine*, etc. Or, comme aux sous-diacres appartient aussi l'office de la prédication, c'est pourquoi suit la première épître de saint Paul aux Thessaloniciens (dernier chapitre) : *Rogamus vos*, etc., « Nous vous en prions, mes frères, reprenez ceux qui sont déréglés, consolez ceux qui ont l'esprit abattu, etc. »

IV. Car au prédicateur appartient de reprendre les autres et de remplir toutes les instructions de cette épître. Ainsi, cette épître se rapporte aux ordinants, du moins à ceux qui reçoivent les ordres sacré.

V. Ensuite vient le trait *Laudate Dominum, omnes gentes,* etc., « Nations, louez toutes le Seigneur; peuples, unissez-vous tous pour le louer, etc., » par où on invite tous les hommes à louer Dieu, qui daigne affermir puissamment sa miséricorde sur ses ministres. Le trait et le cantique *Benedictus* se rapportent aux ordinants; et, comme les prêtres doivent être transformés en des hommes parfaits, eux qui par leur ministère changeront la substance du pain et du vin en la substance du corps et du sang du Seigneur, de là vient qu'on lit l'évangile de la transfiguration : *Assumpsit Jesus Petrum,* etc. (Math., chap. XVI), car ils doivent être transfigurés de telle sorte qu'on ne voie plus en eux que la résurrection du Christ. Mais comme la vie présente est à peine, ou plutôt n'est jamais exempte de tribulations, et que par suite il nous faut toujours pousser des cris vers le Seigneur, c'est pourquoi suit l'offertoire *Domine, Deus salutis meæ,* « Seigneur, Dieu de mon salut, etc., » et la postcommunion *Domine Deus, in te speravi,* « Seigneur Dieu, j'ai mis en toi mon espérance. » Ce samedi est privilégié, parce que c'est en ce jour que l'on confère les Ordres.

CHAPITRE XXXIX.

DU SECOND DIMANCHE DE CARÊME.

I. Ce second dimanche est intitulé : *Dominica vacans,* « dimanche vacant, » parce qu'il n'a pas d'office propre. Or, il n'a pas d'office propre, parce que dans la semaine précédente se rencontrent les quatre-temps, à la fin desquels on confère les saints ordres. Mais comme, d'après une ancienne institution, l'Eglise commençait à la fin du samedi l'office des ordres, qui ne se terminait que le dimanche, et qu'ainsi l'office commencé le samedi à la fin du jour se prolongeait jusqu'au dimanche inclusivement, il s'ensuivait que ce dimanche n'avait pas d'office propre (LXXV dist., *Quod a patribus; Extra De temp. ord. litteras*). Mais, comme il était difficile de ne prendre aucune nourriture depuis le vendredi jusqu'au dimanche, il arriva que l'on fit l'ordination le samedi, et que l'on répéta le dimanche, qui n'avait pas d'office propre, l'office du mercredi de la semaine précédente. On peut encore dire que l'Eglise suspend ou supprime ses instruments de musique en ce dimanche, qui est le cinquième depuis la septuagésime, pour imiter le peuple hébreu, qui, pendant la captivité, n'eut ni autel, ni temple, et qui même suspendit aux saules de l'Euphrate ses instruments de musique; voilà pourquoi ce dimanche n'a pas d'office propre. Or (comme ce dimanche), tous les jeudis de Carême, autrefois, n'avaient point d'office propre, comme on le dira au chapitre du Jeudi. Et remarque que ce dimanche ne manque que des chants du jour, et il n'est pas absolument privé de tout office ni d'évangile; et c'est pourquoi ce n'est qu'au graduel que l'on doit l'intituler « dimanche vacant » (*dominica vacans*), mais non dans l'antiphonaire, ni dans l'évangile. Et dans certaines églises on lit l'évangile *Egressus*, déjà dit au jeudi de la semaine précédente; dans d'autres églises, *Assumpsit Jesus Petrum*. Nous avons dit, au précédent dimanche, que c'est en ce dimanche que le Seigneur a armé ses soldats des quatre vertus cardinales et du glaive de la parole de Dieu.

II. Mais, comme nous l'avons déjà dit au chapitre du Lundi, on ne marche pas volontiers au combat si l'on n'a en vue la récompense; c'est pourquoi en ce second dimanche il est question de la bénédiction, et il y en a cinq, qui sont: la bénédiction de délivrance, la bénédiction de la grâce, celle de l'augmentation de la grâce, celle de la contemplation, et celle de la gloire. Or, comme cette bénédiction s'obtient par la prière, c'est pourquoi ce dimanche consiste dans la prière. L'introït est : *Reminiscere miserationum tuarum, Domine* : « Seigneur, souviens-toi de tes miséricordes, » par où l'on demande, dans un chant triste et lugubre, à être délivré des vices, des péchés et des esprits immondes. C'est la première prière ou oraison, et c'est la première bénédiction de Dieu, c'est-à-dire la bénédiction de délivrance. Dans l'épître, qui est *Rogamus vos*, etc. (I ad. Thess., IV), on demande à obtenir la seconde bénédiction, c'est-à-dire celle de la grâce, ou la grâce de marcher dans la voie droite et de faire de bonnes œuvres, en disant : *Hæc est voluntas Dei*, etc. : « Car la volonté de Dieu est que nous marchions dans la voie de Dieu, que chacun de vous sache posséder le vase de son corps saintement, » c'est-à-dire afin que son corps soit céleste et désire les choses célestes; et *in honore*, « et honnêtement, » c'est-à-dire afin qu'il soit un temple digne de Dieu, car nos corps sont la demeure et le temple de l'Esprit saint, comme dit l'Apôtre : *Omnis qui caste*, etc., « Quiconque vit avec chasteté et piété, est le temple de Dieu et la demeure de l'Esprit saint. »

III. Dans ce seul dimanche, le graduel et le trait sont une même chose, parce que tout ce dimanche consiste dans la prière ou oraison de délivrance. La prière ou oraison exprime le travail et la douleur, deux choses qui sont figurées dans le graduel et dans le trait. Le graduel est : *Tribulationis*, etc.; le trait : *De necessitatibus*. D'autres disent le trait *Dixit Deus mulieri*, de saint Mathieu (chap. xv). La troisième bénédiction est celle de l'augmentation de la grâce; la quatrième, la bénédiction de contemplation; la cinquième, la bénédiction de la gloire. Or, comme on n'acquiert ni ne conserve ces diverses bénédictions sans une grande lutte, c'est pourquoi, dans l'office de nuit, on parle de la lutte de Jacob avec l'ange, et de sa lutte avec Esaü dans le sein de Rébecca, afin qu'à l'exemple de Jacob nous supplantions nos frères pervers, c'est-à-dire que, s'ils nous font quelque insulte, nous dissimulions; et ce combat a lieu dans le sein de Rébecca, c'est-à-dire de l'Eglise.

IV. Car Rébecca, par interprétation, signifie grâce. Le premier répons à nocturne traite de l'augmentation de la grâce, car Isaac dit à son fils : « Prends tes armes, ton carquois et ton arc, et va dehors. » Les armes du prédicateur sont les saintes Ecritures, que l'on nomme carquois, parce que c'est d'elles que l'on tire des flèches pour frapper le diable. Or, Jacob, c'est-à-dire le vrai prédicateur, chasse et tue les hommes par une chasse heureuse; et il les tue, c'est-à-dire avec l'arc de l'Ecriture sainte; et il tue en lui les bêtes féroces et sauvages, c'est-à-dire les vices et les péchés, qui sont le porc de la luxure, etc.; et alors Isaac en fait un repas, Isaac, qui signifie la joie, c'est-à-dire le Seigneur, qui se réjouit de semblables mets, car ses délices sont d'en faire son repas; c'est pourquoi le second répons est : *Ecce odor filii mei*, « Voici que mon fils exhale une odeur semblable à celle d'un champ rempli de moissons, » c'est-à-dire l'odeur du paradis; c'est ce que dit l'Apôtre dans l'épître ci-dessus, *Ut sciat*, etc., « Afin que chacun de vous sache posséder le vase de son corps saintement et honnêtement. Suit le verset *Qui maledixerit*, « Que celui qui le maudira soit maudit, » car tous ceux qui maudissent le peuple chrétien dans ses commandements sont maudits comme les Juifs et les Gentils et autres. Dans le troisième répons on dit : *Det tibi Deus :* « Que Dieu te donne l'abondance de la rosée du ciel et de la graisse de la terre; sois le seigneur de tes frères; que les tribus et les peuples te servent et te soient soumis. » Cette bénédiction est donnée à l'Eglise, afin que sa domination soit universelle. Or, ces trois répons sont du septième ton, pour marquer que l'Eglise obtient pour nous la grâce des sept dons de l'Esprit saint. Dans certaines églises, au second nocturne se trouve le répons *Si Dominus*, etc., dans le verset duquel il est dit : « Jacob éleva une pierre comme monument, et versa dessus de l'huile. » C'est ce que nous faisons, lorsqu'à l'imitation du Christ nous pratiquons de bonnes œuvres ; car nous lui faisons des onctions par la foi, lorsque nous croyons qu'il est un homme plein de grâce. Deux de ces répons sont du premier ton et un du sixième, parce qu'ils ont trait au Christ, qui est le principe et la fin, et qui, dans le sixième âge, a été oint avec l'huile de la joie, de préférence à tous ses égaux. Dans le septième répons, Jacob prie ainsi : *Erue me de manu fratris mei*, « Délivre-moi de la main de mon frère, car je le crains beaucoup. » En effet, l'homme qui est saint doit craindre grandement d'être corrompu par les méchants. Le huitième répons traite de la bénédiction de la contemplation ; c'est pourquoi il a trait à la lutte de Jacob avec l'ange, parce que par la prière nous devons lutter avec le Seigneur jusqu'à ce que nous ayons obtenu l'état de contemplation ; et l'ange dit à Jacob : « Laisse-moi m'en aller, car voici l'aurore, » c'est-à-dire : Tu as assez de foi ou de charité, ou de grâce ; et nous ne devons pas laisser partir le Seigneur que nous n'ayons obtenu de lui, par notre lutte contre les vices, la vie contemplative, parce que le royaume des cieux souffre violence, et qu'on ne l'emporte que par la violence ; alors on verra le Seigneur face à face, et non à travers les nuages du péché. C'est pourquoi, dans le neuvième répons, Jacob dit : « J'ai vu le Seigneur face à face, » c'est-à-dire délivré des nuages du péché, mais non pas délivré du voile qui cache le Créateur à la créature. C'est pour cela que l'Église de Paris, dit-on, lit en ce jour l'évangile de la transfiguration, qui est la bénédiction de la gloire ; et alors évidemment, après avoir obtenu la bénédiction de la délivrance, de la grâce, de l'augmentation de la grâce, de la contemplation, et considéré la récompense dans la gloire, les soldats du Christ combattent de bon cœur et avec courage.

I. Ce lundi a trait à la prière; aussi, dans l'épître, qui commence par *Oravit Daniel*, etc. (Dan., chap. IX), on montre quelle est la vertu de la prière unie au jeûne. Daniel, c'est-à-dire l'homme des désirs, pria pour son peuple, s'abstint des mets de la table des rois de Babylone, et ne mangea que des légumes; aussi sa prière fut-elle exaucée, comme un ange le lui déclara. Mais, comme la prière n'a de valeur qu'autant qu'elle est faite dans la connaissance de Dieu, c'est pourquoi suit l'évangile de saint Jean (chap. VIII), *Ego vado*, etc. : « Je m'en vais, et vous me chercherez, mais vous ne me trouverez pas, » dit le Seigneur aux Juifs. Et ensuite : *Ego sum desursum*, etc. : « Je suis d'en haut, » ou des cieux, etc., et « je ne suis pas de ce monde, et ils ne m'ont pas connu, et c'est pour cela qu'ils restent encore dans leurs péchés. » Là, le Seigneur sépare les hommes spirituels des hommes charnels, c'est-à-dire les eaux qui sont sous le firmament de celles qui sont sur le firmament; et ainsi à ce lundi conviennent les œuvres de la création du second jour. C'est pourquoi l'introït est du second ton, car les hommes charnels ne peuvent prier Dieu qu'ils ne connaissent pas, et ceux qui sont plongés dans la chair ne peuvent plaire à Dieu (LXXXII d., *Proposuisti*). Ce que l'on chante dans l'introït, le graduel, l'offertoire et la communion, sont des prières, des consolations, et renferme les louanges de la gentilité convertie, à qui le Seigneur a donné l'intelligence de la foi.

CHAPITRE XLI.

DU MARDI.

I. Ce mardi rappelle les œuvres du troisième jour de la création, qui sont : *Congregentur aquæ omnes,* « Que toutes les eaux se réunissent en un même lieu, et que la terre porte des fruits ; » ce qui a lieu quand l'homme, détaché des voluptés charnelles, jeûne par charité.

II. Le jeûne est une institution utile et louable, pour que l'homme ne se préoccupe pas trop de la nourriture corporelle, comme le dit l'Evangile : *Nolite solliciti esse,* « Ne vous inquiétez point, etc.,» c'est-à-dire n'ayez point cette inquiétude, ce souci exclusif qui absorbe toutes vos pensées ; mais que votre sollicitude ne soit que de la prévoyance. Cette prévoyance est permise, et même c'est un devoir. C'est pourquoi l'introït est : *Tibi dixit cor meum : Exquisivi te,* etc. ; «Mon cœur t'a dit : Je t'ai recherché, etc. » Il est du troisième ton, à cause de la création du troisième jour.

III. Dans l'épître *Factus est sermo Domini,* etc. (III Rois, chap. XVII), l'Eglise nous exhorte à ne pas avoir trop de sollicitude pour les besoins de notre corps ; c'est pourquoi elle nous propose Elie, qui fut nourri par la veuve de Sarepta et par un corbeau, et qui lui-même nourrit la veuve, en disant : « La farine de ton urne ne fera pas défaut, » c'est-à-dire la grâce ne manquera pas à ton cœur ; l'huile de ton vase ne te fera pas défaut, c'est-à-dire la grâce et l'onction de l'Esprit saint, qui viennent d'en haut, seront sur toi. L'Evangile nous adresse les mêmes exhortations : *Super cathedram Mosi,* etc. (Math., chap. XXIII), où suivent ces paroles : « Vous n'avez qu'un seul maître et qu'un seul père, qui est dans les cieux et qui prend soin de tous les hommes. » Dans l'introït, la veuve de Sarepta montre encore son amour pour le Christ, en disant : *Tibi dixit cor meum.* Dans le graduel, elle se console et s'encourage elle-même par ces mots : *Jacta cor tuum*, etc. Dans l'offertoire, elle implore miséricorde. Dans la communion, elle est tranquillisée et promet de raconter les merveilles du Seigneur, en disant : *Miserere mei, Deus, et narrabo mirabilia tua* : « Aie pitié de moi, mon Dieu, et je raconterai tes merveilles. »

CHAPITRE XLII.

DU MERCREDI.

I. Ce mercredi a trait à la pénitence, et c'est un jour de pénitence, car c'est en ce jour que le Sauveur a été livré; et l'on montre dans l'épître *Oravit Esther* (chap. XIII), combien la prière fut utile à cette jeune fille, car c'est par la prière et le cilice dont elle se revêtit, qu'elle obtint que l'impie Aman fût pendu au gibet qu'il avait préparé pour Mardochée; et, comme c'est par la crainte du jugement que l'on conçoit les premiers sentiments de pénitence, c'est pourquoi l'introït *Ne derelinquas me* est tiré du psaume pénitentiel qui est intitulé : « Psaume pendant l'octave de la Résurrection, » c'est-à-dire *Domine, ne in furore tuo.*

II. Or, comme la pénitence n'a de valeur qu'autant qu'on imite le Christ, c'est pourquoi on lit l'évangile *Ascendens Jesus*, etc., de saint Mathieu, qui a trait à la passion du Christ, comme on le voit dans ces termes : *Ecce ascendimus Hierosolymam*, « Voici que nous montons à Jérusalem. » C'est que les fils de Zébédée lui demandèrent à être assis l'un à sa gauche, l'autre à sa droite : « Pouvez-vous, leur répondit le Seigneur, pouvez-vous boire le calice que je dois prendre ? etc. »

Celui qui ne boit pas ce calice ne participe point au calice de gloire, et le Christ se propose comme modèle aux apôtres, qui s'indignaient des prétentions des fils de Zébédée.

CHAPITRE XLIII.

DU JEUDI.

I. Ce jeudi a trait à la création des poissons et des oiseaux, c'est-à-dire à ceux qui ne se confient pas dans le Seigneur, dont il est question dans l'épître *Maledictus homo qui confidit in homine*, de Jérémie (chap. xii), « Maudit sera l'homme qui met sa confiance dans l'homme et qui place son appui sur un bras de chair, etc.; » puis ensuite : « Béni est celui qui se confie dans le Seigneur. » On en donne la preuve dans l'évangile *Homo quidam*, de saint Luc (chap. xvi), qui parle du mauvais riche et du Lazare. Le riche ne se confiait pas dans le Seigneur, et voilà pourquoi il fut précipité dans l'enfer; mais le pauvre Lazare mettait en lui toute sa confiance, et voilà pourquoi il repose dans le sein d'Abraham. Dans l'offertoire *Precatus est Moses*, on montre l'efficacité de la prière du juste; car Moïse était un agneau, lui qui fut le plus doux et le plus clément de tous les hommes (or, c'est lui qui figure notre jeûne), et il parvint à calmer la colère du Seigneur, irrité contre les Juifs qui avaient élevé le veau d'or.

II. On lit encore en ce jour l'évangile où le Seigneur nous apprend qu'il ne faut pas avoir confiance dans le témoignage des hommes, mais dans celui de Dieu seul; puis, parlant de lui-même selon la fragilité de la chair, il dit : « Si je rends témoignage de moi-même, mon témoignage n'est pas vrai. » Et plus bas il ajoute : « Ce n'est pas un homme qui rend témoignage de moi; » et plus loin : « J'ai un témoignage qui est plus grand que celui de Jean-Baptiste. » La leçon précitée de

Jérémie : « Maudit est l'homme qui se confie dans un autre homme, » et ensuite : « Béni celui qui se confie dans le Seigneur, » se rapporte parfaitement avec ce dernier évangile. L'Eglise, pleine de confiance, prie donc dans l'introït, dans le graduel, et aussi dans la personne de Moïse ; à l'offertoire, il y a une répétition des mêmes termes, parce que le législateur intercéda souvent pour le peuple d'Israël auprès du Seigneur. Nous avons déjà parlé de cela au chapitre du Dimanche après l'Epiphanie.

III. La communion *Qui manducat*, de saint Jean (chap. VI), montre quels avantages retire celui qui met sa confiance en Dieu, c'est-à-dire qu'il demeure dans le Christ et que le Christ demeure en lui. Or, cette communion conviendrait bien au samedi avant le dimanche des Rameaux.

IV. Or, il faut remarquer que, comme le précédent dimanche n'a pas d'office propre, comme on l'a dit alors, de même tous le jeudis de Carême, jadis, manquaient d'office propre, excepté peut-être le Jeudi saint ; cependant ce jour-là emprunte son introït au mercredi qui le précède, car, de même que chaque jeudi, par l'autorité du pape Melchiade (*De consec.*, d. III, *Jejunium*), était exempté du jeûne, de même aussi il était exempt d'office. C'est pourquoi le bienheureux Grégoire n'institua aucun office pour ce jour-là. Néanmoins, on chantait matines et vêpres. Il était donc nécessaire qu'à *Benedictus* et à *Magnificat* on tirât des antiennes des évangiles des autres jours.

V. Or, ce fut le pape Grégoire qui institua le jeûne et l'office du jeudi, sans toutefois changer ce qui avait été établi auparavant touchant matines et vêpres ; d'où vient que les antiennes qui se chantent à *Benedictus* et à *Magnificat*, à l'office du jeudi, ne s'accordent pas avec les évangiles de ce jour, comme nous l'avons dit au chapitre du Jeudi de la semaine précédente.

I. Ce vendredi a trait au sixième jour de la création, dans lequel l'homme fut créé, et l'Eglise nous exhorte à la douceur et à la patience, et à bannir de nos cœurs tout sentiment de colère, à l'exemple de Joseph et du Christ. L'épître *Dixit Joseph* est tirée de la Genèse (ch. XXVI) et a trait à Joseph, qui souffrit beaucoup de la part de ses frères, et qui cependant parvint, bien qu'ils en eussent, à un haut degré d'élévation.

II. L'évangile, qui est de saint Mathieu (chap. XI), nous invite à la pratique des vertus précitées, à l'exemple du Christ : *Homo erat.* Un père de famille planta une vigne, c'est-à-dire le peuple juif, par la doctrine de la loi. A la fin, après avoir envoyé d'abord ses serviteurs aux vignerons, il leur donna son propre fils, qu'ils mirent à mort. C'est par ces vertus, c'est-à-dire par la douceur et la patience, que nous serons rassasiés dans la vie future. C'est pourquoi l'introït est : *Ego autem, cum justitia apparebo in conspectu tuo... satiabor*, etc., « Pour moi, je paraîtrai devant tes yeux avec la seule justice, et je serai rassasié lorsque tu m'auras fait paraître ta gloire. » L'Eglise nous exhorte à supporter les persécutions pour la justice, dans le graduel *Ad Dominum, cum tribularer, clamavi*, etc.; dans l'offertoire *Domine, in auxilium;* et dans la communion *Tu, Domine, servabis.*

CHAPITRE XLV.

DU SAMEDI.

I. Le samedi traite de la conversion ou de la confession, par où l'homme s'abstient des œuvres serviles, et ainsi sabbatise et reçoit la bénédiction du Seigneur, qui bénit le septième jour. Or, nous parvenons à ce résultat au moyen de la loi du Seigneur et de la grâce de l'Esprit saint; d'où vient que l'introït a trait à la loi.

II. *Lex Domini*, etc. Cet introït est du premier ton, parce que la conversion à Dieu est le commencement d'une bonne vie; d'où suivent ces paroles : *Convertens animas* « Elle [la loi], convertit les ames, » puis ensuite ce verset : *Justitiæ Domini rectæ, lætificantes corda*, « Les justices du Seigneur sont droites, elles font naître la joie dans le cœur, » parce qu'elles donnent le sabbat ou repos spirituel (c'est-à-dire *la conversion* ou *confession*); elles s'obtiennent surtout par la grâce, désignée dans l'épître *Dixit Rebecca*, etc. (Gen., xxvii), où on lit que Rébecca avertit Jacob d'apporter à Isaac, son père, deux chevreaux. Rébecca désigne la grâce de Dieu, qui nous donne des avertissements, nous inspire l'horreur du péché, et fait que nous en faisons à Dieu la confession, désignée par les chevreaux.

III. Car le chevreau est un animal qui exhale une odeur fétide, et dont les chairs ont une saveur très-prononcée. Le péché a également une odeur très-fétide quand l'homme le confesse, ce qui est souverainement agréable à Dieu et à ses anges, car les anges de Dieu conçoivent une grande joie de la pénitence même d'un seul pécheur. Suit l'épître *De rore cœli*, « La rosée céleste, » c'est-à-dire la grâce céleste, *et de pinguedine terræ*, « et la graisse de la terre, » c'est-à-dire l'abondance des biens temporels, *sit benedictio tua*, « seront ta bénédiction. » On place en premier lieu la rosée céleste, parce que les biens spirituels sont préférables aux biens temporels; vient ensuite la graisse de la terre, à cause de ces paroles : « Cherchez d'abord le royaume de Dieu, et le reste vous sera donné par surcroît, » car les bons possèdent tout bien; de là ces paroles de l'Apôtre : *Tanquam nihil habentes et omnia possidentes*, « Ils sont comme n'ayant rien et possédant tout »

(Extra *De privil. nimis*). Les méchants, désignés par Esaü, demandent également la bénédiction ; mais, comme ils préfèrent les biens temporels aux biens spirituels, on leur répond : « Ta bénédiction consistera dans la graisse de la terre et dans la rosée du ciel. » Car, encore bien qu'ils soient mis en possession de quelques biens spirituels, ils leur préfèrent les biens temporels. Suit le répons *Bonum est confiteri Domino*, etc., « Il est bon de louer et de confesser le nom du Seigneur, » comme si l'Eglise disait : « Puisque, par votre conversion, par la confession et l'horreur du péché, vous êtes en possession de la bénédiction et des biens temporels et spirituels, il est bon et juste que vous célébriez les louanges du Seigneur. »

IV. L'évangile de saint Luc (chap. xv) a le même sens : *Homo quidam*, etc., « Un homme avait deux fils ; l'un des deux lui fit cette demande : Donne-moi, dit-il, la part d'héritage qui me revient ; et le père partagea son bien à ses deux fils. Ensuite le premier dépensa tout son bien, et il arriva une telle famine dans le pays où il s'était retiré, qu'il fut réduit par la faim à garder les pourceaux, c'est-à-dire à être porcher ; et, étant rentré en lui-même, il dit : Que de mercenaires, etc. » Or, quand l'homme, par le péché, a perdu tous ses biens, il n'a plus de quoi manger, et Dieu permet qu'il tombe en cet état, pour lui montrer toute sa malice et sa méchanceté, comme on le lit dans Jérémie (chap. ii, vers le milieu), afin que, mourant de faim, il dise : Combien y en a-t-il, c'est-à-dire dans l'Eglise, qui jouissent de la joie intérieure de l'ame, et moi je meurs ici de faim ; je retournerai dans la maison de mon père. D'où on lit dans l'Exode que les Egyptiens pressaient les enfants d'Israël de sortir de l'Egypte. A son retour (dans l'Eglise) on lui donne la première étole, c'est-à-dire la grâce. Ainsi donc, l'évangile a trait à la conversion. Or, l'évangile où il s'agit des deux fils du père de famille, et l'épître qui fait mention de Jacob et de Joseph, désignent les deux peuples, c'est-à-dire les Juifs et les Gentils. Le peuple juif perd la grâce spirituelle; le peuple gentil, converti et faisant pénitence, se glorifie, dans l'introït, d'avoir reçu la loi du Seigneur, et en célèbre les louanges. Dans le graduel, il confesse le nom du Seigneur et célèbre sa gloire. Dans l'offertoire, il demande que ses yeux soient éclairés, de peur qu'il ne s'endorme et que l'ennemi ne vienne à prévaloir contre lui.

V. Et remarque que c'est avec raison, dans la seconde semaine du Carême, qu'on lit l'évangile de l'enfant prodigue qui retourne à son père, parce que le peuple gentil, par la doctrine de la loi et de l'évangile, revient au culte du Créateur; et que tout pénitent, par la foi et les œuvres ou par les deux préceptes de la charité, se réconcilie avec le Seigneur. La communion est : *Oportet, te* (saint Luc, chap. xv).

CHAPITRE XLVI.

DU TROISIÈME DIMANCHE DE CARÊME.

I. Le troisième dimanche de Carême appartient à la confession, et le quatrième à la réfection. Car, comme on l'a dit ci-dessus, le Seigneur, dans le premier dimanche de Carême, arme ses soldats; dans le second, il leur montre la récompense; il ne lui reste donc plus qu'à leur montrer la voie par où on arrive à ce but suprême, c'est-à-dire par la confession et la réfection; ce dimanche appartient donc à la confession.

II. Or, il y a une double confession, savoir : la confession du péché et la confession de la louange, que l'homme doit posséder toutes deux; par l'humilité de la confession, l'homme attend de Dieu tout ce qu'il en doit attendre, c'est-à-dire la délivrance, le don de la grâce et tous les autres biens. C'est pourquoi l'introït *Oculi mei semper ad Dominum*, etc., « Je tiens mes yeux toujours élevés vers le Seigneur, » est du septième ton, parce que c'est la grâce des sept dons de l'Espri[t] saint qui arrachera l'homme aux filets du diable; car par la confession on scrute le mal dans toute sa profondeur : c'est pourquoi on fait une station à saint Laurent, qui a été délivré par la confession. Cette humilité a délivré Joseph des mains de ses frères et de la prison; voilà pourquoi, dans l'office de la nuit, on chante un passage à son sujet.

III. Ce dimanche est encore le sixième depuis la Septuagésime. Or, comme le Seigneur a été crucifié le vendredi, c'est pourquoi on y fait mention de la passion du Seigneur, qui est désignée par Joseph, à qui se rapporte aussi ce que l'on dit en ce jour. Car le Christ a été délivré, par l'humilité, des embûches de ses frères, c'est-à-dire des Juifs, et il a été élevé au-dessus de toute l'Égypte, c'est-à-dire du monde entier; ainsi, ce qui est arrivé à Joseph au pied de la lettre, s'entend du Christ dans le sens spirituel, et l'office de nuit suit l'ordre de leur histoire. Dans le dimanche précédent, on a chanté l'historique de Jacob; dans celui-ci, on chante celui de Joseph, qui, vendu par ses frères, vint à leur secours pendant la famine. Le Christ, lui aussi, crucifié par les Juifs, a racheté par sa mort le genre humain, et en le rachetant l'a délivré du démon, comme on le lit dans l'évangile de ce jour.

IV. Au reste, l'Apôtre montre quelle doit être la confession, dans l'épître *Fratres imitatores*, etc., aux Ephésiens chap. v), « Mes frères, soyez les imitateurs de Dieu. » D'abord, elle doit être dans l'humilité, c'est-à-dire afin que nous nous humiliions devant Dieu, et qu'ainsi nous marchions dans une vie toute nouvelle. Secondement, dans la persévérance, c'est-à-dire afin que l'homme ne retourne pas à son vomissement, et que l'infamie du péché soit rejetée bien loin. C'est pourquoi l'Apôtre dit : « Qu'on n'entende pas seulement parler parmi vous ni de fornication, ni d'aucune sorte d'impureté, etc., » résultat qui s'obtient par la persévérance dans une bonne vie. L'évangile, à la fin, nous adresse les mêmes exhortations, et nous montre que la grâce chasse le péché :

« Jésus, y est-il dit, chassait un démon aveugle » (saint Luc, chap. xi, et saint Math., chap. xiv); Jésus signifie la grâce ; ce démoniaque est appelé aveugle par saint Mathieu et par Bède-le-Vénérable. L'aveugle voit, dit Bède ; le muet parle ; le possédé est délivré du démon ; et lorsque le Seigneur eut chassé le démon, le muet parla. En effet, quand la grâce est accordée à l'homme, il confesse et il parle en confession. Ensuite le Seigneur montre la stabilité de son royaume, fondé sur une indissoluble charité ; puis il montre la faiblesse et l'instabilité du royaume du diable : « Tout royaume, dit-il, divisé en lui-même, sera ruiné. » Ainsi, le royaume du diable et de ses suppôts, qui sont séparés de Dieu, sera détruit; mais le royaume de Dieu demeure éternellement; et ainsi le Seigneur invite tous les hommes à venir dans son royaume, qui est durable. C'est pourquoi l'homme doit avec persévérance opérer les œuvres de la confession, parce que c'est par là que l'on gagne le royaume des cieux. C'est pourquoi le répons est *Exurge, Domine*, etc., « Seigneur, lève-toi; que l'homme n'ait pas le dessus, » c'est-à-dire le diable, qui s'efforce de nou ravir le royaume des cieux ; par où l'Eglise entend que nous soyons parfaits dans la confession, et que nous mourions d même parfaitement au péché, afin que par une bonne vie, l'infamie du péché disparaisse, comme le dit le Seigneur par la bouche d'Isaïe : « Je perdrai le nom de Babylone. » Il parle ainsi parce que la grâce chasse le péché et l'infamie. Suivent ces paroles du Prophète : « J'exterminerai les rejetons, les descendants et toute la race de la cité de Babylone, » c'est-à-dire : J'anéantirai jusqu'à son détestable souvenir, c'est-à-dire afin que l'homme anéantisse ce souvenir du péché, quand il se présentera à sa mémoire.

V. Or, comme l'évangile dit encore : « Le sourd entend et le muet raconta les paroles de Dieu, » c'est pourquoi on dit dans l'introït : *Oculi mei semper*, « Je tiens toujours mes yeux élevés vers le Seigneur. » Et, de peur que l'homme ne vienn à défaillir, l'Eglise implore la miséricorde divine, en ajoutant : *Respice in me*, « Jette tes regards sur moi, » et dans le graduel : *Exurge, Domine*, « Lève-toi, Seigneur. » Ensuite, la voix de celui qui auparavant était muet, devenue féconde en paroles, la voix, dis-je, de celui dont la sagesse a ouvert la bouche, redouble ses prières, et il adresse à Dieu ses vœux, usant d'images et de similitudes frappantes de justesse, dans le trait *Ad te levavi, Domine*, etc. Libre maintenant de parler, il célèbre dans l'offertoire la rectitude et la droiture des justices du Seigneur, parce que le démon est sorti de son corps, humilié à cause de son humilité et de ce que l'esprit immonde est entré dans le cœur orgueilleux du peuple juif. Dans la communion, devenu prédicateur de muet qu'il était, il se félicite d'avoir trouvé une demeure, comme le passereau et la tourterelle ont trouvé un nid pour leurs petits.

CHAPITRE XLVII.

DU LUNDI.

I. Nous avons dit, dans le dimanche précédent, que le Seigneur sauve par la confession; dans ce lundi, on montre que le Seigneur sauve par le baptême. Mais, comme le baptême se confère au nom de la Trinité,

II. C'est pourquoi l'introït a trait à la Trinité : *In Deo laudabo verbum*, « Je louerai en Dieu la parole qu'il m'a donnée, » dans lequel se trouve trois fois le nom de Dieu. Il appartient au troisième ton, qui comprend Dieu tout entier, parce qu'il parle de la Trinité. L'épître *Naaman princeps*, etc., qui est tirée du IV⁰ liv. des Rois (vers. v), a trait au général Naaman, que le roi de Syrie, son maître, envoya à Elisée, pour que celui-ci le guérît. Elisée lui ordonna de se laver sept fois dans le Jourdain, lui annonçant que sa chair deviendrait comme celle d'un enfant, ce qui arriva en effet.

III. Le Jourdain, par interprétation, signifie *Descente de l'humilité*, par laquelle l'Eglise demande à être purifiée, ce qu'elle fait suivant le précepte du Seigneur, demandant par humilité à être sauvée par l'eau, qui est une créature inférieure. Après, suit le répons *Deus laudem meam ne tardaveris*, dans lequel l'Eglise s'humilie, et qui est du troisième ton pour la raison précitée. Dans l'évangile *Dixerunt pharisæi ad Jesum*, de saint Luc (chap. v), le Seigneur montre que les prophètes n'ont été envoyés qu'à ceux qui étaient humbles, comme Elisée à Naaman, et Elie à la veuve de Sarepta ; puis il montre l'orgueil des Juifs. Il dit ensuite : *Jesus autem*, etc., « Jésus, passant au milieu d'eux, allait paisiblement, » pour montrer que celui qui est humble, quoi qu'il lui arrive, n'abandonne pas sa voie.

CHAPITRE XLVIII.

DU MARDI.

I. Ce mardi a trait à la prière et à la miséricorde, par lesquelles le Seigneur nous sauve encore. C'est pourquoi l'introït est : *Dum clamarem ad Dominum*. L'épître *Mulier quædam*, etc., du quatrième chapitre des Rois, a trait à la veuve dont le créancier voulait réduire les fils en esclavage, et dont Elisée remplit les vases d'huile, en lui recommandant de payer sa dette avec le produit d'une partie de l'huile, et de vivre avec l'autre partie, elle et ses enfants. Cette veuve est l'Eglise, dont l'époux, c'est-à-dire le Christ, n'est pas corporellement présent, ou l'Eglise, qui est venue visiblement vers le Christ.

II. Les créanciers sont les démons ; c'est pourquoi on nomme le diable un exacteur impitoyable, parce qu'il exige de nous avec usure son argent, c'est-à-dire l'impureté. D'où Isaïe (chap. xiv) : *Quando cessavit exactor*, etc. : « Qu'est devenu ce maître impitoyable, et comment ce tribut qu'il exigeait si sévèrement a-t-il cessé? » Mais le Christ, par ses œuvres de miséricorde, nous a délivrés de cet affreux créancier. Et l'on demande cette délivrance dans le répons *Ab occultis meis*, « Purifie-moi, Seigneur, de mes fautes cachées. » L'évangile, qui est de saint Mathieu (chap. xviii), a trait à la miséricorde, c'est-à-dire : « Si ton frère a péché contre toi, reprends-le; s'il est ignorant, instruis-le; s'il se repent, pardonne-lui, je ne dis pas sept fois, mais septante fois sept fois, » c'est-à-dire autant de fois qu'il aura péché.

III. La veuve priant Elisée pour ses enfants, dit encore, dans l'introït : *Ego clamavi*, et dans le graduel : *Ab occultis*. Elle rend grâces à Dieu, qui l'a exaucée, à l'offertoire *Dextera Domini;* et elle nous enseigne, dans la communion *Domine, quis,* quelle doit être la conduite de ceux qui désirent l'huile de miséricorde, c'est-à-dire que ceux qui veulent reposer sur la montagne, doivent être sans tache et opérer la justice.

CHAPITRE XLIX.

DU MERCREDI.

I. Ce mercredi traite de l'accomplissement des commandements; et, comme le Seigneur opère encore notre salut par là, c'est pourquoi l'introït est : *Ego autem in Domino sperabo,* « Pour moi, j'espérerai dans le Seigneur. » Il est du premier ton, pour montrer que nous ne devons placer notre espérance qu'en Dieu seul. L'épître *Honora patrem* est tirée de l'Exode (chap. xx), où se trouvent consignés ou marqués à part les préceptes du Seigneur : *Honora patrem et matrem,* « Honore ton père et ta mère, etc. » Dans le répons, où il demande la grâce, l'homme montre sa faiblesse, en disant : *Miserere mei..... quoniam*, « Aie pitié de moi, Seigneur, parce que je suis faible, etc. ; » comme s'il disait : Je ne peux pas moi-même accomplir les préceptes. Dans l'évangile *Accesserunt ad Jesum*, etc., de saint Mathieu (chap. xv), le Seigneur reproche leur vanité aux Juifs, qui s'appuyaient plutôt sur les traditions humaines que sur celles de Dieu, et qui réprimandaient les disciples du Seigneur au sujet des traditions de la loi ou des anciens. Le Seigneur leur dit : « Hypocrites..... l'homme n'est pas souillé pour ne pas se laver les mains avant de manger ; » puis il montre ce qui nous sauve et nous justifie. C'est dans ce mercredi qu'a lieu le scrutin pour la première fois, comme nous le dirons au prochain mercredi.

CHAPITRE L.

DU JEUDI.

I. L'Eglise montre en ce jeudi que le salut ne vient que du Seigneur, et qu'il s'obtient surtout par les vertus ; d'où l'introït est : *Salus populi ego sum*, etc., « Je suis le salut du peuple. » Il est du quatrième ton, à cause des quatre vertus cardinales. Dans l'épître *Factum est verbum*, de Jérémie (chap. vii), on dit : *Bonas facite*, etc., « Rendez vos voies droites, et que votre zèle soit bien dirigé ; » et cela, à cause des bonnes œuvrés des vertus. On y reprend les Juifs qui croyaient qu'ils ne pouvaient être damnés, parce qu'ils possédaient le temple de Dieu, et qui prétendaient que le reste des hommes était damné ; de là suit le répons *Oculi omnium*, qui montre qu'il faut espérer en Dieu seul. L'évangile *Surgens Jesus*, de saint Luc (chap. iv), a trait à la guérison de la belle-mère de saint Pierre, par où l'on montre qu'il faut espérer en Dieu seul, parce que le salut de l'ame et du corps vient de lui et s'opère par lui.

II. Dans d'autres églises, on lit l'évangile du dimanche suivant, *Abiit Jesus*, etc., et qui commence, autrement, par *Operamini*, où le Seigneur reproche à la foule du peuple de s'occuper davantage du salut du corps que de celui de l'ame, parce qu'ils voulaient le faire roi, après avoir vu le miracle de la multiplication des pains, où le Seigneur, avec cinq pains et deux poissons, avait rassasié cinq mille hommes. Il les exhorte, en leur disant : *Operamini*, « Occupez-vous, non de la nourriture qui périt, mais de celle qui demeure pour la vie éternelle. » On fait précéder très-convenablement cet évangile de la leçon de Jérémie, où le Seigneur promet d'habiter avec eux, et d'être comme le roi de ceux qui s'occuperont de cette nourriture, c'est-à-dire de ceux qui ne calomnieront pas et ne verseront pas le sang innocent. L'introït *Salus Domini* est la voix du Seigneur qui console son peuple. Le graduel, l'offertoire et la communion, sont la voix du peuple qui se confie dans la faveur de son roi. En ce jeudi, où il s'agit du salut, on fait station à saint Côme et à saint Damien, qui étaient médecins, et guérissaient les maladies corporelles et spirituelles des hommes ; c'est pourquoi on en fait mention dans la collecte.

CHAPITRE LI.

DU VENDREDI.

I. Le vendredi est le jour de la croix, et on y montre que le salut s'opère par la croix ; aussi l'introït est : *Fac mecum signum*, Fais éclater quelque signe en ma faveur, » c'est-à-dire le signe de la croix. Le plus haut degré de la charité, c'est-à-dire la marque la plus éclatante de charité, c'est de donner sa vie pour ses amis. L'épître *Convenerunt*, tirée des Nombres (chap. xx), a trait à Moïse, qui frappa deux fois le rocher d'où s'échappèrent les eaux qui désaltérèrent les hommes et les bêtes. Par la double percussion, on entend les deux pièces de bois de la croix ; le rocher est le Christ, l'eau qui s'en échappe est l'eau de la doctrine et de la grâce qui doit désaltérer tout le genre humain. Le répons est : *In Deo speravit cor meum*, etc. , « Mon cœur a espéré en Dieu, et j'ai été secouru, » parce que la croix seule peut sauver parfaitement le genre humain. Dans l'évangile *Venit Jesus in civitatem*, le Seigneur montre que non-seulement il a subi pour nous le supplice de la croix, mais beaucoup d'autres tourments encore, d'où suivent ces mots de l'évangile : *Jesus ergo fatigatus ab itinere*, etc.; on énumère alors les huit points sur lesquels Jésus instruisit la Samaritaine, et qui se trouvent dans l'évangile ; c'est pourquoi le répons est du huitième ton. La communion est : *Qui biberit*, de saint Jean (chap. iv).

CHAPITRE LII.

DU SAMEDI.

I. Dans ce samedi, on montre que le Seigneur opère notre salut par la justice et la miséricorde ; d'où l'épître est : *Erat vir*, où Daniel (chap. xiii) parle de Suzanne qui fut sauvée par la justice. L'évangile a trait à la femme surprise en adultère que le Seigneur délivra par sa miséricorde. Voilà l'accord de l'évangile et de l'épître. Or, comme la femme adultère, dans l'évangile, fut sauvée par la miséricorde, l'Eglise, voyant la faiblesse de ses enfants, demande à être délivrée par la miséricorde, et dit, dans l'introït : *Verba mea auribus*, etc. : « Seigneur, prête l'oreille à mes paroles, entends mes cris. » Et il est du cinquième ton, à cause des cinq points mentionnés dans la collecte, qui est ainsi conçue : « Fais, Dieu tout-puissant, nous t'en prions, que ceux qui affligent leur chair en s'abstenant

d'aliments, s'abstiennent aussi du péché, en suivant la justice,»
c'est-à-dire s'abstiennent de tout ce qui peut délecter les cinq
sens, comme firent Daniel, Suzanne et Joachim. Ceux qui ne
jeûnent pas de la sorte n'obtiendront pas la miséricorde de Dieu.
Suit le verset semi-plein de l'introït : *Rex meus et Deus meus.*

II. Or, il est bon de remarquer que dans les introïts se trouvent quelquefois deux versets, quelquefois la moitié d'un verset, mais plus souvent un seul verset tout entier. Il y en a deux
dans l'introït des défunts *Requiem*, ce sont les versets *Te
decet*, etc., et *Exaudi orationem*, etc., parce que nous prions
pour les morts ; et c'est parce que nous demandons pour eux
la double robe du corps et de l'ame, que nous disons deux
versets ; et il y en a un qui remplace le *Gloria Patri*, que
l'on supprime à l'office des morts, parce qu'ils ne peuvent
plus louer la Trinité ultérieurement, et que ce verset a trait à
la louange de la Trinité. Il arrive plus souvent qu'on ne dit
qu'un verset, parce que nous ne devons tourner nos regards
et nos cœurs que vers un seul Dieu. Or, en ce samedi on ne
donne que la moitié d'un verset, parce que celui qui obtient la
miséricorde de Dieu doit confesser son imperfection dans les
œuvres, et le psaume ne désigne que les œuvres. Après l'épître, suit le répons *Si ambulem*, etc., qui répond ainsi à l'é-
pître : *Quem Deus*, etc. : « A celui que Dieu délivre, personne
ne peut nuire ; donc, quand je marcherais au milieu de l'ombre
de la mort, je ne craindrais aucun mal. »

III. L'ombre de la mort est la mort temporelle, comme si l'on
disait : *Quand je passerais à travers la mort temporelle, je n'ai
rien à craindre, depuis que le Seigneur me protège. Suit le
verset *Virga tua et baculus tuus*, etc., « Ta verge et ton bâton
m'ont consolé, » parce que les tribulations que lui envoie le
Seigneur consolent l'homme vertueux. Il est du premier ton,
parce que c'est en Dieu seul que nous devons placer notre espérance. Dans l'évangile *Perrexit Jesus*, de saint Jean (c. VIII),
le Seigneur se montre le père de la miséricorde, en disant à la

femme adultère : « Va, et ne pèche plus. » Les paroles suivantes qu'il prononça, sont encore des paroles de miséricorde :
« Que celui d'entre vous qui est sans péché lui jette la première pierre » (III, q. VIII, *Qui sine*). Dans l'offertoire, l'E-
glise demande également encore à être délivrée par la miséricorde, lorsqu'elle dit : *Gressus meos dirige*, etc., « Dirige mes
pas, etc. » L'offertoire appartient à l'octave de la Résurrection.
La postcommunion, qui se rapporte à la béatitude, est : *Nemo
te*, etc., de saint Jean (chap. VIII).

IV. Or, il faut remarquer qu'aux complies de ce samedi on
chante l'antienne *Media vita*, parce qu'alors commence la
semaine de la mi-Carême. Ceux qui la chantent le vendredi
précédent, ont égard au nombre des jours compris dans le
jeûne. Nous avons cru devoir en dire quelques mots.

V. *Media vita*, le milieu de la vie, c'est le Christ ; car c'est
lui qui est le médiateur entre Dieu et les hommes (X d., *Quoniam*). Il est la voie, la vérité et la vie (VIII d., *Qui contenta*)
il est saint, il est Dieu, il est fort, il est miséricordieux, il es
Sauveur. C'est donc au Christ que s'adressent ces paroles : (
milieu de la vie ! c'est-à-dire, ô Christ ! Ou bien *Media vita* se
rapporte à la sainte Trinité : c'est la vie qui est en elle, qu
est pour nous le milieu de la vie, qui a la vie en elle ou la vi
au milieu de laquelle nous vivons ; vie suffisante, vie commun
pour tous, à laquelle se rapportent les paroles précitées : (
milieu de la vie ! c'est-à-dire, ô sainte Trinité ! C'est pourquo
on distingue les personnes : Dieu saint, saint fort, saint et mi
séricordieux Sauveur, c'est-à-dire Père, Fils et Saint-Esprit
duquel vient notre salut, par qui et en qui nous sommes sau
vés ; c'est dans ce sens que la Trinité est appelée *Salvator*
Sauveur. Cependant nous adressons ces paroles et nous de
mandons aide et protection à chacune des trois personne
saintes ; et comme nous sommes dans la mort au sein de
misères de la vie présente, nous demandons de ne pas être l
vrés à l'amertume de la mort éternelle. Ou bien encore, sur

plée ces paroles : *O Domine, existentes!* « O Seigneur ! au milieu, au sein de cette vie, nous sommes plongés dans la mort.»

VI. La première vie fut la vie de justice et d'innocence dans laquelle l'homme fut créé. La seconde est la vie de péché et de misère où l'homme est tombé. La troisième sera la vie d'immortalité et de gloire, à laquelle l'homme est destiné après sa rénovation. Pour nous, tandis que nous sommes au milieu de cette vie nous sommes dans la mort; car la vie du péché est la mort par rapport à la vie de justice, et c'est pour cela que nous demandons un aide. D'autres églises disent : *Mediæ vitæ.* Or, comme on est au milieu du Carême, qui désigne la vie présente, qui n'est pas sans péché, c'est avec raison que l'on dit l'antienne *In morte,* «Dans la mort,» c'est-à-dire dans le péché qui conduit à la mort. Et comme on fait mention de Suzanne dans l'épître, c'est pourquoi, à cause d'une équivoque de noms, on fait une station à sainte Suzanne, en ce jour-ci.

NOTES.

—

NOTE 1.

Notre Seigneur ayant mangé l'agneau pascal et institué le saint sacrement de nos autels, saint Mathieu et saint Marc rapportent qu'il chanta l'hymne d'action de grâces, et qu'ensuite il alla avec ses disciples sur la montagne des Oliviers (1). Cette cérémonie pouvait être fondée, dit saint Jérôme (2), sur ce qui est écrit dans le psaume : *Ils mangèrent et ils adorèrent,* ou sur ce que Dieu avait ordonné à son peuple, par la bouche de Moïse, d'avoir soin de bénir le Seigneur son Dieu après qu'il aurait mangé et qu'il se serait rassasié.

Les évangélistes ne nous ayant point appris si cette hymne est tirée de l'Ecriture sainte, si elle se trouve dans le Rituel et dans les prières des Juifs, ou si le Sauveur en composa une nouvelle, il est difficile d'assurer quel est ce cantique que Jésus-Christ chanta avec ses apôtres à la fin de ce souper si célèbre. C'est ce que nous allons tâcher de développer. Par une conséquence toute naturelle, nous montrerons ensuite que l'usage de l'Eglise de chanter des hymnes et des cantiques vient de l'exemple que le Fils de Dieu nous en a donné, et que cette tradition a été religieusement observée dans tous les siècles suivants.

I.

L'évêque Cerethius écrivit à saint Augustin pour le consulter sur quelques écritures dont se servaient les Priscillianistes, où il y avait, entre autres choses, une hymne qu'ils attribuaient à notre Seigneur, qui l'avait chantée, disaient-ils, après l'institution de l'eucharistie. Saint

---

(1) S. Mathieu, chap. 26, vers. 30 ; — S. Marc, chap. 14, vers. 26 : *Et hymno dicto, exierunt in montem Oliveti.*

(2) *Comment. in Matth.,* hoc loco.

Augustin ayant remarqué que ces hérétiques recevaient également des livres canoniques et apocryphes, et qu'ils leur attribuaient la même autorité, il rapporte quelques extraits de ce livre où les Priscillianistes font mention de cette hymne, et la raison pour laquelle ils prétendaient qu'elle n'était pas dans le canon des Ecritures.

Ce qu'il y avait dans cet écrit était exprimé en ces termes, selon saint Augustin (1) : « Hymne du Seigneur, qu'il apprit dans le secret à ses disciples, parce qu'il est écrit : *Et ayant dit une hymne, il alla à la montagne*. Cette hymne n'est pas mise dans le canon des Ecritures, à cause de ceux qui sont attachés à leurs sentiments et qui ne pensent pas selon l'esprit et la volonté de Dieu, car il est écrit : *Il est bon de cacher le secret du roi, mais il est honorable de découvrir les actions de Dieu*. » Il y a quelques fragments de cette hymne répandus dans la lettre que saint Augustin écrivit à l'évêque Cerethius ; les voici :

> *Solvere volo, et solvi volo.*
> *Salvare volo, et salvari volo.*
> *Generare volo, et generari volo.*
> *Cantare volo, saltate cuncti.*
> *Plangere volo, tundite vos omnes.*
> *Ornare volo, et ornari volo.*
> *Lucerna sum tibi, ille qui me vides.*
> *Qui vides quod ago, tace opera mea.*
> *Verbo illusi cuncta, et non sum illusus in totum.*

Voilà une partie de cette hymne, que le Sauveur, selon les Priscillianistes, composa de nouveau et qu'il chanta avec ses disciples. Mais saint Augustin fait voir qu'il n'y a rien dans cette hymne qui ne se trouve dans les livres canoniques, et qu'ainsi l'Eglise ne perd rien, quoiqu'elle ne reçoive pas cette pièce.

Parmi les interprètes, les uns ont cru que ces paroles : *Et hymno dicto*, ne signifient autre chose sinon que le Sauveur rendit grâces à Dieu ; les autres prétendent que cette hymne était composée du cent douzième psaume : *Laudate, pueri, Dominum*, et des cinq autres qui suivent celui-ci, que les Juifs avaient coutume de chanter en action de grâces ; d'autres, enfin, ont été persuadés que cette hymne était une certaine prière que les Juifs nous ont conservée, dit le père Amelote (2), et qui se trouve en hébreu dans divers auteurs. Cette prière est peut-être la même qu'on lit dans le Rituel des Juifs, où il est marqué que le plus distingué de ceux qui sont à table doit prendre en main un verre de

(1) Epist. 237 *ad Cereth.* (novæ edit.).
(2) *Sur S. Mathieu.*

vin et dire à haute voix : « Rendons grâces à Dieu des biens qu'il nous a donnés. » Les assistants répondent : « Que notre Dieu soit béni, puisqu'il nous a nourris de ses biens et que nous sommes rassasiés de ses dons, » et autres semblables bénédictions. Mais toutes ces sortes de prières étant des actions de grâces ordinaires que les Juifs rendaient à Dieu après le repas, il n'y a pas d'apparence que les évangélistes en veuillent parler et que le Sauveur n'ait pas dit d'autre hymne.

C'est une tradition assez ancienne, que cette hymne que notre Seigneur chanta est rapportée tout au long dans le chapitre xvii de l'évangile de saint Jean, depuis le premier verset jusqu'à la fin. On voit dans ce chapitre tout ce qu'on peut dire de plus grand à la louange de Dieu. Voici cette hymne tout entière :

« Mon Père, l'heure est venue, glorifie ton Fils; afin que ton Fils te glorifie;

« Comme tu lui as donné puissance sur tous les hommes, afin qu'il donne la vie éternelle à tous ceux que tu lui as donnés.

« Or, la vie éternelle consiste à te connaître, toi qui es le seul Dieu véritable, et Jésus-Christ, que tu as envoyé.

« Je t'ai glorifié sur la terre; j'ai achevé l'ouvrage dont tu m'avais chargé.

« Et toi, mon Père, glorifie-moi donc aussi maintenant en toi-même de cette gloire que j'ai eue en toi avant que le monde fût.

« J'ai fait connaître ton nom aux hommes que tu m'as donnés, en les séparant du monde. Ils étaient à toi, et tu me les as donnés, et ils ont gardé ta parole.

« Ils savent présentement que tout ce que tu m'as donné vient de toi :

« Parce que je leur ai donné les paroles que tu m'as données, et ils les ont reçues; ils ont reconnu véritablement que je suis sorti de toi, et ils ont cru que tu m'as envoyé.

« C'est pour eux que je prie. Je ne prie point pour le monde, mais pour ceux que tu m'as donnés, parce qu'ils sont à toi.

« Tout ce qui est à moi est à toi, et tout ce qui est à toi est à moi, et je suis glorifié en eux.

« Je ne suis plus dans le monde; mais, pour eux, ils sont encore dans le monde, et je m'en retourne à toi. Père saint, conserve en ton nom ceux que tu m'as donnés, afin qu'ils soient un comme nous.

« Lorsque j'étais avec eux, je les conservais en ton nom. J'ai conservé ceux que tu m'as donnés, et nul d'eux ne s'est perdu; et il n'y a eu de perdu que celui qui était enfant de perdition, afin que l'Ecriture fût accomplie.

« Mais maintenant je viens à toi, et je dis ceci étant encore dans le monde, afin qu'ils aient en eux-mêmes la plénitude de ma joie.

« Je leur ai donné ta parole, et le monde les a haïs, parce qu'ils ne sont point du monde, comme je ne suis point moi-même du monde.

« Je ne te prie pas de les ôter du monde, mais de les garder du mal.

« Ils ne sont point du monde, comme je ne suis point moi-même du monde.

« Sanctifie-les dans la vérité. Ta parole est la vérité même.

« Comme tu m'as envoyé dans le monde, je les ai aussi envoyés dans le monde.

« Et je me sanctifie moi-même pour eux, afin qu'ils soient aussi sanctifiés dans la vérité.

« Je ne prie pas pour eux seulement, mais encore pour ceux qui doivent croire en moi par leur parole ;

« Afin qu'ils soient un tous ensemble, comme toi, mon Père, tu es en moi, et moi en toi ; qu'ils soient de même un en nous, afin que le monde croie que tu m'as envoyé.

« Et je leur ai donné la gloire que tu m'as donnée, afin qu'ils soient un comme nous sommes un.

« Je suis en eux et toi en moi, afin qu'ils soient consommés en l'unité, et que le monde connaisse que tu m'as envoyé et que tu les as aimés comme tu m'as aimé.

« Mon Père, je désire que là où je suis, ceux que tu m'as donnés y soient aussi avec moi, afin qu'ils contemplent ma gloire que tu m'as donnée, parce que tu m'as aimé avant la création du monde.

« Père juste, le monde ne t'a point connu ; mais moi je t'ai connu, et ceux-ci ont connu que tu m'as envoyé.

« Je leur ai fait connaître ton nom et le leur ferai connaître encore, afin que l'amour dont tu m'as aimé soit en eux, et que je sois moi-même en eux. »

N'est-ce pas là le plus excellent de tous les cantiques, une hymne vraiment divine !

L'empereur Charlemagne écrivit une lettre à Alcuin sur le sujet de cette hymne. « Le Seigneur, dit ce prince, après la cène mystique, chanta un cantique, comme l'Ecriture nous l'apprend. Or, il est surprenant que les évangélistes n'aient point parlé de cette hymne remplie de tant de douceur, quoique le Seigneur l'ait dite en présence de tous les disciples (1). » Alcuin ayant réfuté l'opinion de ceux qui ont cru

_____

(1) Ac propter hoc sumus non mediocri stupore perculsi, cur tantæ dulcedi-

-que c'était quelque psaume, il ajoute que saint Jean a recueilli cette hymne, quoique les autres évangélistes n'en aient pas fait mention. « Ce sacré cantique, dit-il, si nécessaire à tous les croyants, est composé d'une partie du sermon que le Christ fit à ses apôtres. Il commence par ces paroles : « *Mon Père, l'heure est venue, glorifie ton Fils*, et le reste jusqu'à celles-ci : *Afin que l'amour dont tu m'as aimé soit en eux, et que je sois-même en eux,*» (1).

« Ce sentiment, dit un célèbre critique, paraît d'autant plus vraisemblable, qu'il est marqué dans saint Jean qu'après que le Sauveur eut achevé de chanter les louanges de Dieu, il sortit avec ses apôtres et passa le torrent de Cédron ; ce que les autres évangélistes ont aussi observé. Ne pourrait-on pas encore dire que Jésus-Christ ayant institué une nouvelle Pâque infiniment plus excellente que l'ancienne, il était convenable qu'il chantât un cantique nouveau d'action de grâces ? Si c'était la coutume parmi les Juifs de composer des hymnes et des cantiques suivant les circonstances où ils se trouvaient, tels que sont ceux de Débora, d'Anne, de Zacharie, de Marie et quelques autres, pourquoi ne serait-il pas permis de soutenir que le Sauveur composa un cantique qui avait du rapport à l'action qu'il venait de faire ? » (2).

Quoique les hymnes que chantaient les Juifs après avoir célébré la Pâque, ou après leurs repas ordinaires, fussent tirées des psaumes ou de l'Ecriture, et qu'ils y célébrassent les louanges de leur souverain libérateur, et qu'ils lui donnassent mille bénédictions en reconnaissance des biens qu'ils en avaient reçus ; cependant tous ces cantiques n'avaient pas un rapport immédiat au grand mystère qu'il venait d'établir, ni ne l'exprimait pas si parfaitement que ce que l'évangéliste saint Jean nous en a laissé dans le chapitre xvii de son évangile.

Mais, dira-t-on, la prière que Jésus-Christ fit après ce souper mystérieux, et que saint Jean nous a conservée, ne peut pas être appelée une hymne, puisque, suivant la pensée du vénérable Bède, « l'hymne, à proprement parler, est une louange de Dieu écrite en vers » (3) ; ou, selon d'autres, c'est un ouvrage de poésie astreinte à la quantité et à

nis, hymnus, vel ab ipso Domino, vel si a discipulis, in præsentia tamen Domini dictus, ab evangelistis omnibus sit prætermissus (apud Alcuin, epist. 106).

(1) Iste est hymnus sacratissimus et pulcherrimus, et cunctis pernecessarius credentibus..... quem peracto nostræ salutis et suæ pietatis convivio, magna dulcedine et admirabili suavitate præsentibus suis discipulis decantavit (Alcuin, ibid.).

(2) Le P. Honoré de Sainte-Marie, *Règles de la Critique*, t. 2, p. 580 et 581.

(3) Hymnus est proprie laus Dei metrice scripta (*Præfat. in Psalm.*).

un certain nombre de pieds. Or, l'action de grâces dont il s'agit n'est point composée en vers, ni d'une autre manière que le reste de l'évangile. Ainsi, si cette oraison doit passer pour une hymne, tous les endroits de l'Ecriture où Dieu est loué, béni, glorifié, seront des hymnes et des cantiques, ce qu'on n'oserait soutenir.

Les plus célèbres poètes parmi les païens, Musæus, Callimachus, Athæneus (1) ; et les plus savants Pères de l'Eglise, saint Grégoire de Nazianze, saint Jean Chrysostôme (2), Elie de Crète (3), et d'autres, nous apprennent que dire une hymne n'est autre chose que célébrer la gloire de Dieu et chanter ses louanges, sans qu'il soit nécessaire que les paroles de l'hymne gardent certaines mesures qui ne conviennent qu'aux vers.

Saint Augustin s'explique beaucoup mieux sur ce sujet, et fait une description de l'hymne qui en donne une connaissance plus juste. Qu'est-ce que l'hymne? demande ce Père. « C'est, dit-il, une chanson à la louange de Dieu. Ainsi, l'hymne renferme trois choses : le chant, la louange, et la louange de Dieu. Si tu loues Dieu, ajoute ce saint docteur, et que tu ne chantes pas, tu ne dis pas une hymne. Si tu chantes et que tu ne loues pas Dieu, ce ne sera pas non plus une hymne. Si tu loues et que cette louange ne regarde pas Dieu, quoique tu chantes des louanges, tu ne dis pas une hymne. Ainsi, louer Dieu en chantant est proprement hymne (4). » C'est pour cela que, quoique les poètes chrétiens donnent ce titre d'hymnes aux vers qu'ils font à la louange des saints ou pour implorer leur secours, ce ne sont pas des hymnes dans la rigueur du mot, puisque l'hymne n'appartient proprement qu'à Dieu.

Après ces remarques, il n'est pas difficile de faire voir que l'action de grâces dont parle saint Jean dans le chapitre xvii de son évangile est une véritable hymne, puisqu'elle renferme les trois choses qu'exige saint Augustin afin qu'une prière puisse être appelée une hymne. Premièrement, saint Mathieu et saint Marc se servent de cette expression : *Hymno dicto.* Or, la plupart des interprètes, après les Pères de l'Eglise, traduisent ces mots ainsi : « Ayant chanté le cantique d'action de grâ-

(1) *In Deipnosophist.*, lib. 4, cap. 4.
(2) *Poem.* 2 *in Psalmos.*
(3) In orat. 9 S. Greg. Naz., nº 21.
(4) Hymnus cantas est cum laude Dei ; si laudas Deum et non cantas, non dicis hymnum. Si cantas et non laudas Deum, non dicis hymnum. Si laudas aliquid quod non pertinet ad laudem Dei, et si cantando laudes, non dicis hymnum. Hymnus ergo ista tria habet, et canticum, et laudem, et Dei. Laus ergo Dei cum cantico hymnus dicitur (in Psalm. 148).

ces. » En second lieu, ce chapitre de saint Jean comprend tout ce qu'on peut dire de plus grand, de plus noble et de plus excellent à la louange et à la gloire de Dieu. On peut donc donner le titre d'hymne à la prière que fit le Sauveur après la cène.

II.

Il est sûr que la coutume de dire des hymnes est très-ancienne, quoiqu'on ne sache pas certainement qui en est le premier auteur. Soit que l'on attribue cet honneur à Linus, à Musæus et à Callimachus, ou qu'on veuille, avec Pausanias (1), que ce soit Licius Oden, ou Authi Anthenodius, comme le prétend Scaliger (2), qui les ont inventées, on ne peut pas douter que les hymnes d'Homère, qui a fleuri vers le temps des Juges des Juifs, ne surpassent celles de tous les autres poètes païens, en élégance, en piété et en religion. Saint Grégoire de Nazianze (3) et saint Cyrille d'Alexandrie (4) ont reconnu que les hymnes d'Homère devaient être préférées à celles de tous les autres qui ont travaillé sur le même sujet. Saint Clément d'Alexandrie (5) a cru que Mercure Trismégiste avait fait des hymnes, que les Egyptiens chantaient dans leurs mystères.

Les Grecs en avaient de plusieurs espèces, que Cœlius Rhodiginus (6) réduit à trois principales. Il appelle la première *Prosodion,* qui était une sorte de litanie ou de supplication que l'on disait pendant qu'on apportait le sacrifice sur l'autel. Il donne le nom de *Hyporchema* à la seconde : on chantait cette sorte d'hymne en dansant autour de l'autel où l'on brûlait les victimes. Enfin, les hymnes que l'on chantait en repos s'appelaient *Stasima.* Photius dit que les hymnes sont destinées à célébrer la mémoire des choses passées. C'est suivant cette idée qu'il indique plusieurs espèces d'hymnes qu'il a recueillies du *Traité de la Poésie* de Proclus (7).

(1) *In Boeticis.*
(2) Lib. 1 *Politic.*
(3) Orat. 30.
(4) Lib. 1 *contra Julian.*
(5) Lib. 5 *Stromat.*
(6) Apud Canisium, *Lectiones antiquæ,* lib. 4, cap. 5, et lib. 8, cap. 3.
(7) Prosodion dicebatur, cum ad aras aut templa accederent, et in accessu ad tibiam canebatur. Pæan, olim Apollini et Dianæ attributum, ut pestis morbique depellerentur. Dithyrambus in Bacchum conscriptus. Nomon in Apollinem. Adonidia in Adonim referebantur. Hyporchema vocabant carmen cum saltatione decantatum. Parthænia virginum choris adaptabantur. Daphnephorica cum lauros novo quoque anno Apollini inferebant. Oschophorica ab Atheniensibus canebantur palmites vitis gestantibus plenos maturis uvis. Precatoria ab his componebantur, qui a Deo aliquid rogarent (*Cod.* 239).

Scaliger a tiré de Menandre une autre division des hymnes (1).

Quoique les Grecs se vantent d'avoir été les premiers qui ont fait des hymnes, cependant Moïse, qu'on croit avoir vécu huit siècles avant la fondation de Rome, et même d'autres hommes inspirés de Dieu, avaient composé des hymnes plusieurs siècles avant que la poésie eût fleuri en Grèce. Philon donne à David le titre d'*hymnographe* (2). Nous ne disons rien des autres, dont nous avons les hymnes dans le texte sacré.

L'usage des hymnes a été beaucoup plus célèbre dans le Nouveau-Testament, puisque Jésus-Christ même, les apôtres et les fidèles de la primitive Eglise, l'ont rendu recommandable par leur exemple. Et voilà la véritable source de la tradition qui a constamment persévéré dans l'Eglise jusqu'à présent. « Le Sauveur et les apôtres, dit saint Augustin, n'ont pas seulement donné à l'Eglise l'exemple de dire des hymnes; mais aussi ils nous en ont fait une espèce de commandement (3). » On ne peut pas douter que dans les assemblées des premiers chrétiens ils ne récitassent des psaumes, des hymnes et des cantiques spirituels, puisque l'apôtre saint Paul ordonne aux fidèles de s'entretenir, dans leurs maisons, d'hymnes et de cantiques à la gloire de Dieu (4).

Philon (5), parlant de l'Eglise d'Alexandrie, fondée par saint Marc, dit qu'ils s'exerçaient à composer des hymnes et des cantiques en l'honneur de Dieu, qu'ils chantaient pendant les veilles de la nuit. Quelquefois un ou plusieurs ensemble chantaient ces hymnes, pendant que les autres écoutaient en silence. D'autres fois ils se divisaient en deux chœurs, qui se répondaient alternativement; et après que l'un et l'autre des deux chœurs était comblé de délices dans ce saint exercice, étant enivrés de l'amour de Dieu, ils chantaient tous ensemble les dernières paroles de l'hymne. Eusèbe (6) rapporte que saint Denis d'Alexandrie louait, dans un de ses ouvrages, les hymnes que Nepos avait composées, et que les fidèles chantaient.

Dans l'éloge que saint Basile a fait de saint Athénogène, ancien théologien, il remarque que ce saint, étant sur le point de consommer son martyre par le feu, tout comblé de joie, il chanta une hymne qu'il

---

(1) Lib. 3 *Poetic.*, cap. 112.

(2) Et in morem Pindari, Flacci et Alcæi lyra personuit.

(3) De quibus hymnis in Ecclesia canendis, et ipsius Domini et apostolorum habemus documenta, et exempla, et præcepta (Epist. 119, cap. 18).

(4) Epître aux Ephésiens, cap. 5, vers. 19. — Loquentes vobismetipsis in psalmis, et *hymnis*, et canticis spiritualibus cantantes, et psallentes in cordibus vestris Domino.

(5) *De Vita contemplativa.* — Eusèbe, lib. 2 *Hist.*, cap. 16.

(6) Eusèbe, lib. 7 *Hist.*, cap. 24.

laissa par écrit à ses disciples. Paul de Samosate, vers le milieu du IIIe siècle, fut condamné par le Concile d'Antioche, pour avoir supprimé les hymnes et les cantiques composés pour glorifier Dieu, sous prétexte que l'usage en était nouveau. C'est ce qu'on peut voir dans les lettres des évêques du Synode, qu'Eusèbe nous a conservées (1).

Quoique les hymnes aient été en usage dans les trois premiers siècles de l'Eglise, il fut néanmoins plus commun dans le IVe siècle et dans les suivants. Saint Ambroise en composa un grand nombre, comme il le dit lui-même; c'est pour cela que l'on appela, depuis, toutes les hymnes *Ambrosiennes*. De sorte que, quand saint Benoît parle, dans sa Règle, d'une hymne ambrosienne, c'est pour marquer, dit Walfrid Strabon (2), les hymnes composées par ce saint docteur, ou celles qui avaient été faites à l'imitation des hymnes de ce saint. C'est ce qui a fait croire qu'il était le premier qui avait travaillé sur ce sujet. Cependant saint Isidore de Séville nous apprend que saint Hilaire en avait fait avant saint Ambroise. De sorte que si l'on a donné le titre d'*Ambrosiennes* à toutes les hymnes, c'est parce que du temps de saint Ambroise on commença de les chanter dans l'église de Milan (3). Cet usage se répandit ensuite dans toutes les églises d'Occident; et après que le pape saint Grégoire l'eût confirmé, il passa d'Italie en France, en Allemagne et dans les autres pays.

Quoique l'Eglise ait reçu les hymnes composées par saint Ambroise, comme nous l'apprenons du XIIIe canon du IVe Concile de Tolède, néanmoins il faut bien prendre garde qu'il y en a plusieurs, dans l'office de l'Eglise, qui ne sont pas de lui, quoiqu'on les appelle *Ambrosiennes*. C'est pour cela qu'il est ordonné, dans un canon du Concile de Tours, de recevoir les hymnes qui méritent d'être chantées dans l'Eglise, quoiqu'elles soient composées par d'autres auteurs, pourvu qu'on en sache les noms (4).

---

(1) Eusèbe, lib. 7 *Hist.*, cap. 30.

(2) *De Rebus ecclesiasticis*, cap. 25.

(3) Hilarius Gallus, episcopus Pictaviensis hymnorum carmine floruit primus, post quem Ambrosius, Mediolanensis episcopus..... Hymni ex ejus nomine *Ambrosiani* vocantur, quia ejus tempore primum in ecclesia mediolanensi celebrari cœperunt (lib. 1 *De Offic. ecclesiast.*, cap. 6. — Raban Maur, lib. 3 *De Instit. clericor.*, cap. 29 et alii).

(4) Licet hymnos ambrosianos habeamus in canone, tamen quoniam reliquorum sunt aliqui, qui digni sunt forma cantari, volumus libenter amplecti eos, præter ea quorum auctorum nomina non fuerint in lumine prænotata; quoniam quæ fide constiterint, dicendi ratione non obstant (2e Concile de Tours, canon 23).

On cite parmi les principaux auteurs d'hymnes, après saint Hilaire de Poitiers et saint Ambroise, Synesius, Cosme de Jérusalem, saint Jean Damascène, Theophane, Theosteriste, Theolepte, Metrophane de Smyrne, Prudence, le vénérable Bède, Sedulius, saint Paulin, Venance Fortunat, Fulbert de Chartres, Paul Diacre, etc., etc. On peut voir sur ce sujet les auteurs qui en ont parlé (1). Radulphe de Tongres fait mention, en particulier, de toutes les hymnes authentiques qui se trouvent dans les anciens livres. Josse Clicthovée (2) les a toutes recueillies, et les a éclaircies par d'excellentes notes.

On nous dispensera de parler des auteurs modernes d'hymnes, qu'on ne connaît que trop, et qui, à part de rares exceptions, n'ont produit que des œuvres sans dévotion, parfois même entachées d'hérésie, et presque toujours dépourvues de cette poésie théologique qui donne aux hymnes antiques et à celles du moyen-âge un cachet tout particulier, et leur communique un parfum inconnu aux Santeul, aux Coffin, aux Mésenguy et autres auteurs d'hymnes des XVIIe et XVIIIe siècles.

NOTE 2.

ESSAI HISTORIQUE SUR L'ORIGINE ET LES VICISSITUDES DU CHANT ECCLÉSIASTIQUE.

Si nous considérons le chant sous son aspect liturgique, nous pouvons le faire remonter à la plus haute antiquité. Pour ne parler que des mélodies sacrées chez les Hébreux, on sait quelles sublimes inspirations contiennent les Psaumes de David, les Lamentations de Jérémie, les cantiques composés par divers personnages de l'Ancien-Testament. En nous rapprochant de l'ère du christianisme, nous voyons Zacharie qui chante la naissance d'un fils; Marie qui, dans un sublime cantique, célèbre la magnificence des grâces dont le Seigneur l'a comblée; Siméon qui, au temple de Jérusalem, remercie, par un cantique, le Dieu d'Abraham d'une insigne faveur. Au moment où le Christ fait son entrée dans la ville déicide, le peuple fait entendre des chants de triomphe.

(1) S. Isidore, lib., cap. 9 *De Offic.* — Raban Maur, lib. 2, cap. 49. — Walafrid Strabon, cap. 2. — Bernon Augiens, cap. *De Rebus ad Missam pertinentibus*).

(2) Dans son *Elucidatorium ecclesiasticum*, etc., lib. 1.

Le chant catholique et ecclésiastique n'a donc fait que succéder à celui du temple figuratif. Il est né avec le Messie, dont l'heureux avénement fut salué par le cantique des anges : *Gloria in excelsis Deo!* Après la dernière cène, et avant de se rendre au mont des Oliviers, Jésus chanta un hymne avec ses apôtres. Après l'ascension, dès qu'une forme de culte chrétien eut été organisée, les offices furent accompagnés du chant : l'Apôtre en adresse formellement la recommandation aux Ephésiens et aux Colossiens (1). Pline, dans sa lettre à Trajan sur les usages des chrétiens, lui dit qu'en certains jours ils s'assemblaient de grand matin, pour célébrer, par leurs chants, le Christ comme une divinité (2). Dès les temps apostoliques, le clergé et le peuple chantaient les psaumes dans leurs assemblées liturgiques : les anciens auteurs nous en fournissent un grand nombre de témoignages. Quelle était cette espèce de chant? — Il serait bien difficile de répondre d'une manière précise à cette question. Il est néanmoins probable qu'il différait essentiellement des modes païens, et qu'une sainte et majestueuse gravité en constituait le caractère.

En Orient, jusqu'au IVe siècle, les chantres seuls chantaient dans l'Eglise, et le peuple écoutait leur voix dans le recueillement. A cette époque, la ville d'Antioche étant en proie aux Ariens, deux illustres membres de cette grande église, Diodore, depuis évêque de Tarse, et Flavien, qui monta ensuite sur le siége épiscopal de la même ville d'Antioche, s'opposèrent avec une générosité et une vigilance infatigables à ce torrent d'iniquités. Voulant prémunir le peuple contre la séduction des hérétiques, et l'affermir dans la solidité de la foi par les pratiques les plus solennelles de la liturgie, ils pensèrent que le moment était venu de donner une nouvelle beauté à la psalmodie. Ils divisèrent en deux chœurs toute l'assemblée des fidèles, et les instruisirent à psalmodier, sur un chant alternatif, les cantiques de David (3). Théodoret rapporte, à la suite de ce récit, que le chant alternatif, qui

---

(1) Loquentes vobismetipsis in psalmis, et hymnis, et canticis spiritualibus, cantantes et psallentes in cordibus vestris Domino (*Ephes.*, cap. 5, vers. 19). —Verbum Christi habitet in vobis abundanter in omni sapientia, docentes et commonentes vosmetipsos, psalmis, hymnis, et canticis spiritualibus, in gratia cantantes in cordibus vestris Deo (*Coloss.*, cap. 3, vers. 16).

(2) Affirmabant autem hanc fuisse summam vel culpæ suæ, vel erroris, quod essent soliti stato die ante lucem convenire, carmenque Christo, quasi Deo dicere secum invicem.

(3) Hi primi psallentium choros duas in partes diviserunt, et Davidicos hymnos alternis canere docuerunt (Théodoret, *Hist. Eccles.*, lib. 2, cap. 24).

avait commencé de cette manière à Antioche, se répandit de cette ville jusqu'aux extrémités du monde (1).

En Occident, le chant alternatif des psaumes avait commencé dans l'église de Milan, vers le même temps qu'on l'établissait à Antioche, et toujours dans le même but de repousser l'Arianisme par la manifestation d'une nouvelle forme liturgique. Nous trouvons à ce sujet, dans le IX⁰ livre des *Confessions* de saint Augustin, un passage bien précieux, dont nous donnerons ici un fragment : « Que de fois, le cœur vivement ému, j'ai pleuré au chant de tes hymnes et de tes cantiques, ô mon Dieu, lorsque retentissait la voix doucement mélodieuse de ton Eglise! C'était depuis très-peu de temps que l'église de Milan avait adopté ce moyen de produire la consolation et l'édification, en unissant par des chants les cœurs et les voix des fidèles. Alors il fut ordonné que l'on chanterait des hymnes et des psaumes, suivant la coutume des églises d'Orient... Cet usage a été retenu jusqu'aujourd'hui, et dans toutes les bergeries, par tout l'univers, l'exemple en a été suivi » (2).

De la fin du IV⁰ siècle au commencement du VII⁰, le chant *ambrosien* (ainsi nommé de saint Ambroise, évêque de Milan, son auteur), régna dans toute l'Eglise d'Occident. A saint Grégoire-le-Grand, qui monta sur le trône des papes vers la fin du VI⁰ siècle, devait appartenir la constitution à peu près définitive du chant ecclésiastique. Le zèle infatigable de ce grand pape lui fit entreprendre la correction du chant ᵇecclésiastique, dont la mélodie majestueuse devait ajouter une nouvelle plendeur au service divin. Tous les hommes doctes qui ont traité des origines de la musique, ont reconnu dans le chant grégorien les rares et précieux débris de cette antique musique des Grecs, dont on a raconté tant de merveilles. « En effet, cette musique, d'un caractère grandiose et en même temps simple et populaire, s'était naturalisée à Rome de bonne heure. L'Eglise chrétienne s'appropria sans trop d'efforts cette source intarissable de mélodies graves et religieuses. Seulement, le respect dû aux formules saintes souvent tirées des Ecritures, qu'il fallait réduire en chant, ne permettant pas de les soumettre à une mesure qui en eût souvent altéré la simplicité, et quelquefois même le sens, le chant de l'Eglise, quoique puisé dans les modes antiques, n'avait pour thèmes que des morceaux en prose et d'un rhythme vague et souvent irrégulier. On voyait que les pontifes avaient cherché plutôt à instruire

---

(1) Quod quidem tunc primum Antiochiæ fieri cœptum, inde ut ad reliqua pervasit, et ad ultimos usque terrarum fines perlatum est (ibid.).

(2) Cap. 6 et 7.

les fidèles par la doctrine contenue dans les paroles sacrées , qu'à ravir leurs oreilles par la richesse d'une harmonie trop complète. Toutefois, les besoins du culte avaient donné naissance , dans l'église de Rome, à un grand nombre de pièces de chant , toutes en prose pour les paroles; car, à la différence de celle de Milan et de presque toutes les autres, elle n'admettait pas d'hymnes. Les motifs de la plupart de ces chants étaient inspirés par la réminiscence de certains airs familiers et d'une exécution aisée, qu'une oreille exercée reconnaît encore dans le répertoire grégorien, et qu'il serait facile de rétablir dans leur couleur première » (1).

Ce recueil de chants appelait aussi une correction, et Dieu, qui avait donné à saint Grégoire cette diction noble et cadencée qui lui permit de retoucher le *Sacramentaire* de sainte Gélase, lui avait donné pareillement le sens de la musique ecclésiastique, à laquelle il devait même attacher son nom. « Grégoire, dit son historien, semblable, dans la maison du Seigneur, à un nouveau Salomon, pour la componction et la douceur de sa musique, *compila* un Antiphonaire en manière de *centon*, avec une grande utilité pour les chantres » (2). Ces expressions *compilavit, centonem*, font voir que saint Grégoire ne peut être considéré comme l'auteur proprement dit des morceaux qui composent son Antiphonaire, en sorte qu'il en est du chant ecclésiastique comme de toutes les grandes institutions du catholicisme : la première fois qu'on les rencontre dans les monuments de la tradition, elles apparaissent comme un fait déjà existant, et leur origine se perd dans une antiquité impénétrable. Mais il est permis de croire que saint Grégoire ne se borna pas à recueillir des mélodies; il dut non-seulement corriger, mais composer lui-même plusieurs chants dans son Antiphonaire, par un travail analogue à celui qu'il avait accompli sur le Sacramentaire. Ce ne peut être qu'en qualité de correcteur éclairé et même de compositeur, que Jean Diacre le loue sur l'onction et la douceur de sa musique. Il nous serait impossible de préciser aujourd'hui avec certitude dans le détail, les morceaux de l'Antiphonaire Grégorien qui appartiennent en propre à l'illustre pape dont nous parlons; mais telle était encore, au moyen-âge, la reconnaissance des églises d'Occident envers le symphoniaste inspiré auquel elles devaient leurs chants, que le pre-

7

_____

(1) D. Guéranger, *Institutions liturgiques*, t. 1, p. 170 et 171.
(2) Deinde in domum Domini, more sapientissimi Salomonis propter musicæ compunctionem dulcedinis, Antiphonarium centonem, cantorum studiosissimus nimis utiliter compilavit (Joan. Diac., in *Vita S. Gregorii*, lib. 2, cap. 6).

mier dimanche de l'Avent on chantait solennellement les vers qui suivent, avant d'entonner l'introït de la messe *Ad te levavi*, comme une
sorte de tribut obligé à la mémoire d'un service si important :

> Gregorius, præsul meritis et nomine dignus,
> Unde genus ducit, summum conscendit honorem :
> Quem vitæ splendore, suæ mentisque sagaci
> Ingenio potius compsit, quam comptus ab illo est.
> Ipse Patrum monimenta sequens, renovavit et auxit
> Carmina, in officiis retinet quæ circulus anni :
> Quæ clerus dulci Domino modulamine solvat,
> Mystica dum vitæ supplex libamina tractat.
> Suaviter hæc proprias servat dulcedo nitelas ;
> Si quod voce sonat, fido mens pectore gestet.
> Nec clamor tantum Domini sublimis ad aures,
> Quantum voce humilis placido de corde propinquat.
> Hæc juvenum sectetur amor, maturior ævo,
> Laudibus his instans, æternas tendat ad horas (1).

Ces vers si expressifs se trouvent, avec quelques variantes, en tête des
divers exemplaires de l'Antiphonaire de saint Grégoire, qui ont été publiés sur des manuscrits des IXe, X^e et XIe siècles, par Pamelius, dom
Denis de Sainte-Marthe, et le B. Tommasi.

L'Antiphonaire de saint Grégoire se divisait en deux parties : l'une
qui contenait les chants usités dans la messe, et qui est connue depuis
longtemps sous le nom de *Graduel*; l'autre appelée dans l'antiquité *Responsorial*, et contenant les répons et les antiennes de l'office, laquelle
a retenu le nom d'*Antiphonaire*. Le manuscrit de Saint-Gall, l'un des
deux sur lesquels le B. Tommasi a publié le *Responsorial*, porte en tête
les vers suivants, à la louange de saint Grégoire :

> Hoc quoque Gregorius, Patres de more secutus,
> Instauravit opus ; auxit et in melius.

---

(1) « Le pontife Grégoire, fameux par ses mérites et par la noble race d'où il
tire son origine, parvint à la dignité |suprême. Par l'éclat de sa vie, par son
génie et par la sagacité de son esprit, il honora plutôt cette éminente dignité,
qu'il en fut honoré lui-même. Ce fut lui qui, suivant les règlements des Pères,
refondit et augmenta les chants que le cercle de l'année conserve dans les offices, et dont le clergé doit offrir à Dieu les douces modulations, lorsque, sup-
pliant, il consacre les sacrements mystiques de vie. Ces doux accents conservent avec suavité l'éclat qui leur est propre, quand l'ame porte dans un cœur
fidèle les paroles que la voix fait retentir. Ce n'est pas tant le cri perçant de
la voix, que l'humble prière d'un cœur en paix, qui parvient aux oreilles du
Seigneur assis au plus haut des cieux. Que ce soit là que se porte l'amour de
la jeunesse ; que l'âge mûr, par la célébration assidue de ces louanges, tende
vers les heures éternelles.

His vigili clerus mentem conamine subdat
Ordinibus, pascens hoc suo corda favo.
Quem pia sollicitis solertia nisibus, omni
Scripturæ campo legit et explicuit.
Carmina diversas sunt hæc celebranda per horas,
Sollicitam rectis mentem adhibete sonis.
Discite verborum legales pergere calles,
Dulciaque egregiis jungite dicta modis.
Verborum ne cura sonos, ne cura sonorum,
Verborum normas nullificare queat.
Quicquid honore Dei studiis celebratur honestis,
Hoc summis jungit mitia corda choris (1).

Pour assurer l'exécution parfaite des chants qu'il avait recueillis et renouvelés avec tant de soin, saint Grégoire établit une école de chantres qui, au temps de Jean Diacre, existait encore. Le saint pape l'avait richement dotée, et lui avait assigné deux maisons dans Rome, l'une sous les degrés de la basilique de Saint-Pierre, l'autre dans le voisinage du palais patriarchal de Latran. « On conserve encore dans cette dernière, ajoute l'historien, le lit sur lequel il se reposait en faisant répéter les modulations du chant, le fouet dont il menaçait les enfants, et l'exemplaire authentique de l'Antiphonaire » (2). Le collége des chantres établi par saint Grégoire a traversé les siècles, et après avoir subi diverses modifications et obtenu de grands priviléges du Saint-Siége, il existe encore aujourd'hui à Rome ; il fait seul le service du chant à la chapelle papale et dans les basiliques, quand le souverain Pontife y célèbre les saints mystères. Conformément aux usages de l'antiquité,

(1) « C'est aussi Grégoire qui, suivant la pratique des Pères, renouvela, augmenta et améliora cet ouvrage. Puisse le clergé, par de vigilants efforts, s'appliquer à l'étude de cet ordre liturgique, et nourrir son cœur de ce rayon de miel qu'une pieuse industrie, aidée d'une constante sollicitude, recueillit et forma dans le vaste champ des Ecritures! Ces chants doivent être exécutés pendant les diverses heures de la journée. Mettez votre sollicitude et vos soins dans la rectitude et la justesse des sons. Apprenez à marcher dans les sentiers légaux, et unissez les douces paroles à la mélodie suave des modes. Ne t'inquiète pas du son des mots, de peur que le soin trop grand que tu prendrais de ces sons ne détruise et n'annihile les enseignements exprimés par ces mots. Tout ce que nous chantons en l'honneur de Dieu avec la décence et le zèle convenables, réunit aux chœurs célestes nos cœurs calmes et doux. »

(2) Scholam quoque cantorum, quæ hactenus eisdem institutionibus in sancta romana Ecclesia modulatur, constituit : eique cum nonnullis prædiis duo habitacula, scilicet : alterum sub gradibus basilicæ beati Petri apostoli, alterum vero sub Lateranensis Patriarchii domibus fabricavit, ubi usque hodie lectus ejus, in quo recubans modulabatur, et flagellum ipsius, quo pueris minabatur, veneratione congrua cum authentico Antiphonario reservatur (Joan. Diac., ibid.).

lorsque les chantres de la chapelle papale tiennent le chœur, l'orgue et les instruments de musique sont interdits.

Quant au chant grégorien proprement dit, nous allons parler de ses destinées et des changements et altérations dont il a été l'objet.

Au VIIIe siècle, les rapports de Rome avec la France devinrent plus fréquents que jamais, par le secours que Pépin donna si généreusement au pape Etienne II contre les Lombards. Déjà, pour unir davantage son clergé à l'Eglise romaine, et donner aux offices divins une forme plus auguste, saint Chrodegang, évêque de Metz, avait introduit dans sa cathédrale le chant et l'ordre des offices romains (1).

Ce fait important, mais isolé, ne tarda pas à être suivi d'un autre, général et solennel. Le pape Etienne, étant entré en France, demanda au roi, en signe de la foi qui unissait la France au Saint-Siége apostolique, de seconder ses efforts pour introduire dans ce royaume les offices romains, à l'exclusion de la liturgie gallicane. Le roi seconda ce pieux dessein, et les clercs de la suite d'Etienne donnèrent aux chantres français des leçons sur la manière de célébrer les offices (2).

Nous citerons à ce sujet les paroles de l'auteur des Livres Carolins, ouvrage qui, il est vrai, ne fut pas écrit par Charlemagne, mais dont cet empereur déclara depuis adopter le fond et la forme. « Plusieurs nations se sont retirées de la sainte et vénérable communion de l'Eglise romaine; mais notre église ne s'en est jamais écartée. Instruite de cette apostolique tradition, par la grâce de Celui de qui vient tout don parfait, elle a toujours reçu les grâces d'en-haut. Etant donc, dès les premiers temps de la foi, fixée dans cette union et cette religion sacrée, mais s'en trouvant en quelque sorte séparée (ce qui, cependant, n'est point contre la foi), savoir, dans la célébration des offices, elle a enfin connu l'unité dans l'ordre de la psalmodie, tant par les soins et l'industrie de notre très-illustre Père, de vénérable mémoire, le roi Pépin, que par la présence dans les Gaules du très-saint homme Etienne, pontife de la ville de Rome; en sorte que l'ordre de la psalmodie ne fut plus différent entre ceux que réunissait l'ardeur d'une même foi, et que ces deux Eglises, jointes ensemble dans la lecture sacrée d'une seule et même sainte loi, se trouvassent jointes aussi dans la vénérable tradition d'une seule et même mélodie; la célébration diverse des offices ne

---

(1) Ipsumque clerum abundanter lege divina romanaque imbutum cantilena, morem atque ordinem Romanæ Ecclesiæ servare præcepit (Paul Diacre, apud Chesn., *Hist. Franc. Script.*, t. 2, p. 204).

(2) Walafrid Strabon, *De Rebus eccles.*, cap. 25.

séparant plus désormais ce qu'avait réuni la pieuse dévotion d'une foi unique » (1).

Le moine de Saint-Gall nous apprend, dans sa Chronique, que le pape Etienne, pour satisfaire au désir de Pépin, lui envoya douze chantres, qui, comme douze apôtres, devaient établir en France les saines traditions du chant grégorien (2).

Saint Paul Ier remplaça peu après Etienne sur le siége de Rome. Il eut aussi des rapports avec Pépin, au sujet de l'introduction récente des usages romains dans l'Eglise de France. Remedius, frère de Pépin et archevêque de Rouen, avait, dans le même but, envoyé à Rome quelques moines, pour y être instruits dans le chant ecclésiastique ; le pape écrit à Pépin que ces moines ont été placés sous la discipline de Siméon, le premier chantre de l'Eglise romaine, et qu'on les gardera jusqu'à ce qu'ils soient parfaitement exercés dans les chants ecclésiastiques (3).

Charlemagne vint enfin. La nature de cet *Essai* nous interdit de rappeler, si brièvement que ce puisse être, tout ce que fit Charlemagne pour la liturgie. Non content de continuer l'œuvre de son père, il voulut la développer et la porter à son apogée. Mais il était un point sur lequel le génie français résistait, malgré lui-même, aux pieuses intentions de Pépin et de Charlemagne. Pépin avait pu sans doute introduire le chant de l'Eglise romaine dans les églises de France; mais il n'était pas en son pouvoir de le faire exécuter avec la perfection des chantres romains, ni de le défendre, dans toutes les localités, des prétendues améliorations dont l'habileté des clercs français croirait devoir l'enrichir. Il arriva donc qu'en peu d'années les sources si pures des mélodies grégoriennes, contenues dans les Antiphonaires envoyés par Etienne II et Paul Ier, s'étaient déjà corrompues. Jean Diacre, dans la Vie de saint Grégoire-le-Grand, donne, avec la franchise d'un artiste, les raisons pour lesquelles le chant grégorien ne s'était pas maintenu sans altération dans nos églises :

« Entre les diverses nations de l'Europe, les Allemands et les Français ont été les plus à même d'apprendre et de *réapprendre* la douceur de la modulation du chant ; mais ils n'ont pu la garder sans corruption, tant à cause de la légèreté de leur naturel, qui leur a fait mêler du leur à

(1) *Contra Synodum Græcorum de imagin.*, lib. 1.

(2) Stephanus papa, Pipini bonæ voluntati et studiis divinitus inspiratis assensum præbens, secundum numerum XII apostolorum, de sede apostolica duodecim clericos doctissimos cantilenæ ad eum in Franciam direxit (*Chronicon San Gallense*, lib. 1, cap. 10).

(3) *Concil. Labb.*, t. 6, p. 1688.

la pureté des mélodies grégoriennes, qu'à cause de la barbarie qui leur est propre. Leurs corps d'une nature *alpine*, leurs voix retentissant en éclats de tonnerre, ne peuvent reproduire exactement l'harmonie des chants qu'on leur apprend; parce que la dureté de leur gosier *buveur* et farouche, au moment même où elle s'applique à rendre l'expression d'un chant mélodieux, par ses inflexions violentes et redoublées, lance avec fracas des sons brutaux qui retentissent confusément, comme les roues d'un chariot sur des degrés; en sorte qu'au lieu de flatter l'oreille des auditeurs, elle la bouleverse en l'exaspérant et en l'étourdissant» (1).

Charlemagne ne put souffrir longtemps une dissonance qui ne tendait à rien moins qu'à détruire tout le fruit des nobles efforts qu'il avait entrepris pour avancer la civilisation des Français par l'harmonie des chants de l'Eglise, les plus moraux et les plus populaires de tous. Etant, en 787, à Rome, à la fête de Pâques, il fut témoin d'une dispute entre les chantres romains et les français. Ceux-ci prétendaient que leur chant avait l'avantage, et, fiers de la protection du roi, ils critiquaient sévèrement les romains. Ces derniers, au contraire, forts de l'autorité de saint Grégoire et des traditions dont son Antiphonaire n'avait cessé d'être accompagné à Rome, se riaient de l'ignorance et de la barbarie des chantres français. Charlemagne voulut mettre fin à cette dispute, et il dit à ses chantres : « Quel est le plus pur, de la source vive, ou des ruisseaux qui, en étant sortis, coulent au loin » (2)? Ils convinrent que c'était la source. Alors le roi reprit : « Retournez donc à la source de saint Grégoire; car il est manifeste que vous avez corrompu le chant ecclésiastique » (3).

Voulant remédier aussitôt à cet inconvénient, Charlemagne demanda au pape des chantres habiles qui pussent remettre les français dans la ligne des saines traditions. Saint Adrien lui donna Théodore et Benoît,

(1) Hujus modulationis dulcedinem inter alias Europæ gentes, Germani seu Galli, discere crebroque rediscere insigniter potuerunt; incorruptam vero tam levitate animi, quia nonnulla de proprio gregorianis cantibus miscuerunt, quam feritate quoque naturali, servare minime potuerunt. Alpina siquidem corpora, vocum suarum tonitruis altisone perstrepentia, susceptæ modulationis dulcedinem proprie non resultant, quia bibuli gutturis barbara feritas, dum inflexionibus et repercussionibus mitem nititur edere cantilenam, naturali quodam fragore, quasi plaustra per gradus confuse sonantia rigidas voces jactat, sicque audientium animos quos mulcere debuerat, exasperando magis ac obstrependo conturbat (Joan. Diac. ibid., lib. 2, cap. 7).

(2) Quis purior est et quis melior, aut fons vivus, aut rivuli ejus longe decurrentes? (*Caroli Magni Vita per monachum Engolismen*, apud Chesn., t. 2, page 75).

(3) Revertimini vos ad fontem sancti Gregorii, quia manifeste corrupistis cantilenam ecclesiasticam (ibid.).

qui avaient été élevés dans l'école de chant fondée par saint Grégoire, et il présenta en outre au roi les Antiphonaires du même saint Grégoire, notés par Adrien lui-même, suivant la notation romaine. Il y avait donc dès-lors une manière de noter le chant ecclésiastique. Charlemagne, étant de retour en France, plaça un de ces deux chantres à Metz, et l'autre à Soissons, et ordonna à tous les maîtres de chant des autres villes de France de leur présenter à corriger leurs Antiphonaires, et d'apprendre d'eux les véritables règles du chant. Ainsi furent rectifiés les Antiphonaires de France, que chacun avait corrompus à sa guise, ajoutant ou retranchant sans règle et sans autorité; et tous les chantres de France apprirent la *note romaine,* qui depuis a été appelée *note française* (1).

Les trois auteurs précités ajoutent que ce fut à Metz que le chant grégorien s'éleva à un plus haut point de perfection, en sorte que l'école de Metz l'emportait autant sur les autres écoles de France qu'elle le cédait elle-même à celle de Rome. Le Moine d'Angoulême ajoute que les chantres romains instruisirent aussi les français dans l'art de la composition harmonique (2).

Cette supériorité, dont l'école de Metz conservait encore la réputation au XIIe siècle sur les écoles de chant des autres cathédrales de France, est due sans doute à la discipline que saint Chrodegand avait établie parmi ses chanoines. Les traditions de ce genre devaient se conserver plus pures dans cette église, dont le clergé gardait avec tant de régularité les observances de la vie canoniale. Il y a longtemps qu'on a remarqué que les traditions du chant ecclésiastique se conservaient mieux dans les corps religieux que dans le clergé séculier.

Ainsi Charlemagne se montra zélé pour le chant ecclésiastique, et ne craignit pas de donner à ce grand objet une importance majeure, suivant en cela l'exemple si frappant de saint Grégoire, qui ne trouva point au-dessous de lui d'enseigner lui-même le chant aux enfants. A sa mort, arrivée en 814, tout l'Occident, hors l'Espagne, suivait le chant romain; l'Espagne ne devait pas tarder à l'embrasser, et c'est à grand'peine que Milan avait pu sauver son rit ambrosien.

Louis-le-Débonnaire hérita de la piété et du zèle de son père pour le service divin. Il s'occupa de bonne heure du chant ecclésiastique et des moyens d'en assurer la pureté; il députa à cet effet à Rome le célèbre

(1) Ibid. — Nous avons lu, pour ces détails, le Moine d'Angoulême, dont le dire est confirmé par Jean Diacre (*Vie de S. Grégoire-le-Grand*), et par Ekkehard, dans la Vie du B. Notker, dit le Bègue (*Acta SS. Boll.*, avril, t. 1, *ad diem* VI, p. 582).

(2) Similiter erudierunt Romani cantores supradicti cantores Francorum in arte organandi (ibid.).

liturgiste Amalaire, diacre de l'église de Metz, avec charge d'en rapporter un nouvel exemplaire de l'Antiphonaire, devenu nécessaire par suite
de nouvelles altérations qu'on avait déjà faites au texte et à la note de
saint Grégoire. Le pape Grégoire IV se trouva hors d'état de satisfaire
l'empereur, ayant précédemment disposé du seul exemplaire de l'Antiphonaire qui lui restât libre, en faveur de Vala, moine de Corbie. Amalaire, à son retour en France, se rendit dans cette illustre abbaye. Il y
conféra l'Antiphonaire nouvellement apporté de Rome avec ceux qui
étaient en usage en France, et, après cette confrontation, il fut en état
de composer son précieux livre *De ordine Antiphonarii.*

Vers la seconde moitié du IXe siècle, le chant ecclésiastique reçut en
France un développement nouveau. Nous voulons parler des *tropes,* qui
furent comme une première ébauche des *séquences,* qui leur succédèrent.
Les *tropes* étaient une sorte de prologue qui préparait à l'introït. Nous
avons cité plus haut celui qu'on chantait le premier dimanche de l'Avent
en l'honneur de saint Grégoire-le-Grand, et qui commence ainsi : *Gre-
gorius, prœsul meritis et nomine dignus,* etc.

Plus tard on intercala des *tropes* dans les pièces de chant, dans
le corps même des introïts, entre les mots *Kyrie* et *eleison* (1), à certains endroits du *Gloria in excelsis* (2), du *Sanctus* (3), et de l'*Agnus*

(1) En voici un exemple du XIIIe siècle pour l'introït de la messe de saint
Etienne :

Introït. Etenim sederunt principes et adversum me loquebantur.
Trope. Nulli unquam nocuit, neque legum jura resolvi.
Introït. Et inique persecuti sunt me.
Trope. Christe, tuus fueram tantum quia rite minister.
Introït. Adjuva me, Domine.
Trope. Ne tuus in dubio frangar certamine miles.
Introït. Quia servus tuus exercebatur in justificationibus tuis.

(2) Le cardinal Bona fournit quelques exemples de ce cantique, intercalé de
tropes. Aux fêtes de la sainte Vierge, après les paroles : *Quoniam tu solus sanctus,* on trouve cette intercalation : *Mariam sanctificans;* après *tu solus Dominus,* on avait ajouté : *Mariam gubernans;* après celles *tu solus altissimus,* on
lit : *Mariam coronans,* etc.

(3) On attribue même quelques tropes de ce genre à S. Thomas d'Aquin, pour
la solennité du saint Sacrement. Ainsi, après le dernier *Sanctus,* le saint docteur ajoute ces six rhythmes :

> Panis prius cernitur ;
> Sed dum consecratur,
> Caro Christi sic mutatur.
> Quomodo convertitur?
> Deus operatur,
> Dominus Deus Sabaoth.

i (1). On en plaça aussi à la suite du verset *Alleluia* (2), en prenant
ur motif, dans le chant, la modulation appelée *neuma* ou *jubilus,* qui
it toujours ce verset. Cette dernière espèce de *trope* fut appelée *sé-*
ence, du nom qu'on donnait alors à cette *suite* de notes sur une
me dernière syllabe (3).

La séquence tire son origine et premier nom du chant plus connu sous
nom de *prose,* dans la composition duquel, paroles et musique, excel-
ent surtout les Français. Pour le prouver, il suffit de citer les noms
roi Robert, de saint Bernard, d'Abeilard, et principalement d'Adam
Saint-Victor (4). Ces mélodies sont totalement étrangères, pour le
ractère, à celles de la phrase grégorienne. Cette révolution dans une
rtie si capitale de la liturgie, agita grandement les compositeurs du
ant, surtout dans les monastères, qui ont été pendant de longs
cles, avec les cathédrales, les seules écoles de musique en Occident.
nombreux auteurs, en ces deux siècles, cherchèrent à résumer la
nthèse de la musique, ou à formuler de nouveaux moyens de l'écrire.

Quelques notions sur la constitution intime et les diverses formules
la notation du chant trouvent tout naturellement ici leur place. Le
ant grégorien était noté selon la méthode ancienne. Les sept pre-
ières lettres de l'alphabet désignaient les sept gradations ascendantes
la gamme. Il est vrai qu'avant lui les Latins y employaient les quinze
emières lettres, depuis A jusqu'à P inclusivement. Mais ce grand pape,
réduisant le nombre à sept, avait rendu la méthode plus facile, et
ait établi que les sept premières lettres seraient réitérées autant qu'il
faudrait pour satisfaire à l'étendue, soit des pièces de chant, soit de la
ix, soit des instruments. Ces lettres se plaçaient immédiatement au-
ssus des syllabes des mots chantés. Il existe un monument de cette
ation dans un très-ancien manuscrit de l'abbaye de Jumièges ; en voici
exemple, au-dessous duquel nous plaçons les notes du système actuel,
signées par leur nom :

f h g   g   g gh gg   g g ghh   g g   f g g   g g g   g g ff
Exultet jam an-ge-lica turba cœ - lorum, exultent divina mysteria.
la ut si   si   si si ut si si   si si si ut ut si si   la si si   si si si   si la la.

(1) Voici un exemple tiré d'un vieux Missel cité par le cardinal Bona :
Agnus Dei qui tollis peccata mundi. — Crimina tollis, aspera mollis, agnus
noris. — Miserere nobis.
Agnus, etc. — Vulnera sanas, ardua planas, agnus amoris. — Miserere nobis.
Agnus, etc. — Sordida mundas, cuncta fecundas, agnus odoris. — Miserere nobis.
(2) Exemple : *Alle* necnon et perenne cœleste *luia,* pour *Alleluia cœleste nec-*
n et perenne.
(3) Bona, *Rerum liturgicarum,* lib. 2, cap. 3 et 6.
(4) Voyez l'*Appendice* à la fin de ce volume.

Quelques manuscrits des VIIIe et IXe siècles présentent, au lieu de ce
lettres, des points, les uns sans queues, les autres avec des queues, disposés au-dessus des syllabes, à diverses hauteurs. Dans d'autres livres de
chant, usités au Xe siècle, les syllabes sont surmontées de ces mêmes
points, avec des crochets qui en rayonnent dans différentes directions.
On voit qu'il n'y avait rien de bien fixe à cet égard, et que les systèmes
de notations variaient selon le caprice des chantres.

Mais au milieu de cette agitation, les vraies traditions étaient en souffrance, et l'on peut affirmer que si les livres romains n'eussent été déjà
introduits en France par la puissante volonté de Pépin et de Charlemagne, si toute l'économie des fêtes de l'année chrétienne n'eût déjà
reposé sur ce répertoire admirable, aujourd'hui nous ne connaîtrions
qu'en théorie les antiques modes de la musique, et nous ignorerions,
dans cet art, un passé de deux mille ans. Donc une des causes qui main-
tinrent la liturgie romaine-parisienne dans un état si florissant, au
moyen-âge, fut l'influence de la cour de nos rois d'alors, dont la chapelle était desservie avec une pompe et une dévotion merveilleuses.
Charlemagne, Louis-le-Débonnaire, Charles-le-Chauve, trouvèrent de
dignes successeurs de leur zèle pour les divins offices dans les rois de la
troisième race. A leur tête, il faut placer Robert-le-Pieux et saint Louis.
Le premier, monté sur le trône en 996, récitait le psautier chaque jour
et enseignait aux clercs à chanter les leçons et les hymnes de l'office.
Comme il était grand amateur du chant ecclésiastique, il s'appliqua à
en composer plusieurs pièces, d'une mélodie suave et mystique, qui
régnèrent dans toutes les églises de France, depuis son temps jusqu'à
celui des Santeul, Coffin et autres *faiseurs* de l'école janséniste du XVIIe et
du XVIIIe siècles. Ce prince, qui se plaisait à enrichir les offices de Paris
des plus belles pièces de chant qui étaient en usage dans les autres églises
envoyait aux évêques et aux abbés de son royaume les morceaux de sa
composition, que leur noble harmonie faisait aisément adopter partout (1).

Un mot sur le chant pendant les XIe et XIIe siècles. Une mélodie rêveuse et quelque peu champêtre, mais d'une grande douceur, en fait le
caractère principal. Elle est produite par de fréquents repos sur la corde
finale et sur la dominante, dans l'intention de marquer une certaine
mesure vague, et par une longue tirade de notes sur le dernier mot
qui n'est pas sans quelque charme. Les répons de l'Office des Morts
composés par Maurice de Sully, évêque de Paris (2), ont un caractère

(1) Trihème, *Chrónic. Hirsaug.*, t. 1, p. 141.
(2) Suivant S. Antonin et Démocharès, cités par Gavanti, *De Officio defunc-
torum*, cap. 2.

ombre et sévère, qui n'a rien de commun avec les gracieuses et mono-
ones fantaisies de Robert et des autres compositeurs de cette époque ;
mais toutes ces pièces n'ont plus la simplicité grandiose des motifs dont
Antiphonaire grégorien a puisé l'idée dans la musique des Grecs (1).

A cette époque la séquence se perfectionna. Elle cessa d'être un trope
la marche lente, au rhythme régulier. Elle devint une sorte d'hymne
mesure égale, et offrit par là l'occasion d'un précieux développement
la musique ecclésiastique. Au XIIe siècle la séquence d'Abeilard, *Mittit*
l Virginem, fut ornée par son auteur de ce délicieux chant que les Pari-
ens modernes ont du moins conservé sur les modernes paroles de la
rose actuelle *Humani generis*. — Nous touchons à l'époque du *Dies iræ*
l du *Lauda Sion*.

Si nous considérons, maintenant, l'office divin tel qu'il se célébrait
ans les monastères à l'époque qui nous occupe, nous voyons que le
ant ecclésiastique, en particulier, y était de plus en plus florissant.
es offices des saints patrons s'y célébraient par des hymnes, des répons,
s antiennes nouvellement composés par les abbés ou de savants moi-
es. On y tenait, beaucoup plus que dans les cathédrales, à la pureté
égorienne ; on consultait les divers exemplaires anciens, et on cher-
ait avec zèle à maintenir les traditions.

Le XIe siècle vit en outre s'accomplir un grand événement pour le
ant ecclésiastique. Guy d'Arezzo, ainsi nommé du lieu de sa naissance,
Italie, et abbé de Saint-Pierre d'Avellane, proposa d'adopter pour signes
s modulations de la *gamme,* qu'il nomma ainsi, dit-on, de la première
ttre de son nom (G, en grec Γ *gamma*), les six premières syllabes des
émistiches d'une strophe d'hymne pour la fête de saint Jean-Baptiste.
lon le chant qui était alors adopté à cette hymne, la modulation for-
ait un hexachorde montant et descendant. Un coup-d'œil sur cette
emière strophe en donnera une idée suffisante :

Ut queant laxis *re*sonare fibris
*Mi*ra gestorum *fa*muli tuorum
*Sol*ve polluti *la*bii reatum,
Sancte Joannes.

Guy ayant reconnu que l'échelle diatonique pouvait se décomposer en
a certain nombre d'hexachordes semblables ou paraphones, il leur ap-
liqua les six noms empruntés aux six syllabes initiales de la strophe pré-
ée, et dont les notes correspondantes de l'ancien chant constituaient
écisément un hexachorde. Ces six noms se sont conservés jusqu'à ce

(1) V. dom Guéranger, *Institutions liturg.*, t. 1, p. 306 et 307.

jour; mais, comme l'octave se compose de sept notes distinctes, l'on s'a
visa, au milieu du XVIIIᵉ siècle, de donner le nom de *si* à la septième note
dont l'absence forçait de répéter les noms du demi-ton *mi fa* sur ceu
actuels *si ut* et *la si* bémol; l'emploi du *si* dispense aujourd'hui de ce
répétitions de noms ou nuances d'hexachorde, et l'on trouve compara
tivement l'étude de la musique beaucoup plus facile. Mais l'on ne fa
pas attention qu'aujourd'hui il n'existe plus, à vrai dire, qu'un seu
des modes anciens, tandis qu'au temps de Guy d'Arezzo ils étaient très
nombreux. En les rapportant tous à un chant hexachordal connu, qu
pût leur servir de terme de comparaison, Guy, loin de compliquer leu
étude, la facilita singulièrement.

La réforme de Guy d'Arezzo fut perfectionnée, au XIVᵉ siècle, pa
Jean de Murs ou Murris, chanoine de Paris, qui la simplifia. On a tenté
à plusieurs reprises, des innovations comme celle de substituer au nor
des notes tiré de l'hymne de saint Jean-Baptiste, les syllabes *pro, to
do, no, tu, a.* Jusqu'ici la notation nominale de Guy s'est maintenue
Toutefois, le nouveau rit parisien a substitué à l'hymne de saint Jean
Baptiste, devenue célèbre par l'emploi que Guy a fait de sa premièr
strophe, les hymnes de Santeul, et ici il y a une sorte d'ingratitude
Le rit romain, tout en conservant cette hymne, en a changé le chant
qui ne rappelle plus l'hexachorde ascendant ou la gamme de Guy d'A
rezzo (1).

(1) Voici l'ancien chant de l'hymne *Ut queant laxis*, tel qu'il est noté dan
un très-ancien manuscrit de Sens; on y reconnaîtra les notes de la gamme cor
respondantes aux syllabes:

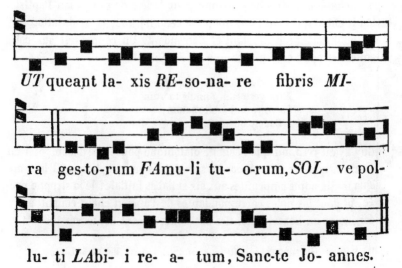

UT queant la- xis *RE*-so-na- re   fibris *MI*-

ra ges-to-rum *FA*mu-li tu- o-rum, *SOL*- ve pol-

lu- ti *LA*bi- i re- a- tum, Sanc-te Jo- annes.

Baronius, dans ses *Annales ecclésiastiques*, sur l'année 1022, parle ainsi de Guy d'Arezzo : « Vers la fin du pontificat de Benoît VII, Guy d'Arezzo, moine de profession, se fit remarquer par sa science dans l'art musical. Le pape l'appela à Rome. Ce moine, au grand applaudissement de tout le monde, inventa une nouvelle manière d'enseigner la musique, en sorte qu'en peu de mois un enfant pouvait apprendre ce qu'un homme dans la maturité de la raison et du génie aurait pu à peine apprendre dans le cours de plusieurs années. Il semblait singulièrement prodigieux que des enfants fussent capables de devenir les instituteurs des vieillards et de leurs maîtres. On fit un rapport au souverain Pontife, qui, voulant s'assurer par lui-même de cette merveilleuse méthode, en fit venir l'auteur auprès de lui à Rome. »

Ici donc, comme dans tous les arts, l'Eglise a donné le signal des heureuses innovations qui leur ont fait faire des progrès.

Guy d'Arezzo a écrit un traité de la musique en deux livres, sous le nom de *Micrologus*; à la fin de cet ouvrage, il a placé cet acrostiche en vers latins, dont chacun commence par une lettre de son nom, *Guido* :

> Gliscunt corda meis hominum mollita camenis;
> Una mihi virtus numeratos contulit ictus.
> In cœlis summo gratissima carmina fundo.
> Dans aulæ Christi munus cum voce ministri,
> Ordine me scripsi primo qui carmina finxi (1).

Enfin, Guido arrangea un Antiphonaire d'après sa méthode de notation, et Benoît VII fut tellement frappé de la supériorité de ce travail, qu'au rapport de Guido lui-même il regardait cette œuvre comme une espèce de *prodige* (2).

Les principes de saint Bernard sur la composition liturgique sont

(1) Gagnés par mes accents, les cœurs des hommes sont attendris.
Une mesure cadencée est battue, grâce à mon talent.
Inspirés sont les chants les plus doux que j'élève jusqu'au ciel,
Donnant les présents de la cour céleste du Christ avec la voix du ministre.
Or, chacune des premières lettres de ces vers que j'ai faits, reproduit mon nom.

(2) Voyez, dans le tome 13 des *Mémoires de la Société des Antiquaires de France*, p. 264 à 285, une *Notice bibliographique sur les travaux de Guido d'Arezzo*, par M. Bottée de Toulmon. — Voir encore et surtout dom Benoît de Jumilhac, bénédictin : *La science et la pratique du Plain-Chant, où tout ce qui appartient à la pratique est établi par les principes de la science, et confirmé par le témoignage des anciens philosophes, des Pères de l'Eglise et des plus illustres musiciens, entre autres de Guy Arétin et de Jean des Murs* (Paris, 1673, un vol. in-4°), chef-d'œuvre d'érudition et de science musicale.

trop importants pour n'être pas rappelés ici, au moins en ce qui touche le chant ecclésiastique : « S'il s'agit de chant, qu'il soit plein de gravité, également éloigné de la mollesse et de la rusticité. Qu'il soit suave, sans être léger, doux aux oreilles pour toucher le cœur. Qu'il dissipe la tristesse, calme la colère ; qu'au lieu d'éteindre le sens de la lettre, il le féconde : car ce n'est pas un léger détriment de la grâce spirituelle que d'être détourné de goûter l'utilité du sens par la frivolité du chant, de s'appliquer davantage à produire des sons habiles qu'à faire pénétrer les choses elles-mêmes » (1).

Les deux plus belles productions musicales religieuses du XIIIe siècle sont le chant du *Dies iræ* et du *Lauda Sion,* ces deux séquences sans rivales. Aucun siècle n'a surpassé le XIIIe dans l'art de rendre les passions de la liturgie avec les ressources en apparence si bornées du chant ecclésiastique ; cette époque a réussi principalement dans les séquences, plutôt que dans les répons et autres pièces en prose. Les compositeurs du moyen-âge étaient plus à l'aise dans ces morceaux, qu'ils pouvaient traiter en suivant le génie national, que dans les pièces sans rhythme, que les réminiscences de la musique grecque, appliquées par saint Grégoire, ont revêtues d'ailleurs de tant de majesté. Déjà un fait antérieur à l'office du saint Sacrement avait attesté cette faculté musicale au XIIe siècle : le beau chant de la prose d'Abeilard, *Mittit ad Virginem.* Il ne se peut rien voir de plus tendre et de plus mystiquement joyeux. Comme l'a fort bien établi D. Guéranger (2), le XIIIe siècle, si divinement inspiré dans les compositions rhythmiques, dédaigna de s'exercer sur les morceaux en prose, et ne fit guère d'autres frais que de transporter sur des paroles nouvelles des motifs déjà connus, travail presque matériel, et que des musiciens illettrés pouvaient remplir.

« S'il est permis de rechercher les analogies que présentent les vicissitudes du chant ecclésiastique au moyen-âge, avec la marche de l'architecture religieuse, qui a toujours suivi les destinées de la liturgie, dont elle fait une si grande partie et comme l'encadrement, nous soumettrons à nos lecteurs les considérations suivantes. Les Xe et XIe siècles enfantèrent des pièces de chant graves, sévères et mélancoliques

---

(1) Cantus ipse si fuerit, plenus sit gravitate, nec lasciviam resonet, nec rusticitatem. Sic suavis, ut non sit levis ; sic mulceat aures, ut moveat corda. Tristitiam levet, iram mitiget ; sensum litteræ non evacuet, sed fœcundet. Non est levis jactura gratiæ spiritualis, levitate cantus abduci a sensuum utilitate et plus sinuandis intendere vocibus quam insinuandis rebus (S. Bernardi opera, t. 1, epist. 312, édit. Mabillon).

(2) Voyez ce que dit le docte religieux, de la composition musicale de l'office du saint Sacrement, t. 1, p. 350 et 351, *Instit. lit.*

comme ces voûtes sombres et mystérieuses que jeta sur nos cathédrales le style roman, surtout à l'époque de cette réédification générale qui marqua les premières années du XIe siècle. Ainsi, on retrouve encore la forme grégorienne dans les répons du roi Robert, comme la basilique est encore visible sous les arcs byzantins du même temps. Le XIIe siècle, époque de transition, que nous appellerions volontiers dans l'architecture le roman fleuri et tendant à l'ogive, a ses délicieux offices de saint Nicolas et de sainte Catherine, la séquence d'Abeilard, etc., où la phrase grégorienne s'efface par degrés pour laisser place à une mélodie rêveuse. Vient ensuite le XIIIe siècle avec ses lignes pures, élancées avec tant de précision et d'harmonie; sous des voûtes aux ogives si correctes, il fallait surtout des chants mesurés, un rhythme suave et fort. Les essais simplement mélodieux, mais incomplets, des siècles passés, ne suffisent plus : le *Lauda Sion*, le *Dies iræ* sont créés. Cependant, cette période est de courte durée. Une si exquise pureté dans les formes architectoniques s'altère; la recherche la flétrit; l'ornementation encombre, embarrasse, et bientôt brise ces lignes si harmonieuses : alors aussi commence pour le chant ecclésiastique la période de dégradation » (1).

Aux XIVe et XVe siècles, le chant ecclésiastique non-seulement se transforma, mais faillit périr à jamais. Ce n'était plus le temps où, le répertoire grégorien demeurant intact, on ajoutait, pour célébrer plus complètement certaines solennités locales, ou pour accroître la majesté des fêtes universelles, des morceaux plus ou moins nombreux, d'un caractère toujours religieux, empruntés aux modes antiques, ou du moins rachetant par des beautés originales et quelquefois sublimes les dérogations qu'ils faisaient aux règles consacrées.

Les XIVe et XVe siècles virent le *déchant* (c'est ainsi que l'on appelait le chant exécuté en parties sur le motif grégorien), absorber et faire disparaître entièrement, sous de bizarres et capricieuses inflexions, toute la majesté, toute l'onction des morceaux antiques. La phrase vénérable du chant, trop souvent, d'ailleurs, altérée par le mauvais goût, par l'infidélité des copistes, succombait sous les efforts de cent musiciens profanes, qui ne cherchaient qu'à donner du nouveau, à mettre en évidence leur talent pour les accords et les variations. « Ce n'est pas que nous blâmions l'emploi bien entendu des accords sur le plain-chant, ni que nous réprouvions absolument tout chant orné, par cela seul qu'il n'est pas à l'unisson; nous croyons même, avec l'abbé Lebeuf (2), que

(1) D. Guéranger, *Instit. lit.*, t. 1, p. 351 et 352.
(2) *Traité historique du Chant ecclésiastique*, p. 73.

l'origine première du *déchant*, qu'on appelle aujourd'hui *contre-point* ou *chant sur le livre*, doit être rapportée aux chantres romains qui vinrent en France au temps de Charlemagne » (1).

Le Saint-Siége apostolique s'émut en présence de ces abus; il promulgua contre leurs auteurs un arrêt inséré au corps du droit canonique, où il condamne à jamais non-seulement les scandales du XIVᵉ siècle, mais aussi, et à plus forte raison, ceux qui, de nos jours encore, profanent un si grand nombre d'églises, en France et ailleurs. Voici les paroles de Jean XXII, dans sa fameuse bulle *Docta sanctorum*, donnée en 1322 (2) :

« La docte autorité des saints Pères a décrété que, durant les offices par lesquels on rend à Dieu le tribut de la louange et du service qui lui sont dus, l'ame des fidèles serait vigilante; que les paroles n'auraient rien d'offensif; que la gravité modeste de la psalmodie ferait entendre une paisible modulation, car il est écrit : *Dans leur bouche résonnait un son plein de douceur.* Le son plein de douceur résonne dans la bouche de ceux qui psalmodient, lorsqu'en même temps qu'ils parlent de Dieu ils reçoivent dans leur cœur, et allument, par le chant même, leur dévotion envers lui. Si donc, dans les églises de Dieu, le chant des psaumes est ordonné, c'est afin que la piété des fidèles soit excitée. C'est dans ce but que l'office de la nuit et celui du jour, que la solennité des messes, sont assidûment célébrés par le clergé et le peuple, sur un ton plein (3), et avec gradation distincte dans les modes, afin que cette variété attache, et que cette plénitude d'harmonie soit agréable. Mais certains disciples d'une nouvelle école, mettant toute leur attention à mesurer les temps, s'appliquent, par des notes nouvelles, à exprimer des airs qui ne sont qu'à eux, au préjudice des anciens chants, qu'ils remplacent par d'autres, composés de notes demi-brèves et comme imperceptibles. Ils coupent les mélodies par des *hoquets*, les efféminent par le déchant, les fourrent quelquefois de *triples* et de *motets* vulgaires, en sorte qu'ils vont souvent jusqu'à dédaigner les principes fondamentaux de l'Antiphonaire et du Graduel, ignorant le fond même sur lequel ils bâtissent, ne discernant pas les tons, les confondant même, faute de les connaître. La multitude de leurs notes obscurcit les *déductions* et les

---

(1) Loc. cit., p. 364.

(2) Cette bulle est en tête du IIIᵉ livre des *Extravagances communes*, sous le titre *De Vita et Honestate Clericorum*.

(3) *Sub maturo tenore*, mot à mot « un ténor grave; » c'est, en effet, à ce genre de voix, et non à la basse-taille, que l'exécution du plain-chant doit être confiée, et revenait de droit jadis.

réductions modestes et tempérées, au moyen desquelles ces tons se distinguent les uns des autres dans le plain-chant. Ils courent et ne font jamais de repos, enivrent les oreilles et ne guérissent point, imitent par des gestes ce qu'ils font entendre; d'où il arrive que la dévotion que l'on cherchait est oubliée, et que la mollesse, qu'on devait éviter, est montrée au grand jour. (1). Ce n'est pas en vain que Boëce a dit : Un esprit lascif se délecte dans les modes lascifs, ou au moins s'amollit et s'énerve à les entendre souvent. C'est pourquoi nous et nos frères, ayant remarqué depuis longtemps que ces choses avaient besoin de correction, nous nous mettons en devoir de les rejeter et de les reléguer efficacement de l'Eglise de Dieu. En conséquence, du conseil de ces mêmes frères, nous défendons expressément à quiconque d'oser renouveler ces inconvenances, ou semblables, dans lesdits offices, principalement dans les heures canoniales, ou encore dans la célébration des messes solennelles. Cependant, nous n'entendons pas empêcher, par le présent canon, que de temps en temps, dans les jours de fêtes principalement et autres solennités, aux messes et dans les divins offices susdits, on puisse exécuter, sur le chant ecclésiastique simple, quelques accords pour la mélodie, par exemple à l'octave, à la quinte, à la quarte et semblables (mais toujours de façon que l'intégrité du chant demeure sans atteinte, et qu'il ne soit rien innové contre les règles d'une musique conforme aux bonnes mœurs), attendu que les accords de ce genre flattent l'oreille, excitent la dévotion, et défendent de l'ennui l'esprit de ceux qui psalmodient la louange divine » (2).

(1) Sed nonnulli novellæ scholæ discipuli, dum temporibus mensurandis invigilant, novis notis intendunt, fingere suas, quam antiquas cantare malunt, in semibreves et minimas (*) ecclesiastica cantantur, notulis percutiuntur; nam melodias hoquetis (**) intersecant, discantibus lubricant, triplis et motelis vulgaribus nonnunquam inculcant, adeo ut interdum Antiphonarii et Gradualis fundamenta despiciant, ignorent super quo ædificant, tonos nesciant, quos non discernunt, imo confundunt; cum ex earum multitudine notarum ascensiones pudicæ descensionesque temperatæ, plani cantus, quibus toni ipsi secernuntur, ad invicem obfuscentur; currunt enim, et non quiescunt; aures inebriant, et non medentur; gestibus simulant quod depromunt (***), ex quibus devotio quærenda contemnitur, vitanda lascivia propalatur.

(2) Per hoc autem non intendimus prohibere, quin interdum diebus festis præcipue, sive solemnibus in missis, et præfatis divinis officiis aliquæ consonantiæ, quæ melodiam sapiunt, puta octavæ, quintæ, quartæ et hujusmodi supra cantum ecclesiasticum simplicem proferantur : sic tamen, ut ipsius cantus

(*) Est-il question de croches et de doubles-croches en cet endroit?
(**) Des soupirs, ou plutôt des syncopes.
(***) Allusion au bâton de mesure, dont l'introduction date du XIVᵉ siècle.

Nous allons voir la suite des efforts que firent les papes pour l'amé-
lioration de la musique, à l'époque de la grande réforme catholique.

Au XVIᵉ siècle, époque désastreuse de la réforme protestante, malgré
les efforts si louables des papes pour retremper dans ses sources le chant
ecclésiastique, le mal alla croissant en proportion du relâchement de
la discipline. Dans la plupart des églises, le chant grégorien avait disparu presque complètement; une musique toute profane, bruyante, en-
tortillée, farcie de réminiscences mondaines, et sous laquelle il n'était
nullement question du sens des paroles, avait envahi les plus augustes
basiliques. La voix humaine n'y paraissait plus que comme un instrument à produire des sons plus ou moins habiles.

Le pape Marcel II, choqué d'un tel abus, songea à bannir entièrement la musique des églises; cette résolution trop sévère, qui eût privé
la liturgie d'un de ses plus grands moyens, ne fut cependant pas mise
à exécution. La Providence avait préparé, dans Rome même, pour désarmer le rigide pontife, un homme d'un génie profondément liturgique, et dont les ressources étaient à la hauteur de sa mission. Luigi Palestrina, proclamé plus tard *le prince de la musique,* chantre de la
chapelle papale, obtint la permission de faire entendre au pontife une
messe de sa composition. Il se mit donc à l'œuvre avec l'ardeur la plus
vive et la plus fervente. Il sentait qu'il s'agissait, pour la musique religieuse, de la vie ou de la mort. On a trouvé sur son manuscrit ces mots :
Seigneur, aide-moi! Son travail étant achevé, il fit exécuter sa messe
en présence de Marcel II. Le pape fut ravi de la simplicité, de l'onction,
de la richesse que Palestrina avait déployées dans cette composition. Le
sens du texte était exprimé avec une précision et une clarté que rien ne
pouvait surpasser. L'anathème préparé contre la musique fut révoqué, et
cette messe garda le nom de *messe du pape Marcel.* Toutefois, tel était le
zèle de la réforme dans les pontifes du XVIᵉ siècle, que l'idée de pros-
crire la musique fut encore mise en avant, à Rome, par plusieurs personnes zélées. Pie IV nomma, à cet effet, une commission parmi les
membres de laquelle se trouvait son austère neveu, saint Charles Bor-
romée. Il fut encore réservé à Palestrina de désarmer les ennemis de la
musique sacrée. Il montra, par les faits mêmes, non-seulement que le
génie musical pouvait créer encore des merveilles dans les régions
mystiques de la liturgie, mais que les mélodies grégoriennes étaient

---

integritas illibata permaneat, et nihil ex hoc de bene morata musica immute-
tur, maxime cum hujusmodi consonantiæ auditum demulceant, devotionem
provocent, et psallentium Deo animos torpere non sinant.

susceptibles de s'enrichir en majesté, en onction, développées par de nouveaux moyens puisés dans les mêmes inspirations. Aussi a-t-on reconnu qu'il est difficile de prononcer lequel est le plus admirable de Palestrina, agrandissant, par un développement analogue, les effets de la phrase de saint Grégoire, ou du même Palestrina composant, avec une originalité simple et grandiose, ces admirables productions dont il n'a pris l'idée qu'en lui-même. Ce grand musicien du catholicisme fut créé, par saint Pie V, maître de la chapelle papale, et mourut en 1594 (1).

Le Concile de Trente avait partagé les sévères préoccupations des pontifes romains au sujet de la musique, et il songeait aussi à l'éliminer des églises. Les réclamations de l'empereur Ferdinand tempérèrent les rigueurs de cette sainte et grave assemblée.(2). On se contenta de prohiber les airs lascifs et mondains, tant sur l'orgue que dans le chant proprement dit (3). En sa session xxiii, le saint Concile, voulant pourvoir à la réforme du clergé, décréta la fondation des séminaires, et plaça, parmi les exercices auxquels on doit appliquer les jeunes clercs, l'étude du chant ecclésiastique. Les Conciles du XVIe siècle qui suivirent le Concile de Trente, ne parlèrent pas moins énergiquement contre les abus qui s'étaient introduits dans la musique d'église ; ils réclamèrent expressément contre les mélodies mondaines qui n'étaient que trop en usage, et firent des règlements contre ceux qui ensevelissaient le sens des paroles sous le fracas des voix (4).

Mais revenons en France, et, sans nous arrêter à signaler la déplorable, hérétique et à jamais regrettable mutilation, ou plutôt rénovation de l'antique liturgie, commencée par l'archevêque de Paris, François de Harlay, disons quelques mots de la composition des chants qu'on plaça, au XVIIe siècle, tant sur les hymnes du trop fameux Santeul, d'un mètre jusqu'alors inconnu dans l'Eglise, que sur les nombreux répons et antiennes fabriqués avec des passages tronqués de l'Ecriture. Il nous reste aujourd'hui peu de renseignements sur les auteurs de ces différentes pièces ; mais elles sont là pour attester que l'art de la composition grégorienne était à peu près perdu vers la fin du XVIIe siècle.

---

(1) Adami, *Osservazioni per ben regolare il coro dei cantori della capella pontificia*. Prefazione istorica, p. 11.

(2) Benoît XIV, *Bullarium*, t. 3 ; Constitution *de Ecclesiarum Cultu*, § 5, année 1749, 19 février.

(3) Ab Ecclesiis vero musicas eas, ubi sive organo, sive cantu lascivum, aut impurum aliquid miscetur, arceant episcopi (*Concit. Trid.*, sessio 20).

(4) Caveant episcopi ne strepitu incondito sensus sepeliatur (*Concil. Tolet.*, anno 1566).

Les antiennes, les répons, les hymnes nouvelles du Bréviaire de Harlay, sont de la composition du chanoine Claude Chastelain, un des membres de la commission formée pour la rédaction de ce Bréviaire. Malgré la *sécheresse,* et, parfois, la *légèreté* de sa composition (1), comme il était rare qu'on eût alors du plain-chant à composer, grâce à l'immobilité des usages romains, ce travail, tel quel, mit Chastelain en réputation. Plusieurs évêques qui l'avaient chargé d'exécuter des réformes dans leurs bréviaires, à l'instar de celles de François de Harlay, lui demandèrent de se charger de la composition des pièces de chant. Une petite partie du travail de Chastelain est restée dans la liturgie actuelle de Paris, « et nous serons assez justes, dit un savant liturgiste moderne (2), pour reconnaître dans quelques-unes le caractère véritable du chant grégorien; tels sont : le répons *Christus novi testamenti,* du Samedi saint; l'introït de l'Assomption, *Astitit Regina;* celui de la Toussaint, *Accessistis,* qui est imité avec bonheur du *Gaudeamus* romain, etc. Le chant de l'hymne *Stupete gentes,* qui est bien le plus beau, et presque le seul beau qu'on ait composé sur les hymnes d'un mètre inconnu à l'antiquité liturgique (3), appartient sans doute à Chastelain. On voit aisément qu'il s'est inspiré d'un *Salve Regina* du cinquième ton, qui se chante depuis plusieurs siècles en France et en Italie, et qui doit avoir été composé du XIIIe au XVIe siècle. »

N'oublions pas, au XVIIe siècle, le dernier représentant de la mélodie grégorienne, Henri Dumont, né à Liége en 1610, organiste de Saint-Paul à Paris, et l'un des maîtres de la musique de la chapelle du roi. Il eut le courage de rappeler à Louis XIV les décrets du Concile de Trente, lorsque ce prince lui ordonna de joindre désormais aux motets des accompagnements d'orchestre. L'archevêque de Paris, François de Harlay, leva bientôt les scrupules que la résistance de Dumont avait inspirés au roi; mais, peu de temps après, Dumont demanda et obtint sa retraite (4). Il mourut en 1684, et laissa plusieurs messes en plain-chant, dont l'une, celle du premier ton, se chante dans toutes les églises de France dans

(1) C'est le jugement de l'abbé Lebeuf dans son *Traité historique sur le Chant ecclésiastique,* p. 50.
(2) D. Guéranger, l. c., t. 2, p. 127 et 128.
(3) Le chant admirable sur lequel on a mis l'hymne *O vos ætherei,* du jour de l'Assomption, n'est pas du XVIIe ou du XVIIIe siècle, comme on le croit assez généralement. L'ordre de Cîteaux était en possession de ce chant plusieurs siècles avant la naissance de Santeul : il fut composé au moyen-âge, pour la belle hymne de S. Pierre Damien *O quam glorifica luce coruscas!*
(4) Fétis, *Biographie des Musiciens,* t. 3, p. 235; — Choron et Fayolle; *Dictionnaire des Musiciens,* article *Dumont.*

les jours de solennités. Il est difficile de produire de plus grands effets et de tirer un plus brillant parti des ressources du chant grégorien, que Dumont l'a fait dans cette magnifique composition qu'une popularité de plus d'un siècle et demi n'a point encore usée.

En dehors du plain-chant, on fabriqua, dans la seconde moitié du XVIIe siècle, un grand nombre de pièces du genre qu'on appelait *chant figuré*, ou *plain-chant musical*, genre bâtard, qui forme la plus déplorable musique à laquelle une oreille humaine puisse être condamnée. Le musicien Nivers (1), entre autres, prit la peine de réduire à cette forme le Graduel et l'Antiphonaire romains, pour l'usage des religieuses bénédictines, et cet essai servit de modèle à une foule d'autres compositions du même genre.

Quelques mots sur les influences de la révolution liturgique du XVIIIe siècle sur le chant ecclésiastique.

« C'est encore ici une des plaies les plus profondes que nous ayons à signaler. On peut envisager la question sous le rapport purement esthétique de l'art et sous celui bien autrement grave du sentiment catholique. Nous dénoncerons d'abord les barbares anti-liturgistes du XVIIIe siècle, comme ayant privé notre patrie d'une des plus admirables gloires de la catholicité. On a vu..... comment le dernier débris des richesses de la musique antique avait été déposé par les pontifes romains, et principalement par saint Grégoire, dans le double répertoire connu sous le nom d'*Antiphonaire* et de *Responsorial romain*. Ce recueil, formé de plusieurs milliers de pièces, la plupart d'un caractère fort et mélodieux, avait accompagné tous les siècles chrétiens dans la manifestation de leurs joies et de leurs douleurs ; de lui étaient sorties les inpirations de Palestrina et des autres grands artistes catholiques. Enfin, c'était un sublime spectacle pour la postérité, que ce génie de conservation inné dans l'Eglise catholique, au moyen duquel la fameuse musique des Grecs, l'harmonie des temps antiques, arrivait ainsi épurée, corrigée, devenue chrétienne, aux barbares oreilles des Occidentaux, qu'elle avait tant contribué à adoucir et à civiliser.

« Or, de la publication des nouveaux Bréviaires et Missels dans lesquels les anciennes formules étaient presque en totalité remplacées par d'autres toutes nouvelles, devait matériellement s'ensuivre la suppres-

---

(1) Nivers, organiste de la chapelle du roi et maître de la musique de la reine, est auteur d'une *Dissertation sur le Chant grégorien* (Paris, 1683, in-8°). Ce livre, assez mal écrit, est savant, et annonce un amateur éclairé du chant ecclésiastique. Il a fait oublier ses essais malheureux en pratique, par une fort bonne édition de l'Antiphonaire romain pur (Paris, 1701, in-8°).

sion de toutes ces antiques mélodies, la perte, par conséquent, de plusieurs milliers de morceaux antiques, dont un grand nombre était
remarquable par un caractère noble et original. Voilà, certes! un acte
de vandalisme s'il en fut jamais, et qu'on ne s'est pas encore avisé de
reprocher à ce XVIIIe siècle qui avait la rage de tout détruire. Et quelle
excuse donnait-on pour justifierune si monstrueuse destruction? D'un
côté, les faiseurs liturgistes, comme Foinard, disaient que rien ne
serait plus aisé que de *transporter* les motifs des anciens répons, antiennes, etc. (1), sur les nouvelles formules (et Dieu sait comment ils
s'entendaient à préparer le thème du compositeur!). D'autre part, il y
avait des forgeurs de plain-chant qui croyaient bonnement qu'en ne
sortant point matériellement du caractère des huit modes grégoriens
dans la composition des nouveaux chants, on suffirait à tout, comme
si ce n'était rien que de perdre une immense quantité de pièces des
Ve et VIe siècles, vraies réminiscences des airs antiques; comme si, pour
être parfaitement dans les règles de la tonalité grégorienne, on était
assuré de l'inspiration : car, encore une fois, il fallait faire mieux que
les Romains, ou ne pas s'en mêler.

« Ce fut, certes! une grande pitié que de voir successivement nos
cathédrales oublier les vénérables cantiques dont la beauté avait si fort
ravi l'oreille de Charlemagne, qu'il en avait fait, de concert avec les
pontifes romains, un des plus puissants instruments de civilisation pour
son vaste empire, et d'entendre résonner à grand bruit un torrent de
nouvelles pièces sans mélodie, sans originalité, aussi prosaïques pour
l'ordinaire que les paroles qu'elles recouvraient. On avait calqué, il est
vrai, un certain nombre de morceaux grégoriens, et plusieurs même
assez heureusement; quelques pièces nouvelles avaient de l'invention;
mais la masse était d'une brutalité effrayante, et la meilleure preuve,
c'est qu'il était impossible de retenir par cœur ces chants nouveaux,
tandis que la mémoire du peuple était le répertoire vivant du plus grand
nombre des chants romains....

« Mais la suppression des livres de saint Grégoire n'était pas seulement une perte pour l'art, c'était une calamité pour la foi des peuples.
Une seule considération le fera comprendre et dévoilera en même temps
la responsabilité de ceux qui osèrent un tel attentat. Les offices divins
ne sont utiles au peuple qu'autant qu'ils l'intéressent. Si le peuple
chante avec les prêtres, on peut dire qu'il assiste avec plaisir au service
divin. Mais si le peuple a chanté dans les offices et qu'il vienne tout

(1) Projet d'un nouveau Bréviaire, p. 189.

d'un coup à garder le silence, à laisser la voix du prêtre retentir seule, on peut dire aussi que la religion a grandement perdu de son attrait sur ce peuple. C'est pourtant là ce qu'on a fait dans la plus grande partie de la France.....

« Si de ces réflexions affligeantes nous passons à l'histoire de la révolution opérée dans le chant de nos églises au XVIIIe siècle, nous dirons des choses lamentables... Combien de centaines de musiciens emploiera-t-on pour ce grand œuvre? Où prendra-t-on des hommes, au siècle de Louis XV, pour suppléer saint Grégoire? Suffira-t-il de cinquante années pour une pareille tâche? Hélas! tant d'hypothèses sont inutiles. En deux ou trois années tout sera prêt, composé, imprimé, publié, chanté.... » (1).

Laissons parler un savant auteur de plain-chant du XVIIIe siècle (2); il va nous dire à quels hommes on abandonnait la composition du chant ecclésiastique, et comment cette besogne sans nom se bâclait :

« De toutes les églises qui ont donné des Bréviaires, les unes, à la vérité, se sont pressées davantage d'en faire composer les chants, et les autres moins; mais chacune d'elles aspirait à voir finir cet ouvrage, à quelque prix que ce fût, et cherchait de toutes parts les moyens de satisfaire l'empressement qu'elle avait de faire usage des nouveaux Bréviaires. De là cette foule de gens qui se sont offerts pour la composition du chant. Tout le monde a entrepris d'en composer et s'en est cru capable. On a vu jusqu'à des maîtres d'école qui n'ont pas craint d'entrer en lice. Parce que leur profession les entretient dans l'exercice du chant, et qu'en effet ils savent ordinairement mieux chanter que les autres, ils se sont mêlés aussi de composer. N'est-il pas étonnant que les pièces de pareils auteurs aient été adoptées par des personnes qui, sans doute, n'étaient pas si ignorantes qu'eux? Car, pour savoir bien chanter, ces maîtres d'école n'en ignoraient pas moins la langue latine, qui est celle de l'Eglise; et de là chacun voit combien de bévues un tel inconvénient entraîne nécessairement après lui.

« On a donc choisi, pour composer des chants nouveaux, ceux que l'on a cru les plus habiles, et l'on s'est reposé entièrement sur eux de l'exécution de ce grand ouvrage. Une entreprise de si longue haleine demandait un temps qui lui fût proportionné, et on les pressait. Pour répondre à l'empressement de ceux qui les avaient choisis, ils ont hâté

---

(1) Dom Guéranger, l. c., t. 2, p. 428 à 432.
(2) Poisson, curé de Marsangis, auteur d'un *Traité théorique et pratique du lain-Chant appelé grégorien* (Paris, 1750, in-8°), et d'un livre sur les *Règles e la composition du Plain-Chant* (rarissime).

leurs travaux. Leurs pièces, à peine sorties de leurs mains, ont été presque aussitôt chantées que composées. Tout a été reçu sans examen ou avec un examen très-superficiel ; et ce n'a été qu'après l'impression, sans en avoir fait l'essai, et qu'après les avoir autorisées par un usage public, qu'on s'est aperçu de leurs défauts, mais trop tard et lorsqu'il n'était plus temps d'y remédier.

« On vit alors avec regret, ou qu'on s'était trompé dans le choix des compositeurs de chant, ou qu'on les avait trop pressés. On ne put se dissimuler les défauts sans nombre, et souvent grossiers, d'ouvrages qui naturellement devaient plaire par l'agrément de leur nouveauté, et qui n'avaient pas même ce médiocre avantage.

« Qui pourrait tenir, en effet, contre des fautes aussi lourdes et aussi révoltantes que celles dont ils sont remplis pour la plupart? Je veux dire des fautes de quantité, surtout dans le chant des hymnes ; des phrases confondues par la teneur et la liaison du chant, qui auraient dû être distinguées, et qui le sont par le sens naturel du texte ; d'autres mal à propos coupées ; d'autres aussi mal à propos suspendues ; des chants absolument contraires à l'esprit des paroles, graves où les paroles demandaient une mélodie légère, élevés où il aurait fallu descendre ; et tant d'autres irrégularités, presque toutes causées par le défaut d'attention au texte.

« Qui ne serait encore dégoûté d'entendre si souvent les mêmes chants, beaux à la vérité par eux-mêmes, mais trop de fois imités, presque toujours estropiés, et pour l'ordinaire aux dépens du sens exprimé dans le texte, aux dépens des liaisons et de l'énergie du chant primitif, tels que ceux de tant de répons, graduels et d'*alleluia?*

« Que dire encore des expressions outrées ou négligées, des tons forcés, du peu de discernement dans le choix des modes, sans égard à la lettre ; de l'affectation puérile de les arranger par nombres suivis, en mettant du premier mode la première antienne et le premier répons d'un office, la seconde antienne et le second répons du second mode, comme si tout mode était propre à toutes paroles et à tout sentiment? » (1).

Ainsi est jugée l'innovation liturgique, sous le rapport du chant, par un homme habile dans la composition, nourri des meilleures traditions, et d'autre part plein d'enthousiasme pour la lettre des nouveaux Bréviaires. C'est donc un témoin irrécusable que nous produisons ici.

Et puis, quel homme assez fortement constitué pour remplir la mis-

_____

(1) Pages 4 et 5.

sion colossale de couvrir de notes de plain-chant trois énormes volumes n-folio. C'est cependant ce qui eut lieu pour le nouveau Parisien. On hargea de ce travail herculéen l'abbé Lebeuf, chanoine et sous-chanre de la cathédrale d'Auxerre, homme érudit, laborieux, profond même sur les théories du chant ecclésiastique, et versé dans la connaisance des antiquités en ce genre. Il s'acquitta de sa tâche avec bonne oi; et, comme il goûtait les anciens chants, il s'efforça d'en introduire es motifs sur plusieurs des nouvelles pièces. « Je n'ai pas toujours eu ntention, dit-il, de donner du neuf. Je me suis proposé de centoniser, omme avait fait saint Grégoire. J'ai déjà dit que centoniser était puier de tous côtés et faire un recueil choisi de tout ce qu'on a ramassé. ous ceux qui avaient travaillé avant moi à de semblables ouvrages, 'ils n'avaient compilé, avaient du moins essayé de parodier; j'ai eu ntention de faire tantôt l'un, tantôt l'autre. Le gros et le fond de l'Anphonier de Paris est dans le goût de l'Antiphonier précédent, dont je n'étais rempli dès les années 1703, 1704 et suivantes; mais, comme aris est habité par des ecclésiastiques de tout le royaume, plusieurs apercevaient qu'il y avait quelquefois trop de légèreté ou de sécheesse dans l'Antiphonier de M. de Harlay. J'ai donc rendu plus commues ou plus fréquentes les mélodies de nos symphoniastes français des Xe, Xe et XIe siècles, surtout dans les répons » (1).

Ces intentions étaient louables, mais les résultats n'ont pas répondu ux intentions. A part un bien petit nombre de morceaux, dont une artie encore appartient à l'abbé Chastelain, le Graduel et l'Antiphoire parisiens sont complètement vides d'intérêt pour le peuple, qui n'en ut rien retenir dans sa mémoire. Nous avons parlé ailleurs de l'inoît de la Toussaint, *Accessistis*, si heureusement imité par Chastelain Gaudeamus romain; l'abbé Lebeuf a bien rarement approché de ce odèle dans ses imitations, et, quant aux morceaux de son invention, le trouve presque partout pauvre, froid, dépourvu de mélodie. Les ombreux chants d'hymnes qu'il lui fallut composer sont aussi d'une istesse et d'une monotonie qui montrent qu'il n'avait rien de cette uissance qui inspira à Chastelain le chant du *Stupete, gentes*. Enfin, bbé Lebeuf ne sut pas affranchir le chant parisien de ces horribles ochets appelés *périélèses*, qui achèvent de défigurer les rares beautés i se montrent parfois dans sa composition. Le verset alléluiatique ni, sancte Spiritus, cette tendre et douce mélodie grégorienne, sauvée mme par miracle dans le Missel de Vintimille, est déchirée jusqu'à pt fois par ces crochets dont l'a déshonorée l'abbé Lebeuf.

(1) L. c. supra, p. 49 et 50.

Au reste, la fécondité de l'abbé Lebeuf lui fit une réputation. En 1749 étant plus que sexagénaire, il accepta l'offre qu'on lui fit de mettre er chant la nouvelle liturgie du diocèse du Mans, et vint à bout, dan l'espace de trois ans, de noter les trois énormes volumes dont elle s compose. Mais ce dernier travail était encore au-dessous du premier comme le remarquèrent ses contemporains (1).

Consacrons quelques lignes au trop fameux *plain-chant figuré*, don nous avons déjà dit un mot plus haut, et qui prit une nouvelle vogu au XVIII° siècle, époque à laquelle on vit éclore une immense quantit de compositions en ce genre. D'abord, des centaines de proses nouvelles fades pour la plupart quand elles n'étaient pas de « pures chansonnette à la façon de la Régence, » pour nous servir de l'expression de D. Gué ranger (2). Cette époque produisit aussi l'insipide recueil connu sou le nom de *la Feillée*. Nous nous bornerons à insérer ici le jugement d J.-J. Rousseau sur cette ignoble et bâtarde musique : « Les modes d plain-chant, tels qu'ils nous ont été transmis dans les anciens chan ecclésiastiques, y conservent une beauté de caractère et une variét d'affections bien sensibles aux connaisseurs non prévenus et qui o1 conservé quelque jugement d'oreille pour les systèmes mélodieux ét; blis sur des principes différents des nôtres ; mais on peut dire qu'*il n a rien de plus ridicule et de plus plat que ces* plains-chants *accommodés la moderne, pretintaillés des ornements de notre musique,* et modulés s1 les cordes de nos modes, comme si l'on pouvait jamais marier not: système harmonique avec celui des modes anciens, qui est établi s1 des principes différents. On doit savoir gré aux évêques, prévôts chantres qui s'opposent à ce barbare mélange, et désirer, pour le progr et la perfection d'un art qui n'est pas, à beaucoup près, au point où (croit l'avoir mis, que ces précieux restes de l'antiquité soient fidèl ment transmis à ceux qui auront assez de talent et d'autorité pour (enrichir le système moderne » (3).

Mais il est temps de mettre un terme à cet Essai déjà bien long po1 un *essai*, et cependant trop court eu égard à tout ce qu'il y aurait

(1) Voyez Cousin de Contamine, *Traité critique du Plain-Chant usité aujou d'hui dans l'Eglise, contenant les principes qui en montrent les défauts et q peuvent conduire à le rendre meilleur* (Paris, 1749, in-12, brochure de 69 p. On remarque en tête du volume, une vignette représentant un bœuf piqué p un cousin ; ce qui marque assez que l'auteur, en faisant allusion à son prop nom, a eu en vue d'attaquer l'abbé Lebeuf.

(2) L. c., t. 2, p. 437.

(3) J.-J. Rousseau, *Dictionnaire de Musique*, article *Plain-Chant*, édition 1782, t. 2, p. 394 et 395.

ire sur un sujet aussi vaste, aussi intéressant que celui du chant ec-
[é]siastique. Grâce à Dieu, des jours sereins ont lui pour l'Eglise de
[F]rance, et les catholiques, en revenant aux formes architectoniques
[d]u moyen-âge, ont repris la liturgie romaine. Elle règne déjà, cette
[a]ntique et solennelle liturgie, dans bien des diocèses, et des hommes
[é]minents, tant ecclésiastiques que laïques, travaillent à remettre en
[h]onneur le vieux chant grégorien-français. Grâce aux écrits pratiques
[d]e MM. Fétis et Choron, grâce à la plume érudite de D. Guéranger, à
[la] voix éloquente de M. le comte de Montalembert, au zèle si digne d'é-
[lo]ges de M. Didron et de ses savants collaborateurs, et de tant d'autres
[q]u'il serait trop long de nommer ici, le chant catholique des vieux âges
[d]e foi, déjà réhabilité dans l'opinion publique, retentit sous bien des
[v]oûtes qui longtemps en furent privées, et nous espérons saluer bientôt
[le] triomphe universel de cette mélodie grégorienne-française, qui a eu
[u]n si beau passé, et auquel est encore réservé un consolant avenir.

NOTE 3.

FERIA, FESTUM, FESTIVITAS (*FÉRIE, FÊTE, FESTIVITÉ*).

I.

I. *Feria*, plus usité au pluriel *Feriæ*, marque, selon Cicéron, « les
[jo]urs de repos auxquels il n'était pas permis de travailler. » Ce mot
[vi]ent de *ferio*, frapper ou immoler des victimes, les sacrifices n'ayant
[li]eu que dans les jours de fêtes. Fête, repos, cessation de travail, tel était,
[ch]ez les païens, le sens de *feria* ou *feriæ*. Nous appelons encore jours
[fé]riés les dimanches et les quatre grandes fêtes de l'année catholique :
[l'A]scension, l'Assomption, la Toussaint et la Noël.

Du Cange (voce *Feriæ*) dit qu'on appelle ainsi tous les jours de la
[se]maine, comme on le voit dans saint Jérôme, non parce qu'il faut de
[né]cessité garder le repos pendant ce temps-là, mais à cause de la se-
[m]aine de Pâques, que l'on devait passer dans le repos et en s'abstenant
[de] tout travail. D'où vient que, comme les six jours après Pâques étaient
[fé]riés, et que c'était la première semaine de l'année ecclésiastique, il
[ar]riva que tous les jours de la semaine prirent le nom de *feriæ*, qui
[au]jourd'hui signifie seulement un jour *ouvrable*. Or donc, continue Du
[Ca]nge (ibid.), le premier jour de la semaine a le nom de dimanche,
[le] second celui de *secunda feria*, et ainsi de suite.

Férie n'est que le nom sous lequel on comprend tous les jours ouvrables de la semaine, malgré qu'il puisse y échoir des fêtes que l'on remet au dimanche suivant.

II.

Festum a le sens de *jour de fête,* selon Ovide et les anciens. Du Cange (sur ce mot) dit : « C'est un jour solennel, consacré à la mémoire d'un mystère ou d'un saint. » Mais on ne solennise pas de la même manière toutes les fêtes, car il y en a qui sont plus brillantes que d'autres, en raison de leur office ou de leurs cérémonies, dont la pompe est plus grande dans certaines églises et plus petite dans d'autres. Dans les fêtes les plus solennelles on s'abstient des travaux accoutumés, depuis la veille à l'heure de vêpres, jusqu'au lendemain à la nuit. On peut entendre par *festum* les fêtes patronales que l'on célébrait autrefois le jour même, et que l'on remet maintenant au dimanche le plus proche, quand toutefois elles ne concordent pas avec une solemnité, telle que celle de Pâques ou de l'Ascension, par exemple.

Reste à chercher le sens de *festivitas,* que nous traduisons mot à mot *festivité.*

III.

Festivitas (1), enfin, signifie les grandes fêtes que célèbrent tous les peuples de la chrétienté en dehors des saints de leur Calendrier ou de leur Martyrologe national. Autrefois c'étaient, par exemple, la Circoncision, l'Epiphanie, la Purification, l'Annonciation, etc., et Pâques, l'Ascension, la Pentecôte, l'Assomption, la Toussaint et la Noël. Nous n'avons conservé comme fêtes d'obligation (*festivités*) que les six dernières.

Résumons : *feria,* c'est chaque jour de la semaine (férie); *festum,* toute fête plus ou moins solennelle, mais que l'on peut remettre et renvoyer; et enfin *festivitas,* toute fête d'obligation, célébrée par toute la catholicité, et dont celles qui tombent dans la semaine doivent être célébrées avec autant d'exactitude que les solennités des dimanches.

Tel nous paraît être le sens le plus clair et le plus vraisemblable de Férie, Fête et Festivité.

(1) V. Du Cange, Gloss., voce *Festivitas.*

NOTE 4.

L'AVENT.

L'Avent est un temps prescrit par l'Eglise, avant la fête de Noël, pour se préparer, par des exercices de piété, à célébrer et à se rendre favorable l'*avénement* ou la venue de Jésus-Christ, qui est marquée par le mot *Adventus* (1). L'Avent est aussi ancien dans l'Eglise que la fête de Noël même, pourvu qu'on n'entende autre chose qu'une préparation consistant dans l'observation de quelques pratiques de religion, comme de jeûnes, de prières et d'aumônes, pour disposer les fidèles à célébrer plus dignement cette grande fête. Mais il n'est pas aisé de faire voir qu'il y ait eu quelque chose de réglé sur cela dans les cinq premiers siècles de l'Eglise, soit pour les manières et les rits de cette observation, soit pour le nombre des jours et des semaines que l'on croyait devoir y employer. Le nom d'*Avent* même, déterminé à marquer ce temps, ne paraît pas avoir été d'usage avant le VIIe ou le VIIIe siècle.

On ne commença à régler la dévotion de l'Avent qu'au VIe siècle, dans le premier Concile de Mâcon, en 581, où il fut ordonné (canon ix) que depuis la fête de saint Martin on jeûnerait trois fois la semaine et qu'on y célébrerait la messe commé en Carême (2). Cette ordonnance de célébrer la messe comme en Carême nous fait connaître que, dès le commencement, l'Avent fut regardé comme *le Carême de Noël*. Aussi est-il visible que, comme on prescrivait le Carême, dès la naissance de l'Eglise, pour se préparer à la fête de Pâques; aussi, dans la suite du temps, on ordonna l'Avent pour disposer les chrétiens à célébrer saintement la fête de Noël. Les jeûnes de l'Avent ne sont pas moins propres à nous persuader que c'est un second Carême. Enfin, dans le moyen-âge on a souvent donné à l'Avent le nom de *Carême* ou de *Carême de Noël* (3).

(1) Tempus quod dominicæ Nativitatis memoriam antecedit, ideo *Adventus* nuncupatur, quia totus ejus ecclesiasticus ordo juxta contemplationem *Adventus* Domini dispositus est. Advenire autem recte Dominus dicitur, qui ubique est invisibili præsentia majestatis, dum assumpto quod visibile est nostrum, usibus carnis visibilem se ostendit, etc. (Rupert, lib. 2, *De divin. Offic.*, cap. 1).

(2) Ut a feria S. Martini usque ad Natale Domini secunda quarta, et sexta abbati jejunetur, et quadragesimali ordine sacrificia debeant celebrari.

(3) On appelait encore l'Avent *Quadragesima minor* (petit Carême), pour le distinguer du grand Carême, *Quadragesima major*, qui précède Pâques. On

Il est indubitable qu'un temps consacré au jeûne était aussi distingué par une assistance plus fréquente aux offices de l'Eglise et à la prédication, surtout les jours de dimanche, auxquels on communiait aussi encore plus ordinairement que les autres dimanches de l'année.

Les Capitulaires de Charlemagne font l'Avent de quarante jours; aussi lui donnent-ils le nom de Carême : *legitima jejunia*, etc., *quadraginta dies ante Nativitatem Domini.* Cet endroit des Capitulaires n'attribue qu'à la coutume l'institution de l'Avent; mais il ne laisse pas de déclarer que c'est un temps de prière, de jeûne et de pénitence (1). Ce règlement nous paraît d'autant plus mémorable, que Charlemagne ou Louis-le-Débonnaire ordonne à tout le monde l'observation de l'Avent, quoique les canons n'en eussent pas fait une loi de nécessité, et il se fonde sur l'ancienne coutume des peuples et sur l'exemple de ses ancêtres, qui l'avaient observé : *propter consuetudinem plebis, et majorum nostrorum morem.* C'est donc une preuve que l'abstinence de l'Avent et tout le reste des exercices de piété qui accompagnent le jeûne se gardaient régulièrement dans le palais impérial, sans que les empereurs même en fussent dispensés. Au contraire, leur exemple servait à en faire une loi pour les autres, ou à la confirmer.

Ainsi, les évêques de France prirent la liberté de représenter à Charles-le-Chauve, en 846, qu'il ne devait plus les retirer de leurs églises pendant le carême de l'Avent, sous prétexte des affaires d'état ou des expéditions militaires, parce que les évêques doivent veiller sur leur peuple, s'appliquer à administrer la confirmation, à prêcher la parole de Dieu, et aux autres fonctions de leur saint ministère (2). On considérait donc dès lors l'Avent, aussi bien que le Carême, comme un temps auquel les évêques devaient plus fidèlement résider dans leurs églises, pour y renouveler, par leur exemple et par leurs instances pressantes, la ferveur que demandent la sainteté et la grandeur des mystères auxquels on se préparait.

Peu de temps après, le pape Nicolas Ier, exposant aux Bulgares qui lui donnait aussi le nom de *Carême de S. Martin* (*Quadragesima S. Martini*), lorsqu'il était de six semaines précises, en commençant le lendemain de la fête de ce saint, ou de quarante jours de jeûne avec les six dimanches d'abstinence, en commençant dès le jour de l'octave de la Toussaint.

(1) Quanquam enim nonnulla ex his jejuniis canonica privuntur autoritate; nobis tamen omnibus simul propter consuetudinem plebis et parentum nostrorum morem hæc observare convenit. Et, licet omnibus diebus orare et abstinere conveniat, his tamen temporibus amplius jejuniis et pœnitentiæ servire oportet (Baluze, *Capitul.*, lib. 6, cap. 184, t. 1, p. 954).

(2) Baluze, l. c., t. 2, p. 33.

étaient nouvellement convertis à la foi, les lois et les usages de l'Eglise catholique, n'oublia pas les quatre Carêmes (1), et entre les Carêmes il n'omit pas l'Avent, comme étant fort ancien dans l'Eglise romaine (2). Amalaire donne quarante jours au Carême de Noël (3). Pierre de Damien donne aussi à l'Avent le nom de *Carême* (4). Radulphe, doyen de Tongres, dit que l'Avent était de six semaines à Milan, qu'il commençait le dimanche qui suivait le lendemain de sainte Catherine à Rome, mais qu'à Rome on le jeûnait encore tout entier en son temps (XIV° siècle).

En France, l'Avent était encore de quarante jours, et c'était un temps de prières et de bonnes œuvres jusqu'au règne de saint Louis : car le pape Boniface VIII déclare, dans la bulle de la canonisation de ce saint roi, que ce digne successeur de Charlemagne passait ces quarante jours en jeûnes et en prières (5). Ce pape eût pu ajouter que ce saint roi avait fait consentir la reine sa femme à garder la continence pendant l'Avent aussi bien que pendant le Carême, comme le dit un de ses biographes, Geoffroi de Beaulieu, son confesseur (6). La solennité des dimanches engageait encore plus particulièrement les personnes mariées à la continence (7). Ainsi, les dimanches de l'Avent, qui était un temps de pénitence, étaient, par un double engagement, consacrés à la chasteté.

Ratherius, évêque de Vérone, dans sa lettre pastorale, ordonna à ses diocésains la continence et l'abstinence pendant tout l'Avent, permettant seulement de rompre l'abstinence les jours de fêtes, s'il s'y en rencontrait (8). De là venait qu'il était défendu de se marier pendant l'Avent aussi bien que pendant le Carême. C'est un canon du Concile de Salingestad, en 1022, qui nous apprend que c'était la loi et la pratique de l'Eglise (9).

Autrefois, le rit romain avait une prose pour chaque dimanche de l'Avent. La réforme de saint Pie V fit disparaître ces proses, qu'on trouve

(1) Savoir : 1° le *grand* Carême ou Carême avant Pâques; 2° celui dit *des apôtres;* 3° de l'Assomption; 4° de l'Avent ou de Noël.

(2) Necnon jejunia ante Natalis Domini solennitatem, quæ jejunia sancta romana Ecclesia suscepit antiquitus et tenet (*apud Spicil.*, t. 2, p. 264).

(3) *De Offic. eccles.*, lib. 4, cap. 37, et lib. 2, cap. 36.

(4) Initio illius Quadragesimæ quæ Nativitatem Domini ex institutione ecclesiastica præcedit (lib. 3, epist. 10).

(5) Rainaldus, anno 1297, n° 64.

(6) Duchesne, t. 5, p. 448, *Hist. Franc. Scriptores.*

(7) Voyez le P. Thomassin, *Traité des Fêtes de l'Eglise*, chap. 9, liv. 3.

(8) *Spicilége*, t. 2, p. 264.

(9) De legitimis autem conjugiis ita visum est, quod nullus christianus uxorem ducere debeat ab Adventu Domini usque in octavas Epiphaniæ.

encore à la fin du Missel imprimé en 1637. La prose *Dies iræ* a été composée, dit-on, pour le premier dimanche de l'Avent. Quand on l'adopta
pour les messes des morts, on y ajouta la dernière strophe invocatoire,
Pie Jesu, etc. Le Missel dont nous parlons donne pour ce dimanche celle
qui commence par les mots : *Salus æterna,* et qui ne fait mention du
jugement général qu'à l'avant-dernière strophe.

Nous croyons faire plaisir à nos lecteurs , en reproduisant ici le texte
latin des quatre proses précitées, tel que nous le trouvons dans le Missel parisien de 1550.

I.

Salus æterna, indeficiens mundi vita.
Lux sempiterna, et redemptio vere nostra.
Condolens humana perire secla per tentantis numina.
Non linquens excelsa, adisti ima propria clementia.
Mox tua spontanea gratia, assumens humana.
Que fuerant perdita omnia salvasti terrea.
Ferens mundo gaudia : tu animas et corpora.
Nostra Christe expia.
Ut possideas lucida.
Nosmet habitacula.
Adventu primo justifica :
In secunda nos libera.
Ut cum facta luce magna, judicabis omnia.
Compti stola incorrupta, nosmet tua subsequamur
Mox vestigia quocunque visa. Amen.

II.

Regnantem sempiterna per secla susceptura
Concio devote concrepa.¦
Factori reddendo debita.
Quem jubilant agmina celica, ejus vultu exhilarata.
Quem expectant omnia terrea ejus nutu examinanda.
Districtum ad judicia.
Clementem in potentia.
Tua nos salva Christe clementia , propter quos passus es dira.
Ad poli astra subleva nitida : qua sorde tergis secula.
Influe salus vera : effuga pericula.
Omnia ut sint munda, tribue pacifica.
Ut hinc tua salvi misericordia,
Leti regna post adeamus supera.
Quo regnas secula per infinita. Amen.

III.

Qui regis sceptra forti dextra solus cuncta ,
Tu plebi tue ostende magnam excitando potentiam.

Presta dona illi salutaria.
Quem predixerunt prophetica vaticinia,
A clara poli regia
In nostra Jesum mitte Domine arva. Amen

IV.

Jubilemus omnes una
Deo nostro qui creavit omnia.
Per quem cuncta condita sunt secula.
Celum quod plurima luce coruscat, et diversa sydera.
Sol mundi schema, noctium decus luna, cetera splendentia.
Mare, solum, alta, plana, et profunda flumina.
Aeris ampla spatia : quo discurrunt aves, venti atque pluvia.
Hec simul cuncta tibi Deo soli patri militant
Nunc et in evum, sine fine per secla : laus eorum tua gloria.
Qui pro salute nostra prolem unicam
Pati in terra misisti sine culpa, sed ob nostra delicta.
Te Trinitas precamur, ut corpora nostra et corda regas et protegas
Et dones pectoribus veniam. Amen.

NOTE 5.

DU JEUNE DES QUATRE-TEMPS.

Le jeûne des quatre-temps a beaucoup de rapport avec celui des stations, dont nous parlerons ailleurs, avec cette différence pourtant que
les jeûnes ou demi-jeûnes des stations, qui étaient d'obligation dans
l'Orient, étaient purement volontaires et de dévotion dans l'Occident;
tandis que, comme l'atteste une lettre de saint Augustin (1), le peuple
de Rome jeûnait quelquefois trois jours la semaine, ce qui ne se peut
guère mieux entendre que des quatre-temps (2). On pourrait s'imaginer
que ce n'était qu'une dévotion arbitraire qui portait les Romains à
jeûner quelquefois trois jours la semaine. Mais ce qui est dit un peu
plus bas montre clairement que c'était l'Eglise romaine en corps qui
jeûnait ces trois jours en des semaines déterminées (3).

Ces deux passages de saint Augustin ne nous apprennent pas seule-

---

(1) Epist. 86.
(2) Christianus qui quarta et sexta feria, et ipso sabbato jejunare consuevit,
quod frequenter romana plebs facit.
(3) Videat quanta afficiat contumelia ipsam romanam Ecclesiam, ubi et his
hebdomadibus, in quibus quarta et sexta et sabbato jejunatur tribus tantum
diebus continuis, Dominico scilicet, et deinde secunda et tertia prandetur.

ment l'antiquité des quatre-temps à Rome, mais ils nous éclaircissent une difficulté qui a quelquefois embarrassé de fort habiles critiques. Car le pape saint Léon, annonçant le jeûne des Quatre-Temps en chaque saison de l'année à Rome, avait accoutumé de prescrire le jeûne de la quatrième et de la sixième féries (*mercredi* et *vendredi*), et la veille du samedi, dans l'église de Saint-Pierre, sans parler expressément du jeûne du samedi. Quelques-uns se sont persuadés, après cela, qu'on ne jeûnait pas à Rome les samedis des quatre-temps, et que c'était un accommodement dont on usait pour ne pas joindre le travail de la veille à celui du jeûne. Voici les paroles de saint Léon (1) : *Quarta igitur et sexta feria jejunemus ; Sabbato autem apud beatissimum apostolum Petrum vigilias celebremus, qui et orationes, et jejunia et eleemosynas nostras precibus suis dignabitur adjuvare.*

Outre l'autorité de saint Augustin, que nous venons de rapporter, on doit considérer que, si l'on jeûnait tous les samedis de l'année à Rome, comme le prouve le P. Thomassin avec beaucoup d'érudition (2), saint Léon avait raison de ne pas annoncer le jeûne du samedi avec celui du mercredi et du vendredi ; car les jeûnes du mercredi et du vendredi n'étaient nullement d'obligation à Rome : ainsi on les ordonnait nommément aux quatre-temps. Le jeûne du samedi y était d'obligation pendant toute l'année : ainsi il n'en fallait pas faire une nouvelle ordonnance aux quatre-temps. Et quelle apparence y a-t-il, que les semaines des quatre-temps étant consacrées à la pénitence, on s'y relachât d'un jeûne qui s'observait le reste de l'année ?

Le pape Innocent Ier, dans sa lettre décrétale (3), déclare absolument qu'il faut jeûner tous les samedis de l'année en mémoire de la sépulture de Jésus-Christ pendant le Samedi saint, comme il faut célébrer tous les dimanches de l'année pour honorer la résurrection au dimanche de Pâques. Enfin, ce n'est point une raison solide, de dire que le jeûne ne s'accordait pas bien avec la veille. Il est évident, au contraire, que l'Eglise a assujetti au jeûne presque toutes les veilles (4).

Revenons à saint Léon, pour dire avec lui que les jeûnes des quatre-temps ont été imités sur ceux de l'Ancien-Testament. Car, quoique les figures de l'Ancien-Testament aient été dissipées par la lumière et la présence de la Vérité incarnée, il n'en est pas de même des pratiques et des lois de la plus sainte morale, qui ont été reçues et portées à un

---

(1) Sermo 1, *De Jejun. decimi mensis.*
(2) *Traité des Jeûnes de l'Eglise*, 1re partie, chap. 20 et 21.
(3) Epistola 1, cap. 4.
(4) Thomassin, l. c. sup., 1re partie, chap. 18.

plus haut comble de perfection dans l'Eglise. Voici comment saint Léon parle des quatre-temps du mois de décembre : « Le jeûne solennel de ce dixième mois ne doit pas être négligé, par la raison qu'il tire son origine de l'observance de l'ancienne loi. Cette loi, qui contenait les figures des choses futures, maintenant que ces choses sont accomplies est aussi abrogée. Cependant, la grâce du Nouveau-Testament ne décline pas l'utilité des jeûnes » (1). Il dit, dans un autre sermon, que « les anciens Pères ont établi ce jeûne au temps que tous les fruits de la terre sont recueillis, afin que par l'abstinence et l'aumône nous commencions à en user sobrement pour nous et libéralement pour les pauvres » (2).

Comme toute la morale chrétienne est comprise dans l'exercice de ces deux vertus, la mortification de notre chair et l'effusion de notre charité, saint Léon remarque aussi que c'est pour cela que l'Eglise a attaché le jeûne des quatre-temps aux quatre saisons de l'année, afin de nous apprendre que l'exercice de ces deux vertus ne devait jamais être interrompu, ou devait aussitôt se renouveler (3). Nos quatre-temps des quatre saisons de l'année sont attachés à peu près aux mêmes mois que les quatre jeûnes semblables de l'Ancien-Testament (4).

Saint Léon parle, dans son premier sermon de la Pentecôte, du jeûne des quatre-temps, attaché à la semaine même de la Pentecôte, pour expier par le jeûne et par la prière les négligences passées (5). Il assure, dans le sermon suivant, que ce jeûne est de tradition apostolique (6); ce qui est encore plus probable de ce jeûne des quatre-temps que des autres. La raison en est que, le Fils de Dieu ayant dit que ses disciples

---

(1) Decimi hujus mensis solenne jejunium, quod non ideo negligendum est, quia de observantia veteris legis assumptum est. Illa enim quæ rerum futurarum figuras gerebant, impletis, quæ significavere, finita sunt. Jejuniorum vero utilitatem novi Testamenti gratia non removit (Sermo 4, *De Jejun. decimi mensis*).

(2) Sancti Patres nostri divinitus inspirati, decimi mensis sanxere jejunium, ut omnium fructuum collectione conclusa, rationabilis Deo abstinentia dicaretur, et meminisset quisque ita uti abundantia, ut et circa se abstinentior, et circa pauperes esset effusior.

(3) Quæ jejunia ex doctrina Spiritus sancti ita per totius anni circulum distributa sunt, ut lex abstinentiæ omnibus sit ascripta temporibus (Sermo 8, *De Jejun. decimi mensis*).

(4) Siquidem jejunium vernum in Quadragesima, æstivum in Pentecoste, autumnale in mense septimo, hyemale autem in hoc, qui est decimus, celebramus (idem, ibid.).

(5) Ut si quid macularum proximis diebus negligentia incauta contraxerit, id et jejunii censura castiget, et devotio pietatis emendet.

(6) Jejunium quod ex apostolica traditione subsequitur.

jeûneraient lorsque le céleste époux leur aurait été enlevé, toutes les églises témoignèrent un saint empressement de vérifier cette parole de la Vérité éternelle, et affectèrent de jeûner aussitôt après la fête de la Pentecôte. Saint Léon ajoute, dans le premier de ses quatre sermons sur le jeûne de la Pentecôte, que les apôtres ne furent pas plus tôt rem_plis du Saint-Esprit, qu'ils se virent comme forcés de publier des jeûnes, pour détruire les œuvres et les passions de la chair, et rendre par ce moyen nos esprits plus purs et plus disposés à recevoir les influences et les dons du même Saint-Esprit. Mais il commence son second sermon sur la même matière, par ce principe admirable et admirablement conforme à ce qu'enseignent saint Jérôme et saint Augustin, que les coutumes et les observances pieuses de l'Eglise viennent de la tradition des apôtres et de la doctrine du Saint-Esprit, qui réside toujours dans le cœur de l'Eglise et anime ses pasteurs, afin qu'ils gardent et fassent garder aux peuples fidèles ces pratiques de piété (1).

Ce saint pape commence son premier sermon sur le jeûne des quatre-temps de septembre par un éloge qu'il donne à la piété du peuple romain, qui jeûnait volontairement plusieurs jours de l'année (2). Mais, après cela, il les exhorte à une nouvelle ferveur pour ces jeûnes qui sont d'obligation et communs à tous les fidèles. De sorte qu'on ne peut douter que les jeûnes des quatre-temps ne fussent de précepte et d'une étroite obligation. En effet, toute l'Eglise orientale jeûnant les mercredis et les vendredis de toute l'année, il était bien juste que le jeûne de ces quatre semaines fût d'obligation à Rome, et non-seulement à Rome, mais encore aux autres provinces, où la même loi des jeûnes était déjà gardée; car saint Augustin, parlant de ces jeûnes des quatre-temps, et ne les attribuant qu'au peuple romain ou à l'église de Rome, témoigne assez qu'il s'en fallait beaucoup que l'observance n'en fût généralement reçue dans toute l'Eglise. Au moins, on ne peut douter des Orientaux, qui ne jeûnaient jamais le samedi que la veille de Pâques, et qui n'avaient que des demi-jeûnes le mercredi et le vendredi; mais qui, en revanche, observaient ces demi-jeûnes pendant toute l'année, excepté depuis Pâques jusqu'à la Pentecôte.

(1) Dubitandum non est observantiam omnem christianam eruditionis esse divinæ, et quidquid ab Ecclesia in consuetudinem est devotionis receptum, de traditione apostolica et de sancti Spiritus prodire doctrina : qui nunc quoque cordibus fidelium suis præsidet institutis, ut ea omnes et obedienter custodiant, et sapienter intelligant.

(2) Ut animas vestras non solum legitimis, sed etiam voluntariis jejuniis excolatis.

Dans les autres sermons sur les quatre-temps de septembre (1), saint Léon remarque que l'Eglise a emprunté ce jeûne de la Synagogue, mais que sa manière de jeûner n'a rien de la superstition des Juifs. Cette conformité de nos quatre-temps avec les quatre jeûnes des Juifs, aux quatre mêmes mois marqués dans l'Ecriture, est une marque visible que l'Eglise a imité en cela la Synagogue, et c'est tout ensemble une preuve que le jeûne des quatre-temps dans l'Eglise latine est de tradition apostolique ; car il est incomparablement plus vraisemblable que ce sont les apôtres, et non les conciles ou les évêques des siècles suivants, qui ont communiqué à l'Eglise quelques usages des anciens Hébreux. Saint Chrysostôme a cru que le jeûne dont saint Luc parle dans la navigation de saint Paul était le jeûne du mois de décembre, que les Juifs célébraient, et vraisemblablement l'Eglise aussi. Les stations ou les deux jeûnes de chaque semaine, dans l'Orient, étaient aussi fort vraisemblablement ces deux jeûnes que les plus religieux d'entre les Juifs pratiquaient, quoique en divers jours, et dont le pharisien de l'Evangile tirait un vain sujet de gloire, quand il disait : « Je jeûne deux fois la semaine » (2).

Le pape Gélase a remarqué, dans une de ses lettres (3), les mêmes quatre-temps et les jeunes qui y sont fixés. Mais il a ajouté, ce que l'on n'avait pu reconnaître dans les sermons ou dans les lettres de saint Léon, que les ordinations des prêtres et des diacres ne doivent se faire qu'au samedi des quatre-temps eu à la mi-carême (4). Voilà le jeûne du samedi exprimé, quoique le pape saint Léon ne l'eût pas exprimé. La raison pourrait en être que Gélase parle des ordinations qui devaient se faire en continuant le jeûne du samedi jusqu'au commencement du jour du dimanche, comme saint Léon, pape, l'a remarqué dans sa lettre à Dioscore, archevêque d'Alexandrie.

En France, les quatre-temps n'ont guère été connus et pratiqués avant Charlemagne. Le Concile de Mayence, que ce prince fit assembler un an avant sa mort (813), en parle comme d'un établissement nouveau qui se faisait dans l'Eglise de France, sur le modèle de celle de Rome (5). En voici le canon, qui place ces quatre jeûnes à peu près aux mêmes

---

(1) Sermons 4 et 7.
(2) *Jejuno bis in sabbato.*
(3) Epistola 9, cap. 7.
(4) Ordines etiam presbyterorum diaconorumque, nisi certis temporibus et diebus exercere non audeant, id est quarti mensis jejunio, septimi et decimi, sed etiam quadragesimalis initii, ac mediana Quadragesimæ die, sabbati jejunio (idem, ibid.).
(5) Canon 34.

temps qu'ils sont encore : « Nous avons établi que les quatre-temps de
l'année seraient observés avec le jeûne par tous, savoir : dans la première semaine du mois de mars, et le mercredi, le vendredi et le samedi; dans la seconde semaine de juin; dans la troisième de septembre,
et au mois de décembre, dans la semaine qui précède Noël, comme c'est
la tradition de l'Eglise romaine » (1).

Cette phrase : *Et a carne ab omnibus abstineatur,* montre que ceux qui
étaient légitimement dispensés du jeûne pendant les trois jours étaient
néanmoins obligés à l'abstinence. Charlemagne avait auparavant ordonné le même jeûne des quatre-temps dans son Capitulaire de l'an
769 (2). Mais le Concile de Mayence, en 813, donna le dernier affermis-
sement à ce nouveau règlement, et, quoique le canon précité de ce Concile ne fasse point mention des Ordres, les Capitulaires de Charlemagne
s'en expliquent clairement en un autre endroit, en faisant connaître
que ces jeûnes sont consacrés à obtenir du ciel cette abondance extraordinaire de grâces qui est nécessaire aux ministres des autels (3).

Le Concile de Rouen, tenu en 1072, avait encore laissé les quatre-
temps au même état que le Concile de Mayence. Au reste, il ne faut pas
s'étonner si la France (comme l'Espagne et l'Allemagne) (4), avant Grégoire VII, ne s'étaient point encore conformées à la discipline de l'Eglise
romaine, puisque le Capitulaire d'Athon, évêque de Verceil, en Italie, au
milieu du X⁰ siècle, nous apprend que jusqu'alors, dans son église
même, on n'avait encore célébré les quatre-temps que trois fois l'année.
Il commença à ordonner qu'on les célébrât à l'avenir quatre fois, pour
sanctifier les quatre saisons de l'année par ces marques de religion et de
pénitence, pour s'accommoder en quelque façon à l'usage de la Synagogue remarqué par le prophète Zacharie, et encore plus pour se conformer à la coutume la plus universellement reçue dans l'Eglise (5).

(1) Constituimus ut quatuor tempora anni ab omnibus cum jejunio obser-
ventur, hoc est in mense martio hebdomada prima, et feria quarta et sexta,
et sabbato venient omnes ad ecclesiam hora nona cum litaniis ad missarum solennia. Similiter, in mense junio hebdomada secunda, feria quarta et sexta, et
sabbato jejunetur usque ad horam nonam, et a carne ab omnibus abstineatur.
Similiter, in mense septembrio hebdomada tertia, et in mense decembrio hebdomada quæ fuerit plena ante vigiliam Nativitatis Domini, sicut est in romana
Ecclesia traditum.
(2) Ut jejunium quatuor temporum et ipsi sacerdotes observent, et pleb
denuntient observandum (*Capitul.* Baluz., t. 1, p. 192-1081).
(3) Doceant presbyteri populum quatuor legitima temporum jejunia observare, hoc est in mense martio, julio, septembrio et decembrio, quando sacri ordines juxta statuta canonum distribuuntur (*Capitul.* Baluz., t. 1, p. 954).
(4) V. le P. Thomassin, l. c. sup., p. 426-428, 429-432.
(5) Jejunium quod ter in anno apud nos celebrare didicistis, convenientius

Ce fut donc au temps du pape Grégoire VII que cette parfaite uniformité dans la pratique du jeûne des quatre-temps fut établie dans l'Eglise. Le Concile de Quintilinebourg, en Allemagne (1085), en fit le décret; le légat de Grégoire VII y présida. Le décret fut que les quatre-temps du printemps se célébreraient dans la première semaine du Carême, et ceux de l'été dans la semaine de la Pentecôte (1). C'est tout ce qu'il y avait à régler, car les Conciles de Mayence (2) et de Salingestad (3) avaient fixé les deux autres quatre-temps aux mêmes jours que l'Eglise romaine. Le pape Urbain II renouvela ces prescriptions, presque en mêmes termes, dans le Concile de Clermont, en 1095. Ce concile fut tenu en France, et presque toute l'Eglise latine y était assemblée. Cependant ce décret ne fut pas si tôt universellement reçu partout qu'on pourrait le croire (4). Ce ne furent que les Décrétales Grégoriennes qui consommèrent cette unité des quatre-temps, déclarant sujets aux peines canoniques ceux qui donneraient ou recevraient les ordres sacrés hors de ces temps consacrés au jeûne et à la prière dans l'Eglise universelle, qui fait ces saints et généreux efforts pour se donner de dignes ministres.

NOTE 6.

NOEL.

I.

C'est une tradition constante que le Fils de Dieu est né le 25 du mois de décembre. Saint Augustin ayant remarqué que Jésus-Christ avait été conçu le 25 du mois de mars, il ajoute qu'il est né, suivant la tradition, le huitième des calendes de janvier : *Natus autem traditur octavo kalendas Januarias* (5). Et dans un autre endroit, ce Père dit : « Jean-Baptiste est né le huitième des calendes de juin, lorsque les jours commencent à diminuer, et le Christ est né le huitième des calendes de janvier, lorsque les jours commencent à croître » (6). Les autres Pères, tels que

nunc per quatuor tempora fieri dicimus, ut sicut annus per quatuor volvitur tempora, sic et nos juxta Zachariæ vocem, etc. In hoc ergo omnes nos unanimes esse oportet, etc. (canon 87).

(1) Ut vernum jejunium in prima hebdomada Quadragesimæ, æstivum in Pentecoste semper celebretur.

(2) Canon 34.

(3) Canon 27.

(4) V. le P. Thomassin, l. c. sup., p. 433.

(5) *De Trinitate*, lib. 4, cap. 5.

(6) Joannes natus est, sicut tradit Ecclesia, octavo Calendas julias, cum jam incipiunt minui dies ; Dominus autem natus octavo Calendas januarias, quando jam incipiunt dies crescere (S. Augustin, *in Psalm.* 132, prope finem).

saint Maxime, martyr (1); Paul d'Emese, au V⁰ siècle; saint Jean Chrysostôme (2), etc., sont du même sentiment.

L'Eglise a été si bien convaincue que Jésus-Christ était né le 25 décembre, qu'elle en a célébré la mémoire ce jour-là dès les premiers
siècles. Nous trouvons cette fête marquée au 25 décembre dans l'ancien
Calendrier romain, qu'on croit avoir été dressé vers le milieu du IV⁰
siècle : *VIII kalendas jam natus Christus in Bethleem Judæ*. Les autres
martyrologes, comme celui de saint Jérôme, de Bède, d'Usuard, d'Adon,
etc., marquent la même fête au 25 décembre.

Saint Jean Chrysostôme remarque que depuis longtemps, et par une
tradition fort ancienne, la naissance de notre Seigneur se célébrait le
25 décembre dans l'Occident, c'est-à-dire dans tous les pays qui sont
depuis la Thrace jusqu'à Cadix et aux extrémités de l'Espagne. Ce saint
docteur ajoute que cette fête se faisait à Rome le même jour ; d'où cet
usage se communiqua aux églises de l'Orient. Les Grecs et les Orientaux
l'embrassèrent d'autant plus volontiers qu'ils croyaient plus aisément
que l'Eglise romaine avait pu connaître ce jour, parce que les actes de
la fameuse capitation qu'Auguste fit faire en Judée, comme dans toutes
les provinces de son empire, au temps de la naissance de Jésus-Christ,
se conservaient à Rome avec beaucoup de soin.

Cette fête était universellement observée du temps de saint Augustin (3). Il y en a même qui croient qu'elle était instituée avant le premier Concile de Nicée. Enfin, cette tradition a été si généralement
reçue pour ce qui concerne l'Eglise latine, que personne ne l'a con-
testée.

Il est vrai que les églises d'Orient ont longtemps varié sur l'observation du jour de cette solennité. Saint Clément d'Alexandrie dit que quelques-uns avaient déterminé le jour de la naissance du Fils de Dieu au
25 du mois *pachon* (15 mai), et quelques autres au 25 du mois *pharmuth*
(20 ou 21 avril) (4). Saint Epiphane fait naître le Christ le 11 du mois
de *tybi* (6 janvier), consacré dans l'église latine à l'Epiphanie (5).

C'était comme une tradition dans l'Orient, dans les trois et quatre
premiers siècles, de joindre l'adoration des Mages avec la naissance du
Christ, et d'y ajouter encore la mémoire de son baptême. Cassien (6)

(1) Part. 1, *Comp. eccles.*, cap. 34.
(2) Tom. 5, homil. 33.
(3) Epist. 119, cap. 1 et 2; — le P. Thomassin, *Traité des Fêtes*, liv. 1, ch. 6
(4) *Stromat.*, lib. 1, p. 294.
(5) *Hæres.* 51, n⁰ 24.
(6) Collat. 10, cap. 2.

sure que cela se pratiquait en Egypte de son temps, suivant une an-
enne tradition qui portait que le Sauveur était né et avait été baptisé
6 janvier.

Toute l'Eglise latine étant réunie dans un même sentiment, et les
recs étant divisés en plusieurs opinions contraires, il fallut que les
rientaux se conformassent à la doctrine et à la pratique des Latins. Ce
t néanmoins un peu tard que les Grecs commencèrent à célébrer la
te de la naissance de Jésus-Christ en son propre jour (1).

D'où vient le nom de *Noël* donné à la première manifestation du Verbe,
est-à-dire à sa *naissance?* Les opinions sont partagées : les uns disent
'il vient d'*Emmanuel* (*Dieu avec nous*), d'où, par contraction ou re-
anchement des quatre premières lettres, s'est formé *Nuel* ou *Nouel,*
lon la prononciation italienne, dégénérée parmi nous en *Noël*; selon
autres, *Noël* n'est à son tour que la contraction de *Natalis.* Le midi
la France appelle *Noël, Nadal* ou *Natal.* La dérivation est évidente.
nom français pourrait bien, en effet, n'avoir pas d'autre origine. Au
oyen-âge, *Noël* était un cri de joie populaire, équivalant à l'acclama-
on moderne de *Vive le roi!* On donne encore le nom de *noëls* aux
eux cantiques français relatifs à la naissance du Christ.

En divers pays, notamment dans le midi de la France, en Provence,
fait dans les églises, chapelles, et maisons des particuliers, une sorte de
éâtre où des personnages en cire, habillés avec goût, figurent la nais-
nce du Christ entre le bœuf et l'âne, l'adoration des bergers, celle des
s, parfois même la cérémonie de la présentation au Temple, en chan-
ant à chacune de ces trois fêtes la scène et les personnages. De plus, un
i théâtre mécanique, à Aix et à Marseille, représente, avec tout le
spect dû à de si touchants souvenirs, les scènes que nous venons
ndiquer. Pendant ces représentations, ceux qui parlent pour les
eurs de bois chantent de vieux noëls français et provençaux, en
cord avec le caractère des divers personnages. L'âne brait, le bœuf
ugle et les agneaux bêlent.

La messe dite de *minuit* conserve de bons vieux usages. Depuis onze
ures du soir jusqu'à minuit, en Provence, l'orgue exécute tous les
s de *noëls* locaux, avec accompagnement de tambourin et de galou-
t; le rossignol chante dans l'orgue, et le mouton bêle sur deux notes
lencées de la *voix humaine.*

Il y a cent ans, la paroisse de La Villeneuve-en-Chevrie, à deux lieues

1) Voyez toutes ces discussions et d'autres, dans le P. Honoré de Sainte-
rie, *Réflexions sur les Règles et sur l'Usage de la Critique,* etc., t. 2, p. 244
245.

de Mantes (Seine-et-Oise), voyait exécuter, à la messe de minuit, par trente bergers et huit bergères, une cérémonie intéressante, dont voici le détail, et à laquelle on accourait de plusieurs lieues.

On préparait dans le chœur de l'église une crèche très-proprement faite, dans laquelle était couché un enfant Jésus en cire, de grandeur naturelle. La crèche était éclairée de plusieurs flambeaux de cire blanche.

L'heure de l'office étant arrivée, on commençait par chanter l'hymne *Te Deum*, après laquelle le célébrant, en chappe, accompagné de son clergé, faisait les encensements de la crèche, au son d'une symphonie de violons, de basses et d'autres instruments. Un berger très-bien habillé venait ensuite se prosterner au pied de la crèche, tenant attaché par un grand ruban un mouton sur lequel il y avait une espèce de petit bât artistement fait, et sur le bât seize cierges allumés. Il était suivi de deux bergères habillées de blanc, portant chacune une quenouille ornée de rubans, et un cierge à la main. Les autres bergères de la cérémonie portaient aussi des quenouilles pareilles et un cierge.

Suivait un second berger, lequel portait une belle branche de laurier à laquelle étaient attachés des oranges, des citrons, d'autres fruits, des biscuits et des sucreries, etc. Ce berger était au milieu de deux bergères.

Deux autres bergers portaient, sur un brancard couvert d'une magnifique toilette, trois grands pains-bénits, sur chacun desquels était un rameau de laurier orné de rubans, et des cierges allumés.

Les quatre autres bergères venaient ensuite faire leurs adorations devant la crèche. Elles étaient suivies des autres bergers, qui se présentaient deux à deux, portant d'une main un cierge et de l'autre une houlette ornée de festons.

Les bergers et les bergères venaient à l'offrande dans le même ordre, et pendant leur marche on chantait un prologue sur la naissance du Sauveur, accompagné d'une belle symphonie. La messe finie, on recommençait les adorations avec la même cérémonie, et puis on se retira.

Il se faisait après cette messe de minuit, dans un lieu marqué, un petit réveillon ou repas pour les bergères, qui étaient servies par quatre bergers nu-tête. Les bergers leur faisaient présent à chacune d'un gâteau, et ils allaient les reconduire. Les bergers revenaient sur leurs pas, et faisaient au même endroit un petit repas où tout se passait avec beaucoup de modestie et de frugalité.

La même cérémonie des adorations ci-dessus décrite avait lieu encore à la messe du point du jour, dans le même ordre et avec les mêmes

constances. Celle-ci se terminait par une exhortation que faisait le
curé aux bergers et aux bergères sur les devoirs de leur état , etc.

Enfin, les bergers venaient en corps remercier leur curé, et ils lui
faisaient présent de la branche de laurier chargée comme il a été marqué ci-dessus. Tout se passait dans cette cérémonie avec tant de piété et
d'édification, au rapport d'un témoin oculaire (1), que, lorsque ces bergers sortaient de l'église, en silence et dans un esprit de recueillement,
on pouvait leur appliquer ce que dit l'Evangile des pasteurs de Judée
qui vinrent adorer le Seigneur dans la crèche de Bethléem : *Et reversi
sunt pastores glorificantes et laudantes Deum , in omnibus quæ audierant
et viderant* (2).

Dans certaines paroisses de la Normandie, à la campagne, notamment
dans le département de l'Eure, et même dans quelques églises de l'Ile-de-France voisines de ce dernier département, on observait encore, il
y a quelques années, certaines cérémonies, certains usages traditionnellement reçus, à la fête de Noël, à la messe de minuit. Sans parler
du chant d'anciens noëls forts curieux, que l'on disait principalement
à l'élévation et au moment de la communion, il ne faut pas omettre
la cérémonie de l'apparition de l'étoile. Voici comment elle avait lieu
dans le village de Saint-Clair-sur-Epte, selon un témoin oculaire, duquel nous tenons ces détails :

Cette étoile était faite de baguettes flexibles et entrelacées en forme
d'étoile; à chaque branche adhéraient des cierges fichés dans des fils
de laiton. On allumait l'astre fictif derrière l'autel, pendant le chant du
Kyrie eleison, et au moment où le prêtre entonnait le *Gloria in excelsis,*
l'étoile, par un mécanisme fort simple, était enlevée à la voûte de l'église, qu'elle inondait d'une brillante clarté. Pendant ce temps, les cloches faisaient entendre de joyeuses volées.

Dans la même paroisse avait lieu la bénédiction des agneaux, chaque
année, à la messe de minuit. Trois bergers, vêtus du costume traditionnel et la houlette à la main, se tenaient dans le banc de l'œuvre. Ils
avaient devant eux autant de tout jeunes agneaux, dans une vaste corbeille entrelacée de rubans de diverses couleurs. Les agneaux eux-mêmes
portaient au cou et sur la tête des rubans et des fleurs artificielles. Au
moment de la bénédiction du pain , les bergers se dirigeaient vers l'autel deux d'entre eux portaient les agneaux sur un brancard; le troi-

(1) Voyez, dans le *Mercure* de 1735, janvier, p. 172 à 175, l'extrait d'une lettre écrite par M. Demas, curé de La Villeneuve-en-Chevrie, le 7 janvier 1735.
(2) S. Luc, II, 20. — « Et les bergers s'en retournèrent glorifiant et louant
Dieu de toutes les choses qu'ils avaient entendues et vues. »

sième berger les précédait, tenant un cierge à la main. Le prêtre bénissait les agneaux, et présentait la patène à baiser au berger porteur du
cierge. Probablement, ce qu'on n'a pu nous affirmer, le prêtre, en cette
circonstance, se servait d'une formule de bénédiction *ad hoc*; puis i
aspergeait les agneaux d'eau-bénite.

Un concours très-grand des villages environnants se pressait dans
cette église pour voir l'étoile et l'offrande des agneaux. Dans les paroi
ses d'alentour, surtout en Normandie, cette double cérémonie n'est pa
rare.

Nous ne clorons pas ces quelques détails relatifs à la célébration d
la Noël dans l'Eglise catholique, sans retracer ici les particularité
charmantes qu'une plume éloquente a conservées dans un livre qui est
en quelque sorte, le chant du cygne de son pieux auteur (1).

A Rome, dans l'église d'*Ara Cœli,* « chaque année, au jour de Noël
on dresse un simulacre de l'étable de Bethléem. Là, à la clarté de mill
cierges, on voit sur la paille de la crèche l'image d'un nouveau-né
Un enfant, à qui l'usage permet en ce jour de prendre la parole dan
le lieu saint, prêche la foule et la convie à aimer, à imiter l'enfant
Dieu, pendant que les *pifferari* (2) venus des montagnes du Latium
donnent avec leurs cornemuses de joyeuses sérénades aux madone
du voisinage. L'étranger, peu accoutumé à la naïveté de ces fêtes, s
retire peut-être en haussant les épaules; mais l'ami des vieilles légen
des, en rentrant chez lui, ouvre l'Histoire de saint François d'Assis
par saint Bonaventure : c'est là qu'il retrouve, dans un court passage
l'origine de la crèche d'*Ara Cœli,* et comme une racine de plus de cett
poésie populaire, de cette plante tenace que six siècles n'ont pu arra
cher. — Il arriva que, la troisième année avant sa mort, saint Françoi
pour réveiller la piété publique, voulut célébrer la nativité de l'enfan
Jésus avec toute la solennité possible, dans le bourg de Grecio. Ayan
donc obtenu du souverain Pontife la licence nécessaire, il fit prépare
une crèche, apporter la paille, amener un bœuf et un âne. Les frère
sont convoqués, le peuple accourt; la forêt retentit de cantiques, e
cette nuit vénérable devient toute mélodieuse de chants, toute resplen
dissante de lumières. L'homme de Dieu se tenait devant la crèche, pé
nétré de piété, baigné de larmes et inondé de joie. La messe est célé
brée, et François, comme diacre, y chante le saint Evangile. Il prêch
ensuite au peuple assemblé, et lui annonce la naissance de ce Roi pau

(1) A.-F. Ozanam, *Les Poètes Franciscains en Italie,* p. 161-163.
(2) On appelle ainsi, en Italie, les joueurs de musette, cornemuse et autre
instruments rustiques.

vre, que, dans la tendresse de son cœur, il aimait à nommer le petit enfant de Bethléem. Or, un vertueux chevalier, sire Jean de Grecio, qui, pour l'amour du Christ, abandonna plus tard les armes séculières, attesta qu'il avait vu un petit enfant d'une extrême beauté, dormant dans la crèche, et que le bienheureux Père François pressait dans ses bras comme pour le réveiller » (1).

Plus loin, M. Ozanam publie pour la première fois le *Stabat* de la crèche, que l'on doit au poète franciscain (2) auteur du chef-d'œuvre de poésie catholique et de divine inspiration qu'on chante le Vendredi saint dans nos églises, chaque année. « La postérité a fait un choix entre ces deux perles semblables; et, tandis qu'elle conservait l'une avec amour, elle laissait l'autre enfouie. »

Voici le texte et un essai de traduction de cette prose (3), dont on peut dire, comme du *Stabat mater dolorosa,* avec M. Ozanam : « La liturgie catholique n'a rien de plus touchant que cette complainte, si simple dans son latin populaire, que les femmes et les enfants en comprennent la moitié par les mots, l'autre moitié par le chant et par le cœur. »

Stabat mater speciosa, Juxta fœnum gaudiosa, Dum jacebat parvulus.	Elle se tenait debout, la gracieuse mère, joyeuse auprès de la paille où gisait son enfant.
Cujus animam gaudentem, Lætabundam et ferventem Pertransivit jubilus.	Son ame pleine de joie, tressaillante et embrasée, était pénétrée d'allégresse.
O quam læta et beata Fuit illa immaculata Mater unigeniti.	Oh! qu'elle fût joyeuse et heureuse, cette mère immaculée du Fils unique et seul engendré de Dieu!
Quæ gaudebat et ridebat, Exultabat, cum videbat Nati partum inclyti.	Elle se réjouissait et souriait, elle tressaillait en voyant le fruit illustre de ses entrailles.
Quis est iste qui non gauderet (*sic*), Christi matrem si videret In tanto solatio?	Quel est celui qui ne se réjouirait pas, s'il voyait la mère du Christ dans un tel et si grand bonheur?
Quis non posset collætari Christi matrem contemplari Gaudentem cum filio?	Qui pourrait ne pas se réjouir avec elle, en contemplant la mère du Christ jouant avec son fils?
Pro peccatis suæ gentis, Christum vidit cum jumentis, Et algori subditum.	Pour les péchés de son peuple, elle vit le Christ au milieu des brutes, et livré au froid.

(1) S. Bonaventure, *Legenda S. Francisci,* cap. 10.
(2) Le bienheureux Jacopone de Todi, au XIIIᵉ siècle, p. 211-214.
(3) Bibliothèque impériale de Paris, manuscrit n° 7785, fol. 109 verso.

Vidit suum dulcem natum
Vagientem, adoratum
Vili diversorio.

Nato Christo in præsepe,
Cœli cives canunt læte
Cum immenso gaudio.

Stabat senex cum puella,
Non cum verbo, nec loquela,
Stupescentes cordibus.

Eia mater, fons amoris,
Me sentire vim ardoris
Fac ut tecum sentiam!

Fac ut ardeat cor meum
In amando Christum Deum,
Ut sibi complaceam.

Sancta mater, istud agas :
Prone (*sic*) introducas plagas
Cordi fixas valide.

Tui nati cœlo lapsi,
Jam dignati fœno nasci
Pœnas mecum divide.

Fac me vere congaudere,
Jesulino cohærere,
Donec ego vixero.

In me sistat ardor tui,
Puerino fac me frui,
Dum sum in exilio.

Hunc ardorem fac communem,
Ne facias me immunem
Ab hoc desiderio.

Virgo virginum præclara,
Mihi jam non sis amara :
Fac me parvum rapere.

Fac ut portem pulchrum fantem (*sic*),
Qui nascendo vicit mortem,
Volens vitam tradere.

Fac me tecum satiari,
Nato tuo inebriari,
Stans inter tripudia.

Inflammatus et accensus,
Obstupescit omnis sensus
Tali de commercio.

Fac me nato custodiri, Verbo Dei præmuniri, Conservari gratia.	Confie-moi à la garde du nouveau-né; que le Verbe de Dieu soit mon rempart, que sa grâce me conserve.
Quando corpus morietur, Fac ut animæ donetur Tui nati visio (1).	Quand la mort prendra mon corps, fais qu'il soit donné à mon ame de jouir de la vue de ton fils.
Omnes stabulum amantes, Et pastores vigilantes Pernoctantes sociant.	Que tous ceux qui aiment l'étable et les pasteurs qui veillent, s'unissent pour veiller pendant la nuit de Noël.
Per virtutem nati tui, Ora ut electi sui Ad patriam veniant.	Prie, ô Vierge mère! pour que, par la vertu de ton fils, ses élus arrivent à la patrie des cieux.
Amen.	Ainsi soit-il.

Ces usages pieux et quelques autres qu'il serait trop long de rapporter ici, connus en plusieurs parties. de la France (notamment en Flandre) sous le nom de *Bethléem*, nous amènent naturellement à rechercher dans quel lieu d'habitation naquit le Christ.

II.

Saint Joseph étant parti de Nazareth, petite ville de Galilée, vint en Judée, à la ville de David, appelée Bethléem, pour se faire enregistrer avec Marie, son épouse, qui était grosse. Bethléem n'était alors qu'un bourg ou un village de la tribu de Juda, à deux lieues environ de Jérusalem, vers le midi, bâti sur une montagne pleine de roches, où l'on avait creusé des maisons et des étables pour l'usage des habitants.

Pendant que Marie et Joseph étaient en ce lieu, il arriva que le temps auquel elle devait accoucher s'accomplit, et elle enfanta son fils premier-né, dans un lieu préparé pour servir d'étable, parce qu'en arrivant à Bethléem il ne s'était point trouvé de place dans l'hôtellerie, à cause de la multitude du monde que le dénombrement avait obligé de venir à Bethléem. Saint Jérôme appelle l'endroit où Jésus-Christ naquit une caverne; saint Augustin le nomme une étable; saint Cyprien, une petite maison. Ce nom de *maison* se prend dans l'Ecriture pour toute sorte de demeure.

L'étable ou la caverne dans laquelle Jésus-Christ voulut naître était-elle dans le bourg même de Bethléem, ou tout auprès?

(1) Ici doit finir la prose de Jacopone. Une main étrangère, peut-être, y ajouta les deux strophes suivantes.

Casaubon, en s'appuyant sur le texte de l'Evangile, prétend faire voir que le Sauveur est né dans la ville de Bethléem, et non pas dans une caverne qui fût dans les faubourgs ou hors de la ville. Mais la tradition communément reçue parmi les fidèles porte que la caverne où le Christ naquit était hors du bourg de Bethléem.

Saint Justin est le premier des Pères qui nous apprend que l'étable où le Christ est né n'était pas à Bethléem, mais auprès (1). Et comme ce saint martyr était de la Palestine même, on ne peut guère douter que cela ne fût, au moins selon l'état où Bethléem était de son temps. Eusèbe (2) dit que les habitants de Bethléem, suivant qu'ils l'avaient appris de leurs ancêtres, montraient le champ où le Sauveur était né à ceux qui allaient visiter ce saint lieu. Saint Epiphane (3) a cru aussi que le Sauveur ne naquit point dans le bourg même, mais dehors. Saint Jérôme, dans ses lettres à Marcelle et à Eustochium ; saint Pierre Chrysologue, dans son discours 175e, et plusieurs autres écrivains ecclésiastiques, ont suivi cette tradition.

Quant à l'opinion de Casaubon (4), elle tombe devant la tradition la plus constante, quoique l'on puisse jusqu'à un certain point admettre avec lui que le Sauveur a pu naître dans l'intérieur du bourg même de Bethléem. Origène (5) et d'autres Pères peuvent donner raison au système de Casaubon. On dit, en effet, tous les jours, qu'un homme est né à Paris ou dans Paris, quoiqu'il soit né dans les faubourgs ou dans les maisons qui touchent la ville. Quand Eusèbe dit que Jésus-Christ est né dans un certain champ, ce n'est pas à dire qu'il ne soit né dans une caverne ou même dans une maison qui aurait été dans ce champ, à l'entrée du bourg, et qui aurait servi à loger les pauvres, sorte de *caravanserail*, comme il en a existé de tout temps en Orient, et comme il y en a encore dans toute l'Asie.

Quelques mots, au point de vue archéologique, sur le lieu où naquit le Sauveur et sur les erreurs de la plupart des peintres relativement à ce point important, ne seront pas ici hors de propos.

Nicolas Denisot, qui vivait au XVIe siècle, nous a laissé, dans ses *Can-*

(1) Quoniam Josephus non habebat in vico illo ubi diversaretur, in spelunca quadam, quæ vico proxima erat, diversatus est. Ibi Maria Christum recens natum in præsepi deposuit (S. Justin, *contre Tryphon*).

(2) *Demonst. evang.*, lib. 7, cap. 5.

(3) Lib. 1, in fine.

(4) Exercit. 2, ad ann. 1, no 2, *Annal. Baronii;* — et le P. Honoré de Sainte-Marie, l. c. sup., p. 247 à 250.

(5) Lib. 1 *contra Celsum.* — Ostenditur in Bethleem spelunca ubi natus est.

ques spirituels, une description assez singulière de ce lieu. Comme
le a beaucoup de ressemblance avec ce que les peintres ont supposé
ir cet article, il ne sera pas inutile d'en citer les principaux traits :

> Quatre fourches en quarré,
> L'une sur l'autre panchantes,
> Souz un plancher bigarré,
> De tous côtés chancelantes,
> Estoient les quatre pilliers
> De ce tant heureux repaire
> Où les anges à milliers
> Ont veu la Vierge être mère.
> Sur ces fourches tout en long
> Quatre perches à l'antique,
> Desceignoient le double front
> D'un double et double portique.
> Tout le plancher de rozeaux
> Et de paille ramassée,
> De torchiz et de tuilleaux,
> D'herbe seiche entrelacée,
> Estoit tout entièrement
> Lambrissé en telle sorte,
> Qu'on eust dict facilement
> Le tout n'estre qu'une porte.
> Les postres et soliveaux
> Estoient petites perchettes,
> Plus pour nicher les oyseaux
> Que pour servir de logettes.
> L'entour estoit façonné
> D'une claye my-rompue,
> Où le vent avoit donné,
> Tant qu'il l'avoit corrompue.
> Sur le dessus my-passoit
> L'herbe penchant, de froidure,
> Qui ses cheveux hérissoit
> Teintz encores de verdure.
> Quatre gaulles en travers,
> Desja seiches de vieillesse,
> Ouvertes de mille vers,
> Bout sus bout faisoient l'adresse.
> . . . .
> Voylà le beau corps d'hostel
> Et la maison somptueuse
> Où le grand Dieu immortel
> Est né de la Vierge heureuse ; etc.

Cette misérable cabane a tant plu aux peintres, que presque tous se
nt empressés d'èn faire usage.

Quelques artistes, voulant sans doute donner plus de noblesse à leur composition, laissèrent de côté la cabane décrite par Denisot, ou plutôt ils la transformèrent en un temple ou palais antique, dont les débris attestent la magnificence, la grandeur. Des colonnes renversées, des voûtes chancelantes et à demi rompues, de l'herbe et de la mousse qui poussent à travers les frises et les corniches, sont tous objets favorables au pinceau; ils n'ont pas oublié d'en faire usage.

D'autres, persuadés que le contraste serait plus frappant s'ils unissaient et les ruines dont nous venons de parler et la cabane de Denisot, prirent, en conséquence, moitié de l'un, moitié de l'autre, et de ces deux moitiés ils composèrent un bâtiment d'une construction nouvelle, dans lequel ils firent naître le Messie.

La grotte illustrée par la présence de Jésus enfant existe encore; elle a, dans tous les temps, attiré la piété des fidèles. En vain l'empereur Adrien crut la rendre odieuse en la métamorphosant en un temple consacré à Adonis : cette profanation ne put détourner les chrétiens de venir révérer le lieu où le Sauveur du monde était né; et du temps de Constantin, sainte Hélène, sa mère, rendit à la grotte de Bethléem son antique éclat, en ornant des marbres les plus précieux ce sanctuaire qui rappelle tant de souvenirs.

La grotte où le Fils de Dieu a voulu naître (dit un voyageur du commencement du XVIIIᵉ siècle) (1), « a trente-huit à trente-neuf pieds dans sa longueur, qui se prend de l'orient au couchant, sur quinze dans sa plus grande largeur, qui est moindre de deux ou trois pieds dans le fond, qui regarde l'occident. La voûte, qui est du roc même, peut être élevée de neuf à dix pieds : la multitude des lampes qui brûlent incessamment a noirci la mosaïque dont cette voûte est ornée, et qu'on dit être excellente. On descend dans cet antre sacré par deux escaliers de douze marches de jaspe et de porphyre. Les deux portes, qui sont de hauteur ordinaire, sont de bronze et ornées de très-belles figures en bas-relief. Le pavé est tout de marbre gris-blanc, orné de veines et d'ondes naturelles. Les murailles sont revêtues de longues tables d'un marbre de pareille beauté.

« Etant arrivé au pied du premier escalier qui se présente d'abord à ceux qui entrent dans l'église par le monastère des Pères de Terre-Sainte, on tourne à gauche en avançant de trois pas dans la largeur de la sainte grotte; et là on trouve, au milieu des deux escaliers, presque à distance égale, un autel un peu enfoncé dans la muraille, en forme de

(1) *Relation historique d'un Voyage fait au mont Sinaï et à Jérusalem.* Toul, 1704.

niche fort large. Cet autel a pour rétable un excellent tableau de la naissance du Fils de Dieu, et au-dessus on trouve cette inscription environnée de rayons : *Ici est né le Christ*.....

« Le lieu où se trouva le berceau du Sauveur est enfoncé; on y descend par trois marches d'un marbre gris-blanc. Il est rempli d'une crèche composée de plusieurs pièces de marbre blanc. Cette nouvelle crèche est plus large que celle dans laquelle Jésus-Christ fut couché; elle est élevée de terre d'un pied et demi, et elle en a presque quatre de longueur et deux de largeur..... »

Ces détails sont conformes avec ce qu'on trouve dans les autres relations de la Terre sainte (1), par rapport à la grotte de Bethléem. On lit dans toutes, que cette grotte est plus longue que large, et peu élevée; qu'il y a un petit enfoncement dans lequel on descend par quatre degrés ; que cette seconde grotte peut contenir environ six ou sept personnes, et que ce fut dans ce lieu que se trouva la crèche qui servit à coucher l'enfant Jésus.

III.

A l'occasion de l'étable où Jésus-Christ est né, nous dirons en peu de mots ce qu'on peut penser d'une pieuse créance qui est assez commune parmi les fidèles, savoir, qu'il y avait dans cette caverne un bœuf et un âne.

Ce n'est pas , comme le prétendent Tillemont (2) et Baillet (3), *l'auteur du Livre des Promesses,* qui n'a vécu que vers le milieu du Ve siècle, qui a donné cours à cette tradition. Ce n'est pas non plus par l'*industrie* des peintres qu'elle s'est accrue, mais plutôt par la créance commune des fidèles, appuyée sur le témoignage des anciens Pères de l'Eglise (4), qui nous apprennent que cette circonstance de la naissance du Sauveur avait été prédite par les prophètes.

(1) Voyez, entre autres, Chateaubriand, *Itinéraire de Paris à Jérusalem,* édition de 1811, t. 2, p. 150 à 162.

(2) Note 5 sur Jésus-Christ.

(3) *Vies des Saints,* 25 décembre, pour la fête de Noël.

(4) Cognosce, bos, possessorem, Isaias hujus te admonet, et ut asinus præsepe Domini sui (S. Grégoire de Nazianze , orat. 38). — Medium igitur in præsepi se inter bovem et asinum utriusque Dominus locat (S. Grégoire de Nysse, *in diem natalem Domini*). — S. Jérôme, parlant de Ste Paule (epist. 17 *ad Eustochium*) : Inde Bethleem ingressa, in specum Salvatoris introiens, postquam vidit sacrum Virginis diversorium et stabulum, in quo agnovit bos possessorem suum et asinus præsepe Domini sui, ut illud impleret quod in eodem propheta

Saint Jérôme et saint Augustin, pour ne citer que deux auteurs, ont reconnu qu'il y avait un bœuf et un âne proche la crèche de Jésus-Christ. Ce témoignage nous suffit pour établir cette tradition, sans avoir recours à un inconnu du V° siècle, ni à l'art des peintres. Mais, pour ne point contester, soit que les Pères aient établi cette tradition sur les passages d'Isaïe (1) et d'Habacuc, soit qu'ils les aient interprétés d'une manière différente, il est certain qu'ils ont lu dans les Septante : ἐν μέσω δύο ζώων « Tu seras connu au milieu de deux animaux, » et non : ζωῶν « vies, existences, époques; » et, enfin, soit qu'ils se soient appuyés sur les passages des prophètes ou qu'ils l'aient appris par tradition, il doit demeurer pour constant que la source de cette pieuse créance découle du témoignage des Pères, et qu'elle s'est toujours maintenue dans l'Eglise. Car, dans l'office du jour de la Nativité et de l'Epiphanie, elle chante ces paroles : *O magnum mysterium, admirabile sacramentum! ut animalia viderent Dominum natum jacentem in præsepio* : « O grand mystère, admirable sacrement! les animaux ont vu le Seigneur nouveau-né couché dans leur crèche. »

Denisot, dans quelques vers naïfs, parle ainsi du bœuf et de l'âne :

> Voyez l'une et l'autre beste
> A son Seigneur faire feste.
> Voyez que l'asne à genoux
> Par-dessus l'oreille baye,
> Et selon son pouvoir paye
> L'honneur que lui devons tous.

A genoux... Telle était, en effet, l'attitude d'adoration que nos vieux peintres donnaient à l'âne et au bœuf. Les modernes ont conservé ces deux animaux, mais ils les ont placés debout, et l'âne ne brait plus; ordinairement ils ont le dos tourné à leur ratelier, et semblent échauffer le divin enfant avec leur haleine.

Quant à ce qui concerne les bergers auxquels un ange apparut et qui vinrent adorer l'enfant-Dieu nouveau-né, quel était leur nombre? Les peintres, guidés par le pur caprice, en représentent, les uns deux, d'autres trois, quatre et même plus. Si l'on s'en rapportait à Casaubon, ou plutôt à l'ancien manuscrit grec et anonyme qu'il cite, il faudrait représenter quatre bergers. Suivant ce même manuscrit, ils se nom-

scriptum est, etc. — S. Paulin *ad Severum*, epist. 2. — S. Cyrille de Jérusalem, *Cateches.* 12. — Prudence et plusieurs autres ont reconnu qu'il y avait dans l'étable un bœuf et un âne, quand Jésus-Christ naquit.

(1) Cognovit bos possessorem suum, et asinus præsepe Domini sui, c. 1, v. 3.

maient *Misael, Achael, Etienne* et *Cyriace.* Les auteurs des anciens drames religieux du moyen-âge, ou *mystères,* introduisirent aussi un pareil nombre de bergers sur la scène (1). Cependant la tradition paraît
contraire à cette opinion ; elle n'en compte que trois, et tous les
voyageurs rapportent que l'église qu'on avait bâtie à l'endroit où
l'Ange apparut, se nommait l'*Eglise des Trois-Bergers.*

IV.

Parlons maintenant de quelques usages liturgiques du moyen-âge
relatifs à la fête de Noël, et des cérémonies qui, à Rouen, à Sens et ailleurs encore, précédaient la messe du jour de Noël.

Suivant une tradition qui paraît assez ancienne, on faisait dans la
cathédrale de Rouen, avant la grand'messe du jour de Noël, une procession dont Du Cange (2) a donné l'ordre, tiré de l'*Ordinaire manus-*
crit de l'Eglise de Rouen. Nous traduisons le texte latin, assez difficile,
du reste, à bien entendre, à cause de sa concision. On voyait dans cette
cérémonie, non-seulement les prophètes qui avaient prédit la naissance
du Christ, mais encore Virgile et la Sibylle, qu'on prétend avoir parlé
du Messie. On y voyait aussi Nabuchodonosor, les trois enfants dans la
fournaise, et Balaam monté sur une ânesse ; d'où vient, selon Du Cange,
qu'on donnait à cette cérémonie le nom de *fête des Anes,* par rapport
à l'ânesse de Balaam et à l'âne qui réchauffait de son souffle l'enfant
divin couché dans la crèche de Bethléem.

« Remarque pour le chantre : Lorsque la fête des Anes a lieu, la procession doit se mettre en marche après tierce. Si cette fête ne se célèbre
pas, on fait la procession comme d'habitude.

« Ordre de la procession des ânes, selon l'usage de Rouen :

« Tierce étant chantée, les Prophètes prennent leur rang, et après
qu'au milieu de la nef de l'église on aura établi une fournaise alimen-
tée par du linge et des étoupes, la procession sortira du cloître, et deux
clercs du second rang, chapés, conduiront la marche en chantant ces
versets : *Gloriosi et famosi.* Le chœur : *Gloriosi.* Les deux clercs : *Cu-*
jus ortum. Le chœur : *Gloriosi.* Les clercs : *Quem futurum.* Le chœur :
Gloriosi. Les clercs : *Impiorum Judæorum.* Le chœur : *Gloriosi.* Les
clercs : *Sed Judæi.* Le chœur : *Gloriosi.* Les clercs : *Israel infideli.* Le
chœur : *Gloriosi.* Les clercs : *Gentes unde.*

(1) Les quatre bergers s'appellent *Aloris, Riflart, Ysambart* et *Pelion,* dans
nos anciens Mystères.
(2) In Gloss., voce *Festum Asinorum.*

« Alors la procession s'arrêtera au milieu de l'église, et six Juifs se trouveront là, et d'un autre côté il y aura six Gentils, et les deux clercs appelleront tous les Gentils en ces termes : *O vous tous, Gentils, le Seigneur se fait homme!* Puis, se tournant vers les Juifs : *O Juifs, c'est le Verbe* (ou la parole) *de Dieu.* Le chœur : *Soyez les témoins de votre loi.* Les Juifs répondront : *Nous vous les avons remis.* Les deux clercs, aux Gentils : *Et vous, Gentils, qui ne croyez pas.* Les Gentils répondront : *C'est le vrai Dieu, le Roi des rois.* Les clercs appelleront d'abord Moïse, en ces termes : *Toi, Moïse le législateur.* Alors Moïse, tenant les Tables de la Loi ouvertes, revêtu d'une aube et d'une chape, et le front chargé de deux cornes, barbu, et tenant une verge en main, dira : *Après moi viendra un homme, orient des nations.* Après ces paroles, les clercs le conduiront au-delà de la fournaise, en disant : *Que cette assemblée chante des chants d'allégresse.* Le chœur : *Quod Judœa.* Les clercs diront à Amos : *Amos, ta pensée?*

« Alors Amos, vieillard barbu, tenant un épi, dira : *Voici que les jours approchent.* Les clercs et le chœur : *Quod Judœa.* Les clercs diront à Isaïe : *Isaïe, quelle parole sais-tu?* Isaïe, barbu, vêtu d'une aube, et le front ceint d'une étole rouge, dira : *Il est nécessaire que de la verge de Jessé naisse une fleur.*

« Les clercs, à Aaron : *Aaron, instruis ton peuple.* Aaron, orné des habits pontificaux et mitré, longue barbe, et tenant une fleur, dira : *La verge de Jessé a fleuri.* Appel du fils de Semei : *Toi, qui t'appelles Jérémie.* Jérémie, habillé en prêtre, barbu, et tenant un rouleau, dira : *Oui, c'est notre Dieu, celui qui est né aujourd'hui.* Appel de Daniel : *Daniel, juge de ta voix prophétique.* Daniel, vêtu d'une tunique verte, apparence de jeune homme, tenant un épi, dira : *Le Saint des saints viendra.* Appel d'Habacuc : *Habacuc, envoyé du Roi du ciel.* Habacuc, vieillard boiteux, vêtu d'une dalmatique, ayant dans une besace des racines, et portant de longues palmes avec lesquelles il frappera les Gentils, dira, tout en mangeant ses racines : *Ton œuvre* [le Christ] *naîtra entre deux* [animaux].

« Deux envoyés du roi Balec diront : *Balaam, viens, et fais ce qu'on t'ordonne.* Alors Balaam, à cheval sur son ânesse, éperonné, tirera la bride et frappera l'ânesse de ses éperons; et un jeune homme, tenant un glaive, se mettra devant l'ânesse et l'empêchera d'avancer. Un homme placé sous l'ânesse dira : *Malheureuse que je suis, pourquoi me blessez-vous ainsi avec vos éperons?* Puis l'ange dira à Balaam : *Renonce à servir les desseins du roi Balec.* Les clercs : *Balaam, prophétise.* Alors Balaam répondra : *Une étoile brillante sortira de Jacob.* Appel de Samuel :

Approche, Samuel. Samuel, habillé en religieux, dira : *Que le roi fasse entendre sa parole en Israël.* Appel de David : *Plaide, David, la cause de ton petit-fils.* David, en costume royal, dira : *Tous les hommes, réunis en un seul troupeau, adoreront le Seigneur.* Appel d'Osée : *Osée, dissipe l'aveuglement du peuple hébreu.* Osée, personnage barbu, dira : *Dieu a an-noncé que le fils de David paraîtrait en ce temps.* Appel de Johel : *Johel, élève la voix avec les autres.* Johel, vêtu d'habits bariolés, et barbu, dira : *Je répandrai mon esprit, dit le Seigneur.* Appel d'Abdias : *Abdias, sois le hérault du Sauveur qui doit venir.* Abdias, vêtu d'habits bariolés, et barbu, dira : *Le salut sera sur la montagne de Sion.* Appel de Jonas : *Jonas, quels sont les rapports mystiques qui existent entre la personne du Christ et la tienne?* Jonas, chauve, et vêtu d'une aube, dira : *O Juifs! vous regardez ces signes comme vains; gémissez de votre conduite.* Appel de Michée : *Fais en sorte, ô Michée! que ce peuple croie.* Michée, vêtu d'habits bariolés, et barbu, dira : *Il descendra, ce Seigneur qui n'a pas de fin.* Appel de Naun : *Naun, parle au peuple juif.* Naun, vieillard, répon-dra : *Qu'ils sont beaux les pieds de celui qui évangélise sur les montagnes!* Appel de Sophonie : *Viens, et sois avec nous, ô Sophonie!* Sophonie, barbu, dira : *Sion, le roi régnera au milieu de toi.* Appel d'Aggée : *Ecoutons ce que la bouche d'Aggée va nous dire.* Aggée, visage de vieillard, dira : *Il viendra ce roi si désiré par toutes les nations.* Appel de Zacharie : *Viens, Zacharie, fils de Barachie.* Zacharie, barbu, dira : *Fille de Sion, voici ton roi légitime qui vient.* Appel d'Ezéchiel : *Ezéchiel, parle-nous de l'a-vénement de ce roi.* Réponse d'Ezéchiel : *Le roi entrera seul par la porte fermée.* Appel de Malachie : *Parle-nous clairement, Malachie.* Réponse de Malachie : *Nous savons que Dieu a dit cela.* Appel de Zacharie, père de saint Jean-Baptiste : *Zacharie, ouvre la bouche.* Zacharie, habillé en juif, dira : *Il viendra dans les entrailles de la douce miséricorde de Dieu.* Appel d'Elisabeth : *Ici, Elisabeth, au milieu.* Une personne, vêtue de blanc et figurant une femme grosse, dira : *Qu'ai-je à dire autre chose que ce qui me concerne?* Appel de saint Jean-Baptiste : *Parle-nous, Bap-tiste, toi naguère enfermé dans le sein de ta mère.* Jean, nu-pieds et por-tant une banderolle, dira : *Il est venu celui dont je ne suis pas digne de dénouer la chaussure.* Appel de Siméon : *Que dis-tu, Siméon, lorsque tu tiens ce roi entre tes bras?* Siméon, vieillard, répondra : *Les cieux ont contemplé notre Dieu Sauveur.*

« Appel de Virgile : *Maro, Maro, poète et prophète des Gentils, rends témoignage au Christ.* Virgile, habillé comme un jeune homme, bien paré, répondra : *Voici qu'il vient du ciel, cet enfant.*

« Alors Nabuchodonosor, paré comme un roi, montrant une image

à deux hommes armés, dira : *Venez ici, hommes d'armes.* Les hommes
d'armes montreront l'image à des enfants, en leur disant : *Rendez au
roi un hommage qui lui est agréable;* et ils ajouteront, en désignant l'idole
aux trois enfants : *Adorez ce simulacre.* Alors les enfants, crachant sur
l'idole, diront : *Nous n'adorons qu'un Dieu, seul digne de nos hommages.*
A cette réponse, les hommes d'armes conduiront les enfants devant le
roi : *Ils ne craignent pas ton ordre;* et, montrant les enfants au roi : *Roi,
sois sauvé.* Alors le roi, irrité, dira : *Qu'on les prenne.* Et les hommes
d'armes, conduisant les enfants à la fournaise, diront : *Ils méritent le
feu.* On jettera les enfants dans la fournaise, à laquelle on mettra le feu.
Mais eux, libres de leurs liens, ils diront : *Benedictus es, Domine Deus,*
etc. Le roi, plein d'admiration en apprenant cela, dira : *Holà! que chantent ces trois enfants?* Les hommes d'armes : *Ils louent Dieu.* Alors les
héraults diront au roi : *Nabuchodonosor, c'est l'enfant-Dieu qui assiste ces
trois enfants et qui est avec eux.* Le roi, regardant dans la fournaise,
dira : *On n'avait pourtant jeté que trois enfants dans le feu.*

« Appel de la Sibylle : *A toi, à toi, prophétesse.* La Sibylle, couronnée,
et parée d'atours féminins, dira : *La terre suera à l'approche des signes
du jugement dernier.*

« Tout cela étant terminé, tous les prophètes et les ministres chanteront au pupitre ces versets : *Ortum prædestinatio parvo sabbati spatio.*
Enfin, le chantre entonnera, avant l'introït, ce répons que continuera le
chœur : *Confirmatum est cor Virginis.* Les prophètes et les ministres, conduisant le chœur selon leur rang, commenceront l'office de la messe par
l'introït *Puer natus,* que suivront le *Kyrie* et le *Gloria in excelsis,* etc. »

A Sens et ailleurs, on célébrait avant la messe du jour de Noël, dans
la nef de l'église cathédrale, la solennité *de l'Ane,* dont l'office, paroles
et musique, est dû à Pierre de Corbeil, archevêque de Sens, mort en
1222.

Voici la prose dite *de l'Ane,* qu'on chantait encore au XVe siècle.

Orientis partibus	Des pays d'Orient est venu l'âne,
Adventavit asinus,	beau et très-fort, très-commode pour
Pulcher et fortissimus,	porter de lourdes charges.
Sarcinis aptissimus (1).	

(1) « L'âne, — dit Buffon, qu'on relira sans doute avec plaisir, — l'âne est un
animal domestique qui serait par lui-même et pour nous le plus beau, le mieux
fait, le plus distingué et le plus utile des animaux, s'il n'y avait point de cheval; c'est la comparaison qui le dégrade. On le regarde, on le juge non pas en
lui-même, mais relativement au cheval; on est injuste à cet égard. Il est de
de son naturel aussi humble, aussi patient, aussi tranquille que le cheval est

Lentus erat pedibus,
Nisi foret baculus
Et eum in clunibus
Pungeret aculeus.

Son pas serait lent, si l'on n'employait le bâton , et si l'aiguillon ne piquait pas son échine.

Hic in collibus Sichem
Jam nutritus sub Ruben,
Transiit per Jordanem,
Saliit in Bethlehem (1).

Du temps de Ruben, on l'élevait déjà sur les collines de Sichem ; il passa ensuite le Jourdain avec les Juifs, et tressaillit de joie dans Bethléem.

Ecce magnis auribus (2)
Subjugalis filius (3),
Asinus egregius (4),
Asinorum Dominus (5),

Le voici, avec ses grandes oreilles, le poulain de celle qui est sous le joug ; cet âne d'élite, ce roi des ânes.

Saltu vincit hinnulos,
Damas et capreolos,
Super dromedarios
Velox Madianeos (6).

Il saute mieux que les faons, les daims et les chevreaux ; il est plus rapide à la course que les dromadaires du pays de Madian.

Aurum de Arabia,
Thus et myrrham de Saba,
Tulit in Ecclesia
Virtus asinaria (7).

C'est la vertu de l'âne qui a valu à l'Eglise l'or d'Arabie, l'encens et la myrrhe de Saba.

Dum trahit vehicula
Multa cum sarcinula,
Illius mandibula
Dura terit pabula (8).

Il tire de lourdes charrettes pesamment chargées, et sa mâchoire ne triture pourtant que de durs pâturages.

ier, ardent, impétueux ; il souffre avec constance et peut-être avec courage les hâtiments et les coups... L'âne n'est donc méprisable qu'en apparence, puisqu'il est sobre et tempérant, puisqu'il est dur et patient au travail.... »

(1) L'âne tressaillit de joie en reconnaissant son maître, ainsi que l'avait prédit Isaïe.

(2) L'âne a l'ouïe excellente, et il doit sans doute cette qualité à la longueur de ses oreilles.

(3) Allusion à ces paroles de S. Mathieu rapportant une prophétie de Zaharie : *Sedens super asinum, et pullum filium subjugalis* (S. Mathieu, xxi, 5).

(4) Le Fils de Dieu ne voulut pas d'autre monture, dans deux circonstances olennelles de sa vie : lors de sa fuite en Egypte, et lors de son entrée triomphante à Jérusalem.

(5) Comme c'est l'âne que monta le Christ dont on rappelle ici le souvenir, il est à juste titre nommé, pour l'honneur que lui fit Jésus, *asinorum dominus.*

(6) C'est beaucoup dire, car le dromadaire est une des plus rapides montures e l'Orient.

(7) Cette vertu, ou plutôt ces vertus, dont l'âne est le symbole, sont la patience, a sobriété, l'humilité. Il n'y a pas là d'épigramme, pas plus que quand Homère compare Ajax acharné à la poursuite des ennemis, à un âne que les coups es plus forts ne sauraient tirer d'un champ de blé où il est entré.

(8) « L'âne, a dit Buffon, est sobre et sur la quantité et sur la qualité de la ourriture ; il se contente des herbes les plus dures, les plus désagréables, que e cheval dédaigne. »

Cum aristis hordeum
Comedit et carduum ;
Triticum a palea
Segregat in area (1).

Il mange l'orge avec la paille et les chardons ; sur le sol de l'aire, il sépare le froment d'avec la paille.

Amen, dicas, asine,
Jam satur de gramine (2) :
Amen, amen itera,
Aspernare vetera (3).

Amen, diras-tu, âne ; il est déjà rassasié d'herbe : Amen, amen encore une fois, méprise tout ton passé.

Du Cange, qui le premier a publié le texte de cette prose (4), dont la mélodie vive et gracieuse a charmé, dans ces dernières années, bien des oreilles musicales (5) ; Du Cange, avec les préjugés de son siècle, n'a pas reconnu le vrai but de la *fête de l'Ane,* et tout ce qu'elle renfermait de touchant, de naïf et de pieux.

« Voilà des faits qui nous reportent à l'origine de notre drame, quand l'adoration des mages à la crèche, la fête des Rameaux, où Jésus, monté sur un âne, entre à Jérusalem, et d'autres anniversaires amenaient en foule à l'église un peuple ivre de joie, qui, dans son pieux délire, dansant, chantant et récitant des vers, finit par faire intervenir au milieu de la fête jusqu'à l'âne et au bœuf de la crèche : idée étrange si l'on veut, mais que l'on comprendra si l'on sent combien il est naturel de s'abandonner à la joie la plus folle en éprouvant un grand bonheur, et de se figurer que le plus stupide animal n'y peut être insensible.

« Telle est l'origine de cette *fête de l'Ane,* dont on a trop pourtant

(1) En Orient, en Italie, en Espagne et dans le midi de la France, ce sont les pieds des bœufs et des ânes qui font l'office des fléaux à battre le blé qu'on emploie dans les pays du Nord. On étend en rond les épis sur un terrain dur et bien battu, ouvert de tous côtés (*area*), et, en tournant autour d'un arbre qui marque la distance voulue, l'animal écrase la paille et fait sortir le grain de son enveloppe. Cet usage se retrouve aux premières pages de la Bible, dans ces mots de Moïse : *Non alligabis os bovi trituranti.*

(2) Figure ingénieuse ; la louange est à l'homme ce que le gazon tendre et vert est à l'âne : ni l'un ni l'autre ne doivent s'y habituer. Pardon du rapprochement ; mais Homère est notre excuse, comme on l'a vu plus haut.

(3) L'âne (symbole du peuple juif) est invité à renoncer à ses vieilles rancunes contre les hommes qui, avant le christianisme et l'époque du moyen-âge, avaient méconnu, dans notre Europe, ses diverses et utiles qualités, dont Buffon s'est plu à tracer le tableau, de main de maître.

(4) In Gloss., verbo *Festum Asinorum.* — Le P. Théophile Raynaud parle d'une prose *du Bœuf,* dont nous regrettons la perte ; on la retrouvera peut-être quelque jour (*Heteroclit. spiritual. cœlest. et infern.,* sect. 2, punct. 8, n° 20). ◼

(5) Voyez, dans le t. 9 des *Annales archéologiques,* p. 309-318, *Chants de la Sainte-Chapelle,* 1849. Depuis, ces *Chants* ont paru avec musique et illustrations en une brochure.

exagéré le ridicule, sans daigner en rechercher l'esprit. J'en dis autant de la *fête des Fous*, instituée (selon moi) d'après la noble mission qu'eut le christianisme d'abaisser l'orgueil et de relever l'humilité. Voilà pourquoi on la nommait aussi la *fête du Deposuit*, par allusion à ces mots du cantique de Marie : *Deposuit potentes de sede, et exaltavit humiles*, que les enfants de chœur, que tout le bas clergé, que tout le peuple même entonnaient avec tant de joie le jour où les supérieurs, descendus de leurs dignités, leur en abandonnaient les insignes et leur permettaient de se nommer entre eux, parmi les plus humbles, parmi les enfants même, un *abbé*, un *évêque*, ou un *roi des chanoines*. Comment n'a-t-on vu là que le ridicule!

« Beaucoup de liberté était alors laissée au peuple, qui la dissipait en joies innocentes : un évêque de Paris, dans le XII⁰ siècle, Eudes de Sulli, dernièrement (1) taxé d'intolérance, permit néanmoins aux fidèles de répéter le fameux verset *Deposuit* jusqu'à cinq fois (2). Le chant de Marie n'était pas encore, il est vrai, *la Marseillaise du moyen-âge*. Les *humbles* n'avaient pas encore pris, comme au temps de la Réforme, le *deposuit* et l'*exaltavit* au sérieux. Ces *fous*-là restaient sagement dans leur rôle, n'attendant que du ciel leur *exaltation*, et ne recevant qu'en riant la crosse avec la mitre et les coups d'encensoir, et cette royauté d'un jour que le sort leur donnait; car le sort décidait aussi des rangs, comme à notre *fête des Rois*, qui ressemble un peu à celle des *Fous*, même encore aujourd'hui dans nos provinces du Nord » (3).

Après ces paroles éloquentes et vraies, nous n'avons qu'à nous taire et à prendre congé de ces vieux et touchants plaisirs, auxquels la fête de Noël donnait lieu chaque année au moyen-âge.

NOTE 7.

LA CIRCONCISION.

I.

Les Hébreux ont été le premier peuple qui ait introduit l'usage de la circoncision, et ils ne l'ont observée que par un ordre exprès de Dieu, car nous en lisons l'institution dans le chapitre XVII de la Genèse,

---

(1) L'auteur écrivait en 1837.

(2) Deposuit quinquies ad plus dicetur loco suo, etc. (*Eudes de Sulli, Ordonnance de* 1198).

(3) O. Le Roy, *Etudes sur les Mystères*, etc., p. 152 et 153 (Paris, un vol. in-8°, 1837).

où nous voyons que Dieu dit à Abraham : « Voici le pacte que je fais avec vous, afin que vous l'observiez, et ta postérité après toi. Tous les mâles d'entre vous seront circoncis. Vous circoncirez votre chair (*carnem præputii vestri*), afin que cette circoncision soit la marque de l'alliance que je fais avec vous. L'enfant de huit jours sera circoncis parmi vous, et, dans la suite de toutes les générations, tous les enfants mâles, tant les esclaves qui seront nés en votre maison que tous ceux que vous aurez achetés et qui ne seront point de votre race, seront circoncis. Ce pacte que je fais avec vous sera marqué dans votre chair comme le signe de l'alliance éternelle que je fais avec vous. Tout mâle dont la chair n'aura point été circoncise, sera exterminé du milieu de son peuple, parce qu'il aura violé mon alliance » (1).

Or, on ne lit point dans l'Ecriture sainte, qui est le monument le plus ancien que nous ayons, que personne ait été circoncis avant Abraham. Au contraire, on voit que les enfants de Jacob ne refusaient l'alliance des Sichemites que parce qu'ils étaient incirconcis ; que Sephora, madianite, femme de Moïse, ne circoncit son fils, sur la route d'Egypte, que pour apaiser l'ange qui voulait tuer son mari ; qu'Achior, capitaine des Ammonites, longtemps après, ne se circoncit lui-même que parce qu'il fut touché de l'action éclatante de Judith, et que Josué ayant circoncis les Israélites nés dans le désert, Dieu lui avait dit qu'il avait ôté la honte des Egyptiens de ces Israélites qu'il venait de circoncire par son ordre, etc.

La plupart des peintres, dans la représentation de la circoncision de Jésus-Christ, manquent en quelques-unes, sinon en toutes, les trois choses que nous allons remarquer.

Ils placent l'histoire de ce mystère dans un temple ; ils le font exécuter par le grand-prêtre, et en présence de la Vierge. Cependant cela ne s'accorde nullement avec la vérité de l'histoire ; car, bien que saint Luc rapporte tout simplement que l'enfant fut circoncis huit jours après sa naissance, et qu'il ne dise rien du lieu où se fit la cérémonie, de la personne qui en fut le ministre, ni de ceux qui y furent présents, on ne laisse pas de recueillir de plusieurs endroits de l'Ecriture qu'elle se pouvait indifféremment faire partout, et par toute sorte de personnes, puisqu'Abraham se circoncit lui-même, qu'il circoncit ses enfants et ses serviteurs dans sa maison ; que Séphora, femme de Moïse, circoncit son fils dans une hôtellerie ; que Josué circoncit dans le camp les Israélites nés dans le désert ; qu'Achior, capitaine des Ammonites, se circoncit

---

(1) Vers. 10-14.

lui-même dans quelque maison d'emprunt, à Béthulie, et qu'apparemment saint Jean-Baptiste fut circoncis par quelque personne particulière, dans la maison de Zacharie, son père, puisque ceux qui en firent l'opération y vinrent, et qu'elle fut faite en présence d'Elisabeth, sa mère.

Or, dans ces exemples, non plus que dans les autres que l'Ecriture nous pourrait fournir de cette cérémonie, on n'y voit ni grand-prêtre, ni temple qui puisse excuser l'erreur des peintres; mais on peut convaincre d'absurdité ceux d'entre eux qui y représentent la Vierge dans un temple, puisqu'il est certain que les femmes ne pouvaient, sans enfreindre la loi, entrer dans le temple avant les quarante jours de leurs couches.

Quelques-uns ont pensé que la Vierge avait elle-même circoncis son fils (1). D'autres ont cru que saint Joseph en avait fait l'opération. Mais ces opinions ont été rejetées avec raison par saint Epiphane, saint Augustin et plusieurs autres Pères, non que la chose n'ait pu se faire de la sorte selon la loi, mais parce qu'il y a plus d'apparence qu'elle a été faite par quelque personne publique expérimentée, en présence de ceux qu'on y invitait, d'autant que le témoignage en devait être public et sans soupçon, et que le danger de cette opération ne demandait pas des mains peu habiles. Aussi semble-t-il qu'on en ait usé de la sorte dans la circoncision de saint Jean-Baptiste, puisque saint Luc rapporte que plusieurs personnes vinrent chez Zacharie pour y circoncire son fils; car une marque qu'ils n'étaient pas de la maison, c'est qu'ils y vinrent, et ce qui prouve qu'ils y venaient comme ministres et comme témoins, c'est que saint Luc ajoute qu'ils le nommaient d'un nom dont le père et la mère ne convenaient pas.

Ce qui porte le plus à croire que Jésus-Christ a été circoncis par une personne publique qui faisait profession de cette opération, c'est le silence des évangélistes; car si la chose s'était passée autrement, quelqu'un d'entre eux n'aurait pas manqué d'en marquer le ministre comme une chose singulière. Or, la pratique des Juifs, des mahométans et des autres nations d'aujourd'hui observant la circoncision, nous en est une preuve, puisque partout où ils ont l'exercice libre de leur religion, ils usent de personnes publiques et expérimentées. Et si l'on voit des exemples dans l'Ecriture qui semblent contredire cet usage, comme celui de Séphora,

(1) L'auteur du livre *De la vraie Circoncision*, qu'on a joint aux OEuvres de Jérôme; celui des *Lamentations ou Complaintes de la Vierge*, qui se trouve parmi les OEuvres de S. Bernard, ont avancé que le Christ fut circoncis par sa mère. *Virgo Christum genuit, lactavit et octava die circumcidit.*

d'Achior, de ces femmes qu'Antiochus faisait mourir, qui avaient circoncis leurs enfants, et de saint Paul, qui avait circoncis Timothée, ce sont des exemples rares qui prouvent bien que toutes sortes de personnes en pouvaient faire l'opération, mais non pas qu'on en usât partout et toujours de même, outre qu'on pourrait regarder quelques-uns de ces endroits de l'Ecriture comme des hébraïsmes, où l'on attribue l'action à la personne qui la fait faire, comme si elle l'avait exécutée elle-même.

Quant au lieu où se célébra ce sanglant mystère, tout concourt à nous persuader que ce fut dans la grotte de Bethléem; car il n'y a pas d'apparence que la Vierge ait pu quitter ce lieu avant le huitième jour de ses couches, la loi ayant déclaré la femme accouchée d'un fils, immonde pendant sept jours, de la même manière que les femmes qui avaient leurs ordinaires, qui souillaient tout ce qu'elles touchaient, les personnes mêmes, et auxquelles, en cette considération, toute société et toute fréquentation étaient interdites, demeurant séparées de toutes sortes de personnes pendant ce temps-là. En outre, elles devaient encore demeurer trente-trois jours sans toucher aux choses saintes et sans entrer dans le temple. Et quoique la piété et la raison nous dictent que Marie a été exempte de toutes ces infirmités, sa soumission à la loi de Dieu nous doit néanmoins persuader qu'elle observa très-régulièrement toute la loi. Aussi saint Luc nous dit d'elle et de saint Joseph qu'ils avaient accompli toutes les choses auxquelles la loi les engageait.

Saint Jean Chrysostôme, appuyé sur quelque ancienne tradition, a pensé que la Vierge avait demeuré quarante jours dans cette grotte, et presque tous les Pères ayant été de cette opinion, que les mages y adorèrent Jésus-Christ, confirment ce sentiment.

Les peintres font donc des fautes essentielles quand ils nous représentent ce mystère dans un temple, et qu'ils en font le grand-prêtre le ministre, puisqu'il est très-certain qu'il ne fut point exécuté par le grand-prêtre, mais très-probablement par un simple séculier; que ce ne fut point dans le temple, mais dans la grotte de Bethléem.

Comme les évangélistes ne nous apprennent rien des particularités de la circoncision, nous ne pouvons les savoir que des juifs modernes, qui vraisemblablement en auront beaucoup retenu de leurs ancêtres. Voici en abrégé ce que nous en rapportent Buxtorf (1), Léon de Modène (2) et Adisson (3). L'on y pourra remarquer l'erreur de nos

(1) Dans son livre *De la Synagogue juive*, chap. 2.

(2) *Cérémonies des Juifs, avec des remarques*, par Simon (Voyez 3e partie, chap. 8).

(3) *De l'état présent des Juifs en Barbarie*, chap. 7.

peintres, et les choses qui conviennent dans la représentation de ce mystère.

, La circoncision ne se diffère point sans nécessité plus longtemps que le huitième jour de la naissance, qui est le terme prescrit par la loi. Elle se fait ordinairement le matin, afin que l'enfant, encore à jeun, perde moins de sang; et indifféremment dans la maison des particuliers ou dans les synagogues. L'on y dispose toujours deux siéges couverts de riches tapis, l'un pour le prophète Elie, que les Juifs y croient présent, et l'autre pour le parrain; et si la cérémonie se fait dans la synagogue, ces siéges sont placés proche de l'endroit où l'on met les livres sacrés. L'on y invite, pour y assister, dix personnes âgées au-dessus de trente ans. Le *mohel*, qui est celui qui en fait l'opération, est d'ordinaire un séculier adroit et expérimenté, qui en a fait l'apprentissage sous d'autres mohels.

Le jour de la cérémonie venu, on lave l'enfant, on le tient proprement emmaillotté, et s'il arrive, avant qu'il soit coupé, qu'il vienne à se souiller, on diffère les prières jusqu'à ce qu'il soit parfaitement nettoyé, car les Juifs s'imaginent qu'il ne leur est pas permis de prier sur l'enfant qu'il ne soit très-net.

Dans les lieux où ils ont libre exercice de religion, des femmes portent pompeusement l'enfant jusqu'à la porte de la synagogue. Des enfants précèdent cette marche. L'un porte une torche composée de douze bougies, en mémoire des douze enfants d'Israël. Deux autres portent des coupes pleines de vin rouge. Un autre le couteau avec lequel se doit faire l'opération, qui est très-aigu et tranchant, et dont le manche est souvent d'argent garni de pierreries. Enfin, deux autres suivent ce dernier, l'un portant un bassin plein de sable, en mémoire de la promesse de Dieu faite à Abraham de rendre sa postérité nombreuse comme le sable de la mer, et l'autre un bassin où il y a de l'huile, des plumasseaux de charpie, et des bandelettes de toile fine pour l'appareil de la plaie.

Le parrain assis dans son siége, le mohel vis-à-vis de lui, et les autres assistants chacun en son rang, l'un d'eux crie à haute voix : « Qu'on apporte les choses requises à la cérémonie. » Aussitôt les enfants entrent et vont se mettre autour du mohel, et ce dernier entonne sur le livre de Moïse le cantique que chantèrent les Israélites au passage de la mer Rouge. Puis l'assemblée se lève, le parrain va prendre l'enfant à la porte de la synagogue, et, retournant à sa place, chante *Baruch habba,* c'est-à-dire : « Béni soit celui qui vient. » Ces paroles se rapportent au prophète Elie, ou à l'enfant. S'étant assis une seconde fois, et tenant l'enfant sur ses genoux vis-à-vis du mohel, celui-ci le démaillotte, lui tire le prépuce d'une main et le rend insensible de l'autre, à force de le frotter. Puis, prenant le couteau des mains de l'enfant qui le porte, il chante à haute voix : « Seigneur notre Dieu, roi du monde, soyez béni de nous avoir sanctifiés par vos lois, et nous avoir donné le pacte de la circoncision. » Il coupe le prépuce, qu'il jette dans le bassin plein de sable, et remet le couteau entre les mains de l'enfant. Cela fait, il prend l'une des coupes, remplit sa bouche de vin qu'il crache sur la plaie pour la laver, et contre le visage de l'enfant quand il le voit faible. Il suce ensuite le membre de l'enfant jusqu'à trois fois, crache dans le sable le sang qu'il a sucé, et lorsqu'il voit que le sang cesse de couler de la plaie, il déchire avec les ongles de ses pouces, qu'il laisse croître longs et aigus pour cela, le reste de la peau qui couvre le gland, jusqu'à ce qu'il le découvre tout à fait. Puis, prenant des plumasseaux trempés dans l'huile, il les applique sur la plaie, qu'il enveloppe de petites bandes de linge, et remmaillotte l'enfant. Alors le père dit à haute voix : « Seigneur notre Dieu, vous soyez béni de nous avoir sanctifiés par vos lois, et de nous avoir ordonné de participer au pacte que vous avez fait avec Abraham. » Toute l'assemblée répond : « Que cet enfant soit aussi heureux dans l'exercice de la loi, dans son mariage et dans ses autres actions, qu'il l'a été dans la participation du pacte de notre père Abra-. ham. »

Le mohel, pendant ces acclamations, se lave la bouche et les mains avec du vin; puis, se levant avec le parrain, qui tient l'enfant devant lui, il prend l'autre coupe pleine de vin, la bénit, et prie sur l'enfant en ces termes : « O Dieu, Dieu de nos pères ! fortifiez et conservez cet enfant pour son père et pour sa mère, faites que son nom soit considéré parmi les Israélites, qu'on l'appelle (ici on nomme l'enfant), en sorte que le père qui l'a engendré et la mère qui l'a enfanté en aient de la joie. » Trempant ensuite l'un de ses doigts dans la coupe, il en mouille trois fois les lèvres de l'enfant, prie que Dieu veuille conserver les assistants afin qu'ils confirment l'alliance qu'ils viennent d'accomplir, qu'il communique une longue vie au père et à la mère, et qu'il en bénisse l'enfant. Enfin, il redonne la coupe à l'un des enfants, et les invite tous à en boire tour à tour. Puis on rend l'enfant aux femmes, et elles le reportent à la mère, dans le même ordre qu'elles l'avaient apporté.

Quelques-uns ont pensé que le couteau avec lequel Jésus-Christ fut circoncis était de pierre, à cause qu'on lit dans plusieurs versions de l'Ecriture, et notamment dans la Vulgate, que Séphora, femme de Moïse, et Josué, s'étaient servis de couteaux de cette matière pour un pareil usage (1). Cependant il est difficile d'approuver cette opinion : car il est certain que le fer n'était point une matière inconnue ni rare dans ce temps-là, puisque nous lisons dans la Genèse que Tubal-Caïn, avant le déluge, travaillait déjà à toutes sortes d'ouvrages de fer; dans les Nombres, qu'on y défend de frapper avec le fer; dans le Deutéronome, que l'on se servait de haches de fer pour couper du bois, et que ce métal était si commun dans la terre de Chanaan, que les pierres en étaient de fer. On voit dans Josué que les habitants de cette même terre se servaient de chariots de fer; dans les Juges, que l'on coupait les cheveux avec des instruments de ce métal, et dans le Ier livre des Rois ou de Samuel, que Goliath était armé d'un épieu dont le fer pesait 600 sicles.

Aussi ne faut-il lire que les originaux de l'Ecriture pour s'apercevoir que les couteaux de Séphora et de Josué n'étaient point de pierre, mais de bon fer bien trempé, tels que sont les nôtres. Car si le mot *tzur*, qu'on y rencontre, et qui en a causé l'équivoque, signifie quelquefois un *rocher* ou un *caillou*, il marque pareillement quelque chose de tranchant et d'aigu; témoin ces mots du 44e verset du psaume LXXXIX : *Tashib tzur Charebbo*, que le latin traduit ainsi : *Retudisti aciem gladii ejus*, « Tu as émoussé la pointe de son glaive. » Car si l'on disait : « Tu as émoussé la pierre, le caillou ou le rocher de son glaive, » on parlerait mal et contre le sens de cet endroit de l'Ecriture. Ainsi, le passage de Josué où on lit : *Charebbot tzurim*, signifie *des couteaux tranchants*, ou *bien aiguisés*, comme le rend le paraphraste chaldéen : *Izmelin chariphin*, *cultros acutos*. Buxtorf dit (2) : *Fac tibi cultros acutos : sic scribendum, non lapideos*. La version anglaise, faite sur l'hébreu, porte : *Sharp knives*, « *des couteaux bien affilés*. » Et plusieurs autres versions disent de même, et non pas *des couteaux de pierre*.

Ajoutons que, du temps de Moïse, on se servait déjà de rasoirs, comme nous le prouvent le Lévitique (3), les Nombres (4) et le livre des Juges (5). Si dès le temps de Moïse (6) on se servait de rasoirs, il n'y

---

(1) Tulit Sephora *acutissimam petram* et circumcidit præputium filii sui (Exode, IV, 25).—Ait Dominus ad Josue : Fac tibi *cultros lapideos*, et circumcide secundo filios Israel (Josue, v, 2).

(2) Cap. 2, *Synagog.*, l. c. sup.

(3) Cap. 14.

(4) Cap. 6.

(5) Cap. 13 et 16.

(6) Pierre Cornestor, dans son *Histoire scholastique* (Exod.), dit que les Juifs distinguent deux époques relativement à la matière de l'instrument de la circoncision. Ils croient que jusqu'à David leurs pères se sont servis de couteaux de pierre; mais que depuis ce prince on employa un instrument de fer.

a nulle apparence que sa femme ni Josué se soient servis de couteaux de pierre pour une opération aussi sensible et aussi dangereuse que l'était la circoncision, où les meilleurs rasoirs n'étaient pas trop bons. Si donc il est sans apparence que Séphora et Josué se soient servis de couteaux de pierre pour cette opération, il est tout-à-fait incroyable que 1500 ans après on s'en soit servi pour circoncire Jésus-Christ, puisque le temps, qui perfectionne les arts, nous ouvrant les yeux sur l'utilité des nouvelles découvertes, nous fait peu à peu négliger les anciennes, les mépriser et même les oublier, lorsqu'elles sont moins commodes que les nouvelles.

Aussi avons-nous dans Pétrone une preuve incontestable de l'usage de ce temps-là. On y lit en termes exprès que les Juifs se servaient de fer pour la circoncision :

Ni tamen et ferro succiderit inguinis oram.

Ce qui a donné lieu aux traducteurs de la Bible de préférer la signification de *pierre* à celle de *tranchant* ou *aigu,* en rendant le mot hébreu *tzur* dans les passages de l'Exode et de Josué, a été la riche allusion qu'elle fait à Jésus-Christ, dont elle est souvent le symbole dans l'Ecriture. Tertullien a rendu le premier de ces passages deux fois en ce sens, dans son *Livre contre les Juifs :* « Le fils de Moïse, dit-il, aurait été étouffé par un ange, si Séphora sa mère ne l'eût circoncis avec une pierre » (1); et, faisant allusion au rapport de ce couteau de pierre avec Jésus-Christ, il dit que ce n'était point par les préceptes de la loi de Moïse que nous devions être introduits dans la vie éternelle, mais par Jésus-Christ, par la grâce de la loi nouvelle, lorsque nous serions circoncis par la pierre tranchante, par les préceptes de Jésus-Christ, car Jésus-Christ, dit-il, était la pierre qui avait été prédite et figurée en tant de façons (2).

Mais si ces convenances font un bel effet dans les discours oratoires, et dans un sens mystique, elles n'ont point de force dans le sens littéral, qui demande l'exactitude de la vérité.

---

(1) Loc., 3e chap. : « Sed et filius Moïsis tum ab angelo præfocatus fuisset, si non Sephora mater ejus *calculo* præputium infantis circumcidisset. »

(2) Ibid., chap. 9. : « Idque non per Moïsen, id est, non per legis disciplinam, sed per Jesum, id est per novæ legis gratiam provenire habebat, circumcisis nobis *petrina acie*, id est Christi præceptis, *petra* enim erat Christus. »

II.

De tout temps, la messe de l'octave de Noël n'a eu d'autre évangile que celui de la circoncision. De là vient qu'on n'a pu célébrer l'octave de Noël sans solenniser la fête de la Circoncision. L'Eglise ayant toujours pris tant de soin de conformer les offices et les fêtes au texte de l'Ecriture, comment aurait-elle pu ne pas faire la mémoire de la Circoncision dans l'octave de Noël, puisque l'évangile de saint Luc porte, en termes formels, que l'enfant fut circoncis le huitième jour? Il est vrai que l'office du jour a toujours été, comme il est encore à présent, de l'octave de Noël, et qu'il n'y est parlé de la Circoncision qu'à la messe. Mais c'est proprement l'évangile qui fait la distinction des messes et des fêtes, et qui fait connaître les mystères qu'on y honore.

Après cette remarque, il n'est pas difficile de montrer que cette solennité est très-ancienne dans l'Eglise. Il en est fait mention dans les actes du martyre de saint Almachius. Ce saint, voulant empêcher les spectacles des gladiateurs qui se donnaient le jour des calendes de janvier, s'écria devant tout le peuple : « C'est aujourd'hui l'octave du Seigneur, quittez ces superstitions, retirez-vous des sacrifices impurs qui se font aux idoles. » Il fut sur l'heure enveloppé par la multitude qui aimait ces spectacles, et massacré sur-le-champ en présence d'Alipius, préfet de la ville, qui le laissa immoler à la fureur des séditieux (1).

Usuard remarque que ce fut par ordre du préfet que saint Almaque fut martyrisé (2).

La mort de ce saint martyr arriva sous l'empire de Théodose-le-Grand, puisqu'Alipius était préfet de la ville de Rome du temps de ce prince, comme on le trouve dans les anciennes inscriptions, et comme Baronius le prouve très-solidement (3). Il fallait donc que la fête de l'octave de Noël et de la Circoncision fût établie dans l'Eglise avant la fin du IV° siècle, c'est-à-dire avant que le grand Théodose fût empereur.

Il est fait mention de cette fête sous le titre d'*Octaves du Seigneur,* dans l'ancien Sacramentaire romain (qu'on croit être du pape Gélase Ier), publié par le P. Thomasius (4), et dans le Calendrier romain donné par le P. Fronteau (5), où cette solennité est énoncée en ces termes : *In Octa-*

---

(1) Théodoret, lib. 5, cap. 27.
(2) Usuard, in *Martyrolog.*, ad 1 diem januarii. — *Jubente Urbis Præfecto.*
(3) In *notis Martyrolog.* — 1 januar.
(4) P. 18.
(5 P. 5. — Ce calendrier fut imprimé en 1652, d'après le manuscrit écrit en lettres d'or (*aureis caracteribus exaratum*), et qui se conserve à la bibliothèque Sainte-Geneviève, à Paris.

bas Domini. Les premiers Martyrologes de l'Eglise latine, dressés sous le nom de saint Jérôme, marquent nettement en ce jour la circoncision de J.-C. selon la chair : *Circumcisio Jesu Christi secundum carnem.* On voit que le pape saint Grégoire a joint dans l'ancien Sacramentaire romain, manuscrit, qui se conserve au Vatican, la mémoire de la circoncision de l'enfant Jésus avec celle de l'octave de la naissance, en ces termes : *Per Christum Dominum nostrum, cujus hodie circumcisionis diem, et Nativitatis octavam celebrantes* (1).

Les autres martyrologes de Bède, d'Adon et d'Usuard, et l'Ordre romain, parlent de cette fête, ou sous le nom de l'octave de Noël ou de la Circoncision, où ils font mention de l'une et de l'autre : *Octava Domini et Circumcisio,* comme il est marqué dans l'ancien Martyrologe romain donné par Rosweide. Nous ne devons pas oublier que les Capitulaires de Charlemagne ne font mention que de la Circoncision, et ne parlent pas de l'octave de Noël (2). Nous citerons tout-à-l'heure les canons des Conciles et les homélies des Pères sur le sujet de cette fête, qui nous apprennent qu'elle est très-ancienne dans l'Eglise.

Mais nous ne pouvons pas omettre ici que le Concile de Tours, tenu en 567 (3), ordonna de célébrer la fête de la Circoncision le premier jour de janvier : *Ipsis kalendis Circumcisionis missa Deo propitio celebretur.* Il faut remarquer que ce concile déclare qu'il ne fait que renouveler les statuts des anciens Pères. Ce qui peut faire juger que cette fête était déjà ancienne au temps de ce concile.

III.

L'ancien calendrier de Rome païenne marque plusieurs fêtes que l'on célébrait le jour des calendes de janvier. Outre la solennité qui se faisait en l'honneur de Junon, à qui l'on consacrait le premier jour de chaque mois, ceux qui étaient désignés consuls prenaient possession de cette charge ce jour-là. Les Romains avaient surtout destiné ce jour pour honorer le dieu Janus, qu'on représentait avec deux visages, l'un devant, l'autre derrière, comme regardant l'année passée et la prochaine (4). On lui faisait des sacrifices, et le peuple allait en foule au mont Tarpée, où Janus avait un autel.

(1) In *notis Martyrolog.*, ad 1 diem januarii.
(2) Lib. 6, cap. 186.
(3) Concil. Turon., II, cap. 17.
(4) Voyez, du P. Tournemine, *Eclaircissement sur Janus,* dans les *Mémoires de Trévoux,* 1704, t. 1, février, p. 326-336.

On célébrait le même jour, dans l'île du Tibre, la fête de la dédicace des temples d'Esculape et de Jupiter. On se souhaitait une heureuse année les uns aux autres ; on se faisait des présents de figues, de dattes et de miel ; et on envoyait ces douceurs à ses amis, pour leur témoigner qu'on leur souhaitait une vie douce et heureuse. Les sujets portaient des présents à leurs maîtres ; les sénateurs romains et les chevaliers en offraient aux empereurs. Mais Claude ayant défendu qu'on l'importunât de ces présents, cette coutume resta parmi le peuple. Les Grecs empruntèrent des Romains cet usage, que l'on appelait *étrennes*, du mot latin *strenæ*, parce que ce jour-là était particulièrement consacré à la déesse *Strenia*.

. On rapporte l'origine des étrennes au temps de Romulus et de Tatius, roi des Sabins. Symmaque raconte que T. Tatius ayant reçu comme un bon augure des branches coupées dans la forêt de la déesse *Strenia*, qu'on lui présenta le premier jour de l'an (1) , il autorisa cette coutume dans la suite des temps, et donna le nom de *strena* à ce présent, à cause de cette déesse, qui présida depuis à la cérémonie des étrennes, comme le remarque saint Augustin (2).

Quoique le jour des calendes de janvier fût célébré par tant de solennités et de fêtes, le peuple romain ne demeurait pas sans rien faire ; mais, au contraire, chacun travaillait à quelque chose de sa profession, afin de n'être pas paresseux le reste de l'année, comme Ovide l'a très-bien exprimé dans ses vers (3).

Les sacrifices impies que l'on faisait le jour des calendes de janvier étaient accompagnés de cérémonies païennes et superstitieuses. On pré-

---

(1) Strenarum usus adolevit auctoritate Tatii regis, qui verbenas felicis arboris ex luco Streniæ, anni novi auspices primus accepit (lib. 1, epist. 20 et 28).

(2) Muneribus calend. januar. dandis, accipiendisque præesset, cui *a strenuitate* aut bellica fortitudine nomen deductum (lib. 4 *De Civitate Dei*, cap. 16).
—Pour l'origine des étrennes, voyez J. Spon, *De Origine Strenarum*, dans le t. 9 du *Thesaurus Antiquitatum græcarum*, de J. Gronovius. Cette dissertation de Spon avait paru en français dans son ouvrage intitulé : *Recherches curieuses d'antiquité*, Lyon, 1683, in-4°, 1 vol. — Lipenius, *Strenarum Historia, a prima origine ad nostra usque tempora*, dans le tome 12 du *Thesaurus Antiquitatum romanarum* de Grævius. Cette dissertation avait déjà paru séparément, à Leipzig, en un volume in-4°, 1670. —Le P. Tournemine, *Histoire des Etrennes*, dans les *Mémoires de Trévoux*, 1704, t. 1, janvier, p. 119-127.

(3)   Postea mirahar cur non sine litibus esset
        Prima dies : causam percipe, Janus ait.
    Tempora commisi nascentia rebus agendis,
        Totus ab auspicio ne foret annus iners.
    Quisquis suas artes ob idem libat agendo,
        Nec plus quam solitum testificatur opus.

sentait de la verveine, ou certaines branches d'arbres; on mettait, le jour, des flambeaux allumés sur la table où l'on faisait les festins; on chantait et on dansait par les rues, et on se laissait emporter à toute sorte d'excès.

Les calendes de janvier ayant été consacrées par les prémices du sang de Jésus-Christ devinrent très-célèbres dans l'Eglise, qui ordonna de les sanctifier par la prière et par la pénitence (1). Les chrétiens, en effet, solennisaient ce jour d'une manière bien différente des païens. Ceux-ci, par les victimes qu'ils immolaient, par leurs superstitions et par leurs débauches, profanaient plutôt ce jour qu'ils ne l'honoraient; ceux-là, au contraire, tâchaient de le passer dans la pratique de la vertu et dans le recueillement. Et afin même de réparer les injures que les païens faisaient à Dieu, ils s'efforçaient d'apaiser sa colère par toutes sortes de bonnes œuvres.

Voilà, ce nous semble, les véritables motifs qu'eurent les chrétiens de célébrer les calendes de janvier. Ainsi cette fête doit paraître ancienne dans l'Eglise, si on la considère par rapport à la vénération qu'avaient les fidèles pour le mystère sanglant qu'elle renferme, et par rapport à l'opposition qu'ils ont marquée aux désordres des païens et même des mauvais chrétiens.

Dès les premiers siècles de l'Eglise, et même après la destruction du paganisme, il ne se trouva que trop de lâches chrétiens qui se laissèrent entraîner au mauvais exemple des païens. Quoiqu'ils ne rendissent pas ouvertement, comme eux, des honneurs profanes au dieu Janus et à la déesse des Etrennes, ils ne laissaient pas de se travestir, d'aller en masque par les rues, de se déguiser en bêtes, etc.

Mais les Pères de l'Eglise et les Conciles s'élevèrent avec force contre ces abus. « Nous, dit Tertullien, qui avons en horreur les fêtes des Juifs, et qui trouverions étranges leurs sabbats et leurs nouvelles lunes, nous nous familiarisons avec les saturnales et les calendes de janvier. Les étrennes marchent, les présents volent de toutes parts : ce ne sont en tous lieux que jeux et banquets » (2). Saint Astère, évêque d'Amasée, qui a fleuri à la fin du IVe siècle et au commencement du Ve, nous a laissé une excellente homélie in festum Calendarum, « Contre la fête des Calendes, » qui était une imitation des saturnales.

Ces désordres et ces profanations allumèrent le zèle des autres saints Pères contre la fête des Etrennes. Saint Augustin se déclara contre ces

(1) Baronius, in notis Martyrolog., 1 januar.
(2) Saturnalia, et calendæ januariæ, et bruniæ frequentantur, munera et strenæ commeant, lusus, convivia, constrepunt (lib. De Idolat., cap. 14).

abus qui étaient restés de la gentilité; il blâme surtout cette manière profane de donner et de recevoir des étrennes avec des dissolutions et autres excès très-coupables (1).

Parlant des festins nocturnes où la débauche et les désordres les plus affreux régnaient pendant les fêtes de Janus ou saturnales, l'évêque d'Hippone dit : « Quelques paysans préparent des tables qu'ils chargent de toutes sortes de mets qu'ils mangent pendant la nuit; et ils croient qu'ils retrouveront dans la même abondance, durant tout le cours de l'année, les plats qu'ils ont prodigués dans les festins des calendes de janvier » (2). Et ailleurs (3) : « Quel homme sensé pourrait croire que des hommes raisonnables veuillent se changer en cerfs et en bêtes sauvages? Les uns se couvrent de peaux de moutons, les autres chargent leur tête de la dépouille d'une bête féroce, et dans cet état ils se réjouissent de ressembler à la brute. Par là ils montrent qu'ils n'ont pas seulement les dehors de la bête, mais encore son instinct et sa nature; car, malgré qu'ils ne veuillent pourtant que ressembler en apparence à la brute, ils en ont en même temps le cœur et les sentiments. »

Saint Pierre Chrysologue, archevêque de Ravenne, condamne aussi ces profanes divertissements. On se masquait, dit ce Père, et on se revêtait de la figure des dieux des païens. Les hommes se travestissaient en femmes, et les femmes en hommes, etc. Saint Chrysologue s'élève fortement contre ces désordres, et fait voir aux chrétiens qu'ils ne peuvent sans crime se divertir de ce qui doit leur paraître exécrable (4).

Nous avons d'autres homélies des saints docteurs (5) qui sont pleines

(1) Acturus es celebrationem strenarum sicut paganus, lusurus alea, et inebriaturus te (in *Append.*, sermo 7).

(2) Aliqui etiam rustici mensulas in ista nocte quæ præteriit, plenas multisrebus, quæ ad manducandum sunt necessariæ componente, tota nocte sic compositas esse volunt, credentes quod hoc illis calendæ januariæ præstare possunt, ut per totum annum convivia illorum in tali abundantia perseverent (sermo *De Calendis januarii*).

(3) Quis enim sapiens poterit credere aliquos sanæ esse mentis, qui cervulum facientes in ferarum se velint habitum commutare? Alii vestiuntur pellibus pecudum, alii assumunt capita bestiarum gaudentes et exultantes, si taliter in ferina specie esse videantur. Ex quo indicant et produnt, non tam se habitum belluinum habere quam sensum. Nam, quamvis diversorum similitudinem animalium exprimere in se velint, certum est tamen in his magis cor pecudum esse quam formam (ibid.). Voyez aussi son sermon 215 *De Tempore*.

(4) Erras, homo, non sunt hæc ludicra, sed crimina. Quis de impietate ludit, de sacrilegio quis jocatur, piaculum quis dicit risum?..... Qui jocari voluerit cum diabolo, non poterit cum Christo. Nemo cum serpente securus ludit; nemo cum diabolo impune jocatur (sermo 155 *De Calend. jan.*).

(5) S. Maxime de Turin, homil. *in Calendas jan.* — S. Fulgence de Ruspe. — S. Isidore de Séville, *Offic.*, lib. 2, cap. 52. — S. Eloi, *in Vita sua* ab Audoeno.

de vives peintures, et d'invectives généreuses contre les désordres des calendes de janvier.

Les Conciles se joignirent aux saints Pères pour abolir les superstitions et les divertissements sacriléges de ce jour. Le sixième Concile général, célébré en 680, condamna ces abus (1), aussi bien que le second Concile de Tours (2), celui d'Auxerre en 614 (3), celui que le pape Zacharie assembla à Rome en 742, et plusieurs autres. Le canon *Non observetis* (4) défend aussi la fête des Calendes; mais le canon *Si quis* (5) y ajoute anathème contre ceux qui continueront ces désordres.

Outre tous ces moyens, l'Eglise eut encore recours à un autre, pour éloigner les chrétiens de ces fêtes profanes; ce fut de leur opposer la solennité de la Circoncision et de l'octave de Noël. Cette fête s'étant accrue peu à peu, il se forma d'abord une espèce de fête libre, qui fut ensuite érigée en fête réglée, pour être observée d'obligation par les peuples. On ne peut douter que les chrétiens ne la célébrassent avec quelque solennité vers le IVe siècle, comme on en peut juger par les paroles de saint Almachius, et même qu'elle ne fût d'obligation dans le VIe, suivant le Concile de Tours. Vers le milieu du VIIe siècle, elle fut établie en Espagne par l'autorité du roi Recceswinthe et de ses évêques. Enfin, elle fut célébrée par toute l'Eglise.

Mais, afin de bannir entièrement d'entre les fidèles tout ce qui sentait encore l'idôlâtrie et tout ce qui tenait de la débauche et de la dissolution du premier jour de janvier, il fut ordonné qu'on joindrait à la fête de la Circoncision, les jeûnes, les abstinences, la pénitence (6), le chant des litanies, les prières et les aumônes (7), et même on défendit de chant

(Voir notre traduction annotée; Paris, Lecoffre, 1 vol. in-8°, liv. 2, chap. 15, p. 168 et 169, et notes, p. 401 et 402).

(1) Canon 23.

(2) Canon 28.

(3) Canon 1.

(4) Non observetis calendas januarii, in quibus cantilenæ quædam, et commessationes, et ad invicem dona donantur, quasi in principio anni boni fati augurio (canon 26, quæst. 7).

(5) Si quis calendas januarii ritu paganorum colere, vel aliquid plus novi facere propter novum annum; aut mensas cum lampadibus vel epulis in domibus præparare, et per vicos et plateas cantores et choros ducere præsumpserit, anathema sit (ibid.).

(6) Ad calcandum gentilium consuetudinem, patres nostri statuerunt privatas in calendis januarii fieri litanias, ut in ecclesiis psallatur, et hora octava in ipsis calendis Circumcisionis missa Deo propitio celebretur (deuxième Concile de Tours [567], canons 17 et 22).

(7) Ordo romanus, cap. 20.

ter l'*Alleluia* dans les offices de l'Eglise (1). Ainsi, on opposa tous ces saints exercices et la célébration d'une si grande fête aux extravagances superstitieuses des calendes de janvier. C'est ce qui a fait dire à saint Ambroise et à saint Augustin, que les chrétiens jeûnaient le premier jour de l'an, afin de gémir devant Dieu pour les païens, pendant qu'ils se réjouissaient (2).

Toutes ces œuvres de piété et de pénitence ne purent entièrement déraciner les profanations des calendes de janvier. Ces désordres durèrent longtemps parmi les chrétiens, et ne purent être abolis qu'en passant du premier jour de l'an au temps du carnaval, qui précède le Carême. L'Eglise ne laissa pas d'abroger les jeûnes que les Conciles avaient prescrits, et elle exhorta les fidèles à substituer les pauvres à la place des amis, et à convertir en aumônes les étrennes dont elle prévoyait qu'elle ne pouvait entièrement anéantir l'usage. Ce ne fut donc qu'après avoir déraciné le gros des superstitions des calendes de janvier, que la fête sous le nom de la Circoncision et de l'octave de Noël se célébra beaucoup plus solennellement que dans les premiers siècles (3).

Le Concordat de 1802 a supprimé, en France, la fête de la Circoncision, ainsi que celle de l'Epiphanie ; mais généralement elles sont chômées.

Des anciennes pratiques païennes, il n'est resté pour ce jour que les *étrennes* qui se donnent, et des visites d'amitié ou de politesse qui ont lieu. En plusieurs paroisses, la messe commence par le *Veni Creator,* pour implorer les lumières du Saint-Esprit. La veille, on chante le *Te Deum,* pour remercier Dieu des grâces reçues pendant l'année qui s'est écoulée, et il est précédé d'une amende honorable. Ces pratiques facultatives retracent l'esprit des anciennes prescriptions de la liturgie, surtout en ce qui regarde le rit expiatoire.

(1) (Quatrième Concile de Tolède [633], cap. 10). — Calendis januariis quæ propter errorem gentilitatis aguntur, omnino alleluia non decantabitur.

(2) Tunc nos simus sobrii atque jejuni, quo intelligant lætitiam suam nostra abstinentia condemnari (*in Calend. jan.*, sermon 2, édit. rom.). — Ergo, si novimus mala Ethnicorum, quia de ipsis malis, et nos liberati sumus, doleamus illos. Et, si dolemus illos, oremus pro illis, et ut exaudiamur, jejunemus pro illis (*in Psalm.* 98). — Dant illi (pagani) strenas, date vos eleemosynas ; avocantur illi cantionibus luxuriarum, avocate vos sermonibus Scripturarum ; currunt illi ad theatrum, vos ad ecclesiam ; inebriantur illi, vos jejunate (sermo 198).

(3) Durand de Mende, *Rationale*, lib. 6, cap. 15, *De Festo Circumcisionis,* n° 16. — Du Boulay, *Historia Universitatis Parisiensis*, t. 2, p. 541.

L'ÉPIPHANIE.

I.

« Il semble, dit le P. Honoré de Sainte-Marie (1), que ce terme *Epiphanie* avait déjà été consacré à la religion des païens, avant la naissance même de Jésus-Christ, pour marquer la présence de la divinité, lorsqu'ils croyaient que leurs dieux avaient fait sentir leur présence aux hommes par quelque apparition, quelque événement miraculeux ou quelque grâce extraordinaire. »

C'est pour cela que Diodore de Sicile dit que le dieu Isis donnait des marques de sa présence pendant la nuit : *Suœ prœsentiœ manifesta indicia demonstrantem* (2). Denys d'Halicarnasse se sert de la même expression : *Deorum apparitiones,* Επιφανίας τῶν θεῶν. On trouve même que les Grecs ont établi des fêtes qu'ils appelaient τὰ ἐπιφὰνια, pour consacrer la mémoire de ces apparitions. On raconte que le roi Démétrius, en mémoire de son frère qui était mort et qu'il honorait comme un dieu, faisait tous les ans des sacrifices solennels, et il appelait ce jour *épiphanie* (3).

L'Eglise, par l'usage qu'elle a fait de ce mot *épiphanie,* lui a rendu son sens naturel et véritable, en l'appliquant à la manifestation et à la présence d'un Dieu fait homme pour converser parmi les hommes, et elle a réuni les quatre manières principales dont il a plu à Dieu de faire connaître son Fils dans le monde, sous le titre commun d'*épiphanie* ou de *manifestation.* Jésus-Christ, dans sa naissance, s'est fait connaître aux pasteurs par le ministère des anges ; aux mages, par la lumière d'une étoile ; il a reçu le témoignage du Père éternel par une voix du ciel : *Celui-ci est mon Fils*, et le témoignage du Saint-Esprit, par l'apparition d'une colombe qu'on vit descendre et demeurer sur lui ; enfin, il manifesta sa gloire, dit l'Evangile, par le premier de ses miracles, qui obligea ses disciples à croire en lui.

Les Pères de l'Eglise se sont servis de ce nom *épiphanie* pour marquer toutes ces fêtes. Quand Eusèbe dit, dans son *Histoire* (4), qu'il va la com-

---

(1) L. c. sup., t. 2, p. 265 et suiv.
(2) Lib. 1.
(3) Athénée, lib. 12, cap. 11.
(4) Lib. 1.

mencer par l'*Epiphanie*, il n'entend pas l'adoration des Mages ou le baptême de Jésus-Christ, mais il veut marquer sa naissance. Saint Grégoire
de Nazianze et Suidas se servent du mot *épiphanie* pour exprimer la naissance de Jésus-Christ. Saint Epiphane, parlant des églises d'Orient, dit
qu'elles ne jeûnent pas le jour de l'*Epiphanie*, c'est-à-dire le jour que
le Sauveur est né.

On donne aussi assez souvent le nom de *Théophanie* à la fête de Noël,
qui veut dire encore plus précisément la manifestation ou la présence
d'un Dieu. C'est ainsi que saint Isidore de Péluse (1) appelle *Théophanie*
le premier avénement du Sauveur. Eusèbe (2) et saint Grégoire de Nazianze (3) se servent du même mot *théophanie* pour exprimer la naissance de Jésus-Christ, parce qu'il *apparut* en naissant, et pour nous
apprendre que le Père et le Saint-Esprit avaient rendu témoignage à la
divinité du Fils. On se sert encore du mot *théophanie*, comme si on voulait dire que Dieu s'est fait connaître aux hommes (4).

Saint Jérôme (5) et saint Jean Chrysostôme (6) disent que par ce mot
épiphanie on doit entendre le baptême de Jésus-Christ, lorsque les
cieux furent ouverts, et non pas sa naissance. Saint Isidore de Séville (7)
remarque que les hommes apostoliques avaient voulu signifier par le
mot *épiphanie* la manifestation de Jésus-Christ, lorsque les Mages l'a-
dorèrent dans la crèche, y étant conduits par une étoile. Saint Ambroise (8) dit que l'on donnait le nom d'*épiphanie* au premier miracle
que fit Jésus-Christ en changeant l'eau en vin. Enfin, les auteurs ecclésiastiques conviennent que l'on a appelé la solennité de l'Epiphanie
le sixième jour de janvier, à cause qu'on y célèbre ces trois fêtes : l'a-
doration des Mages, le baptême de Jésus-Christ et le premier miracle
qu'il fit à Cana, quoique ces mystères ne soient peut-être pas arrivés la
même année et le même jour, comme saint Paulin l'a très-bien remarqué dans la Vie de saint Félix (9). Saint Isidore dit que cette tradition
venait des anciens Pères.

Saint Maxime de Turin, qui a vécu dans le Vᵉ siècle, remarque, suivant une tradition très-ancienne, que l'Eglise avait réuni ces trois fêtes

(1) Lib. 3, epist. 110.
(2) Lib. 3 *De Vita Constantini*.
(3) Orat. 30.
(4) S. Jean Chrysostôme, t. 5, homil. 36.
(5) *Comment. in Ezechiel*.
(6) Homil. *De Baptismo Christi*.
(7) *De Officiis eccles.*, lib. 1, cap. 26.
(8) Sermo 21.
(9) Carm. 9.

pour les solenniser ensemble (1). « Mais cela, ajoute ce saint, ne s'est fait que par une disposition particulière de la divine Providence, pour nous représenter la foi par laquelle nous reconnaissons trois personnes distinctes en la sainte Trinité, sous une même nature, et un seul nom de Dieu. » Plusieurs autres Pères ont eu le même sentiment (2).

Il y en a qui croient (3) que l'Eglise a ordonné l'union de ces trois fêtes, afin d'opposer la mémoire et la représentation de la triple gloire que Jésus-Christ a reçue par l'adoration des Mages, par son baptême et par son premier miracle; pour opposer, disons-nous, cette gloire au triple triomphe de l'empereur Auguste, que les païens célébraient à Rome le 6 de janvier, comme le rapporte Orose (4). C'est ainsi que l'Eglise en a usé en plusieurs autres occasions, soit pour abolir la mémoire des superstitions des Gentils, soit pour les ramener au culte du vrai Dieu. Elle a même quelquefois converti à son usage les cérémonies païennes, aussi bien que les temples des faux dieux, après les avoir purifiés.

Ces trois fêtes se trouvent ensemble le 6 janvier dans plusieurs martyrologes, comme le remarque Molanus dans ses Additions sur Usuard. Mais un martyrologe manuscrit de Bruxelles ajoute à ces trois fêtes le miracle que fit Jésus-Christ en multipliant les cinq pains pour la réfection de cinq mille personnes (5). Cependant, il y a bien apparence que l'union de ces quatre solennités célébrées le 6 janvier a été opérée dès les premiers siècles de l'Eglise, puisque saint Augustin en fait mention (6).

Tant de mystères joints ensemble rendirent la fête de l'*Epiphanie* si célèbre, que Julien-l'Apostat, qui sacrifiait aux idoles en secret, n'osa

---

(1) Sermo 10 *De Epiphania.*—In hac celebritate, sicut relatu paternæ traditionis instruimur, multiplici nobis est festivitate; lætandum ferunt enim hodie Christum Dominum, vel stella duce, a gentibus adoratum; vel invitatum ad nuptias, aquam in vinum vertisse; vel suscepto a Joanne baptismo, consecrasse fluenta Jordanis. Et quia hæc tria mysteria, uno acta die prædicantur, qui ineffabile Trinitatis arcanum, uno Dei sub nomine confitentur.

(2) S. Pierre Chrysologue, sermons 57 et 160. — Sedulius, *De Vita Christi* — S. Paulin, *Natali 9 S. Felicis*— S. Augustin, serm. 29, 312 et 37 *De Tempore.* — S. Ambroise, serm. 18 *De Epiphan.* — S. Isidore de Séville, lib. 1 *De Offic. eccles.* — S. Bernard, serm. 26 *De Epiphan.*, dit : Tres apparitiones Domini legimus uno quidem die, sed non uno tempore factas.

(3) *Florent. Martyrol. Hieron.*, p. 237.

(4) Lib. 6, cap. 18.

(5) Apud J.-B. Solerium, S. J. in nova edit. *Martyr. Usuardi*, ad diem 6 januarii.

(6) Serm. 29 *De Tempore*, qui est primus de Epiphania.

se dispenser d'assister à l'office de ce jour, étant à Vienne, en 361, comme le rapporte Ammien Marcellin, auteur païen (1). Saint Grégoire de Nazianze (2) remarque quelque chose de semblable de l'empereur Valens; car, quoiqu'il fût arien, il assistait aux solennités de cette fête, pour faire paraître qu'il n'avait pas abandonné la foi chrétienne. L'empereur Théodose eut tant de vénération pour cette fête, qu'il défendit de plaider et de vaquer aux affaires civiles sept jours avant et sept jours après, et qu'il fit dans l'empire une espèce de fête continuelle pendant tout ce temps (3).

L'ancienne tradition ayant reconnu les mages pour des rois, dans la suite des temps, le jour de l'*Epiphanie* a été appelé *la fête des Rois*. La débauche du festin que nous appelons le *Roi-Boit*, ne doit être considérée que comme un mauvais reste de l'ancien paganisme, qui aurait dû faire honte à des gens qui se piquent de christianisme ou de quelque piété.

Saint Astère, archevêque d'Amasée, qui vivait à la fin du IVe siècle, nous a laissé un discours qui porte pour titre : *In festum kalendarum*, dans lequel il parle des désordres du *Roi-Boit*, comme d'un reste du paganisme. Deslyons, docteur de Sorbonne, doyen et théologal de Senlis, a écrit contre la fête du *Roi-Boit* (4) : il montre que c'est un vieux reste du paganisme qu'il ne fallait plus permettre.

Il ne faut point cependant par trop s'exagérer la mondanité païenne de cette coutume, quand elle est contenue dans de justes bornes. Le peuple y attache une pensée de charité chrétienne qui rappelle les anciennes agapes, en réservant du gâteau de la fève une portion pour les pauvres. C'est ce qu'on nomme en beaucoup d'endroits *la part à Dieu*.

II.

Les Perses et la plupart des peuples de l'Orient donnaient le nom de *Mages* à leurs docteurs; comme les Hébreux les appelaient *Scribes*; les Egyptiens, *Prophètes*; les Grecs, *Philosophes*; les Latins, *Sages*, et les

(1) Lib. 21.
(2) Orat. in laudem Basilii.
(3) *Cod. Theod.*, lib. 2, cap. *De Feriis*.
(4) Jean Deslyons, *Discours ecclésiastiques contre le Paganisme du Roi de la Fève et du Roi-Boit*, pratiqués par les chrétiens charnels en la veille et au jour de l'Epiphanie; Paris, 1664, in-12. — Autre édition sous ce titre : *Traités singuliers et nouveaux contre le Paganisme du Roi-Boit;* Paris, 1670, in-12. — Un avocat de Senlis, nommé Nicolas Barthélemy, fit paraître contre Jean Deslyons une *Apologie du Banquet sanctifié de la veille des Rois* (Paris, 1664, in-12), qui a eu plusieurs éditions.

Gaulois, *Druides*. Cicéron nous apprend que ces Mages étaient si estimés parmi les Perses, que personne ne pouvait était être roi qu'il n'eût auparavant appris la science des Mages (1). « Il est assez ordinaire, dit saint Jérôme, de prendre les Mages pour des magiciens. Or, ce n'est pas sous cette qualité qu'on les regarde dans leurs pays, mais plutôt comme des philosophes et des sages dont la science est si estimée, que les rois et les princes n'entreprennent rien que suivant les lumières de leur art. C'est pour cela qu'ils furent les premiers qui connurent la naissance du Sauveur, et qu'ils vinrent en Bethléem pour adorer l'enfant nouveau-né, y étant conduits par une étoile » (2).

Quels étaient le pays, la profession, le nombre et la qualité des Mages qui adorèrent le Sauveur nouveau-né dans l'étable de Bethléem?

Les uns les font venir de Perse, les autres de Chaldée, d'autres de l'Arabie déserte ou de la Mésopotamie, persuadés qu'ils venaient de l'Orient, qui est la situation de tous ces pays à l'égard de la Judée. Il y en a qui ont cru que les Mages étaient originaires de l'Arménie, de l'Ethiopie, de l'Egypte; et même des trois parties du monde, de l'Asie, de l'Afrique et de l'Europe, selon le vénérable Bède.

Comme il y a deux sortes de magie, l'une qui est permise et naturelle, et l'autre qui est défendue et diabolique, c'est ce qui a partagé les auteurs ecclésiastiques touchant la profession de ces Mages. Quelques-uns veulent qu'ils fussent de véritables magiciens (3), qui exerçaient l'art de la divination, de l'astrologie judiciaire et des enchantements. Quelques autres on cru que les Mages étaient des philosophes attachés à la recherche des secrets de la nature et à la contemplation des astres (4). D. Calmet (5) dit que les Mages étaient de ces sages adorateurs du vrai Dieu, qui, sans avoir la loi écrite ni les cérémonies des Hébreux, adoraient le Dieu tout-puissant, et attendaient la venue de ce dominateur prédit par Balaam, dont les Mages étaient les successeurs.

(1) Nec quisquam rex Persarum esse potest, qui non ante Magorum disciplinam scientiamque perceperit (Cicéron, lib. 1, *De Divinatione*, vers la fin).

(2) Et ad artis hujus scientiam reges, quotquot et principes ejusdem gentis omnia faciunt. Unde et in Nativitate Domini nostri, ipsi primum ortum ejus intellexerunt; et venientes in sanctam Bethleem adoraverunt puerum, stella desuper ostendente (in Daniel., cap. 2).

(3) S. Epiphane, epist. *ad Ephesios*. — S. Justin, *Dialog. cum Triphone*. — Tertullien, *De Idololatria*. — Origène, homilia 1 *in Num. et contra Celsum*. — S. Ambroise, lib. 2 *in Lucam*. — S. Basile, *De humana Christi Nativitate*. — S. Jérôme, S. Hilaire, S. Augustin, sermo 2 et 5 *De Epiphania*, etc.

(4) Cœlius, lib. 3, cap. 42.

(5) *Dissertation sur les Mages*, dans son *Commentaire sur S. Mathieu*.

On tient que ce fut sur sa prophétie, qu'ils vinrent à Jérusalem chercher le nouveau roi dont ils avaient vu l'étoile dans leur pays.

On ne trouve point, dans l'Ecriture, que la venue du Messie soit désignée sous le nom du lever d'une étoile, sinon par la prophétie de Balaam. Enfin, il s'est trouvé d'autres Pères, comme saint Jérôme, qui ont dit que les Mages, instruits par les démons ou par la prophétie de Balaam, étaient venus de l'Orient pour adorer le nouveau-né (1).

La tradition qui a donné des noms aux Mages n'est pas fort ancienne. Le vénérable Bède est le premier, que nous sachions, qui les appelle *Gaspar, Melchior, Baltazar.* Zacharie, évêque de Chrysopolis, qui a vécu dans le XIIe siècle, prétend qu'ils ont porté en hébreu les noms d'*Apellius, Amerus, Damascus,* c'est-à-dire *fidèle, humble, miséricordieux.* Pierre Comestor (2) les appelle en grec *Malagat, Galgalat, Saracin,* qu'il interprète *messager, dévot, grâce.* Casaubon (3) remarque que d'autres les nomment *Astor, Sator, Paratoras.* Jacques d'Ausoles la Peire (4) leur donne les noms de Melchisedech, Henoch, Elie.

« Cette licence de feindre des noms aux Mages n'est pas moins le fruit de l'oisiveté des gens qui aiment à se repaître de fables, comme certainement elle en était de leur ignorance. Il n'est pas croyable que ces noms n'aient été inventés que pour être employés à des usages illicites; et, quoique nous soyons persuadés que ceux qu'on a fait porter aux Mages, dans l'Occident, ont été feints plutôt par caprice que par impiété, cependant on a pu abuser de ces noms, comme on fait de ceux des saints et des choses les plus respectables de la religion » (5). C'est, ce semble, le jugement qu'on peut faire quand on lit ces trois vers attribués faussement au vénérable Bède (6) :

Gaspar fert myrrham, thus Melchior, Baltazar aurum.
Hæc quisque secum portat tria munera Regum,
Solvitur a morbo, Domini virtute, caduco (7).

(1) Magi de Oriente docti a dæmonibus, vel juxta prophetiam Balaam intelligentes natum Filium Dei, qui omnem eorum artis destrueret potestatem, venerunt Bethleem (in Isaiam, xix).

(2) *Historia scolastica.*

(3) Exercit. 2 in Baron., no 10.

(4) *Traité de l'Epiphanie,* partie 3.

(5) Le P. H. de Sainte-Marie, loc. cit. sup., t. 2, p. 272.

(6) Apud Bedam, in *Collatenets.*

(7) « Gaspar porte la myrrhe; Melchior, l'encens; Baltazar, l'or. Celui qui porte sur soi ces trois présents des Rois, sera délivré, par la vertu du Seigneur, du mal caduc. »

Il y a bien de l'apparence qu'on a cru trouver le nombre des Mages dans le psaume LXXI, et y découvrir en même temps le nom des trois royaumes d'où ils étaient venus (1). Et il semble que l'on se soit encore déterminé à les réduire à ce nombre, par celui des trois espèces de présents qui sont spécifiés dans l'Evangile (2).

Enfin, les savants sont partagés touchant la qualité des Mages : les uns leur donnent la qualité de *rois,* et les autres la leur contestent. Ce n'est pas notre dessein d'examiner toutes ces traditions. On sait que les deux premières sont nées assez tard dans l'Eglise, et qu'elles n'ont rien de bien assuré, à cause de la diversité des sentiments; que la troisième est manifestement fabuleuse, et que la quatrième, qui concerne le nombre des Mages, étant fondée sur ce qui est dit dans l'Evangile, qu'ils présentèrent de l'or, de la myrrhe et de l'encens, et sur le témoignage positif de plusieurs Pères (3), elle est communément reçue dans l'Eglise, et on ne trouve pas que les sentiments soient partagés sur cette tradition.

Nous nous attachons donc uniquement, avec le P. Honoré de Sainte-Marie (4), à établir la royauté des Mages, non pas comme une tradition certaine et indubitable, mais comme une pieuse créance qui a beaucoup de probabilité, et qui paraît plus recevable que l'opinion contraire, qui n'est appuyée que sur des arguments négatifs.

Cette tradition, comme disent quelques savants (5), n'est pas fondée sur l'opinion du peuple, qui appelle les Mages des rois, ni sur l'imagination des peintres, qui les représentent avec les marques de la royauté, mais sur le témoignage de plusieurs Pères et sur le consentement de l'Eglise, qui semble pencher de ce côté-là.

Saint Jean Chrysostôme (6) s'est très-bien expliqué sur la qualité de rois qu'on attribue aux Mages. Saint Ambroise (7) dit qu'il y a bien de l'apparence que les Mages étaient rois : *Illi Magi tres reges esse dicuntur.*

(1) Reges Tharsis, et insulæ munera offerent; reges Arabum et Saba dona adducent (vers. 10). — Bellarmin pense que *Tharsis* désigne les *Indes.*

(2) Et apertis thesauris suis obtulerunt ei munera, aurum, thus et myrrham (S. Mathieu, cap. 2, vers. 11).

(3) S. Léon, sermons 4 et 5. — S. Césaire, Eusèbe d'Emèse, Bède, Rupert, etc. — S. Maxime de Turin, hom. 3 *De Epiphania.* — S. Hilaire d'Arles.

(4) Page 273.

(5) Tillemont, note 12 sur Jésus-Christ. — Baillet, *Vies des Saints,* 6 janvier; *Histoire de l'Adoration des Mages.*

(6) Homil. 1, ex variis in 2 Math., cap. et homil. in Nativitate S. Joannis Baptistæ.

(7) Homil. 1 *in Epiphan.*

Le suffrage de Claudien n'est pas suspect sur cette matière ; on ne peut s'expliquer plus nettement ni plus noblement en faveur de la royauté des Mages. Voici comment il en parle dans ce distique, qu'on cite sous son nom (1) :

> *Dant tibi Chaldæi prænuntia munera Reges,*
> *Myrrham homo, Rex aurum, suscipe thura Deus* (2).

Saint Césaire, qui vivait au VIe siècle, donne aux Mages le nom de rois (3). Paschase Radbert, qui fleurissait au IXe siècle, soutient que les Mages étaient rois. « Il n'y a personne, dit-il, de ceux qui ont lu les histoires des païens, qui ne sache que les Mages étaient rois » (4). Théophilacte est du même sentiment (5). Enfin, Baronius assure que c'est la pieuse créance des fidèles (6).

Mais il semble que le titre de rois qu'on donne aux Mages est encore plus ancien que la tradition commune, et qu'on les a honorés de ce nom à cause de l'office de l'Eglise, où l'on entendait chanter : « Les rois de Tharse et les îles lui offriront des présents ; les rois de l'Arabie et de Saba lui apporteront des dons » (7). Il y en a qui prétendent que cette prophétie et quelques autres (8) doivent s'entendre de Jésus-Christ, et que, suivant le sens littéral, on y donne le nom de *rois* à ceux qui honorèrent le Fils de Dieu par leurs présents (9). Or, il semble, dit-on, que ces prophéties n'ont été accomplies que par les Mages.

Jean Zemisces, qui était empereur de Constantinople vers la fin du Xe siècle, fit frapper une médaille où l'on voit d'un côté la figure de Jésus-Christ, et de l'autre les trois rois qui adorent l'enfant Jésus que la sainte Vierge tient entre ses bras. Il y a une étoile au-dessus du Sauveur (10). On dit que Hugues Capet faisait la fête de l'Epiphanie avec de

---

(1) D'autres l'attribuent à un autre Claudien plus jeune, ou à Claude Mamert (Cave, *Historia litteraria secul. IV*, à la fin).

(2) « Les rois chaldéens te donnent des présents prophétiques : homme, reçois la myrrhe ; roi, l'or ; Dieu, l'encens. »

(3) Sermon 43, in append., t. 5, S. August.

(4) Magos reges extitisse, nemo qui historias legit, ignorat (*in Math. 2*).

(5) Oportebat gaudere potius, quod rex suus à Persicis regibus adoraretur (*in Math. 2*).

(6) *Annales ecclesiastici*, ad ann. 1, n° 80.

(7) Psaume LXXI, vers. 10.

(8) Reges videbunt, et consurgent principes, et adorabunt propter Dominum (Isaïe, XLIX, 7). — Ambulabunt gentes in lumine tuo, et reges in splendore ortus tui (id., LXI, 13).

(9) Richard Montacutius, *Origin. eccles.*, t. 1, p. 203

(10) Du Cange, *Historia byzantina*, etc., 1re partie.

grandes solennités , et qu'il la célébrait sous le nom de la *Fête des trois Rois*. Il portait une étoile à son bonnet, en mémoire de celle qui conduisit les Mages à la crèche (1).

Son fils, le pieux Robert, fonda un ordre, dit de *Notre-Dame de l'Etoile*, dont chaque membre portait à une chaîne de cou une étoile couronnée, avec cette devise autour : *Monstrant regibus astra viam*, « Les astres montrent le chemin aux rois » (2), en souvenir de l'étoile qui avait guidé les Mages.

Si ces preuves ne sont pas assez solides pour établir une tradition certaine et indubitable, elles le sont pourtant assez pour la faire recevoir comme une pieuse tradition qui a beaucoup de vraisemblance, d'autant plus qu'on ne trouve aucun auteur ancien qui s'y soit opposé. Or, suivant les règles de la critique, on doit plutôt écouter un écrivain qui parle d'un fait, que plusieurs qui l'ont passé sous silence.

Quand on dit que les Mages étaient rois, on doit l'entendre selon l'usage de l'Ecriture, qui appelle *rois* les souverains des villes ou de quelque province, comme pouvaient être les cinq rois qui furent vaincus par Abraham. « Et en ce sens, dit Casaubon (3), j'accorde volontiers qu'ils étaient de petits rois : *Regulos fuisse et Toparchas*. » Car, comme remarque Strabon (4), il y avait en ce temps-là quantité de petits rois dans la Perse et dans les provinces voisines, comme dans la Médie et dans l'Assyrie. Or, que les Mages aient été de petits rois, on peut le prouver par le roi d'Adiabene, qui est une contrée de l'ancienne Assyrie, que Strabon appelle simplement Ἄρχοντα. Josèphe (5) fait aussi mention d'un roi de Monobase et de sa mère Hélène. Il parle encore d'un autre roi sous le nom de *Regem castri*.

Mais, si les Mages étaient rois, pourquoi l'évangéliste ne leur donnet-il pas ce nom? On peut répondre à cela que c'est parce qu'ils n'étaient

---

(1) Du Breul (*Le Théâtre des Antiquités de Paris*, p. 133 et suiv.) rapporte, d'après un ouvrage manuscrit intitulé : *Les Mémoires de Maistre Jean de la Hoye* (chap. 20), « que le roi Hugues Capet solemnisoit en grande pompe la feste des trois Roys, et portoit en son chapeau vne estoile d'or, pour persuader que comme lesdits trois Roys estoient paruenus à Iesus-Christ nouuellement nay (*né*) en Bethleem par la conduicte d'vne estoile celeste : aussi que diuinement il (*lui Hugues*) estoit paruenu à là Royauté. Et à ceux qui l'auoient le plus fauorisé à telle promotion, il donnoit de semblables estoiles d'or, lesquelles pareillement estoient cousues à leurs chapeaux » (édit. de 1612).

(2) Voyez encore Du Breul, loc. cit. sup., p. 134, et 1184 et suiv.; — et le P. Hélyot, *Histoire des Ordres monastiques*, t. 8, chap. 45.

(3) Exercit. 2 in Baron., § 10.

(4) Richard Montacut, ubi sup.

(5) Lib. 20, cap. 2.

que de petits rois. L'Ecriture passe souvent ce titre sous silence. Les trois amis de Job (1), dont il est parlé dans les livres de Job et de Tobie (2), selon plusieurs auteurs étaient rois, et cependant l'Ecriture ne leur donne pas ce titre quand elle fait l'histoire de Job. Enfin, selon une ingénieuse remarque du P. H. de Sainte-Marie (3), on pourrait peut-être ajouter que la royauté des princes de la terre s'évanouit en la présence du Roi du ciel.

III.

En quel temps les Mages vinrent-ils à Bethléem?

Voilà une question des plus intéressantes, mais aussi des plus difficiles à décider, car tous les fondements sur lesquels on peut l'établir sont très-incertains. Pour fixer le jour que les Mages arrivèrent à Bethléem, il faudrait savoir quand l'étoile se fit voir à eux; si le pays d'où ils partirent était fort éloigné, et le temps qu'ils employèrent à ce voyage. Or, nous n'avons rien d'assuré sur tout cela.

Les uns supposent que l'étoile leur apparut deux ans avant la naissance du Sauveur (4); les autres, que ce phénomène commença de paraître dès le temps de la conception de Jésus-Christ ou de celle de saint Jean-Baptiste; d'autres, enfin, mettent l'apparition de l'étoile au moment de la naissance du Fils de Dieu. Les auteurs s'accordent encore moins sur le pays des Mages, comme nous l'avons déjà remarqué. Cette diversité d'opinions touchant le pays des Mages rend très-incertain le temps qu'ils employèrent à ce voyage. C'est pour cela que les uns leur donnent deux ans pour le faire (5), les autres un an et soixante-treize jours. Il y en a qui veulent que les Mages soient arrivés un mois ou environ après la naissance de Jésus-Christ, pendant que d'autres ne les font venir qu'après la purification, fort peu avant la fuite en Egypte (6).

L'Evangile ne s'étant point expliqué sur le temps de l'arrivée des Mages, les Pères de l'Eglise n'ont rien déterminé sur cela. Saint Augustin, parlant des trois solennités qu'on célèbre le 6 de janvier, se contente de dire que dans toutes trois on a cru que Jésus-Christ était le Fils de Dieu, et que la fête en était véritable (7). « Dieu seul, dit saint

(1) Cap. 2, vers. 11.
(2) Cap. 2, vers. 15.
(3) Page 275.
(4) L'auteur du sermon 131 sur l'Epiphanie, dans l'appendice du tome 5 des OEuvres de S. Augustin.
(5) S. Epiphane, *Hæres*. 52. — Eusèbe, *in Chron*.
(6) Montacut, *Origin. ecclesiast.*, t. 1, pars 1, p. 154.
(7) In omnibus tamen Dei Filius creditur, in omnibus festivitas est vera (S. Augustin, sermo 27 *De Tempore*).

Maxime de Turin, sait laquelle de ces trois merveilles s'est faite en ce jour » (1). Saint Paulin (2) reconnaît aussi que ni lui ni les autres ne le savaient. Il n'y a même aucun Père, que nous sachions, qui ait marqué précisément le temps.

Nous ne nous attachons pas à combattre la plupart des opinions des anciens auteurs que nous venons de rapporter, car elles sont maintenant abandonnées. Les critiques du XVIIᵉ et du XVIIIᵉ siècles ont fixé la venue des Mages après la purification. D. Calmet (3) les fait arriver à la crèche un mois après la naissance de Jésus-Christ; Dupin (4), sur la fin de janvier; Toinard (5), le 1ᵉʳ février; Tillemont (6) et Baillet (7), après la purification. Quoique les preuves de ces auteurs paraissent assez solides et que leurs conjectures ne soient pas à mépriser, on nous permettra, en suivant le système du P. H. de Sainte-Marie (8), de maintenir que les Mages sont arrivés le jour que l'Eglise en fait la fête, c'est-à-dire le 6 janvier.

Ce système est des plus raisonnables, puisqu'il est établi sur la tradition de l'Eglise, tradition qui ne contient rien qui soit contre la vérité de l'histoire, et qu'il n'est pas difficile de répondre aux difficultés qu'on propose sur cette ancienne créance.

Nous avons déjà remarqué, suivant la tradition que nous avons reçue de plusieurs Pères, que la venue des Mages, le baptême de Jésus-Christ et le miracle de Cana étaient arrivés le même jour. Or, suivant l'ancienne tradition de l'Eglise, il est sûr que Jésus-Christ fut baptisé le 6 janvier, comme Baronius l'atteste (9). Il est donc très-vraisemblable que les Mages virent l'étoile lorsque Jésus-Christ naquit; qu'ils se mirent d'abord en chemin pour venir l'adorer; qu'ils firent ce voyage en treize jours, et qu'ils arrivèrent à Bethléem le jour que l'Eglise célèbre la mémoire de cette solennité, c'est-à-dire le 6 janvier.

Tout cela s'accorde parfaitement bien, si l'on suppose que les Mages

(1) Sed quid potissimum præsenti hoc factum sit die, noverit ipse qui fecit (sermo *De Epiphania*).

(2) Carmen 24.

(3) *Commentaire sur le 2ᵉ chapitre de S. Mathieu.*

(4) *Hist. eccles.*, t. 1.

(5) *Harmonie des Evangiles.*

(6) Note 9 sur Jésus-Christ.

(7) *Vies des Saints*, 6 janvier.

(8) Tome 2, p. 277 et suiv.

(9) Quod vero ad mensem et diem, quibus baptisatus est Christus, spectat, id factum esse sexta januarii, ex communi et antiqua traditione. Eusebius Pamphili ad Marinum scribens testatur. Confirmat hoc ipsum Hieronimus, ac denique omnes scriptores ecclesiastici, uno duntaxat excepto Ehiphanio (ad annum 31, nº 18).

.venaient des environs de Pathura, mais surtout de l'Arabie, qui est pro_
-che de la Judée, comme Baronius (1) l'a prouvé solidement, appuyé sur
le témoignage des Pères (2), et que, pour faire plus de diligence, ils se
servirent de dromadaires, qui sont des animaux qui marchent avec
beaucoup de vitesse et qui sont la monture ordinaire en ce pays-là.

D. Calmet, Tillemont et Baillet (cités plus haut) s'accordent à reconnaître que l'Eglise a fixé la fête de l'Epiphanie au 6 janvier. « Pour
l'Eglise latine, dit Tillemont, il est certain que depuis le Ve siècle au
moins elle a honoré ce jour-là, *le 6 janvier,* l'adoration de Jésus-Christ
par les Mages. » Mais cette solennité est encore plus ancienne, puisque
Baillet avoue « qu'à l'égard des Latins on ne trouve point de temps dans
aucun âge de l'Eglise auquel on puisse dire qu'ils aient célébré l'adoration en un autre jour que le 6 de janvier. » Cette fête étant très-solen-
nelle, il est bien vraisemblable que pour en conserver la mémoire,
l'Eglise l'a célébrée le même jour que la tradition lui avait marqué l'arrivée des Mages à la crèche de Bethléem.

L'époque du 6 janvier ne renferme d'ailleurs aucune circonstance qui
ne s'accorde parfaitement avec l'Evangile et avec l'Histoire. Saint Mathieu (3) nous apprend que les Mages vinrent de l'Orient, où ils avaient
vu l'étoile, et qu'ils offrirent de l'or, de l'encens et de la myrrhe. Des
savants, après les Pères, disent que les Mages étaient les successeurs de
Balaam, qui leur avait appris la venue du Messie, désignée sous le nom
du lever d'une étoile, et que les Mages étaient du même pays que ce
prophète (4). Or, Balaam était de l'Arabie déserte ou des environs ; car Ba-
lac, roi des Moabites, lui envoya les principaux de ses sujets pour le prier
de venir donner sa malédiction au peuple d'Israël. Enfin, on sait que
l'Arabie est un pays abondant en toutes sortes d'aromates, comme un
poète le remarque : *Mittunt sua thura Sabœi* (5), et que l'Arabie déserte
était à l'orient de la Judée, car l'Ecriture marque en plusieurs endroits
que l'Arabie était à l'orient par rapport à la Palestine.

(1) Ad ann. 1, no 25.

(2) Magi profecti ab Arabia illum adoravere (S. Justin, in *Dialog. cum Triphon.*—Tertullien, *Contra Judæos.* — S. Cyprien, S. Epiphane, etc.).

(3) II, 1 : Magi ab Oriente venerunt Jerosolymam... Vidimus enim stellam
ejus in *Oriente* (vers. 2).

(4) De Balaam fertur Magorum gens et institutio in partibus Orientis vigere ;
qui descripta habentes apud se omnia quæ Balaam prophetaverat ; etiam hoc
habuerunt scriptis mandatum quod *orietur stella de Jacob* (Origène, hom. 13
in Num. — Tertullian. et alii, apud Barrad., in Commentariis).

(5) « Les Sabéens envoient leur encens. » — On donne le nom de Saba à deux
provinces différentes : l'une se trouve dans l'Ethiopie d'Afrique, d'où était la
reine de Saba qui vint voir Salomon ; l'autre dans l'Arabie-Heureuse, ainsi
nommée de Saba, petit-fils d'Abraham et de Cethura.

Après ces remarques, il est aisé de faire voir qu'en mettant l'arrivée des Mages au 6 janvier, tout s'accorde fort bien avec l'Evangile et avec l'Histoire. « Supposons que, l'étoile n'ayant commencé à paraître que la nuit du 24 au 25 décembre, les Mages ne purent se joindre pour faire ensemble le voyage de la Judée qu'après s'être communiqué mutuellement les pensées qui leur étaient venues sur le nouveau phénomène, et qu'après avoir pris jour pour partir. Tout cela ne se put faire, suivant le cours ordinaire des choses, que trois ou quatre jours depuis la vue de l'étoile.

« Supposons encore qu'Hérode les arrêta quelque temps pour s'informer du lieu de la naissance du Messie, et pour consulter les pontifes et les docteurs. Après cela il est facile de concevoir comment les Mages ont pu aisément arriver à Bethléem le sixième jour de janvier, puisqu'ils étaient partis de l'Arabie-Heureuse ou du pays des environs, qui n'est éloigné de Jérusalem que d'environ neuf ou dix journées. La chose paraît si évidente, que les savants qui combattent l'opinion commune ne l'ont pas abandonnée à cause de la difficulté qu'il y avait d'arriver en treize jours de l'Arabie à Jérusalem, mais pour d'autres raisons » (1).

Enfin, il faut remarquer que ceux qui ont cru que les Mages étaient partis de l'Arabie, de la Chaldée ou de la Mésopotamie, et qui reculent leur arrivée jusque vers la fin de janvier, l'ont trop retardée sans aucune nécessité, puisqu'ils ont pu faire ce chemin en moins de temps. Quoique ceux qui font venir les Mages de Perse reculent leur arrivée jusqu'après la purification, cela n'empêche pas qu'ils ne tombent dans de plus grands inconvénients que ceux qui favorisent la tradition de l'Eglise. Car, outre que les Mages s'exposaient à ne pas trouver l'enfant nouveau-né, il fallait vaincre plusieurs obstacles dans un si long voyage; et s'ils étaient princes de petits états séparés, comme on le croit, cela demandait encore plus de temps. Il fallait faire environ 500 lieues, ce qui paraît très-difficile. Enfin, ce sentiment semble très-opposé à la tradition de l'Eglise, qui nous apprend que l'adoration des Mages, le baptême de Jésus-Christ et le miracle des noces de Cana arrivèrent au mois de janvier (2). Ceux qui mettent la venue des Mages vers la fin de janvier se

---

(1) Le P. H. de Sainte-Marie, t. 2, p. 280. — Le savant critique a rapporté ailleurs ces raisons, en les combattant avec beaucoup de logique. Il n'entre pas dans le plan de cet article d'en donner même l'exposé (Voyez le P. H. de Sainte-Marie, t. 2, p. 281-285).

(2) *Analyse sur les Evangiles*, 1re partie, dissertation 3. — Origène, hom. 1 *in Ezechiel*. — S. Jérôme, ibid. — S. Grégoire de Nazianze, orat. 39 *in Sancta Lumina*.

trouvent aussi obligés de combattre toute la tradition, qui fixe, comme nous l'avons vu, le baptême de Jésus-Christ au 6 janvier.

IV.

Les Mages ont-ils connu la divinité de Jésus-Christ en l'adorant?

Cette importante tradition est fondée sur le témoignage des Pères de l'Eglise et des auteurs ecclésiastiques, sur les prières de l'Eglise, sur les principes de la théologie, et même sur les règles de la critique, comme l'a très-bien établi le P. H. de Sainte-Marie (1), contre l'opinion téméraire de Simon, qui ne tendrait à rien moins qu'à favoriser l'hérésie des Sociniens (2).

Nous dirons, à propos de l'opportunité de cette discussion, avec le docte critique précité, que, quoique cette question concerne la théologie, et qu'il s'agisse d'une tradition qui est d'un ordre bien différent de celui des pieuses créances qui font la matière de cet article, néanmoins, comme celle-ci entre naturellement dans notre sujet, et qu'elle se présente d'elle-même, on nous saura sans doute gré de tâcher de la maintenir suivant l'ancienne tradition de l'Eglise, que *les Mages ont connu et adoré Jésus-Christ comme Dieu.*

Tout ce que les Mages firent au dehors pouvait être pris pour un culte civil et pour un honneur rendu à un roi du nombre des mortels, suivant la coutume des Orientaux, qui honorent leurs rois en se prosternant contre terre et ne paraissant point devant eux les mains vides (3). Il faut donc avouer que ce ne fut que par leurs hommages intérieurs qu'ils reconnurent et adorèrent l'enfant comme Dieu. C'est ce qu'on peut justifier par la tradition constante de tous les siècles.

Saint Justin, qui est des plus anciens Pères de l'Eglise, dit en termes formels que les Mages qui vinrent à la crèche furent délivrés des ténèbres de l'idolâtrie et qu'ils connurent le vrai Dieu : *Ad veri Dei cognitionem pervenerunt* (4). Saint Irénée, qui a vécu dans le même siècle, en citant l'évangile de saint Mathieu s'explique encore mieux à ce sujet :

(1) Tome 2, pag. 286 et suiv.

(2) Hérétiques ainsi nommés de Socin, qui vivait au XVIe siècle, et qui, entre une foule d'erreurs dont la plus grande était de nier la rédemption, soutenait que le Christ n'était qu'un pur homme.

(3) Maundrell dit même que les gens du peuple, dans leurs visites, manquent rarement de porter une fleur, une orange ou chose semblable, comme une marque de leur respect envers la personne visitée (*Voyage d'Alep à Jérusalem en 1697*).

(4) *Dialog. cum Triphon.*

« Les Mages, dit-il , étant conduits par l'étoile en la maison de Joseph
pour y trouver l'Emmanuel, ils témoignèrent par leurs présents qui
était celui qu'ils adoraient. La myrrhe, ajoute-t-il, marquait sa mortalité et sa sépulture; l'or marquait qu'il était roi, dont le royaume
n'aurait point de fin; et l'encens, qu'il était ce Dieu qui était connu
dans la Judée, et qui se manifestait à ceux qui ne le cherchaient
pas » (1).

Quelques Pères, comme nous l'avons déjà vu, ont cru que les Mages
étaient successeurs de Balaam, et que la prédiction qu'il avait faite touchant l'étoile de Jacob, qui devait s'élever du milieu d'Israël (2), était demeurée dans la mémoire des peuples. « De sorte, dit Origène, que cet astre
dont parlait ce prophète ayant paru, les Mages conçurent que celui dont
elle marquait la naissance était plus puissant que tous les démons et
que les spectres qu'ils avaient consultés jusqu'alors. Ainsi, ils résolu-
rent de l'aller adorer : *Decreverunt eum adorare* » (3). — « Cette étoile, dit
saint Jean Chrysostôme, en s'inclinant sur la tête de l'enfant leur montra qu'il était le *Fils de Dieu*. La nouvelle lumière qui, comme un astre,
avait commencé à luire à leur esprit, leur apprit à adorer Jésus-Christ
comme Dieu et souverain bienfaiteur de tout le monde » (4).

Ce saint docteur s'explique encore plus clairement sur ce sujet quand
il dit qu'il fallait que les Mages fussent persuadés de la divinité de l'enfant qu'ils étaient venus chercher, puisqu'ils ne furent point rebutés de
la pauvreté d'un extérieur qui n'avait pas de rapport aux apparences
ordinaires d'un roi de la terre. « Ainsi, dit-il, ce ne fut pas la vue
d'une vierge, des meubles somptueux de sa maison, ni tout ce qu'ils
pouvaient y apercevoir, qui les porta à lui rendre les honneurs souverains » (5).

Les Mages entrèrent dans la maison (6) sur laquelle ils virent l'étoile
s'arrêter. Ils y trouvèrent l'enfant avec Marie sa mère, et, se prosternan'
en terre, ils l'adorèrent; puis, ouvrant leurs trésors, ils lui offrirent pour

(1) Lib. 3, cap. 10.
(2) Num., xxiv, 17. — *Orietur stella ex Jacob.*
(3) Origène, lib. 1 *Contra Celsum.* — S. Grégoire de Nysse, orat. *De Christ*
Nativitate.
(4) *In Matth.*, hom. 7 et 8.
(5) Ibid.
(6) *Et intrantes domum*, dit S. Mathieu, ii, 11. — C'était, selon S. Jérôme
l'étable de Bethléem. D'autres l'expliquent d'un endroit plus honorable et plu
commode, où ils croient que Jésus-Christ fut transporté lorsque la grande foul
du monde qui logeait dans la ville ou dans le bourg fut écoulée. *Maison* ex
prime, en hébreu, tout lieu d'habitation : *grotte, étable,* etc.

présents de l'or, de l'encens et de la myrrhe. Ces présents, aussi bien que le culte d'adoration qu'ils lui rendirent (1), convenaient moins à un homme qu'à un Dieu. Les plus savants Pères grecs et latins ont remarqué que ces présents désignaient la divinité, la royauté et l'humanité de Jésus-Christ. « Les Mages, dit Origène, vinrent en Judée, bien instruits qu'il était né un certain roi... Ils lui offrirent de l'or en signe de sa puissance; de la myrrhe, comme à celui qui devait mourir; et de l'encens, comme étant Dieu » (2). Saint Grégoire de Nazianze, pour ne pas citer les autres Pères-grecs (3) qui ont eu la même pensée, s'exprime ainsi : « Marchez avec l'étoile, offrez vos présents avec les Mages : de l'or, de l'encens et de la myrrhe; comme à un roi, comme à un Dieu, comme à un homme qui est mort pour vous » (4).

Le continuateur de Guillaume de Nangis (5) remarque que les rois de France, à l'imitation des rois Mages, offraient à l'autel, le jour de l'Epiphanie, de l'or, de la myrrhe et de l'encens. Voici comment se fit cette cérémonie en 1378, sous le règne de Charles V : « Si fut l'offrande du roi, telle qu'il ensuit : Trois chevaliers, ses chambellans, tenoient hautement trois couppes dorées et émaillées. En l'une étoit l'or, en l'autre l'encens, et l'autre du myrrhe, et allèrent tous trois par l'ordre, comme l'offrande devoit être baillée devant le roi, et le roi après, lesquels s'agenoüillèrent, et il s'agenoüilla devant l'archevêque. Et la première offrande, qui de l'or fut, bailla celui qui la portait, et baisa la main. La seconde, qui était de l'encens, bailla le second chevalier, qui la tenoit, au premier, et il la bailla au roi, et il l'offrit en baisant la main de l'archevêque. Et la troisième qui est de myrrhe, bailla le troisième chevalier, qui la tenoit, au second, et le second au premier, et le premier la bailla au roi, lequel en baisant la main dudit archevêque tierement offrit. Ainsi parfit son offrande dévotement et honorablement. »

Gregorio Leti raconte un usage à peu près semblable des rois d'Angleterre. « Le jour de l'Epiphanie, le roi présente à l'offrande trois bourses dans un bassin, une avec de l'or dedans, l'autre avec de la myrrhe, et la troisième avec de l'encens » (6). Cette pratique est aussi ancienne

(1) Ou de *latrie*, qui n'est dû qu'à Dieu.
(2) *Contra Celsum.*
(3) S. Irénée, lib. 3, cap. 10. — S. Basile, *De human. Christi Generat.*
(4) Orat. 38.
(5) Voyez Christine de Pisan, *Histoire de Charles V*, 3ᵉ partie, chap. 40, p. 81, 6 de la collection Petitot.
(6) *Theatro Britan.*, partie 2, livre 3, page 109. — Nel giorno dell' Epiphania, il ré presenta tré borse per l'offerta nel bacile, una con l'oro di dentro, l'altra con la mirra, e la terza con l'incenso.

que l'ordre de la Jarretière (1). Le roi se présente à l'autel avec le grand collier de l'ordre.

Nous n'entreprenons pas de rapporter au long les passages des Pères de l'Eglise latine qui ont découvert les mêmes mystères dans les présents des Mages. Nous nous contentons d'en citer quelques-uns, et d'ajouter, avec saint Ambroise, que les Mages, lorsqu'ils adorèrent le Seigneur, lui offrirent de l'or, de l'encens et de la myrrhe. « Par l'or, dit ce Père, ils reconnurent sa puissance; par l'encens, ils l'adorèrent comme Dieu; et par la myrrhe, ils confessèrent la résurrection des corps » (2).

Suivant l'expression de saint Léon, les Mages étant venus pour adorer l'enfant nouveau-né, nous ont appris, par la qualité de leurs présents à reconnaître qu'il a renfermé lui seul la qualité de roi, de Dieu et d'homme (3). Saint Augustin et quelques autres Pères ont reconnu que l'or, la myrrhe et l'encens des Mages ne signifiaient pas seulement la divinité du Messie, sa royauté et son humanité, « mais aussi, ajoute ce saint docteur, il faut entendre la Trinité; et en ce qu'ils sont trois et que chacun offre son présent, ils ont découvert l'unité dans la Trinité » (4).

Saint Hilaire d'Arles n'a pas seulement adopté l'interprétation, mais aussi les propres termes dont se sert saint Augustin. Saint Maxime de Turin a suivi la pensée de ce saint docteur, et il lui a donné un autre tour : « Ce n'est pas sans mystère, dit-il, que les trois Mages vont ensemble pour adorer et qu'ils marchent par un seul chemin. C'est qu'ils devaient adorer la Trinité dans un seul Jésus-Christ, qui est l'unique voie de tous les fidèles » (5).

Mais c'est assez de témoignages, bien qu'on pût continuer la chaîne de cette tradition jusqu'à nos jours : ce détail serait inutile, car les auteurs ecclésiastiques ayant tous la même foi, qui en entend quelques uns les entend tous, d'autant plus qu'on ne voit aucun passage opposé; on voit, au contraire, qu'ils supposent le fait de l'adoration sou-

(1) Cet ordre fut créé, au XIVe siècle, par Edouard III, roi d'Angleterre. Voyez Hélyot, *Histoire des Ordres religieux*, t. 8, p. 44.

(2) *Comment. ad 3 Luc.* — *De Fide ad gratiam*, lib. 1, cap. 2.

(3) Homil. 1 *in Epiphan.*

(4) Quid aliud expresserunt in illis muneribus, nisi fidem nostram? In eo enim quod tria offeruntur, Trinitas intelligitur. In eo quod tres sunt, et singuli singula offerunt in Trinitate, Unitas declaratur (sermo 1 *De Epiphania*).

(5) Et bene uno itinere, tres simul adoraturi veniunt Magi, qui in uno Christo Jesu, qui omnium credentium via est, inseparata ab iis erat Trinitas adoranda (hom. 3 *De Epiphania*).

...aine comme constante parmi les chrétiens. De sorte que si on a formé ...uelques doutes sur ce sujet, ce n'est que dans les VIIe et VIIIe siè-...les. Bossuet et le P. H. de Sainte-Marie en ont fait prompte et bonne ...ustice.

...Venons maintenant aux prières de l'Eglise.

...C'est une tradition si constante, que les Mages ont adoré Jésus-Christ ...omme Dieu, qu'on peut dire qu'elle est de la première antiquité dans ...Eglise. Elle est clairement énoncée dans la *collecte* du jour de l'Epi-...hanie, où on lit ces paroles : « O Dieu! qui as révélé aujourd'hui ...n Fils unique aux Gentils sous la conduite d'une étoile! » (1) Cette ...ollecte est presque dès l'origine du christianisme, et se trouve dans ...s plus anciens Sacramentaires. L'Eglise chante encore cette adoration ...ouveraine dans l'hymne de l'Epiphanie, qui commence ainsi : *Crude-...s Herodes Deum*, etc. On y distingue les trois présents, dont le second, ...ui est l'encens, était offert à Jésus-Christ comme Dieu.

...Sedulius, qui en est l'auteur, y dit expressément que Jésus-Christ ...ait Dieu : *Deum fatentur munere* (2). Il avait assuré la même chose ...ans son *Poème pascal* dédié à l'empereur Théodose, petit-fils de Théo-...ose-le-Grand (3). L'Eglise a été si bien persuadée de l'adoration de ...sus-Christ comme Dieu par les Mages, que la neuvième leçon de l'of-...ce de la cinquième férie de l'octave de l'Epiphanie est tirée du Com-...entaire de saint Jérôme sur saint Mathieu (4), où ce saint docteur a ...séré un vers du poète Juvencus, où il remarque la signification des ...ois présents, et nommément de l'encens consacré à Jésus-Christ ...mme Dieu :

Thus, aurum, myrrham, Regique, Hominique, Deoque dona fuerunt.

...La théologie s'accorde très-bien sur ce sujet avec la doctrine des Pè-...s et les prières de l'Eglise.

...Quand les Mages disent : « Nous sommes venus l'adorer, *Venimus ...orare eum* » (5), se peut-il faire que ces sages de la gentilité ne re-...nnaissent pas la divinité de celui dont la naissance leur était marquée ...r l'éclat d'une lumière extraordinaire, puisqu'ils en suivent le mou-

(1) Deus qui hodierna die Unigenitum tuum gentibus stella duce revelas-... etc.
(2) « Par leurs présents, ils confessent que cet enfant est Dieu. »
(3) Lib. 2.
(4) Lib. 1, *Comment. in cap.* 2 *Math.*
(5) S. Mathieu, chap. 2, v. 2.

vement, y étant poussés par une vertu divine, comme dit saint Léon (1),
et que ce saint pape souhaite que Dieu accomplisse en nous ce qu'il a
fait en la personne des Mages? (2) Peut-on croire que saint Léon demande seulement à Dieu de nous faire la grâce de l'adorer d'un culte
extérieur, sans l'accompagner du mouvement du cœur qui nous élève
à sa divinité?

Le même saint docteur nous fournit une autre preuve. Il remarque,
en parlant des Mages, que ce fut par leur moyen que les prophéties pas-
sèrent aux Gentils pour les instruire et leur apprendre que celui que les
anciens oracles avaient prédit était le Christ, c'est-à-dire le Messie (3).
La connaissance de ce Christ promis par les prophètes ne passe-t-elle
pas jusqu'à sa divinité? Au moins, on ne peut pas douter que ce ne soit
la pensée de ce grand pape : « Dieu, dit-il, qui appelait les Mages de si
loin et les éclairait d'une manière si miraculeuse, plus encore au dedans qu'au dehors, ne leur laisse pas ignorer, en présence de Jésus-
Christ, l'essence de son ministère, puisqu'ils ne pouvaient être justifiés
par la foi en un pur homme » (4).

Il est certain que celui dont la venue avait été prédite environ quinze
cents ans auparavant par Balaam, n'était autre que le Messie attendu
par les Hébreux et annoncé par leurs prophètes. C'était une persuasion
répandue par tout l'Orient, qu'il devait paraître vers ce temps-là. On ne
doutait point, parmi les Juifs, que ce Messie ne dût être Dieu. Les païens
mêmes étaient persuadés qu'il devait sortir de la Judée un roi qui serait
maître du monde (5). Les paroles de Chalcidius sont remarquables sur
ce sujet : « Il est une histoire plus sainte et plus vénérable que toutes
les autres, laquelle parle du lever d'une étoile, non pas avant-coureur
de maladies et de morts, mais de la descente d'un Dieu sur la terre,
pour converser et vivre avec les hommes. Pendant un voyage de nuit,
des hommes savants et sages d'entre les Chaldéens ayant considéré
cette étoile et s'étant ensuite suffisamment instruits de ce qui était arrivé, on dit qu'ils cherchèrent où était né ce nouveau Dieu, et qu'ayant
trouvé son enfantine majesté, ils la vénérèrent et rendirent leurs vœux

---

(1) Tres itaque viri, fulgore insoliti syderis divinitus incitati, prævium mican-
tis luminis sequuntur.

(2) Impleatur in nobis quod in trium Magorum imagine præcessit (serm. 4
et 5 *De Epiphan.*).

(3) Jam ergo ad eruditionem gentium sermo propheticus transibat, et præ-
nuntiatum antiquis oraculis Christum alienigenarum cordos dicebant (sermo 4
De Epiphania).

(4) Ibid.

(5) Suétone, *in Vespasiano.* — Cicéron, lib. 2 *De Divinatione.* — Orose, lib. 6,
cap. 6.

selon qu'il convenait à un si grand Dieu » (1). Or, « le Sauveur ne fut pas plutôt né, disent les Pères de l'Eglise, que les Mages, en apercevant l'étoile, comprirent l'accomplissement de cette prophétie » (2), qui était si célèbre en ces temps-là. Les Mages étant persuadés que cette étoile marquait la venue du Messie prédit par Balaam, se seraient-ils contentés de se prosterner extérieurement en sa présence, comme devant un souverain de la terre, sans lui rendre les hommages qui ne sont dus qu'au Roi du ciel?

Enfin, il est impossible de soutenir que les Mages n'ont pas connu Jésus-Christ comme Dieu, et de ne pas reconnaître, avec saint Léon (3) et les autres Pères, qu'ils ont été les prémices des Gentils, et chrétiens comme nous; de leur donner, avec l'abbé Rupert (4), le nom de prophètes et d'hommes inspirés, ou de les regarder, avec saint Césaire, « comme des évangélistes qui ont annoncé aux Gentils la venue de l'homme-Dieu » (5).

Voilà, certes! des preuves assez convaincantes pour établir une tradition qui n'est pas moins ancienne que l'Eglise, et qui est venue jusqu'à nous sans aucune opposition. Il est donc difficile de concevoir comment quelque théologien aurait pu former le moindre doute sur ce sujet, s'il avait lu ce beau passage de saint Pierre-Chrysologue, qui prévient toutes les difficultés que peut faire l'équivoque du mot *adorer*: « Les Mages, dit ce Père, ayant renoncé à leurs erreurs, ils suivent le mouvement de l'astre, ils courent, ils arrivent, ils se réjouissent, ils se prosternent en terre, ils adorent, ils sont dans l'admiration, parce que, par l'inspiration de Dieu et non pas par la lumière de l'étoile ou par la science de leur art, ils ont trouvé Dieu dans une chair mortelle » (6).

(1) Est alia sanctior et venerabilior historia, quæ perhibet de ortu stellæ cujusdam, non morbos mortesque denunciantis, sed descensum Dei venerabilis ad humanæ conversationis rerumque mortalium gratiam, quam stellam cum nocturno itinere suspexissent Chaldæorum profecto sapientes viri, et consideratione rerum gestarum satis exercitati quæsisse dicuntur recentem Dei ortum, repertaque illa majestate puerili, venerati esse et vota Deo tanto convenientia nuncupasse (*in Timæum Platonis*).

(2) Quando natus est Jesus, agnoverunt stellam et intellexerunt adimpleri prophetiam (Origène, homil. 3 *in Num*. — S. Athanase, *De Incarnatione*. — . Justin, *Dialog. cum Triphone*).

(3) Ubi supra.

(4) *In Math*. 2.

(5) Magi confirmato ad venerandum animo, expiato errore, sua eunt sponte, tanquam evangelistæ, et primi præcones gentium de divini hominis adventu Dialog. 2, interrog. 107).

(6) Magus, sic deposito errore, sequitur, currit, pervenit, invenit, gaudet, procedit, adorat, quia non per stellam, non per artem, sed per Deum, Deum invenisse humana miratur in carne (serm. 156 et 158).

Il est superflu , après tant de preuves tirées de la tradition constante de l'Eglise, appuyée sur le témoignage des Pères, des auteurs ecclésiastiques, de la liturgie ; sanctionnée par la pieuse croyance des fidèles, d'invoquer et d'étaler les preuves qu'on peut tirer de la critique. Pour cette partie, nous renvoyons les curieux et les savants à la discussion nerveuse du P. Honoré de Sainte-Marie (1), qui conclut que « c'est une vérité qui appartient à la foi, que les Mages, en se prosternant devant Jésus-Christ, connurent sa Divinité, et l'adorèrent comme Dieu » (2).

V.

Quelques mots sur les diverses opinions relatives à l'étoile qui guida les Mages, ne seront pas hors de propos ici.

L'auteur de l'ouvrage imparfait sur saint Mathieu fait mention d'un peuple qui habitait les extrémités de l'Orient, vers les rivages de l'Océan, et qui conservait certains livres portant le nom de *Seth*. Ces livres faisaient mention de l'étoile et de tout ce qui la concernait. Il ajoute qu'elle apparut aux Mages sous la forme d'un enfant, qui avait sur lui l'image d'un sceptre ou d'une croix. Elle leur parla, les instruisit et les envoya en Judée (3).

Suivant les livres de *Seth*, les Mages étaient, au moment de l'apparition de l'étoile, sur le sommet d'une montagne appelée *le Mont-de-la-Victoire*. Cette circonstance est vraisemblable : du moins il est à présumer que les Mages étaient alors dans un lieu élevé et découvert, propre, en un mot, à faire des observations astronomiques.

Ces dernières paroles peuvent servir à déterminer en quel temps l'étoile apparut aux Mages pour la première fois. Les Mages étaient alors occupés à suivre le cours des astres, à faire des observations sur l'état du firmament. La nuit est ordinairement consacrée à ces opérations. Il est donc probable que ce fut pendant la nuit que l'étoile se manifesta aux Mages.

Saint Augustin , et après lui presque tous les docteurs, ont pensé que l'étoile apparut le jour de la naissance du Sauveur. Rien n'empêche de placer cette apparition au moment même de la naissance, c'est-à-dire vers le milieu de la nuit (4).

(1) Tome 2, p. 296-326.
(2) Ibid., p. 314.
(3) Ces livres de Seth sont reconnus apocryphes : nous ne les citons qu'au point de vue de la tradition.
(4) « Et une grande étoile brilla sur la caverne depuis le soir jusqu'au matin, et jamais on n'en avait vu de pareille grandeur depuis l'origine du monde. Et

- Quelques auteurs, au lieu de traduire : *Vidimus enim stellam ejus in Oriente,* « Nous avons vu son étoile à *l'Orient* » (1), ont traduit *à son lever.* Cette interprétation n'a jamais été reçue. Les Mages aperçurent l'étoile à l'Orient du lieu où ils étaient : telle est l'opinion commune.

L'étoile, qui avait disparu après l'entrée des Mages à Jérusalem, où ils allaient s'informer du lieu de la naissance du Christ, se montra de nouveau à leurs yeux quand ils sortirent de Jérusalem pour s'acheminer vers Bethléem. « Et en même temps, dit saint Mathieu (2), l'étoile qu'ils avaient vue en Orient allait devant eux, jusqu'à ce qu'étant arrivée sur le lieu où était l'enfant, elle s'y arrêta. Lorsqu'ils virent l'étoile, ils furent tout transportés de joie. »

Cette seconde apparition de l'étoile aux Mages eut lieu, selon une ancienne et constante tradition, à environ moitié chemin de Jérusalem à Bethléem, où est situé le couvent de Mar-Eliàs, près duquel est un puits que l'on dit être celui où cet astre se montra de nouveau aux Mages (3). Ce puits ou cette citerne s'appelle encore *la citerne des Rois.*

« Il suffit de lire le texte sacré, pour se convaincre que l'astre dont il s'agit n'était point une étoile du firmament. En effet, tous les astres, le soleil et la lune, vont d'Orient en Occident ; cette étoile allait du Septentrion au Midi. Toutes les étoiles disparaissent à l'aspect du soleil ; celle-ci brillait pendant le jour. Tous les astres ont un cours fixe et réglé ; celle-ci était sujette à disparaître : elle marchait, elle s'arrêtait, elle avait un cours absolument particulier. Enfin, les étoiles sont si élevées sur nos têtes, qu'il est impossible qu'elles indiquent un lieu plutôt qu'un autre ; cependant, celle qui apparut aux Mages servit de guide à ces étrangers, et s'arrêta sur le lieu où était l'enfant. Elle n'était donc point du nombre des astres du firmament, une étoile véritable » (4).

- L'évangile et les historiens sacrés ne nous ont laissé aucun éclaircis-

---

les prophètes qui étaient à Jérusalem disaient que cette étoile indiquait la nativité du Christ qui devait accomplir le salut promis non-seulement à Israël, mais encore à toutes les nations. » (*Evangile apocryphe de la Nativité de Marie et de l'Enfance du Sauveur,* chap. 13, p. 199 de l'édition des *Evangiles apocryphes* publiés par G. Brunet. Paris, 1849, 1 vol. in-12.)

(1) « En Orient, » traduit Sacy, et le commentaire dit : « Etant en Orient. »

(2) Chap. 2, vers. 9 et 10. — Et ecce stella quam viderant in Oriente, antecedebat eos, usque dum veniens staret supra, ubi erat puer. — Videntes autem stellam gavisi sunt gaudio magno valde.

(3) George Robinson, *Voyage en Palestine et en Syrie,* 1838, t. 1, chap. 9, page 157.

(4) Molé, *Observations hist. et crit. sur les erreurs des Peintres,* etc., dans *la représentation des Sujets tirés de l'Histoire sainte,* t. 2, p. 189 et 190.

sement sur ce qu'était l'étoile des Mages; et nous n'avons rien de certain, soit sur la nature, soit sur la forme de cet astre.

Quelques auteurs ont avancé que cette étoile était le Saint-Esprit, revêtu de la forme corporelle d'une étoile. D'autres ont pensé que c'était l'ange qui apparut aux bergers. Ligfoot se contente de dire que ce fut la lumière qui environnait l'ange. Origène, Maldonat, Grotius ont cru que c'était une espèce de comète qui apparut extraordinairement. Saint Léon, saint Ambroise, saint Thomas, l'auteur des *Merveilles de l'Ecriture*, ont présumé que cette étoile était un astre nouveau, formé exprès dans la moyenne région de l'air, etc. En un mot, presque tous les auteurs ont donné leurs conjectures sur cet objet; mais le silence de l'Evangile empêche de prononcer définitivement sur cet article.

Peu satisfaits de crayonner une simple étoile, quelques peintres ont eu l'idée de la faire accompagner et même diriger par des anges. Il est vrai qu'il y a eu des auteurs, surtout parmi les Grecs, qui ont avancé que l'étoile dont parle saint Mathieu était un ange revêtu d'un corps lumineux en forme d'étoile. Ils fondent ce sentiment sur ce que cet astre semblait intelligent et raisonnable. Il paraissait, avançait, s'arrêtait lorsqu'il le jugeait à propos. Mais les conjectures de ces auteurs n'ont jamais été reçues.

Voulant lier cet astre à leur sujet, la plupart des peintres ont représenté, dans les tableaux de l'adoration, différents Juifs que la curiosité attire et qui s'occupent à considérer l'étoile; cette licence ne peut cependant se concilier ni avec l'esprit ni avec la lettre de l'Evangile.

En effet, pourquoi l'étoile apparut-elle une seconde fois aux Mages? C'était pour leur indiquer l'enfant qu'ils venaient adorer, et pour que personne ne fût instruit du lieu où ils l'auraient trouvé. Il résulte donc de ce fait, que l'étoile ne fut visible que pour les Mages, et dès ce moment la supposition des peintres tombe d'elle-même.

Quelques-uns se sont servis d'un autre expédient. Ils ont feint qu'un rayon de lumière, échappé du centre de cet astre, vint se reposer sur la tête du Sauveur. On trouve, en effet, dans certains auteurs, que l'étoile s'arrêta sur la tête de l'enfant, et l'on prétend établir ce fait, en disant que sans ce signe visible les Mages n'auraient eu aucune certitude que celui qu'ils adoraient était le nouveau roi des Juifs.

Il est bon cependant d'observer que cette raison, quoique spécieuse, ne suffit pas pour autoriser les peintres à réaliser ces conjectures. Pour que l'étoile se fût placée sur la tête du Sauveur, il faudrait qu'elle eût pénétré dans le lieu où il résidait. C'est ce que l'Evangile ne permet pas de supposer. Saint Mathieu dit positivement que l'étoile s'arrêta sur le lieu où était l'enfant (1), et ce fut ce repos qui fit connaître aux Mages que ce lieu renfermait le nouveau roi des Juifs qu'ils venaient adorer.

Origène a pensé que, puisqu'il n'est dit nulle part que cet astre se soit retiré de dessus la tête du Sauveur, on doit croire qu'il demeura toujours sur sa personne sacrée, et qu'il fut une marque visible de sa divinité. Saint Grégoire de Tours dit, au contraire, que l'étoile des Mages s'était jetée dans un puits, où les personnes qui avaient le cœur pur la voyaient encore (2), ce que Durand de Mende, entre autres, a répété dans son *Rationale* (3).

(1) Dans l'église du couvent de Bethléem, sur le pavé, au bas d'un autel dédié aux Mages, « on remarque une étoile de marbre: la tradition veut que cette étoile corresponde au point du ciel où s'arrêta l'étoile miraculeuse qui conduisit les trois Rois. Ce qu'il y a de certain, c'est que l'endroit où naquit le Sauveur du monde se trouve perpendiculairement au-dessous de cette étoile de marbre, dans l'église souterraine de la Crèche » (Chateaubriand, *Itinéraire de Paris à Jérusalem*, édit. de 1811, t. 2, p. 154).

(2) Ce que dit Grégoire de Tours mérite d'être reproduit en entier. — Est autem in Bethleem puteus magnus, de quo Maria gloriosa aquam fertur hausisse, ubi sæpius adspicientibus miraculum inlustre monstratur, id est stella ibi mundis corde, quæ apparuit Magis, ostenditur. Venientibus devotis ac recumbentibus super os putei, operiuntur linteo capita eorum. Tunc ille cujus meritum obtinuerit, videt stellam ab uno pariete putei super aquas transmigrare ad alium, in illo modo, quo solent super cœlorum circulo stellæ transferri. Et cum multi adspiciant, ab illis tantum videtur, quibus est mens sanior. Nonnullos vidi, qui eam adserebant se vidisse. Nuper autem diaconus retulit, quod cum quinque viris adspexit, sed duobus tantum apparuit (*Miraculorum*, lib. 2, cap. 1, col. 721 et 722 de l'édition de D. Ruinart). — « Il est dans Bethléem un grand puits, où l'on rapporte que la glorieuse [Vierge] Marie a puisé de l'eau, et où souvent ceux qui y plongent leurs regards sont témoins d'un prodige insigne; ils y voient, ceux qui ont le cœur pur, l'étoile qui apparut aux Mages. On voile la tête aux personnes dévotes qui viennent se pencher sur l'ouverture de ce puits. Alors celui qui le mérite voit l'étoile se balancer d'une paroi à l'autre du puits, au-dessus de l'eau, en la manière que les étoiles décrivent leur course dans l'orbe des cieux. Et, quoique beaucoup regardent, cette étoile ne se montre qu'à ceux dont l'ame est plus pure. J'ai vu quelques personnes qui affirmaient l'avoir vue. Tout récemment mon diacre m'a rapporté que, s'étant présenté avec cinq personnes pour jouir de cette vue, l'étoile n'avait apparu qu'à deux d'entre elles. »

(3) Alii dicunt quod (*stella*) cecidit in puteum, ubi adhuc dicitur apparere solis tantum virginibus (lib. 6, cap. 16, nº 3). — J. Goulain, paraphraste du *Rational*, au XIVe siècle, traduit ainsi cet endroit : « Les aultres dient quelle cheut en ung puis et que on la voit encores apparoir en icelluy puis le soleil estant ou (*au*) signe de la Vierge. Ou dient aucuns que les vierges seulement la peuent veoir » (fol. 188, recto).

VI.

Quelques mots encore sur les erreurs des peintres dans la manière dont ils représentent les Mages, et sur d'autres particularités curieuses et intéressantes relatives à ces rois adorateurs du Christ.

Il faisait nuit et les Mages étaient seuls quand ils se prosternèrent aux pieds du divin enfant, dans la grotte de Bethléem. Il est plus que probable que saint Joseph n'assista point à cette manifestation ; au moins saint Mathieu n'indique-t-il pas qu'il s'y soit trouvé, comme semblent le croire presque tous les peintres : « Et, entrant dans la maison, ils trouvèrent l'enfant avec Marie sa mère » (1). Il n'est pas parlé de Joseph, soit qu'il fût absent alors, soit par mystère, de peur que les Mages ne le prissent pour le père de l'enfant. Ce n'est pas sans raison que saint Mathieu omet de parler de saint Joseph, quoique saint Luc dise dans son récit, que les bergers virent l'enfant, Marie et Joseph (2).

Sans parler de l'inconvenance qu'il y a à représenter le Christ nu, debout, âgé de deux ans au moins, comme l'ont fait tant d'artistes, signalons la manière singulière dont les Mages ont été figurés par eux. Un seul est à genoux ; les deux autres, debout, s'occupent de choses indifférentes à la scène auguste qu'ils ont sous leurs yeux. « Et, se prosternant en terre, ils l'adorèrent, » dit saint Mathieu (3).

· Parlons maintenant du nombre, de l'âge et du costume des Mages.

Si l'on s'en rapportait à l'auteur de l'ouvrage imparfait sur saint Mathieu, il faudrait représenter douze Mages. Il dit que du temps de Balaam on chargea douze personnages versés dans la connaissance des astres, d'observer l'instant de l'apparition de l'étoile de Jacob, que ce prophète avait annoncée. Ces douze astronomes se succédaient de père en fils. Tous les ans, après la moisson, ils se transportaient sur le sommet d'une montagne nommée le *Mont-de-la-Victoire*, où ils se livraient à leurs observations. Une longue suite de siècles s'était déjà écoulée, lorsqu'enfin l'étoile tant désirée parut. Elle descendit sur le Mont-de-la-Victoire, parla aux douze observateurs, qui se transportèrent à Bethléem, où ils adorèrent la véritable étoile de Jacob, le Sauveur du monde.

L'auteur qui fait mention de ces douze observateurs, convient lui-même du peu d'authenticité de cette histoire.

Communément, on réduit les Mages à trois.

(1) Invenerunt puerum cum Maria matre ejus (S. Mathieu, II, 11).
(2) Invenerunt Mariam et Joseph et infantem (S. Luc, II, 16).
(3) Et procidentes adoraverunt eum.

L'Ecriture, pas plus que les Pères et la tradition, ne s'est expliquée sur l'âge des Mages. L'abbé Méry (1) pense qu'il est assez arbitraire de donner à chacun un âge différent. « Mais, dit-il, affecter avec certains peintres, dont le nombre est assez grand, de donner au premier soixante ans, au second quarante, et vingt au troisième, c'est une routine qui n'est fondée sur rien, à moins qu'on ne prétende l'appuyer sur le témoignage de Pierre de Natalibus, qui se contente de rapporter ce sentiment, sans le regarder comme prouvé ni le garantir. »

Autre légende. Jérôme Orose dit qu'un certain roi indien, nommé Chéripérimal, cédant aux sens une victoire que la raison l'obligeait de disputer, ne vit dans sa sœur qu'une princesse aimable digne de recevoir ses vœux. L'illusion cessa; Chéripérimal reconnut son erreur, et résolut de parcourir le monde, dans l'espérance qu'il trouverait quelque soulagement aux remords cruels qui le tourmentaient. Tandis qu'il errait dans les vastes plaines de l'Asie, il rencontra deux Mages qui lui apprirent qu'une vierge venait de mettre un fils au monde, que le nouveau-né était le Désiré des nations, qu'ils allaient lui offrir des présents, et l'adorer.

Chéripérimal dirigea aussitôt ses pas vers le lieu où venait de s'opérer une si grande merveille. De concert avec les deux Mages, il arrive à Bethléem, fait des dons au nouveau-né, et le souvenir de son crime est effacé. Le roi de l'Inde ne fut point ingrat; de retour dans ses états, il bâtit une église dans laquelle il plaça l'image d'une vierge qui tenait un enfant entre ses bras.

Les auteurs des anciens *mystères* ou drames religieux, que rien n'indique avoir connu l'aventure de ce prince, ont fait partir les trois Mages de trois diverses contrées. Le premier vient de Saba, le second de Tharse, le troisième d'Arabie (2). Ils supposent ensuite que les trois Mages se rencontrent en chemin et se communiquent le sujet de leur voyage. Ravis de se trouver réunis, plus étonnés encore de ce qu'ils s'entendent parfaitement, quoique étant de pays fort éloignés, nos voyageurs font route ensemble jusqu'à Bethléem, où ils adorent le nouveau roi des Juifs.

Les peintres, plus hardis que Jérôme Orose et nos anciens *mystères,* ont fait du premier Mage un asiatique; du second, un africain des plus noirs; du troisième, un européen; tous trois très-reconnaissables à leur type de figure et à leur costume. L'habit du Mage européen est tantôt grec, tantôt romain, tantôt italien.

---

(1) *Théologie des Peintres;* Paris, 1765, 1 vol. in-8°.
(2) C'était suivre à la lettre les termes de la prophétie d'Isaïe (ut supra).

Que d'erreurs, que de fautes contre la vraie et constante tradition de l'Eglise et des Pères!

Ce n'est guère que depuis le XVe ou le XVIe siècle qu'un des Mages est représenté sous la figure d'un nègre. Molanus (1) assure avoir vu à l'abbaye de Gembloux un ornement précieux donné par saint Bernard, sur lequel l'adoration des Mages était représentée, et que les Mages étaient de la même couleur. Un tableau de Paul Véronèse, de l'ancienne galerie du Luxembourg, à Paris, représentant l'adoration des Mages, donne des figures parfaitement blanches aux trois rois.

Cette prétendue couleur noire de l'un des Mages n'est fondée sur aucun témoignage authentique. Quelques écrivains ont, à la vérité, avancé que réellement parmi les Mages il se trouva un nègre, et que telle est l'opinion reçue sur les côtes du Malabar, d'où ils prétendent qu'était ce Mage; mais Lidanus a très-judicieusement observé, à ce sujet, qu'on doit rejeter toutes ces fausses traditions avec la même facilité qu'on nous les donne.

Enfin, on ne doit pas donner aux Mages cette suite pompeuse que l'on voit dans une foule de tableaux, ni ce costume théâtral; tout cela est autant opposé à la vraisemblance qu'à la vérité, et s'accorde aussi peu avec les sentiments d'humilité qui devaient diriger les Mages, qu'avec la nécessité où ils étaient de n'éveiller en aucune façon les soupçons d'Hérode.

Selon la tradition, les corps des Mages reposent à Cologne, où ils furent apportés, après avoir resté à Milan pendant six cent soixante-dix ans. On croit que ces reliques furent découvertes par sainte Hélène, et qu'au IVe siècle Eustorgius les plaça dans sa cathédrale de Milan, d'où elles furent portées à Cologne par l'empereur Frédéric Barberousse, sous l'épiscopat de Reynold ou Reynoldus.

La châsse qui contient ces précieuses reliques est un magnifique travail du XIIe siècle, ayant cinq pieds et demi de long; l'or, l'argent, l'émail et les pierreries y ont été prodigués (2).

Dans le trésor du couvent de Saint-Paul (mont Athos), on montre douze petits triangles d'or en filigrane, et soixante-douze grains d'encens et de myrrhe. Les moines disent que cet or, cette myrrhe et cet encens sont ceux que les Mages ont offerts à Jésus; ils ont été apportés

(1) Molanus (Jean Ver-Meulen), *De Historia sacrarum Imaginum et Picturarum*, etc.; édition de Paquot; Liége, 1771, in-4°.

(2) *Historia de Gestis ac trina beatissimorum trium Regum translatione*, 1481, in-4°, rare et curieux. — G. H. Goez, *De Reliquiis Magorum ad Christum conversorum*; Lubeck, 1714.

au mont Athos par une femme mystérieuse qu'ils nomment *la belle Marie*, ΚΑΛΑ ΜΑΡΙΑ (1).

Nous devons maintenant parler des deux autres *manifestations* de Jésus-Christ, dont l'Eglise, par une tradition constante et non interrompue, solennise chaque année le souvenir le 6 janvier, jour de l'*Epiphanie* ou *Adoration des Mages*.

Ces deux autres manifestations sont : le baptême du Christ, et son premier miracle aux noces de Cana en Galilée.

VII.

On a donné plusieurs noms à la solennité du baptême du Christ, par rapport à divers mystères qu'elle renferme. Ce grand mystère ayant été considéré comme une seconde naissance, on lui a donné le titre de *Fête des Lumières* et d'*Illumination* (2), pour marquer que le Père et le Saint-Esprit avaient rendu témoignage à la divinité du Fils. On s'est servi aussi du nom de *Théophanie* (3), pour dire que *Dieu s'est montré aux hommes*. Enfin, l'on a principalement attaché à cette fête le nom d'*Epiphanie* (4) : car, Jésus ayant été baptisé, il sortit aussitôt hors de l'eau ; et, comme il faisait sa prière, le ciel s'ouvrit et le Saint-Esprit descendit sur lui sous la figure d'une colombe, et vint se reposer sur sa tête. Au même instant on entendit une voix du ciel qui dit : « Tu es mon Fils bien-aimé ; c'est en toi que j'ai mis toute mon affection » (5).

C'est une ancienne tradition que, Jésus-Christ étant descendu dans les eaux du Jourdain pour être baptisé, il y laissa comme une vertu miraculeuse par l'attouchement de son corps sacré ; telle est la pensée des Pères de l'Eglise.

Saint Grégoire de Nazianze, expliquant ce mystère, remarque que non-seulement le vieil Adam fut enseveli dans les eaux du Jourdain, mais aussi que les eaux de ce fleuve furent sanctifiées (6). C'est dans ce jour, dit saint Jean Chrysostôme (7), que Jésus-Christ fut baptisé, et

---

(1) Didron, *Manuel d'Iconographie chrétienne grecque et latine*, etc.; Paris, 1845, p. 159, note 1.

(2) S. Grégoire de Nazianze, orat. 39. — S. Grégoire de Nysse, *De die Lum.*

(3) S. Jean Chrysostôme, t. 5, homil. 36.

(4) S. Jérôme, *Comment. in Ezechiel.*

(5) S. Luc, III, 21 et 22.

(6) Et ante omnia, ut per hæc sanctificentur aquæ Jordanis (orat. *in sancta Lumin.*).

(7) Tome 1, hom. 23.

472 RATIONAL

qu'il sanctifia la nature des eaux : *Aquarum sanctificavit naturam*. Telle est l'expression de Théodoret et des autres Pères grecs (1).

Saint Augustin (2), saint Léon (3) et saint Maxime de Turin (4) disent que Jésus-Christ, par son baptême, consacra les eaux du Jourdain pour la réparation du genre humain. *In Jordanis undis, aquas ad reparationem generis humani suo baptismo consecravit.* Voulez-vous savoir (c'est la réflexion de saint Ambroise) pourquoi Jésus-Christ a été baptisé ? Ce n'est pas pour être sanctifié par les eaux, mais afin qu'en les touchant il les sanctifiât et qu'il les purifiât par sa pureté (5).

Ça été une créance commune que, dans l'endroit du Jourdain où Jésus-Christ avait été baptisé, les eaux avaient reçu une certaine bénédiction qui les avait rendues célèbres par plusieurs miracles. Saint Grégoire de Tours est le premier qui atteste cette tradition. Il assure que de son temps les eaux du Jourdain, où saint Jean avait baptisé le Fils de Dieu, guérissaient les lépreux, et que cet endroit n'était qu'à deux lieues où le Jourdain tombe dans la mer Morte. Il raconte plusieurs autres merveilles sur ce sujet, qu'il avait apprises d'un des diacres de son église, qui en avait été témoin oculaire (6).

Les chrétiens furent si persuadés de cette ancienne créance, que, pour en conserver la mémoire, ils érigèrent à l'endroit où J.-C. reçut le baptême une croix qui n'est éloignée du bord du Jourdain que d'environ un jet de pierre. Ils bâtirent aussi un célèbre monastère avec une église, sous le titre de Saint-Jean-Baptiste, sur le sommet d'une colline, vis-à-vis l'endroit où le Sauveur fut baptisé. De ce monastère on allait par un pont jusqu'à cette croix. Il y avait aussi une église carrée sur le

---

(1) S. Jean Damascène, lib. 4 *fidei Ort.*, cap. 10.
(2) *De Tempore*, sermo 29.
(3) Sermo 4 *De Nativitate*.
(4) Sermo 10 *De Epiphania*.
(5) Ideo baptizatur Christus, non ut sanctificetur ab aquis, sed ut ipse aquas sanctificet, et purificatione sua purificet fluenta illa quæ tangit (sermo 18 *De Epiphania*).
(6) In eo (Jordane) habetur locus, in quo Dominus baptizatus est. In uno etenim reflexu aqua ipsa revolvitur, in qua nunc leprosi mundantur. Cum autem advenerint, sæpius lavantur in flumine, donec ab infirmitate purgentur. De publico tamen dum ibi commorati fuerint, victum accipiunt; sanati autem ad propria discedunt..... Nam vidi ante hoc tempus hominem, Joannem (ce Jean était un des diacres de S. Grégoire de Tours. — Voyez *Miraculorum*, lib. 1, cap. 17, 19 et 88) nomine, qui a Galliis leprosus abierat, et in ipso loco, quo Dominum diximus baptizatum aiebat se per annum integrum commoratum fuisse. Qui assidue abluebatur in amne; sed redditus pristinæ incolumitati, reformata in melius cute, sanatus est... Multos etiam vidimus qui... in Jordane tincti, ab hoc fuerant morbo sanati.

bord du Jourdain, où l'on dit que J.-C. laissa ses habits pendant son baptême. Tous ces monuments subsistaient encore du temps du vénérable Bède (1).

C'est dans cet endroit que les chrétiens avaient coutume de prier, de se plonger dans l'eau et même de laver leurs habits; ce qu'ils faisaient avec beaucoup de dévotion, dans la pensée que ces eaux avaient reçu quelque vertu particulière par l'attouchement de l'humanité sainte de J.-C. Saint Willebaud, évêque de Brême, d'une très-illustre famille d'Angleterre, qui fleurissait vers le milieu du VIIIe siècle, et environ cent ans après que saint Arculphe et Adamnanus eurent visité ces saints lieux, raconte la même chose. Il ajoute seulement qu'il y avait une corde étendue sur le Jourdain, et que les malades, s'y tenant, se plongeaient dans l'eau le jour de la fête de l'Epiphanie (2).

Jacques de Vitri, qui avait demeuré en Palestine, est témoin oculaire du même fait (3). Tostat (4) assure que plusieurs personnes avaient éprouvé que J.-C., par l'attouchement de sa sainte chair, avait laissé dans les eaux une vertu secrète, qui est une représentation de celle qu'il a conférée à toutes sortes d'eaux qui peuvent servir pour le baptême, et qui ont la vertu de régénérer les ames. Ceux qui ont fait le voyage de la Terre sainte racontent que les pèlerins se baignent dans le Jourdain, principalement à la fête de Pâques, où l'on voit un grand nombre de chrétiens se jeter dans ses eaux, soit par dévotion, soit pour recevoir la guérison de leurs maux (5).

Cette tradition subsiste encore parmi les fidèles qui demeurent en Palestine. Les chrétiens latins de Jérusalem, voulant marquer à Jean III Sobieski, roi de Pologne, leur reconnaissance du souvenir qu'il avait eu de leurs intérêts dans le traité de Zuranow, en 1676, lui envoyèrent de l'eau du Jourdain en présent. C'est une marque de leur vénération pour ces eaux, et qu'ils les croient encore douées de quelque vertu particulière.

(1) De Locis sanctis, cap. 13.

(2) Tunc in solemnitate Epiphaniæ infirmi et ægroti venientes habebant cum funiculo, sic demerguntur in aquam (in Vita S. Bonifacii).

(3) Peregrini etiam et indigenæ corpora sua et vestimenta in aquis Jordanis cum magna devotione soliti sunt abluere, eo quod Redemptor noster a beato Joanne in flumine illo baptizatus, contactu mundissimæ carnis fluvium sanctificavit, vim generativam conferens universis aquis (cap. 54 Hist. Hierosolymitan.).

(4) In cap. 3 S. Math., quæst. 74.

(5) Doubdan, Voyage de la Terre sainte. — Quaresmius, Elucidatio Terræ sanctæ.

Il y a une autre tradition très-ancienne parmi les Grecs. Le 6 janvier, après la messe du jour de l'Epiphanie, on bénissait des eaux dont les chrétiens se lavaient; ils en buvaient aussi, espérant acquérir toujours quelque nouveau degré de pureté en se lavant de ces eaux, qui, par la bénédiction de l'Eglise, étaient en quelque sorte revêtues de la vertu de celles que le Fils de Dieu avait consacrées en s'y plongeant.

Cet usage est très-ancien. Saint Jean Chrysostôme nous apprend que les fidèles déjà baptisés se lavaient avec les eaux sanctifiées, qu'ils en portaient chez eux, et qu'ils les gardaient pendant une année entière sans qu'elles se corrompissent (1); ce que les hérétiques et les protestants mêmes regardent comme un miracle, à cause qu'il est attesté par un si illustre témoin (2). Pierre le Foulon, usurpateur du patriarchat d'Antioche, qui vivait sur la fin du Ve siècle, ordonna que cette bénédiction ne se ferait pas à minuit, suivant la coutume, mais le soir d'auparavant; ce qui a toujours subsisté parmi les Orientaux. On dit qu'à présent on bénit l'eau deux fois; la veille de la fête, le peuple boit de cette eau, et on en purifie les maisons. La seconde bénédiction a lieu pendant la messe solennelle du jour de l'Epiphanie. C'est pour cela qu'elle est estimée plus sainte et qu'on la garde avec plus de soin. On a coutume d'en faire boire aux pénitents qui ne sont pas encore parfaitement réconciliés (3).

Le P. Thomassin nous apprend (4) qu'en ce jour-là tous les chrétiens d'Orient bénissent solennellement la rivière qui arrose le pays qu'ils habitent. Les prières de cette bénédiction sont fort longues. Après la cérémonie, qui dure très-longtemps, on voit des gens de tout âge, de tout sexe et de toute condition, qui s'y plongent comme pour renouveler leur baptême. Il emportent même de cette eau chez eux.

Codin fait mention d'une cérémonie qui s'appelle Ἁγιασμὸς, c'est-à-dire *consécration et aspersion de l'eau* (5). Elle consiste en ce que le premier jour de chaque mois on bénissait de l'eau et on en purifiait

---

(1) Hanc haustam solent deportare domum et reponere, et per integrum anni spatium conservare, ut pote quod per illum diem sanctificatæ fuerant; fit autem miraculum manifestum : neque enim longo temporis tractu aquarum illarum natura immutatur (t. 1, hom. 23).

(2) Quandoque ad plures annos incorruptæ servantur (Cave, *Hist. litt.*, dissertat. 2, *De Libris et Offic. eccles.* — Casaubon, exerc. 13, *in Bar.*, § 10. — (Montacucius, *Origin. eccles.*, t. 1, partie 2, p. 403).

(3) Le P. Goard, *Eucolog. græc.*, p. 453.

(4) *Traité des Fêtes*, livre 2, chap. 7, n° 9.

(5) *De Curiæ et Ecclesiæ Constantinopolit. Officiis*, etc., édit. du P. Goar, chap. 14, n° 26.

les personnes du palais de Constantinople. Au mois de janvier, cette cérémonie était différée jusqu'au sixième jour, qui est celui de l'Epiphanie. En septembre, elle avait lieu le 14, et non pas le 1er (1). On dit que cela se pratiquait encore dans toutes les églises grecques et même chez les Ethiopiens.

Baillet (2), qui tâche toujours d'affaiblir les saints usages que l'Eglise conserve religieusement, prétend que c'est le sentiment, qui a presque toujours été celui du peuple et de la multitude, que Jésus-Christ fut baptisé le 6 janvier. Mais ce n'est pas l'opinion du peuple que l'Eglise a suivie sur ce sujet; c'est la tradition presque unanime des anciens Pères.

Nous en avons des preuves dès le commencement du second siècle, puisque saint Clément d'Alexandrie nous apprend que Basilide et ses sectateurs la solennisaient le 6 janvier, et d'autres le 10, parce qu'ils supposaient sans doute que Jésus-Christ avait été baptisé ce jour-là (3). Mais ces hérétiques n'étaient pas les premiers auteurs de cette solennité. Ils l'avaient trouvée dans l'Eglise catholique, dont ils s'étaient séparés.

Chrystophorson nous a donné un fragment d'une lettre d'Eusèbe de Césarée à Marin, où il remarque que c'est l'ancienne tradition de l'Eglise (4). Saint Jérôme est du même sentiment (5), aussi bien que l'auteur de la chronique d'Alexandrie (6). Enfin, Baronius remarque que c'est le sentiment de tous les écrivains ecclésiastiques, excepté saint Epiphane, qui dit que ce fut le 6 novembre (7).

Tillemont (8) avoue que c'est une tradition presque unanime des anciens, et que toute l'Eglise grecque et latine en célèbre encore la mémoire ce jour-là. Dans l'Eglise grecque, c'est l'unique objet de la solennité si ancienne et si célèbre de l'Epiphanie. Il est même certain qu'on a pu savoir plus aisément le jour du baptême de Jésus-Christ que celui de sa naissance. Il est donc évident que quand l'Eglise a attaché le bap-

(1) *Ex Menæo*, 6 janvier, et *in Eucolog*.
(2) *Vies des Saints*, 6 janvier, *Histoire du Baptême de Jésus-Christ*.
(3) Lib. 1 *Stromat*.
(4) Apud Chrystophorson, post *Hist. Evagrii*.
(5) *In Ezechiel*, cap. 1.
(6) Natus est Dominus quinto et vigesimo die mensis Chyac, id est decembris, hora septima noctis. Tinctus a Joanne in Jordane xi Tybe, hoc est sexta januarii, hora decima diei (olympiad. cxciv).
(7) Omnes scriptores ecclesiastici, uno duntaxat excepto Epiphanio (ad ann. 4, n° 18).
(8) Article 6 sur Jésus-Christ, dans ses *Mémoires pour l'Histoire de l'Eglise*.

tême du Sauveur au 6 janvier, ce n'est pas pour se conformer à l'opinion du peuple, mais en s'appuyant sur le témoignage des Pères qui avaient reçu cette ancienne tradition.

VIII.

Après que Jésus-Christ eut passé quarante jours dans le désert, il fut convié avec sa mère et ses disciples à une noce qui se faisait à Cana, petite ville de la Galilée, du côté de la Phénicie. Il y a apparence que ces noces étaient celles de quelque pauvre parent de Jésus-Christ. Le vin ayant manqué, la Vierge lui dit : « Ils n'ont plus de vin. » Jésus ayant fait remplir d'eau six grandes urnes de pierre, il changea cette eau en vin. Ce fut là son premier miracle (1).

Quoique ce miracle soit arrivé la même année que Jésus-Christ fut baptisé, le jour pourtant est incertain. Ceux qui le mettent un an après son baptême sont obligés de reconnaître que Jésus-Christ a demeuré un an sans faire aucun miracle, puisque celui-ci est le premier, et que Jésus-Christ a été baptisé quinze mois avant la première Pâque, marquée par saint Jean ; et même on ne peut pas le placer au même jour que Jésus-Christ fut baptisé l'année précédente, puisque, selon saint Augustin, ces deux miracles et plusieurs autres sont arrivés le dimanche (2).

Ce qu'on peut dire de plus vraisemblable est que les noces de Cana se firent sur la fin de février ou peu après, ce qui s'accorde fort bien avec la suite de l'histoire de l'Evangile ; car, après ce miracle, Jésus-Christ fut passer quelques jours à Capharnaüm, et de là il s'en alla à Jérusalem pour la Pâque. Les Pères ne se sont point expliqués sur le jour des noces de Cana, et il semble qu'ils n'en ont rien su de bien assuré. Ainsi, quand l'Eglise chante, le 6 janvier : *Aujourd'hui l'eau est changée en vin*(3), c'est comme si elle disait : Suivant l'usage ordinaire,

___

(1) S. Jean, chap. 2, v. 1-11.—Quelques auteurs ont pensé que le mariage auquel notre Seigneur assista à Cana était celui de S. Jean l'évangeliste, mais que cet apôtre, ayant vu le miracle de l'eau changée en vin, renonça aussitôt à son épouse pour s'attacher à Jésus-Christ ; d'autres ont pensé que l'époux était Simon le Chananéen, qui fut mis au nombre des apôtres sous le nom de *Zélotes*.

(2) Venerabilis est Dominus dies.... quo Dominus baptizatus est in Jordane, quo vinum de aqua factum est in Cana Galilææ, quo benedixit Dominus quinque panes, in quo resurrexit a morte (sermo 154 *De Tempore*).

(3)   Novum genus potentiæ,
        Aquæ rubescunt hydriæ, etc.

(*Hymne du jour de l'Epiphanie.*)

aujourd'hui on fait mémoire de ce miracle. Saint Epiphane (4) est peut-être le seul des Pères qui a cru que les noces de Cana se firent le 6 janvier, jour auquel l'Eglise latine en célèbre la solennité.

Suivant le témoignage de saint Epiphane, le miracle des noces de Cana se renouvelait tous les ans, en plusieurs endroits, pour la conviction des incrédules. On voyait, dit ce Père, en divers endroits, des fontaines et des rivières dont l'eau se changeait en vin ou en prenait le goût avec la couleur, le 6 janvier. Il fait mention d'une de ces fontaines, qui était à Cibyre, dans la Phrygie ou dans la Carie, qui se changeait en vin le jour que l'Eglise fait l'anniversaire du miracle opéré par Jésus-Christ aux noces de Cana, et à la même heure que le Sauveur prononça ces paroles : « Versez au maître d'hôtel. »

Ce saint proteste qu'il en avait fait l'expérience, et qu'il avait bu lui-même du vin de celle qui était à Cibyre. Il parle encore d'une autre fontaine qui était dans l'église de Gérase en Arabie, où s'opérait le même miracle, et dont ses compagnons avaient bu. Il assure que plusieurs disaient la même chose des eaux du Nil (1).

En présence d'un tel prodige et de l'étonnement qu'il pourra causer à quelque lecteur, qu'on nous laisse dire ici avec le P. Thomassin, dans une circonstance semblable : « Je sais qu'on a quelquefois de la peine à ajouter foi à ces miracles; mais on me permettra bien de dire que le plus souvent cette incrédulité ne vient que de ce qu'on ne distingue pas assez les divers degrés de créance et de certitude, et qu'on s'imagine ne devoir pas croire tout ce qu'on ne doit pas croire comme une vérité de foi. Ce n'est rien moins qu'une véritable force ou solidité d'esprit qui cause ces défiances; ce n'est qu'une inadvertance pure, et le peu de réflexion qu'on fait sur une infinité de choses qu'on croit et qu'on ne croit que sur des fondements incomparablement plus légers que ceux que nous proposons. Ceux qui ne veulent pas se donner la peine de faire ce retour sur eux-mêmes, devraient au moins être persuadés qu'il y a de la témérité de s'élever au-dessus des plus savants Pères de l'Eglise, qui ont cru et ont écrit un fort grand nombre de merveilles semblables » (2).

(1) In multis locis usque in hunc diem hoc fit, quod tum factum est divinum signum in testimonium incredulis, velut testantur in multis locis fontes ac fluvii in vinum conversi. Cibyres quidem urbis Cariæ fons, qua hora hauseunt ministris, et ipse dixit : Date architriclino. Testantur et in Geraso Arubiæ fons similiter. Nos bibimus de Cybires fonte, fratres vero nostri, de eo qui est in Geraso, in Martyrum templo. Sed et multi in Ægypto de Nilo hoc estantur (Hæresi. 51).

(2) Traité des Fêtes, p. 246 et 247.

Mais, dira-t-on, si le miracle annuel dont parle saint Epiphane arrivait le 6 janvier pour autoriser celui des noces de Cana, il y a bien de l'apparence que la conversion de l'eau en vin se fit le même jour auquel ce miracle était renouvelé tous les ans, le 6 janvier. Autrement, si le premier miracle était arrivé un autre jour, celui du changement des eaux en vin serait équivoque par rapport au premier miracle. Cependant il est certain que les Pères ont ignoré le jour précis que se fit le miracle des noces de Cana, et on ne saurait presque douter qu'il ne soit arrivé sur la fin de février ou au commencement de mars. Ainsi, il semble que cette célèbre tradition dont parle saint Epiphane sera très-douteuse, ou qu'il faut fixer le premier miracle de Jésus-Christ au 6 janvier.

« Cette difficulté, dit le P. H. de Sainte-Marie (1), s'évanouira d'elle-même, si on fait attention que, comme il ne nous est point nécessaire de savoir auquel jour les mystères se sont opérés, Dieu peut les honorer par des miracles au jour que l'Eglise a choisi pour les solenniser. »

Baronius remarque que c'est l'effet d'une condescendance admirable de la divine Providence, d'avoir permis que ce miracle eût lieu le 6 janvier, quoique, selon toutes les apparences, celui de Cana ait été opéré un autre jour, afin, dit ce grand cardinal, de faire paraître la parfaite union qui est entre le chef et les membres, c'est-à-dire de Jésus-Christ avec l'Eglise, puisque celui-là veut honorer par un miracle annuel le jour que celle-ci célèbre avec beaucoup de solennité la mémoire d'un si grand événement (2).

Cette conduite de Dieu sur l'Eglise n'est pas sans exemple.

C'était la coutume, en Occident, de donner le baptême la veille de Pâques. Or, c'est une tradition constante que les fonts baptismaux se remplissaient miraculeusement ce jour-là dans plusieurs églises, non pas pour marquer le jour que J.-C. avait été baptisé, mais pour faire connaître que c'était le temps que l'Eglise avait désigné pour donner solennellement le baptême. Il arriva même une fois qu'on se méprit au choix du jour de Pâques. Alors les fonts baptismaux restèrent à sec jusqu'au jour que devait être la Pâque, et ce jour-là les fonts sacrés se remplirent. Ce miracle arriva du temps du pape Zozime, et c'est Paschasin, évêque de Lilybée en Sicile, qui rapporte ce prodige, très-célèbre et très-bien attesté, comme le texte même de ce récit le prouve (3).

(1) L. c. sup., t. 2, p. 361 et suiv.
(2) Cum diem quem in tantæ rei gestæ memoriam solemniter ipsa celebrat, ille his miraculis voluerit annis singulis illustrare (ad ann. 31, .n° 33).
(3) Quædam vilissima possessio Meltinas appellatur, in montibus arduis ac

Baronius rapporte un autre exemple d'un semblable miracle. L'on conserve à Naples une fiole du sang de saint Etienne, qui se liquéfie tous les ans le jour de l'Invention des Reliques de ce saint martyr, le 3 août. Cependant, lorsque Grégoire XIII corrigea le calendrier et qu'il y ajouta dix jours, le miracle du sang de saint Etienne arriva le jour que l'Eglise célébrait la fête de l'Invention de ses Reliques, et non pas dix jours après, comme auparavant. Baronius dit que le cardinal François-Marie Taurisio avait été témoin oculaire de cette merveille.

« Cela marque, conclut Baronius, que Dieu approuve par des miracles ce que fait l'Eglise romaine et le souverain Pontife » (1).

En terminant ces notions sur le miracle des noces de Cana et sur les traditions qui s'y rattachent, nous ne pouvons oublier de mentionner un souvenir dont plusieurs églises de France, d'Allemagne, d'Italie et autres pays se glorifient, et qu'elles vénèrent avec raison. Nous voulons parler des urnes de pierre, au nombre de six, dans lesquelles l'eau fut changée en vin par J.-C. Quelques-uns de ces vases se sont conservés jusqu'à présent. Avant 1789, on en montrait un dans le monastère de Port-Royal de Paris; il était exposé dans le chœur des religieuses. La tradition veut que saint Louis, en revenant de la Terre sainte, le transporta à Paris. Dans le milieu de cette urne, sous les anses, on lisait deux caractères hébreux; elle était en porphyre rouge, et contenait environ cinquante-deux pintes de Paris, mesure équivalente aux deux métrètes dont il est fait mention dans l'Evangile.

Dans ces dernières années (1851, 1852 et 1853), les *Annales archéologiques* ont accueilli d'intéressantes communications sur quelques-unes de ces urnes de Cana.

sylvis densissimis constituta, illicque perparva atque vili opere constructa est Ecclesia. In cujus baptisterio nocte sacrosancta Paschali baptizandi hora, cum nullus canalis, nulla sit fistula, nec aqua omnino vicina, fons ex se repletur, paucisque qui fuerint, consecratis, cum deductorium nullum habeat, ut aqua enerat, ex sese discedit..... Cum ergo apud Occidentales error ortus fuisset, consuetis lectionibus nocte sancta discussis, cum presbyter, secundum morem baptizandi horam requireret, usque ad lucem aquam non venientem, non consecrati, qui baptizandi erant, recesserunt. Ut ergo breviter narrem, illa nocte quæ lucescebat in diem dominicam, decimo die calendas maii, fons sacer hora competenti repletus est. Evidenti ergo miraculo claruit occidentalium partium fuisse errorem (Paschas., apud S. Leonem, epist. 63). — Voyez un prodige de ce genre dans S. Grégoire de Tours, *Miraculorum*, lib. 1, chap. 24, 25 et 26.

(1) Ex hoc plane constat, divinis suffragiis, quæ in sancta romana Ecclesia ab ipso romano pontifice constituta sunt, probari atque firmari (in notis ad Martyrolog., 3 augusti).

Angers possède un de ces vases, en porphyre rouge, de 47 centimètres de hauteur sur 40 centimètres de diamètre de dedans en dedans. Avant la révolution de 1793, il était honorablement conservé dans le chœur de la cathédrale d'Angers, au sud, en une niche au bas de laquelle on lit encore cette inscription : *Hydria de Cana Galileæ* (urne de Cana en Galilée). Ce vase demeura en ce lieu de 1701 à 1793, l'espace de quatre-vingt-douze ans. Auparavant, il était dans le chœur de la même église, mais en une autre niche beaucoup mieux ornée, de l'époque du XV° siècle, style flamboyant avec pinacles. Le bon roi René avait été le donateur de cette urne, en 1450.

On trouve, dans un manuscrit qui date des premières années du XVIII° siècle, ces quelques détails relatifs aux cérémonies instituées et composées par René à l'occasion de ce vase : « *Les Nopces.* — Second dimanche d'après l'Epiphanie. — On fait l'office comme aux dimanches ou doubles ou semi-doubles. » Après la bénédiction de l'eau pour asperger le peuple, le « maire-chapelain.... va, précédé d'un porte-bénitier, de deux acolytes et du porte-croix commune, tous quatre en aubes, du côté de l'épître, dans le sanctuaire, au lieu où est la cruche de Cana, exposée sur une crédence parée d'une nappe par les soins du garde-reliques, qui l'expose pendant prime, et la laisse ainsi exposée aux yeux du public jusqu'après sexte. — Ledit maire-chapelain bénit le vin que le garde-reliques a mis dans ladite cruche, tenant son messel (*missel*) en main, dans lequel il prend la bénédiction qui estoit autrefois particulière, mais perdue par négligence.... *Nota.* On n'expose point cette cruche qu'il n'y ait un cierge ardent tant qu'elle est exposée. »

Après l'aspersion de l'eau-bénite, le maire-chapelain, revêtu « d'une chape blanche, se couvrant les épaules d'un voile aussi blanc, va au lieu où est la cruche de Cana, précédé de deux chapelains chapés de blanc, tenant en main chacun une torche blanche allumée, tous trois couronnés de couronnes de romarin par-dessus leurs camails, qu'ils n'ôtent point, ne se découvrant pas.... Le garde-reliques présente au maire-chapelain.... une burette de cristal ou une des plus belles burettes antiques d'argent, pleine de vin bénit dans ladite cruche. Laquelle burette il couvre des deux extrémités de son voile, en sorte qu'on ne voit que le devant de la burette. »

Suit la procession, où l'on porte en grande pompe la burette précitée et à laquelle assistaient l'évêque, les chanoines, etc. Au commencement de la messe, on posait la burette sur le maître-autel, du côté de l'épître on ne consacrait pas d'autre vin que celui de cette burette pour le saint sacrifice.

« Enfin a lieu la distribution du vin bénit dans la cruche. Le garde-reliques, en étole, distribue, tant que la cruche est exposée, à un chacun le vin bénit. Le peuple y est en grand nombre. »

Le monastère de Saint-Florent, près de Saumur, possédait jadis un autre vase de Cana, don de Charlemagne. On ne sait ce qu'il est devenu. Quant à celui d'Angers, il a été l'objet de l'attention sérieuse des antiquaires les plus distingués, qui n'ont pas émis le plus léger doute sur sa très-haute antiquité. Cette urne a été creusée au tour, procédé très en usage dans la Judée pour la fabrication des vases de cette sorte, qui servaient aux ablutions des personnes et au lavage des ustensiles de table.

Les mascarons fort remarquables qui ornent ce vase, par leur style semblent appartenir à l'art égyptien. Qui sait si ces vases ne sont pas provenus de ce pays quand les Israélites en sortirent sous la conduite de Moïse? Nous donnons cette conjecture pour ce qu'elle vaut, et non comme le résultat d'une étude particulière de ce curieux objet.

A la suite de cette notice, que nous abrégeons beaucoup, M. Didron a placé quelques aperçus ingénieux et vrais que nous engageons à lire et à méditer, comme tout ce qui sort de la plume de cet éminent archéologue. On doit le remercier, au nom de la tradition religieuse et de l'art, d'avoir donné le dessin fort exact de l'urne d'Angers.

Parler des autres vases que l'on conserve hors de la France nous mènerait trop loin : on peut lire avec fruit, là-dessus, les *Annales archéologiques*.

Tout fait penser que l'urne de Port-Royal est dans un des dépôts publics de Paris : on a déjà constaté son existence ultérieure au musée des Petits-Augustins. Enfin, un fragment de celle du trésor de l'abbaye de St.-Denis est déposé au cabinet des antiques de la Bibliothèque impériale.

Si l'on retrouve l'urne de Port-Royal, il serait à désirer qu'elle allât prendre place, avec le fragment de la Bibliothèque impériale, dans le sanctuaire de la Sainte-Chapelle du Palais. Pourquoi le vase d'Angers ne retournerait-il pas aussi à la cathédrale, où sa place est toute marquée?

NOTE 9.

OFFICE DES FUNÉRAILLES DE L'ALLELUIA.

Ce terme d'*Alleluia* nous paraît avoir été mis à presque toute sorte d'épreuves. Nous ne remonterons pas jusqu'à ces siècles reculés où, avant l'invention des cloches, il servait de signal pour appeler à la prière les

religieux et les religieuses; nous n'examinerons pas non plus si ce se
rait de là que pourrait être venue la pensée qu'eut saint Germain, évêque d'Auxerre au V° siècle, d'en faire le cri de guerre des Angles (1).
Notre dessein n'est pas aussi de faire remarquer ce que rapportent certains auteurs touchant des concerts extraordinaires entendus dans les
airs, et dans lesquels on distinguait à merveille ce mot *Alleluia*. François Alvarez rapporte qu'en Afrique il y a eu un monastère appelé *Alleluia,* en mémoire d'un semblable événement.

Ce terme *Alleluia* (qu'on nous passe cette remarque grammaticale),
quoique appartenant à une langue avec laquelle la latine n'a aucun
rapport, n'a pas laissé d'en subir les inflexions; et quoique, en lui-
même, il signifie une sentence entière et complète, on en a fait un nom
latin, à qui on a donné des cas; on l'a même réduit en verbe, que l'on
a conjugué comme un verbe ordinaire (2). On a fait plus, on l'a per-
sonnifié; pour lui faire sentir le sort commun des choses de la terre, on
l'a fait mourir, on l'a enterré, enfin on l'a ressuscité. C'est à ce dernier
trait de personnification humaine, l'enterrement et la résurrection, que
nous voulons nous arrêter dans cette note.

L'article xv des statuts de l'église cathédrale de Toul, rédigés au
XV° siècle, a pour titre : *Sepelitur Alleluia,* « On ensevelit l'*Alleluia.* »
Voici les propres termes de cette rubrique que nous transcrivons fidèlement : *Sabbato Septuagesimæ in nona conveniant pueri chori feriati in
magno vestiario, et ibi ordinent sepulturam Alleluia. Et expedito ultimo
Benedicamus, procedant cum crucibus, torciis, aqua benedicta et encenso,
portantesque glebam ad modum funeris, transeant per chorum, et vadant
ad claustrum ululantes usque ad locum ubi sepelitur; ibique aspersa aqua
et dato incenso ab eorum altero redeunt eodem itinere. Sic est ab antiquo
consuetum.*

« Le samedi veille du dimanche de la Septuagésime, à l'heure de
none, que les enfants de chœur s'assemblent en habits de fête dans la
grande sacristie, et qu'ils y procèdent à l'ensevelissement de l'*Alleluia.*
Après avoir terminé le dernier *Benedicamus* de none, ils se mettront en
marche avec les croix; des torches, de l'eau bénite et l'encens, portant

---

(1) Voyez la *Vie de S. Germain d'Auxerre,* par le prêtre Constance ; Bolland.,
Acta SS., 31 juillet, et Bède, *Hist. eccles. angl.*

(2) *Alleluiatici Psalmi,* dans S. Jérôme, etc. — *Alleluiaticum,* dans S. Grégoire de Tours: dans la *Règle de S. Aurélien d'Arles,* etc. — *Alleluiarium, Eu-
cologe des Grecs,* p. 102, c'est-à-dire les versets des Psaumes précédés d'*Alleluia.* — *Alleluiare: Responsoria Horarum alleluiantur.* Cette expression est dans
plusieurs anciens Bréviaires du XVI°, du XV° siècle et au-delà. — *Alleluiatus,*
adjectif : *Responsoria alleluiata, Microlog.*, cap. 59.

une figure de personnage mort; ils passeront par le chœur, et iront au cloître en poussant des cris de douleur jusqu'au lieu où l'on doit enterrer l'*Alleluia*. En cet endroit, un d'eux fera l'aspersion d'eau bénite sur la fosse et l'encensera, et puis tous reviendront par le même chemin qu'ils auront suivi en allant. C'est ainsi qu'on a coutume de pratiquer ces choses depuis longtemps. »

A quelle époque remonte l'origine de cette coutume? Nous croyons qu'elle est fort ancienne. Au IXe siècle, Amalaire Fortunat, diacre de l'église de Metz, un de nos plus célèbres liturgistes, nous apprend (1) que de son temps on faisait dans cette église un office de l'*Alleluia*, semblable à des obsèques joyeuses, ce qui était comme une espèce d'adieu solennel. On lui appliquait à cette occasion tous les passages qu'on pouvait de l'Ecriture sainte.

Amalaire Fortunat ne parle pas de la collecte qui servait de conclusion à cet office; mais l'abbé Lebeuf l'a trouvée, au XVIIIe siècle, dans un Missel du XIIe siècle, à l'usage du diocèse d'Auxerre, et dans un Antiphonier selon le même usage, écrit au XIIIe. Plus tard on ajouta à cet office une hymne, afin qu'il n'y manquât rien. Anciennement, c'est-à-dire du temps d'Amalairé au moins, c'était la coutume que le chant de l'*Alleluia* fût quitté avec plus de solennité qu'il n'était repris.

Ce fut dans le Xe et dans le XIe siècles qu'on s'avisa de représenter, à la lettre, la déposition ou la sépulture de l'*Alleluia* par quelques actions qui répondissent aux paroles de l'office même. Dès le IXe siècle, cette cérémonie avait lieu le dimanche de la Septuagésime. Dans saint Udalric, compilateur des usages de l'ordre de Cluny, on lit : *In Septuagesima adeps simul cum* Alleluia *sepelitur,* « A la Septuagésime, on ensevelit l'usage du gras avec l'*Alleluia*. » On ajoutait même, selon l'Antiphonier du XIIe siècle précité : *Et dum ortus fuerit dies, ambulabis vias tuas,* « Et quand le jour se sera levé, tu te mettras en marche; » car on disait alors matines au plus tard à deux heures du matin dans les cathédrales. Dans un autre répons du même Antiphonier, l'assemblée souhaitait à l'*Alleluia* un bon voyage, par ces paroles du livre de Tobie : *Angelus Domini bonus comitetur tecum, et bene disponat itinera tua, ut iterum cum gaudio revertaris ad nos;* « Que le bon ange du Seigneur t'accompagne et qu'il règle bien ton voyage, afin que tu reviennes encore à nous avec joie. »

Au reste, s'il est vrai que ce fut de l'église de Metz, réputée, au IXe siècle,

---

(1) *De Ordine Antiphonarii liber*, chap. 30. *De Officio Septuagesimæ*, dans le t. 14 de la *Maxima Bibliotheca veterum Patrum*, etc., édition de Lyon, p. 1047-1048.

métropole, que ces coutumes se répandirent avec l'Antiphonier d'Amalaire dans le reste de la France et même outre Rhin, il y a bien de
l'apparence que les églises voisines de celle-là, et qui les premières
avaient reçu ces usages, ne furent pas les plus portées à s'en défaire ni à
les abolir. Au moins il est constant, par ce qu'on vient de voir, que celle
de Toul permettait encore, à la fin du XVᵉ siècle, qu'on pratiquât les funérailles de l'*Alleluia.*

Voici maintenant le texte latin de l'office de l'*Alleluia,* tel que l'abbé
Lebeuf le communiqua aux continuateurs du Glossaire de Du Cange,
les bénédictins de la congrégation de Saint-Maur(1). Il est extrait d'un
Missel du XIIIᵉ siècle et d'un Antiphonier du XIIᵉ, précieux manuscrits
appartenant encore, au siècle dernier, à la cathédrale d'Auxerre. Cet
office avait lieu, à partir des premières vêpres du samedi, veille de la
Septuagésime, jusqu'à matines et laudes inclusivement de ce dimanche.

ALLELUIATICUM OFFICIUM.

Sabbato in Septuagesima

AD VESPERAS.

Antiphona. Alleluia, alleluia, alleluia.
Capitulum. Benedictus, etc.

HYMNUS.

Alleluia, dulce carmen,
Vox perennis gaudii.
Alleluia, laus suavis
Et choris cœlestibus,
Quam canunt Dei manentes
 In domo per secula.

Alleluia, læta mater,
Concivis Jerusalem,
Alleluia, vox tuorum
Civium gaudentium;
Exules nos flere cogunt
 Babilonis flumina.

Alleluia non meremur
In perenne psallere;
Alleluia vox reatus
Cogit intermittere;
Tempus instat quo peracta
 Lugeamus crimina.

Unde laudanda precamur,
Te, beata Trinitas,
Ut tuum nobis videre
Pascha det in æthere,
Quo tibi læti canimus
 Alleluia perpetim. Amen.

Verset. Vespertina oratio, etc.

(1) Voyez la dernière édition du Glossaire de Du Cange, 6 vol. in-folio, t. 1,
au mot *Alleluia*, col. 311-314.

AD MAGNIFICAT.

Antiphona. Mane apud nos hodie, Alleluia, alleluia, et crastina die proficisceris, Alleluia, alleluia, alleluia. Et dum ortus fuerit dies, ambulabis vias tuas, Alleluia, alleluia, alleluia, alleluia.

ORATIO.

Deus qui nos concedis alleluiatici cantici deducendo solempnia celebrare,.da nobis in æterna beatitudine cum sanctis tuis Alleluia cantantibus perpetuum feliciter Alleluia posse cantare. Per Dominum, etc.

AD MATUTINUM.

Invitatorium. Alleluia, alleluia, alleluia, alleluia, alleluia, alleluia.
Hymnus. Alleluia, dulce carmen, etc.

IN PRIMO NOCTURNO.

Antiphona. Alleluia.
Vers. Memor fui nocte, etc.
Lectio i. In principio creavit Deus, etc.
Répons. Alleluia, dum præsens est invitatur illam, et desiderant illam dum se eduxerit; * Et in perpetuum coronata triumphat ante Dominum, Alleluia.
Vers. In amicitia illius delectatio bona, quoniam immortalis est in conspectu illius. * Et in perpetuum, etc.
Répons ii. Multiplicentur a Domino anni tui, Alleluia; per viam sapientiæ incedas, * Et per semitam justitiæ revertaris ad nos, Alleluia, alleluia.
Vers. Sola namque tenes principatum in conspectu Domini, propterea revertere in thesauros tuos. * Et per semitam, etc.
Répons iii. Alleluia, sola tenes principatum in conspectu Domini, propterea revertere in thesauros tuos, te benedicant angeli; * Quia placuisti Domino, Alleluia, alleluia.
Vers. Angelus Domini bonus comitetur tecum, et bene disponat itinera tua; * Quia, etc.

IN SECUNDO NOCTURNO.

Antiphona. Alleluia, alleluia.
Sequuntur *lectiones* è Genesi,

Répons iv. Angelus Domini bonus comitetur tecum, Alleluia, et bene disponat itinera tua; * Ut iterum cum gaudio revertaris ad nos, Alleluia, alleluia.

Verset. Multiplicentur a Domino anni tui, per viam sapientiæ incedas; * Ut iterum, etc.

Répons v. Alleluia, revertere in thesauros tuos : * Te benedicant angeli, Alleluia.

Verset. Sola namque tenes principatum in conspectu Domini, propterea revertere in thesauros tuos : * Te benedicant, etc.

Répons vi. Alleluia, delectatio bona in operibus manuum illius;.* Divitiæ multæ, Alleluia, alleluia.

Vers. Speciosa facta es, et suavis in deliciis multis : * Divitiæ multæ, etc.

IN TERTIO NOCTURNO.

Antiphona. Alleluia.

Homilia in evangelio : *Simile est regnum,* etc.

Répons vii. Nomen bonum melius est quam divitiæ multæ; * Super aurum et topazion gratia bona est, Alleluia, alleluia.

Verset. Quam dulcia faucibus meis eloquia tua, Domine, super mel et favum ori meo. * Super, etc.

Répons viii. Alleluia, judica judicium meum et redime me, Alleluia, a calumniantibus me. * Alleluia.

Vers. Vide humilitatem meam, et eripe me quia legem tuam non sum oblitus. * Alleluia.

Répons ix. Alleluia, mane apud nos hodie, et cras proficisceris, Alleluia; * Et dum ortus fuerit dies, ambulabis vias tuas, Alleluia, alleluia.

Vers. Angelus Domini bonus comitetur tecum, et bene disponat itinera tua : * Et dum, etc.

IN LAUDIBUS.

Antiphona. Omnes sumus sitientes, Alleluia, alleluia.

Psalmi. Dominus regnavit. Jubilate. Deus.

Antiphona. Benedicat terra Dominum et omnia nascentia in ea hymnum dicant, Alleluia, alleluia. *Canticum.* Benedicite.

Antienne. Alleluia, sola tenes principatum in conspectu Domini, propterea revertere in thesauros tuos, te benedicant angeli, Alleluia, alleluia. *Psalmus.* Laudate.

Capitulum, hymnus, antiph. ad Benedictus, ut supra in primis vesperis.

A laudes, on chantait de la manière suivante le psaume *Laudate* : Alleluia, Laudate Dominum de cœlis, laudate eum in excelsis, Alleluia.

Laudate eum omnes angeli ejus, laudate eum omnes virtutes ejus, Alleluia, alleluia.

Laudate eum, sol et luna, laudate eum, stellæ et lumen, Alleluia, alleluia, alleluia. Et ainsi de suite, toujours en ajoutant un *Alleluia* de plus à chaque verset, jusqu'à la fin du psaume.

Héric, moine d'Auxerre, dans le IXe siècle, a cru que cette manière d'entremêler le mot *Alleluia* à chaque verset des psaumes était particulière à son Eglise (1). — On voit par les antiphoniers d'Auxerre des XIVe et XVe siècles, que l'office de l'*Alleluia* avait été transféré, de la veille et du matin du dimanche de la Septuagésime, au jour de saint Etienne, le 26 décembre.

Nous traduisons cet office dans ce qu'il a d'important et de remarquable.

OFFICE DE L'ALLELUIA.

Le samedi veille du Dimanche de la Septuagésime.

AUX PREMIÈRES VÊPRES.

HYMNE.

« Alleluia, doux chant, expression de la joie éternelle; Alleluia, louange suave et propre aux chœurs célestes, que chantent pendant tous les siècles ceux qui habitent dans la maison de Dieu.

« Alleluia, joyeuse mère, concitoyenne de Jérusalem; Alleluia est la voix de tes citoyens remplis d'allégresse; les rives du fleuve de Babylone ne nous invitent qu'à pleurer, exilés que nous sommes.

« Nous ne méritons pas de chanter Alleluia pendant l'éternité, la voix du péché nous force d'interrompre l'Alleluia; le temps approche où nous allons pleurer nos crimes passés.

« C'est pourquoi, bienheureuse Trinité qu'on doit louer, nous te prions, afin que ta Pâque nous accorde de voir dans le ciel ce signe qui nous fera chanter, pleins d'allégresse, l'Alleluia sans fin. Amen.

(1) *Miracula S. Germani*, cap. 10. — Sur cet usage, voyez D. Martenne, *De antiquis Ecclesiæ Ritibus.*

ANTIENNE DE MAGNIFICAT.

« Reste avec nous et chez nous aujourd'hui, Alleluia, alleluia, et demain tu partiras, Alleluia, alleluia, alleluia. Et quand le jour se sera levé, tu te mettras dans ta route, Alleluia, alleluia, alleluia, alleluia.

ORAISON.

« O Dieu, qui nous accordes de célébrer la solennité du départ et du renvoi du chant d'Alleluia, fais que nous puissions chanter toujours et avec bonheur Alleluia dans l'éternelle béatitude, avec tes saints qui le chantent sans cesse. Par N. S. J.-C.

A MATINES.

« *Répons* 1. Quand il est présent, on l'invite à retentir, et on le regrette lorsqu'il s'est retiré. Toujours couronné, il triomphe devant le Seigneur.

« *Verset.* Son amitié est pleine de délices, parce qu'elle est immortelle en présence du Seigneur.

« *Répons* 2. Que tes années soient multipliées par le Seigneur, Alleluia; tu marches dans la voie de la sagesse. Et reviens à nous par le sentier de la justice, Alleluia, alleluia.

« *Verset.* Car seul de tous les chants tu es le premier aux yeux du Seigneur; retourne donc à tes trésors, et reviens à nous par le sentier de la justice.

« *Répons* 3. Alleluia, seul tu es le premier devant le Seigneur...; que les anges te bénissent, parce que tu as plu au Seigneur, Alleluia, alleluia.

« *Verset.* Que le bon ange du Seigneur t'accompagne, Alleluia, et qu'il te procure un bon voyage;

. . . .

« *Répons* 5. Afin que tu nous reviennes avec joie, Alleluia, alleluia.

. . . .

« *Répons* 7. Un nom honorable est préférable à d'immenses richesses. La grâce est au-dessus de l'or et de la topaze, Alleluia, alleluia.

« *Verset.* Combien sont douces à ma bouche tes paroles, Seigneur; elles l'emportent sur le miel le plus pur. »

NOTE 10.

COMPARAISON.

Nous trouvons, dans un sermonaire du XIIIe siècle (1), la belle comparaison que voici, de l'homme à un arbre; rien n'est plus ingénieux. « Un arbre est un corps qui a ses racines fixées en terre, et dont les rameaux et les branches partent de la souche et tendent vers le ciel. L'homme ressemble à un arbre retourné : sa tête, avec le visage et les cheveux, est la racine; son corps, la souche; ses bras et ses jambes, les grands rameaux; les doigts de ses pieds et de ses mains, les petites branches. Aussi, l'homme est-il appelé justement en grec *anthropos*, c'est-à-dire un arbre renversé » (2). Et remarque, à ce sujet, que Dieu a voulu qu'il en fût ainsi pour nous apprendre que, de même que l'arbre, par le moyen de sa racine, tire sa vertu de la terre où il est fixé, nous aussi nous tenons à notre terre natale, c'est-à-dire au ciel, par notre racine, c'est-à-dire par la tête, siége de la raison, etc. »

Est enim arbor corpus quoddam, habens radices in terra fixas, et ramos et ramusculos de stipite procedentes et ad superiora tendentes. Homo ergo habet similitudinem arboris eversæ; cujus os cum toto capite et crinibus est quasi radix, et corpus stipes, et brachii (sic) et crura rami majores, digiti autem pedum et manuum rami minores. Et ideo bene appellatus est homo græce anthropos, id est arbor eversa. Et super hoc nota quod Deus voluit hominem esse arborem sic eversam ad indicandum quod, sicut arbor mediante radice trahit virtutem suam a terra in qua figitur, sic facti sumus, ut figamur in terra nobis naturali, scilicet in cœlo, radice nostra, scilicet mente significata per caput, etc.

On retrouve cette idée, que le prédicateur développe avec complaisance, dans un ouvrage attribué à saint Bonaventure (3), mort en 1274, et qui paraît être de Hugues de Strasbourg; mais il serait possible qu'elle fût plus ancienne, et qu'elle eût couru depuis longtemps, comme beaucoup d'autres comparaisons de ce genre, les églises et les écoles.

(1) Robert de Wimi, prémontré; Mss., fol. 195 v°, col. 2, LIIIe sermon.
(2) Peut-être, selon lui, d'ἄνθος et de τρέπω.
(3) *Compendium theologicæ Veritatis*, lib. 2, cap. 57.

APPENDICE.

PLÉMENT AU ~~T~~OME SECOND.

PROSES DU MOYEN-AGE.

~~...~~matière des matières ~~...~~ dans le second volume du ~~...~~ de reporter en Appendice, à ce troisième volume, la re-~~...~~ qui devait ~~...~~ l'Appendice n° 1 du tome I.

—

~~...~~du Moyen-Age. — Les Origines. — Adam de ~~...~~Victor. — Ses Proses — Miscellanea.

~~...~~ — *Les Proses du moyen-âge.*

~~...~~ ~~...~~cumuler, depuis dix ans environ les études ~~...~~ fait un grand pas en avant, en dépit des récrimi-~~...~~ représenté par l'école des beaux arts, l'art chré-~~...~~ approfondi, et en même temps qu'on recherche ~~...~~ la théorie. Lorsque du style ogival, on voit ~~...~~ints de la France en monuments, essais hardis ~~...~~ du moyen-âge, ~~...~~ils rappellent souvent le sen-~~...~~

~~...~~ préliminaires, les archéologues ont voulu re-~~...~~ ont rendu les ~~...~~ sur verre, les menui-~~...~~ a réclamé sa part ~~...~~ de tous les artistes au service de l'idée catho-~~...~~ venant en aide aux musiciens, ont secondé la ~~...~~ des antiques ~~...~~ d'hymnes et de chants ~~...~~ déjà découverts, mais combien plus encore à ~~...~~ombrables manuscrits et imprimés liturgiques

~~...~~ aussi — si petite ce soit — apporter notre ~~...~~ la réédification du chants populaires religieux ~~...~~perons avoir rendu une partie de cette tâche ~~...~~ en publiant un choix de séquences ou proses ~~...~~ anciens jusqu'au XII° siècle. C'est, en effet, ~~...~~ non ailleurs que nous trouverons, comme ~~...~~igné (1), les ~~...~~ de la participation indi-

~~...~~l'œuvre du 14 m~~...~~ 1851, qui a pour titre : *Les*
~~...~~r M. Félix Clém~~...~~

NOTE 11.

ORIGINE DE LA CÉRÉMONIE DES CENDRES.

Les Pères (1) et les Conciles anciens ont toujours joint les cendres à la pénitence.

Saint Isidore de Séville dit que ceux qui entrent en pénitence reçoivent des cendres sur leur tête, pour reconnaître que, par suite du péché, ils ne sont que poudre et cendre, et que c'est avec justice que Dieu a prononcé contre eux cette sentence de mort, dont la vie présente n'est qu'un petit délai (2).

Reginon a emprunté des anciens Conciles la manière dont on mettait en pénitence les grands pécheurs, et la cérémonie du jour des Cendres. Tous les pénitents se présentaient à la porte de l'Eglise, couverts d'un sac, les pieds nus, et avec toutes les marques d'un cœur profondément humilié. L'évêque, les doyens ruraux et les curés s'y trouvaient, parce qu'ils étaient les mieux informés des crimes et de la vie de ces pénitents. Ils leur imposaient une pénitence proportionnée à leurs fautes, et les faisaient ensuite entrer dans l'Eglise; on chantait sur eux les sept psaumes de la pénitence, puis on leur imposait les mains; on les arrosait d'eau bénite, on couvrait leur tête de cendres, enfin on leur annonçait qu'on allait les chasser de l'Eglise, comme Adam fut effectivement chassé du paradis après avoir péché. Les ministres de l'autel les conduisaient après cela hors de l'Eglise, en chantant les paroles de l'Ecriture, qui sont celles de Dieu quand il condamna nos premiers parents à manger leur pain à la sueur de leur front, et à mener une vie laborieuse et pénitente, puisqu'ils s'étaient rendus indignes des délices du paradis (3).

Voilà quelle était la cérémonie du jour des Cendres, ou du premier jour des jeûnes du Carême. Mais elle ne regardait que ceux qui étaient déjà en pénitence, ou qui y entraient. La difficulté est de savoir quand et comment les fidèles, qu'on distinguait des pénitents publics, ont commencé à recevoir aussi les cendres et à se mettre à leur manière

(1) Tertullien, *Lib. de Pœn.; De Pudic.* — S. Ambroise, *ad Virginem lapsam*, cap. 8.

(2) Cinere asperguntur, ut sint memores quia cinis et pulvis sunt, etc. Per favillam cineris perpendamus mortis sententiam, ad quam peccando pervenimus (*De eccles. Offic.*, lib. 2, cap 16).

(3) Edition de Baluze, p. 135.

en pénitence. Ce ne serait pas sans quelque vraisemblance qu'on croirait que les fidèles, de leur propre mouvement, auraient voulu se joindre aux pénitents publics, pour les consoler, pour les assister de leurs prières, pour les fortifier par leur exemple, et pour se fortifier eux-mêmes en prenant quelque part à leur pénitence.

De la même manière que nous apprenons de saint Augustin qu'en Afrique les fidèles, après avoir communié le Jeudi saint, prenaient le bain avec les catéchumènes, pour participer en quelque façon à toutes les purifications et à toutes les bonnes œuvres qu'ils avaient faites pendant le temps qu'ils étaient catéchumènes, en se préparant au baptême ; ou de la même manière que les chrétiens orientaux, selon saint Epiphane et saint Jean Chrysostôme, se joignaient à ceux qu'on baptisait la nuit de l'Epiphanie, prenaient de l'eau qui avait été bénite et en portaient à leur maison.

Il n'y aura pas moins de probabilité, si l'on dit, après saint Augustin, que les pénitents publics qu'on a chassés de l'Eglise pour des crimes énormes et scandaleux ne sont pas les seuls pénitents, comme ces péchés énormes ne sont pas les seuls péchés qui se commettent. Tous les hommes sont pécheurs, et ils doivent, par conséquent, vivre et mourir dans la pénitence. Il y a donc beaucoup d'apparence que dans le XIIᵉ et le XIIIᵉ siècles, quand la pénitence publique fut presque abolie, les fidèles commencèrent ou continuèrent avec plus de ferveur qu'auparavant à recevoir les cendres sur leur tête, et à entrer, par conséquent, en pénitence en même temps qu'ils entraient dans le Carême.

Nous lisons dans divers auteurs du XVᵉ et du XVIᵉ siècles, la curieuse mention que voici, de la manière dont, le Mercredi des Cendres, on chargeait des péchés du peuple un pénitent désigné sous le nom d'Adam.

Æneas Silvius, qui vivait au XVᵉ siècle et fut pape sous le nom de Pie II, dit, dans le xxxııᵉ chapitre de son *Histoire d'Europe* : « Chaque année, à Alberstad, on choisit un homme du peuple que l'on répute souillé des plus grands péchés ; on le revêt d'un habit de deuil, et on lui pile la tête entièrement ; puis on le conduit à l'église le Mercredi des Cendres, et, après avoir achevé les divins offices, on l'en chasse. Pendant quarante jours il parcourt pieds nus la ville et fait le tour des édifices sacrés, sans y entrer et sans parler à qui que ce soit. Invité à tour de rôle par les chanoines, il mange ce qu'on lui sert. Après minuit sonné, on lui permet de dormir sur les places publiques. Le jour du jeudi saint, après la consécration de l'huile sainte, on le ramène dans l'église, et, après avoir dit une prière, on le décharge et on l'absout de ses péchés ; et le peuple lui offre de l'argent qu'il ne garde pas, mais qui reste la propriété de l'église ; on appelle cet homme Adam, et on croit qu'il est alors déchargé de tout crime. »

Raphaël de Volterre ou Volaterran, livre VII de sa *Géographie*, en parlant d'une église que fit bâtir Charlemagne à Alberstad, et pour l'entretien de laquelle il donna de très-amples revenus, ajoute qu'on y pratique un usage assez singulier et qui ne se trouve nulle part que dans cette église. « Tous les ans, dit-il, le jour des Cendres, après la messe, on chasse de l'église un criminel qui s'y trouve couvert de haillons et la tête enveloppée. On lui donne le nom d'*Adam*. Depuis qu'il est chassé de l'église, il court les rues nuit et jour, pieds nus, ne manquant pas de saluer toutes les églises devant lesquelles il passe. Il ne lui est permis de se reposer que lorsque minuit est passé; ensuite, si on l'y invite (et c'est à quoi personne ne manque), il mange ce qu'on lui présente, mais c'est en gardant un profond silence. Cela dure jusqu'au Jeudi saint, qu'on le fait rentrer dans l'église; on lui donne l'absolution, et il reçoit une somme considérable composée des aumônes que chacun lui fait. »

Belleforêt, qui parle de cet usage dans son IIIe livre de l'*Histoire du Monde* (folio 120), dit qu'on donne le nom d'*Adam* à celui qui est chargé de ce personnage, parce que, de criminel qu'il était, il devient, par sa pénitence et l'absolution qu'il reçoit, pur et innocent comme l'était Adam avant sa chute. Les habitants d'Alberstad, ajoute-t-il, croient que l'absolution donnée à ce coupable et son expiation se répandent sur toute la ville et profitent à tout le monde.

NOTA. — C'est par erreur qu'on a indiqué dans le texte de ce troisième volume une note 12.

APPENDICE.

—

SUPPLÉMENT AU TOME SECOND.

—

PROSES DU MOYEN-AGE.

AVIS. — L'abondance des matières contenues dans le second volume du *Rational*, nous a forcé de reporter en Appendice, à ce troisième volume, le recueil de *Proses* du moyen-âge, qui devait former l'Appendice n° 1 du tome 2.

—

Les Proses du Moyen-Age. — Leur Origine. — Adam de Saint-Victor. — Ses Proses. — Miscellanea.

I. — *Les Proses du moyen-âge.*

On ne peut se le dissimuler, depuis dix ans environ les études archéologiques ont fait un grand pas en France ; en dépit des récriminations de l'art païen, représenté par l'Ecole des beaux-arts, l'art chrétien et catholique a été approfondi, et en même temps qu'on recherche dans les livres la science, la théorie, l'*esthétique* du style ogival, on voit s'élever sur tous les points de la France des monuments, essais hardis et heureux de l'Ecole du moyen-âge, dont ils rappellent souvent le sentiment pur, élevé et gracieux.

Non contents de ces préliminaires, les archéologues ont voulu repeupler le temple, et alors sont venus les peintres sur verre, les menuisiers, les *imagiers* ; la musique a élevé sa voix, et elle a réclamé sa part dans ce concours actif de tous les arts mis au service de l'idée catholique. Les paléographes, venant en aide aux musiciens, ont secoué la poussière des vieux missels, des antiques recueils d'hymnes et de chants sacrés. Que de richesses déjà découvertes, mais combien plus encore à rechercher dans les innombrables manuscrits et imprimés liturgiques de nos bibliothèques !

Nous avons voulu, nous aussi — si peu que ce soit — apporter notre modeste petite pierre à la réédification des chants populaires religieux de nos pères, et nous espérons avoir rempli une partie de cette tâche bien douce à notre cœur, en publiant un choix de séquences ou proses de la plus belle époque des anciens temps, le XIIe siècle. C'est, en effet, dans l'étude des proses et non ailleurs que « nous trouverons, comme l'a dit un archéologue dstingué (1), les traces de la participation indi-

(1) Voir le feuilleton de l'*Univers* du 14 mai 1851, qui a pour titre : *Les Séquences du moyen-âge*, par M. Félix Clément.

viduelle des hommes du moyen-âge à la célébration du culte en l'honneur duquel ils ont laissé de si éclatants témoignages matériels. L'étude de la poésie religieuse usitée alors, et de la partie de la liturgie qui est véritablement l'œuvre des XI°, XII° et XIII° siècles, complètera l'ensemble de l'archéologie chrétienne. Le chœur, la nef, les bas-côtés des cathédrales gothiques se repeupleront, à nos yeux, de fidèles; les voûtes retentiront à nos oreilles, comme autrefois, d'hymnes, de prières, de chants de toutes sortes, et dans cet harmonieux concert de toutes les forces de l'intelligence humaine nous trouverons souvent à faire de singuliers rapprochements entre le ciseau de l'*imagier* et la plume du poète liturgiste, entre le pinceau de l'*enlumineur* et l'oreille du musicien. Chez les uns comme chez les autres, on pourra remarquer l'énergique résolution d'arriver directement à la pensée, coûte que coûte, sans s'arrêter à ces hallucinations, à ces clartés douteuses, à ces lueurs mensongères qu'à d'autres époques on a prises pour l'art lui-même. »

On ne peut mieux caractériser l'originalité du style des proses du moyen-âge, et c'est en deux mots le procès le mieux fait du monde à Santeul, le nébuleux poète du XVII° siècle, et à ses ridicules imitateurs du XVIII° siècle, entêtés de jansénisme.

II. — *Origine des Proses*.

Le vrai nom des cantiques dits *Proses* est celui de *Séquence* (*Sequentia* en latin), parce qu'il exprime leur origine. Depuis les temps les plus reculés, l'*Alleluia* qui suit l'épître se termine par une suite de notes sur la dernière lettre. Ce son de joie, qui semble avertir de l'impuissance où est la créature de chanter dignement le Créateur, selon la pensée de saint Augustin, s'appelle *Neume*, air, souffle. A ces notes sans paroles, on substitua des cantiques nommés, à bon droit, *Sequentia* : comme on voit, ce dernier n'était que la traduction du mot grec *neume*.

On attribue généralement cette institution au moine Notker, abbé de Saint-Gal, en Suisse, vers l'an 880. Il nous paraît probable que les proses existaient avant lui, et qu'il ne fit qu'en répandre l'usage, surtout parce qu'il en composa lui-même plusieurs. Le pape Nicolas 1er approuva plusieurs proses et permit de les chanter à la place du neume, qui, aujourd'hui encore, est omis lorsqu'il y a prose. Un second Notker, moine de Saint-Gal comme le premier, composa ou recueillit plusieurs séquences, vers la fin du X° siècle. On dirait que l'abbaye de Saint-Gal cultivait spécialement ce genre de littérature sacrée; car un autre moine de cette abbaye, Herman Contract, *Contractus* ou *le Retréci*, est auteur, à son tour, de plusieurs proses. Il vivait dans le XI° siècle. Nous en avons l'*Ave maris stella,* etc.

Vers le XI° siècle, les Français commencèrent à composer des proses, et parmi les auteurs les plus renommés en ce genre on peut citer le roi Robert, Abeilard, et surtout Adam de Saint-Victor, « ce grand poète liturgique (1) dont les compositions rehaussèrent, durant tant de siècles, le Missel de l'église de Paris, et furent si longtemps populaires dans l'Allemagne, l'Angleterre et généralement dans toutes les églises du nord de l'Europe. »

Nous nous sommes surtout attaché à recueillir les proses d'Adam de Saint-Victor, et nous croyons avoir été assez heureux pour les réunir toutes : elles sont au nombre de trente-huit. C'est de la même ab-

(1) D. Guéranger : *Le Temps de Noël* (*l'Année liturgique,* 2e sect.), p. 283.

baye, — rencontre bizarre ! — qne sortit, au XVIIᵉ siècle, Santeul, le profane auteur d'hymnes dont nos bréviaires sont encore remplis à l'heure qu'il est. On connaît la vie et les mœurs du chanoine peu régulier des derniers temps, et ce n'est pas nous qui répéterons ici ce qui a été dit sur son compte par Labruyère, Boileau et D. Guéranger. Mais s'il est affligeant de savoir si bien la vie du janséniste et déréglé Santeul, il doit être doux de connaître celle du pieux et saint chanoine qui, au XIIᵉ siècle, jeta tant d'éclat sur notre France par ses compositions, où brillent tous les sentiments d'un cœur profondément chrétien et toutes les richesses du génie poétique planant dans l'atmosphère des idées théologiques les plus pures.

III. — *Adam de Saint-Victor.*

On croit qu'il était de Rennes; après avoir fait ses études à Paris, il entra dans l'abbaye de Saint-Victor, dont il devint un des ornements par sa science et sa piété. Il mourut en 1192 (1). Son épitaphe (gravée sur une plaque de cuivre dans le cloître de Saint-Victor, près de la porte de l'église), rapportée par divers auteurs (2), a toute l'apparence d'être son ouvrage, par le ton de piété et d'humilité qui y règne. Elle est conçue en ces termes :

Haeres peccati, naturâ filius irae,
    Criliique reus nascitur omnis homo.
Unde superbit homo, cujus conceptio culpa,
    Nasci poena, labor vita, necesse mori?
Vana salus hominis, vanus decor, omnia vana ;
    Inter vana nihil vanius est homine.
Dum magis alludit praesentis gloria vitae,
    Praeterit, imo fugit; non fugit, imo perit.
Post hominem vermis, post vermem fit cinis, heu, heu!
    Sic redit ad cinerem gloria nostra simul.
Hic ego qui jaceo miser et miserabilis Adam,
    Unam pro summo munere posco precem :
Peccavi, fateor, veniam peto, parce fatenti;
    Parce pater, fratres parcite, parce Deus.

« Tout homme naît héritier du péché, fils de colère par sa nature et condamné à l'exil. De quoi donc s'enorgueillit l'homme, lui dont la conception est le résultat de la faute originelle, pour qui naître est une punition, vivre un labeur, mourir une nécessité? La santé de l'homme, vanité ! sa gloire, vanité ! tout est vanité ; entre toutes les vanités, il n'en est pas de plus grande que l'homme même. Au moment où la gloire de la vie de ce monde lui sourit le plus, il passe, qué dis-je? il fuit ; il ne fuit pas, il meurt ! Après l'homme, le ver ; après le ver, la cendre. Hélas ! hélas ! C'est ainsi que notre gloire rentre avec nous dans la poussière. Moi, qui gis ici, malheureux et misérable Adam, je demande, comme une faveur suprême, une seule prière. J'ai péché, je l'avoue,

(1) D. Félibien, *Hist. de Paris*, liv. 5, p. 197.
(2) Du Breuil, p. 432. — *Hist. litt. de la France*, t. 15, p. 40 et 41.

j'en demande pardon; pardonne à celui qui s'en confesse; pardonne, père; pardonnez, frères; pardonne-moi, mon Dieu. »

Pasquier (1), après avoir transcrit cette épitaphe, ajoute : « J'oppose cette pièce à tous épitaphes tant anciens que modernes. On peut juger de cet échantillon que les bonnes lettres étaient alors, à bonnes enseignes, logées dans ce monastère de Saint-Victor. »

D. Martène a publié (2) une autre épithaphe d'Adam, plus récente et plus courte, mais qui ne vaut pas, à beaucoup près, la première. La voici :

NOMINIS ET POENÆ PRIMI PATRIS HIC SITUS HERES,
TERRA FIT, A TERRÆ NOMINE NOMEN HABENS.
NE MIRERIS HOMO, QUOD ADAM SUB HUMO CINERESCAT,
CUI COGNOMEN HUMUS MATERIAMQUE DEDIT.
IN VITA RELIQUIS ILLUXIT, QUO DUCE VERUM
DICAT ADAM QUAM SIT FALLAX OPULENTIA RERUM.
QUEM FOVIT VIRTUS, CUI FAVIT GLORIA MUNDI,
ECCE SUB EXTERNI CINERESCIT CESPITE FUNDI.

« Ci-gît l'héritier du nom et de la peine de notre premier père; il devient terre, celui qui tire son nom de la terre (*homo* de *humus*). Homme, ne t'étonne pas de ce qu'Adam devienne cendre sous la terre; car la terre lui a donné son nom et sa figure. Il s'illustra pendant sa vie par les œuvres qu'il laissa après lui; et par lui-même, Adam nous dit en toute vérité combien est trompeuse l'opulence des choses de ce monde. Celui que nourrit la vertu, auquel la gloire du monde sourit, voici qu'il se réduit en poussière sous ce tertre de gazon qui recouvre sa tombe placée au dehors [du couvent]. »

On peut conclure de ces deux épitaphes qu'Adam fut d'abord enterré dans le cloître, et que plus tard son corps ayant été transporté dans le préau de l'abbaye, on laissa la lame de cuivre au mur de l'église en souvenir de sa première sépulture; ce ui nécessita la composition d'une seconde épitaphe assez médiocre que d'on grava sur la pierre, et dont le style rappelle le XVIe ou même le XVIIe siècle.

Le cuivre contenant la première épitaphe, racheté, en 1793, du creuset d'un fondeur, fut donné par l'acquéreur à la bibliothèque Mazarine, où il est maintenant exposé à l'entrée de la galerie Colbert, à droite en entrant.

Les monuments les plus certains qui nous restent de la plume d'Adam sont les proses rimées ou séquences destinées à être chantées à la messe, dans les grandes solennités. Dans l'Eloge d'Adam, publié par D. Martène (3), un anonyme, qui vraisemblablement n'est autre que Jean de Toulouse, prieur de Saint-Victor, mort en 1659, donne une haute idée de ces compositions.

Adam, selon lui, a saisi parfaitement le véritable esprit du genre; il est admirable pour la rapidité du trait, l'harmonie des finales, l'élégance du style, le choix des expressions, la beauté des sentences, l'application des figures et des prophéties, qui, souvent obscures dans le texte sacré, deviennent, par la manière heureuse dont il sait les employer, plutôt une histoire qu'un simple ornement de son sujet.

(1) *Recherches*, liv. 3, chap. 29.
(2) Amplissima Collectio, t. 6, col. 222.
(3) Ibid., ut sup.

- Antoine Demochares (1) ou de Monchi, et Bellotte (2), auteur des Rites de l'église de Lyon, confirment ce jugement. Plein de la même estime pour ces proses, Josse Clictove en a recueilli trente-huit dans son *Elucidarium ecclesiasticum* (3), qu'il a ornées d'un minutieux commentaire liturgique, théologique, historique et grammatical, pour mieux faire sentir les beautés qu'il y a aperçues. Clictove dit n'avoir rencontré dans les manuscrits de Saint-Victor que ces trente-huit proses d'Adam; mais il présume que beaucoup d'autres ont succombé à l'injure du temps.

D. Guéranger a dignement apprécié le mérite des proses d'Adam de Saint-Victor, « ce grand poète liturgique, dont les compositions rehaussèrent, durant tant de siècles, le Missel de l'église de Paris, et furent si longtemps populaires dans l'Allemagne, l'Angleterre et généralement dans toutes les églises du nord de l'Europe » (4).

Josse Clictove a resserré ainsi qu'il suit le détail des qualités qu'il recommande à notre attention dans la lecture des proses d'Adam : la rapidité du trait, l'harmonie des finales, le choix des expressions, la justesse dans l'application des figures. Quelques exemples suffiront à prouver la vérité de ces assertions.

Rien de plus énergique et de plus ingénieux à la fois que cette strophe aujourd'hui retranchée de la prose de saint Denys :

> Se cadaver mox erexit,
> Truncus truncum caput vexit,
> Quo ferentem huc direxit,
> Angelorum legio.

Quoi de plus vif, de plus dévot et de plus extatique que ce passage de la séquence de l'Assomption :

> Salve, mater pietatis,
> Et totius Trinitatis
> Nobile triclinium?

Thomas de Cantinpré (5), qui vivait presque contemporain de notre poète, s'exprime ainsi en rapportant ce verset : « Lorsqu'il dictait la séquence *Salut, mère du Sauveur,* etc., étant arrivé à ce verset : *Salut, mère de miséricorde,* etc., la glorieuse Vierge lui apparut et le salua en inclinant la tête » (6). On voit, par ce passage, qu'Adam dictait et peut-être improvisait à haute voix, ce que confirmerait l'emploi du mot *edidisset,* dans le texte précité de Thomas de Cantinpré. Voilà ce qui expliquerait aussi les inégalités de rhythme qu'on remarque dans ses compositions.

La prose de sainte Agnès fait connaître l'habileté avec laquelle Adam analysait les légendes des saints, pour en former un récit laconique, mais continuel et d'un style très-coulant. « Voici, dit Petit-Radel (7), les stan-

(1) *De observ. Miss. celeb.,* p. 54.
(2) *Rit. eccles. Laudun.,* p. 415.
(3) Tome 2, l. 4. — Voyez la 2e édit. de cet ouvrage.
(4) *Le Temps de Noël* (l'*Année liturgique,* 2e section), p. 283.
(5) *Miraculorum Exemplorum memorabil.* Douai, 1627, p. 279.
(6) Cum in dictanda sequentia *Salve, mater Salvatoris* (sic), etc., istum versiculum edidisset; gloriosa Virgo apparens ei... cervicem inclinavit.
(7) *Hist. litt. de la France,* t. 17, p. 31.

ces les plus remarquables de cette prose, dont la septième paraît avoir inspiré *l'Algarde* dans l'exécution de la statue de sainte Agnès, à Rome, et dont on sait que la nudité n'offense pas les regards chastes, quoiqu'elle ne soit revêtue que de ses longs cheveux comme d'une frange, suivant l'expression du septième verset :

> Nudam prostituit
> Præses flagitiis :
> Quam Christus induit
> Comarum fimbriis,
> Stolaque cœlesti. »

Dans la prose de saint Jean l'Evangéliste, nous remarquons un trait qui mérite qu'on en fasse mention, ne fût-ce que pour relever la bévue commise à son égard par D. Brial (1). « On sait, dit-il, que dans l'esprit de plusieurs alchimistes ce saint passe pour avoir eu le secret du grand-œuvre. Adam était dans la même opinion, et donne à entendre qu'elle était déjà commune de son temps. Ecoutons-le :

> Cum gemmarum partes fractas
> Solidasset, has distractas
> Tribuit pauperibus;
>
> Inexhaustum fert thesaurum,
> Qui de virgis fecit aurum
> Gemmas de lapidibus. »

D. Brial ajoute : « Ce n'est ni Adam, ni ses contemporains qui avaient imaginé cette histoire ; elle remonte bien plus haut. On la retrouve dans les livres de saint Isidore : *De ortu et vita et obitu sanctorum Patrum* (2), « De la naissance, de la vie et de la mort des saints Pères. » Voici le passage : *Cujus quidem* (Joannis) *inter alias virtutes magnitudo signorum hæc fuit. Mutavit in aurum sylvestres frondium virgas, littoreaque saxa in gemmas ; item gemmarum fragmina in propriam reformavit naturam.*

Traduisons : « Entre autres vertus, Jean eut un don, le plus grand de tous. Il changea en or les petites branches des arbres des forêts, et les cailloux du bord de la mer en diamants; il rendit même à leur première nature des fragments de pierres précieuses. »·

« Il y a bien de l'apparence que c'est de là que les savants du XII⁰ siècle avaient tiré cette anecdote singulière, » conclut D. Brial.

Pure imagination que tout cela. Si D. Brial eût daigné ouvrir la *Légende d'Or*, ce vaste trésor des traditions catholiques, il y eût trouvé les deux traits auxquels font allusion les deux strophes précitées de la prose de saint Jean :

« Un philosophe nommé Craton haranguait tout le peuple réuni sur la place du marché, et il exposait comment toutes les choses de ce monde étaient dignes de mépris; et il avait décidé deux jeunes gens à vendre tous leurs biens et à en convertir la valeur en pierres précieuses, et il leur recommanda de détruire ces pierres devant tous les assistants. Et il arriva que l'apôtre saint Jean passait par là, et il somma le philophe d'embrasser la foi. Alors Craton dit : « Si ton maître est le vrai Dieu, fais que ces pierres qui viennent d'être brisées redeviennent entières, afin que le prix de l'or qu'elles ont coûté puisse être donné aux pauvres,

---

(1) *Hist. litt. de la France*, t. 15, p. 42.
(2) Cap. 73.

comme tu l'as dit. » Alors saint Jean prit les pierres et il pria, et elles redevinrent entières comme auparavant. Et les deux jeunes gens et le philosophe crurent en Dieu ; ils vendirent ces pierres et ils en distribuèrent le prix aux pauvres.

. « Deux autres jeunes gens, touchés de cet exemple, vendirent tout ce qu'ils possédaient et ils l'employèrent en aumônes, et ils suivirent l'apôtre. Et ils virent un jour ceux qui avaient été leurs serviteurs couverts de riches habits, et ils n'avaient pour se vêtir qu'un méchant manteau, et ils commencèrent à être tristes ; et, comme ils étaient sur le rivage de la mer, saint Jean leur dit de ramasser quelques morceaux de bois et quelques menus cailloux, et il les changea en or et en pierres précieuses, etc. » (1).

Est-ce clair? et peut-on hésiter encore après lecture de ces deux passages de la *Légende?*

Nous ne parlerons pas des autres ouvrages que l'on attribue, au nombre de huit, à Adam de Saint-Victor. On ne peut les lui garantir, quelques-uns même lui sont manifestement supposés. On ne peut donc revendiquer, comme lui appartenant réellement, que les proses ou séquences dont nous avons parlé et que nous publions aujourd'hui.

Il nous reste à dire en peu de mots la marche que nous avons suivie dans la publication des proses d'Adam. Nous donnons les textes dans l'ordre adopté par Clictove, avec une traduction littérale en regard ; à la suite de chaque pièce, des notes tirées des légendaires, des hagiographes, et surtout de l'Ecriture et des Pères, viennent expliquer et développer les faits ou les idées émises avec concision par le poète. Ce système d'annotation, à peu près neuf pour ce genre de travail, a l'avantage de répondre victorieusement au reproche que l'on fait encore trop souvent aux poètes liturgiques du moyen-âge, d'avoir écrit d'après leur imagination, d'avoir créé des anecdotes et des miracles quand l'un et l'autre leur manquaient. Il suffira de lire ces notes, pour être persuadé de l'étude consciencieuse à laquelle se livraient les poètes théologiens d'alors avant que d'écrire une séquence ou une hymne. Lorsqu'il ne ressortirait que cette unique vérité de notre publication, ce serait beaucoup de gagné, à nos yeux, sur une opinion encore trop accréditée, mais que, grâce à Dieu, chaque jour voit perdre de sa consistance.

A la suite des proses d'Adam nous donnons, sous le titre de *Miscellanea,* quelques séquences, dont plusieurs assez difficiles à trouver et fort belles : telles sont celles de la Sainte Tunique du Christ, conservée à Argenteuil ; de la Sainte Larme, honorée à Vendôme ; de Saint Eloi ; etc.

IV. — PROSES D'ADAM DE SAINT-VICTOR.

I.

PROSE DE SAINT ÉTIENNE.

Heri mundus exultavit	Hier le monde a tressailli d'allégresse,
Et exultans celebravit	Et son tressaillement a célébré
Christi natalitia.	Le jour anniversaire de la naissance du Christ.

(1) *Légende de S. Jean l'Evangéliste.*

Heri chorus angelorum
Prosecutus est cœlorum
Regem, cum lætitia.

Hier le chœur des anges
Suivait le roi des cieux
Et se pressait à sa suite en grande liesse.

Protomartyr et levita,
Clarus fide, clarus vita,
Clarus et miraculis.

Voici le premier martyr et diacre
Resplendissant par sa foi, resplendis-
sant par sa vie,
Resplendissant aussi par ses miracles.

Sub hac luce triumphavit,
Et triumphans insultavit
Stephanus incredulis.

En ce jour il a triomphé,
Et, triomphant, Etienne
A bravé les Juifs incrédules.

Fremunt ergo tanquam feræ,
Quia victi defecere
Lucis adversarii.

Donc ils rugissent comme des bêtes
féroces,
Car vaincus ils défaillent
Les ennemis de la lumière.

Falsos testes statuunt,
Et linguas exacuunt
Viperarum filii.

Ils produisent de faux témoins
Et ils aiguisent leurs langues,
Ces fils de vipères.

Agonista nulli cede,
Certa certus de mercede,
Persevera, Stephane.

Athlète, ne cède pas,
Combats, sûr de la récompense,
Persévère, Etienne.

Insta falsis testibus,
Confuta sermonibus
Synagogam Sathanæ.

Résiste aux faux témoins,
Confonds par tes discours
La synagogue de Sathan.

Testis tuus est in cœlis,
Testis verax et fidelis,
Testis innocentiæ.

Ton témoin est dans les cieux,
Témoin véritable et fidèle,
Témoin de ton innocence.

Nomen habes Coronati,
Te tormenta decet pati,
Pro corona gloriæ.

Tu as le nom de *couronné*,
Il te faut souffrir les tourments
Pour avoir la couronne de gloire.

Pro corona non marcenti
Perfer brevis vim tormenti:
Te manet victoria.

Pour une couronne que rien ne flé-
trira
Supporte le supplice d'un moment:
La victoire t'attend.

Tibi fiet mors, natalis,
Tibi pœna terminalis
Dat vitæ primordia.

La mort te sera une naissance,
Le supplice un terme aux maux de
cette vie
Et le prélude de la vie éternelle et véritable.

Plenus sancto Spiritu,
Penetrat intuitu
Stephanus cœlestia.

Plein du Saint-Esprit,
Etienne pénètre par son regard
Dans les régions célestes.

Videns Dei gloriam
Crescit ad victoriam:
Suspirat ad præmia.

En voyant la gloire de Dieu
Il s'élance à la victoire:
Il soupire après la récompense.

En a dextris Dei stantem
Jesum, pro te dimicantem
Stephane considera.

Assis à la droite de Dieu,
Considère, ô Etienne!
Jésus qui combat pour toi.

Tibi cœlos reserari,
Tibi Christum revelari
Clama voce libera.

Pour toi les cieux s'ouvrent,
A toi le Christ se révèle,
Publie-le à voix haute.

Se commendat Salvatori,
Pro quo dulce ducit mori
Sub ipsis lapidibus.

Il se recommande au Sauveur
Pour lequel il estime douce la mort
Jusque sous les pierres qui pleuvent
sur lui.

Saulus servat omnium
Vestes lapidantium,
Lapidans in omnibus.

Saul garde les vêtements
De tous les lapidateurs;
Il lapide Etienne par la main de tous.

Ne peccatum statuatur
Iis a quibus lapidatur :
Genu ponit et precatur
Condolens insaniæ.

Que le péché ne soit pas imputé
A ceux qui le lapident :
Etienne s'agenouille et prie pour cela,
Compatissant à leur folie aveugle.

In Christo sic obdormivit
Qui Christo sic obedivit :
Et cum Christo semper vivit
Martyrum primitiæ.

C'est ainsi que dans le Christ s'endormit
Celui qui obéit à ce point au Christ;
Et avec le Christ à jamais il vit,
Lui, les prémices des martyrs.

Quod sex suscitaverit
Mortuos in Aphrica :
Augustinus asserit,
Fama refert publica.

Il a ressuscité
Six morts en Afrique :
Augustin l'atteste,
Et la voix publique le rapporte.

Hujus, Dei gratia
Revelato corpore :
Mundo datur pluvia
Siccitatis tempore.

Dieu veut, dans sa miséricorde,
Que son corps soit révélé:
Une pluie se répand sur le monde
Tourmenté par la sécheresse.

Solo fugat hic odore
Morbos et dæmonia :
Laude dignus et honore
Jugique memoria.

Par la seule odeur de ses reliques,
Etienne chasse les maladies et les démons :
Il est digne de louange et d'honneur
Et d'une éternelle mémoire.

Martyr, cujus est jucundum
Nomen in Ecclesia :
Languescentem fove mundum
Cœlesti fragrantia. Amen.

Martyr dont le nom
Est une joie dans l'Eglise,
Ranime le monde languissant,
Par ton céleste parfum. Amen.

NOTES.

STROPHES 1, 2 ET 3.

Etienne fut lapidé l'année que notre Seigneur Jésus-Christ monta au ciel, le troisième jour du mois d'août. L'Église célèbre la fête de saint Etienne le lendemain de la fête de Noël, quoique ce ne soit pas le jour où il souffrit la mort pour la foi; mais elle a voulu rendre hommage au premier de ceux qui endurèrent le martyre, en rapprochent ainsi de la Nativité celui qui, avant tout autre, versa son sang pour Jésus-Christ.

Le début de la prose de saint Etienne par Adam de Saint-Victor nous semble imité de ces premiers mots d'un sermon de saint Fulgence sur le même sujet : « Hier, dit-il, nous avons célébré la naissance temporelle de notre Roi éternel; aujourd'hui, nous célébrons la passion triomphale de son soldat. Hier, notre Roi, couvert du vêtement de la chair, est sorti du sein de la Vierge et a daigné visiter le monde; aujourd'hui, le combattant est sorti de la tente de son corps, et est monté triomphant au ciel. Le premier, tout en conservant la majesté de son éternelle divinité, a ceint l'humble baudrier de la chair, et est entré dans le camp de ce siècle pour y combattre; le second, déposant l'enveloppe corruptible du corps, est monté au palais du ciel pour y régner à jamais. L'un est descendu sous le voile de la chair, l'autre est monté sous les lauriers empourprés de son sang. L'un est descendu au milieu de la joie des anges, l'autre est monté au milieu des Juifs qui le lapidaient. Hier les saints anges, dans l'allégresse, ont chanté : Gloire à Dieu au plus haut des cieux! aujourd'hui ils ont reçu Etienne dans leur compagnie avec jubilation. Hier le Christ a été pour nous enveloppé de langes; aujourd'hui Etienne a été par lui revêtu de la robe d'immortalité. Hier une étroite crèche a reçu le Christ enfant ; aujourd'hui l'immensité du ciel a reçu Etienne triomphant » (1).

STROPHES 4 A 9 INCLUSIVEMENT.

Sur saint Etienne et son martyre, voyez les *Actes des Apôtres*, chapitres vi, vii et viii, verset 2.

STROPHE 10, VERS 1.

Nomen habes Coronati. — Etienne, en grec Στεφανος, veut dire *couronne.*

STROPHE 21.

Voyez, dans le chapitre viii du XXII° livre de *la Cité de Dieu*, de saint Augustin, le récit des miracles arrivés de son temps par l'intercession de saint Etienne.

———————

On chante encore en Provence, le jour de saint Etienne, une espèce de dialogue entre le peuple et le clergé, sorte d'*épître farcie*, comme on eût dit au moyen-âge, qui a pour titre *leis Plancts de sant Estian* (les Plaintes de saint Etienne). Ce chant est un reste touchant, mais affaibli des anciennes épîtres en l'honneur du premier martyr, qu'on exécutait dans les églises de France depuis le XI° siècle jusqu'à la fin du XVI° siècle à peu près.

« Les épîtres farcies les plus nombreuses qui nous soient restées, dit M. Jubinal (2), sont celles qui ont pour objet la passion de saint Etienne. Cela tient à ce qu'au IX° siècle, Charlemagne ayant introduit le rite romain, qui défend, pendant la messe, d'autres lectures que celle des passages de l'Ecriture-Sainte, on n'exécuta pas cette interdiction à l'égard de saint Etienne, dont le martyre, se trouvant rapporté dans les Actes des Apôtres, mettait par cela même les épîtres qui y étaient relatives hors de la prescription du rite romain. »

Voici une de ces épîtres, tirée du Mss. 6987, fol. 333, v° (*Bibl. Roy.*), où elle est notée en musique :

———————

(1) *S. Fulgentii Op.*, édit. du P. Théophile Raynauld, p. 527 et 528.
(2) V. *Mystères inédits du XV° siècle*, publiés, pour la première fois, d'après le Mss. unique de la bibliothèque Sainte-Geneviève, 2 vol. in-8° ; tome 1, préface, p. viii et ix, note 2.

DE SAINT ESTEVENE (1).

Entendés tot à cest sermon,
Et clerc et lai tot environ :
Conter volons la passion
De saint Estevene le baron;
Comment et par quel mesproison
Le lapidèrent li félon
Pour Jhésucrist et pour son nom
J'alorres dire en la leçon.

Lectio Actuum apostolorum.

Ceste leçon c'on ci vous list,
Sains Lus l'apele que la fist :
Fais des apostles Jhésucrist :
Sains Espérités li aprist.

In diebus illis.

Ce fut ès jours de piété
El tans de grasse et de bonté,
Que Dieu par sa grant carité
Reçut mort pour crestienté.
En itel tans bon euré
Li apostle li Dieu aimé
Ont saint Estevene ordené
Pour prééciei foi et vertê.

*Stephanus plenus graciâ et fortitu-
dine, faciebat prodigia et signa magna in populo.*

Saint Estevene dont je vous cant,
Plains de grasse et de vertu grant,
Faisoit el pule mescreant
Grans miracles Dieu prééchant,
Et crestienté essauçant.

*Surrexerunt autem quidam de sy-
nagogâ... disputantes cum Stephano.*

Li pharisien Dieu renoïié
Qui de la loi sont plus prisié
Vers le martyr sont adrecié :
A lui députent tot irié.

*Et non poterant resistere sapientiæ
et spiritui qui loquebantur.*

Sains Estevenes point ne doutoit,
Car li Fieus Dieu le confortoit
Et Sains-Espirs en lui parloit,
Qui con qu'il dist lui ensignoit,
Al grant sens k'en lui espiroit.
Nus d'els contrester nel' pooit.

*Videntes autem hoc dissecrabantur
cordibus suis, et stridebant dentibus
in eum.*

Quànt che voient les putes gens
De duel en ont les cuers sanglans :
Tans les sourportoit maltalens,
Qu'ensanle croissoient lor dens.

*Cum autem esset Stephanus plenus
Spiritu Sancto, intendens in cœlum,
vidit gloriam, Dei et ait :*

Or entendés del' saint martir
Cum il fut plains del' Saint-Espir.
Regarde en haut et voit partir
Les cieuls sour lui et aouvrir;
Et la gloire Dieu avenir
Dont a parlé, ne pot taisir.

*Ecce video cœlos apertos, et Filium
hominis stantem a dextris Dei.*

La gloire voi nostre Signour
Et Jhésucrist mon Salveour
A la destre mon Créatour,
Or ai grant joie sans dolour;
Car je voi ce que j'ou aour,
Qui est loiïers de ma labour.

*Exclamantes autem voce magna
continuerunt aures suas, et impetum
fecerunt unanimiter in eum.*

Quant del Fil' Dieu oent parler
Dont commencent à foursener,
Leurs orelles à estouper
Car mais nel' puéent escolter.
En tals li font pour lui tuer.
It les atent com gentix ber;
Bien puet sofrir et endurer
Qu'il voit Dieu qui le veut sauver.

*Et ejicientes eum extrà civitatem
lapidabant.*

Dehors les murs de la cité
Ont le martir trait et jeté.
Là l'ont li félon lapidé
C'onques n'en eurent piété.

*Et testes deposuerunt vestimenta
sua secus pedes adolescentis qui voca-
batur Saulus.*

Pour mieux férir délivrement
Ont despouillié lor vestiment

---

(1) V. *Mystères inédits*, etc., t. 1, préface, note 2, p. ix à xiv. — M. Jubinal a publié une deuxième pièce sur le même sujet dans les notes du premier
volume de ses *Mystères inéd.*, p. 356-359.

As piés d'un vallet innocent.
Ce fut Saulus qui tant tourment
Fist puis à chrestiene gent.
Dieus le rapela docement,
Puis fut sains Paul tout vraiement.

Et lapidabant Stephanum innocentem et dicentem :

Desor li font mult grant assaut.
Il le lapident, lui n'en caut,
Tent ses mains et ses iex en haut,
Proie à Dieu qui as siens ne faut.

Domine Jhesucriste, suscipe spiritum meum.

Sire Jhésucrist, mon désir,
Qui m'as fait les tormens sofrir,
Des or reçois le mien espir ;
Car je voel à toi parvenir.

Positis autem genibus, clamavit voce magnâ dicens :

Luès saint de grant amistié,

Ses anemis fait semblant lié.
Ses genous ploie par pitié
Et pour els tous à Dieu proiié.

Domine, ne statuas illis hoc peccatum.

Sire, fait-il en qui main sont
Li juste et tout cil qui mesfont,
Pardonne leur, Père del mont,
Cas ils ne sevent que il font.

Et cum hoc dixisset, obdormivit in Domino.

Quant il a dit tot son plaisir,
Semblant fait qu'il voelle dormir,
Clot ses iex, si rent son espir,
Dieu le rechut à lui servir.
Or prions tout le saint martir
Qu'il nous puist salver et garir,
K'enssi puissions-nous tuit morir,
Et al regne Dieu parvenir.

Amen (1).

On représente ordinairement saint Etienne à genoux, mourant sous une grêle de pierres. On le trouve aussi debout, en dalmatique, tenant à la main une pierre qui rappelle son glorieux martyre, et parfois même le front ceint de pierres.

II.

PROSE DE SAINT JEAN L'EVANGÉLISTE.

Gratulemur ad festivum,
Jocundemur ad votivum
Joannis præconium.

Sic versetur laus in ore,
Ne fraudetur cor sapore
Quo degustet gaudium.

Hic est Christi prædilectus,
Qui reclinans supra pectus
Hausit sapientiam.

Huic in cruce commendavit
Christus matrem, hic servavit
Virgo viri nesciam.

Intus ardens charitate
Foris lucens honestate
Signis et eloquio.

Félicitons-nous et réjouissons-nous
En ce jour de fête destiné à louer
Et à adresser nos vœux à saint Jean.

Que la louange soit sur nos lèvres de telle sorte
Que notre cœur ne soit pas privé de la saveur
Avec laquelle il doit goûter et savourer la joie.

Jean est le disciple bien-aimé du Christ.
Il reposa sur la poitrine du maître
Et y puisa la sagesse.

A ce disciple le Christ sur la croix confia
Sa mère ; et vierge lui-même,
Il prit soin d'une vierge intacte.

Brûlant au dedans du feu de la charité,
Il étincelait au dehors par sa pureté, ses miracles
Et son éloquence.

(1) V. dans le premier volume des *Mystères inéd. du XVe siècle*, publiés par M. A. Jubinal, le *Martyre de S. Etienne*, petit drame en vers français, p. 9-24.

Ut ab æstu criminali
Sic immunis a pœnali
Prodiit ex dolio.

Vim veneni superavit ;
Morti , morbis imperavit ,
Necnon et dæmonibus.

Sed vir tantæ potestatis,
Non minoris pietatis
Erat tribulantibus.

Cum gemmarum partes fractas
Solidasset : has distractas
Tribuit pauperibus.

Inexhaustum fert thesaurum,
Qui de virgis fecit aurum,
Gemmas de lapidibus.

Invitatur ab amico
Convivai : Christum dico
Visum cum discipulis.

De sepulchro quo descendit,
Redivivus sic ascendit
Frui summis epulis.

Testem habes populum,
Immo si vis oculum,
Quod ad ejus tumulum
Manna scatet, epulum
De Christi convivio.

Scribens evangelium,
Aquilæ fert proprium,
Cernens solis radium :
Scilicet principium
Verbum in principio.

Hujus signis est conversa
Gens gentilis, gens perversa
Gens totius Asiæ.

Hujus scriptis illustratur :
Illustrata solidatur
Unitas ecclesiæ.

Salve, salvi vas pudoris,
Vas cœlestis plenum roris ,
Mundum intus, clarum foris,
Nobile per omnia.

Fac nos sequi sanctitatem ,
Fac per mentis puritatem
Contemplari Trinitatem,
In una substantia. Amen.

Comme il ne connut pas le crime,
Il en ignora la peine
Et sortit sain et sauf d'une chaudière
d'huile bouillante.

La violence du poison fut impuis-
sante contre lui ;
Il commanda à la mort, aux maladies,
Et parla en maître aux démons.

Cet apôtre qui avait tant de puissance
N'avait pas moins de charité
Pour ceux qui étaient dans la tribulation.

Il consolida les parties brisées de
pierres précieuses,
Puis, les ayant détachées,
Il les partagea entre les pauvres.

Il porte un inépuisable trésor,
Celui qui fait de l'or d'une baguette
Et d'une pierre des pierres précieuses.

Il est invité à un festin par son ami
(Je veux parler du Christ),
Et il le vit avec ses disciples.

Du sépulcre où il est descendu,
· Il est sorti, revenu à la vie , pour aller
Jouir du céleste festin.

Tu as le peuple et ta vue même,
Si tu le veux, pour rendre témoignage
Qu'à son tombeau la manne abonde ,
Mets céleste provenant du festin du
Christ.

En écrivant-l'Evangile,
Il a la propriété de l'aigle
Et regarde fixement les rayons du so-
leil,
C'est-à-dire le Verbe , principe dans le
principe.

Par ses miracles sont convertis
La nation des Gentils, des peuples per-
vers,
Les peuples de l'Asie entière.

Par ses écrits est illustrée l'Eglise.
Elle est non-seulement illustrée ,
Mais raffermie dans son unité.

Salut, vase de chasteté intacte,
Vase plein d'une roséc céleste ,
Pur au dedans, brillant au dehors,
Noble sous tous rapports.

Fais que nous imitions ta sainteté.
Fais que, par la pureté du cœur ,
Il nous soit donné de contempler la
Trinité
Dans l'unité de son essence. Amen.

NOTES.

STROPHE 6.

Ce fait arriva sous Domitien, devant la Porte Latine. Bède, parlant de ce miracle dans son homélie sur l'évangile de la fête de saint Jean l'Evangéliste, dit : « A Domitiano Cæsare in ferventis olei dolium missus Joannes, in ecclesiastica narratur historia ; ex quo tamen divina se protegente gratia tam intactus exiverat, quam fuerat a corruptione concupiscentiæ carnalis extraneus. »

STROPHE 7.

« Quand le bienheureux saint Jean eut prêché dans toute l'Asie, les prêtres des idoles soulevèrent le peuple contre lui, et ils le traînèrent au temple de Diane, voulant le forcer à sacrifier. Et Jean leur fit cette proposition : Priez Diane de détruire l'Eglise de Jésus-Christ, et alors, si elle le fait, je lui offrirai des sacrifices ; je prierai Jésus-Christ de détruire le temple de Diane, et s'il est détruit, vous croirez en Jésus-Christ. Et comme l'on souscrivit à cet accord, tous sortirent du temple, et l'apôtre pria, et le temple s'écroula, et l'image de Diane fut mise en morceaux. Alors Aristodème, *évêque des idoles*, suscita une grande émeute, et une partie du peuple se mit à se battre avec l'autre. Et alors l'apôtre lui dit : Que veux-tu que je fasse pour t'apaiser? Et Aristodème lui répondit : Si tu veux que je croie en ton Dieu, je te donnerai du poison à boire, et s'il ne te fait point de mal, tu auras montré que ton Dieu est véritable. Et l'apôtre lui dit : Fais ce que tu voudras. Et Aristodème dit : Je veux que tu en voies mourir d'autres avant toi. Et il alla trouver le gouverneur, et il lui demanda deux hommes condamnés à mort, qui lui furent accordés. Il leur donna le poison en présence de tout le peuple, et aussitôt qu'ils l'eurent bu, ils tombèrent morts. Et alors l'apôtre prit la coupe, il fit le signe de la croix, il but tout le venin et il n'eut aucun mal. Et le peuple se mit à louer Dieu. Et Aristodème dit : J'ai encore quelques doutes, mais je croirai si tu ressuscites les morts. Et alors l'apôtre... lui dit... : Va, et pose mon manteau sur le corps des morts, en disant : L'apôtre de Jésus-Christ m'a envoyé vers vous, afin que vous ressuscitiez au nom de Jésus-Christ. Et Aristodème le fit, et les morts ressuscitèrent aussitôt. Et l'apôtre baptisa Aristodème ainsi que le gouverneur de la ville et toute sa famille, et ils fondèrent une église. » Voyez la *Légende d'Or,* art. de *saint Jean l'Evangéliste.* C'est en souvenir de ce poison bu par l'apôtre d'une manière inoffensive, qu'on le représente tenant une coupe au-dessus de laquelle surgissent deux têtes de vipères, symbole de la force du venin.

STROPHES 9 ET 10.

Voir ce que nous avons dit dans la notice sur Adam de Saint-Victor.

STROPHES 11 A 13 INCLUSIVEMENT.

Au rapport de saint Isidore de Séville, fondé sur une vieille tradition : « L'an LVI après la Passion, sous le règne de Trajan, notre Seigneur apparut à saint Jean et lui dit : Viens à moi, mon bien-aimé, car il est temps que tu t'asseoies à ma table avec tes frères. Et alors saint Jean se leva, et notre Seigneur lui dit : Tu viendras dimanche me rejoindre. Et quand le dimanche vint, l'apôtre assembla tout le peuple dans l'église..., et il prêcha..., et après cela il fit faire une fosse... au pied de l'autel... Il se plaça aussitôt dans la fosse, les mains jointes, et il dit : Seigneur, invité à votre festin, je vous rends grâces de ce que je suis tel qu'il faut être pour partager une semblable nourriture, et vous savez que je le désirais de tout mon cœur. Et quand il eut fini sa prière, une si grande clarté l'environna que nul ne pouvait en soutenir la vue, et quand cette splendeur disparut la fosse fut trouvée toute pleine de manne, et encore aujourd'hui y trouve-t-on de la manne qui sort du fond de cette fosse. »

III.

PROSE DU DIMANCHE DANS L'OCTAVE DE LA NATIVITÉ DU SEIGNEUR.

Splendor Patris et figura Se conformans homini,	La splendeur du Père et sa figure Ayant pris la forme de l'homme,
Potestate non natura, Partum dedit virgini.	Par sa puissance, et non par la nature, A rendu mère une vierge.
Adam vetus tandem lætus, Novum promat canticum.	Que le vieil Adam, enfin joyeux, Chante un cantique nouveau.
Fugitivus et captivus Prodeat in publicum.	Longtemps fugitif et captif, Qu'il se produise au grand jour.
Eva luctum : vitæ fructum Virgo gaudens edidit.	Eve enfanta le deuil; une vierge, Dans l'allégresse, enfante le fruit de vie.
Nec sigillum propter illum Castitatis perdidit.	Et ce fruit n'a point lésé Le sceau de la chasteté.
Si crystallus sit humecta Atque soli sit objecta, Scintillat igniculum.	Si l'on mouille un cristal Et qu'on l'expose au soleil, Le rayon scintille au travers,
Nec crystallus rumpitur, Nec in partu solvitur Pudoris signaculum.	Et le cristal n'est point rompu. Ainsi n'est point brisé le sceau de pudeur Dans l'enfantement de la Vierge.
Super tali genitura Stupet usus et natura, Deficitque ratio.	A cette naissance La coutume et la nature sont dans l'étonnement, Et la raison est confondue.
Res est ineffabilis, Tam pia, tam humilis Christi generatio.	C'est chose ineffable, Cette tant miséricordieuse et si humble Génération du Christ.
Frondem, florem, nucem, sicca Virga profert : et pudica Virgo Dei filium.	La feuille, la fleur et la noix Sont sorties d'une branche aride : Et une pudique vierge enfante le Fils de Dieu.
Fert cœlestem vellus rorem, Creatura creatorem, Creaturæ precium.	La toison a porté la céleste rosée, La créature le Créateur Rédempteur de la créature.

Frondis, floris, nucis, roris,
Pietati Salvatoris
Congruunt mysteria.

La feuille, la fleur, la noix, la rosée,
De la miséricorde du Sauveur
Figurent les mystères.

Frons est Christus protegendo,
Flos dulcore, nux pascendo,
Ros cœlesti gratia.

La feuille, c'est la protection du Christ;
La fleur qui embaume, la noix qui nourrit,
Sont la rosée de la céleste grâce.

Cur quod virgo peperit,
Est Judæis scandalum?
Cum virga produxerit
Sicca sic amygdalum.

Pourquoi l'enfantement de la Vierge
Est-il aux Juifs un scandale,
Puisque une branche desséchée
Produit le fruit de l'amandier?

Contemplemur adhuc nucem;
Nam prolata nux in lucem,
Lucis est mysterium.

Contemplons encore la noix ;
Car la noix mise en lumière
Offre un mystère de lumière.

Trinam gerens unionem,
Tria confert : unctionem,
Lumen, et edulium.

Elle réunit trois choses,
Elle présente trois bienfaits : onction,
Lumière et aliment.

Nux est Christus, cortex nucis
Circa carnem pœna crucis,
Testa, corpus osseum.

La noix c'est le Christ, l'écorce de la noix
Est la croix dure à la chair,
L'enveloppe marque le corps.

Carne tecta deitas,
Et Christi suavitas,
Signatur per nucleum.

La divinité couverte de chair
Et la suavité du Christ
Sont représentées par le fruit caché dans la coque de la noix.

Lux est cæcis, et unguentum,
Christus ægris, et fomentum
Piis animalibus.

Le Christ est la lumière des aveugles,
L'onction des infirmes
Et le baume des cœurs pieux.

O quam dulce sacramentum,
Fœnum carnis in frumentum
Convertit fidelibus.

Oh! quel doux mystère, que celui qui
Change la chair, cette herbe fragile,
En froment pour les fidèles!

Quos sub umbra sacramenti
Jesu pascis in præsenti,
Tuo vultu satia.

Ceux qu'à l'ombre du sacrement,
Jésus, tu nourris dans cette vie,
Rassasie-les un jour de l'éclat de ta face.

Splendor Patri coæterne,
Nos hinc transfer ad paternæ
Claritatis gaudia. Amen

Splendeur coéternelle au Père,
Transporte-nous d'ici
Aux joies des clartés paternelles. Amen.

IV.

PROSE DE LA BIENHEUREUSE VIERGE,

PENDANT LES FÊTES DE PAQUES.

Virgini Mariæ laudes
Intonent christiani.

A la vierge Marie,
Que les chrétiens entonnent un cantique.

Eva tristis abstulit,
Sed Maria protulit
Natum, qui redemit peccatores.

Eve, malheureuse mère, nous perdit;
Mais Marie nous a donné
Un Fils qui a racheté les pécheurs.

Mors et vita modulo Convenere mirando : Mariæ filius Regnat Deus.	La mort et la vie Se sont fondues admirablement comme dans un moule : Le Fils de Marie Règne, il est Dieu.
Dic nobis, Maria, Virgo clemens et pia :	Dis-nous, Marie, Vierge clémente et miséricordieuse :
Quomodo facta es genitrix, Cum tu sis plasma de te nascentis ?	Comment es-tu devenue mère, Toi l'œuvre de Celui qui naît de toi?
Angelus est testis, Ad me missus cœlestis.	L'ange en est le témoin Envoyé des cieux vers moi.
Processit ex me spes mea Sed incredula manet Judæa.	C'est de moi qu'est sortie mon espé- rance; Mais la Judée demeure incrédule.
Credendum est magis soli Gabrieli forti, Quam Judæorum pravæ cohorti.	Mieux vaut croire au seul Gabriel, le Fort, Qu'à la tourbe perverse des Juifs.
Scimus Christum processisse De Virgine vere, Tu nobis, nate rex, miserere.	Nous savons que le Christ Est vraiment fils de la Vierge, Toi qui es né pour nous, ô Roi! aie pitié de nous.
Amen.	Amen.

NOTE.

STROPHE 3, VERS 1.

La mort de Jésus-Christ a détruit la mort du péché qui pesait sur nous, et sa vie a réparé notre vie. Voilà ce que veut dire Adam de Saint-Victor dans cette prose calquée avec bonheur sur la séquence *Victimæ paschali laudes.*

V.

PROSE DE LA RÉSURRECTION DU SEIGNEUR.

Mundi renovatio Nova parit gaudia; Resurgenti Domino Conresurgunt omnia; Elementa serviunt; Et authoris sentiunt Quanta sint solennia	La rénovation du monde Enfante de nouvelles joies; Le Seigneur ressuscitant, Tout ressuscite avec lui; Les éléments sont ses esclaves, Et semblent avoir le sentiment De la grandeur de la fête de leur Créa- teur.
Ignis volat mobilis, Et aer volubilis; Fluit aqua labilis; Terra manet stabilis : Alta petunt levia, Centrum tenent gravia, Renovantur omnia.	Le feu mobile voltige çà et là, L'air subtil s'agite dans l'espace, L'eau fugitive coule à longs flots, La terre demeure inébranlable; Les corps légers sont portés dans les airs, Les corps pesants gardent leur centre de gravité : Tout est renouvelé.

Cœlum fit serenius,	Le ciel devient plus serein,
Et mare tranquillius;	Et la mer devient plus calme;
Spirat aura levius.	Le zéphir souffle plus doucement.
Vallis nostra floruit :	Notre vallée est tout en fleurs;
Revirescunt arida;	Ce qui était desséché reprend de la
Recalescunt frigida	sève,
Post quæ ver intepuit.	La chaleur ranime ce qui était froid,
	Et le printemps règne dans la nature.
Gelu mortis solvitur;	La glace de la mort est fondue;
Princeps mundi tollitur,	Le prince du monde est renversé;
Et ejus destruitur	Du milieu de nous
In nobis imperium,	Disparaît son empire.
Dum tenere voluit	Satan, en voulant posséder
In quo nihil habuit,	Ce qui ne lui appartenait pas,
Jus amisit proprium.	A perdu ses propres droits.
Vita mortem superat,	La vie triomphe de la mort,
Homo jam recuperat	Et voici que l'homme recouvre
(Quod prius amiserat)	Ce qu'il avait perdu jadis :
Paradisi gaudium.	La joie du paradis.
Viam præbet facilem	Le Chérubin nous ouvre une voie fa-
Cherubim : versatilem	cile
(Ut Deus promiserat)	En détournant de nous
Amovendo gladium.	Son épée flamboyante,
	Comme Dieu nous l'avait promis.
Amen.	Amen.

NOTE.

Cette belle séquence a été évidemment inspirée à Adam par la lecture du passage suivant d'un des sermons de saint Augustin sur la fête de Pâques : « Unde modo in germina erumpentis terræ tota hilarior facies, vario suorum fructuum ornatu omnem hactenus quasi mortuam rerum naturam resurgenti suo domino conresuscitat. Ubi arborum et herbarum grata venustas, diverso quidem germinum munere, pari tamen gestu lætitiæ; singulari huic solennitati festiva occurrit. De cœli autem nunc usque quodam modo tristi, nunc autem læta facie : quid dicam? quæ aliquandiu jam densa caligine nubium adoperta, aeris hujus spatium omne turbavit. Et ecce repente quasi justitia de cœlo in terram prospiciente, mira serenitas mundo arridet, et in unam lætitiam cœli et terræ vota concurrunt, ut Deum et hominem Christum communi exultatione excipiant, qui communem utrisque pacem afferre venerat, et medium parietem maceriæ solvens, fecit utraque unum. Hinc astrorum omnium fomes, splendor ille solaris suam frontem admodum rugatam jamjamque expurgat, et quasi rex conspicuus in diademate capitis sui in die desponsationis suæ et in die lætitiæ cordis sui, cæteris stellis velut comitibus suis largiora luminis sui dona impendit. Luna enim ab ipso ortus sui die, semper in quodam sui dispendio posita, ad paschalia gaudia pleno se lumine parat. Et ut cuncta breviter perstringam, sicut omne quod in rebus subsistit divina dispensatione hominis imperio servit : sic de salute humana omnibus una exultatio incumbit. Cum igitur pro homine, tantis indiciis omnis creatura sua gaudia monstret, consequens est ut ab hominibus ipsis testimonia tali lætitiæ non desint. »

VI.

AUTRE PROSE DE LA RÉSURRECTION DU SEIGNEUR.

Zima vetus expurgetur,
Ut syncære celebretur
Nova resurrectio.

Que le vieux levain disparaisse,
Afin qu'avec sincérité nous célébrions
La résurrection nouvelle.

Hæc est dies nostræ spei,
Hujus mira vis diei,
Legis testimonio.

Voici le jour de notre espérance;
La vertu merveilleuse de ce jour
A été témoignée par la loi [antique].

Hæc Ægyptum spoliavit,
Et Hebræos liberavit
De fornace ferrea.

Ce jour a dépouillé l'Egypte
Et délivré les Hébreux
Comme d'une fournaise de fer.

His in arcto constitutis,
Opus erat servitutis
Lutum, later, palea.

Placés dans une situation critique,
Leur ouvrage était celui de l'esclave ;
Ils travaillaient l'argile, la brique et le
chaume.

Jam divinæ laus virtutis,
Jam triumphi, jam salutis
Vox erumpat libera.

Maintenant faisons retentir les louanges
De la vertu de Dieu; que des chants de
triomphe et de salut
Sortent librement de nos poitrines.

Hæc est dies quam fecit Dominus,
Dies nostri doloris terminus,
Dies salutifera.

Voici le jour que le Seigneur a fait,
Le jour qui met un terme à nos dou-
leurs,
Le jour qui nous apporte le salut.

Lex est umbra futurorum
Christus finis promissorum,
Qui consummat omnia.

La loi est l'ombre des biens futurs ;
Le Christ est la fin des promesses
Et la consommation de tout.

Christi sanguis igneam
Hebetavit romphæam,
Amota custodia.

Le sang du Christ a émoussé
Le glaive de feu [de l'ange],
Et l'a relevé de sa garde.

Puer nostri forma risus,
Pro quo vervex est occisus,
Vitæ signat gaudium.

L'enfant Isaac, symbole et sujet de
notre joie,
A la place duquel un chevreau a été
immolé,
Se montre tout joyeux de vivre.

Joseph exit de cisterna;
Christus redit ad superna,
Post mortis supplicium.

Joseph sort de la citerne;
Le Christ retourne aux cieux,
Après avoir enduré le supplice de la
croix.

Hic dracones Pharaonis
Draco vorat : a draconis
Immunis malitia.

Il est le serpent qui dévore
Ceux de Pharaon; il est exempt de
La perfidie du serpent.

Quos ignitus vulnerat,
Hos serpentis liberat
Ænei præsentia.

Ceux que blesse le serpent de feu,
Le serpent d'airain les délivre
Par sa présence.

Anguem forat in maxilla
Christus, hamus et armilla,
In cavernam reguli.

Le Christ, qui est l'hameçon et l'an-
neau,
Perce à la mâchoire le serpent
Dans la caverne du basilic.

Manum mittit ablactatus,	Sevré à peine du lait mâternel,
Et sic fugit exturbatus	Il l'attaque de sa main puissante,
Vetus hospes seculi.	Et, plein de trouble, s'enfuit l'ancien
	Hôte du siècle.
Irrisores Helisæi	Ceux qui se moquaient d'Hélisée
Dum conscendit domum Dei,	Se dirigeant vers la maison de Dieu,
Zelum calvi sentiunt.	Ressentent les effets de la colère du
	chauve.
David arreptitius,	David qui s'élève en rampant,
Hircus emissarius,	Le bouc émissaire
Et passer effugiunt.	Et le passereau s'enfuient.
In maxilla mille sternit,	Samson, avec la mâchoire d'un âne,
Et de tribu sua spernit	Tue mille Philistins et dédaigne
Sanson matrimonium.	De se marier dans sa tribu.
Sanson Gazæ seras pandit,	Samson enlève les portes de Gaza de
Et asportans portas scandit	leurs gonds
Montis supercilium.	Et les transporte, sur ses épaules,
	Sur le sommet d'une montagne.
Sic de Juda leo fortis,	Il en est ainsi de la force du lion
Fractis portis diræ mortis	de Juda :
Die surgit tertia.	Il brise les portes de l'affreuse mort
	Et s'élève le troisième jour.
Rugiente voce patris,	Aux rugissements de son Père,
Ad supernæ sinum matris	Il apporte, dans le sein de sa Mère cé-
Tot revexit spolia.	leste,
	Autant de dépouilles que Samson.
Cetus Jonam fugitivum,	La baleine, après avoir gardé
Veri Jonæ signativum	Trois jours dans son sein Jonas
Post tres dies reddit vivum	Fugitif, figure du vrai Jonas, le
De ventris angustia.	Rejette vivant de son sein sur le ri-
	vage.
Botrus cypri reflorescit,	La grappe du troëne refleurit,
Dilatatur et excressit	S'étend et s'accroît.
Synagogæ flos marcescit:	La fleur de la Synagogue se flétrit
Et floret ecclesia.	Et l'Eglise fleurit.
Mors et vita conflixere.	La mort et la vie ont combattu en
Resurrexit Christus vere.	duel.
Et cum Christo surrexere	Le Christ est vraiment ressuscité.
Multi testes gloriæ.	Avec le Christ, sont ressuscités
	De nombreux témoins de sa gloire.
Mane novum, mane lætum	Un matin nouveau, un matin joyeux
Vespertinum tergat fletum;	Doit sécher les pleurs du soir ;
Quia vita vicit læthum,	Comme la vie a vaincu la mort,
Tempus est lætitiæ.	Nous sommes à l'époque de la joie.
Jesu victor ,Jesu vita;	Jésus vainqueur, Jésus la vie,
Jesu vitæ via trita,	Jésus chemin frayé qui conduit à la vie,
Cujus morte mors sopita,	Qui par ta mort as endormi la mort,
Ad paschalem nos invita	Invite-nous à nous rendre avec con-
Mensam cum fiducia.	fiance
	A ton banquet pascal.
Vive panis, vivax unda,	Pain vivant, eau vive, vraie vigne,
Vera vitis et fœcunda,	Vigne féconde, repais-nous, purifie-
Tu nos pasce, tu nos munda,	nous,
Ut a morte nos secunda	Pour que, par ta grâce protectrice,
Tua salvet gratia. Amen.	Nous soyons délivrés de la mort. Amen.

VII.

PROSE POUR LES FÊTES DE PAQUES.

Lux illuxit dominica :
Lux insignis, lux unica.

La lumière du dimanche a brillé,
Lumière insigne, lumière unique.

Lux lucis et lætitiæ :
Lux immortalis gloriæ.

Lumière de lumière et de joie,
Lumière de l'immortelle gloire.

Diem mundi conditio,
Commendat ab initio.

Depuis l'origine du monde,
Ce jour tient un rang distingué.

Quam Christi resurrectio
Ditavit privilegio.

Le Christ par sa résurrection
L'enrichit d'un nouveau privilége.

In spe perennis gaudii,
Lucis exultent filii.

Dans l'espoir de l'éternelle joie,
Que les fils de lumière se réjouissent.

Vendicent membra meritis
Conformitatem capitis.

Que les membres, par leurs mérites,
Se rendent dignes de leur chef.

Solennis est celebritas :
Et vota sunt solennia.
Primæ diei dignitas
Prima requirit gaudia.

Cette solennité est fameuse ;
On y fait des vœux solennels.
La dignité du premier des jours
Exige une allégresse digne de lui.

Solennitatum gloria,
Paschalis est victoria.

La gloire des fêtes solennelles
Est la victoire pascale.

Sub multis ænigmatibus
Prius promissa patribus.

Cette Pâque, sous beaucoup de figures,
Fut jadis promise à nos pères.

Jam scisso velo patuit,
Quod vetus lex præcinuit.

Le voile se déchire, à nos yeux apparaît
Ce que l'antique loi jadis nous annonçait.

Figuram res exterminat :
Et umbram lux illuminat.

A la réalité cède aujourd'hui l'em-
blème,
Et l'ombre resplendit de la lumière
même.

Quid agnus sine macula,
Quid hedus typi gesserit :
Nostra purgans piacula
Messias nobis aperit.

Ce que préfiguraient l'agneau
Sans tache et le chevreau,
Le Messie aujourd'hui à nos yeux
Le découvre en nous purifiant de nos
souillures.

Per mortem nos indebitam
Solvit a morte debita.

Par la mort qu'il ne méritait pas,
Il nous a délivrés de la mort que nous
méritions.

Prædam captans illicitam :
Præda privatur licita.

La mort, en voulant saisir une
Proie qu'il ne lui est pas permis de tou-
cher,
Perd sa légitime proie.

Carnis delet opprobria
Caro peccati nescia.
Die reflorens tertia :
Corda confirmat dubia.

L'opprobre de la chair est détruit
Par la chair qui ne connaît pas le pé-
ché.
Cette chair refleurit le troisième jour
Et confirme dans la foi les cœurs hési-
tants.

O mors Christi mirifica
Tu Christo nos vivifica.

O mort merveilleuse du Christ !
Vivifie-nous par le Christ.

Mors morti non obnoxia,
Da nobis vitæ præmia.
Amen.

Mort qui n'est pas soumise à la mort,
Donne-nous les récompenses de la vie.
Amen.

VIII.

PROSE DE LA RÉSURRECTION DU SEIGNEUR.

Ecce dies celebris,
Lux succedit tenebris,
Morti resurrectio.

Voici le jour mémorable,
Où la lumière succède aux ténèbres,
La résurrection à la mort.

Lætis cedant tristia :
Cum sit major gloria,
Quam prima confusio.

Que la tristesse cède la place à la
    joie,
Puisque la gloire est plus grande
Que ne le fut la confusion résultant du
    premier péché.

Umbram fugat veritas,
Vetustatem novitas,
Luctum consolatio.

Que la réalité mette en fuite l'om-
    bre,
La nouveauté ce qui est ancien,
La consolation les pleurs.

Pascha novum colite,
Quod præit in capite
Membra sperent singula.

Célébrez une nouvelle Pâque;
Que tous les membres espèrent
La gloire du chef.

Pascha nostrum Christus est
Qui pro nobis passus est
Agnus sine macula.

Notre Pâque, c'est le Christ,
Qui pour nous a souffert passion;
C'est l'agneau sans tache.

Hostis qui nos circuit,
Prædam Christus eruit :
Quod Sanson præcinuit,
Dum leonem lacerat.

Le Christ a ravi la proie
De l'ennemi qui rôde autour de nous :
Samson avait figuré d'avance cet évé-
    nement
Lorsqu'il mit en pièces un lion.

David fortis viribus,
A leonis unguibus
Et ab ursi faucibus
Gregem patris liberat.

David, le vaillant et le fort,
Sauve le troupeau paternel
Des ongles d'un lion
Et de la gueule d'un ours.

Quod in morte plures stravit
Sanson, Christum figuravit,
Cujus mors victoria.

Samson, lorsqu'il mit à mort
Un grand nombre d'hommes, a figuré
    le Christ,
Dont la mort est une victoire.

Sanson dictus sol eorum :
Christus lux est electorum,
Quos illustrat gratia.

Samson veut dire le soleil (des Hé-
    breux);
Le Christ est la lumière des élus,
Qu'il éclaire de sa grâce.

Jam de crucis sacro vecte
Botrus fluit, in dilectæ
Penetral Ecclesiæ.

Déjà, du bras sacré de la croix
La grappe de raisin épand son jus
Dans le sein de l'Eglise sa bien-aimée.

Jam calcato torculari,
Musto gaudent debriari
Gentium primitiæ.

Déjà le pressoir a foulé la grappe,
Et les prémices des Gentils
S'enivrent joyeusement du vin nou-
    veau.

Saccus scissus et pertusus,
In regales transit usus :
Saccus fit soccus gratiæ,
Caro victrix miseriæ.

La chausse fendue et trouée
Devient un vêtement royal ;
La chausse devient le brodequin de la grâce,
La chausse, c'est la chair victorieuse des souffrances.

Quia regem peremerunt,
Dei regnum perdiderunt ;
Sed non deletur penitus
Caïn, in signum positus.

Parce qu'ils ont tué leur roi,
Ils ont perdu le royaume de Dieu ;
Mais Caïn ne sera pas puni sur-le-champ,
Un signe marquera son front.

Reprobatus et abjectus
Lapis iste nunc electus,
In trophæum stat erectus
Et in caput anguli.

Cette pierre, jadis réprouvée et rejetée,
Est maintenant une pierre de choix,
Elle est érigée en trophée
Et tient la tête de l'angle.

Culpam delens non naturam
Novam creat creaturam :
Tenens in se ligaturam
Utriusque populi.

En effaçant la faute et non la nature,
Il crée une nouvelle créature :
Il tient en sa main le lien
Des deux peuples, juif et gentil.

Capiti gloria,
Membrisque concordia.
Amen.

Gloire au chef,
Accord entre les membres.
Amen.

IX.

PROSE DU SAINT-ESPRIT.

Lux jocunda, lux insignis
Qua de throno missus ignis
In Christi discipulos.

Douce lumière, lumière insigne
D'où jaillit le feu qui du trône céleste descendit
Sur les disciples du Christ.

Corda replet, linguas ditat :
Ad concordes nos invitat
Linguæ, cordis modulos.

Elle comble les cœurs, enrichit les langues
Et nous invite aux harmonieux concerts
de la langue et du cœur.

Christus misit quod promisit
Pignus sponsæ, quam revisit
Die quinquagesima.

Le Christ a envoyé le gage
Promis à son épouse qu'il a revue
Le jour de la Pentecôte.

Post dulcorem melleum,
Petra fudit oleum,
Petra jam firmissima.

Après la douceur du miel
Il a versé l'huile sur la pierre,
Sur la pierre la plus dure.

In tabellis saxeis,
Non in linguis igneis :
Lex de monte populo.

Ce fut sur des tables de pierre
Et non par des langues de feu
Que la loi fut apportée du Sinaï au peuple.

Paucis cordis novitas
Et linguarum unitas ;
Datur in cœnaculo.

C'est à un petit nombre que la rênovation du cœur
Et l'unité des langues
Sont accordées dans le cénacle.

O quam felix, quam festiva
Dies, in qua primitiva
Fundatur Ecclesia !

O quel heureux jour, quel beau jour de fête
Que celui où la primitive Eglise
Est établie et fondée !

Vivæ sunt primitiæ
Nascentis Ecclesiæ :
Tria primum millia.

Les vivantes prémices
De l'Eglise naissante
Sont d'abord trois mille convertis.

Panes legis primitivi,
Sub una sunt adoptivi,
Fide, duo populi.

Les pains primitifs de la loi
Forment, sous une seule et même foi,
Deux peuples adoptifs.

Se duobus interjecit :
Sicque duos unum fecit
Lapis, caput anguli.

Placée entre les deux,
Et des deux n'en faisant qu'un seul,
La pierre angulaire cimente leur union.

Utres novi non vetusti
Sunt capaces novi musti ;
Vasa parat vidua.

Les vases nouveaux et non les an-
ciens
Peuvent contenir le vin nouveau.
La veuve prépare ses vases.

Liquorem dat Heliseus,
Nobis sacrum rorem Deus :
Si corda sint congrua.

Elisée verse la liqueur,
Et Dieu nous rafraîchit de la rosée sa-
crée
Quand nos cœurs sont préparés.

Non hoc musto vel liquore,
Non hoc sumus digni rore,
Si discordes moribus.

Nous sommes indignes de ce vin, de
cette liqueur
Et de la céleste rosée,
Si nos mœurs ne s'accordent pas avec
ces célestes dons.

In obscuris vel divisis
Non potest hæc paraclisis
Habitare cordibus.

Dans les cœurs ténébreux ou par-
tagés
Ce Paraclet ne peut
Fixer sa demeure.

Consolator alme, veni :
Linguas rege, corda leni.
Nihil fellis aut veneni :
Sub tua præsentia.

Viens, bienfaisant consolateur,
Dirige nos langues, calme nos cœurs.
Ni le fiel, ni le poison
Ne peuvent supporter ta présence.

Nil jucundum, nil amœnum,
Nil salubre, nil serenum,
Nihil dulce, nihil plenum
Nisi tua gratia.

Rien n'est agréable, rien n'est suave,
Rien n'est salubre ni serein,
Rien n'est doux, rien n'est abondant
Sinon ta grâce.

Tu lumen es et unguentum :
Tu cœleste condimentum.
Aquæ ditans elementum
Virtute mysterii.

Tu es lumière, tu es parfum,
Tu es le céleste assaisonnement;
Tu enrichis l'élément de l'eau
Par ta vertu mystérieuse.

Nova facti creatura
Te laudamus mente pura :
Gratiæ nunc, sed natura
Prius iræ filii.

Devenus des hommes nouveaux,
Nous te louons avec un cœur pur.
Enfants de la grâce maintenant,
Jadis par notre nature enfants de co-
lère.

Tu qui dator es et donum,
Tu qui condis omne bonum :
Cor ad laudem redde pronum,
Nostræ linguæ formans sonum,
In tua præconia.

Toi qui es le don que tu donnes,
Toi qui es l'auteur de tout bien,
Porte nos cœurs à te louer,
Forme les sons de notre langue
A célébrer tes louanges.

Tu purga nos a peccatis :
Author ipse puritatis :
Et in Christo renovatis.
Da perfectæ novitatis
Plena nobis gaudia.
Amen.

Purifie-nous de nos péchés,
Auteur même de la pureté,
Et, après nous avoir régénérés dans le
Christ,
Donne-nous les joies abondantes
D'un parfait renouvellement.
Amen.

NOTE.

STROPHE 11.

Allusion à cette parole du Sauveur aux Juifs : « Neque mittunt vinum novum in utres veteres ; alioquin rumpuntur utres, et vinum effunditur, et utres pereunt. Sed vinum novum in utres novos mittunt, et ambo conservantur. » (S. Mathieu, chap. IX, verset 17). — Remi d'Auxerre commente ainsi ce passage : « Utres veteres appellat Christus suos discipulos, qui ante passionem suam nondum perfecte erant innovati. Vinum novum appellat plenitudinem Spiritus sancti, et profunda cœlestium mysteriorum quæ tunc discipuli ferre non poterant. Sed post resurrectionem utres novi facti fuerunt, et novum vinum receperunt, quando Spiritus sanctus replevit corda eorum. Unde quidam dixerunt : Omnes isti musto pleni sunt. »

X.

PROSE DU SAINT-ESPRIT.

Simplex in essentia,
Septiformis gratia :
Nos reformet spiritus.

Cordis lustret tenebras
Et carnis illecebras
Lux emissa cœlitus.

Lex præcessit in figura,
Lex pœnalis, lex obscura :
Lumen evangelicum.

Spiritalis intellectus
Literali fronde tectus
Prodeat in publicum.

Lex de monte, populo :
Paucis in cœnaculo,
Nova datur gratia.

Situs docet nos locorum :
Præceptorum vel donorum
Quæ sit eminentia.

Ignis, clangor buccinæ,
Fragor cum caligine :
Lampadum discursio

Terrorem incutiunt :
Nec amorem nutriunt,
Quem effudit unctio.

Sic in Sina lex divina
Reis est imposita.

Que l'Esprit simple en son essence,
Et dont la grâce a sept formes distinctes,
Que cet Esprit daigne nous réformer.

Qu'il éclaire les ténèbres de notre cœur,
Qu'il nous montre les attraits trompeurs de la chair,
Lui, la lumière envoyée des cieux.

La loi antique, loi pénale, loi obscure,
A précédé et figuré
La lumière évangélique.

Que l'esprit d'intelligence,
Caché sous la feuille de la lettre,
Apparaisse et brille au grand jour.

La loi antique fut donnée à tout un peuple sur le Sina.
C'est à la petite troupe du cénacle
Que la grâce nouvelle est donnée.

La situation du lieu nous apprend
Quelle est l'éminence
Des préceptes et des dons.

Le feu, le retentissement de la trompette,
Le bruit mêlé aux ténèbres,
La lumière des lampes errant çà et là,

Inspirent la terreur
Mais n'alimentent pas l'amour
Que produit seule l'onction de la grâce.

Ainsi, sur le Sina, la loi divine
Est imposée à des coupables.

Lex timoris, non amoris :
Puniens illicita.

C'est une loi de crainte, non d'a-
mour,
Qui punit ses infracteurs.

Ecce Patres præelecti,
Dii recentes sunt effecti :
Culpæ solvunt vincula.

Voici que les Pères, les apôtres choi-
sis d'avance,
Sont devenus des dieux nouveaux
Et tranchent les liens du péché.

Pluunt verbo, tonant minis :
Novis linguis et doctrinis
Consonant miracula.

Ils font pleuvoir la parole et tonner
les menaces ;
Des miracles viennent confirmer
Leurs nouvelles langues et leur nouvelle doctrine.

Exhibentes ægris curam,
Morhum damnant non naturam,
Persequentes scelera.

Présentant la guérison aux malades,
Ils condamnent la maladie, non la na-
ture,
Et poursuivent les crimes à outrance.

Reos premunt et castigant :
Modo solvunt, modo ligant,
Potestate libera.

Ils pressent les coupables et les châ-
tient,
Tantôt lient et tantôt délient
Dans toute la liberté de leur puissance.

Typum gerit jubilei
Dies iste, si diei
Requiris mysteria.

Ce jour porte le type du jubilé ;
Si tu recherches
Ce que ce jour a de mystérieux,

In quo tribus millibus
Ad fidem currentibus :
Pullulat Ecclesia.

En ce jour l'Église regorge
De trois mille hommes
Accourant se ranger sous sa foi.

Jubileus est vocatus :
Vel dimittens vel mutatus
Ad priores vocans status.
Rex distractas libere.

Ce jour est appelé jubilé,
Dans ce sens que le roi pardonne
Aux coupables, ou rappelle librement
A leur état primitif ceux qui en étaient
déchus.

Nos distractos sub peccatis,
Liberet lex charitatis :
Et perfectæ libertatis
Dignos reddat munere.
Amen.

Pour nous, qui sommes retenus dans
les chaînes du péché,
Puisse la loi de charité nous délivrer
Et nous rendre dignes
Du don de la parfaite liberté !
Amen.

XI.

PROSE DU SAINT-ESPRIT.

Qui procedis ab utroque
Genitore, Genitoque,
Pariter Paraclite,

Toi qui procèdes également
Et du Père et du Fils,
O Paraclet,

Redde linguas eloquentes :
Fac ferventes in te mentes
Flamma tua divite.

Donne l'éloquence à notre langue,
Fais que nos cœurs brûlent pour toi
Du feu puissant de ton amour.

Amor Patris Filiique,
Par amborum, et utrique
Compar et consimilis,

Amour, et du Père, et du Fils,
Egal à tous deux, à tous deux aussi
Coégal et cosemblable,

Cuncta reples, cuncta foves,
Astra regis, cœlum moves,
Permanens immobilis.

Tu remplis tout, tu réchauffes tout,
Tu régis les astres et fais mouvoir le
ciel,
Tout en restant immuable.

Lumen clarum, lumen charum :
Internarum tenebrarum
Effugas caliginem.

Lumière brillante, lumière chérie,
Des ténèbres intérieures
Tu dissipes la noirceur.

Per te mundi sunt mundati :
Tu peccatum et peccati
Destruis rubiginem.

Par toi ceux qui sont purs sont en-
core purifiés,
Tu fais disparaître le péché
Et la rouille du péché ;

Veritatem notam facis :
Et ostendis viam pacis,
Et iter justitiæ.

Tu fais connaître la vérité,
Tu nous montres le chemin de la paix
Et la voie de la justice ;

Perversorum corda vitas
Et bonornm corda ditas
Munere scientiæ.

Tu fuis le cœur des pervers,
Tu enrichis le cœur des bons
Des dons de la science.

Te docente, nil obscurum :
Te præsente, nil impurum,
Sub tua præsentia :

Quand tu enseignes, rien n'est obscur;
Lorsque tu es présent, rien n'est impur
En ta présence

Gloriatur mens jocunda,
Per te læta, per te munda
Gaudet conscientia.

L'ame réjouie est glorifiée ;
Tu es la source de sa joie,
Et c'est par toi qu'elle jouit d'une
conscience pure.

Tu commutas elementa :
Per te suam sacramenta
Habent efficaciam.

Tu changes les éléments;
C'est de toi que les sacrements
Reçoivent leur efficacité.

Tu nocivam vim repellis :
Tu confutas et refellis
Hostium nequitiam.

Tu repousses de nous la violence nui-
sible;
Tu mets en défaut, tu confonds
La méchanceté des ennemis.

Quando venis, corda lenis,
Quando subis, atræ nubis
Effugit obscuritas.

Quand tu arrives, tu calmes les cœurs;
Quand tu parais, tu dissipes
L'obscurité de la nuit sombre.

Sacer ignis, pectus ignis
Non comburis : sed a curis
Purgas, quando visitas.

Feu sacré, tu ne brûles pas les cœurs,
Mais tu les délivres de leurs soucis
Quand tu les visites.

Mentes prius imperitas,
Et sopitas et oblitas
Erudis et excitas.

Les ames qui d'abord étaient ignorantes,
Assoupies et obtuses,
Tu les éclaires et les réveilles de leur
assoupissement.

Foves linguas, formas sonum.
Cor ad bonum facis pronum,
A te data charitas.

Tu réchauffes les langues, tu formes
leurs sons,
Tu portes le cœur au bien,
C'est toi qui donnes la charité.

O juvamen oppressorum :
O solamen miserorum,
Pauperum refugium,

O secours des opprimés !
O consolation des misérables !
Refuge des pauvres,

Da contemptum terrenorum :
Ad amorem supernorum
Trahe desiderium.

Inspire-nous le mépris des biens terrestres,
Fais converger tous nos désirs et notre
amour
Vers les biens célestes.

Pelle mala, terge sordes:
Et discordes fac concordes:
Et affer præsidium.

Eloigne de nous les maux, purifie
nos souillures,
Fais succéder l'union à la discorde
Et donne-nous ta protection.

Tu qui quondam visitasti,
Docuisti, confortasti
Timentes discipulos,

Toi qui jadis as visité,
Enseigné et ranimé
Les disciples craintifs,

Visitare nos digneris :
Nos, si placet, consoleris :
Et credentes populos.

Daigne nous visiter ;
Console-nous, si tu le trouves bon,
Nous et les peuples croyants.

Par majestas personarum,
Par potestas est earum,
Et communis deitas.

La majesté des personnes est égale,
Leur puissance l'est aussi,
Et leur divinité commune.

Tu procedens a duobus,
Coæqualis es amhobus,
In nullo disparitas.

Toi qui procèdes du Père et du Fils,
Qui es égal à tous deux
Et ne leur es inégal en rien.

Quia tantus es et talis
Quantus pater est et qualis ;
Servorum humilitas

Et parce que tu es aussi grand,
Parce que tu es semblable au Père ;
Tes serviteurs, en toute humilité,

Deo Patri, Filioque
Redemptori, tibi quoque,
Laudes reddat debitas.
Amen.

Doivent rendre au Père et au Fils,
Notre Rédempteur, et à toi aussi
Les louanges dues à la Trinité.
Amen.

XII.

PROSE DE LA SAINTE-TRINITÉ.

Profitentes Unitatem,
Veneremur Trinitatem
Pari reverentia.

Confessons l'Unité,
Vénérons la Trinité
Avec un égal respect.

Tres personas asserentes,
Personali differentes
A se differentia.

Nous croyons qu'il y a trois personnes
Qui ne sont distinctes entre elles
Que par une différence personnelle.

Hæ dicuntur relative,
Cum sint unum substantive,
Non tria principia.

C'est d'une manière relative qu'on
    les appelle personnes,
Puisque sous le rapport de la substance
Elles ne sont qu'un seul principe et non
    trois principes.

Sive dicas tres vel tria,
Simplex tamen est usia,
Non triplex essentia.

Soit que l'on dise *tres* ou *tria*,
Cependant il n'existe qu'une simple
    substance,
Et non pas une triple essence.

Simplex esse, simplex posse,
Simplex velle, simplex nosse,
Cuncta sunt simplicia.

L'essence est simple, la puissance est
    simple,
La volonté est simple, la connaissance
    est simple,
Tout en la Trinité est simple.

Non unius quam duarum,
Sive trium personarum
Minor efficacia.

La puissance d'une seule personne
N'est pas moindre que celle de deux,
Ou même que celle des trois personnes.

Pater, proles, sacrum flamen,
Deus unus : sed hi tamen
Habentæ quædam propria.

Le Père, le Fils, le Saint-Esprit
Sont un seul Dieu, mais cependant
Ils ont quelque chose qui leur est propre.

Una virtus, unum numen,
Unus splendor, unum lumen,
Hoc una quod alia.

Ils ont une même vertu, une même
    divinité,
Une même splendeur, une même lu-
    mière,
L'un n'a rien que l'autre n'ait aussi.

Patri proles est æqualis,
Nec hoc tollit personalis
Amborum distinctio.

Le Fils est égal au Père,
Et leur distinction personnelle
N'empêche pas cette égalité.

Patri compar Filioque,
Spiritalis ab utroque
Procedit connexio.

Egal au Père, égal au Fils,
Le Saint-Esprit qui est leur lien
Procède de l'un et de l'autre.

Non humana ratione
Capi possunt hæ personæ,
Nec harum discretio.

La raison humaine
Ne peut saisir ni les personnes,
Ni la distinction des personnes.

Non hic ordo temporalis,
Non hic situs, aut localis
Rerum circunscriptio.

Ici ne cherche point l'ordre du temps,
Ici point d'espace
Ou de circonscription locale.

Nil in Deo præter Deum,
Nulla causa præter eum
Qui causat causalia.

Rien n'est en Dieu, excepté Dieu,
Nulle cause n'existe en dehors de lui :
Il est la cause première de toutes causes.

Effectiva vel formalis
Causa, Deus : et finalis,
Sed nunquam materia.

Cause effective ou formelle,
Dieu est aussi cause finale,
Mais il ne peut être matière.

Digne loqui de personis,
Vim transcendit rationis,
Excedit ingenia.

Parler dignement des personnes
Dépasse les forces de la raison
Et de l'esprit humain.

Quid sit gigni, quid processus,
Me nescire sum professus
Sed fide non dubia.

Que signifient la génération et la procession ?
J'avoue que je l'ignore;
Mais ma foi n'est pas ébranlée.

Qui sic credit, ne festinet,
Et a via non declinet
Insolerter regia.

Que celui qui a cette croyance
Ne se hâte pas et ne sorte pas
Orgueilleusement de la voie royale.

Servet fidem, formet mores,
Nec declinet ad errores
Quos damnat Ecclesia.

Qu'il garde la foi, qu'il y conforme
ses mœurs
Et ne tombe pas dans les erreurs
Que l'Eglise condamne.

Nos in fide gloriemur,
Nos in una modulemur
Fidei constantia.

Pour nous, glorifions-nous dans la foi
Et chantons en persévérant
Constamment dans la foi.

Trinæ sit laus Unitati,
Sit et simplæ Trinitati
Coæterna gloria.

Louanges soient rendues à la triple
Unité,
Et que la simple Unité
Jouisse d'une gloire coéternelle.

Amen.

Amen.

XIII.

PROSE POUR LA DÉDICACE D'UNE ÉGLISE.

Hierusalem et Sion filiæ,
Cœtus omnis fidelis curiæ,
Melos pangat jugis lætitiæ.
Haleluia.

Filles de Jérusalem et de Sion,
Et vous tous qui composez l'assemblée
fidèle,
Faites retentir des accents d'une incessante joie.
Haleluia

Christus enim desponsat hodie
Matrem nostram norma justitiæ,
Quam de lacu traxit miseriæ
Ecclesiam.

Car le Christ aujourd'hui célèbre les
fiançailles
De notre mère, règle de la justice,
Qu'il a tirée du lac de la misère,
Notre mère l'Eglise.

In Spiritu sancti clementia,
Sponsa sponsi lætatur gratia :
A reginis laudis cum gloria
Fœlix dicta.

Par la clémence de l'Esprit saint,
L'épouse est réjouie par la grâce de l'é-
poux,
Et les reines, tout en chantant ses louan-
ges,
L'appellent heureuse.

Dos ut datur, crescit lætitia :
Quæ dos, quanta? triplex potentia
Tangens cœlum, terram, et stygia
Judicia.

En recevant sa dot, sa joie redouble
encore;
Et quelle dot? C'est la triple puissance
Qui touche au ciel, à la terre
Et aux jugements de l'enfer.

Mira loquar, sed sana credere:
Fœderatam tam largo munere,
De proprio produxit latere
Deus homo.

Je dirai des choses prodigieuses mais
bonnes à croire.
Cette fiancée enrichie d'une
Si belle dot, c'est l'Homme-Dieu qui l'a
Produite de son côté même.

Formaretur ut sic Ecclesia,
Figuratur in pari gloria,
Adæ costis formata fœmina,
Hostis Eva.

La naissance de l'Eglise, dans pareil
Etat de gloire, est figurée par la
Première femme, par Eve pécheresse,
Qui fut tirée d'une côte d'Adam.

Eva fuit noverca posteris :
Hæc est mater electi generis,
Vitæ portus, asylum miseris
Et tutela.

Eve fut une marâtre pour sa postérité:
L'Eglise est la mère du peuple élu,
Le port de la vie, l'asile et
La protection des malheureux.

Pulchra, potens, partu mirabilis,
Ut luna, sol fulget spectabilis :
Plus acie multo terribilis
Ordinata.

Belle, puissante, d'une admirable fé-
condité;
Comme la lune, elle brille, soleil
Resplendissant, et est plus terrible
Qu'une armée en bataille.

Multiplex est singularis, una :
Generalis et individua :
Omnis ævi sexus simul una
Parit turmas.

Elle est multiple, particulière, unique,
Universelle et individuelle,
Et, bien qu'elle soit une,
Elle enfante des légions de tout âge,
De tout sexe.

Hæc signata Jordanis fluctibus :
Hæc quæ venit a terræ finibus,
Scientiam audire cominus
Salomonis.

C'est elle qui a été marquée d'un sceau
Dans les flots du Jourdain, elle qui
Est venue du bout du monde pour
Entendre la sagesse de Salomon.

Hæc typicis descripta sensibus,
Nuptiarum induta vestibus,
Cœli præest hodie civibus
Christo juncta.

C'est elle qui, désignée sous divers
sens typiques,
Revêtue de la robe nuptiale
Et unie au Christ, règne aujourd'hui
Sur les citoyens du ciel.

O solennis festum læticiæ:
Quo unitur Christus Ecclesiæ :
In quo nostræ salutis nuptiæ
Celebrantur.

O solennité pleine de joie et d'allé-
gresse,
Où le Christ est uni à l'Eglise,
Et dans lequel se célèbrent les
Noces, gage de notre salut.

Cœtus fœlix, dulce convivium,
Lapsis ubi datur solatium,
Desperatis offertur spacium
Respirandi.

Heureuse assemblée, suave banquet,
Où l'on console ceux qui ont fait une
chute
Et où l'on donne à ceux qui désespèrent
Le temps de respirer.

Justis inde solvuntur præmia,
Angelorum novantur gaudia
Lata nimis quod facit gratia
Charitatis.

Dans les noces, les justes reçoivent
  des récompenses;
La joie des anges déjà surabondante est
  renouvelée
Par la grâce de la charité.

Ab æterno fons sapientiæ
Intuitu solius gratiæ
Sic prævidit in rerum serie
Hæc futura.

De toute éternité la source de la sa-
  gesse,
A l'aspect de la grâce seule,
A prévu, dans la nuit des
Temps, l'accomplissement de ce mys-
  tère.

Christus ergo nos suis nuptiis
Recreatos veris delitiis :
Interesse faciat sociis
Electorum.
  Amen.

Fasse le Christ que, récréés par ses
Noces, qui sont les vraies délices,
Nous y assistions un jour
Dans la société de ses élus.
  Amen.

XIV. 🞱

PROSE DE LA DÉDICACE DE L'ÉGLISE.

Quam dilecta tabernacula
Domini virtutum, et atria.

Qu'ils sont aimés les tabernacles et le
Sanctuaire du Seigneur des vertus!

Quam electi architecti,
Tuta ædificia.

Comme les architectes ont été choisis,
 Et que l'édifice est solide!

Quæ non movent immo fovent,
Ventus, flumen, pluvia.

Le vent, l'eau, la pluie,
Loin de l'ébranler, le fortifient.

Quam decora fundamenta
Per concinna sacramenta
Umbræ præcurrentia.

Comme ils sont magnifiques ses fon-
  dements,
Quand on les distingue à travers
Les mystérieux sacrements qui les figu-
  rent
Avec tant de justesse.

Latus Adæ dormientis
Evam fundit, in manentis
Copulæ primordia.

Le côté d'Adam plongé dans le som-
  meil
Produit Eve, comme modèle
Primitif d'une union permanente.

Arca ligno fabricata
Noe servat, gubernata
Per mundi diluvium.

L'arche construite en bois
Conserve Noé, et vogue sur les eaux
Du déluge qui fait périr le genre hu-
  main.

Prole fera tandem fœta :
Anus Sara ridet læta
Nostrum lactans gaudium.

Fière de se voir enfin enceinte d'un
  fruit si tardif,
La vieille Sara entre dans des
Transports d'allégresse et
Nourrit de son lait notre joie.

Servus bibit qui legatur :
Et camelus adaquatur
Ex Rebeccæ hydria.

Le serviteur député par Abraham
Est désaltéré, lui et ses chameaux,
Par l'eau du vase de Rébecca.

Hæc inaures et armillas
Aptat sibi, ut per illas
Viro fiat congrua.

Celle-ci se pare de ses pendants
D'oreilles et de ses bracelets,
Afin de plaire à son époux.

Synagoga supplantatur
A Jacob : dum divagatur
Nimis freta literæ.

La synagogue
Est enfin supplantée par Jacob, parce
  qu'elle
S'égare en s'appuyant trop sur la lettre.

Lippam Liam latent multa:
Quibus videns Rachel fulta,
Pari nubit fœdere.

In bivio tegens nuda,
Geminos parit ex Juda
Thamar diu vidua.

Hic Moyses a puella
Dum se lavat, in fiscella
Reperitur scirpea.

Hic mas agnus immolatur :
Quo Israel satiatur,
Tinctus ejus sanguine.

Hic transitur rubens unda,
Ægyptios sub profunda
Obruens voragine.

Hic est urna manna plena,
Hic mandata legis dena :
Sed in arca fœderis.

Hic sunt ædis ornamenta,
Hic Aaron indumenta :
Quæ præcedit poderis.

Hic Urias viduatur,
Bersabee sublimatur :
Sedis consors regiæ.

Hæc regi varietate
Vestis astat deauratæ,
Sicut regum filiæ.

Huc venit austri regina :
Salomonis quam divina
Condit sapientia.

Hæc est nigra sed formosa,
Myrrhæ et thuris fumosa,
Virga pigmentaria.

Hæc futura, quæ figura
Obumbravit, reserabit
Nobis dies gratiæ.

Jam in lecto cum dilecto
Quiescamus, et psallamus :
Assunt enim nuptiæ.

Quarum tonat initium
In tubis epulantium :
Et finis per psalterium.

Sponsum millena millia :
Una laudant melodia,
Sine fine dicentia, haleluia.

Amen.

Des milliers de mille
Louent l'époux dans un même
Concert mélodieux,
Et répètent sans fin haleluia.

Amen.

XV.

PROSE DE SAINT ANDRÉ.

Exultemus et lætemur,
Et Andreæ delectemur
Laudibus apostoli.

Tressaillons de joie et d'allégresse,
Et mettons nos délices à chanter les
louanges
De l'apôtre André.

Hujus fidem, dogma, mores,
Et pro Christo tot labores,
Digne decet recoli.

Il convient de célébrer dignement
Sa foi, son enseignement, ses mœurs
Et tant de travaux supportés pour le
Christ.

Hic ad fidem Petrum duxit,
Cui primum lux illuxit,
Joannis indicio.

Ce fut lui qui amena Pierre à la foi,
Pour qui le premier brilla la lumière,
D'après le témoignage de Jean.

Secus mare Galilææ :
Petri simul et Andreæ
Sequitur electio.

Le long de la mer de Galilée,
Pierre et André furent ensemble
Elus apôtres.

Ambo prius piscatores,
Verbi fiunt assertores
Et forma justitiæ.

Tous deux pêcheurs auparavant,
Ils deviennent prédicateurs de la parole
Et des modèles de justice.

Rete laxant in capturam :
Vigilemque gerunt curam
Nascentis Ecclesiæ.

Ils jettent leurs filets pour une autre
pêche,
Et prennent un soin assidu
De l'Eglise naissante.

A fratre dividitur :
Et in partes mittitur
Andreas Achaiæ.

André se sépare de son frère,
Et dans la province d'Achaie
Est envoyé pour prêcher.

In Andreæ retia
Currit Dei gratia
Magna pars provinciæ.

Dans les filets d'André
Accourt, par la grâce de Dieu,
Une grande partie de la province.

Fide, vita, verbo, signis,
Doctor pius et insignis,
Cor informat populi.

Docteur pieux et remarquable
Par sa foi, sa vie, sa parole, ses miracles,
Il forme le cœur du peuple.

Ut Egeas comperit
Quid Andreas egerit :
Iræ surgunt stimuli.

Aussitôt qu'Egée apprend
La conduite d'André,
Il sent s'élever en lui l'aiguillon de la
colère.

Mens secura, mens virilis,
Cui præsens vita, vilis,
Viget patientia.

L'ame tranquille d'André, son ame
virile,
Pour qui la vie présente est vile,
Se fortifie dans la souffrance.

Blandimentis aut tormentis,
Non enervat robur mentis
Judicis insania.

Insensible aux caresses comme aux
tourments,
La vigueur de son ame n'est pas énervée
Par la fureur insensée du juge.

Crucem videns præparari :
Suo gestit conformari
Magistro discipulus.

Voyant préparer sa croix,
Le disciple se réjouit
D'être traité comme son maître.

Mors pro morte solvitur :	Il se dégage des bras de la mort pour
Et crucis appetitur	Courir à la mort, et il désire vivement
Triumphalis titulus.	Posséder la gloire triomphale de la croix.
In cruce vixit biduum,	Il vécut deux jours sur la croix,
Victurus in perpetuum.	Pour vivre dans l'éternité.
Nec vult volente populo	Il refuse de se rendre aux vœux du
Deponi de patibulo.	peuple
	Qui veut qu'on le détache du gibet.
Hora fere dimidia	Environ pendant une demi-heure,
Luce perfusus nimia :	Il fut environné d'une auréole de lu-
Cum luce, cum lætitia,	mière ;
Pergit ad lucis atria.	Accompagné de lumière et de joie,
	Il monta au séjour de la lumière.
O Andrea gloriose	O glorieux André !
Cujus preces preciosæ,	Dont les prières sont précieuses,
Cujus mortis luminosæ	Dont la mort glorieuse
Dulcis est memoria,	Est si douce au souvenir,
Ab hac valle lachrymarum	De cette vallée de larmes,
Nos ad illud lumen clarum,	Pieux pasteur des ames,
Pie pastor animarum,	Transporte-nous par ta faveur
Tua transfer gratia.	Au séjour de cette brillante lumière.
Amen.	Amen.

NOTES.

STROPHE 13.

Nous avons donné plus haut cette belle invocation de saint André à la Croix, dont l'Eglise a fait une antienne ainsi conçue : *Cum pervenisset beatus Andreas ad locum ubi crux parata erat, exclamavit et dixit : O bona crux diu desiderata, et jam concupiscenti animo præparata, securus et gaudens venio ad te, ita ut tu exultans suscipias me discipulum ejus qui pependit in te.*

STROPHES 15, 16 ET 17.

Saint André vécut deux jours sur la croix, et il prêcha devant vingt mille hommes qui s'étaient réunis autour de lui. Et la foule menaça Egéas de mort, disant qu'un homme aussi saint et aussi pieux ne devait pas ainsi souffrir, et Egéas vint pour délivrer l'Apôtre. Et celui-ci lui dit : — Pourquoi viens-tu vers nous? Si c'est pour me détacher, sache que je ne descendrai pas vivant de dessus la croix ; car je vois déjà mon roi qui m'attend. Et André, voyant que le peuple voulait le délivrer, fit cette prière que rapporte saint Augustin dans son livre *De la Pénitence :* « Seigneur, ne permèts pas que je sois descendu vivant ; il est temps que mon corps soit remis à la terre ; car il y a longtemps que je le porte ; j'ai vieilli et travaillé, afin d'être affranchi de sa servitude et d'être délivré de cette très-fâcheuse prison. Et j'ai beaucoup travaillé, afin de dompter l'orgueil, de détruire la concupiscence, de refréner la convoitise. Tu sais, Seigneur, combien de fois ce corps me forçait à quitter la pureté de la contemplation, combien de fois il me troublait dans la sainte méditation de ta loi et combien de tracas il me causait. J'ai combattu de mon mieux, et, grâce à ton secours, j'ai surmonté tant d'embûches, et je te supplie de m'accorder une juste récompense, mais de ne pas me commander une plus longue lutte. Que ce corps soit donc rendu à la terre, afin qu'il ne m'empêche plus de m'abreuver à la source de la joie éternelle. » Et comme il parlait ainsi, une clarté éclatante venant du ciel l'environna, et personne ne pouvait le contempler. Et lorsque cette lumière remonta au ciel, il rendit l'esprit. (*Légende d'Or.*)

XVI.

PROSE DE SAINT NICOLAS.

Congaudentes exultemus Vocali concordia,	Réjouissons-nous tous ensemble En chantant à grand chœur,
Ad beati Nicolai Festiva solennia,	La fête solennelle Du bienheureux Nicolas,
Qui in cunis adhuc jacens Servando jejunia :	Qui, encore couché dans ses langes, Observa les jeûnes prescrits,
A papillis cœpit summa Promereri gaudia.	En s'abstenant du sein de sa nourrice, Et commença à mériter, dans un âge si tendre, Les joies suprêmes du ciel.
Adolescens amplexatur Literarum studia.	Dans son adolescence, il embrasse L'étude des lettres.
Alienus et immunis Ab omni lascivia.	Il est pur et étranger A la luxure.
Fœlix confessor, Cujus fuit dignitatis Vox de cœlo muncia.	Heureux confesseur Dont une voix du ciel Révéla la dignité,
Per quam provectus, Præsulatus sublimatur Ad summa fastigia.	Par laquelle il fut élevé A l'épiscopat Et au plus haut faîte des honneurs.
Erat in ejus animo Pietas eximia : Et oppressis impendebat Multa beneficia.	Il y avait en son ame Une miséricorde infinie, Et il versait dans le sein des pauvres De nombreux bienfaits.
Auro per eum, virginum Tollitur infamia : Atque patris earumdem Levatur inopia.	C'est par l'or qu'il donne, Que des jeunes filles sont arrachées à l'infamie, Et que l'indigence de leur père Est soulagée.
Quidam nautæ navigantes, Et contra fluctuum Sævitiam luctantes, Navi pene dissoluta.	Des matelots en voyage Luttaient contre La fureur des flots Qui avaient presque rompu leur nef.
Jam de vita desperantes, In tanto positi Periculo, clamantes Voce dicunt omnes una :	Déjà, au milieu d'un si grand péril, Il désespéraient de leur vie; Ils crient à pleine voix Et disent tous ensemble :
O beate Nicolae, Nos ad maris portum trahe De mortis angustia.	« O bienheureux Nicolas, Tire notre nef et nous dans un port de mer, Tire-nous de l'angoisse de la mort.
Trahe nos ad portum maris, Tu qui tot auxiliaris Pietatis gratia.	« Mène notre nef dans un port, Toi qui as tant de fois secouru les hommes Par la grâce de ta miséricorde. »

Dum clamarent, nec incassum,
Ecce quidam, dicens : Assum
Ad vestra præsidia.

Pendant qu'ils criaient, et non en
vain,
Voici quelqu'un qui se présente,
Disant : « Me voici, j'accours
A votre aide. »

Statim aura datur grata :
Et tempestas fit sedata,
Quieverunt maria..

Aussitôt un vent doux et propice
souffle,
La tempête s'apaise
Et la mer devient calme.

Ex ipsius tumba manat
Unctionis copia :

De sa tombe découle
Une huile abondante,

Quæ infirmos omnes sanat
Per ejus suffragia.

Qui guérit tous les infirmes,
Grâce à ses prières.

Nos, qui sumus in hoc mundo,
Vitiorum in profundo
Jam passi naufragia :

Pour nous, qui sommes en ce mon‐
de,
Dans l'abîme profond des vices,
Et qui avons déjà essuyé des naufrages,

Gloriose Nicolae
Ad salutis portum trahe,
Ubi pax et gloria.

O glorieux Nicolas,
Conduis-nous au port du salut,
Où l'on trouve paix et gloire.

Ipsam nobis unctionem
Impetres a Domino
Prece pia :

Obtiens-nous cette huile
Du Seigneur,
Par tes miséricordieuses prières,

Quæ sanavit læsionem
Multorum peccaminum
In Maria.

Cette huile qui a guéri les blessures
De beaucoup de péchés
Dans la personne de Marie-Magdeleine.

Hujus festum celebrantes,
Gaudeant per secula.

Que ceux qui célèbrent la fête de Ni‐
colas
Se réjouissent dans les siècles des siècles.

Et coronet eos Christus
Post vitæ curricula.

Et que le Christ les couronne,
Après qu'ils auront fourni la carrière
de la vie.

Amen.

Amen.

NOTES.

STROPHES 3 ET 4.

Il ne prenait le sein de sa mère qu'une fois le mercredi et une fois le vendredi, dit la *Légende d'Or.*

STROPHE 10.

« Un des voisins de Nicolas avait trois filles vierges ; il était noble, mais fort pauvre, et la misère allait forcer ses filles à s'abandonner au péché, afin que du produit de leur infamie elles fussent soutenues et nourries. Ce qu'ayant appris le saint homme, il eut horreur de cette félonie, et il jeta secrètement la nuit dans la maison de ce malheureux père une grosse somme en or pliée dans un linge. Lorsqu'il se leva le matin, il trouva cet or ; il en rendit grâce à Dieu, et il maria sa fille aînée ; et quelque temps après le serviteur de Dieu en fit autant une seconde fois. Et alors le père voulut savoir qui est-ce qui venait ainsi à son aide. Et peu de jours après, Nicolas doubla la somme et la jeta chez son voisin ; au bruit qu'elle fit en tombant, celui-ci s'éveilla et il courut après Nicolas qui s'enfuyait, et il lui disait : Maître, ne t'enfuis pas ainsi, que je te voie. » Et il courut encore plus vite, et il reconnut Nicolas. Et alors, s'agenouillant en terre, il voulut lui baiser les pieds ; mais Nicolas nia et exigea de lui que de toute sa vie il ne parlerait de ceci. — *Légende d'Or.*

STROPHES 11 A 16 INCLUSIVEMENT.

Voir la Légende d'Or, d'où Adam a emprunté les termes mêmes de son récit.

Nous donnons ici le texte de deux autres proses de saint Nicolas dont les auteurs ne sont pas connus.

I.

Plebs fidelis jocundetur :
Et ab ea veneretur
Præsulis memoria

Nicolai : cujus vita
Mundo fuit inaudita :
Odit transitoria.

Vir præclarus abstinendo
Docet, antequam loquendo,
Quam Deus mirabilis.

Quarta die hic et sexta .
Semel suxit hora certa,
Jacens in cunabulis.

Est præclarum et insigne,
Castitatis ustus igne
Quod per auri copiam

Opprobrium puellarum
Tulit, et patris earum
Exemit inopiam.

De supernis voce lapsa,
Tandem ei est commissa
Præsulatus dignitas.

Quem virtutum tot honore,
Perornavit miro more
Divina clementia.

Ergo, sancte pater, audi
Nicolae tuæ laudi
Astantes : et impetra,

Ut qui fecit te beatum,
Nobis præbeat ducatum
Ubi pax et gaudium.
Amen.

II.

Sospitati dedit ægros
Olei perfusio.

Nicolaus naufragantum
Affuit præsidio.

Relevavit a defunctis,
Defunctum in bivio.

Baptizatur auri viso
Judeus indicio.

Vas in mari mersum, patri
Redditur cum filio.

O quam probat sanctum Dei
Farris augmentatio.

Ergo laudes Nicolao
Concinat hæc concio.

Nam qui corde poscit illum,
Propulsato vitio :
Sospes regreditur.

Amen.

NOTES.

STROPHES 3 et 4.

Un homme avait emprunté à un juif une somme d'argent, et il jura, sur l'autel du glorieux saint Nicolas, qu'il la rendrait aussitôt qu'il pourrait ; et il la garda fort longtemps, et le juif la lui redemanda ; et l'homme dit qu'il l'avait rendue. Alors le juif le cita devant les juges, et le débiteur fut appelé à prêter serment. Il avait mis cette somme dans un bâton creux sur lequel il s'appuyait ; et quand il fut sommé de jurer, il demanda au juif de tenir son bâton, et il prêta serment qu'il avait rendu plus qu'il ne lui avait été prêté ; et quand il eut fait le serment, il redemanda son bâton, et le juif, qui ne savait pas la ruse dont il s'était servi, le lui rendit, et alors celui qui avait fait cette fraude s'en alla, et le sommeil le prit et il s'endormit dans un carrefour. Il passa un chariot qui le tua et brisa le bâton, et l'or se répandit par terre. Le juif apprit cela; il vint tout ému et il vit la fraude. Et ceux qui étaient là lui disaient de reprendre l'or; mais il s'y refusa, disant qu'il ne le ferait point, à moins que le mort ne revînt au monde par les mérites de saint Nicolas; et que, s'il ressuscitait, il se ferait, lui, baptiser. Et alors celui qui était mort ressuscita, et le juif fut baptisé au nom de Jésus-Christ. — *Légende d'Or.*

STROPHE 5.

Un homme pria saint Nicolas d'obtenir pour lui de notre Seigneur la grâce d'avoir un fils, et il promit au saint qu'il lui offrirait une coupe d'or et qu'il mènerait l'enfant à son église. Et quand l'enfant fut né et qu'il eut grandi, le père commanda la coupe d'or, et quand elle fut faite, il la trouva tellement de son goût qu'il la garda et qu'il en fit faire une autre; et, comme ils allaient par mer à l'église de Saint-Nicolas, le père commanda à son fils d'apporter de l'eau dans la première des deux coupes. L'enfant, en voulant puiser de l'eau, tomba dans la mer et il disparut aussitôt, et le père se livra au désespoir. Et quand il fut arrivé à l'église de saint Nicolas, il offrit la seconde coupe qui tomba comme si on l'eût poussée de dessus l'autel. Il la releva et la replaça sur l'autel, et elle fut jetée encore plus loin. Et il la releva de nouveau, et pour la troisième fois elle fut jetée encore plus loin. Et tous s'étonnèrent et vinrent voir pareille chose. Et alors l'enfant vint sain et sauf, et il apporta en ses mains la première coupe, et il raconta devant tous que, lorsqu'il tomba dans la mer, le bon saint Nicolas le préserva de tout mal; et son père fut bien content, et il offrit à saint Nicolas l'une et l'autre coupe. — *Ibid.*

STROPHE 6.

Il fut un temps où la province où était saint Nicolas souffrit d'une extrême famine, et tous manquaient de nourriture. Alors l'homme de Dieu apprit que des navires chargés de froment étaient arrivés au port; il y alla, et il demanda aux mariniers de soulager le peuple qui mourait de faim, en donnant de chaque nef au moins cent muids de froment. Et ils lui répondirent : « Seigneur, nous n'oserions, car le grain a été mesuré à Alexandrie, et il faut que nous rendions aux greniers de l'empereur la quantité qui nous a été livrée. » Et le saint leur dit : « Faites ce que je vous dis, et je vous promets que par la grâce de Dieu il n'y aura aucune diminution, lorsque vous aurez à rendre vos cargaisons aux greniers de l'empereur. » Ils lui donnèrent du blé, et quand ils déchargèrent leurs cargaisons, il se trouva exactement la même quantité qu'ils avaient reçue à Alexandrie. Et alors ils racontèrent le miracle aux ministres de l'empereur, et ils louèrent Dieu et son serviteur. — *Ibid.*

Saint Nicolas, évêque de Myre en Lycie, vivait au commencement du IVe siècle. Son nom est célèbre dans l'Eglise. Il est fait mention de ce saint prélat dans la liturgie attribuée à saint Chrysostôme, et la mention de l'huile miraculeuse qui sortait du tombeau de ce saint, se trouve confirmée dans une *Novelle* de l'empereur Emmanuel, rapportée par Balsamon. La vie de saint Nicolas a été écrite par Methodius, et son panégyrique composé par André de Crète : Métaphraste (1) parle très au long de saint Nicolas. Son culte se trouve établi dans l'Eglise d'Orient au VIᵉ siècle : on n'a point de preuve qu'il ait été connu de si bonne heure en Occident ; le premier martyrologe où on le trouve est celui de Vandalbert, moine de Prüm (2), (*Prusse Rhénane*), qui florissait sous Charles-le-Chauve (IXᵉ *siècle*) ; mais ce moine n'a fait que copier des martyrologes latins plus anciens que lui. Le culte de saint Nicolas est devenu depuis fort célèbre dans l'Eglise latine, et surtout chez les Russes (*Grecs schismatiques*).

De Tillemont (3), Baillet (4) et autres critiques de même trempe ont relégué, de leur autorité privée, saint Nicolas au nombre des saints inconnus et ont traité de fable tout ce que Métaphraste en a écrit. Ils ont nié entre autres qu'il ait vécu sous Constantin et qu'il ait assisté au Concile de Nicée. Cependant Eustratius, prêtre de la grande église de Constantinople, qui vivait au milieu du VIᵉ siècle, peu après le Vᵉ Concile général, rapporte dans un des ouvrages que nous avons encore à la fin du traité de Léon Allatius *De utriusque Ecclesiæ,* etc., *De purgatorio consensione,* et dans le P. Combefis, *Bibl. concionat.* (au 2 novembre) ; il rapporte, disons-nous, un extrait d'une vie de saint Nicolas, écrite au plus tard dans le Vᵉ siècle, qui fait voir que ce saint évêque de Myre vivait du temps de Constantin. Or, saint Nicolas ayant vécu sous Constantin, il n'est pas difficile d'en conclure qu'il a assisté au Concile de Nicée. Ce qui a fait dire le contraire, c'est que le nom de ce prélat ne se trouve pas dans les différentes éditions du Catalogue latin que nous avons des Pères de ce Concile. Mais comme le prouve sans réplique le Père Lequien (5), ce Catalogue est très-imparfait, puisque de trois cent dix-huit évêques qui composaient cette sainte assemblée, on n'y en trouve guère que deux cents. Jean Selden a publié dans ses notes sur un ouvrage d'Eutychius d'Alexandrie (6), *De l'Origine de son Eglise,* un autre catalogue arabe où on lit parmi les prélats qui ont assisté au Concile de Nicée, *Nicolaus el Mirdan,* ce qui ressemble assez à *Nicolaus Myroum,* ou *Myrorum.* Il paraît que dès le XIIIᵉ siècle, et peut-être même avant, on avait soulevé l'objection à laquelle nous venons de répondre, puisque Jacques de Voragine, évêque de Gênes, le compilateur de la *Légende d'Or,* dit en termes exprès : « On lit dans une chronique que saint Nicolas fut au Concile de Nicée. »

Il parut en 1745 une monographie du saint évêque de Myre ; elle est due à la plume et à l'érudition de D. Joseph de l'Isle, prieur titulaire d'Hareville, ordre de saint Benoît (7). Cet ouvrage (*in-12*) est dédié au roi Stanislas de Pologne, duc de Lorraine, etc. Après la préface on trouve un discours préliminaire sur la vie du saint, dans lequel l'auteur parle des biographes de saint Nicolas, et en particulier de Siméon Métaphraste dont il détaille les actions et dont il fait l'apologie en général, et en particulier pour la vie qu'il a écrite de saint Nicolas. Vient la vie du saint, où D. Joseph suit en grande partie le récit de Méta-

(1) Apud Surium, ad diem 6 decemb.
(2) Apud d'Achery, *Spicil.,* t. 5 de l'édition in-4°.
(3) *Mémoires pour servir à l'Histoire de l'Eglise,* etc., t. 6.
(4) *Vies des Saints.*
(5) *Dissert. sur S. Nicolas, évêque de Myre,* dans les Mém. de litt. recueillis par le P. Desmolets, t. 6, part. 1, p. 106.
(6) Eutychii *Eccles. Alexandrin. Origines,* arabice et latine interprete et commentatore J. Seldeno ; Londini, 1642, in-4°.
(7) Elle a pour titre *Histoire de la vie, du culte, de la translation des Reliques, et des Miracles de S. Nicolas, évêque de Myre en Lycie.*

phraste. Cette vie est divisée en quatre livres; on y trouve dans un grand détail les miracles du saint, l'histoire de la translation de ses reliques et l'histoire particulière de la fondation de Saint-Nicolas-du-Port en Lorraine, lieu célèbre par les reliques de saint Nicolas et par le concours annuel des pèlerins. Enfin, cet intéressant ouvrage est terminé par un recueil de pièces servant de preuves, parmi lesquelles on trouve six hymnes à saint Nicolas : une du XIII° siècle; une autre d'Alphanus, évêque de Salerne, de la fin du XI° siècle, et les quatre dernières de Santeul.

Outre cet ouvrage, nous mentionnerons encore les deux suivants :

1° *Istoria della vita, miracoli, translatione, e gloria di san Nicolo il magno, arcivesc. di Mira, patrono et protettore della città di Bari, dal P. Ant. Beatillo Gies.* 1642, in-4°; 1645 et 1672, *id.*

2° *De actis divini Nicolai, ut sinceris ac genuinis ex vaticano codice exscriptis, ac nuper vulgatis, historico-critica dissertatio. Auctore Ludovico Sabatino de Anfora.* 1754, in-4°.

Vace, l'auteur des romans de *Brut* et de *Rou*, a consacré à saint Nicolas un poème en rimes anglo-saxonnes.

XVII.

PROSE DE SAINTE GENEVIÈVE, VIERGE.

Genovefæ solennitas,
Solenne parit gaudium :

La fête solennelle de Geneviève
Produit une joie solennelle.

Cordis erumpat puritas,
In laudis sacrificium.

Que la pureté du cœur
Forme pour elle un sacrifice de louanges.

Fœlix ortus infantulæ,
Teste Germano præsule :

La naissance de cette petite enfant
fut un bonheur,
D'après le témoignage de l'évêque Germain.

Quod prævidit in spiritu,
Rerum probatur exitu.

L'avenir confirma plus tard
Ce qu'il vit en esprit.

Hic ad pectus virgineum,
Pro pudoris signaculo,

Ce prélat, sur le cœur de la vierge,
Comme pour marquer le sceau de sa virginité,

Nummum suspendit æneum,
Insignem crucis titulo.

Suspendit une médaille de bronze
Portant l'empreinte de la croix.

Genovefam, divinitus
Oblato dotat munere,

Il dote Geneviève
De ce présent céleste.

In templum sancti Spiritus,
Sub Christi dicans fœdere :

Il la consacre épouse du Christ
Et temple vivant de l'Esprit saint.

Insontem manu feriens
Mater privatur lumine,

Sa mère ayant frappé l'innocente Geneviève,
Perd aussitôt la vue.

Matri virgo compatiens,
Lucis dat usum pristinæ.

La vierge compatissante
Rend à sa mère l'usage de ses yeux.

Genovefa magnanimis
Carnem frangit jejunio,
Terramque rigans lachrymis,
Jugi gaudet martyrio.

La magnanime Geneviève
Réduit sa chair par le jeûne,
Et le visage couvert de larmes,
Elle se réjouit de son continuel martyre.

Cœlesti duce prævio,
Cœlos lustrat et tartara :
Civesque precum studio
Servat a gente barbara.

Guidée par un guide céleste,
Elle parcourt le ciel et l'enfer,
Et, par le zèle de ses prières,
Préserve ses concitoyens des attaques
    des Barbares.

Divino diu munere,
Sitim levat artificum :
Contractum casu, miseræ
Matri resignat unicum.

Longtemps par un céleste don
Elle apaise la soif des ouvriers,
Elle rend à une malheureuse mère
Son fils unique brisé par une chute.

Ad primam precem virginis
Contremiscunt dæmonia,
Pax datur energumenis,
Spes ægris, reis venia.

Aux premières prières de la vierge,
L'enfer tremble,
La paix est rendue aux énergumènes,
L'espérance aux malades, aux coupa-
    bles le pardon.

In ejus manu, cærei
Reaccenduntur cœlitus :
Per hanc, insignis alvei
Redit amnis coercitus.

Dans sa main les cierges
Se rallument au feu du ciel,
Elle fait rentrer dans son lit
Un fleuve célèbre débordé.

Ignem sacrum refrigerat,
Post mortem vivens meritis :

Elle rafraîchit le feu sacré;
Après sa mort, vivant encore par ses
    mérites,

Quæ prius in se vicerat,
Æstus interni fomitis,

Elle qui avait étouffé en elle
L'ardeur du foyer intérieur,

Morti, morbis, dæmonibus
Et elementis imperat.

Elle commande en maître à la mort,
Aux démons et aux éléments.

Sic Genovefa precibus
Naturæ leges superat.

Ainsi Geneviève par ses prières
Est supérieure aux lois de la nature.

Operatur in parvulis,
Christi virtus magnalia.

Elle opère de grandes choses dans les
    petits enfants,
La vertu du Christ.

Christo pro tot miraculis,
Laus frequens, jugis gloria.
Amen.

Louange éternelle, gloire incessante
Soient au Christ pour tant de miracles.
Amen.

NOTES.

STROPHES 3 et 4.

« Quibus (parentibus sanctæ Genovefæ), ait sanctus Germanus, felices vos tam venerandæ sobolis genitores! In hujus nativitate magno gaudio et exultatione celebratum mysterium in cœlo noveritis ab angelis, erit enim hæc magna coram Domino; et multi ejus vitam propositumque sanctum mirantes, declinabunt a malo et ab improba atque impudica vita conversi ad Dominum, remissionem peccatorum, et præmia vitæ a Christo percepturi erunt. » — Cap. IV, *Vita sanctæ Genovefæ*, scripta per Genesium presbyterum. (Ce Génésius, directeur de notre sainte, écrivit sa biographie dix-huit ans après sa mort.)

STROPHES 5 A 8 INCLUSIVEMENT.

« Cui (sanctæ Genovefæ) sanctus Germanus nummum æreum, Dei nutu allatum, habentem signum crucis, a tellure colligens, pro magno munere dedit, inquiens ad eam : Hunc transforatum pro memoria mei a collo suspensum semper habeto; nulliusque metalli, neque auri, ne-

que argenti, seu quarumlibet margaritarum ornamento, collum saltem
digitosque tuos onerari patiaris. Nam si seculi hujus vel exiguus decor
tuam superaverit mentem, etiam æternis et cœlestibus ornamentis care-
bis. » — Cap. viii, *ibid*.

STROPHE 9.

« Factum est autem post dies aliquot, cum mater ejus die solemni ad
ecclesiam pergeret, et Genovefam quam domi remanere præceperat,
nequaquam posset abigere clamantem sibi cum lacrimis et dicentem :
Ego fidem, quam sancto Germano pollicita sum, sollicite servabo, et
ecclesiæ limina frequentabo, ut sponsa Christi esse merear sicut ipse
mihi beatissimus confessor repromisit; illico mater ejus felle commota,
ut filiæ alapam dedit, statim oculorum percussa est cæcitate. Tribus
namque mensibus minus a biennio, nutu divinæ majestatis, ad mani-
festandam gratiam Genovefæ hanc perpessa est cæcitatem.» — Cap. ix,
ibid.

STROPHE 10.

« Tandem aliquando mater ejus recordata quale olim sanctus Germanus filiæ dederit testimonium, vocans eam ad se, ait ei : Obsecro te,
filia mi, accipe hauritorium et properans perge ad puteum, ut exhibeas
mihi aquam. Cumque festinanter isset ad puteum, et super marginem
putei fleret, eo quod mater ejus propter eam visu privata sit, impleto
vasculo, aquam detulit matri. Mater vero ejus elevans manus ad cœlum cum fide et veneratione, aquam a filia sua allatam, insuper ipsa
suspirantes, ab ea crucis virtute signatam accepit. De qua fomentans
sibi oculos, paululum videre cœpit. Cumque hoc bis terque fecisset,
lumen amissum integre recepit. » — Cap. x, *ibid*.

STROPHE 12, VERS 1 ET 2.

« ... profitebatur ductam se esse in spiritu ab angelo in requiem jus-
torum et supplicium impiorum, et ibi se vidisse præparata diligentibus
Deum præmia, quæ incredibilia apud infideles habebantur...» — Cap. xii,
ibid.

VERS 3 ET 4.

Voyez chap. xiv et xv de la Vie de sainte Geneviève, précitée. *Gens
barbara*, ce sont les Huns, sous la conduite du terrible Attila dont on
craignait l'invasion à Paris.

STROPHE 13, VERS 1 ET 2.

Allusion à un miracle que sainte Geneviève opéra en faveur des ouvriers qui travaillaient à construire une église en l'honneur de saint
Denys, à Saint-Denys même : ... « Contigit ut potus deficeret, et Genovefæ erat incognitum quod potus deesset. Tunc cœpit Genesius presbyter
suadere Genovefæ ut opifices cohortaretur, quousque ille ad civitatem
pergeret potumque velociter exhiberet. His auditis, Genovefa vas in
quo potus ante delatus fuerat, deferri sibi jubet, quod cuppam nuncu-
pant. Quo sibi allato, ... genibus in terra positis, lacrimas fundens, ubi
sensit se obtinuisse quod precabatur, surgens, oratione completa, signum crucis super vas poculi fecit. Mirabile dictu! Statim cuppa usque

ad summum poculo impleta est; et ex eo, qui ad operandum acciti fuerant, quamdiu omne opus basilicæ consummatum est, uberrime potantes, maximas Deo gratias retulerunt. » — Cap. XXI, *ibid.*

VERS 2 ET 3.

Voyez chap. XXXI.

STROPHE 14.

Chap. XXIX.

STROPHE 15, VERS 1 ET 2.

Chap. XXII.

VÉRS 2 ET 3.

Voyez *Miracula sanctæ Genovefæ post mortem* apud Bolland. *Insignis amnis*, c'ést la Seine. Ce miracle arriva au IXᵉ siècle.

STROPHES 16 ET 17.

Voyez l'histoire du *Miracle des Ardents,* par un auteur contemporain des faits, sous Louis-le-Gros, au XIIᵉ siècle. — Pour tous ces faits et d'autres, consulter le travail de l'abbé Saintyves, qui a pour titre : *Vie de sainte Geneviève,* etc., un vol. in-8°. Paris, 1846.

XVIII.

PROSE DE SAINTE AGNÈS.

Animemur ad agonem, Recolentes passionem Gloriosæ virginis.	Que le souvenir du martyre De la glorieuse vierge Agnès Nous anime au combat.
Contrectantes sacrum florem Respiremus ad odorem Respersæ dulcedinis:	Cueillons cette sainte fleur, Respirons l'odeur Qu'exhâle son doux parfum.
Pulchra, prudens et illustris, Jam duobus Agnes lustris Addebat triennium.	Belle, prudente et illustre était Agnès; Déjà elle joignait à deux lustres Le nombre de trois années.
Proles amat hanc præfecti : Sed ad ejus virgo flecti Respuit arbitrium.	Le fils du préfet l'aime, Mais il ne peut fléchir L'inclination de la vierge à son amour.
Mira vis fidei, Mira virginitas, Mira virginei Cordis integritas.	Admirable force de la foi, Merveilleuse chasteté, Ineffable intégrité D'un cœur de vierge.
Sic Dei filius Nutu mirabili : Se mirabilius Prodit in fragili.	C'est ainsi que le fils de Dieu, Par une volonté admirable, Se montre plus admirablement encore Dans une frêle créature.
Languet amans, cubat lecto : Languor notus fit præfecto, Maturat remedia.	L'amant d'Agnès languit, il se met au lit : La cause de cette langueur est révélée au préfet, Et il y cherche de prompts remèdes.

Offert multa, spondet plura,
Periturus peritura :
Sed vilescunt omnia.

Il offre beaucoup, il promet encore
plus,
Cet homme mortel, riche des biens
périssables :
Mais tout paraît vil aux yeux d'Agnès.

Nudam prostituit
Præses flagitiis :
Quam Christus induit
Comarum fimbriis
Stolaque cœlesti.

Le préfet la fait exposer nue
Aux désirs des libertins;
Mais le Christ la voile
De ses cheveux comme de franges,
Et lui donne la robe des cieux.

Cœlestis nuncius
Assistit propius :
Cella libidinis
Fit locus luminis,
Turbantur incesti.

Un messager céleste
Descend et veille près d'elle :
Le lieu de débauche
Devient un lieu éclatant de lumière,
Les débauchés sont troublés.

Cæcus amans indignatur
Et irrumpens præfocatur,
A maligno spiritu.

L'aveugle amant s'indigne,
Et, étant accouru en ce lieu, il tombe
sans voix,
Suffoqué par le malin esprit.

Luget pater, lugent cuncti :
Roma flevit pro defuncti
Juvenis interitu.

Le père pleure, tous pleurent :
Rome pleura sur le défunt
Et sur la triste mort d'un jeune homme.

Suscitatur ab Agnete,
Turba fremit indiscrete :
Rogum parant virgini.

Il est ressuscité par Agnès;
La foule pleine de folie frémit à cette
vue,
Elle dresse un bûcher à la vierge.

Rogus ardens reos urit;
In furentes flamma furit,
Dans honorem numini.

Le bûcher dévore ceux qui l'ont al-
lumé ;
La flamme s'élance furieuse sur ces furieux,
Rendant ainsi honneur à la puissance
divine.

Grates agens Salvatori
Guttur offert hæc lictori,
Nec ad horam timet mori,
Puritatis conscia.

Agnès rend grâces au Sauveur,
Elle offre sa gorge au bourreau,
Et ne redoute pas de mourir sur l'heure,
Forte de la pureté de sa conscience.

Agnes, agni salutaris
Stans ad dexteram, gloriaris,
Et parentes consolaris
Invitans ad gaudia.

Agnès, assise à la droite
De l'Agneau du salut, tu es dans la
gloire,
Et tu consoles tes frères de la terre
En les invitant à partager ton triomphe.

Ne te flerent ut defunctam
Jam cœlesti sponso junctam :
His sub agni forma suam
Revelavit, atque tuam
Virginalem gloriam.

Tu dis à tes parents de ne pas pleurer
ta mort,
Et que tu es déjà unie au céleste époux :
C'est sous le symbole d'un agneau
Que Dieu leur révèle sa gloire
Et celle de ta virginité.

Nos ab agno salutari
Non permitte separari,
Cui te totam consecrasti,
Cujus ope tu curasti
Nobilem Constantiam.

Pour nous, ne permets pas
Qu'on nous sépare de l'Agneau sauveur,
A qui tu t'es tout entière consacrée,
Par le pouvoir duquel tu as guéri
La noble Constance.

Vas electum, vas honoris,
Incorrupti flos odoris
Angelorum grata choris :
Honestatis et pudoris
Formam præbes seculo.

Vase d'élection, vase d'honneur,
Fleur dont le parfum est incorruptible,
Aimable aux chœurs des anges,
Accorde au monde
L'honneur et la pudeur.

Palma fruens triumphali,
Flore vernans virginali :
Nos indignos speciali,
Fac sanctorum generali
Vel subscribi titulo.
Amen.

Toi qui jouis de la palme triomphale,
Toi qui en ton printemps as produit la
fleur virginale,
Fais-nous participer, sinon à la couronne spéciale des saints, dont nous
sommes indignes,
Du moins à celle que tous porteront, et
inscris-nous sur le livre de vie, à
ce titre.
Amen.

NOTES.

STROPHE 9.

Voir ce que nous avons dit sur cette strophe dans notre notice sur Adam de Saint-Victor.

STROPHES 16 et 17.

« Et comme les parents d'Agnès veillaient auprès de son tombeau le huitième jour après sa mort, ils virent une réunion de vierges vêtues de vêtements dorés, entre lesquelles ils reconnurent la bienheureuse Agnès vêtue de semblables vêtements ; et un agneau plus blanc que la neige était à sa droite, et elle dit : Regardez, ne me pleurez pas comme si j'étais morte ; mais réjouissez-vous avec moi, car j'ai ob-tenu une place éclatante avec ces vierges du Seigneur. Et, à cause de cette vision, on célèbre une seconde fête de sainte Agnès. » *Légende d'Or*.

L'agneau dont parle la Légende d'Or, d'après saint Ambroise (*Ser-mo* 90), et qui fut vu à la droite de sainte Agnès, représentait à la fois Jésus-Christ, la chasteté de cette vierge et une allusion à son pro-pre nom, *Agnes ab Agno*.

STROPHE 18, VERS 4 ET 5.

« Constance, fille de Constantin, était malade d'une très-forte lèpre, et, quand elle apprit cette vision, elle s'en alla au tombeau de sainte Agnès ; et, tandis qu'elle était en oraison, elle s'endormit, et sainte Agnès lui apparut et lui dit : « Constance, si tu agis sagement, tu croiras en notre Seigneur, et tu seras aussitôt guérie. » Et sur cette parole elle s'é-veilla, et alors elle se sentit parfaitement guérie ; et elle reçut le bap-tême, et elle fit construire une église à l'endroit où reposait le corps de la vierge martyre, et elle s'y consacra à la virginité, et elle réunit au-près d'elle beaucoup de vierges par son exemple. » *Légende d'Or*.

Prudence a consacré son hymne xive à sainte Agnès, et saint Ambroise en parle dans son *Livre des Vierges* (1) : « Celle-ci, dit saint Ambroise de sainte Agnès, reçoit les louanges des vieux et des jeunes et des enfants. Nul n'est plus à louer que ceux qui peuvent être loués des hommes. Et vous tous qui entendez prêcher ces choses-là et son martyre, émer-veillez-vous de ce que vous êtes témoins de choses où paraît si bien la

(1) Lib. 1, cap. 2. — Voyez aussi S. Jérôme, *Epist. ad Demetriad.* — S. Au-gustin, sermons 273 et 354. — Bolland, *april.* — D. Ruinart : *Acta Martyrum sincera.*

grâce de Dieu. La sainte marcha au supplice avec la joie d'une épousée qui va vers son époux ; et, quoiqu'elle n'eût pas l'âge de subir le supplice, elle reçut la couronne du martyre, qui lui donna place parmi les anges, le courage dont elle était animée pour le Sauveur suppléant à la faiblesse de l'âge. »

XIX.

PROSE DE SAINT VINCENT.

Ecce dies præoptata,
Dies fœlix, dies grata,
Dies digna gaudio.

Voici le jour tant souhaité,
Le jour heureux, le jour agréable,
Le jour digne de joie.

Nos hanc diem veneremur,
Et pugnantem admiremur
Christum in Vincentio.

Pour nous, vénérons ce jour,
Et admirons le Christ qui combat
Dans la personne de Vincent.

Ortu, fide, sanctitate,
Sensu, verbo, dignitate
Clarus, et officio.

Il fut illustre par sa naissance,
Sa foi, sa sainteté, ses sentiments,
Son éloquence, sa dignité et sa charge.

Hic arcem diaconi
Sub patris Valerii
Regebat imperio.

Il remplissait l'office de diacre
Sous le pontificat de Valère,
Père commun des fidèles.

Linguæ præsul impeditæ
Deo vacat, et levitæ
Verbi dat officia.

Son évêque s'exprimant avec difficulté,
Il vaque au service de Dieu
Et remplit les fonctions de ministre de la parole.

Cujus linguam sermo rectus,
Duplex quoque simplex pectus
Exornat scientia.

Un langage droit et juste
Enrichit sa langue, et une double
Science orne son cœur simple.

Dumque fidem docet sanam
Plebem Cæsaraugustanam
Comitante gratia :

Tandis qu'il enseigne la foi la plus saine
Au peuple de Taragone,
Et que la grâce l'accompagne,

Sævit in Ecclesiam
Zelans idolatriam
Præsidis invidia.

La haine du gouverneur
Sévit contre l'Eglise,
En favorisant l'idolâtrie.

Post auditam fidei constantiam,
Jubet ambos pertrahi Valentiam
Sub catenis.

Après avoir entendu la foi confessée avec constance,
Le gouverneur ordonne que le pontife et le diacre soient traînés à Valence,
Chargés de chaînes.

Nec juveni parcitur egregio,
Nec ætas attenditur ab impio
Sancti senis.

L'impie n'épargne pas l'illustre jeune homme,
Et n'a pas égard à l'âge
Du saint vieillard.

Fessos ex itinere,
Pressos ferri pondere
Tetro claudit carcere,
Negans victualia.

Fatigués par le voyage,
Accablés sous le poids de leurs chaînes,
On les jette dans un noir cachot,
Et on les prive de nourriture.

Sic pro posse nocuit,
Nec pro voto potuit :
Quia suos aluit
Christi providentia.

L'impie leur nuit autant qu'il peut,
Mais ne réussit pas au gré de ses désirs,
Car le Christ, par sa providence,
Nourrit ses fidèles serviteurs.

Seniorem relegat exilio :
Juniorem reservat supplicio
Præses acerbiori.

Le préfet relègue en exil le vieillard,
Réservant le jeune homme
A de plus cruels supplices.

Equuleum perpessus et ungulam
Vincentius : conscendit craticulam
Spiritu fortiori.

Il supporte la torture du chevalet et
des ongles de fer.
Puis, rempli de l'esprit de force,
Il monte sur un gril embrasé.

Dum torretur non terretur,
Christum magis confitetur,
Nec tyrannum reveretur,
In ejus præsentia.

Tandis que le feu le dévore,
Il n'est pas effrayé,
Il n'en confesse le Christ qu'avec plus
d'ardeur,
Et la présence du tyran ne lui en im-
pose pas.

Ardet vultus inhumanus ;
Hæret lingua, tremit manus ;
Nec se capit Datianus
Præ cordis insania.

Le cruel visage de Datien est animé
par la fureur ;
Sa voix est entrecoupée, ses mains
tremblent ;
Il ne se possède plus,
Tant son cœur est plein d'une rage insensée.

Inde specu martyr retruditur
Et testulis fixus illiditur :
Multa tamen hic luce fruitur
Ab angelis visitatus.

Ensuite le martyr est rejeté dans un
cachot,
Et couché sur des débris de vases cas-
sés qui le déchirent ;
Pourtant il y jouit d'une céleste lumière,
Et est visité par les anges.

In lectulo tandem repositus,
Ad superos transit emeritus ;
Sicque suo triumphans spiritus
Est principi præsentatus.

Enfin, couché dans un lit moelleux,
Plein de mérites il vole aux cieux,
Et son ame triomphante est présentée
A son prince.

Non communi sinit jure
Virum tradi sepulturæ :
Legi simul et naturæ
Vim facit malitia.

Le tyran ne permet pas
Que le martyr soit livré à la sépulture
D'après le droit commun ; sa cruauté fait
Violence à la loi et à la nature.

In defunctum judex sævit :
Hinc defuncto laus accrevit.
Nam quo vesci consuevit,
Reformidat bestia.

Le juge étend sa barbarie jusque
sur le mort ;
Mais la gloire du martyr y gagne,
Car l'animal s'éloigne avec crainte
De ce qu'il a coutume de dévorer.

En cadaver inhumatum
Corvus servat illibatum :
Sicque sua sceleratum
Frustratur intentio.

Le corbeau vorace laisse intact
Le corps sans sépulture du martyr,
Et l'impie gouverneur
Est ainsi trompé dans son attente.

At prophanus Datianus
Quod consumi nequit humi,
Vult abscondi sub profundi
Gurgitis silentio.

Mais l'infâme Datien, voyant
Que ce corps ne peut être anéanti
Sur la terre, veut l'ensevelir
Dans le silence de l'abîme profond.

Nec tenetur a molari,
Nec celari potest mari,
Quem nunc laude singulari
Venerari voto pari
Satagit Ecclesia.

Ni le poids de la meule,
Ni le gouffre de la mer,
Ne peuvent cacher celui que l'Eglise
s'applique maintenant à honorer
Par des louanges spéciales et à qui elle
Adresse aussi des vœux particuliers.

Ustulatum corpus igne :
Terra, mari fit insigne.
Nobis Jesu da benigne,
Ut cum sanctis te condigne
Laudemus in patria.
Amen.

Son corps, consumé par le feu,
Est glorifié sur terre comme sur mer.
Bon Jésus, accorde-nous de te louer
Dignement avec les saints,
Dans la patrie.
Amen.

NOTES.

STROPHE 18.

Après avoir épuisé sur saint Vincent les plus horribles tortures, Datien, plein de rage, dit : « Que lui ferons-nous de plus? Nous sommes vaincus! Qu'il soit donc porté en un lit, et qu'il repose dans des draps très-moelleux, afin qu'il ne soit plus glorifié; il pourrait bien mourir dans ces tourments et nous échapper. Mais, lorsqu'il aura repris des forces, nous le soumettrons à de nouveaux supplices. » Et quand Vincent eut été porté en un lit et qu'il eut reposé un peu, il rendit l'esprit à Dieu.

STROPHE 23.

Datien, voyant qu'il ne pouvait profaner le corps du martyr sur terre, commanda de lui lier une meule de moulin au cou et de le jeter à la mer, afin qu'il fût dévoré par les monstres marins. Mais le corps flotta jusqu'au rivage et fut pieusement recueilli par les chrétiens témoins de ce miracle.

Voyez pour les actes du martyre de saint Vincent, les *Acta martyrum sincera,* de D. Ruinart.

XX.

PROSE DE LA CONVERSION DE SAINT PAUL.

Corde, voce pulsa cœlos,
Triumphale pange melos
Gentium Ecclesia.

Que ton cœur, que ta voix retentissent aux cieux
Et forment un concert triomphal,
Eglise des Gentils.

Paulus, doctor gentium,
Consummavit stadium
Triumphans in gloria.

Paul, le docteur des nations,
A fourni la carrière dans l'arène,
Et entre triomphant dans la gloire.

Hic Benjamin adolescens,
Lupus rapax, præda vescens,
Hostis est fidelium.

Cet adolescent Benjamin,
Loup ravisseur, se nourrit de sa proie
Et persécute les fidèles.

Mane lupus, sed ovis vespere,
Post tenebras lucente sidere,
Docet Evangelium.

Loup le matin, mais brebis le soir,
Astre brillant sorti du sein de la nuit,
Il enseigne l'Evangile.

Hic mortis viam arripit,
Quem vitæ via corripit :
Dum Damascum graditur.

Il prenait le sentier de la mort;
Mais la voix de la vie le saisit
Pendant qu'il marche sur Damas.

Spirat minas, sed jam cedit;
Sed prostratus jam obedit,
Sed jam vinctus ducitur.

Il respire la menace, mais déjà il est vaincu,
Et renversé, déjà il obéit;
C'est déjà un captif enchaîné qui se laisse conduire.

Ad Annaniam mittitur :
Lupus ad ovem trahitur,
Mens resedit efferà.

On l'envoie vers Ananie;
Le loup est traîné aux pieds de l'agneau,
La férocité du loup est tombée.

Fontis subit sacramentum :
Mutat virus in pigmentum
Unda salutifera.

Il incline sa tête sous le sacrement de l'eau;
L'onde qui apporte le salut
Change le venin en parfum.

Vas sacratum, vas divinum :
Vas propinans dulce vinum
Doctrinalis gratiæ.

Vase consacré, vase divin,
Vase rempli du suave vin
De la doctrine de la grâce.

Synagogas circuit :
Christi fidem astruit
Prophetarum serie.

Il parcourt les synagogues
Et appuie la foi du Christ
Sur les prédictions des prophètes.

Verbum crucis protestatur
Causa crucis cruciatur,
Mille modis moritur.

Il confesse hautement la parole de la
croix ;
Pour la croix il est torturé,
Il souffre mille morts différentes.

Sed perstat vivax hostia :
Et invicta constantia,
Omnis pœna vincitur.

Mais c'est une victime vivace qui
persiste,
Et par son invincible constance
Il surmonte toutes les souffrances.

Segregatus docet gentes :
Mundi vincit sapientes
Dei sapientia.

Apôtre choisi, il enseigne les nations,
Il terrasse les sages du monde
Avec la sagesse de Dieu.

Raptus ad cœlum tertium,
Videt Patrem et Filium,
In una substantia.

Ravi au troisième ciel,
Il voit le Père et le Fils
Dans l'unité de substance.

Roma potens et docta Græcia
Præbet colla, discit mysteria :
Fides Christi proficit.

Rome la puissante, et la savante Grèce
Courbent le cou, apprennent les mys-
tères ;
La foi du Christ fait des progrès.

Crux triumphat, Nero sævit :
Quo docente fides crevit,
Paulum ense conficit.

La croix triomphe, Néron sévit ;
La foi s'accroît par les prédications de
Paul,
Dont le glaive termine la carrière.

Sic exutus carnis molem
Paulus, videt verum solem
Patris Unigenitum.

Allégé ainsi du poids de son corps,
Paul voit le vrai soleil,
Le Fils unique du Père.

Lumen videt in lumine,
Cujus vitemus numine
Gehennalem gemitum.
Amen.

Il voit la lumière dans la lumière ;
Puissions-nous, par sa protection,
Éviter les gémissements de la géhenne.
Amen.

NOTE.

STROPHE 3.

Allusion à la prophétie de Jacob qui, bénissant ses fils avant de mourir, dit à Benjamin : .. «Benjamin lupus rapax, mane comedet præ-dam, et vespere dividet spolia» (Genèse, chap. XLIX, vers. 27). Presque tous les Pères de l'Eglise, Origène, Tertullien, saint Jérôme, saint Ambroise, saint Hilaire, saint Augustin, saint Grégoire, entendent ces paroles de saint Paul, qui était de la tribu de Benjamin, et qui, ayant ravagé d'abord le troupeau de Jésus-Christ, a distribué dans la suite la nourriture de la parole de Dieu aux fidèles.

XXI.

PROSE DE LA PURIFICATION DE LA BIENHEUREUSE MARIE.

Lux advenit veneranda,
Lux in choris jubilanda
Luminosis cordibus.

La lumière est venue éclairer nos cœurs,
Lumière digne de nos hommages,
Lumière digne d'être célébrée en chœur.

Hujus læta lux diei,
Festum refert, matris Dei
Dedicandum laudibus.

La lumière joyeuse de ce jour
Ramène la fête qui doit être consacrée
Aux louanges de la mère de Dieu.

Vox exultet modulata,
Mens resultet medullata
Ne sit laus inutilis.

Que la voix fasse entendre des accents de jubilation;
Que l'ame tressaille d'allégresse jusqu'en ses profondeurs,
Pour que la louange ne soit pas vaine.

Sic laus Deo decantetur,
Ut in eo collaudetur,
Mater ejus nobilis.

Chantons, chantons les louanges de Dieu,
Et que dans ce concert de louanges
Soit comprise son illustre Mère.

Gloriosa dignitate,
Viscerosa pietate,
Compunctiva nomine.

Glorieuse par sa dignité,
Dont les entrailles sont pleines de charité,
Dont le nom rappelle la componction.

Cum honore matronali,
Cum pudore virginali
Nitet cœli cardine.

Avec la gloire d'une matrone
Et la pudeur d'une vierge,
Elle brille à la porte du ciel.

Rubus quondam exardebat,
Et hunc ardor non urebat :
Nec virorem nocuit.

Jadis le buisson était enflammé,
Et le feu le laissait intact,
Et il ne nuisait pas à sa verdeur.

Sic ardore spiritali,
Non attactu conjugali,
Virgo Deum genuit.

Ainsi par un feu spirituel,
Et non par une union charnelle,
La vierge engendra son Dieu.

Hæc est ille fons signatus,
Hortus clausus, fœcundatus
Virtutum seminibus.

Elle est cette fontaine scellée,
Le jardin clos et fécondé
Par la semence des vertus.

Hæc est illa porta clausa
Quam latente Deus causa
Clauserat hominibus.

Elle est cette porte close
Que Dieu, par un moyen secret,
Avait fermée aux hommes.

Hæc est vellus trahens rorem :
Plenus ager dans odorem,
Cunctis terræ finibus.

Elle est la toison qui attire la rosée,
Le champ fertile qui répand ses parfums
Dans toutes les contrées de la terre.

Hæc est virga ferens florem,
Terra suum Salvatorem
Germinans fidelibus.

Elle est la baguette (d'Aaron) qui porte une fleur,
La terre qui enfante son Sauveur
Pour les fidèles.

Hæc est dicta per exemplum
Mons, castellum, aula, templum,
Thalamus et civitas.

Elle est appelée, en figure,
Montagne, château, cour, temple,
Lit nuptial et cité.

Sic eidem, aliorum
Assignatur electorum
Nominum sublimitas.

On lui donne aussi la prééminence
Au-dessus des noms
De tous les autres élus.

Cujus preces, vitia,
Cujus nomen, tristia,
Cujus odor, lilia,
Cujus vincunt labia
Favum in dulcedine.

Ses prières terrassent les vices,
Son nom chasse la tristesse ;
Son parfum surpasse celui du lis ;
Ses lèvres sont plus douces
Que le rayon de miel.

Super vinum sapida,
Super nivem candida,
Super rosam rosida,
Super lunam lucida
Veri solis lumine.

Sa saveur surpasse celle du vin,
Sa blancheur celle de la neige ;
Elle est plus rosée que la rose,
Plus brillante que la lune,
Éclairée qu'elle est par la lumière du
vrai soleil.

Imperatrix supernorum,
Superatrix infernorum :
Eligenda via cœli,
Retinenda spe fideli :
Separatos a te longe,
Revocatos a te, junge
Tuorum collegio.

Elle est la reine des cieux,
Elle domine sur les enfers.
C'est la voie du ciel que nous devons
choisir
Et garder avec une espérance fidèle.
Ceux qui sont éloignés de toi,
Ceux qui sont séparés de toi,
Réunis-les à tes fidèles.

Mater bona quam rogamus,
Nobis dona quod optamus :
Nec sic spernas peccatores,
Ut non cernas precatores :
Reos sibi diffidentes,
Tuos sibi confidentes
Tuo siste Filio.

Bonne mère, que nous invoquons,
Exauce nos souhaits ;
Ne méprise pas les pécheurs
Au point de ne pas voir qu'ils te prient ;
Place auprès de ton Fils
Les malheureux qui se défient d'eux-
mêmes,
En les rendant des serviteurs pleins de
confiance en eux.

Amen.

Amen.

XXII.

PROSE DE L'INVENTION DE LA SAINTE CROIX.

Laudes crucis attollamus
Nos qui crucis exultamus
Speciali gloria.

Célébrons bien haut les louanges de
la croix,
Nous qui nous réjouissons
De la gloire spéciale de la croix.

Nam in cruce triumphamus,
Hostem ferum superamus
Vitali victoria.

Car nous triomphons dans la croix,
Nous remportons sur notre cruel en-
nemi
Une victoire décisive et vitale.

Dulce melos tangat cœlos,
Dulce lignum dulci dignum
Credimus melodia.

Que nos doux accents montent jusqu'aux cieux !
Nous croyons que le bois si doux
De la croix est digne de nos plus doux
chants.

Voci vita non discordet :
Cum vox vitam non remordet,
Dulcis est symphonia.

Que notre vie ne soit pas en désaccord
Avec notre voix ; lorsque la voix
N'inquiète pas la vie, la mélodie est
douce.

Servi crucis crucem laudent,
Qui per crucem sibi gaudent
Vitæ dari munera.

Dicant omnes et dicant singuli :
Ave, salus totius seculi,
Arbor salutifera.

O quam fœlix, quam præclara,
Fuit hæc salutis ara,
Rubens agni sanguine.

Agni sine macula
Qui mundavit secula
Ab antiquo crimine.

Hæc est scala peccatorum,
Per quam Christus rex cœlorum
Ad se traxit omnia.

Forma cujus hoc ostendit,
Quæ terrarum comprehendit
Quatuor confinia.

Non sunt nova sacramenta
Nec recenter est inventa
Crucis hæc religio.

Ista dulces aquas fecit :
Per hanc silex aquas jecit,
Moysi officio.

Nulla salus est in domo,
Nisi cruce munit homo
Superliminaria.

Neque sensit gladium,
Nec amisit filium,
Quisquis egit talia.

Ligna legens in Sarepta,
Spem salutis est adepta
Pauper muliercula.

Sine lignis fidei
Nec lecythus olei
Valet, nec farinula.

Roma naves universas
In profundum vidit mersas,
Una cum Maxentio.

Fusi Thraces, cæsi Persæ,
Sed et partis dux adversæ
Victus ab Heraclio.

In Scripturis sub figuris
Ista latent, sed jam patent
Crucis beneficia.

Reges credunt, hostes cedunt :
Sola cruce Christo duce,
Unus fugat millia.

Ista suos fortiores
Semper facit, et victores :
Morbos sanat et languores,
Reprimit dæmonia.

Elle rend toujours ses fidèles plus
Braves que les autres, et leur donne la
victoire ;
Elle guérit les maladies et les langueurs,
Et réprime les démons.

Dat captivis libertatem,
Vitæ confert novitatem :
Ad antiquam dignitatem
Crux reduxit omnia.

Aux captifs elle donne la liberté,
Elle régénère la vie ;
La croix enfin rend à tout
L'antique dignité.

O crux ! lignum triumphale,
Mundi vera salus, vale :
Inter ligna nullum tale,
Fronde, flore, germine.

O croix ! bois triomphal,
Vrai salut du monde, je te salue !
Entre tous les bois, nul ne t'égale
Pour la feuille, la fleur et le fruit.

Medicina christiana,
Salva sanos, ægros sana :
Quod non valet vis humana,
Fit in tuo nomine.

Remède du chrétien,
Sauve ceux qui sont en santé, guéris
les malades ;
Ce qui dépasse les forces humaines
S'opère en ton nom.

Assistentes crucis laudi,
Consecrator crucis, audi,
Atque servos tuæ crucis,
Post hanc vitam, veræ lucis
Transfer ad palacia.

O toi ! qui consacras la croix, entends
Ceux qui prennent part aux louanges
de la croix,
Et, après cette vie, transporte au
Palais de la vraie lumière ·
Les adorateurs de la croix.

Quos tormento vis servire,
Fac tormenta non sentire :
Sed cum dies erit iræ,
Nobis confer et largire
Sempiterna gaudia.

Ceux que tu destines à souffrir,
Fais qu'ils ne sentent pas la souffrance ;
Et quand viendra le jour de la colère,
Accorde-nous de participer
Aux joies éternelles.

Amen.

Amen.

NOTES.

STROPHE 13.

Allusion au sang de l'agneau dont Dieu avait ordonné que les Israélites teignissent leurs portes.

STROPHES 15 ET 16.

Allusion à ce passage du *Livre des Rois* (livre III, chap. XVII, verset 12). En colligo duo ligna, ut ingrediar et faciam illum mihi et
filio meo, ut comedamus, et moriamur. — Porro, duo ligna illa collecta a vidua, sanctam crucem repræsentant, ex duabus potissimum
partibus, constantem, quarum una a summo in immum secundum
longitudinem fuit porrecta : altera vero ex transverso, a dextro in si-
nistrum extenta. (Chlictove, *Elucidat. eccles.*, 2e édit., fol. 212, recto.)

STROPHES 17 et 18.

Ces faits sont trop connus pour que nous les rapportions ici.

XXIII.

PROSE DE SAINT JEAN-BAPTISTE.

Ad honorem tuum, Christe,
Recolat Ecclesia,
Præcursoris et Baptistæ
Tui natalitia.

Que l'Église, pour t'honorer, ô Christ!
Rappelle en ce jour
La naissance de ton précurseur
Et de celui qui te baptisa.

Laus est regis, in præconis
Ipsius præconio.

C'est louer le roi lui-même
Que de louer son hérault.

Quem virtutum ditat donis,
Sublimat officio.

Il l'enrichit du don des vertus,
Et l'élève encore par la fonction sublime
qu'il lui confie.

Promittente Gabriele
Seniori filium,

Gabriel a promis
Un fils au vieillard.

Hæsitavit, et loquelæ
Perdidit officium.

Zacharie hésite à croire et perd
L'usage de la parole.

Puer nascitur,
Novæ legis novi regis
Præco, tuba, signifer.

Il naît cet enfant,
Hérault, trompette, et porte-étendard
De la nouvelle loi du nouveau roi.

Vox præit Verbum,
Paranymphus sponsi sponsum,
Solis ortum lucifer.

La voix de Jean précède le Verbe;
Le paranymphe de l'époux précède l'é-
poux ;
L'étoile du matin précède le lever du
soleil.

Verbo mater, scripto pater
Nomen edit parvulo :
Et soluta lingua muta
Patris est a vinculo.

Sa mère par une parole, son père par
un écrit,
Donnent à l'enfant son nom,
Et la langue muette du père
Est délivrée des liens qui la retiennent.

Est cœlesti præsignatus
Joannes oraculo,
Et ab ipso præmonstratus
Uteri latibulo.

Jean est annoncé d'avance
Par un céleste oracle,
Et désigné d'avance par lui
Dans le sein qui le porte.

Quod ætate præmatura
Datur hæres, id figura
Quod infœcunda
Diu, parens : res profunda.

Un héritier est donné à Elisabeth
Dans un âge avancé, ce qui marque
Que cette mère était restée
Longtemps stérile: mystère profond !

Contra carnis quidem jura,
Joannis hæc genitura,
Talem gratia
Partum format, non natura.

Contrairement aux droits de la chair,
La mère de Jean engendre
Cet enfant
Par la grâce, et non par la vertu de la
nature.

Alvo Deum Virgo claudit,
Clauso clausus hic applaudit
De ventris angustia.

Pendant que la Vierge porte Dieu
dans son sein,
Jean, emprisonné dans le ventre de sa
mère,
Applaudit au Christ resserré dans le
sein de Marie.

Agnum monstrat in aperto
Vox clamantis in deserto,
Vox Verbi prænuncia.

Bientôt l'agneau est formellement
désigné
Par la voix de celui qui crie dans le
désert,
Par la voix messagère du Verbe.

Ardens fide, verbo lucens,
Et ad veram lucem ducens,
Multa docet millia.

Animé d'une foi ardente, brillant
par la parole,
Il amène plusieurs milliers d'hommes
A la vraie lumière.

Non lux iste, sed lucerna;
Christus vero lux æterna,
Lux illustrans omnia.

Il n'est pas là lumière, il est le can-
délabre;
Le Christ, lui, est la lumière éternelle,
Lumière qui fait tout resplendir.

Cilicina tectus veste,
Pellis cinctus strophium,

Couvert d'un cilice,
Entouré d'une ceinture de peau,

Cum locustis mel sylvestre
Sumpsit in edulium.

Les sauterelles et le miel sauvage
Servent à sa nourriture.

Attestante sibi Christo,
Non surrexit major isto
Natus de muliere.

D'après le témoignage même du
Christ,
Parmi les enfants des femmes,
Nul ne fut plus grand que lui.

Sese Christus sic excepit,
Qui de carne carnem cepit
Sine carnis opere.

Le Christ faisait ainsi une exception
en faveur de celui
Qui a pris sa chair dans une autre chair,
Sans l'opération de la chair.

Martyr Dei, licet rei
Simus, nec idonei
Tuæ laudi :

Martyr de Dieu, bien que coupables,
Et indignes
De te louer,

Te laudantes, et sperantes
De tua clementia,
Nos exaudi.

Exauce-nous, nous qui te louons
Et qui espérons
En ta clémence.

Tuo nobis in natale
Da promissum gaudium.
Nec nos minus triumphale
Delectet martyrium.
Veneramur et miramur
In te tot mysteria.
Per te frui Christus sui
Det nobis præsentia.

Donne-nous la joie promise
A ta naissance.
Que ton martyre triomphant
Ne nous réjouisse pas moins.
Nous vénérons et admirons
Tant de mystères en ta personne.
Veuille le Christ, par ton interces-
sion,
Nous faire jouir de sa présence.

Amen.

Amen.

NOTE.

STROPHES 11 et 12.

M. Alfred Maury, dans son *Essai sur les Légendes pieuses du moyen-âge* (p. 211), remarque que, suivant les livres des Nazaréens ou disciples de saint Jean-Baptiste, le saint fut conçu des chastes baisers que Zacharie déposa sur les lèvres de sa vieille épouse Elisabeth.

Saint Epiphane (1) dit qu'on doit représenter ce saint habillé de poils de chameau, mangeant du miel sauvage et montrant du doigt le Christ, qui, sous la forme d'un agneau, porte les péchés du monde.

L'empereur Constantin, au rapport de Damase (2), construisit des fonts sacrés où il fut baptisé; à l'entrée de la cuve, un agneau d'or très-pur, du poids de trente livres, versait de l'eau; à sa droite se tenait le Sauveur, statue d'argent très-pur; et à gauche de l'agneau, le B. Jean-

(1) In septima Synodo., in fine Actionis 6.
(2) In Sylvestro.

Baptiste, en argent, avec cette inscription au-dessus : « Voici l'agneau de Dieu ; voici celui qui porte les péchés du monde. » Les deux figures pesaient, à elles, deux mille livres.

Le vêtement de saint Jean-Baptiste consistait dans une peau de chameau, avec le poil en dehors et la tête de l'animal pendante sur les pieds, sans oublier la grossière ceinture dont parle l'Evangile.

XXIV.

PROSE DE SAINT PIERRE, APOTRE.

Gaude, Roma, caput mundi,
Primus pastor in secundi
Laudetur victoria.

Réjouis-toi, Rome, maîtresse du monde ;
Que le premier pasteur trouve sa gloire
Dans la victoire du second.

Totus mundus hilarescat,
Et virtutis ardor crescat
Ex Petri memoria.

Que tout le monde soit dans l'allégresse,
Que l'ardeur des vertus s'accroisse
En célébrant la mémoire de Pierre.

Petrus sacri fax amoris,
Lux doctrinæ, sal dulcoris,
Petrus, mons justitiæ,

Pierre, flambeau de l'amour sacré,
Lumière de doctrine, sel plein de saveur,
Pierre, montagne de justice,

Petrus fons est Salvatoris,
Lignum fructus et odoris,
Lignum carens carie.

Pierre est la source du Sauveur,
Le bois du fruit et du parfum,
Le bois incorruptible.

Et quid Petro dices dignum?
Nullum Christi videns signum,
Primo sub ammonitu,

Et qui trouveras-tu qui soit digne de Pierre?
Sans être témoin d'aucun miracle,
Au premier appel du Christ,

Fugit rete, fugit ratem,
Necdum plene veritatem
Contemplatus spiritu.

Il quitte son filet, abandonne sa barque,
Sans que son esprit se soit encore entièrement
Rendu compte de la vérité.

Auro carens et argento,
Coruscat miraculis :
A nervorum sub momento
Claudum soluit vinculis.

Sans or et sans argent,
Il brille par ses miracles;
En un clin-d'œil il delivre un boiteux
Des liens nerveux qui entravaient sa marche.

Paralysi dissolutus
Æneas erigitur ;
Petrum præsens Dei virtus
Ad votum prosequitur.

Enée, libre de sa paralysie,
Se lève et marche.
La vertu de Dieu accompagne Pierre
Et obéit à sa volonté.

Petrus vitam dat Thabitæ,
Juvenemque reddit vitæ
Potestate libera.

Pierre donne la vie à Thabite,
Et rend à la vie un jeûne homme
Par sa libre puissance.

Pede premit fluctus maris,
Et nutantem salutaris
Illum regit dextera.

Il presse de ses pieds les flots de la mer,
Et lorsqu'il enfonce,
La droite salutaire du Seigneur le soutient.

Facta Christi quæstione,
Brevi claudit sub sermone
Fidem necessariam.

Interrogé par le Christ,
En quelques mots il exprime toute la foi
Nécessaire au salut.

Hunc personam dicit unam,
Sed nec tacet opportunam
Naturæ distantiam.

Quod negando ter peccavit,
Simplex amor expiavit,
Et trina confessio.

Angelus a carcere
Petrum soluit libere,
Destinatum gladio.

Umbra sanat hic languentes,
Sanat membra, sanat mentes :
Morbos reddit impotentes,
Medici potentia.

Petrum Simon magus odit,
Magum Simon Petrus prodit :
Plebem monit ac custodit
A magi versutia.

Hic a petra Petrus dictus,
In conflictu stat invictus,
Licet jugis sit conflictus
Et gravis congressio.

Dum volare magus quærit,
Totus ruens, totus perit :
Quem divina digne ferit
Et condemnat ultio.

Nero fremit furibundus,
Nero plangit impium :
Nero, cujus ægre mundus
Ferebat imperium.

Ergo Petro crux paratur
A ministris scelerum :
Crucifigi se testatur
In hoc Christus iterum.

Petro sunt oves creditæ,
Clavesque cœli traditæ :
Petri præit sententia,
Ligans ac solvens omnia.

Pastoris nostri meritis,
Ac prece salutifera :
Nos a peccati debitis
Æterne pastor, libera.
Amen.

Il confesse la nature unique du Christ,
Sans pourtant oublier
La diversité de ses deux natures.

Le triple péché qu'il commit en le
  reniant
Trois fois, il l'expia par un simple
  amour
Et par une triple confession.

Un ange délivre de prison
Pierre condamné à périr
Par le glaive.

Son ombre seule guérit les langueurs,
Rend à la santé les membres du corps
Et guérit les ames.
La puissance du médecin
Rend les maladies impuissantes.

Simon le magicien déteste Pierre;
Simon Pierre confond le magicien.
Il avertit le peuple et le garantit
De sa ruse.

Il est nommé Pierre, du mot *pierre*;
Comme un rocher, il est invincible dans
  la lutte,
Quoique la lutte soit continuelle
Et que le combat soit ardent.

Tandis que le magicien essaie
De voler dans les airs,
Il tombe et meurt tout entier;
Juste châtiment de la vengeance divine
Qui le frappe et le condamne.

Néron frémit de fureur;
Néron l'impie pleure l'impie magicien,
Néron, dont le monde supportait
Impatiemment la tyrannie.

Les ministres de ses crimes préparent
Une croix à Pierre;
Le Christ atteste qu'il va être
Crucifié une seconde fois à la place de
  Pierre.

Les brebis ont été confiées à Pierre;
Les clés du ciel lui ont été données.
La sentence de Pierre l'emporte
Sur toutes les autres, elle lie et délie
  tout.

Par les mérites de notre pasteur
Et ses prières salutaires,
Délivre-nous des dettes du péché,
Toi qui es l'éternel pasteur.
Amen.

NOTE.

STROPHE 20.

Allusion au trait suivant : Les chrétiens de Rome, voyant les périls
que Pierre courait dans cette ville, le priaient de s'éloigner, et il s'y refusa longtemps ; mais enfin il céda à leurs instances. Et quand il fut

venu à la porte, à l'endroit où est maintenant l'église de sainte Marie-*ad-Passus*, il vit Jésus-Christ qui venait vers lui, et il lui dit : « Seigneur, où vas-tu? » — « Je vais à Rome pour y être crucifié une seconde fois. » Et Pierre répondit : « Seigneur, est-ce que tu seras crucifié une seconde fois? » Et Jésus-Christ répondit : « Oui. » Pierre dit : « Seigneur, je reviendrai avec toi, afin d'être crucifié avec toi. » Et il rentra à Rome, où il souffrit le supplice de la croix.

XXV.

PROSE DES SAINTS APOTRES PIERRE ET PAUL.

Roma Petro glorietur,
Roma Paulum veneretur
Pari reverentia.

Que Rome glorifie Pierre,
Que Rome vénère Paul
Avec un égal respect.

Immo tota jocundetur,
Et jocundis occupetur
Laudibus Ecclesia.

Bien plus, que l'Eglise tout entière
Se réjouisse et célèbre avec transport
Les louanges de ces deux apôtres.

Hi sunt ejus fundamenta :
Fundatores, fulcimenta,
Bases, epistylia.

Ils sont les fondements de l'Eglise,
Ses fondateurs, ses colonnes,
Sa base et son appui.

Iidem saga, qui cortinæ :
Pelles templi hyacintinæ,
Cyphi, sphæræ, lilia.

Ils sont les voiles, les rideaux ;
Ils sont les peaux de couleur hyacinthe
du temple de Salomon ;
Ils sont les parfums, les sphères, les lis.

Hi sunt nubes coruscantes,
Terram cordis irrigantes
Nunc rore, nunc pluvia.

Ils sont les nuées brillantes qui arro-
sent
La terre du cœur, la fécondant tantôt
Par la rosée, tantôt par la pluie.

Hi præcones novæ legis,
Et ductores novi gregis
Ad Christi præsepia.

Ils sont les héraults de la nouvelle loi,
Les pasteurs du nouveau troupeau
Qu'ils conduisent aux étables du Christ.

Laborum socii
Triturant aream :
In spe denarii
Colentes vineam.

Compagnons des mêmes travaux,
Ils battent le blé dans l'aire
Et cultivent la vigne
Dans l'attente du denier.

His ventilantibus
Secedit palea :
Novisque frugibus
Implentur horrea.

Ils vannent, et le grain
Se sépare de la paille,
Et les greniers se remplissent
Des moissons nouvelles.

Ipsi montes appellantur :
Ipsi prius illustrantur
Veri solis lumine.

Ils sont appelés montagnes ;
Ce sont eux qui, les premiers,
Ont été éclairés des rayons du vrai soleil.

Mira virtus est eorum :
Firmamenti vel cœlorum
Designantur nomine.

Merveilleuse est leur vertu ;
Ils sont désignés sous le nom
De firmament ou de cieux.

Fugam morbis imperant :
Leges mortis superant,
Effugant dæmonia.

A leur commandement les maladies
fuient,
Les lois de la mort leur sont soumises,
Ils mettent les démons en déroute.

Delent idolatriam :
Reis donant veniam,
Miseris solatia.

Ils détruisent l'idolâtrie,
Pardonnent aux coupables,
Consolent les malheureux.

Laus communis est amborum :
Cum sint tamen singulorum
Dignitates propriæ.

Leur gloire est commune,
Quoique pourtant
Chacun ait sa dignité propre.

Petrus præit principatu :
Paulus pollet magistratu
Totius Ecclesiæ.

Pierre est le prince
De toute l'Eglise;
Paul en est le docteur.

Principatus uni datur :
Unitasque commendatur
Fidei catholicæ.

La principauté est donnée à un seul.
L'unité est la marque distinctive
De la foi catholique.

Unus cortex est granorum :
Sed et una vis multorum
Sub eodem cortice.

Les grains n'ont qu'une écorce,
Mais sous cette unique écorce
Se trouvent réunis ensemble une grande
Quantité de grains.

Romam convenerant
Salutis nuncii :
Ubi plus noverant
Inesse vitiis
Nihil disciplinæ.

Ces hérauts du salut
Etaient venus à Rome,
Où ils savaient qu'il y avait
Le plus de vices,
Et point de frein, ni de règle.

Insistunt vitiis
Fideles medici :
Vitæ remediis
Obstant phrenetici :
Fatui, doctrinæ.

Ils s'attaquent aux vices
En médecins fidèles.
Des frénétiques s'opposent à leurs re-
    mèdes
Qui donnent la vie.
Des insensés s'opposent à leur doctrine.

Facta Christi mentione
Simon magus cum Nerone
Conturbantur hoc sermone,
Nec cedunt apostolis.

Aussitôt qu'ils entendent parler du
    Christ,
Simon le magicien et Néron sont
Troublés par ces discours,
Et ne se rendent pas aux apôtres.

Languor cedit, mors obedit :
Magus crepat, Roma credit.
Et ad vitam mundus redit,
Reprobatis idolis.

La maladie cède, la mort obéit;
Le magicien rugit, Rome croit;
Le monde revient à la vie
En rejetant les idoles.

Nero fremit sceleratus,
Magi morte desolatus,
Cujus error ei gratus,
Grave præcipitium.

Le criminel Néron frémit,
Désolé de la mort du magicien
Dont l'erreur flatte ses passions,
Précipice inévitable.

Bellatores præelecti
Non a fide possunt flecti :
Sed in pugna stant erecti,
Nec formidant gladium.

Les guerriers prédestinés
Ne peuvent être détournés de leur foi;
Ils se tiennent intrépides dans le combat
Et ne redoutent pas le glaive.

Petrus, hæres veræ lucis,
Fert inversus pœnam crucis,
Paulus ictum pugionis :
Nec diversæ passionis
Sunt diversa præmia.

Pierre, héritier de la vraie lumière,
Subit le supplice de la croix, la tête en bas;
Paul est frappé avec l'épée,
Et, quoique leur passion soit différente,
Leurs récompenses ne le sont pas.

Patres summæ dignitatis
Summo regi conregnatis :
Vincla nostræ pravitatis
Solvat vestræ potestatis
Efficax sententia.
Amen.

Pères, élevés à la dignité suprême,
Qui régnez avec le souverain Roi,
Que la sentence efficace de votre
Puissance brise
Les chaînes de nos péchés.
Amen.

NOTE.

STROPHE 23, VERS 2.

Saint Pierre, lorsqu'il fut venu près de la croix sur laquelle il devait être attaché, dit : « Il a été juste que mon Dieu, qui est descendu du ciel sur la terre, ait été élevé sur la croix ; mais moi, ma tête doit indiquer la terre, et mes pieds montrer le ciel. Je ne suis point digne d'être sur la croix comme mon Sauveur; retournez-la donc, et crucifiez-moi la tête en bas. » Les bourreaux firent ce qu'il demandait. — *Légende d'Or.*

XXVI.

PROSE DE SAINT LAURENT.

Prunis datum admiremur,
Laureatum veneremur
Laudibus Laurentium.

Admirons Laurent, placé sur un brasier ardent;
Chantons avec vénération les louanges
De ce martyr couronné de lauriers.

Veneremur cum tremore,
Deprecemur cum amore
Martyrem egregium.

Honorons avec tremblement,
Prions avec amour
Cet illustre martyr.

Accusatus non negavit,
Sed pulsatus resultavit
In tubis ductilibus

Accusé, il ne nia rien;
Frappé, son corps
Rendit le son des instruments à cordes,

Cum in pœnis voto plenis
Exultaret, et sonaret
In divinis laudibus,

Puisqu'il se réjouissait au milieu des supplices si ardemment désirés,
Et que son corps faisait entendre les sons en usage,
Pour célébrer les louanges divines.

Sicut corda musicorum
Tandem sonum dat sonorum
Plectri ministerio,

De même que la corde des instruments de musique
Rend un son sonore
Par le moyen de l'archet,

Sic in cheli tormentorum
Melos Christi confessorum
Dedit hujus tentio.

Ainsi, suivant le mode de la lyre des supplices,
La tension de son corps produisit la Mélodie des confesseurs du Christ.

Deci, vide quia fide
Stat invictus inter ictus,
Minas et incendia.

Vois, Décius, comme il se tient Immuable dans sa foi au milieu des coups,
Des menaces et du feu!

Spes interna, vox superna
Consolantur, et hortantur
Virum de constantia.

Une espérance intime et une voix d'en haut consolent
Le héros, et l'exhortent
A la constance.

Nam thesauros quos exquiris
Per tormenta non acquiris
Tibi, sed Laurentio.

Les trésors que tu désires, ô Décius!
Ce n'est pas pour toi que tu les pourras acquérir, par les tourments;
C'est pour Laurent que tu les prépares.

Hos in Christo coacervat,
Hujus pugnam Christus servat
Triumphantis præmio.

Laurent amoncelle ces trésors dans le Christ,
Qui réserve les palmes de sa lutte,
Pour en orner son triomphe.

Nescit sancti nox obscurum,
Ut in pœnis quid impurum
Fide tractet dubia.

La nuit ne connaît point d'obscurité
Pour le saint, afin qu'au milieu des tourments il puisse entraîner et convaincre
Ceux qui conservent quelque chose de l'impureté d'une foi douteuse.

Neque cæcis lumen daret,
Si non eum radiaret
Luminis præsentia.

Et il ne pourrait donner la lumière
aux aveugles,
Si la présence de la lumière ne
L'environnait comme d'une auréole.

Fidei confessio
Lucet in Laurentio :
Non ponit sub modio,
Statuit in medio
Lumen coram omnibus.

Dans Laurent brille la confesion
De la foi. Il ne met pas la lumière
Sous le boisseau, il la
Place en évidence devant les yeux
De tout le monde.

Juvat Dei famulum
Crucis sub bajulum,
Assum quasi ferculum,
Fieri spectaculum
Angelis et gentibus.

Le serviteur de Dieu se plaît
A montrer en spectacle aux anges
Et aux hommes le poids de sa croix,
Son corps grillé comme une
Viande destinée au festin.

Non abhorret prunis volvi,
Qui de carne cupit solvi
Et cum Christo vivere.

Il ne redoute pas d'être roulé sur les
charbons,
Lui qui désire être délivré de sa chair
Et de vivre avec le Christ.

Neque timet occidentes
Corpus, sed non prævalentes
Animam occidere.

Il ne redoute pas non plus ceux qui
tuent
Le corps, mais qui ne peuvent donner
La mort à l'ame.

Sicut vasa figulorum
Probat fornax, et eorum
Solidat substantiam,

De même que la fournaise éprouve
Les vases de terre
Et consolide leur matière,

Sic et ignis hunc assatum,
Velut testem solidatum
Reddit per constantiam.

Ainsi le feu consume Laurent
Sur le brasier, comme un témoin
Raffermi par la constance.

Nam cum vetus corrumpatur,
Alter homo solidatur
Veteris incendio.

Car, tandis que le vieil homme est
consumé,
L'homme nouveau se voit fortifié par la
Ruine du vieil homme.

Unde nimis confortatus
Est athletæ principatus,
In Dei servitio.

C'est pourquoi la principauté de l'a-
thlète
Est affermie sur des bases inébranla-
bles
Dans le service de Dieu.

Hunc ardorem factum foris
Putat rorem vis amoris,
Et zelus justitiæ.

La force de l'amour et la soif de la
justice
Considèrent comme une rosée rafraî-
chissante
Ce feu extérieur qui dévore.

Ignis urens non comburens
Vincit prunas, quas adunas
O minister impie !

Le feu brûlant ne le brûle pas ;
Il reste vainqueur du brasier que
Tu accumules sous lui, ô ministre impie !

Parum sapis vim sinapis,
Si non tangis, si non frangis
Et plus fragrat, quando flagrat
Thus injectum ignibus.

Le grain de senevé a peu de
Saveur, si on ne le touche, si on ne le
broie ;
Et l'encens jeté dans le feu répand,
quand il brûle,
Toute la vigueur de son parfum.

Sic arctatus et assatus
Sub ardore, sub labore
Dat odorem pleniorem
Martyr de virtutibus.

Le corps resserré et grillé par le
Feu du brasier, le martyr dans ce
Supplice rend une odeur plus pêné-
trante
Et plus parfumée de vertus.

O Laurenti! laute nimis
Rege victo rex sublimis,
Regis regum fortis miles
Qui duxisti pœnas viles
Certans pro justitia,

Qui tot mala devicisti
Contemplando bona Christi
Fac nos malis insultare,
Fac de bonis exultare
Meritorum gratia.

Amen.

O Laurent! mets somptueux,
Roi, triomphant de la défaite d'un roi
Fort, soldat du roi des rois
Qui as dédaigné les supplices,
En combattant pour la justice,

Toi qui as vaincu tant de maux,
En contemplant les biens du Christ,
Fais que nous méprisions les maux,
Et que nous nous réjouissions des biens
　　　éternels,
Par la grâce de tes mérites.
Amen.

NOTES.

STROPHE 9.

Au tyran qui lui réclamait les trésors de l'Eglise, saint Laurent demanda qu'il lui fût donné trois jours, ce qui lui fut accordé. Dans ces trois jours, Laurent réunit tous les pauvres, les aveugles et les boiteux, et il les présenta dans les jardins de Salluste à l'empereur, en disant : « Voici les trésors de l'Eglise qui ne diminuent jamais, mais qui s'accroissent et qu'on retrouve toujours quand on les dissipe. Car les mains de ces gens-ci ont porté les trésors dans le ciel. » Laurent, sur l'ordre du Pape, avait distribué aux pauvres les trésors de l'Eglise de Rome.

STROPHE 11.

Le tyran ayant dit à Laurent : « Tu vas sacrifier, ou, dans cette même nuit, tu périras dans les tourments, » le martyr répondit : « La nuit n'est pour moi que chose humaine et passagère, et la lumière viendra qui fera éclater toutes choses. »

STROPHE 12.

Allusion à un miracle rapporté dans les *Acta Martyrum sincera*, publiés par D. Ruinart.

STROPHE 23.

Saint Grégoire (*in prolog. moral. in lib. Job.*) dit : Sicut unguenta nisi commota redolere latius nesciunt, et sicut aromata fragrantiam suam non nisi cum incenduntur expandunt : ita sancti viri omne quod in virtutibus redolent, in tribulatïonibus innotescunt. Unde et recte in Evangelio dicitur : *Si habueritis fidem sicut granum sinapis, dicetis monti huic : Transi hinc, et transibit, et nihil impossibile erit vobis* (Saint Mathieu, cap. XVII, vers. 19). Granum sinapis nisi conteratur, nequaquam vis virtutis ejus agnoscitur. Nam non contritum, leve est : si vero conteritur, inardescit, et quod in se acerrimum latebat, ostendit. Sic unusquisque vir sanctus cum non pulsatur, despicabilis ac levis aspicitur. Si qua vero illum tritura persecutionis premat, mox omne quod calidum sapit, ostendit : atque in fervorem virtutis vertitur, quicquid in illo ante despicabile, infirmumque videbatur, quodque in se tranquillitatis tempore libens operuerat, exagitatus, tribulationibus coactus innotescit. — Adam s'est inspiré évidemment de ce passage de saint Grégoire.

XXVII.

PROSE DE L'ASSOMPTION DE LA SAINTE VIERGE.

Salve, mater Salvatoris,
Vas electum, vas honoris,
Vas cœlestis gratiæ,

Ab æterno vas provisum,
Vas insigne, vas excisum
Manu sapientiæ.

Salve, Verbi sacra parens,
Flos de spinis, spina carens,
Flos spineti gloria.

Nos spinetum,. nos peccati
Spina sumus cruentati :
Sed tu spinæ nescia.

Porta clausa, fons hortorum,
Cella custos unguentorum :
Cella pigmentaria.

Cinnamomi calamum,
Myrrham, thus et balsamum,
Superas fragrantia.

Salve, decus virginum :
Mediatrix hominum,
Salutis puerpera.

Myrtus temperantiæ :
Rosa patientiæ,
Nardus odorifera.

Tu convallis humilis,
Terra non arabilis,
Quæ fructum parturiit.

Flos campi, convallium
Singulare lilium,
Christus ex te prodiit.

Tu cœlestis paradisus,
Libanusque non incisus,
Vaporans dulcedinem.

Tu candoris et decoris,
Tu dulcoris et odoris
Habes plenitudinem.

Tu thronus es Salomonis :
Cui nullus par in thronis
Arte vel matèria.

Ebur, candens castitatis :
Aurum fulvum, charitatis
Præsignans mysteria.

Palmam præfers singularem,
Nec in terris habes parem,
Nec in cœli cùria.

Laus humani generis,
Virtutum præ cæteris
Habens privilegia.

Salut, mère du Sauveur,
Vase élu, vase d'honneur,
Vase de céleste grâce,

Vase prédestiné de toute éternité,
Vase insigne, vase ciselé
Par la main de la sagesse.

Salut, sainte mère du Verbe,
Fleur sortie des épines, fleur sans épine,
Fleur, du buisson la gloire.

Le buisson, c'est nous; nous avons
Eté ensanglantés par les épines du péché;
Mais toi, tu n'as pas connu d'épine.

Porte fermée, fontaine des jardins,
Trésor des parfums,
Trésor des aromates.

Tu surpasses en suave odeur
La branche du cinname,
La myrrhe, l'encens et le baume.

Salut, gloire des vierges,
Médiatrice des hommes,
Mère du salut.

Myrthe de tempérance,
Rose de patience,
Nard odoriférant.

Tu es la vallée d'humilité,
Une terre en friches
Qui a enfanté le fruit par excellence.

Fleur des champs,
Lis sans pareil des vallons,
Le Christ est sorti de toi.

Tu es le parvis des cieux
Et un Liban dont les cèdres ont été
respectés par la hache,
Répandant une douce odeur.

Tu possèdes la plénitude
De la blancheur et de la beauté,
De la douceur et des parfums.

Tu es le trône de Salomon,
A qui nul trône n'est pareil
Pour l'art et la matière.

L'ivoire par sa blancheur,
L'or par son éclat
Figurent les mystères de la chasteté et
de la charité.

Tu portes une palme non pareille,
Tu es sans égale sur la terre
Et dans la cour céleste.

Gloire du genre humain,
Tu as par-dessus toutes les créatures
Le privilège de toutes les vertus.

Sol luna lucidior
Et luna sideribus :
Sic Maria dignior
Creaturis omnibus.

Le soleil est plus brillant que la lune
Et la lune plus que les étoiles :
De même Marie est la plus digne
De toutes les créatures.

Lux eclypsim nesciens,
Virginis est castitas,
Ardor indeficiens,
Immortalis charitas.

La lumière qui ne connaît pas d'éclipse,
C'est la chasteté de la Vierge ;
Le feu toujours ardent,
C'est son immortelle charité.

Salve, mater pietatis,
Et totius Trinitatis
Nobile triclinium.

Salut, mère de miséricorde,
Auguste demeure et repos
De toute la Trinité.

Verbi tamen incarnati
Speciale majestati
Præparans hospitium.

Cependant tu as offert un sanctuaire
Spécial à la majesté
Du Verbe incarné.

O Maria, stella maris,
Dignitate singularis,
Super omnes ordinaris
Ordines cœlestium.

O Marie, étoile de la mer,
Par ta dignité sans égale,
Tu domines sur tous
Les ordres des habitants des cieux.

In supremo sita poli,
Nos assigna tuæ proli :
Ne terrores sive doli
Nos supplantent hostium.

Assise au plus haut du ciel,
Recommande-nous à ton Fils,
Afin que les terreurs ou les ruses
De nos ennemis ne triomphent pas de
nous.

In procinctu constituti
Te tuente simus tuti :
Pervicacis et versuti
Tuæ cedat vis virtuti
Dolus providentiæ.

Engagés dans la lutte,
Ta protection nous défend des blessures.
Que la puissance d'un ennemi auda-
cieux et fourbe
Cède à ta force souveraine.

Jesu, Verbum summi Patris,
Serva servos tuæ matris :
Solve reos, salva gratis,
Et nos tuæ claritatis
Configura gloriæ.
Amen.

Jésus, Verbe du Père souverain,
Garde les serviteurs de ta mère,
Délie les pécheurs, sauve-les par ta grâce
Et imprime en nous les traits
De ta clarté glorieuse.
Amen.

XXVIII.

PROSE DE SAINT BARTHÉLEMI.

Laudemus omnes inclyta
Bartholomæi merita :

Célébrons d'une voix unanime
Les mérites fameux de Barthélemi.

Cujus sacra solennia
Nobis inspirant gaudia.

Sa fête solennelle et sacrée
Inspire à nos cœurs l'allégresse.

Per diem, centum vicibus
Flexis orabat genibus.

Pendant le jour il priait cent fois,
Fléchissant ses genoux (devant Dieu).

Nec minus noctis tempore,
Toto prostratus corpore.

Il ne priait pas moins la nuit,
Prosterné de tout son corps.

In ipsius præsentia
Obmutescunt dæmonia.

En sa présence,
Les démons deviennent muets.

Christi sonante buccina,
Falsa terrentur numina.

La trompette du Christ retentit,
Et les faux dieux pâlissent d'effroi.

Non Astaroth illudere
Genti permisit miseræ.

Il n'a pas permis à Astaroth
De tromper une nation malheureuse.

Nec fallere, nec lædere,
Nec læsis potest parcere.

Astaroth ne peut ni tromper, ni blesser,
Ni guérir ceux qui sont blessés.

Gravi dignus supplicio,
Cruciatur incendio.

Digne du dernier supplice,
Il est torturé par le feu.

Quanta fit ejus tortio :
Berith patet indicio.

Berith témoigne quelle est
L'étendue de ses tortures.

Per virtutes apostoli
Patescit fraus diaboli.

Par la puissance de l'apôtre,
La ruse du diable est mise à nu,

Arte detecta subdoli,
Cultores cessant idoli.

Ses machinations découvertes ;
Le culte de l'idole est abandonné.

Liber exultat Pseustius
Hostis repressa rabie.
Credit et rex Polymnius,
Propter salutem filiæ.

Pseutius se réjouit,
Se voyant délivré de la rage impuis-
    sante de l'ennemi.
Le roi Polymnius croit,
En voyant sa fille rendue à la santé.

Permissus ab apostolo
Dæmon mugit ex idolo :
A vobis ultra, miseri,
Sacra non posco fieri.

L'apôtre permettant au démon
De parler, il mugit ces paroles
Du sein de l'idole où il est enfermé :
« Malheureux ! je ne demande plus de
    sacrifices de vous.

Me jam nil posse fateor,
Qui vix respirans torqueor :
Ante diem judicii
Pœnam ferens incendii.

« J'avoue que je suis impuissant,
« Que je respire à peine, torturé
    comme
« Je le suis, souffrant le supplice
« Du feu avant le jour du jugement. »

Sic effatus disparuit
Et sigilla comminuit;
Sed nec præsentes terruit,
Nam virtus crucis affuit.

A ces mots il disparaît,
Mettant en pièces l'idole qui le ren-
    ferme ;
Mais il n'épouvante pas les assistants,
Car la vertu de la croix est là.

Christi signat charactere
Phanum manus angelica :
Læsos absolvit libere
Potestate mirifica.

La main angélique de Barthélemi
Imprime sur le temple le caractère du
    Christ.
Il guérit librement les blessés
Par sa merveilleuse puissance.

Mox pellem mutat India,
Tincta baptismi gratia.

Bientôt l'Inde change sa robe antique
Et revêt la grâce du baptême.

Ruga carens et macula,
Cœlesti gaudet copula.

Sans rides, comme sans tache,
Elle se réjouit de sa céleste union.

Currunt ergo pontifices
Ad Astyagen supplices,
Athletam jam emeritum
Poscentes ad interitum.

Les pontifes des faux dieux courent
En suppliants chez Astyage.
Ils demandent que l'athlète, déjà
    consommé
En mérites, soit livré à la mort.

Sub Christi testimonio
Caput objecit gladio.

Pour rendre témoignage au Christ,
Il offrit sa tête au glaive.

Sic triumphavit hodie,
Doctor et victor Indiæ.

Ainsi triompha en ce jour
Le docteur et le vainqueur de l'Inde.

Bartholomæe, postula
Pro servis prece sedula,

O Barthélemi ! prie ardemment
Pour tes serviteurs, et demande pour
    eux,

Ut post vitæ curricula
Christum laudent in secula.

Qu'après le cours de cette vie
Ils puissent louer le Christ dans les
    siècles.

Amen.

Amen.

NOTES.

Astaroth, idole.

Bérith, autre idole.

XXIX.

PROSE DE SAINT AUGUSTIN.

Interni festi gaudia
Nostra sonet harmonia :

Que nos accents témoignent la joie
D'une fête intérieure,

Quo mens in se pacifica,
Vera frequentat sabbata.

Où l'ame en paix avec elle-même,
Célèbre le vrai sabbat.

Mundi cordis lætitia :
Odorans vera gaudia.

La gaîté d'un cœur pur
Donne son parfum aux vraies joies,

Quibus prægustat avida,
Quæ sit sanctorum gloria.

Par lesquelles l'ame avide prend
Un avant-goût de la gloire des saints.

Qua lætatur in patria
Cœlicolarum curia :

C'est elle qui réjouit dans la patrie
L'assemblée des habitants des cieux,

Regem donantem præmia :
Sua cernens in gloria.

Qui contemple dans sa gloire
Le roi qui donne les récompenses.

Beata illa patria
Quæ nescit nisi gaudia.
Nam cives hujus patriæ
Non cessant laudes canere.

Heureuse cette patrie,
Qui ne connaît que les joies !
Car les citoyens du ciel
Ne cessent de-chanter des louanges.

Quos ille dulcor afficit :
Quem nullus mœror inficit ;
Quos nullus hostis impetit :
Nullusque turbo concutit.

Cette douceur pénètre ceux
Qu'aucun chagrin ne vient troubler,
Qu'aucun ennemi n'attaque,
Qu'aucun tourbillon n'agite.

Ubi dies clarissima,
Melior est quam millia :
Luce lucens præfulgida
Plena Dei notitia.

Là, le jour le plus brillant
Vaut mieux que des milliers de jours,
Car il brille de la connaissance pleine
    et entière
De Dieu, qui est la lumière la plus bril-
    lante.

Quam mens humana capere
Nec lingua valet promere :
Donec vitæ victoria,
Commutet hæc mortalia.

L'ame humaine ne peut saisir cette
    connaissance,
Et la langue ne peut l'exprimer,
Jusqu'au jour où la victoire de la vie
Aura changé notre condition mortelle.

Quando Deus est omnia :
Vita, virtus, scientia,
Victus, vestis et cætera,
Quæ velle potest mens pia.

Lorsque Dieu est tout pour elle,
La vie, la vertu, la science,
La nourriture, le vêtement et tout le
    reste,
Que pourrait désirer de plus l'ame
    pieuse.

Hoc in hac valle misera
Meditetur mens sobria.
Hoc per soporem sentiat :
Hoc attendat dum vigilat.

Que l'ame sobre y réfléchisse,
Au sein de cette vallée de larmes ;
Qu'elle y songe pendant le sommeil,
Qu'elle s'en occupe pendant la veille,

Quo mundi post exilia
Coronetur in patria :
Ac in decoris gloria
Regem laudet per secula.

Harum laudum præconia,
Imitatur Ecclesia.

Dum recensentur annua
Sanctorum natalitia.

Cum post peracta prælia
Digna redduntur præmia.

Pro passione, rosea :
Pro castitate, candida.

Datur et torques aurea,
Pro doctrina catholica :

Qua præfulget Augustinus
In summi regis curia.

Cujus librorum copia
Fides firmatur unica.

Hinc et mater ecclesia
Vitat errorum devia.

Hujus sequi vestigia,
Ac prædicare dogmata,
Fide recta ac fervida,
Det nobis mater gratia.
Amen.

Afin qu'après l'exil de ce monde,
Elle soit couronnée dans la patrie,
Et que dans la gloire de sa beauté,
Elle loue son roi pendant les siècles.

L'Eglise imite sur cette terre,
La célébration de ces louanges,

En solennisant chaque année
La fête de la naissance des saints.

Quand, après les combats de la vie,
Dieu distribue à chacun sa récompense

Aux martys il donne les roses ;
Il donne le lis aux vierges.

Le collier d'or est la récompense
Des docteurs de l'Eglise.

Ce collier brille au cou d'Augustin,
Dans le palais du souverain monarque.

Il a affermi l'unité de la foi
Par ses nombreux écrits,

Qui empêchent l'Eglise notre mère
De s'égarer dans les chemins tortueux
de l'erreur.

Que la grâce notre mère nous accorde
De suivre ses pas, et de prêcher les dog-
mes
Avec une foi droite et fervente.
Amen.

XXX.

PROSE DE LA DÉCOLLATION DE SAINT JEAN-BAPTISTE.

Præcursorem summi regis
Et præconem novæ legis
Celebrat Ecclesia.

In hac luce tam festiva,
Gaude mater, et votiva,
Deprome præconia.

Hujus ortum veneremur,
Sed nec minus delectemur,
In ejus martyrio.

Totus mundus sit jocundus,
Nulli martyr hic secundus
Virtute vel præmio.

Non est nostræ parvitatis
Virum tantæ sanctitatis
Laudare per omnia.

Summa rei recitetur,
Ut affectus inflammetur
Ex ejus memoria.

Non arundo levitatis,
Sed columna veritatis
Nulla palpat crimina.

L'Eglise célèbre le précurseur
Du souverain roi et le hérault
De la loi nouvelle.

Au sein de cette lumière si joyeuse,
Réjouis-toi, ô notre mère ! et fais en-
tendre
Et tes vœux et tes louanges.

Vénérons la naissance de Jean,
Mais ne nous réjouissons pas moins
De son martyre.

Que tout le monde soit dans la joie ;
Ce martyr ne le cède à aucun autre
Pour la valeur ou pour la récompense.

Notre bassesse ne saurait
Louer suivant ses mérites
Un héros d'une si rare sainteté.

Contentons-nous d'effleurer ses lou-
anges
Pour que notre amour s'enflamme
Au souvenir du précurseur.

Il n'est point un roseau débile ;
C'est la colonne de la vérité,
Qui ne sait flatter aucun vice.

Scribas tangit et doctores,
Vocans legis transgressores
Viperæ genimina.

Il s'attaque aux Scribes, aux Docteurs,
Et appelle race de vipère
Les transgresseurs de la loi.

Arguebat hic Herodem,
Nec terretur ab eodem
Ligatus in carcere.

Il jette hardiment le blâme sur Hé-
rode,
Et ne redoute pas ce roi,
Dans les fers et dans le cachot.

Fert injuste justus pœnam,
Rem detestans tam obscœnam
Regis et adulteræ.

Juste, il est injustement puni;
Plein d'horreur pour l'adultère
Du roi et de sa concubine.

Sævit in hunc vis tyranni,
Laus accrescit hinc Joanni,
Tyranno supplicium.

La fureur du tyran se déchaîne contre
lui;
La gloire de Jean s'en accroît : supplice
Insupportable pour le tyran!

Stultus servit sapienti,
Quia justus in præsenti
Purgatur per impium.

L'insensé est utile au sage;
Car le juste, dans la vie présente,
Est éprouvé et purifié par l'injuste.

In natalis sui cœna,
Capitali plecti pœna
Joannem rex imperat.

Dans un festin qu'il donne au jour de
sa naissance,
Le roi ordonne que Jean ait la
Tête tranchée.

Speculator saltatrici,
Saltatrix dat genitrici
Caput, quod petierat.

Un envoyé donne la tête de Jean
A une danseuse; celle-ci remet à sa
Mère cette tête qu'elle avait demandée.

Crux præsignat sublimari
Christum, sed hunc minorari
Capitis abscisio.

La croix désigne que le Christ est
élevé;
La séparation de la tête de Jean de
Son corps désigne qu'il est amoindri.

Mors est justi preciosa,
Quam præcessit gloriosa
Vitæ conversatio.

La mort du juste est précieuse,
Quand elle est précédée d'une vie
Glorieusement employée.

Nos ad laudem tui, Christe,
Præcursoris et baptistæ
Colimus solennia.

C'est pour t'honorer, ô Christ! que
Nous célébrons la solennité
De ton précurseur Jean-Baptiste.

Tu nos ab hac mortis valle,
Duc ad vitam recto calle .
Per ejus vestigia.

Daigne, Seigneur, sur les traces de
Jean,
Nous conduire par le droit chemin,
De cette vallée de mort, à la vie.

Amen.

Amen.

NOTE.

STROPHE 15.

Allusion à ce mot de saint Jean-Baptiste en parlant du Christ et de lui-même : ... Illum oportet crescere, me autem minui (saint Jean, cap. III, vers 30). *Crescere* figure le genre de mort de Jésus, élevé sur la croix, et *minui* la décollation de saint Jean. Saint Grégoire, dans son homélie sur l'évangile du Samedi des quatre-temps pendant l'Avent, explique ainsi cette parole : ... Hac in re quærendum est, in quo crevit Christus, in quo minutus est Joannes? Nisi quod populus, Joannis abstinentiam videns, remotum hunc ab hominibus esse conspiciens, eum Christum esse putabat. Christum vero cum publicanis comedentem, et inter peccatores ambulantem intuens, eum non Christum, sed prophetam esse credebat. Sed cum per accessum temporis, Christus qui propheta esse putabatur, Christus est agnitus ; et Joannes qui Christus esse putabatur, propheta esse innotuit, impletum est quod de Christo suus præcursor prædixit : *Illum oportet crescere, me autem minui.* In æstimatione quippe populi et Christus crevit, et agnitus est quod erat ; et Joannes decrevit, quia cessavit dici quod non erat.

XXXI.

PROSE DE L'EXALTATION DE LA SAINTE CROIX.

Salve crux, arbor Vitæ præclara,	Salut, ô croix ! Ilustre arbre de vie,
Vexillum Christi, Thronus et ara.	Drapeau du Christ, Son trône et son autel.
O crux ! prophanis Terror et ruina,	O croix ! l'effroi Et la ruine des profanes,
Tu christianis Virtus es divina, Salus et victoria.	Tu es pour les chrétiens Une vertu divine ; Tu es leur salut, leur victoire.
Tu properantis Contra Maxentium :	Tu es la gloire de Constantin Marchant contre Maxence.
Tu præliantis Juxta Danubium Constantini gloria.	Tu es la gloire de Constantin Combattant près du Danube.
Favens Heraclio Perdis cum filio Crosdræ prophanum.	Tu favorises Héraclius, Tu perds avec son fils L'impie Chosroës.
In hoc salutari Ligno, gloriari Decet christianum.	Dans ce bois salutaire Le chrétien Doit se glorifier.
Crucis longum, latum, Sublime, profundum Sanctis propalatum, Quadrum salvat mundum Sub quadri figura.	Propagée par les saints, La croix qui, longueur, largeur, Hauteur, profondeur, sauve les quatre Coins du monde, Sous la forme d'un carré.
Medicina vera, Christus in statera Crucis est distractus, Preciumque factus, Solvit mortis jura.	Le Christ, notre vrai médecin, A été mis dans la balance de la croix ; Et, devenu le prix de notre rachat, Il a payé les droits de la mort.
Crux est nostræ Libra justitiæ.	La croix est la balance De notre justice.
Sceptrum regis, Virga potentiæ.	C'est le sceptre de notre roi, C'est la verge, symbole de la puissance.
Crux, cœlestis Signum victoriæ,	O croix ! signe De la victoire céleste,
Belli robur, Et palma gloriæ,	Force, dans la guerre, Palme de la victoire,
Tu scala, tu ratis : Tu crux desperatis Tabula suprema.	Tu es l'échelle, tu es la nef, Tu es la dernière planche de salut Pour ceux qui désespèrent, ô croix !

Tu de membris Christi
Decorem traxisti
Regum diadema.

Per te nobis, crux beata,
Crux cruore consecrata,
Sempiterna gaudia
Det superna gratia.
Amen.

PROSE DE SAINT

Jocundare plebs fidelis,
Cujus Pater est in cœlis :
Recolens Ezechielis
Prophetæ præconia.

Est Joannes testis ipsi,
Dicens in Apocalypsi :
Vere vidi, vere scripsi
Vera testimonia.

Circa thronum majestatis
Cum spiritibus beatis :
Quatuor diversitatis
Astant animalia.

Formam primum aquilinam,
Et secundum leoninam :
Sed humanam et bovinam
Duo gerunt alia.

Formæ formant figurarum
Formas evangelistarum :
Quorum imber doctrinarum
Stillat in Ecclesia.

Hi sunt Marcus et Mathæus,
Lucas, et quem Zebedeus
Pater tibi misit, Deus,
Dum laxaret retia.

Formam viri dant Mathæo,
Quia scripsit sic de Deo,
Sicut descendit ab eo,
Quem plasmavit, homine.

Lucas bos est in figura,
Ut præmonstrat in Scriptura :
Hostiarum tangens jura
Legis sub velamine.

Marcus leo per desertum
Clamans, rugit in apertum :
Iter fiat Deo certum,
Mundum cor a crimine.

Sed Joannes ala bina
Charitatis, aquilina
Forma, fertur in divina
Puriori lumine.

Ecce forma bestialis,
Quam Scriptura prophetalis
Notat, sed materialis
Hæc est impositio.

Voilà les animaux sous la figure desquels
L'Ecriture prophétique désigne les évangélistes ;
Mais c'est là une application
Toute matérielle.

Currunt rotis, volant alis,
Visus, sensus spiritalis.
Rota gressus est æqualis,
Ala, contemplatio.

La vue et le sens spirituels courent
comme emportés sur des roues,
Volent comme emportés par des ailes.
La roue désigne un pas égal,
L'aile figure la contemplation.

Quatuor describunt isti
Quadriformes actus Christi:
Et figurant, ut audisti,
Quisque sua formula.

Ces quatre évangélistes décrivent
Les quatre actions principales de la vie
du Christ,
Et les figurent chacune sous sa forme
particulière,
Comme tu as pu le voir.

Natus homo declaratur:
Vitulus sacrificatur,
Leo mortem deprædatur:
Sed ascendit aquila.

Homme, il est reconnu ;
Veau, il est sacrifié ;
Lion, il ravit sa proie à la mort ;
Aigle, il s'élève dans les cieux.

Paradisus his rigatur,
Viret, floret, fœcundatur:
His abundat, his lætatur
Quatuor fluminibus.

Par ces évangélistes,comme par quatre
fleuves, le paradis est arrosé,
Par eux il verdit, il regorge de fruits;
C'est d'eux qu'il reçoit tous ses agréments.

Fons est Christus, hi sunt rivi,
Fons est altus, hi proclivi,
Ut saporem fontis vivi
Ministrent fidelibus.

Le Christ est la source; ils sont les
ruisseaux ;
La source est élevée, les ruisseaux sont
en pente
Pour faire goûter aux fidèles la saveur
De la source de vie.

Quorum trahat nos doctrina
Vitiorum a sentina :
Ne sic morte repentina
Damnemur cum impiis.

Puisse leur doctrine nous retirer
De la sentine des vices,
Afin que, par une mort subite,
Nous ne soyons pas condamnés avec les
impies.

Horum fonte debriatis
Sitis crescat charitatis:
Ut supernæ claritatis
Perfruamur gaudiis.
Amen.

Que la soif de la charité croisse en nous,
Quand nous nous écartons de leur source,
Afin que nous jouissions des joies
De la céleste charité.
Amen.

XXXIII.

PROSE DE SAINT MICHEL.

Laus erumpat ex affectu :
Psallat chorus in conspectu
Supernorum civium.

Que la louange s'échappe de nos ames ;
Que le chœur fasse entendre des concerts
En présence des citoyens du ciel.

Laus jocunda, laus decora,
Quando laudi concanora
Puritas est cordium.

La louange est douce, la louange est
belle,
Quand au concert de louanges s'unit le
concert
De la pureté des cœurs.

Michaelem cuncti laudent :
Nec ab hujus se defraudent
Diei lætitia.

Que tous louent Michel;
Que personne ne s'abstienne et ne se
　prive
De la joie de ce beau jour.

Fœlix dies, qua sanctorum
Recensetur angelorum
Solennis victoria.

Heureux jour, où l'on fait mémoire
De la victoire
Des saints anges.

Draco vetus exturbatur :
Et draconis effugatur
Inimica legio.

L'antique dragon est rejeté,
Et la légion ennemie du dragon
Est mise en fuite.

Exturbatus est turbator :
Et projectus accusator
A cœli fastigio.

Le perturbateur est chassé;
L'accusateur est précipité
Des sommets du ciel.

Sub tutela Michaelis
Pax in terra, pax in cœlis,
Laus et jubilatio.

Sous la protection de Michel,
La paix est sur la terre, la paix est dans
　les cieux.
Faisons entendre nos louanges et nos
　jubilations.

Cum sit potens hic virtute,
Pro communi stans salute
Triumphat in prælio.

Michel, puissant par sa vertu,
Veille pour le salut de tous,
Et triomphe dans le combat.

Suggestor sceleris
Pulsus a superis,
Per hujus aeris
Oberrat spatia.

L'inspirateur des crimes,
Chassé des demeures célestes,
Erre à travers les champs de l'air.

Dolis invigilat,
Virus insibilat :
Sed hunc adnihilat
Præsens custodia.

Sa ruse est toujours en éveil,
Il souffle son noir venin;
Mais la présence du gardien
Réduit à néant ses efforts.

Tres distinctæ hierarchiæ
Jugi vacant theoriæ,
Jugique psalterio.

Trois hiérarchies distinctes
Sont occupées à une éternelle contem-
　plation (de Dieu)
Et à des chants continuels.

Nec obsistit theoria,
Sive jugis harmonia,
Jugi ministerio.

Mais ni la contemplation divine,
Ni leur éternelle harmonie
Ne les empêchent de remplir leur mi-
　nistère incessant.

O quam miræ charitatis
Est supernæ civitatis
Ter trina distinctio!

ᶠ O combien est admirable la charité des
Neuf ordres des anges
De la cité céleste!

Quæ nos amat ét tuetur,
Ut ex nobis restauretur,
Ejus diminutio.

Ils nous aiment et nous protègent,
Afin de réparer par nous,
Les brèches faites à leur céleste pha-
　lange.

Sicut sunt hominum
Diversæ gratiæ :
Sic erunt ordinum
Distinctæ gloriæ
Justis in præmio.

De même que tous les hommes
N'ont pas tous la même grâce,
Ainsi les justes, en récompense,
Ne recevront pas tous le même degré de
　gloire.

Solis est alia
Quam lunæ dignitas.
Stellarum varia
Relucet claritas,
Sic resurrectio.

Autre est l'éclat du soleil,
Autre est la splendeur de la lune,
Et les étoiles ne brillent pas
Toutes de la même clarté:
Il en sera ainsi à la résurrection.

Vetus homo novitati,
Se terrenus puritati
Conformet cœlestium.

Que le vieil homme et l'homme ter-
restre
Se modèlent sur la jeunesse et la pureté
Des esprits célestes.

Cœqualis his futurus :
Licet nondum plene purus
Spe præsumat præmium.

Il doit devenir leur égal ;
Quoiqu'il ne soit pas encore entièrement purifié ;
Qu'il savoure en espérance cette récompense future.

Ut ab ipsis adjuvemur,
Hos devote veneremur
Instantes obsequio.

Vénérons dévotement ces esprits ;
Persévérons dans leur obéissance,
Afin qu'ils nous viennent en aide.

Deo nos conciliat
Angelisque sociat
Syncera devotio.

La sincère dévotion
Nous concilie Dieu
Et nous associe à ses anges.

De secretis reticentes
Interim cœlestibus :
Erigamus puras mentes
In cœlum cum manibus.

Tout en gardant le silence
Sur les mystères célestes,
Elevons vers les cieux, et nos cœurs et
nos mains,

Ut superna nos dignetur
Cohæredes curia :
Et divina collaudetur
Ab utrisque gratia.

Afin que nous soyons trouvés dignes
D'être les cohéritiers des demeures éthé-
rées,
Et que les hommes, unis aux anges,
Chantent dans un même concert les cé-
lestes faveurs.

Capiti sit gloria,
Membrisque concordia.
Amen.

Gloire soit à notre chef,
Et que la concorde règne parmi ses
membres.
Amen.

XXXIV.

PROSE DE SAINT DENYS, L'ARÉOPAGITE,

APÔTRE ET PREMIER ÉVÊQUE DE PARIS.

Gaude prole, Græcia,
Glorietur Gallia
Patre Dionysio.

Grèce, réjouis-toi à cause de ton fils,
Et que la Gaule soit fière
De Denys qui fut son père.

Exultet uberius
Felici Parisius
Illustris martyrio.

Que Paris surtout témoigne ses transports,
Paris, célèbre par son martyre fécond.

Speciali gaudio
Gaude, felix concio,
Martyrum præsentia.

Heureuse assemblée,
Réjouis-toi spécialement
De la présence des martyrs.

Quorum patrocinio
Tota gaudet regio,
Regni stat potentia.

C'est sur leur patronage
Qu'est fondée la joie de toute la contrée
Et la puissance du royaume.

Juxta patrem positi
Bellatores inclyti
Digni sunt memoria.

Placés auprès de leur père,
Ces guerriers illustres
Se rendent dignes de mémoire.

Sed illum præcipue
Recolit assidue
Regalis Ecclesia.

Mais c'est surtout la royale basilique,
Qui rend à Denys un culte assidu.

Hic a summo præsule
Directus in Galliam
Non gentis incredulæ
Veretur insaniam.

Envoyé dans les Gaules
Par le pontife romain,
D'une incrédule nation
Il ne redoute pas l'aveugle fureur.

Gallorum apostolus
Venerat Lutetiam
Quam tenebat subdolus
Hostis velut propriam.

L'apôtre des Gaulois
Etait venu à Lutèce
Que l'ennemi rusé occupait
Comme son légitime héritage.

Hic errorum cumulus
Et omnis spurcitia,
Hic infelix populus,
Gaudens idololatria,

Là grouillaient toutes les erreurs
Et toutes les impuretés;
Là un peuple infortuné
Mettait sa joie dans l'idolâtrie.

Adorabat idolum
Fallacis Mercurii,
Sed vicit diabolum
Fides Dionysii.

Il adorait l'idole
Du voleur Mercure;
Mais le diable est vaincu
Par la foi de Denys.

Hic constructo Christi templo,
Verbo docet et exemplo,
Coruscat miraculis.

Il construit un temple en l'honneur
du.Christ;
Il enseigne par ses paroles, il enseigne
par ses exemples
Et brille par ses miracles.

Turba credit, error cedit,
Fides crescit et clarescit
Nomen tanti præsulis.

La foule croit, l'erreur cède;
La foi croît, et le nom
D'un si grand prélat devient illustre.

His auditis, fit insanus
Immitis Domitianus
Mittitque Sisinnium,

A cette nouvelle, entre en fureur
L'impitoyable Domitien;
Il envoie Sisinnius à Lutèce,

Qui pastorem animarum,
Fide, vita, signis clarum,
Trahat ad supplicium.

Pour qu'il traîne au supplice
Le pasteur des ames, illustre par sa foi,
Sa vie et ses miracles.

Infliguntur seni pœnæ,
Flagra, carcer, et catenæ :
Catastam, lectum ferreum
Et æstum vincit igneum.

On fait souffrir au vieillard
Le supplice du feu, du cachot et des
chaines;
Il se montre vainqueur du pilori, du
lit de fer
Et de la chaleur du feu.

Prece domat feras truces,
Sedat rogum, perfert cruces,
Post clavos et patibulum
Translatus ad ergastulum.

Par ses prières il dompte les bêtes fé-
roces;
Il éteint le bûcher, il supporte les croix;
Après le supplice des clous et du gibet,
On le transporte dans la prison des
esclaves.

Seniore celebrante
Missam, turba circumstante
Christus adest, comitante
Cœlesti frequentia.

Pendant que le vénérable pontife
Célèbre la messe, entouré de la foule,
Le Christ apparaît accompagné de sa
cour céleste.

Specu clausum carcerali
Consolatur et vitali
Pane cibat immortali
Coronandum gloria.

Il console Denys renfermé dans une
caverne qui lui sert de cachot,
Et il nourrit du pain de vie
Celui qu'il va couronner d'une immortelle gloire.

Prodit martyr conflicturus,
Sub securi stat securus;
Ferit lictor, sicque victor
Consummatur gladio.

Le martyr s'avance au combat;
Il est paisible sous le tranchant de la ha-
che.
Le licteur frappe, et le vainqueur con-
somme
Par le glaive son sacrifice.

Se cadaver mox erexit, Truncus truncum caput vexit Quod ferentem huc direxit Angelorum legio.	Aussitôt son cadavre se leva; Le tronc porta la tête tranchée, Et pendant qu'il la portait Le chœur des anges le dirigea.
Tam præclara passio Repleat nos gaudio. Amen.	Qu'un martyre aussi illustre Nous comble de joie. Amen.

NOTES.

STROPHE 3.

Apostrophe à l'abbaye de Saint-Denys.

STROPHE 6.

Dans le propre de l'abbaye de Saint-Denys, cette strophe est ainsi conçue :

> Sed istum præcipue
> Recolis assidue,
> Regalis Ecclesia.

L'auteur s'y adresse plus directement, par un vocatif, à l'Eglise abbatiale.

STROPHE 20.

Cette strophe se trouve aussi transcrite ailleurs de la manière suivante :

> Se cadaver mox erexit,
> Truncus truncum caput vexit,
> Quo ferente hoc direxit
> Angelorum concio.

La strophe de la prose ci-dessus transcrite convient exclusivement à l'Eglise abbatiale.

Les nouveaux Missels de Paris, depuis plus de cent cinquante ans, présentent la même prose remaniée en plusieurs endroits et diminuée en grande partie.

Première strophe :
 Au lieu de:

> Exultet Ecclesia
> Dum triumphat Gallia,
> Gaude prole, Græcia,
> Glorietur Gallia, etc.

La seconde strophe reste la même que l'ancienne.
La 3° est ainsi conçue :

> Dies festus agitur
> Quo trium recolitur
> Martyrum victoria.

Les strophes 9 et 10 ont été supprimées.
La 13°, où il est parlé de Domitien, remplace *Immitis Domitianus* par *Imperator inhumanus* (Dèce).
Les 15°, 16°, 17° et 18° strophes sont nouvelles, excepté les deux premiers vers de la 15°.

Infliguntur seni pœnœ,
Flagra , carcer et catenæ,
Invicta sed constantia
Tormenta vincit omnia.

Recordatus emensorum
Fortis athleta laborum,
Per nova gaudens prælia,
Æterna quærit præmia.

Immolati vir beatus
Agni carne saginatus
Et præsenti roboratus
Ad certamen numine,

Quem sermone prædicavit
Mille signis quam probavit
Hanc signare festinavit
Fuso fidem sanguine.

Enfin, l'avant-dernière strophe est remplacée par celle-ci qui rapporte le martyre des saints Rustique et Eleuthère, compagnons de saint Denys:

Administri qui sacrorum
Consortes fiunt laborum
  Consecrantur,
  Coronantur,
Uno tres martyrio.

Et pourquoi tous ces absurdes remaniements? Pour soutenir on ne sait quelle distinction entre saint Denys l'Aréopagite que, jusqu'au XVIIe siècle, on avait reconnu pour l'apôtre et le premier évêque de Paris, et un autre saint Denys, dont on n'a jamais bien pu éclaircir les droits au siége de Paris et au titre de son premier apôtre. Mais c'est surtout parce qu'à certains critiques jansénistes ou philosophes, les nombreux tourments énumérés dans la vieille séquence et plusieurs miracles, entre autres celui de la communion donnée par le Christ lui-même à son martyr et le portement de sa tête coupée par le même martyr, répugnaient on ne peut plus. Pauvres gens, petits esprits! qui, dans le contrôle qu'ils faisaient des miracles, semblaient avoir pris à tâche de dire à Dieu : « Tu n'iras pas plus loin. » Ces critiques, dont on fait de plus en plus justice, seront réduits un jour à leur juste importance, quand aura paru le lumineux travail que prépare M. l'abbé Fayon , de Saint-Sulpice, pour prouver l'authenticité de la tradition constante de l'Eglise romaine, qui fait de saint Denys l'Aréopagite le premier apôtre et le premier évêque de Paris.

L'office de saint Denys, propre à l'abbaye de ce nom, était en latin et en grec : nous donnons ici la *version* grecque de la prose d'Adam de Saint-Victor, dont elle est la reproduction littérale. Nous l'insérons telle qu'elle existe dans l'office de Saint-Denys, imprimé à Paris dans les deux langues, en 1777.

Ἑλλὰς ἐν τέκνῳ χαῖρε·
Γαλλία περίσσευε
Ἐν πατρὶ Διονύσῳ.

Ἀγαλλιάσθω πλέον
Παρισιος εὐσχήμων
Ὁσίου τῷ θανάτῳ.

Χαρὰν μείζονα χαίρῃ
Εὐδαίμων συνουσιη
Μαρτύρων παρουσίᾳ.

Ἐφ' ὧν συνηγορίη
Πᾶσα καυχᾶται χώρη ,
Ἀρχῆς ἐστιν οὐσία.

Πρὸς γονῆα κείμενοι
Στρατιῶται δόκιμοι
Μνήμης λάχον ἄξια.

Ἀλλὰ τουτονὶ πάντῶς
Σέβεται διηνεκῶς
Βασιλὶς Ἐκκληδία.

Ἀπὸ τ'Ἀρχιερέως
Πεμφθεὶς εἰς Γαλατιαν,
Ἀπίστου τοῦ ἔθνεος
Οὐ φοβεῖται μανίαν.

Ὁ Γάλλων Ἀπόστολος
Ἦλθεν εἰς Λουτηκιαν
Ἦν κατέσχε δόλιος
Ἐχθρός ὡς τήν ἴδιαν.

Τὸν τοῦ Χριστοῦ ναὸν κτίζει,
Ἅπασιν εὐαγγελίζει,
Τοίς σημείοις φανηρός.

Ὄχλος πιστεῖ, πλάνη φεύγει
Πίστις αὔξει, καὶ αυγάζε·
Τ' οὔνομ' Ἀρχιερέως.

Πυθέμενος δὲ μαίνεται
Δομίτιος, καὶ πέμπεται
Ἄφρονα Σισίννιον.

Ος ἕλκει ποιμένα ψυχῶν,
Σωη, τέρασιν ἔνδοξον,
Εἰς τὸ δεσμωτήριον.

Πρεσβύτερος πάσχει δικας·
Φυλακήν, δησμὰ, μάστιγας
Λύσας, στρῶμα τὸ σιδηρὸν,
Νικᾶ καῦσον ἔμπυρον.

Εὐχη δαμάζει θηρία,
Σταυρὸν ἔτλη, καὶ τὰ πῦρα,
Μετὰ πληγὰς ἐς σκοτεινόν
Ἄγεται τὸ σπήλαιον.

Πρεσβυτέρου λειτουργοῦντος,
Τοῦ ὄχλου περιεστῶτος,
Χριστὸς ἦλθε, περιόνθος
Οὐρανίης στρατίας.

Ἄρτω ζωῆς δεδεσμένον
Εσόσκησε τὸν ἅγιον,
Δόξης κοινωνησόμενον
Εν πόλω ἀϊδίης.

Ἵεται μαχησόμενος,
Ὑπὸ τὸ ξίφος ἄφοσος,
Ὁ μὲν παίων, ὁ δὲ νικῶν
Στεφανοῦται μαχάρα.

Αὐτό νεκρὸν ἀνέστησε
Κολοβός κεφαλήν ἦρε,
Οὗ φερόντα προσήγαγε
Ἀγγέλων συνουσία.

Ὅσιον τὸ πάθημα
Ὑμνῶμεν εἰς αἰῶνα. Ἀμήν.
Ἀλλελούια.

Les strophes 9 et 10 ayant toujours manqué dans le propre de saint Denys, nous ne les trouvons pas traduites en grec ailleurs.

XXXV.

PROSE DE SAINT LUC, ÉVANGÉLISTE.

Psallat chorus corde mundo :
Hos attollat, per quos mundo
Sonant evangelia.

Voce quorum salus fluxit :
Nox recessit, et illuxit
Sol illustrans omnia.

Curam agens sui gregis
Pastor bonus, author legis,
Quatuor instituit.

Que le chœur, avec un cœur pur,
Chante et célèbre les louanges de ceux
Par qui l'Evangile retentit dans le monde.

C'est de leur bouche que découla le salut.
A leur voix, la nuit se dissipa
Et le soleil brilla, éclairant tout de sa lumière.

Prenant soin de son troupeau,
Le bon pasteur, l'auteur de la loi,
Institua quatre évangélistes. ıı.

Quadri orbis ad medelam
Formam juris et cautelam,
Per quos scribi voluit.

Pour guérir les quatre points du
monde,
Il voulut qu'ils écrivissent
La forme de la loi avec sa sanction.

Circa thema generale,
Habet quisque speciale,
Styli privilegium.

Sur un sujet général,
Chacun d'eux a le privilège
Spécial du style,

Quod præsignat in propheta,
Forma pictus sub discreta
Vultus animalium.

Privilège désigné dans le prophète,
Où chacun est figuré sous la forme distincte d'un animal.

Supra cœlos dum conscendit,
Summi Patris comprehendit
Natum ante secula.

Jean, s'élevant au-dessus des cieux,
Comprend le mystère du Fils du Père
Eternel, né avant les siècles.

Pellens nubem nostræ molis
Intuetur jubar solis,
Joannes in aquila.

Dissipant la nuée de la chair qui nous
appesantit,
Semblable à l'aigle, il fixe la splendeur
du soleil.

Est leonis rugientis
Marco vultus, resurgentis
Quo claret potentia.

Marc a l'extérieur d'un lion rugissant,
Pour marquer la puissance
Du Christ ressuscitant.

Voce Patris excitatus
Surgit Christus : laureatus
Immortali gloria.

Réveillé par la voix de son Père,
Le Christ ressuscite,
Couronné d'une immortelle gloire.

Os humanum est Mathæi :
In humana forma, Dei
Dictantis prosapiam.

Mathieu a la figure humaine,
Lui qui fait l'histoire de la généalogie
de Dieu,
Sous la forme humaine.

Cujus genus sic contexit,
Quod à stirpe David exit
Per carnis materiam.

Il a tissé cette généalogie de telle sorte,
Qu'il commence à la souche de David,
Pour aboutir au Christ, de filiation en
filiation.

Ritus bovis Lucæ datur :
In qua forma figuratur
Nova Christus hostia.

Luc ressemble au bœuf, et sous cette
forme
Est figuré le Christ,
La victime nouvelle.

Ara crucis mansuetus
Hic mactatur, sicque vetus
Transit observantia.

Sur l'autel de la croix,
Le Christ, paisible agneau, est immolé,
Et là se termine l'antique observance.

Paradisi hæc fluenta,
Nova pluunt sacramenta,
Quæ descendunt cœlitus.

Ces fleuves du paradis font pleuvoir
De nouveaux sacrements
Qui descendent des cieux.

His quadrigis deportatur
Mundo Deus : sublimatur
Istis arca vectibus.

C'est sur ce char attelé de quatre chevaux,
Que le Christ fait le tour du monde;
C'est sur ces bases nouvelles que l'arche
est élevée désormais.

Non est domus ruitura
Hac subnixa quadratura,
Hæc est domus Domini.

Elle ne menace pas ruine,
La maison qui est appuyée sur ces quatre
colonnes;
Cette maison est la maison du Seigneur.

Gloriemur in hac domo,
Qua beate vivit homo,
Deo junctus homini.

Félicitons-nous d'être dans cette mai-
son,
Où l'homme, réuni à l'Homme-Dieu,
Vit dans le bonheur.

Amen.

Amen.

XXXVI.

PROSE DE TOUS LES SAINTS.

Supernæ matris gaudia
Repræsentet Ecclesia.

Que l'Eglise représente en ce jour
Les joies de l'Eglise triomphante, sa
mère céleste.

Dum festa colit annua,
Suspiret ad perpetua.

En célébrant cette fête annuelle,
Qu'elle élève ses soupirs vers les fêtes
éternelles.

In hac valle miseriæ
Mater succurrat filiæ.

Dans cette vallée de misère,
Que la mère vienne au secours de la fille.

Hic cœlestes excubiæ
Nobiscum stent in acie.

Qu'ici les célestes sentinelles
Se tiennent rangées en bataille avec
nous.

Mundus, caro, dæmonia,
Diversa movent prælia.

Le monde, la chair et les démons
Nous livrent des combats divers.

Incursu tot phantasmatum
Turbatur cordis sabbatum.

Le sabbat du cœur est troublé
Par l'attaque de tant de fantômes.

Dies festos cognatio
Simul hæc habet odio.

Toute cette race d'ennemis
A les jours de fête en horreur,

Certatque pari fœdere
Pacem de terra tollere.

Et cherche par une alliance intime,
A enlever la paix à cette terre.

Confusa sunt hic omnia :
Spes, metus, mœror, gaudium.

Ici-bas, se croisent à la fois,
L'espoir, la crainte, la tristesse et la joie.

Vix hora vel dimidia
Fit in cœlo silentium.

A peine le silence dans le ciel
Dure-t-il une demi-heure.

Quam fœlix illa civitas,
In qua jugis solennitas.

Qu'elle est heureuse cette cité
Où se célèbrent de continuelles fêtes !

Et quam jucunda curia,
Quæ curæ prorsus nescia.

Qu'elle est heureuse cette cour céleste,
Qui ne connaît pas l'ombre des soucis
dévorants !

Nec languor hic nec senium,
Nec fraus, nec terror hostium,
Sed una vox lætantium
Et unus ardor cordium.

Là, on ne voit ni langueur, ni vieillesse,
Ni fraude, ni crainte de l'ennemi ;
On n'y entend que la voix des bienheureux dans la joie ;
On n'y voit que l'amour, dont les cœurs
sont embrasés.

Illic cives angelici
Sub hierarchia triplici,
Trinæ gaudent et simplici
Se monarchiæ subjici.

Là, les citoyens angéliques,
Sous une triple hiérarchie,
Se réjouissent d'être soumis
A une monarchie triple et une tout à
la fois.

Mirantur nec deficiunt
In illum, quem prospiciunt,
Fruuntur nec fastidiunt
Quo frui magis sitiunt.

Ils admirent sans défaillir
Celui vers lequel ils tournent leurs re-
gards ;
Ils jouissent sans satiété de Celui
Qu'ils brûlent de plus en plus de pos-
séder.

Illic patres dispositi
Pro qualitate meriti,
Semota jam caligine
Lumen vident in lumine.

Là, les pères sont placés
Suivant leurs mérites ;
Et alors, loin des ténèbres,
Ils voient la lumière dans la lumière.

Hi sancti, quorum hodie
Recensentur solennia,

Nunc revelata facie
Regem cernunt in gloria.

Illic regina virginum
Transcendens culmen ordinum,

Excuset apud Dominum
Nostrorum lapsus criminum.

Nos ad sanctorum gloriam
Per ipsorum suffragia,

Post præsentem miseriam
Christi perducat gratia.
Amen.

Ces saints, dont en cette solennité
Nous célébrons la mémoire,

Maintenant voient face à face
Le grand roi, au sein de sa gloire.

Daigne la reine des vierges,
Placée au-dessus de tous les ordres,

Excuser nos chutes et nos crimes
Auprès du Seigneur.

Puisse, à la gloire des saints
Et au moyen de leurs suffrages,

Nous conduire la grâce du Christ,
Après les misères du temps.
Amen.

XXXVII.

PROSE DE SAINT MARTIN.

Gaude, Sion, quem diem recolis :
Qua Martinus compar apostolis
Mundum vincens, junctus cœlicolis
   Coronatur.

Hic Martinus pauper et modicus,
Servus prudens, fidelis villicus :
Cœlo dives, civis angelicus
   Sublimatur.

Hic Martinus jam catechumenus
Nudum vestit, et nocte protinus
In sequenti, hac veste Dominus
   Est indutus.

Hic Martinus spernens militiam,
Inimicis inermis obviam
Ire parat, baptismi gratiam
   Assecutus.

Hic Martinus dum offert hostiam,
Intus ardet per Dei gratiam.
Super sedens apparet etiam
   Globus ignis.

Hic Martinus qui cœlum reserat,
Mari præest et terris imperat;
Morbos sanat et monstra superat
   Vir insignis.

Hic Martinus nec mori timuit :
Nec vivendi laborem respuit,
Sicque Dei se totum tribuit
   Voluntati.

Réjouis-toi, Sion, tu célèbres le jour
Où Martin, égal aux apôtres,
Vainqueur du monde et associé aux ha-
   bitants du ciel,
Est couronné.

Martin fut pauvre et modeste,
Serviteur prudent, intendant fidèle;
Maintenant riche dans les cieux et le
   concitoyen des anges,
Il est élevé au faîte de la gloire.

N'étant que simple catéchumène,
Martin partage son manteau avec un
   pauvre, nu,
Et la nuit suivante, le Seigneur
Se revêt de ce vêtement.

Plein de dédain pour la milice de la
   terre,
Martin se prépare à marcher sans ar-
   mes à
L'ennemi, après avoir obtenu
La grâce du baptême.

Martin, en offrant l'hostie,
Est consumé d'un feu caché, par la
   grâce divine,
Et même au-dessus de sa tête
Plane un globe de feu.

Ce Martin, pour qui le ciel n'a pas
   de secrets,
Commande à la mer, commande à la
   terre,
Guérit les maladies, dompte les monstres,
Enfin est un vivant prodige.

Ce Martin ne craignit pas la mort;
Il ne chercha pas à se soustraire au
   fardeau de la vie,
Et ainsi il s'abandonna tout entier
A la volonté de Dieu.

Hic Martinus qui nulli nocuit,
Hic Martinus qui cunctis profuit,
Hic Martinus qui trinæ placuit
    Majestati.

Hic Martinus cujus est obitus
Severino per visum cognitus :
Dum cœlestis canit exercitus
    Dulce melos.

Hic Martinus cujus Sulpitius
Vitam scribit : astat Ambrosius
Sepulturæ, nil sibi conscius
    Intrat cœlos.

O Martine, pastor egregie,
O cœlestis consors militiæ,
Nos a lupi defendas rabie
    Sævientis.

O Martine, fac nunc quod gesseras :
Deo preces pro nobis offeras.
Esto memor, quam nunquid deseras,
    Tuæ gentis.

Amen.

Ce Martin qui ne nuisit à personne,
Ce Martin qui fut utile à tout le monde,
Ce Martin qui sut plaire
A la triple majesté,

Ce Martin dont le trépas
Fut connu de Séverin par une vision,
Et qui mourut en se livrant
Aux doux chants de la céleste milice,

Ce Martin dont Sulpice a écrit la vie,
A la sépulture duquel assiste Ambroise,
Sans s'expliquer par quel moyen,
Pénètre aux cieux.

O Martin, pasteur illustre,
O compagnon de la milice céleste,
Protège-nous contre la rage
Du loup furieux.

O Martin, fais maintenant ce que tu
    as fait jadis ;
Offre pour nous des prières à Dieu ;
Souviens-toi de ta patrie,
Pourrais-tu l'abandonner ?
Amen.

XXXVIII.

PROSE DE SAINTE CATHERINE.

Vox sonora nostri chori
Nostro sonet conditori,
Qui disponit omnia.

Per quem dimicant imbelles,
Per quem datur et puellis
De viris victoria.

Per quem plebs alexandrina
Fœmine non fœminina
Stupuit ingenia.

Cum beata Catharina
Doctos vinceret doctrina,
Ferrum patientia.

Hæc ad gloriam parentum,
Pulchrum dedit ornamentum
Morum privilegia.

Clara per progenitores
Claruit per sacros mores
Ampliori gratia.

Florem teneri decoris,
Lectionis et laboris
Attrivere studia.

Nam perlegit disciplinas
Seculares et divinas,
In adolescentia.

Que la voix éclatante de notre chœur
Résonne en l'honneur de notre Créateur,
Qui dispose toutes choses.

Par lui les faibles sont fortifiés au
    combat,
Par lui de faibles jeunes filles
Remportent la victoire sur les hommes.

C'est en lui que le peuple d'Alexandrie
A admiré, plein d'étonnement,
L'esprit d'une femme qui n'avait rien
    de la femme,

Lorsque la bienheureuse Catherine
Vainquit par sa doctrine les docteurs,
Et émoussa le fer par sa patience,

Elle ajouta à la gloire de ses parents
Un bel ornement,
Le privilège des mœurs.

Illustre par sa naissance,
Elle s'illustra par ses saintes mœurs,
Plus ample don encore.

L'application de cette jeune vierge
A la lecture et au travail
Avait fané la fleur de sa tendre beauté ;

Car elle lut et relut les enseignements
De la doctrine du siècle et de celle de
    Dieu,
Dans son adolescence.

Vas electum, vas virtutum
Reputavit sicut lutum
Bona transitoria.

Et reduxit in contemptum
Patris opes et parentum
Larga patrimonia.

Vasis oleum includens,
Virgo sapiens et prudens,
Sponso pergit obvia.

Ut adventus ejus hora
Præparata, sine mora
Intret ad convivia.

Sistitur imperatori :
Cupiens pro Christo mori,
Cujus in præsentia,

Quinquaginta sapientes,
Mutos reddit et silentes
Virginis facundia.

Carceris horrendi claustrum,
Et rotarum triste plaustrum,
Famem et jejunia,

Et quæcunque fiunt ei,
Sustinet amore Dei,
Eadem ad omnia.

Torta superat tortorem,
Superat imperatorem
Fœminæ constantia.

Cruciatur imperator,
Quia cædit cruentator,
Nec valent supplicia.

Tandem capite punitur :
Et dum morte mors finitur,
Vitæ subit gaudia.

Angelis mox fuit curæ,
Dare corpus sepulturæ
Terra procul alia.

Oleum ex ipsa manat,
Quod infirmos multos sanat
Evidenti gratia.

Bonum nobis dat unguèntum,
Si per suum interventum
Nostra sanat vitia.

Gaudens ipsa videat
De se præsens gaudia :
Et futura præbeat,
Quæ dedit præsentia.

Et hic nobis gaudeat,
Nos illi in gloria.

Amen.

Vase d'élection, vase des vertus,
Elle regarda comme de la boue
Les biens passagers de ce monde,

Et réduisit en objets méprisables
Les richesses de son père
Et le patrimoine étendu de sa famille.

Cette vierge, sage et prudente,
Mit de l'huile dans sa lampe
Et marcha au-devant de l'Époux,

Afin que prête à l'heure de sa venue,
Elle pût s'asseoir au banquet divin
Sans aucun retard.

Elle paraît devant l'empereur
Pleine du désir de mourir pour le Christ,
Et ce fut en sa présence

Qu'elle rendit muets et silencieux
Cinquante savants et sages,
Par son éloquence virginale.

L'encèinte d'un horrible cachot
Et le triste lit des roues,
La faim et le jeûne,

Et toutes les tortures qu'on lui fait
éprouver,
Elle les soutient pour l'amour de Dieu,
Sans se démentir en rien.

Torturée, elle a vaincu le tortureur,
Elle a vaincu l'empereur
Par sa constance de femme.

L'empereur est en proie à la rage,
Parce que le bourreau a faibli,
Et que les supplices ne sont d'aucun
effet.

Enfin, on lui tranche la tête, pour la
punir :
Alors, cette vie qui n'est qu'une mort,
étant terminée par la mort,
Elle s'élance vers les joies de la vie véritable.

Aussitôt les anges s'empressent
D'ensevelir son corps,
Loin de cette terre étrangère et enne-
mie.

Une huile découle de son corps,
Qui guérit beaucoup de malades
Par une grâce évidente.

Catherine nous donne ce baume ex-
cellent,
Lorsque par son intervention
Dieu nous guérit de nos vices.

Pleine de joie, qu'elle voie
Et considère la joie qu'elle nous cause,
Et qu'elle nous accorde
Ce qu'elle accorda de son vivant.

Qu'elle se réjouisse avec nous ici-bas,
Et nous, puissions-nous nous réjouir
avec elle dans la gloire.
Amen.

V. — MISCELLANEA.

I.

PROSE DE LA BIENHEUREUSE VIERGE

PENDANT L'AVENT DU SEIGNEUR;

par Pierre ABEILARD.

Mittit ad virginem
Non quemvis angelum :
Sed fortitudinem
Suum archangelum
Amator hominis.

Fortem expediat
Pro nobis nuncium;
Naturæ faciat
Ut præjudicium
In partu virginis.

Naturam superet
Natus rex gloriæ :
Regnet et imperet,
Et zima scoriæ
Tollat de medio.

Superbientium
Terat fastigia :
Colla sublimium
Calcet vi propria
Potens in prælio.

Foras ejiciat
Mundanum principem :
Secumque faciat
Matrem participem
Patris imperii.

Exi qui mitteris
Hæc dona dicere :
Revela veteris
Velamen literæ
Virtute nuncii.

Accede, nuncia,
Dic ave cominus :
Dic plena gratia :
Dic tecum Dominus,
Et dic, ne timeas.

Virgo, suscipias
Dei depositum :
In quo perficias
Casta propositum,
Et votum teneas.

Dieu qui aimes tant les hommes,
Envoie à la Vierge pure
Non un ange quelconque,
Mais celui qui représente sa force,
L'archange Gabriel.

Qu'il envoie pour nous
Son ange le plus fort,
Qu'il fasse comme un préjudice
Aux lois de la nature,
Dans l'enfantement de la Vierge.

Qu'il triomphe de la nature,
Celui qui est né le roi de gloire,
Qu'il règne et commande
Et qu'il fasse disparaître du milieu de
    nous
Le levain de l'impureté.

Qu'il foule aux pieds le trône des su-
    perbes,
Qu'il marche en vertu de sa force
Sur le cou des orgueilleux,
Lui qui est puissant dans les combats.

Qu'il chasse au dehors
Le prince de ce monde,
Et qu'il fasse participer sa mère
A l'empire de son Père céleste.

Viens, toi qui es chargé
De nous annoncer ces présents,
Soulève le voile de la lettre antique,
En vertu de ton message.

Approche, messager,
Approche et dis : « Je te salue, »
Dis à la Vierge qu'elle est pleine de
    grâce,
Dis-lui : « Le Seigneur est avec toi, »
Et ajoute : « Ne crains rien. »

Vierge, reçois
Le dépôt que Dieu te confie;
Vierge chaste, mets à exécution
Ta résolution,
Et garde ta promesse.

Audit et suscipit
Puella nuncium :
Credit et concipit,
Et parit filium,
Sed admirabilem.

La vierge entend et reçoit
Le messager;
Elle croit à ses paroles et conçoit,
Et elle enfante un fils;
Mais ce fils est l'admirable.

Consiliarium
Humani generis :
Deum et hominem
Et patrem posteris :
In pace stabilem.

Il est le conseiller
Du genre humain ;
Dieu et homme,
Père de sa postérité,
Stable dans la paix.

Cujus stabilitas
Nos reddat stabiles :
Ne nos labilitas
Humana labiles
Secum præcipitet.

Que sa stabilité
Etablisse la nôtre,
De peur que la légèreté humaine
Ne nous entraîne avec elle,
Nous qui sommes si fragiles.

Sed dator veniæ
Concessa venia,
Per matrem gratiæ
Obtenta gratia
In nobis habitet.

Mais que celui qui donne le pardon,
Nous ayant pardonné,
Lorsque nous aurons obtenu la grâce
Par le canal de la Mère de grâce,
Daigne habiter parmi nous.

Natura premitur
In partu virginis.
Rex regum nascitur :
Vim celans numinis,
Sed rector superum.

La nature est accablée
Dans l'enfantement de la Vierge;
Le Roi des rois vient au monde,
Voilant la puissance de sa divinité :
Pourtant il est le roi des cieux.

Qui nobis tribuat
Peccati veniam ;
Reatus deleat,
Donet et patriam
In arce siderum.
Amen.

Qu'il daigne nous accorder
Le pardon du péché,
En faire disparaître les suites
Et nous accorder la patrie
Dans la citadelle des cieux.
Amen.

II.

PROSE POUR LA NATIVITÉ DU SEIGNEUR

A LA IIIe MESSE (CELLE DU JOUR);

par saint Bernard.

Lætabundus
Exultet fidelis chorus,
Haleluia.

Que dans son allégresse
Le chœur des fidèles tressaille de joie,
Louez Dieu.

Regem regum
Intactæ profudit torus :
Res miranda.

Le Roi des rois
Sort du sein d'une vierge,
O prodige admirable !

Angelus consilii
Natus est de Virgine,
Sol de stella.

L'Ange du conseil
Est né de la Vierge,
Le soleil de l'étoile.

Sol occasum nesciens
Stella semper rutilans
Semper clara.

Soleil qui n'a pas de couchant,
Etoile toujours scintillante,
Toujours brillante.

Sicut sidus radium,
Profert Virgo filium
Pari forma.

Comme l'astre produit le rayon,
Ainsi la Vierge enfante un fils
De la même manière.

Neque sidus radio,
Neque Virgo Filio
Fit corrupta.

Ni l'étoile par le rayon,
Ni la Vierge par le Fils
Ne sont altérées dans leur éclat.

Cedrus alta Libani
Conformatur hyssopo,
Valle nostra.

Le cèdre élancé du Liban
Se rabaisse à la taille de l'hysope,
Dans cette vallée, notre demeure.

Verbum ens Altissimi
Corporari passum est,
Carne sumpta.

Le Verbe, essence du Très-Haut,
A souffert de s'incorporer,
En revêtant notre chair.

Esaias cecinit,
Synagoga meminit,
Nunquam tamen desinit
Esse cæca.

Isaïe l'a prédit,
La Synagogue s'en souvient;
Pourtant elle n'a point cessé
D'être dans l'aveuglement.

Si non suis vatibus,
Credat vel gentilibus
Sibyllinis versibus
Hæc prædicta.

Si elle ne croit pas à ses prophètes,
Qu'elle croie à ceux des Gentils,
Aux vers de la Sibylle,
Qui a prédit toutes ces choses.

Infelix propera,
Crede vel vetera :
Cur damnaberis, gens misera?

Malheureuse, hâte-toi,
Crois les anciens oracles;
Pourquoi serais-tu réprouvé, peuple infortuné?

Quem docet litera
Natum considera,
Ipsum genuit puerpera.

L'enfant qu'annonce la lettre prophétique
Considère-le en son berceau,
Une vierge l'a mis au monde.

Alleluia.

Louez Dieu.

III.

PROSE DE LA CONCEPTION DE LA BIENHEUREUSE MARIE.

Dies iste celebretur,
In quo pie recensetur
Conceptio Mariæ.

Célébrons ce jour,
Où l'on rappelle pieusement
La conception de Marie.

Virgo mater generatur,
Concipitur et creatur
Dulcis vena veniæ.

La Vierge mère est engendrée,
Elle est conçue et créée,
Cette source si douce du pardon.

Adæ vetus exilium,
Et Joachim opprobrium,
Hinc habent remedia.

L'antique exil d'Adam
Et l'opprobre de Joachim
Vont donc trouver une réparation.

Hoc prophetæ præviderunt,
Patriarchæ præsenserunt,
Inspirante gratia.

Les prophètes ont prévu ce remède,
Les patriarches l'ont pressenti
Sous l'inspiration de la grâce.

Virga prolem conceptura,
Stella solem paritura,
Hodie concipitur.

L'arbrisseau qui doit produire un rejeton,
L'étoile qui doit enfanter le soleil
Est conçue en ce jour.

Flos de virga processurus,
Sol de stella nasciturus,
Christus intelligitur.

La fleur qui doit s'échapper de l'arbuste,
Le soleil qui doit naître de l'étoile
Est le Christ en personne.

O quam fœlix et præclara,
Nobis grata, Deo chara,
Fuit hæc conceptio.

Oh! qu'elle fut heureuse et illustre,
Douce pour nous et chère à Dieu,
Cette conception.

Terminatur miseria,
Datur misericordia,
Luctus cedit gaudio.

Nova mater novam prolem :
Nova stella novum solem,
Nova profert gratia.

Genitorem genitura,
Creatorem creatura :
Patrem parit filia.

O mirandam novitatem,
Novam quoque dignitatem :
Ditat matris castitatem
Filii conceptio.

Gaude, Virgo gratiosa,
Virga flore speciosa,
Mater prole generosa,
Vere plena gaudio.

Quod præcessit in figura,
Nube latet sub obscura,
Hoc declarat genitura
Piæ matris, Virgo pura
Pariendi vertit jura,
Fusa, mirante natura,
Deitatis pluvia.

Triste fuit in Eva *ve :*
Sed ex *Eva* format *ave*
Versa vice, sed non *prave,*
Intus ferens in conclave
Verbum bonum et suave :
Nobis mater Virgo fave,
Tua frui gratia.

Omnis homo sine mora
Laude plena solvens ora,
Istam colas, ipsam ora
Omni die, omni hora :
Sit mens supplex, vox sonora,
Sic supplica, sic implora
Hujus patrocinia.

Tu, spes certa miserorum,
Vere mater orphanorum,
Tu, levamen oppressorum,
Medicamen infirmorum,
Omnibus es omnia.

Te rogamus voto pari,
Laude digna singulari,
Ut errantes in hoc mari
Nos in portu salutari
Tua sistat gratia.

Amen.

Notre misère est terminée,
On nous fait miséricorde,
Le deuil fait place à la joie.

Une nouvelle mère produit un fils
  nouveau :
Une nouvelle étoile produit un nouveau
  soleil,
Par une grâce nouvelle.

La fille engendre celui qui l'a engen-
  drée,
La créature, son Créateur :
  La fille met au monde son père.

O étonnante nouveauté,
O dignité aussi toute nouvelle :
La conception du fils enrichit
La chasteté de la mère.

Réjouis-toi, Vierge gracieuse,
Fleuris, arbuste magnifique,
Mère d'un si illustre fils,
Mère vraiment pleine de joie.

Ce qui a précédé en figure,
Et qui est caché sous une nuée obscure,
La fille d'une pieuse mère l'explique ;
La Vierge pure change la nature
De l'enfantement, en recevant en son sein
La pluie de la divinité,
Au grand étonnement de la nature.

La syllabe *ve* fut désespérante dans
  Eve,
Mais le mot *Eva* forme *Ave*
Par un déplacement de lettres, mais
  non en mal, *prave ;*
Toi qui portes dans ton sein le Verbe
Si doux et si suave, Vierge mère,
Favorise-nous, et fais que nous jouis-
  sions
De ta faveur.

Que tout homme, sans délai,
Ouvrant sa bouche pleine de louanges,
La loue et la prie
A toute heure du jour ;
Que l'ame soit suppliante et la voix so-
  nore,
Que tout homme demande et implore
  ainsi
Son patronage.

Toi, l'espérance assurée des malheu-
  reux,
La véritable mère des orphelins ;
Toi, le soulagement des opprimés,
Le remède des malades,
Tu es tout pour tous.

Nous te prions avec une ardeur égale,
Toi qui es digne d'une louange toute
  spéciale,
De jeter un regard sur nous, errants
  sur cette mer,
Et par ta faveur
De nous conduire au port du salut.
Amen.

NOTE.

STROPHE 16.

En cet endroit, le poète paraît s'être inspiré de ce passage de saint Bernard : « Quid ad Mariam trepidet humana fragilitas ? Nihil austerum in ea, nihil terribile ; tota suavis est, omnibus offerens lac et lanam. Revolve diligentius evangelicæ historiæ seriem universam, et si quid forte increpatorium, si quid durum, si quod denique signum vel tenuis indignationis occurrerit in Maria, de cætero suspectam habeas et accedere verearis. Quod si ut vere sunt, plena magis omnia pietatis et gratiæ, plena mansuetudinis et misericordiæ quæ ad eam pertinent inveneris ; age gratias ei qui talem tibi mediatricem benignissima miseratione providit, in qua nihil possit esse suspectum. Denique omnibus omnia facta est, sapientibus et insipientibus copiosissima charitate debitricem se fecit. Omnibus misericordiæ sinum aperit, ut de plenitudine ejus accipiant universi, captivus redemptionem, æger curationem, tristis consolationem, peccator veniam, justus gratiam, angelus lætitiam ; denique tota Trinitas gloriam Filii persona carnis humanæ substantiam, ut non sit qui se abscondat a calore ejus. »

IV.

PROSE DE SAINT MARCEL, ÉVÊQUE DE PARIS.

Gaude, superna civitas,
Nova frequentans cantica.

Réjouis-toi, cité céleste,
En chantant de nouveaux cantiques.

Accrescit tibi dignitas,
Murorum surgit fabrica.

Ta dignité s'accroît encore,
Tes murs s'élèvent en hauteur.

Faber et fabri filius
Te restaurant in melius.

Le charpentier et le fils du charpentier
T'embellissent de plus en plus.

Fabri mens et industria,
Relucet in materia.

L'art et l'industrie du charpentier
Brillent dans la matière.

In tua transit mœnia
Marcellus, gemma præsulum.

Marcel a passé dans tes murs,
Marcel, la perle des évêques.

Tibi præsens Ecclesia,
Præsentat hunc carbunculum.

L'Eglise présente à cette fête,
T'offre ce diamant.

Chorus, concordi spiritu,
Psallat in ejus transitu.

Que le chœur, dans l'union
D'un même esprit, célèbre ce passage de Marcel.

Grex pastoris miracula
Retractet, mente sedula.

Que le troupeau rappelle avec soin
Les miracles du pasteur.

Dum ferrum candens ponderat,
Adhuc ætate tenera,

Dans un âge encore tendre,
En pesant un fer chaud,

Calorem tactu temperat,
Ferri prædicit pondera.

Il en tempère la chaleur par son toucher, et dit d'avance le poids du fer.

Dum servus Christi præsuli
Aquæ ministrat calicem,

Tandis que le serviteur du Christ
Présente au pontife le vase qui renferme l'eau,

Christus, ad laudem servuli,
Mutat in vinum, laticem.

Le Christ, pour honorer son petit
Serviteur, change cette eau en vin.

Nec minus est miraculum,
Quod succedit in ordine.

Dans l'ordre successif, le miracle
que voici,
N'est pas moins éclatant.

Dum ferens aquæ vasculum,
Haurit chrisma de flumine,

Voulant puiser de l'eau dans un vase,
Il puise du fleuve le saint-chrême.

Vinum et chrisma, præsulis
Præferebant indicia :

Le vin et le chrême portaient
Le cachet de l'évêque.

Per quem baptisma populis,
Per quem sacratur hostia.

Grâce à ce miracle, le baptême est
conféré aux peuples,
Et l'hostie sainte est consacrée.

Gradu minor quam meritis,
Vocem laxat antistitis :
Promotus in pontificem,
Fert opem reo duplicem.

Dans un grade inférieur à son mérite,
Il rend la voix à son évêque ;
Elevé à l'épiscopat,
Il aide le coupable par un double se-
cours.

Sacris astans altaribus,
Victum videt in populo :
Soluit a pœnæ nexibus,
Et a peccati vinculo.

Célébrant aux sacrés autels,
Il voit un possédé au milieu du peuple ;
Il le délivre des liens de la peine
Et des chaînes du péché.

In serpente visibili,
Triumphat invisibilem :
Sic Christus invisibili
Virtute, ditat humilem.

Dans le serpent visible,
Il triomphe du serpent invisible.
Ainsi le Christ enrichit l'humilité,
De sa vertu invisible.

Marcelle pater, respice
Nos pietatis oculo,

Marcel, ô notre père !
Jette sur nous un regard de clémence,

Sub hujus adhuc lubricæ
Carnis, gementes vinculo,

Nous qui gémissons encore
Dans les chaînes de cette chair dangereuse ;

Te diligentes unice,
Te recolentes sedulo :

Nous qui t'aimons uniquement,
Et qui honorons avec soin ta mémoire ;

Consors lucis angelicæ
Cœli subscribe titulo.

Daigne, ô toi qui participes à la lumière
des anges,
Daigne inscrire dans le ciel notre nom,
au livre de vie.

Amen.

Amen.

NOTES.

STROPHES 9 ET 10.

Lorsque saint Marcel était encore simple clerc, il opéra un miracle
fort notable : étant entré une fois dans l'atelier d'un forgeron, cet ou-
vrier le contraignit à retirer de la fournaise une masse de fer rouge,
exigeant qu'il la tînt à la main pour en dire le poids ; le bienheureux
alors, voulant montrer qu'il faut toujours obéir dans ce qui n'est pas
mal, sans cependant présumer de soi-même, prit le fer rouge avec sa
main, et l'ayant soulevé, dit : « Quant à être brûlant, il l'est en effet,
mais il ne pèse que neuf livres. » Et le fer ayant été mis dans une balance, après qu'on l'eut laissé se refroidir, on trouva que le saint avait
dit vrai.

STROPHES 11 ET 12.

Alors qu'il était encore sous-diacre, un jour de l'Epiphanie, l'eau de la Seine qu'il présentait au bienheureux Prudence, évêque, pour l'ablution des mains, se trouva, par un admirable changement, avoir la saveur du vin....

STROPHES 14 ET 15.

Notre saint ayant un jour offert à son évêque de l'eau pour se laver les mains, le liquide exhala aussitôt un parfum de baume, et, pendant qu'on le répandait, il parut comme une espèce de chrême, en sorte que le prélat croyait s'être oint plutôt que lavé, et demandait d'autre eau pour purifier l'onction de ses mains.

STROPHE 16.

Une femme de race noble selon le monde, mais bien méprisable à cause de ses vices, dont son rang accroissait le scandale, ayant rendu le dernier soupir, fut portée en grande pompe à son tombeau. Et un horrible serpent vint pour dévorer son cadavre, et cette bête prit pour demeure le tombeau de la malheureuse dont les restes lui servaient de nourriture. Les habitants de ces lieux s'enfuirent alors de leurs demeures tout épouvantés. Saint Marcel se rendit au tombeau, et, à la vue du peuple entier, il commanda au serpent de s'éloigner et de ne plus reparaître, et le serpent obéit à la voix du saint prélat.

Voyez la *Vie de saint Marcel*, écrite par Fortunat, et ce que saint Grégoire de Tours dit du même saint.

V.

PROSE DE SAINT FIACRE.

Lucernæ novæ specula
Illustratur Hybernia.

L'Hybernie est éclairée
Par la lumière d'un nouveau flambeau.

Coruscat Meldis insula
Tantæ lucis præsentia.

L'île de Meaux brille
Par la présence d'une si grande lumière.

Illa misit Fiacrium,
Hæc missum habet radium.

C'est l'Hybernie qui a envoyé Fiacre,
C'est l'île de Meaux qui possède le rayon envoyé.

Habent commune gaudium,
Hæc patrem, illa filium.

Elles sont animées d'une joie commune :
L'une se réjouit à cause de son père,
l'autre à cause de son fils.

Ad vitam solitariam
Suspirans, exit patriam.
Faronem Meldis reperit,
Cui suum votum aperit.
Hunc loco solitario,
Locat in sola proprio :

Soupirant pour la vie solitaire,
Fiacre sort de sa patrie.
Il trouve à Meaux saint Faron,
A qui il fait part de ses vœux.
Faron le place auprès de Meaux,
Dans un lieu solitaire.

Sic fit Joanni similis,
Cultor deserti sterilis.

Devenu semblable à Jean,
Il cultive ce désert stérile.

Dum locum signat baculo,
Novo nemus miraculo :

Pendant qu'il marque le lieu avec un bâton,
Le bois, par un nouveau miracle,

Tanquam cæsum dejicitur,
Humo non fossa cingitur.

Se trouve reculé au loin, comme s'il
  était coupé,
Et l'on n'a pas besoin de tracer de limite
  sur le terrain (le bois sert de limite).

Sic sancti viri meritum
Loci dilatat ambitum.

Ainsi, par les mérites de ce saint homme,
Le circuit de ce lieu se trouve élargi.

Res innotescit fœminæ
Accusat ut de crimine.

Ce miracle parvient aux oreilles d'une
  femme,
Qui l'en accuse comme d'un crime.

Damnat opus malefici,
Diffamat artem magici.

Elle condamne l'œuvre du soi-disant
  sorcier,
Et diffame l'artifice du magicien.

Præsentandus hic præsidi,
Lassus insedit lapidi.

Au moment de se présenter devant
  le juge,
Fiacre, fatigué, s'assied sur une pierre.

Lapis cedit, nec cæditur :
Petræ sedes insculpitur.
O fœminæ nequitia
Petræ major duritia.

La pierre s'affaisse ; il n'est pas blessé,
Et l'endroit où il s'est assis est marqué
  sur la pierre.
Oh ! quelle est la méchanceté d'une
  femme,
Et que sa dureté surpasse celle de la
  pierre !

Orat, ne loci limina
Immunis intret fœmina :
Hæc est causa, cur fœminæ
Arcentur ejus limine.

Il prie pour que cette femme ne puisse
Librement arriver jusqu'au seuil de ce
  lieu,
Ce qui fait que les femmes sont re-
  poussées
Du seuil de sa demeure.

Hic miseris refugium,
Infirmis refrigerium,
Peregrinis hospitium,
Spes lapsis, mœstis gaudium.

Il est le refuge des malheureux,
Le rafraîchissement des malades,
L'hospitalité des pèlerins,
L'espoir de ceux qui sont tombés,
Et la joie de ceux qui sont tristes.

Vitam arctat jejunio,
Somno brevi, cilicio :
Se dum occultat latebris,
Mundo fit magis celebris.

Il mortifie sa vie par le jeûne,
Dort peu et est couvert d'un cilice.
Plus il veut se cacher au monde,
Plus sa réputation se répand.

Virtutum fulget titulis,
Medetur cæcis oculis,
Polypo, fico, calculis,
Febribus, morbis singulis.

Il brille par l'éclat des vertus
Et des miracles. Il guérit les yeux
Aveugles, le polype, le fic, les calculs,
Les fièvres et toutes les maladies.

Fidentem in Fiacrio
Nulla lædet corruptio.

Celui qui a confiance en Fiacre
N'est atteint d'aucune contagion.

Pia cujus devotio
Purgat ab omni vitio.
Amen.

Puisse sa dévotion
Nous purifier de tout vice.
Amen.

VI.

PROSE DE SAINTE CATHERINE.

Sanctissimæ
Virginis votiva festa
Recolamus.
Venerantes
Hunc diem præclarum omnes,
Concinamus.

Rappelons la mémoire de la fête de
Catherine, la plus sainte des vierges,
Et offrons-lui nos vœux.
Pour vénérer ce jour célèbre,
Chantons tous en chœur.

Proferat hæc concio
Laudes : et devotio
Sit syncera.

Que cette assemblée fasse entendre
ses louanges,
Et que la piété
Soit sincère.

Concrepet organicis
Modulis et canticis,
Laude digna.

Que les accents de l'orgue,
Unis aux cantiques,
Célèbrent dignement ses vertus.

Hanc fuisse filiam
Costi regis unicam,
Tradunt scripta.

L'histoire rapporte que Catherine était
La fille unique du roi Costis.

Annis puerilibus,
Sophisticis artibus
Fuit clara.

Dans ses tendres années
Elle se rendit illustre
Dans les subtilités de la philosophie.

Turbam philosophicam
Vicit, et rhetoricam,
Disputando.

Elle vainquit une foule de
Philosophes, et se rendit célèbre dans
Des discussions sur la rhétorique.

Hinc regina credidit :
Deos vanos respuit
Venerari.

C'est pourquoi la reine se convertit à
La foi, et cessa d'adorer des dieux im-
puissants.

Fit pœnalis machina :
Pereunt ac millia
(Dum rotatur) agmina
Paganorum.

On fabrique, pour torturer
Catherine, une machine qui, par son
Mouvement de rotation, fait périr des
Milliers de païens.

Mox truncatur capite,
Assunt turbæ cœlicæ :
Sepelitur debite
Monte Sina.

Bientôt elle est décapitée,
Les légions célestes assistent à son mar-
tyre ;
Elle est ensevelie avec honneur
Sur le mont Sinaï.

Ora pro populo,
Precare pro clero,
Martyr Christi Catharina.

Prie pour le peuple,
Prie pour le clergé,
O Catherine ! martyre du Christ.

Astantem populum,
Laudantem te clerum,
Fove, rege per secula.

Conserve et dirige à travers les siè-
cles
Le peuple et le clergé,
Qui prennent part à tes louanges.

Amen.

Amen.

VII.

PROSE DE SAINT ÉLOI.

Ad honorem Salvatoris,
Mens depromat,
Et vox oris
Canticum lætitiæ.

En l'honneur du Sauveur,
Que notre ame
Et notre bouche
Chantent un cantique d'allégresse.

Qui mercedem dat
Honoris suis sanctis,
Et decoris,
Et coronas gloriæ.

Il honore ses saints
Et leur donne la récompense
De leurs vertus,
En les couronnant de gloire.

Totus orbis gratuletur,
Et devote veneretur
Beatum Eligium,

Que tout l'univers se réjouisse
Et vénère dévotement
Le bienheureux Eloi,

Cujus fides, cujus vita
Fulsit tanquam margarita
In conspectu gentium.

Dont la foi, dont la vie
Brilla comme un diamant
A la face des nations.

Ortu fuit generosus,
Sed virtute gloriosus
  Excessit originem.

Il fut d'une naissance illustre;
Mais, plus glorieux par sa vertu,
Il surpassa l'honneur de sa naissance.

Circumcisus intus, foris
Laboravit renum, oris
  Fugare libidinem.

Circoncis au dedans de son cœur,
Il mortifia au dehors ses reins, et s'appliqua
A fuir le dérèglement de la bouche.

Pater ejus fuit justus
Vocitatus Eutherius
  Materque Terrigia.

Son père fut un juste
Appelé Eutherius;
Et sa mère eut nom Terrigia.

Arbore ramusculus,
Fonte beat rivulus,
  Rosaque rosaria.

Ce petit rameau réjouit l'arbre dont il sort;
Ce petit ruisseau charme sa source,
Et cette rose ravit son rosier.

Ab ætate puerili
Pollens sensu præsubtili,
  Aptatur ad omnia.

Dès son enfance,
Il se fait remarquer par un esprit très-subtil,
Il est propre à tout.

Doctus arte manuali,
Non doctrina magistrali,
  Sed Dei peritia.

Il fut instruit dans un art manuel,
Non par un maître,
Mais par Dieu lui-même.

Videns pater ejus sensum,
Actu nullo deprehensum
  In arte aurifica,

Son père, le voyant consommé
Dans les ouvrages les plus difficiles
De l'art d'orfèvrerie,

Fecit eum doctrinari;
Statim fuit sine pari
  In urbe Lemovica.

Le fit instruire:
Et il fut bientôt sans égal
Dans la ville de Limoges.

In illius mens divina
Latet mente columbina,
  Laudat illum populus.

L'esprit divin se cache
Dans son ame de colombe,
Et le peuple le loue.

Crescit odor, crescit virtus,
Tanquam juxta flumen myrtus,
  Crescit famæ titulus.

Sa renommée s'accroît avec sa vertu;
Son parfum est semblable à celui
Du myrte planté sur le bord d'un ruisseau.

Late fundit flos odorem,
Et odoris dulcor florem
  Honorat per omnia.

La fleur répand au loin son parfum,
Et la suavité de l'odeur
Fait partout honneur à la fleur.

Tanti viri fama, bonus
Aure regis sonat sonus
  Ejusque peritia.

Le son agréable que rend
La renommée d'un si grand homme va
  jusqu'aux oreilles du roi, et l'instruit
De l'adresse et du talent d'Eloi.

Rex igitur Clotharius
Imperat ut Eligius
  Sellam sibi faciat.

Donc le roi Clotaire
Commande qu'Eloi
Lui fasse un trône.

Adaptavit egregius
Sculptor, sellulam illius
  Rex opus appretiat.

Cet excellent ciseleur
Se met à l'œuvre;
Le roi admire le trône et met un grand
  prix à ce travail.

Rex convocat Eligium,
Et ad suum palatium
  Fit secreti conscius.

Le roi appelle Eloi
Dans son palais
Et en fait son confident intime.

Postque regis excidium,
Suum statuit conscium
  Dagobertus filius.

Et, après la mort du roi,
Dagobert son fils
L'honora et en fit son conseiller.

Dagobertus ut decessit,
Clodoveo regnum cessit,
Qui strenue plebem rexit;
   Et inde Lothario,

Qui quocunque vir suggessit,
Sibi sanctus totum gessit,
Cujus virtus semper crescit
   Adhærens consilio.

Ad honorem Dei, chorum
Congregavit monachorum,
Pro plebibus oratorum,
   Et fecit ecclesiam.

Hinc adeptus præsulatum
Urbis Noviagentum (*sic*),
Suæ finit vitæ statum,
   Transmigrans ad gloriam.

Harum fructus lucris rerum,
Deo plenus et dierum,
Carnis exutus clamide,
In forma spheræ lucidæ
   Cœli subit gaudia.

Cujus diem venerari
Nos oportet mente pari :
Ut sacris ejus meritis,
Mereamur frui lucis
   Æternæ lætitiæ.
Amen.

Dagobert meurt
Et Clovis monte sur le trône;
Il gouverna son peuple vaillamment,
Et laissa le royaume à Lothaire,

Qui fit tout ce que
Ce saint homme lui conseilla,
Et dont la puissance s'accrut toujours,
En s'appuyant sur ses conseils.

Il (Eloi) rassembla un chœur de
   moines,
Pour chanter les louanges de Dieu
Et pour prier pour les peuples;
Et il éleva une église.

Ensuite, étant parvenu à l'épiscopat,
Il finit ses jours
Dans la ville de Noyon,
Et passa de ce monde à la gloire.

Plein de vertus et chargé de leurs
   fruits,
Plein de Dieu et de jours;
Après avoir dépouillé sa robe de chair,
Il monte au ciel sous la forme d'un
   globe brillant,
Pour y jouir des joies éternelles.

Nous devons tous
Vénérer ce jour,
Afin que, par les mérites sacrés d'Eloi,
Nous méritions de jouir
De l'allégresse de la lumière éternelle.
Amen.

Voir la *Vie de saint Eloi*, écrite par saint Ouen, évêque de Rouen, son contemporain, dont le texte latin est dans le *Spicilége* de D'Achery, t. v, et la traduction commentée a été publiée par nous en 1847, en un vol. in-8°, chez Lecoffre.

VIII.

PROSE DE LA TUNIQUE SANS COUTURE DE JÉSUS-CHRIST.

Plebs Pistica, prome laudes
Redemptori cujus gaudes
Habitu dignissimo.

Fide firma per quam audes
Hostiles vincere fraudes
Aggressu tutissimo.

Vestis hæc est manuale
Matris opus virginale
Actum sine sutura.

Corpus tegit filiale,
Donec debitum mortale
Ferret pro creatura.

O mirandum vestimentum,
Cujus ætas dat augmentum
Ab ejus infantia.

Peuple de Pistoie, chante
Les louanges du Rédempteur,
Dont tu te réjouis de posséder le très-
   illustre vêtement.

C'est par lui que tu oses
Vaincre les attaques de tes ennemis,
Sûr que tu es de cette protection sans
   égale.

C'est le vêtement
Fait par les mains de la Vierge,
Tissu sans couture.

Il couvrit le corps de son fils
Jusqu'au moment où il acquitta la dette
   de la mort,
Pour sa créature.

O admirable vêtement!
Qui croît avec l'âge de Jésus,
Depuis son enfance.

Simul sumit incrementum,
Nullum vestis nocumentum
Gerens, labis nescia.

Il prend avec Jésus son accroisse-
ment,
Ne le gênant jamais en ses mouvements
Et pur de toute tache.

Hanc Judei rapuerunt,
Et sortem super miserunt,
Nolentes partiri.

Les Juifs l'ont saisie, cette tunique,
Et l'ont tirée au sort,
Ne voulant pas la partager.

Nam quod vates predixerunt,
Hoc ignari perduxerunt
Effectum sortiri.

Et en cela ces hommes ont accompli
sans le savoir
Ce que les prophètes avaient dit
Qui devait arriver.

Quam ab oris gentilium,
Imperator fidelium,
Carolus extraxit.

Charles, empereur des fidèles,
A tiré cette tunique
Des mains des païens.

Regno gestante lilium,
Per virtutis auxilium
Hæc famam protraxit.

Pendant qu'il portait la couronne et
le sceptre des lis,
C'est par le secours de la vertu de cette
tunique
Qu'il a poussé si loin la renommée de
son nom.

Ab argento sumpsit nomen
Oppidum quo dedit numen
Sacram collocari.

Le bourg auquel le ciel
A donné de recevoir ce dépôt,
A tiré son nom du mot *argent*.

Ubi gratis dat juvamen
Christicolis hoc velamen,
Dignum decorari.

C'est là qu'il donne gratuitement
Aide et secours aux chrétiens,
Ce vêtement qui mérite nos offrandes.

Guerrarum per intervalla,
Vestis muro latens illa
Stat nullo sciente.

Pendant les guerres,
Ce vêtement git dans un mur,
Sans que nul le sache.

Unde fulgent miracula,
Monachorum oracula,
Angelo ducente.

En cet endroit, resplendissent des mi-
racles,
Un ange y conduit
Des moines qui y bâtissent un oratoire.

O quam certa probatio,
Indiscreta devotio
Militi frangenti :

Oh ! quelle preuve certaine
D'une indiscrète dévotion,
Que la punition infligée à un chevalier qui déroba un morceau de cette
tunique.

Cui vitæ sedatio
Fuit et restauratio,
Reatum lugenti.

Il mourut,
Et ne ressuscita
Que pour pleurer sa faute :

Ut fore Christi tunicam,
Quam mater egit unicam,
Fidelis confidat.

Afin qu'à l'avenir
Le fidèle se confie à la tunique du
Christ,
Tissue par sa mère.

Gratiarum mirificam,
Et nostræ precis amicam
Hanc nullus diffidat.

Que personne ne se défie
De l'efficacité admirable
Et des grâces de cette tunique, amie
de nos prières.

Quam colentes post mortalem
Stolam Christus immortalem
Det ferre nuptiis,

Et qu'en l'honorant
Le Christ nous donne de porter,
Après cette robe mortelle, l'immortelle
robe aux noces de l'Agneau.

Perducens ad triumphalem,
Collætantes Hierusalem
Summis deliciis.
Amen.

Qu'il nous conduise pleins de joie
Et triomphants à la céleste Jérusalem,
Aux suprêmes délices.
Amen.

NOTE.

Voyez sur cette précieuse et authentique relique, D. Gerberon : *Histoire de la robe* (*sic,* mais par erreur) *sans couture de N. S. J.-C., qui est révérée dans l'église du monastère des religieux bénédictins d'Argenteuil, avec un abrégé de l'histoire de ce monastère*; Paris, 1677. — Du même auteur : l'*Abrégé de l'histoire de ladite robe avec l'office.* Paris, 1677.

IX.

PROSE DE LA SAINTE LARME DU CHRIST.

O lachryma gloriosa
Christi præclarissima!

O larme glorieuse
Et très-illustre du Christ!

Gemma cœli preciosa,
Lymphaque purissima,

Perle précieuse du ciel
Et source très-pure,

A Christoque nata,
Angelo collecta,

Qui sortit du Christ
Et, recueillie par un ange,

Magdalenæ data,
Maximino vecta,

Fut donnée à Madeleine
Et portée par elle à Maximin;

Imperatori Græcorum
Inde presentata,

Ensuite offerte
A l'empereur des Grecs,

Gaufrido, Vindocimorum
Ad locum translata,

Godefroi, et transportée ensuite
A Vendôme,

Interna et externa
Conserva lumina.

Conserve nos yeux,
Et sois notre lumière spirituelle et naturelle.

Gratia sempiterna
Corda illumina.

Illumine les cœurs
D'une grâce sans fin.

O benigna! (*ter.*)
Quæ semper inviolata
Permansisti.
Amen.

O bonne et douce larme! (3 *fois.*)
Qui es toujours demeurée
Pure de toute violence.
Ainsi soit-il.

Sur cette précieuse relique, voyez la dissertation de l'illustre D. Mabillon.

FIN DU TOME TROISIÈME.

TABLE DES MATIÈRES

CONTENUES DANS LE TOME TROISIÈME.

———

NOTES.

APPENDICE.

PROSES D'ADAM DE SAINT-VICTOR.

MISCELLANEA.

FIN DE LA TABLE DU TOME TROISIÈME.